CREATIVE IT MANAGEMENT

4차 산업혁명 시대의

창의적인 IT 경영론

임춘성 장기진

도서출판 청람

| 머리말 |

Preface

우리는 현대사회를 살아가면서 가장 주목할 만한 기술혁명인 인터넷혁명과 모바일혁명을 목격하였다. 인터넷혁명과 모바일혁명은 우리의 삶과 행동, 취미, 커뮤니티활동 등을 변화시켰을 뿐만 아니라 4차 산업혁명을 더욱 빠르게 진전시키고 있다. 전통적인 굴뚝산업중심이었던 산업사회가 어느덧 지식과 정보가 중심이 되는 4차 산업혁명 시대로 급속하게 변화가 진행되고 있다. 이러한 변화에 맞추어 정부, 공공기관, 기업, 사회의 모든 분야에서 생존과 번영을 위한 미래 발전의 선점에 동분서주하고 있다.

4차 산업혁명은 다양한 센서와 유 · 무선통신망을 통하여 인간과 인간, 인간과 사물, 사물과 사물이 상호 연결하여 각종 정보를 교환하면서 사물인터넷(IoT), 지능형 로봇, 인공지능, 나노기술, 양자 컴퓨팅, 생명공학, 3D 프린팅, 자율차량 및 모빌리티, 블록체인, 클라우드 등을 비롯한 여러 분야에서 새로운 기술혁신을 추구하면서 초연결성과 초지능사회, 탈중앙화와 분권화, 공유와 개방을 통한 지능화 세계를 지향한다. 수십억 명의 사람들을 계속해서 웹에 연결하고 비즈니스와 조직의 효율성을 획기적으로 향상시키며 더 나은 자산관리를 통해 자연환경을 재생산할 수 있는 커다란 잠재력을 가지고 있다.

4차 산업혁명사회에서 정보기술(IT)이 기업 생존에 절대적인 기본 인프라로 자리매김하면서 IT경영론을 바라보는 관점이 더 이상 선택이 아닌 필수과목으로, 더 이상 비용이 아닌 수익을 창출하는 기회요소로 부각되었다. 즉 4차 산업혁명사회에 인식의 대전환이 요구되고 있다. 정보기술(IT)과 경영(business)과의 결합이 기본 인프라가 되고 있는 것이다. 그 대표적인 것 중 비즈니스모델(사업모형)이 기업에서 각광받고 있다. 비즈니스모델은 정보기술과 더불어 기업업무, 제품 및 서비스의 전달방법, 이윤을 창출하는 방법을 나타낸 모형이다. 즉 기업이 지속적으로 이윤을 창출하기 위해 제품 및 서비스를 생산 · 관리 · 판매하는 방법을 나타낸 모형이다. 또 비즈니스모델은 제품이나 서비스를 소비자에게 어떻게 제공하고 마케팅하며, 돈을 벌 것인지 계획하는 사업 아이디어를 말한다. 과거 기업형태는 기술만이 사업 성공의 요건으로 보았지만 현재의 상황에서는 정보기술이 기본이 되면서 고객가치와 이익을 창출하는 새로운 방법론이 각광을 받고 있다.

이와 같은 4차 산업혁명 시대의 창의적인 IT경영론은 기술기반하에 새로운 환경의 비즈니스 응용에 대하여 학습하고자 한다. 창의적이라는 의미는 완전히 새로운 것을 만드는 것이 아니라 기존의 아이디어를 결합해 새로운 것으로 탈바꿈시키는 것이다. 이것이 혁신, 즉 이노베이션이 추구하는 것이다.

따라서 본서는 이를 대비하기 위하여 IT경영론을 접하는 독자들에게 미래 정보기술환경과 4차 산업혁명의 의미와 새로운 비즈니스모델전략, IT경영 인프라, IT의 비즈니스 응용과 차세대 미래기술을 쉽게 이해하도록 구성하였다.

본서의 구성은 크게 네 부문으로 구성되어 있다.

제1부에서는 미래 정보기술환경과 4차 산업혁명의 의미를 소개한다. 정보기술환경과 4차 산업혁명의 의미, 데이터, 정보와 지식, 빅데이터에 대한 이해, 경영혁신과 새로운 비즈니스모델전략에 대하여 소개한다.

제2부에서는 IT경영 인프라에 대하여 소개한다. 컴퓨터의 이론과 정보통신과 네트워크, 인터넷과 모바일, 클라우드 컴퓨팅, 인터넷과 비즈니스 관련 기술에 대하여 소개한다.

제3부에서는 IT의 비즈니스 응용을 다룬다. 기업환경과 정보전략, IT경영과 경영정보시스템, 문제해결과 경영의사결정, 전자상거래와 e-비즈니스, 기업환경에서의 정보시스템을 소개한다.

제4부에서는 차세대 IT 응용기술(센서, 칩, 위치정보, 딥러닝과 인공지능, 로봇, 증강현실과 가상현실, 자율주행차, 3D 프린팅, 헬스케어, 블록체인)들을 소개한다.

본서는 저자들이 대학에서 경영정보관리 및 기술을 연구하는 동안 다수의 프로젝트 경험과 여러 학기에 걸쳐 정보기술 관련 과목을 강의하면서 준비한 자료와 결과를 정리한 책이다. 특히 관련 자료들은 공공기관, 산업체에서 강의한 내용도 포함되어 있고 이론보다는 실무적인 내용을 강화하였으며, 정보기술(IT)에 대한 이론적인 기반이 없는 독자들을 위하여 기초부터 쉽게 설명하도록 구성하였다. 가급적 책 구성에 그림과 표를 많이 제시하여 이해에 도움을 주도록 하였다. 아무쪼록 본서가 경영에서의 정보기술 활용에 대한 기본서로서 이용되기를 저자들은 바랄 뿐이다. 그리고 빠른 시일 내에 내용을 수정 · 보완한 개정증보판을 발간할 것을 약속드리며, 독자들의 비평을 기대한다.

끝으로 부족한 저자들이 이 책을 완성하기까지에는 실로 여러 사람들의 헌신적인 도움이 컸다. 특히 각 대학 교수님들의 배려과 격려는 저자들에게 큰 힘이 되었다. 또한 어려운 출판환경에서도 여러 가지 지원을 해주신 도서출판 청람의 이수영 대표님과 직원 여러분께 감사의 말씀을 드리고자 한다.

2020년 2월
임춘성 · 장기진

| 차례 | Contents

Part 01 미래 정보기술환경과 4차 산업혁명

Chapter 01 | 정보기술환경과 4차 산업혁명의 의미

Chapter 02 | 데이터, 정보, 지식과 빅데이터

Part 02 IT경영 인프라

Chapter 04 | 컴퓨터의 구성 및 원리

Part 03 IT의 비즈니스 응용

Chapter 08 | 새로운 기업환경과 정보전략

Chapter 09 | IT경영과 경영정보시스템

Chapter 10 | 문제해결과 경영의사결정

Chapter 12 | 기업환경에서의 정보시스템

Part 04 차세대 IT 응용기술

Chapter 13 | 차세대 IT 응용기술의 이해

Part 01

미래 정보기술환경과 4차 산업혁명

Chapter

01 정보기술환경과 4차 산업혁명의 의미

18세기 중엽 영국에서 시작된 기술상의 혁신과 이에 수반하여 일어난 사회 · 경제구조상의 변혁인 산업혁명으로 새로운 산업들이 창출되었다. 산업혁명 이후 앨빈 토플러가 주장한 정보화사회, 즉 제2의 산업혁명이라는 3차 정보혁명이 이루어졌다. 그리고 현재 지식정보화사회를 뒷받침하는 3차 정보혁명 혹은 디지털혁명을 기반으로 한 새로운 부가가치를 창출할 4차 산업혁명 시대가 도래하였다. 컴퓨터 관련 기기와 메모리의 확대, 인터넷 응용분야의 다양화, 모바일기기 및 4차 산업환경으로 인한 사회적인 영향이 국내외적으로 급격하게 변하고 있다. 본장에서는 정보기술환경 속에서 새롭게 등장하고 있는 초연결사회, 초지능사회, 초산업사회, 융합비즈니스와 사물인터넷환경, 4차 산업혁명에서의 새로운 미래 정보기술들에 대한 방향을 제시하고자 한다.

1.1 정보기술과 새로운 부가가치창출의 시대

인류의 역사는 개개인의 욕구를 충족시켜온 일련의 과정이라고 할 수 있다. 또한 과학기술이 도래하면서 개개인의 욕구를 충족시켜 막대한 부를 창출하는 비즈니스모델이 형성되기도 하였다. 1차 산업혁명은 가장 우선시되는 생존의 욕구, 의식주를 충족시키기 위하여 산업적인 측면을 성장시켰다. 의식주의 욕구를 충족한 인류는 안정에 대한 욕구를 희망하였다. 전기혁명으로 시작된 2차 산업혁명은 인류의 사회적 안정에 대한 욕구를 충족시켰다. 정보혁명은 인류의 사회적 연결의 욕망을 충족시키는 제3의 혁신적 사항을 요구하였다. 이러한 결과들로 인터넷, 스마트폰, 컴퓨터와 정보통신, 전자상거래, SNS, 모바일 관련 앱 등이 등장하였다.

4차 산업혁명 시대는 자기표현과 자아실현에 대한 욕구를 충족시키는 지능혁명의 시대이다. 전세계적으로 일어나고 있는 초지능, 초연결, 초산업 물결이 인류가 원하는 최상위단계의 욕구, 현실과 가상의 융합, 가상공간과 물리공간의 혁신을 가져올 전망이다. 즉 혁신의 대표주자인 인공지능과 지능형 로봇이 4차 산업혁명의 주역이 될 것이다.

한편 1차 농업혁명과 2차 산업혁명의 물질적인 요소의 관점에서 3차 정보혁명이라는 디지털 관점의 도래를 통해 새로운 부가가치를 창출하고 4차 산업혁명의 차세대 미래환경으로 돌입하고 있다. 차세대 미래환경이 모든 것이 연결된 지능사회로 발전할 것은 자명한 이치이다. 미래환경을 이끌 대표적인 주자는 인공지능(AI)과 지능형 로봇으로 물질과 서비스의 가치를 통한 생산성 향상을 가져오고 다양한 분야의 문제를 해결할 것이다. 여기에서 인간은 정신적인 욕구와 자기표현, 자아실현을 어떻게 실천해 나가느냐에 따라 향후 미래의 주도권을 누가 잡는지가 달려있다고 할 수 있다.

인공지능과 로봇으로 대표되는 4차 산업혁명은 생산과 공급의 문제보다는 소비와 분배를 어떻게 다룰 것인가가 중요한 사회적인 이슈가 될 것이다. 즉 물질적인 소비는 줄 것이고 개인화된 정신적인 욕구형태의 소비가 증대될 것이다. 여가와 놀이, 문화 등이 융합된 지능화 요소기술들이 발전할 것이다. 즉 물질적인 소유에서 정신적인 욕구로 삶의 행복이 이전될 것으로 판단된다. 미래 변화의 물결은 지능을 겸비한 인공지능기반의 혁명이다. 단순한 인터넷의 연결을 의미하지 않으며 인터넷과 인공지능이 결합한 초연결 지능 및 사회의 시대로 접어들기 시작한다.

인터넷혁명으로 단순관리자나 중간관리자들이 일자리를 잃어가고 새로운 형태의 일자리, 예를 들어 전자상거래, 쇼핑몰, 인터넷뱅크, 부동산정보검색, SNS 등의 일자리는 늘어났다. 인공지능혁명에서는 일자리도 획기적으로 변화가 불가피하게 전개될 것이다. 대표적인 일자리인 변호사, 회계사, 법무사, 의사, 기자, 금융인 등이 사라질 것이다. 구글이 선정한 최고의 미래학자 토머스 프레이는 "2030년까지 20억 개의 일자리가 사라진다"고 예언했다. 전기자동차 제조회사 테슬라의 창업자 일론 머스크는 "인공지능연구는 악마를 소환하는 일과 같다"고 인공지능의 미래 실상을 예언하였다.

이러한 혁신이 몰고 올 4차 산업혁명은 인류 역사상 어느 때보다 빠른 속도로 진행 중이며 인류에게 예측할 수 없는 엄청난 충격을 가할 것이다. 지금 우리는 또다시 찾아온 거대한 변화의 물결 앞에서 이제까지와는 다른 혁신적인 변화가 요구받고 있다. 그럼에도 불구하고 초연결지능사회의 주축인 인간과 로봇이 협력한다면 보다 나은 세상의 일자리 시나리오를 제시할 수도 있다.

또한 정보기술이 급변하고 있는 상황에서 정보와 지식을 기반으로 하는 초지능뿐만 아니라 초연결사회로의 변화도 매우 빠르게 진행되고 있다. 정보와 지식을 기반으로 하는 초연결사회에서는 컴퓨터와 정보통신기술(ICT)의 발달로 가치 있는 정보를 창출하여 보다 유익하고 윤택한 생활을 영위하는 인간중심의 철학을 바탕으로 변화에 유연하게 적응하며 창의적인 아이디어가 성장동력이 되는 초연결사회가 핵심으로 자리 잡고 있다.

사회구조가 복잡해지고 빠르게 변화하는 오늘날에는 필요한 정보를 신속하게 얻고 정확하게 처리하여 필요로 하는 곳에 전달하는 일이 매우 중요하다. 초연결 혁신을 통하여 국가, 대학, 기업, 사회 등이 건강하고 지속가능한 발전을 하려면 조직변화와 더불어 사회습관 메커니즘을 통해 변화를 확산시키고 변화의 흐름을 이해함으로써 창조적 변화의 시너지효과를 극대화하여야 한다.

이처럼 현대사회에 잘 적응하고 살아가는 데 필요한 정보를 수집 · 생산 · 가공 · 저장하는 과정을 통해 정보의 유통을 확산시켜 나가며 이러한 행위가 사회 및 비즈니스 전반에 보편화된 융합된 사회가 통용되고 있다. 이러한 정보의 가치가 증대되어 정보가 물질이나 에너지보다도 더 큰 가치를 갖는 사회를 정보의 초연결 가치사회라 하며, 이와 함께 창의성이 강조되어 산업 전반에 기업의 규모와 상관없이 새로운 생각, 새로운 방식, 새로운 개념, 새로운 비즈니스모델, 새로운 기술의 융합 등이 나타나고 있다.

언제나 세상을 바꾸는 혁신 차원에서 새로운 승자가 탄생되었다. 즉 과학기술의 진화는 새로운 기술을 등장시켰고 이 기술들을 활용하여 새로운 혁신을 일으키며 변화를 선도하였다. 나아가 비즈니스모델로 막대한 부를 창출하고 그 결과로 세상을 한 단계 수준 높은 차원으로 올려놓는 계기가 되었다. 이러한 인류사회의 변화의 흐름을 [표 1-1]에서 보여준다.

표 1-1 인류사회의 변화 흐름도

구분	농경사회 시대 (~1800년대)	산업사회 시대 (1800년대~1957년)	정보 및 지식사회 시대(1957년~21세기)	미래기술 및 4차 산업혁명사회 시대
변화주체	농업혁명	산업혁명	정보 및 지식혁명	초지능, 초연결, 초산업적인 공간 혁명
주도인력	농부	공장노동자	정보 및 지식노동자	네트워크, 모바일, 자동화
파트너	인간과 가축	인간과 기계	인간과 사물, 인간과 자동화	인간, 사물, 컴퓨터, 드론, 로봇 등
활용도구 및 정보통신기술	손도구, 전신	기계, 전화	반도체, 컴퓨터, 인터넷, 초고속 이동통신	융합기술, 빅데이터, 사물인터넷, 5G, 블록체인, 에너지 등

농업혁명 이후, 1760~1840년경에 걸쳐 발생한 1차 산업혁명은 석탄에 이어 전기라는 에너지원을 발생하였고, 철도건설과 증기기관의 발명, 자동차가 새로운 산업으로 등장하여 제2의 산업혁명을 촉발했으며, 공장자동화라는 제2의 혁신을 일으켰다. 즉 2차 산업혁명은 전기와 생산 조립라인의 출현으로 대량생산과 특히 컨베이어벨트로 변신한 공장은 분업화라는 혁신을 통해 생산성 향상을 일으켰다. 이 때문에 인간의 노동력이 기계의 힘으로 옮겨가는 엄청난 변화가 일어났다.

1960년대에 시작된 3차 산업혁명은 반도체와 메인프레임 컴퓨팅(1960년대), PC(1970년대와 1980년대), 인터넷(1990년대)이 발달을 주도했다. 이에 따라 '컴퓨터혁명' 혹은 '디지털혁명', '인터넷혁명', '정보혁명'이라 부르는 혁신을 촉발했다. 반도체가 등장함으로써 전자산업, 컴퓨터, 정보통신산업분야에서 제3의 혁신이 일어났다.

제3의 혁신 주역인 컴퓨터는 인터넷과 결합하여 필요한 정보와 지식을 서로 교환하고 축적하고 새로운 혁신을 이끄는 정보혁명에 동참하였다. 음성으로만 대화하던 유선전화가 무선으로 획기적으로 바뀐 전환점은 스마트폰의 개발이었다. 스마트폰의 개발은 정보혁명의 혁신 자체이기도 하다. 특히 스마트폰은 언제 어디서나 장소에 구애받지 않고 인터넷과 소통하면서 1인 미디어 시대로 이끌었고 SNS

를 통해 다양한 채널인 페이스북, 카카오톡, 트위터, 밴드, 인스타그램 등이 새로운 연결의 세상을 열어가고 있다.

한편 5G를 중심으로 빅데이터, 인공지능(AI), 사물인터넷(IoT) 등 주요 혁신기술들이 무형정보의 생산 · 처리 · 유통의 효율화를 가져오고, 이러한 정보통신기술(ICT)혁명은 보다 빠르고 광범위한 정보 커뮤니케이션을 가능하게 하면서 상품 디자인, 생산, 마케팅 등의 근본적 변화로 이어졌다. 혁신기술들은 커뮤니케이션방식의 근본적 변화를 유발하고 항공기 · 기차 운전, 기계 작동, 빌딩시스템 운영 등 다양한 분야에서 활용되고 있다.

디지털혁명을 기반으로 한 4차 산업혁명은 21세기의 시작과 동시에 출현했다. 모바일 인터넷과 사물인터넷, 더 저렴하면서 강력해진 센서, 빅데이터, 인공지능과 기계학습(machine learning), 가상현실과 증강현실, 블록체인, 자율형 자동차 등이 4차 산업혁명의 주요 특징이다. 과거에 늘 강조해왔던 컴퓨터 하드웨어와 소프트웨어, 네트워크의 핵심기술은 우리에게 더는 새로운 개념이 아니다.

그러나 3차 산업혁명 이후 더욱 정교해지고 통합적으로 진화된 디지털기술은 사회와 세계경제의 변화를 이끌고 있다. 4차 산업혁명은 단순히 기기와 시스템을 연결하고 스마트화하는 데 그치지 않고 훨씬 넓은 범주인 나노기술, 재생에너지, 양자 컴퓨터의 다양한 분야뿐만 아니라 모든 기술이 융합하는 물리학, 생물학분야의 상호 교류 및 경계영역을 무너뜨리고 있다. 현실세계와 가상세계의 경계 또한 허물어져 초연결, 초융합의 세상을 만들어가고 있다. 4차 산업혁명의 혁신은 현실 속의 물리적인 세계와 인터넷으로 무장된 가상 사이버세계가 하나의 네트워크로 연결되는 시스템의 흐름으로 전개될 것이다. 과거에는 상상조차 할 수 없는 현실과 가상공간의 융합으로 불가능했던 일들이 일어날 것이다. 융합의 결과로 가상세계가 현실에 구현되고 가상세계가 아날로그화하는 새로운 세상이 열린 것이다.

향후 전개될 미래의 초연결사회환경을 기반으로 하는 새로운 형태의 경제사회의 변화가 다가오고 있음은 누구나 짐작할 수 있다. 미국의 경영학자인 피터 드러커는 "다음 사회(next society)는 우리가 본 20세기 후반의 사회 모습과는 상당히 다르고 대부분의 사람들이 기대하는 것과도 다를 것이다. 다음 사회구성의 중추적인 핵심은 모든 것이 지식으로 통하는 사회가 될 것이다. 지식은 다가올 새로운 경

양자 컴퓨터

고전적인(전통적인) 컴퓨터에서 자료의 양은 비트로 측정된다. 양자 컴퓨터에서 자료의 양은 큐비트로 측정된다. 양자 계산의 기본적인 원칙은 입자의 양자적 특성이 자료를 나타내고 구조화할 수 있다는 것과 양자적 메커니즘이 고안되어 이러한 자료들에 내한 연산을 수행할 수 있도록 만들어질 수 있다는 것에 기인한다.

양자 정보통신은 정보사회의 패러다임을 바꿀 신기술로 여겨졌다. 양자 정보통신을 활용한 양자 컴퓨터는 한 개의 처리장치에서 여러 계산을 동시에 처리할 수 있어 정보처리량과 속도가 지금까지의 컴퓨터에 비해 뛰어나다. 하지만 정보교환을 위해 발생하는 양자 얽힘(quantum entanglement)에 큰 비용이 드는 단점이 있어 양자 정보통신에서 필수적이지만 비용이 많이 발생하는 얽힘을 가능한 한 줄이고 부정보(side information)를 활용해 정보를 교환하는 방식이 개발되었다.

제사회의 핵심자원이 되고, 지식근로자가 노동력 가운데 지배적 집단이 될 것이다"라고 하였다.

초연결환경은 사이버공간과 물리공간의 상호 융합작용, 연결을 위해 물리공간과 가상공간에 지능화된 사물인터넷(IoT)으로 사람+사물+컴퓨팅+네트워크 간의 지(知)를 초연결 및 초생산성을 이룬다는 것이다. 이러한 신기술은 경제에 활력과 생명을 불어넣고 사회변화를 일으킬 것이다. 그리고 이러한 변화는 무어의 법칙(Moore's Law)의 종말을 예고하고, 휴대폰 메모리 100기가바이트, PC 메모리 1테라바이트 등의 용량 표현은 무의미해질 것이다. 어느 기기든지 멀티미디어+지(知)+원자 혹은 분자의 새로운 형태가 등장하고 초연결경제사회의 융합비즈니스가 도래하며, 초지능 지식기반의 초융합을 주도하는 초국가적인 핵심기업들이 지배할 것이다.

그리고 대부분의 기기는 초지능사회, 초연결사회, 초산업사회를 기반으로 자동화된 처리가 이루어질 것이다. 이러한 자동화기기들과 정보화를 결합하면 일하는 방식 또한 변화가 이루어져 모든 사람이 반드시 직장으로 출근해서 일하는 것이 아니라 사물 간 통신, 사물과 사람, 가정이나 제3의 공간에서 자유롭게 일하는 초연결 융합경제사회로 변화가 이루어질 것이다.

향후 초연결 융합경제사회에서의 4차 산업혁명은 모든 분야에 사물인터넷이 연결되고 단순히 인터넷 연결을 통하여 정보를 얻고, 분석하고, 모니터링을 하는 것이 아니라 데이터를 바탕으로 어떤 사건을 미리 예측하고 예방하는 수준까지 발전할 것이다.

결론적으로 초연결 융합경제사회는 시장 자체의 끝이 없는 발전이 인류 역사상 어느 때보다 빠른 속도로 진행 중이며 인류에게 예측할 수 없는 엄청난 충격을 가져올 것이다. 과거 산업혁명 당시 새로운 기술혁신은 기계파괴운동이 벌어질 정도로 영국인들에게 공포 자체였다. 하지만 지속적인 기술혁신 속에서 인간은 변화된 산업환경에 맞는 역할을 찾아 새로운 고부가가치를 창출할 것이다. 개인, 기업, 국가는 4차 산업혁명 아니 5차, 6차 산업에 맞는 혁신의 기반하에 초지능사회, 초연결사회, 초산업사회를 대비해 지금까지와는 전혀 다른 새로운 부가가치와 전략을 창출해야 한다. 그래야만 고도로 지능화된 기계와의 전쟁에서 살아남을 수 있을 것이다.

1.2 미래 경영환경 변화와 융합비즈니스

미래 초지능사회, 초연결사회, 초산업사회가 어떤 방향으로 전개될 것인지를 예측하기는 매우 어려운 상황이다. 분명한 사실은 인터넷을 기반으로 하는 혁신적인 대혁명을 가져올 것이며, 계속해서 발전해 나갈 것이다. 지금까지 인터넷을 중심으로 이루어진 디지털사회의 모습은 과거 산업혁명 초기에 증기기관이 부분적으로 활용되던 모습에 불과할지도 모르기 때문이다. 현시점에서 디지털기반의 초연결사회의 발전방향을 전망한다는 것은 당시에 지금과 같은 진보된 자동차와 공장시스템을 예견하는 것과 같다.

실제로 앞으로 수십 년 후에는 공상과학소설이나 영화에서나 볼 수 있었던 인공지능을 갖춘 지능형 로봇이나 모든 것이 완벽에 가까운 간편한 지능형 정보단말기가 나타날 수도 있고, 지구촌 전체가 하나의 새로운 초연결경제사회로 통합되면서 새로운 사회상과 인간 유형의 자동화된 로봇이 등장할 수도 있다. 하지만 현시점에서 분명히 예견할 수 있는 것은 대체로 세 가지로 요약할 수 있다.

첫째, 컴퓨터, 인터넷, 콘텐츠, 카메라, 정보통신기기, 네트워크, 단말기 등이 하나로 융합되면서 사용이 간편한 정보단말기가 계속해서 지능화되어 개발될 것이다. 이 지능형 정보단말기는 휴대성이 강조되어 이동 중에도 이용할 수 있는 스마트기기형태로 발전하고, 다른 한편으로는 가정에서 사용되면서 모든 전자, 정보, 통신기기들을 제어와 통제가 가능한 원격조정뿐만 실시간으로 제어할 수 있는 형태로 발전하게 될 것이다.

둘째, 정보통신기술을 기반으로 하는 5G 이후는 현재의 인프라기반기술이 훨씬 고도화된 네트워크가 형성되어 이들 정보단말기를 초고도로 연결시킴으로써 4차 산업사회의 영향이 일상생활에까지 깊숙이 침투하게 될 것이다.

셋째, 현재와 미래의 변화가 경제활동의 패러다임을 근본적으로 바꿈으로써 개인뿐만 아니라 사물과 사람, 사물과 사물, 그리고 정치, 경제, 사회, 문화, 그리고 삶의 행태까지도 초지능뿐만 아니라 초연결사회로 전환될 것이다. 새로운 범주를 넘어서 모바일과 컴퓨터, 인터넷, 네트워크, 인공지능, 지능형 로봇, 5G와 상호연동된 디지타이징 비즈니스(digitizing business) 시대로의 전환이 급속히 진전될 것이다.

플랫폼은 기존에 존재하는 것을 넘어 새로운 차원의 비즈니스모델을 창출할 뿐만 아니라 반복되는 부분을 통합하여 서비스를 제공함으로써 새로운 비즈니스모델이 발현되는 역할을 수행하는 것이다. 즉 비즈니스 플랫폼은 기술발전과 인프라의 차원을 넘어 사회의 핵심기반으로 자리매김할 것이다. 새로운 비즈니스모델 개발을 창출하기 위하여 플랫폼하에서 인공지능, 가상현실과 증강현실, 사물인터넷, 소셜네트워크, 모바일 및 앱비즈니스, 클라우드, 빅데이터기술, 스마트팩토링, 블록체인, 헬스케어, 3D 프린팅 등이 초유의 기반 인프라가 될 것이다. 이 기술들은 독립적으로 개발되는 것이 아니라 상호 종속적인 결합관계를 기반으로 하는 플랫폼으로 발전할 것이다.

플랫폼적인 결합형태에 제조업 · 금융 · 유통업 등 다양한 산업에서 새로운 부를 창출하는 원천으로서 지식과 정보의 역할이 더욱 확대될 것으로 보인다. 산업구조도 소프트웨어, 콘텐츠, 광고, 오락, 게임 등의 온라인 지식산업이 주도가 되고 제조업 등 오프라인산업이 지원하는 형태를 취하는 새로운 형태의 융합비즈니스로

그림 1-1 정보통신기술 관점의 비즈니스변화 흐름도

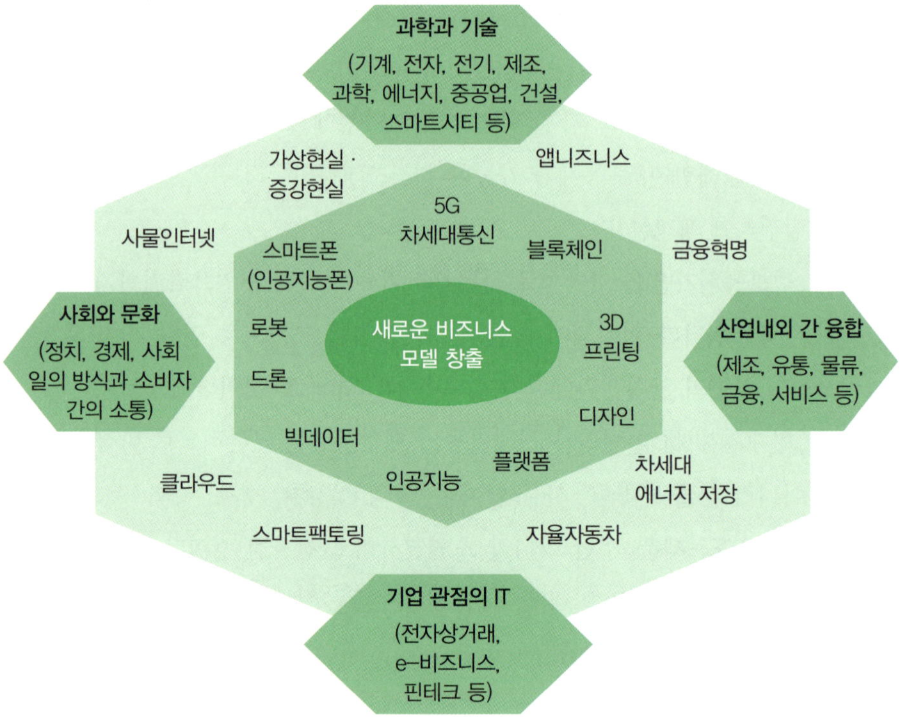

변화될 것이다. 특히 수많은 다양한 로봇 등이 인터넷과 컴퓨팅기능을 탑재하는 것이 보편화되고, 지금까지 경험하지 못한 가장 거대하고 파괴력을 지닌 또 하나의 인류혁명을 가져올 것이다. 사람 · 단말기 · 기계 · 사물 · 환경이 공기처럼 우리의 생활 전체를 에워싸는 지능만물환경으로 바뀌어 나갈 것이고 네트워크, 인프라 구조, 다양한 산업 간의 재발견과 재구축을 통하여 우리가 꿈꾸어왔던 공상과학과 같은 세계가 실현되는 사회가 될 것이다.

1.2.1 미래 변화의 융합기술

사람이 살아가는 궁극적인 목표는 일반적으로 자기자신이 원하는 최적화된 생활을 영위하면서 삶의 질을 극대화하고 행복을 최대한 누리는 것이다. 이러한 인간의 목표를 지원하기 위한 혁신기술들이 개인 삶에 깊숙이 자리 잡으면서 보다 높은 가치의 삶의 질을 향상시키기 위하여 노력한다. 예를 들어 휴대폰, 인공지능, 로봇 등은 인간의 편의성 향상에 도움을 주며, 교통수단과 위치측정 등의 기기들은 인간생활과 밀접하게 생산성 향상을 도모한다. 증강현실과 가상현실 등은 차원 높은 엔터테인먼트를 즐기며, 유전자 치료와 합성생물학, 뇌과학연구 등은 인간의 건강하고 쾌적한 삶을 구현하는 데 획기적인 도움을 줄 수 있다.

현재의 사회를 기반으로 한 미래사회는 다양하고 폭넓은 변화의 시대에 직면할 것이다. 몇 가지 나타날 수 있는 상황을 나열하면 다음과 같다. ① 노년층의 확대 및 사회복지비용의 팽창, ② 싱글족, 노키즈(no-kids)족, 독거노인 등의 증가에 따른 핵가족의 편성, ③ 개인주의 및 개성중시 경향의 만연과 초지능사회, ④ 스마트사회 및 초연결 시대의 사고 및 가상공간 확대, ⑤ 자동화된 인공지능과 로봇기술 및 온라인 등 제품 · 서비스의 콘텐츠화가 많은 영역을 차지, ⑥ O2O(Online To Offline)기반의 유통과 물류채널의 확대와 온라인과 오프라인의 경계가 없는 온라이프(onlife)로 기존 환경 물결의 획기적 변화가 감지, ⑦ 인공지능기반의 패턴인식, 다양한 고객채널 등으로 빅데이터기반의 고객 맞춤화 및 고객니즈 실현 등이 다양화 · 고도화되는 방향으로 발전, ⑧ 사람과 사람, 사람과 사물 간, 사물과 사물 간을 뛰어넘는 사물인터넷의 확산 등이다.

다양화 · 고도화되는 고객니즈 변화를 제대로 만족시키기 위해서는 기존 제품 · 서비스로는 한계가 있어 획기적인 혁신의 필요성이 증가한다. 이러한 혁신의 유형은 창조적인 혁신(innovation)과 창의적인 혁신(innovation as recombination)으로 나누어볼 수 있다. 창조적인 혁신은 지금까지 존재하지 않던 것을 새롭게 만들어내는 것이고, 창의적인 혁신은 이미 존재하던 것들을 혁신적으로 재조합하는 창의적인 것을 의미한다. 기술 성숙과 경쟁의 첨예화 등으로 기존에 없는 완전히 새로운 제품 · 서비스의 창출은 힘들어지고, 추진과정에서 비용이 많이 들고 성공확률도 낮다. 반면 다양한 산업 · 사업에서 이미 검증된 기술, 아이디어 등을 창의적으로 재조합하여 새로운 가치를 창출하는 것이 보다 효과적인 혁신방안이며, 이러한 창조와 창의적인 혁신이 바로 융합비즈니스이다.

미래에 융합비즈니스는 세계의 변화를 주도하는 핵심 패러다임기술로 자리 잡

그림 1-2 미래사회 변화요인과 융합의 유형분류

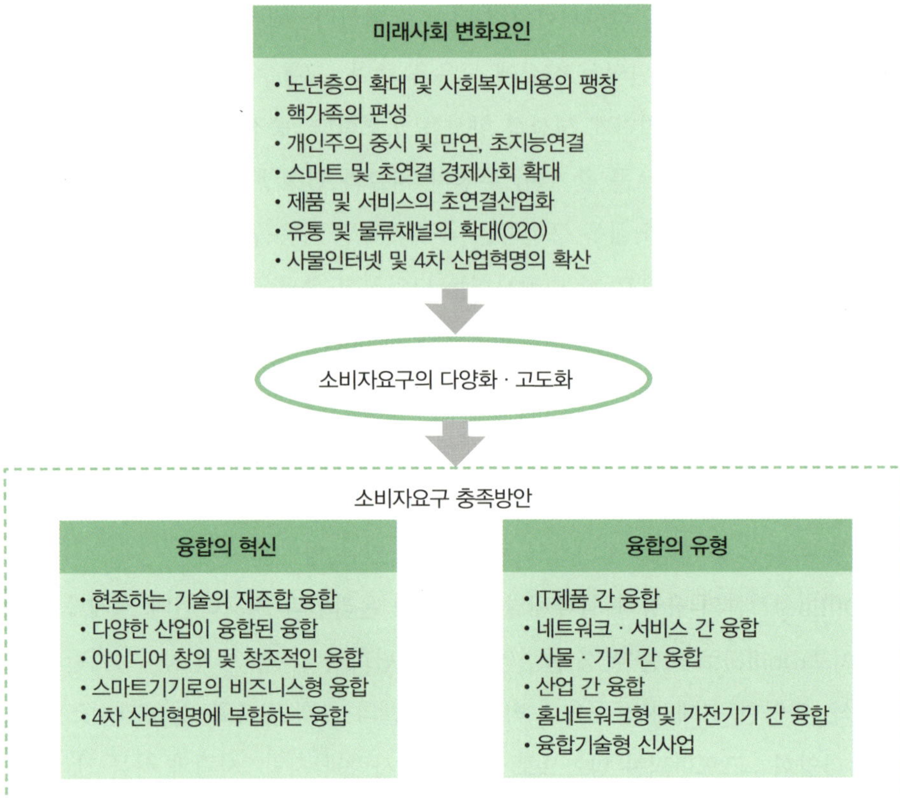

을 전망이다. 그렇다면 융합비즈니스는 향후 어떠한 방향으로 진화할 것인가? 이에 대한 몇 가지 유형인 IT제품 간 융합기술, 네트워크 · 서비스 간 융합기술, 사물 · 기기 간 융합기술, 산업 간 융합기술, 홈네트워크형 및 가전기기 간 융합기술, 융합기술형의 신사업에 대한 패러다임 변화방향을 설명하고자 한다.

1) IT제품 간 융합기술

과거 초기의 디지털 시대에 디지털 혁신기술인 브라운관 TV, 워크맨, CD, VTR 또는 VCR, 필름, 테이프, 유선전화, 아날로그카메라 등의 중추적인 산업을 쇠퇴 또는 소멸시켰다. 반면에 LCD/LED TV, QLED TV, IPTV, MP3 플레이어, 디지털카메라, 스마트폰, 온라인사업(전자상거래), SNS(페이스북, 카카오톡, 트위터 등) 등의 사업 또는 산업을 탄생시켰다. 이렇듯 기술혁신의 대표적인 융합은 새로운 기술을 만들어내는 것뿐만 아니라 IT제품 간 융합기술로 새로운 시대에 맞는 융합기술을 만들어낸다.

과거 융합은 모방과 복제가 용이하다는 디지털의 특성으로 인해 IT산업 내에서 컴퓨터, 통신, 오디오 · 비디오 등 전자제품들 간의 융합을 중심으로 전개되어 왔다. 휴대폰(음성+인터넷+카메라+동영상+MP3), DVD콤보(DVD+VCR), 복합형 캠코더(캠코더+디지털카메라+MP3+인터넷), 디지털카메라(동영상+인터넷), MP3/MP4, PMP(MP3+AV) 등이 그 사례들이다.

향후에도 IT제품 간의 융합은 빅데이터, 정보기술 및 5G, 정보, 오락, 가공 · 처리, 멀티미디어, 상거래 등의 기능 간 융합이 가속화되면서 보다 다양화 · 고도화될 것으로 보이며, 특히 초지능 연결 및 초지식 연결사회, 초연결산업에의 접근이 용이해지고 환경에서 모바일기기 및 사물인터넷이 인식되는 기기를 중심으로 제품과 서비스의 콘텐츠화가 전개될 것이다.

이러한 스마트화된 융합의 진화방향에 대해서는 완전형 융합과 부분적 융합의 두 가지로 분류할 수 있다. 먼저 완전형 융합은 빅데이터와 통신, 정보, 오락, 가공 · 처리, 전자상거래, 콘텐츠 등의 기능을 포괄하여 시장 내 대부분의 애플리케이션을 원활히 이용할 수 있는 완전통합 단말기가 시장의 주력으로 자리 잡을 것이다. 반면 부분적 융합은 완전통합 단말기가 시장을 주도하기는 힘들며, 빅데이터와 통신, 정보, 오락, 가공 · 처리, 전자상거래, 콘텐츠 등의 기능 중 고객의 본능적인 요구와 시장의 유행을 반영한 주요 기능을 중심으로 복합된 제품들이 시장을 주도할 것이다. 그러나 보다 장기적으로 디스플레이, 입력방식, 배터리 등 혁신적 신기술의 발전이 뒷받침될 경우 고객의 다기능 선호경향이 심화되고, 기업들의 기능적인 차별화의 노력이 지속된다면 다양한 소비자니즈를 단일기기에서 충족시킬 수 있는 통합 멀티미디어 단말기가 시장의 주력으로 부상할 가능성도 크다고 할 수 있다.

2) 네트워크 · 서비스 간 융합기술

네트워크 · 서비스 간 융합은 음성과 데이터의 통합인 VoIP(Voice over Internet Protocol), 유 · 무선 통합, 통신 · 방송 융합 등 세 가지 방향으로 전개될 것으로 예측된다. 먼저 VoIP는 기존 전화망이 아닌 IP(Internet Protocol)망을 통해 음성을 패킷(packet)형태로 전송하여 음성전화를 제공하는 서비스이다. VoIP는 기존 전화에 비해 저렴할 뿐만 아니라 다자간 통화, 무선LAN을 통한 VoIP, 멀티미디어 화상통화 등의 다양한 응용서비스를 음성과 결합하여 제공할 수 있다는 장점이 있다. 장기적으로 VoIP는 IP망으로의 통합이 가속화되는 가운데 공공전화망(PSTN)기반의 음성전화서비스를 대체해 나갈 것이다. 향후 모든 IT기기들은 음성인식을 탑재한 VoIP기반의 제어 및 통제가 이루어져 자율형태의 서비스가 등장할 것이다.

통신 · 방송 융합은 IT의 발달, 규제완화 및 경쟁 활성화 등으로 기존 통신과 방송의 경계가 허물어지는 현상을 의미한다. 현단계에서는 통신네트워크를 통한 방송서비스의 제공과 더불어 방송네트워크를 통한 통신서비스의 제공이 활발해지면서 통신망과 방송망은 하나의 네트워크로 통합되고 이를 통해 단말기의 융합, 전송기술의 융합 등도 실현될 것으로 보인다.

즉 언제 어디서나 모든 사물들이 네트워크로 연결되어 자율적으로 상호 통신하며, 사물에 부착된 센서 간의 상황인식에 의한 초지능화된 연결서비스가 제공될 것이다.

3) 사물 · 기기 간 융합기술

사물 · 기기와 인간의 융합형태가 지향하는 것은 인간의 사고, 인간의 감각 및 인간의 섬세한 육체 등을 그대로 구현한 인간중심형 타입의 산업형뿐만 아니라 인간에게 제공될 생활형의 서비스 로봇이 될 것이다. 생활형 로봇은 인간이 하기 싫거나 할 수 없는 일을 대신 수행하면서 인간에게 더 많은 여가시간을 제공해줄 것이다. 생활형 서비스 로봇의 출현으로 사무실의 단순작업이나 지루한 가사노동에서 해방된 사람들은 보다 중요한 일에 몰두하거나 영화, 음악, 레저 등 여가활동에 더 많은 시간을 할애할 수 있을 것이다.

그러나 이상적인 형태의 로봇은 인간의 사고를 닮고자 하는 측면에서 자율제어, 인지 · 판단, 학습, 감성구현 등을 포함하는 인공지능, 그리고 인간의 피부처럼 예민한 지능형 부품 및 소재, 다양한 구동센서 등이 핵심기술로 부각될 것이다.

4) 산업 간 융합기술

산업 내 혁신을 통한 고객가치창출이 어느 정도 한계에 다다르면서, 융합비즈니스기술로 인해 산업 간 경계가 붕괴되는 등 산업 간 융합에 따라 카오스(chaos)적 변환이 급속히 전개된다.

21세기에는 이러한 산업융합형태가 산업의 새로운 혁신 패러다임으로 자리 잡을 전망이다. 산업 간 융합기술은 다양한 이기종산업 간과 정보통신산업(ICT)과 부품 소재, 바이오, 화학, 에너지, 중공업 등 다양한 산업을 중심축으로 하여 이들 산업과 타산업이 융합하는 방향으로 전개될 것이다. ICT산업은 다양한 센서 및 인공지능기술 발전 등으로 사물과 사물 간의 스마트화 · 지능화를 촉진시키며, 사물 간 네트워킹 및 통합을 통해 기존 비즈니스모델을 변화시킬 수 있다.

최근에는 산업 간 융합기술의 한 형태로 스마트팩토리가 도입되는데 설비, 공장관리, 공급사슬망 등이 운영기술, 정보기술, 데이터기술 등을 기반으로 초연결되고, 통합되고, 자율적으로 운영되는 것이 특징이다. 초연결산업을 통해 제품과 서비스와 경험을 통해 개인 맞춤형 가치를 제공하며, 생산성과 효율성의 향상과 최적의 운영이 가능하다.

5) 홈네트워크형 및 가전기기 간 융합기술

홈네트워크는 관련 기술의 발달, 수요 및 공급 측면의 조건충족 등에 따라 초지능연결 및 초연결사회적인 중추적인 역할을 담당한다. 1990년대 후반 이후 컴퓨터, 디지털가전제품, 인터넷, 모바일기기 등이 가정으로 급속히 확산되었고 가전기기 간 네트워크화도 용이해졌다. 특히 정보 및 디지털기기와 네트워크에 익숙지 못한 청소년, 주부, 여성 일부 층들이 디지털제품에 대한 사용량이 늘어남으로써

그림 1-3 홈네트워크 및 가전기기 간 융합

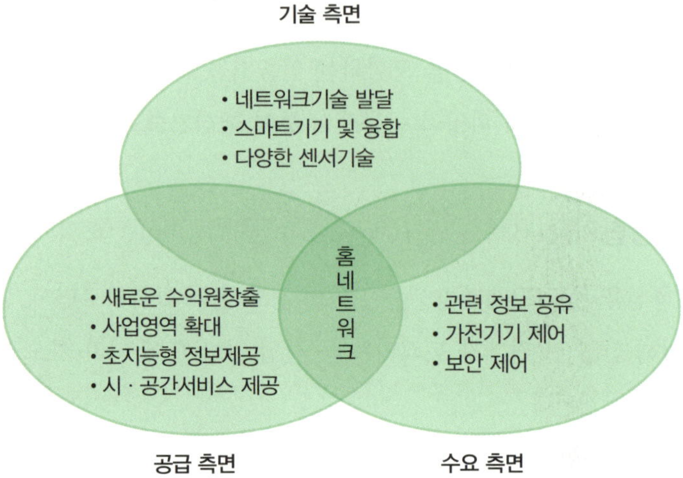

홈네트워크시장은 점점 커질 것이다.

특히 가전, 네트워크장비, 통신서비스 등의 분야에서 성장에 한계를 느낀 기업들이 새로운 시장으로서 가정의 네트워크화를 급속도로 진행하고 있다. 소비자들의 여가활동과 여성의 사회참여도가 늘어나면서 가사노동의 절감, 주택의 편의성 및 안전성 등이 요구되며, 고령화사회로의 진입으로 건강관리와 위급 시 긴급조치, 원격교육 및 진료, 가정보안시스템 등이 필요해짐에 따라 홈네트워크서비스에 대한 요구가 다양하게 나타나고 있다. 스마트사회에서 홈네트워크는 정보통신, 정보기기, 정보콘텐츠, 모바일기기 등 다양한 분야들이 융합되어 관련 시장이 고성장할 것으로 보인다.

6) 융합기술형 신사업

기업의 지속적 성장을 위해 적절한 시기에 적당한 규모의 신사업을 찾아내어 자기 것으로 해야 한다는 것은 과거나 현재뿐만 아니라 향후 미래에서 기업이 살아남기 위해서는 반드시 필요한 요건이다. 새로운 미래환경에 계속해서 적응하지 못한다면 기업은 어느덧 자취를 감춰버릴 수 있다. 어느 때는 산업 자체가 쇠퇴하고 다른 산업이 부상하기도 한다. 이러한 기업성장을 몇 가지 방향으로 설명하면 다음과 같다.

첫째, 기존의 시장에서 기존의 제품을 더 많은 고객에게 판매하는 방법, 둘째 기존의 제품으로 새로운 시장에 진입하는 방법, 셋째 기존 시장에 새로운 제품을 소개하는 방법, 그리고 마지막으로 새로운 제품으로 새로운 시장에 진입하는 방법이다. 이 중에서 첫 번째 방법은 경쟁을 통한 성장이자 기존 사업을 통한 성장이지만, 나머지 셋은 모두가 신사업을 통한 성장을 말하고 있다.

많은 신사업개발방법 중에서 특히 최근에 미래지향적 신사업개발방법이라면 4차 산업과 새로운 비즈니스모델이 뒷받침되고 있는 융합비즈니스형 신사업이다. 단순히 기존 고객가치의 연장선에 있는 것이 아니라 지금껏 없었던 새로운 부가가치를 만들어낼 때 비로소 융합이 이루어졌다고 말할 수 있다. 융합을 통한 신사업개발은 크게 보아 두 가지 방향으로 설명될 수 있다.

첫째, 새로운 부가가치가 존재하는 둘 이상의 가치사슬(value chain)을 융합하여 보다 본질적이고 포괄적인 새로운 고부가가치를 만들어내는 방식이다. 이 형태의 융합은 동일한 고객의 동일한 소비상황 또는 소비행동에 대해 둘 이상의 상품이 서로 다른 산업과 서로 다른 가치사슬을 통해 전달될 때 시도된다. 대체로 제품과 서비스를 융합하는 형태, 즉 제품과 서비스 융합상품의 형태로 전개된다.

둘째, 성격이 다른 둘 이상의 고객가치를 연결하는 방식이다. 이 방식의 융합의 대표적인 예로 생산자와 소비자를 연결하는 비즈니스 사업모델을 들 수 있다. 비즈니스 연결의 방식에 따라 ① 생산자와 소비자를 서로 만나게 하는 것에 중점을 둔, 소위 마켓플레이스라고 하는 방식, ② 생산자와 소비자가 각기 다른 형태로 참여하지만 하나의 거래형태에서 서로의 니즈가 충족되는 양면시장방식, ③ 소비자와 소비자를 서로 연결하는 것으로 독자적인 가치를 만들어내는 방식 등 다양한 형태가 존재한다.

1.2.2 융합비즈니스 경쟁전략

융합비즈니스 시대에 4차 산업 및 미래사회적 변화에 미리 대비하는 전략이 절대적으로 필요하다. 상당기간 디지털기술이 부가가치와 경쟁우위의 원천이 될 전망이며, 이러한 디지털 전환과정에서 출현하는 미래 융합비즈니스 성장산업들을 선점하기 위한 전략적 접근방안이 필요하다.

융합비즈니스가 IT산업을 넘어 타산업 및 사회로 계속해서 확장되고 있다. 과거 IT산업 내 기술 간 · 제품 간 융합에서 벗어나 IT산업과 타산업사회 간의 전면적인 융합으로 확대되고 있는 것이다. 그동안 융합기술은 IT산업 내에서 컴퓨터, 통신, 네트워크 등 전자기기 간의 융합을 중심으로 전개되어왔다. 그러나 최근 들어 IT의 활용범위가 보다 확대되고 타산업사회분야 기술과의 접목이 활발해지면서 새로운 융합기술이 창출되는 현상이 나타나고 있다. 이러한 융합기술을 활용한 제품 및 서비스개발의 급진전으로 IT와 타산업사회 간의 융합 또한 빈번해지고 있으며, 융합영역에서 새로운 시장영역이 창출되고 있다.

금융과의 IT융합에 따른 핀테크와 블록체인, 방카슈랑스(인터넷 및 모바일금융과 보험), 방송과 콘텐츠의 온라인 동영상서비스(OTT: Over the Top)로 원하는 시간에 다양한 콘텐츠를 즐길 수 있다. 자동차와의 융합에 따른 자율형 자동차, 건설과의 융합을 통한 스마트빌딩 등 고객접점이 원활한 곳부터 융합환경이 변하고 있음을 알 수 있다.

이렇듯 초연결산업 간 융합기술이 활발하게 일어나는 이유는 다음과 같다.

첫째, 초연결산업 간 융합을 통해 기존 산업 내 제품 · 서비스로는 창출하기 힘든 고객효용을 만들어낼 수 있기 때문이다. 편의성 향상을 추구하는 인간의 욕구가 끊임없이 진화하는 가운데 산업 내 혁신을 통한 효용 증대는 한계에 봉착하게 되고, 대신 산업융합영역에서 다양한 혁신의 생성과 획기적인 효용 증대가 가능해지고 있다. 예를 들어 자동차산업의 경우 IT와의 융합을 통해 타이어 결함의 자동감지 및 졸음운전 경고 등의 안전성 제고, 위치기반서비스 등의 편의성 제고, 전기자동차를 통한 경제성 향상 등 기존 기계식 자동차로는 제공하기 힘든 고객효용을 창출해낼 수 있다. 최근에는 자율형 자동차개발로 앞으로 사람이 운전하는 시대는 점점 사라질 것이다.

둘째, 정보통신망의 빠르기와 처리속도 등 5G 이상의 광대역화, 첨단화된 반도체를 통한 초소형화 · 미세화기술의 발전, 부품 및 소자, 재료기술의 다양한 센서

기반으로의 전환, 인공지능 및 로봇 등과 같은 4차 산업의 핵심기술개발의 진전 등으로 초연결산업 간 융합을 원활히 지원하고 있다.

셋째, 대부분의 기존 산업이 범용화되고 산업 내 생존경쟁이 치열해지면서 기존 산업이 레드오션으로 변화하고 있다. 기존 산업 내에서 성장한계에 봉착한 기업들

표 1-2 다양한 산업과 4차 산업의 융합기술들

분야	주요 내용
자동차+ IT	스마트카(친환경, 안전, 여가, 오락 등), 차세대 텔레매틱스, 차량 간 통신을 통한 안전서비스, 자동차 원격진단서비스, 전기자동차, 자율형 자동차 등
조선+ IT	디지털화된 작업장, 전자해도 및 선박의 통합운항시스템, 스마트안전시스템, 지능형 조선기자재, 친환경 고효율엔진
건설+ IT	지능형 빌딩, 친환경 빌딩, 스마트도시, 3D 가상건설
섬유+ IT	스마트섬유, 스마트의류, 3D 피팅, 3D 프린팅 등
기계+ IT	지능형 공작기계, 공정의 지능화 · 자동화, 스마트팩토리, 드론 등
항공+ IT	항공기 실시간 진단시스템, 특수항공기(항공기와 선박이 결합된 위그선), 우주선개발, 항공VR 등
국방+ IT	네트워크중심 전장관리, 전투지휘통제체계, 로봇병사, 무인차량, 무인정찰기, 드론 등
에너지+ IT	CO_2 배출모니터링시스템, 스마트그리드, 에너지 저장 및 재생, 신재생에너지(태양광, 풍력 등)
로봇+ IT	산업용 로봇(조립, 가공, 포장, 검사 등), 가사용 로봇(청소, 경비), 교육용 로봇, 초지능 로봇, 퓨처 로봇 등
유통+ IT	미래형 유통매장(생산자정보), 유통혁신(자율주행, 교통처리), 전자 카탈로그 및 이미지, O2O, 온라이프 등
물류+ IT	녹색물류, 온라인 배달의 혁신(드론 택배)
금융+ IT	핀테크, 블록체인, 금융기업 간 협업시스템, 코인결제 및 비트코인의 실생활에 사용, 맞춤형 금융서비스, 암호화폐 등
교육+ IT	개인 맞춤형, 학습러닝, 머신러닝, 딥러닝, 전자책, 교육용 로봇, 파이썬기반 코딩 등
관광+ IT	가상관광, MICE(Meeting, Incentive, Convention, Exhibition)회의(학술대회, 국제회의, 관광상품 연계)
의료+ IT	원격의료, 지능화된 의료장비(수술용 로봇), 유전자기반의 나노와 바이오신약, 불치병 치료

자료: 김덕현 외 9인, 융합경영, 글로세움, 2011, 저자 수정.

이 경쟁에서 자유로운 새로운 시장공간인 블루오션을 창출하기 위해 타산업영역과의 융합을 적극 추진하고 있다. 융합영역의 경우 기존 기술만으로는 접근이 어려워 시장경쟁자가 소수이므로 고부가가치사업을 창출할 가능성이 높다.

이상의 요인을 바탕으로 산업 간 경계가 무너지면서 산업구조가 해체 · 재구성되는 초연결산업 간 융합비즈니스가 활발해지고, 융합영역에서 새로운 시장이 창출되고 있다. 보다 다양한 산업과 4차 산업의 융합기술들을 제시하면 [표 1-2]와 같다.

1.3 사물인터넷의 환경과 특징

사람과 사람의 연결을 넘어 사람과 사물, 사물과 사물이 연결되는 사물인터넷 시대가 다가오고 있다. 미래의 시대는 초연결지능, 초연결사회, 초연결산업이라는 기반의 연계는 사물인터넷 덕분에 더욱 편리하고 안전하게 효율적인 모습으로 변할 것이라 전망된다. 현재 우리는 스마트폰, 소형화된 가전기기 등 다양한 기기를 통해 사람과 사람이 실시간으로 연결되어 소통하는 시대에 살고 있다. 사물인터넷은 수동적이던 사물을 깨우고, 사람과 사물이 연결되는 세상을 열 뿐만 아니라 관련 정보와의 연계를 통한 상호 의사소통 및 제어가 가능해진다. 사물과 사물 간의 연결을 통해 정보를 교환하고 사물이 자율적으로 판단해 사람이 원하는 형태로 작동하는 세상이 될 것이다.

사물인터넷(IoT: Internet of Things)이라는 용어는 1999년 상품이나 화물에 붙이는 무선태그의 표준화단체인 Auto-ID에서 브랜드매니저를 하던 케빈 애쉬턴(Kevin Ashton)에 의해 처음으로 사용되었다. 사물인터넷은 인터넷이 도처에 존재하는 다양한 센서들을 통해 물리적인 세상과 연결될 수 있도록 해주는 시스템을 의미한다. 이제 인터넷은 컴퓨터뿐만 아니라 다양한 종류의 디바이스(장치)들이 항시 연결되어 서로 통신하면서 데이터를 공유하는 네트워크까지 포괄하는 개념으로 이해하여야 한다.

▮ 표 1-3 ▮ 사물인터넷 정의

기관 및 단체	내용
ITU-T	데이터수집과 통신기능을 통하여 물리적 개체와 가상의 개체를 연결해주는 글로벌네트워크 인프라
Gartner	통신, 감지, 주변환경과의 상호작용을 위한 내장기술이 탑재된 물리적 개체들의 연결망
wikipedia	각종 사물에 센서와 통신기능을 내장하여 인터넷에 연결하는 기술, 즉 무선통신을 통해 각종 사물을 연결하는 기술
Naver 지식백과	정보통신기술을 기반으로 실제세계와 가상세계의 다양한 사물들을 연결하여 진보된 서비스를 제공하기 위한 서비스기반 시설
국립중앙과학관	세상에 존재하는 유형 혹은 무형의 객체들이 다양한 방식으로 서로 연결되어 개별 객체들이 제공하지 못했던 새로운 서비스를 제공하는 것
과학기술정보통신부	사람, 사물, 공간, 데이터 등 모든 것이 인터넷으로 서로 연결되어 생성 · 수집 · 공유 · 활용되는 초연결 인터넷
한국인터넷진흥원	인간과 사물, 서비스 세 가지 분산된 환경요소에 대해 인간의 명시적 개입 없이 상호 협력적으로 센싱, 네트워크, 정보처리 등 지능적 관계를 형성하는 사물공간 연결망

자료: 서경환 외 3명, 사물인터넷 개요, 도서출판 배움터, 2018, 저자 수정.

사물인터넷은 모든 사물에 칩과 센서를 장착하고 인터넷으로 연결해 스스로 작동하도록 하는 기술이다. 예를 들어 온도, 습도, 위치, 속도, 진동, 밝기, 헬스케어에서의 혈압과 맥박 등을 측정하는 다양한 종류의 기기뿐만 아니라 일상생활에서 많이 사용되는 스마트폰이나 태블릿PC, 자동차, 의료기기, CCTV, 냉장고나 에어컨 등의 가전까지 그 종류와 범위에 제한이 없을 정도로 범위가 매우 넓다. 이처럼 사람 · 사물 · 공간 · 데이터 등 모든 것이 다양한 디바이스장치 간의 인터넷으로 연결되어, 정보가 생성 · 수집 · 공유 · 활용되는 초연결상태를 사물인터넷이라 말한다. 그리고 특정한 시스템이나 사람들에게 서비스를 제공하는 것을 사물인터넷 서비스 혹은 사물인터넷기반서비스라고 한다.

만약 슬리퍼에 칩을 장착하면 집안 바닥에 쌓인 먼지를 측정해 청소기에게 알려준다. 청소기가 슬리퍼가 보내는 정보를 받아 더러워진 곳을 청소한다. 또한 냉장고는 보관 중인 식품의 양과 유통기한을 점검해 대형마트를 방문한 주인에게 알려

그림 1-4 사물인터넷의 진화방향과 전망

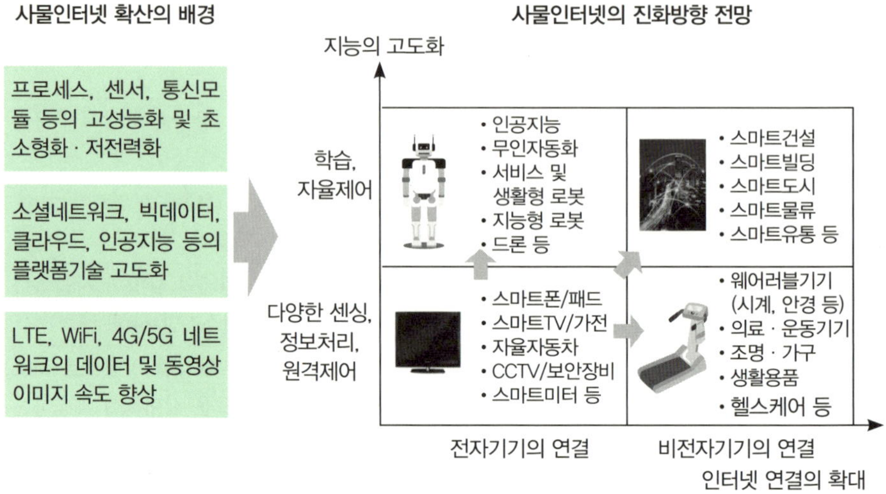

자료: 김종대 외 2인, IoT 시대 서비스중심의 신흥강자 부상한다. LGERI 리포트, 2014, 저자 수정.

준다. 사물인터넷기술이 발전하면 모두 가능한 일이다.

사물인터넷 시대의 도래로 인간과 사물, 사물과 사물이 서로 밀접하게 연결되어 가고 있다. 각 사물에 내재된 센서는 실시간으로 데이터를 수집 · 저장 · 분류 · 분석해 액티브데이터(active data)로 가공한 다음 네트워크화되어 있는 사물 및 인간에게 정보를 제공한다. IoT를 통해 사물은 '인공지능', '상호 운영성', '모니터링', '텔레프레즌스'와 같은 기능을 사용할 수 있다. 인간은 클라우드 서버의 슈퍼 컴퓨팅 파워와 집단지성을 자유로이 이용할 수 있다. IoT기술은 스마트폰, 증강현실(augmented reality)기기, 드론, 3D 프린터, 스마트홈, 뇌-컴퓨터 인터페이스(brain-computer interface), 엑소스켈레톤(exoskeleton) 등에서 이미 사용되고 있다. 이러한 현상으로 인해 사람들의 생활방식뿐만 아니라 생산자, 소비자로 이루어진 전통적 경제시장의 모습도 바뀌고 있다.

특히 센서, 프로세서, 통신모듈 등 전자부품이 초소형화 · 저전력화되고 빅데이터, 클라우드 등 플랫폼기술과 5G 등 네트워크기술이 발전되면서 모든 사물이 지능화되고 인터넷과 연결되는 IoT 시대가 열리고 있다. IoT 시대가 본격적으로 열리면 사용자가 직접 개입하지 않아도 필요한 정보가 자동으로 전달되고 주변사물

그림 1-5 사물인터넷이란?

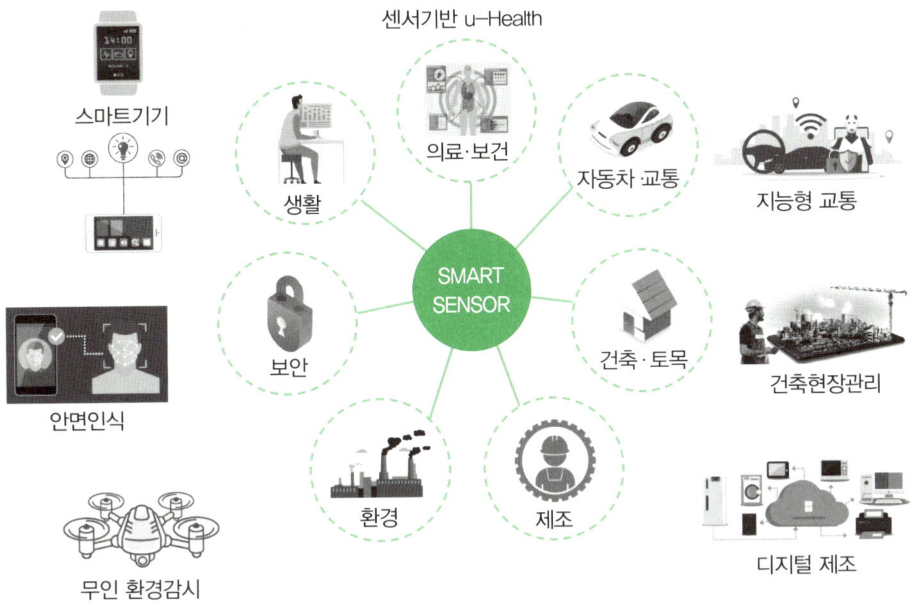

이 스스로 필요한 작업을 수행하게 될 것으로 보인다. 이러한 IoT를 통해 우리의 삶은 편의성, 안전성, 생산성 등의 측면에서 혁신적으로 변화될 전망이다.

사물인터넷을 구현하기 위해서 센서 · 상황 인지기술, 통신 · 네트워크기술, 칩 디바이스기술, 경량 임베디드 네트워크기술, 자율적 · 지능형 플랫폼기술, 대량의 데이터를 처리하는 빅데이터기술, 데이터분석기술, 사용자중심의 응용서비스기술, 웹서비스기술, 보안 · 프라이버시 보호기술 등 다양한 형태의 기술이 필요하다.

IoT와 더불어 IoE(Internet of Everything)에 대한 관심 또한 점점 고조되고 있다. IoT 또는 IoE는 가전, 자동차뿐만 아니라 안경, 시계 및 각종 설비, 도시 인프라 등 모든 사물에 지능이 부여되고 인터넷이 연결되는 것을 의미한다. 사물인터넷을 통해 다양한 영역에서 한 차원 높은 지능형 서비스가 구현되고, 이는 우리의 삶 속에서 편의성 · 안전성 · 생산성 등에 혁신적 변화를 가져올 것으로 예상되고 있다.

예를 들어 집이나 빌딩의 밝기, 온도, 습도 등이 상황에 따라 자동으로 조절될 수 있고, 직접 주문하지 않아도 식료품이 떨어지는 시점을 자동으로 파악하여 적절한 시점에 필요한 식료품이 집으로 배달되도록 할 수도 있을 것이다. 신체에 부착된 센서를 통해 본인도 모르는 건강상의 이상 유무를 빠르게 감지하여 심각한 질병을 예방하거나, 도시 내에서 각종 재해나 사고, 범죄 등이 발생했을 때 신고가 없어도 실시간으로 자동감지하고 대응하는 것이 가능해질 전망이다.

기후 · 환경분야의 한 예로 갑작스런 폭우로 인한 도심지의 침수를 효과적으로 방지할 수 있는 지능화된 도시들의 배수시스템을 들 수 있으며, 재난감시분야로는 주민들이 재난 발생 시 스마트폰으로 재난모드 응급시스템으로부터 관련 정보를 제공받아 스마트도시에서 발생하는 모든 재난에 대처할 수 있도록 도움을 주는 서비스가 있다.

사물인터넷(IoT)은 보안, 에너지, 건설, 유통, 교통뿐만 아니라 재난 · 안전, 미디어, 농축산, 국방, 의료, 금융, 환경, 인프라 등 다양한 산업에 적용될 것으로 보이며, 이에 따른 막대한 부가가치가 창출될 것으로 예상되고 있다.

사물인터넷은 여러 가지 형태로 정의되고 있는데, 보편적으로 세 가지 공통요소를 요약하면 [그림 1-6]과 같다. 첫째, 다른 성질의 물체를 가진 사물이라도 사물은 스스로 행동할 수 있는 지능을 가져야 한다. 여기서 스스로 행동할 수 있는 지능이란 사물이 정보를 수집하고 이를 전송하는 어떠한 행위와 행동을 주체적으로

그림 1-6 사물인터넷의 세 가지 공통요소

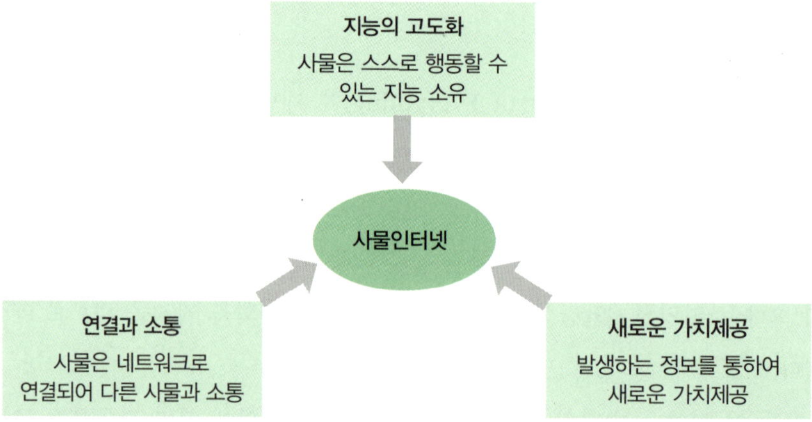

자료: 커넥팅랩, 사물인터넷, 미래의 창, 2014.

할 수 있다는 것을 의미한다. 둘째, 각각의 사물들은 사물과 사물 간, 사물과 사람 간의 네트워크로 연결되어 소통할 수 있어야 한다. 셋째, 사물인터넷에서 발생되는 정보를 통하여 새로운 부가가치가 제공되어 보다 우수한 제품을 만들뿐더러 상호 소통하는 의사결정의 장으로서 사물인터넷을 바라보아야 한다.

이러한 세 가지 공통요소에 대한 사례로 현재 운행되고 있는 버스와 지하철의 연동시스템을 예로 들어보자. 버스에 장착된 GPS 및 GIS, 무선통신장치로 버스는 스스로 행동할 수 있는 지능을 가졌다고 할 수 있다. 이런 상호 연결과 소통으로 버스와 지하철 간의 배차간격을 알 수 있다. 그리고 이러한 버스와 지하철 간의 정보분석을 통하여 어느 노선이 어느 시각에 배차하는지와 지하철 간의 연동시간을 제공하여 고객에게 새로운 부가가치를 제공한다.

1.3.1 사물인터넷의 주요 특징

사물인터넷의 주요 특징 중의 하나는 상황(context)에 대한 인식이 가능하다는 것이다. 주변환경이나 물리적인 변화, 센서를 포함하는 디바이스의 다양한 리소스, 사물 간에 나타나는 실시간 정보를 인식하고 제어하는 것이 가능하므로 빠르게 변화하는 외부 조건에 대해서 능동적이며 지능적으로 대응할 수 있어야 한다. 상황인식에서 가장 중요한 요소가 사물에서 얻는 데이터이며, 이 데이터를 어떻게 유용한 정보로 변환하여 사용하는가가 성공의 중요한 열쇠가 된다. 여기서는 사물인터넷을 구성하는 센서, 유무선통신과 네트워크, 서비스 인터페이스, 보안에 대하여 설명하고자 한다.

1) 센서

사람이 누군가와 대화를 하기 위해 상대방의 얼굴을 바라보거나 이름을 물어보듯이 사물도 서로 대화를 나누려면 상대 기기 ID나 IP주소를 알아야 한다. 기기 간 상호 커뮤니케이션을 나눈 다음에는 어떤 대화를 나눌 것인지 화제를 찾아야 한다. 사람도 대화할 때 뭔가 공통 관심사를 꺼내서 대화를 통하여 의사소통을 한다.

사물인터넷에서는 모든 물리적 센서정보가 매우 중요하다. 온도, 습도, 날씨, 압력, 부피, 밀도, 위치, 바이오, 열, 가스, 조도, 초음파센서부터 원격감지, 이미지, 레이다, 모션, 영상센서 등 유형 사물과 주위환경으로부터 정보를 바탕으로 사물 간 수치화된 정보로 대처 및 상황을 파악한다.

일반적으로 센서(sensor)는 온도, 압력, 속도와 같은 물리적인 환경정보의 변화를 전기적인 신호로 바꿔주는 장치를 말한다. 사물인터넷 관점의 센서는 사물에 부착되어 관련 정보를 수집할 수 있는 장치들을 말한다. 즉 필요한 사물이나 장소에 전자태그(RFID)를 부착하여 주변상황정보를 획득하고 실시간으로 정보를 전달하는 핵심기술이라고 할 수 있다. 센서에서 나온 정보를 이용한다거나 다른 장치에 전달하여 2차원적인 정보를 전달하는 요소도 존재한다. 온도, 습도, 열, 가스, 초음파센서 같은 전통적인 정보요소에서 원격감지, 전자파흡수율, 레이다 위치, 이미지, 영상센서 등과 같은 주위환경과 사물의 환경을 감지하고 정보를 얻는 물리적 센서를 포함한다. 이러한 물리적인 센서는 표준화된 인터페이스와 정보처리 능력을 내장한 스마트센서로 발전 · 진행중이며, 과거의 독립적이고 개별적인 센서에서 한 차원 높은 멀티미디어적인 센서와 함께 초지능적이고 다차원적인 정보 추출이 가능해지고 있다.

사물에 부착된 센서를 통하여 다양한 정보를 실시간으로 얻기 힘든 상황일 경우에는 최근에 각광받고 있는 웨어러블 디바이스장치를 사용하여 인체와 밀접하게 해서 한 차원 높은 다차원적인 정보추출이 가능하다. 이 장치는 인체와 밀접한 각종 기기들로부터 심장수, 맥박수, 혈압, 운동량 등의 정보를 수집할 수 있다. 또한 이러한 사물인터넷은 병원 등 헬스케어분야에서 활용도가 높아질 것이다.

우리가 가장 많이 이용하는 스마트폰에는 가속도센서, 지자계센서, 자이로센서, 온도센서, 조도센서, 근접센서, 소리센서, 이미지센서, 지문센서, 터치화면 등 무려 10여 종의 20여 개 센서가 사용되고 있다. 산업분야에서는 예를 들어 자동차의 경우 자동차 한 대에 약 150에서 200개에 달하는 센서가 사용되고 있으며, 항공기 엔진의 경우 2,000개에서 5,000개에 달하는 센서가 이용된다고 한다.

표 1-4 센서의 종류 및 특징

구성요소	특징	예시
온도, 습도, 날씨센서	뜨거움과 차가움을 온도와 습도, 날씨 등을 통해 수치화	요리를 도와주는 프라이팬
압력, 부피, 밀도센서	물체에 가해지는 압력, 부피, 밀도를 수치화	타이어 공기압 혹은 부피 등 측정시스템
위치, 차원센서	물체의 위치 및 차원을 수치화	물체의 위치 및 차원정보를 데이터화(블랙박스, 내비게이션 등)
바이오센서	DNA, RNA, 항체 등의 특정 물질의 암세포, 바이러스 등의 화학물질과의 반응도를 수치화	혈당, 맥박, 지문, 알코올, 산소포화도 및 인슐린 수치 측정기기
이미지, 비전, 식별센서	빛을 받아들여 전기신호로 전환하는 수치	블랙박스, CCTV, 내비게이션
전기 및 자기센서	음향에너지를 전기에너지로 변환하는 것을 수치화	스마트청진기, 보청기
가속도센서	중력, 외부 충격에 의해 발생하는 가속도를 측정	에어백, 운동량측정
가스센서	이산화탄소와 공기와 반응하는 원리로 인체의 해로운 가스농도를 수치화	가스누출 감지기
자이로스코프센서	높이, 회전, 기울기 및 회전할 때의 속도 측정, 위치, 방향설정, 중심을 잡는 용도	카메라의 손 떨림(거리측정기)
레이다센서	360도 회전하며 레이다를 비춰 거리, 속도, 온도, 물질 분포와 3D 영상정보를 수집	지상관측 인공위성, 무인자동차
스마트센서	지능화된 센서(임베디드형)로 외부정보를 감지할 뿐만 아니라 정보처리까지 가능	스마트가로등, 스마트쓰레기통 등

자료: 김종대 외 1인, 모든 사물이 자율적으로 움직이는 세상, LG경제연구원, 2016, 저자 수정.

2) 유 · 무선통신 및 네트워크 인프라

스마트 디바이스가 생성한 데이터들은 인터넷상의 어딘가에 존재하는 사물인터넷서비스 플랫폼으로 전달되어야 하며, 이러한 역할을 담당하는 것이 네트워크영역이다. 네트워크영역에는 전송속도, 통신거리, 통신방식 등 서로 다른 특성을 갖는 다양한 통신기술들이 존재하며, 이외에도 서비스 생성을 지원하는 기술, 데이터의 흐름을 제어하는 기술 등이 존재한다.

현행 네트워크의 발달은 사물인터넷환경에 있어서 큰 변화를 가져올 것이다. 5세대, 6세대 무선통신이 다가오면서 순식간에 많은 정보를 전송할 수 있게 될 것이다. 현재의 사물에서 취급되는 정보는 각 센서를 통해 측정된 단순한 수치뿐만 아니라 고용량의 정보가 나타나도 데이터 트래픽에 장애가 없어야 한다.

예를 들어 자동차를 몰고 어느 특정 지역을 지날 때 고객의 존재를 인식하여 스마트폰으로 관련 상품이나 관광정보 등을 제공하는 서비스가 있다고 할 때 과거에는 문자로만 정보가 디스플레이되었지만 최근에는 정보통신환경이 빠르게 진행되어 사진, 동영상, 다차원적인 형태의 웹페이지 등이 정보로 전달되어 사물인터넷의 정보가 풍부해질 것이다.

3) 서비스 디바이스

사물인터넷 시대 이전까지는 제품과 서비스가 분명히 구분되는 시대였다. 냉장고나 세탁기는 각각 음식물을 신선하게 유지하거나 빨래를 빨아주는 고유한 기능을 제공하는 장치이지 서비스가 아니었다. 반면 냉장고에 보관할 음식물을 온라인으로 구매하거나 세탁소에서 빨래를 대신 해주는 것은 제품이 아닌 서비스였다. 그러나 사물인터넷 시대에는 디바이스와 디바이스가 서로 연결되면서 기존에 존재하지 않던 새로운 서비스가 생겨나기도 하고, 혹은 기존에 존재했던 서비스를 더욱 활성화해주기도 한다. 이처럼 디바이스 자체의 고유기능을 제공하기보다는 기존의 혹은 새로운 서비스를 더욱 잘 이용할 수 있게 하기 위한 인터페이스가 매우 중요해졌다. 서비스 디바이스는 사물인터넷을 구성하는 요소들을 서비스 및 애플리케이션과 연동하는 역할을 담당한다. 다양한 사물인터넷의 서비스분야 및 정보를 수집 · 가공 · 처리하여 각종 기술을 융합하는 기술이다. 특히 인터페이스기술은 데이터생성, 데이터전달, 데이터처리가 원활히 이루어지도록 하나의 서비스 디바이스도 플랫폼형태로 이루어져 처리되어야 한다.

현행 사물인터넷의 서비스 인터페이스에서 나타나는 정보는 단순한 정보지만,

미래에는 센서와 네트워크의 발달로 더 많은 다양한 정보를 수집할 것이고 새로운 가치 있는 정보가 분석될 것이다. 사물인터넷에서 축적된 단순한 정보들, 예를 들어 전력, 가스, 수도 등은 사용량이나 시간대별로 단순한 분석이 예상되지만 데이터를 통하여 새로운 결과물, 즉 가구마다 시간대별 사용량 분포와 지역 등을 구분하여 보다 자세하고 분석적인 결과물이 도출될 것이다.

4) 보안

사물인터넷 보안기술은 디바이스나 네트워크의 보안 취약점을 이용하여 사물인터넷 디바이스의 동작이나 디바이스와 관련된 사물인터넷서비스를 비정상적으로 만드는 등의 다양한 보안 위협에 대처하기 위한 기술을 말한다. 사물인터넷 보안 위협은 사물인터넷을 구성하는 요소인 디바이스, 네트워크, 서비스영역에서 모두 발생할 수 있다. 사물인터넷 보안 위협에는 데이터위변조, 프라이버시 침해, 비인가된 애플리케이션 및 사용자의 접근, 정보유출, 서비스 거부 등이 있다.

표 1-5 사물인터넷 구성요소별 보안 위협

구성요소	보안 위협
서비스	데이터위변조, 데이터의 기밀성 · 무결성, 프라이버시 침해, 비인가된 애플리케이션 및 사용자의 접근
네트워크	데이터위변조, 인증 방해, 신호데이터의 기밀성 · 무결성 침해, 정보유출, 서비스 거부(DoS)
장치 · 센서	장치의 기밀성 · 무결성 침해, 비인가 접근, 복제 공격

대부분 사물인터넷 디바이스들은 무선통신기술을 이용하기 때문에, 스마트 디바이스들이 전송하는 데이터를 도청하거나 스니핑함으로써 해당 디바이스를 복제하는 것도 가능하다. 사물인터넷은 모든 사물 간에 인터넷이 가능한 상태이므로 다른 사용자 혹은 기기가 해킹을 통해 물건을 제어하고 조정할 가능성이 있다. 가끔 금융권과 통신회사의 서버가 해킹을 당하는 것과 같이 모든 사물이 인터넷에 연결된 상태에서 서버가 해킹을 당한다면 국가적으로 엄청난 사이버 재앙을 불러

올 수도 있다. 이에 대한 제도나 대책을 만들어야 한다.

사물인터넷의 보안기술은 유·무선네트워크, 첨단기기 및 센서, 사물과 사물, 사물과 사람 간의 장소 유무에 따른 해킹 및 정보유출을 방지하는 기술이다. 다양한 분야에서 나오는 정보들은 네트워크를 중심으로 이루어지기 때문에 개별적으로 적합한 보안기술 채택이 필수적으로 적용되어야 한다. 사물인터넷에서 필요한 보안기술은 프로토콜 및 네트워크 보안, 정보보호 및 사생활보호, 시스템 장애를 통한 장치들의 고장, 계정관리 등이 있는데, 특히 정보보호 및 사생활보호부문이 매우 중요하다.

비인가 접근은 권한이 없는 공격자가 특정한 장치나 자원, 서비스에 비인가된 접근을 시도한 후 그것들을 조작하거나 물리적인 손상을 입히는 보안 위협을 말한다. 이외에도 비인가 접근을 통해 디바이스나 사용자와 관련된 정보가 유출될 수도 있으며, 이는 곧바로 프라이버시 침해문제를 일으키기도 한다. 또한 디바이스를 생성시키거나 시스템에 의해 가공된 데이터를 변조함으로써 사물인터넷서비스의 품질을 떨어뜨릴 수도 있다.

1.3.2 사물인터넷의 미래 비즈니스모델

사람과 기계, 기계와 지능, O2O(Online to Offline) 간의 사물인터넷과 4차 산업분야에서 다양한 비즈니스들이 출현할 것이다. 특히 4차 산업혁명의 중심인 사물인터넷 관련 산업, 인공지능 관련 산업, 자동차산업, 바이오헬스산업, 빅데이터 관련 산업, 정보보호산업, 에너지 저장 및 재생산업 등 기술융합을 통하여 많은 비즈니스창출이 가능할 것이다.

특히 사물인터넷(IoT)은 비즈니스가 적용가능한 분야가 매우 광범위하며, 막대한 부가가치를 창출할 것으로 예상되고 있다. 초기의 사물인터넷 비즈니스 적용분야로는 통신사나 제조회사 등 기존 기업들이 기존 제품과 서비스에 인공지능이나 인터넷 등을 결합시킨 스마트제품과 서비스를 출시하여 기존 제품과 서비스보다 비싼 값에 판매하고 고객을 유인하는 등의 수단으로 활용되어왔다. 향후 미래 시장에는 사람들이 일상생활에서 흔히 접하는 불편함을 해소하거나 아이디어 등 사람의 편리성을 한층 업그레이드할 수 있는 솔루션들이 등장할 것이다. 미래의 사물인터넷시장을 주도할 기업으로는 구글과 애플이 가장 먼저 꼽히고 있다. 그러나 이는 콘텐츠, 플랫폼, 네트워크, 단말기기로 이어지는 가치사슬 관점에서 현재 스마트폰시장과 유사한 특성을 가진 '기기중심의 사물인터넷(device-centric IoT)' 시장에 국한된 것이라 할 수 있다. 새롭게 등장할 것으로 기대되는 '서비스중심의 사물인터넷(service-centric IoT)'시장은 현재 스마트폰시장의 특성과 차별화될 것으로 보인다. 따라서 서비스중심의 사물인터넷시장은 구글과 애플 이외에도 다양한 신흥 강자가 등장할 수 있는 기회의 장이 될 수 있다.

이러한 서비스중심의 사물인터넷시장을 주도하기 위해서는 무엇보다 유통, 금융, 의료 등 각 서비스영역에서 확고한 고객기반과 같은 강력한 경쟁력을 갖추고 있어야 한다. 그리고 이와 더불어 빅데이터 플랫폼 구축, 단말기기 설계역량확보 등을 통하여 가치사슬에 역량을 기울여야 한다.

기기중심의 사물인터넷과는 조금 다른 형태의 사물인터넷서비스들도 있다. 예를 들어 집 안의 온도를 자동으로 조절하는 서비스라든지, 집 안에서의 에너지 사용량을 측정하여 비효율적인 부분을 찾아 개선시키는 서비스도 가능하다. 또한 신체에 부착된 센서를 통해서 건강상의 이상신호를 감지하여 질병을 예방하거나, 낙상 등의 위급한 상황에도 이를 자동감지하여 빠르게 대응할 수도 있다. 또한 공장기기 등에 센서를 부착할 경우 기기의 이상작동이나 마모 등의 상태를 파악하여 공장이 멈추는 불상사를 막을 수도 있으며, 교량이나 항공기 등에 적용될 경우 사고가 발생하기 전에 이상신호를 미리 감지하여 사전에 대응하는 것도 가능하다.

서비스중심의 사물인터넷은 스마트폰과 같은 기기가 중심이 되기보다는 다양한 센서를 통해 하나의 서비스를 제공하는 플랫폼형태를 갖기 때문에 스마트홈이나 스마트카와 관련된 서비스의 제공과 활용성에 초점을 맞추고 있다.

사물인터넷에서는 O2O(Online to Offline)시장도 상대적으로 부각될 것으로 예상된다. 사물들에 센서가 탑재되어 지능을 갖는다는 의미는 지금까지 크게 주목을 받지 못했던 사물들도 소비자의 관심영역에 포함될 수 있는 가능성이 그만큼 높아진다는 것이다. 사물인터넷은 광범위한 영역에 걸쳐 있는 개념인 만큼, 이를 좀 더 세분화해야 고객이 누구인지 분명하게 드러날 수 있다. 정보통신 및 위치기반기술을 활용한 O2O 판매 플랫폼은 스마트폰을 통해 해당 지역에 속한 지역 상품정보를 구매자에게 제공함으로써 오프라인에서 거리와 시간 부담 없이 물품을 획득할 수 있는 O2O 판매시스템을 구축하여 활용하는 방안이다. O2O 판매 플랫폼은 판매자와 구매자 간의 정보괴리문제(적정 재고문제와 가격할인에 대한 시간적인 차이점 등)를 해결하고 상호 소통할 수 있는 모바일정보를 제공하여 양자 간의 요구를 동시에 충족시켜줄 수 있고, 기존 물량을 미리 확보해놓고 한정된 수량에만 할인하는 기존 전자상거래방식에서 벗어나, 판매자가 원하는 시간에 원하는 양을 자유롭게 구매할 수 있는 판매정보를 제공할 수 있다. O2O 판매 플랫폼 이용으로 버려지는 상품을 줄이고, 폐기물을 처리하기 위한 직 · 간접비용을 줄일 수 있다.

또한 사물인터넷을 통해 기존의 비즈니스정보, 사회적 프로세스를 바꿈으로써 새로운 가능성이 열릴 수 있으며, 다수 사물을 이용한 서비스와 정보제공을 통해 가치 있는 비즈니스모델이 출현할 것이다.

1.3.3 사물인터넷의 활용영역

사물인터넷서비스는 서비스 대상과 서비스 제공주체에 따라 개인 IoT서비스, 공공 IoT서비스, 산업 IoT서비스로 구분된다. 개인 IoT서비스는 개인의 삶의 질 향상을 위해 개인이 직접 사물인터넷 디바이스를 구입하여 서비스를 이용하는 형태로 스마트홈, 헬스케어, 스마트카서비스 등이 대표적이다. 공공 IoT서비스는 정부가 사회문제해결 및 대국민서비스를 제공하기 위해 인프라를 구축하여 제공하는 서비스로 공공안전, 환경, 에너지 등과 관련된 서비스가 이에 해당한다. 마지막으로 산업 IoT서비스는 기업이 산업 경쟁력을 강화하고 효율성을 제고하기 위해 도입하는 서비스에 해당하며 스마트공장, 스마트농장 등이 이에 해당한다.

그림 1-7 사물인터넷의 활용영역

Car as a Service	차량을 인터넷으로 연결 ⇒ 안전하고 편리한 운전
Healthcare as a Service	심장박동, 운동량 등 IoT 정보제공 ⇒ 개인건강 증진
Home as a Service	주거환경 IoT 통합제어 ⇒ 생활편의, 안전성 제고

(a) 개인 IoT서비스

Public Safety as a Service	CCTV, 노약자 GPS 등 IoT 정보제공 ⇒ 재난, 재해 예방
Environment as a Service	대기질, 쓰레기량 등 IoT 정보제공 ⇒ 환경오염 최소화
Energy as a Service	에너지 관련 IoT 정보제공 ⇒ 에너지관리 효율성 증대

(b) 공공 IoT서비스

Farm(& Food) as a Service	공정분석 및 시설물 모니터링 ⇒ 작업효율 및 안전 제고
Product as a Service	제품의 서비스화 ⇒ 영업이익률 증가
Factory as a Service	생산, 가공, 유통 IoT 접목 ⇒ 생산성 향상 및 안전유통체계

(c) 산업 IoT서비스

자료: 국립중앙과학관, 사물인터넷시스템 아키텍처, 2019.

1.4 4차 산업혁명과 미래 정보기술

1970년대 미래 공상만화에 자주 등장했던 기술들(예를 들어 슈트 및 에너지를 가지고 하늘을 나는 인간과 로봇, 껌 하나 크기의 알약으로 하루를 지탱하는 아톰, 엄청난 마력의 힘을 가진 인간로봇 등등)이 과연 가능할까, 기술적인 혁신이 진행된다고 하더라도 과연 그런 기술들이 미래에 이루어질까라는 막연한 상상 속에 살아왔다. 그러나 현재 관점에서 미래를 비추어보면 과거에 동경심을 가졌던 기술들이 가깝게 다가와 있음에 놀라곤 한다. 아직까지는 완전한 기술을 기대하지는 못하지만 현재 입장에서 자율적으로 운행하는 자동차, 택배 및 논농사 등의 보조적인 활동을 지원하는 드론, 개인들이 3D 프린터로 원하는 것을 직접 제작공정으로 실제제품을 만드는 것, 온라인과 오프라인 간의 실시간처리시스템 등이 대표적인 현재의 기술들로 볼 수 있다. 이러한 기술 이외에 전세계적인 금융혼란, 테러, 물과 식량문제, 기후변화 등과 같은 것도 새롭게 등장하는 키워드이다.

미래는 인공지능, 사물인터넷, 블록체인, 로봇, 자율자동차, 드론, 5G통신, 헬스케어, 신재생에너지, 나노바이오, 가상현실 · 증강현실, 3D 프린터 등이 새로운 변화의 혁신을 주도하면서 인류문명의 획기적인 전환이 이루어질 것이다. 이러한 기술들이 4차 산업혁명의 새로운 비즈니스 주역이 될 것이고 초지능사회, 초연결사회, 초연결산업사회로서 사람 간, 기기 간, 기기와 사람 간 등의 연결을 극대화시킬 뿐만 아니라 변화의 속도를 높이고 예측 불가능한 미래를 만들어낼 것이다.

향후 미래사회는 기술만능 시대가 점쳐지고 있다. 2000년대 초반의 정보통신기술의 혁신은 일반적인 모바일과 스마트폰 시대를 거쳐 이제는 초지능, 초연결사회 및 산업, 사물인터넷과 인공지능 시대로 급격히 진화하고 있다. 사람과 사람, 사람과 기기, 기기와 기기 등의 수많은 연결이 만들어낸 천문학적인 빅데이터가 결합된 거대한 딥러닝이라는 혁신적 알고리즘도 나타났다. 이젠 사람이 이기지 못하는 기계 간 알고리즘의 무한반복 규칙을 지켜가면서 상상 못할 초지능으로 변모하는 기계들의 탄생도 예고된다. 이러한 빅데이터 인프라를 통하여 사람을 닮은 소프트웨어적인 기계 혹은 초지능으로 탈바꿈한다면 우리의 일상생활과 직업세계, 그리고 기업의 비즈니스와 학교, 병원, 군대, 종교단체, 공공기관, 정부 등의 각종 조직 운영에 변화의 폭과 깊이를 알 수 없는 사상 초유의 지금과는 전혀 다른 세상이 펼쳐질 것이다.

이러한 기술적인 변화와 함께 인간을 보다 행복하게 하고 인간수명을 획기적으로 연장하며 건강한 삶을 누리도록 하기 위한 의료과학, 농업과학과 생명과학, 나노기술 등에 관한 혁신기술을 추구한다. 100세 시대가 먼 미래만은 아닌 것처럼 기술과 물질적인 연계를 통한 획기적인 기술이야말로 우리의 삶의 질을 한층 높이는 계기가 될 것이다. 인간의 행복과 인류의 고정관념과 상식을 파괴하는 지속적인 노력의 결과로 인간 뇌의 논리적인 연구와 실증적인 고찰을 통해 마음을 다스릴 수 있는 기반을 만들어내는 또 하나의 새로운 과학기술의 혁신성과를 접하게 될 수 있다.

과학기술의 혁신분야 중에 에너지분야가 선도할 수 있는 혁명적인 변화가 기대된다. 지구상에 화석연료(석탄과 석유)가 점점 고갈되어가는 시대에 새로운 에너지를 만들어낼 수 있는 기틀을 제공하는 것이 향후 미래의 기술발전에 초석이 될 것이다. 신재생에너지의 대표적인 태양광, 풍력 등을 통한 기술발전과 기업혁신의 노력으로 지금은 새로운 기준으로 에너지 패러다임을 이끌어가고 있다. 과거 화석연료를 태우는 화력증기기관차와 발전소가 서서히 자취를 감추어가듯이 내연기관의 대표적인 자동차, 트럭, 배, 오토바이, 비행기 등은 도로, 바다, 하늘에서 완전히 사라질 것이고 도로 옆에는 대형 풍력발전기들이 기존의 송전탑 및 전봇대를 대신할 것이다. 그리고 빌딩의 옥외, 아파트 베란다 및 개인주택의 옥상에서도 풍력 및 태양광 패널로 뒤덮일 것이다. 과거 석유, 석탄, 가스, 내연기관의 자동차회사, 전력(송배전) 등에서의 거대기업은 시간이 흐를수록 자취를 감추게 될 날이 점점 다가오고 있다. 그러나 미래 에너지 패러다임에 순응하고 새로운 에너지 저장 및 재생사업에서 혁신적인 기술습득이야말로 큰 부를 창출할 것이다.

이러한 뉴 패러다임을 몰고 올 잠재력을 지닌 기술이라 하더라도 어느 정도 시간이 흐르면 자연스럽게 상용화되어 실제 혁신을 가져오는 것은 아니다. 잠재적 혁신기술이 성공하기 위해서는 기업의 역할이 매우 중요하다. 우선적으로 기술 자체의 완성도를 높이기 위하여 기업들은 연구개발과 투자에 과감해야 한다. 여기서 중요사항은 시장중심으로 기술혁신이 이루어져야 한다는 것이다. 기업이 해당 기술을 활용해 어떠한 콘셉트로 상품을 만들어내고 어떠한 방법으로 고객과 커뮤니케이션하며, 어떠한 전략으로 시장에 확산시키는가 하는 마케팅적인 접근이야말로 기술의 파급력을 높일 수 있다.

예를 들어 최근의 스마트폰은 최고의 혁신제품으로 평가되며 이전에는 PDA라는 유사한 기능과 성능의 제품이 존재하였다. 운영체제(OS)와 플랫폼과 네트워크를 통해 콘텐츠서비스를 제공하는 것은 현재의 스마트폰과 유사하였다. 그러나 스마트폰 사업자들이 운영체제 플랫폼을 기반으로 한 생태계전략을 세워 기술적인 호환성과 콘텐츠를 개발하는 데 자사 운영체제를 채택하게끔 했고 애플리케이션

개발자들에게 소프트웨어개발키트(SDK) 등을 제공하고 상당수 개발자들에게 개발이익도 제공하였다. 또한 막대한 수익이 나타나면서 다양한 콘텐츠들이 시장에 나오도록 유도했다. 이처럼 스마트폰이 시장에서 콘텐츠의 다양성으로 고객들에게 사랑받았듯이 사물인터넷, 인공지능, 가상현실 · 증강현실과 같은 4차 산업혁명 주역들의 기술들 또한 같은 맥락으로 세상을 변화시키는 데 속도와 힘이 달라질 것이다.

4차 산업혁명기술의 등장으로 하나의 기술보다는 서로 연관된 융합 트렌드가 본격화되면서 특정 기술개발에 복합적인 역량이 요구된다는 것도 하나의 특징으로 볼 수 있다. 가령 자율형 자동차의 경우 기존 내연기관의 중요성보다는 자율형으로 운전하는 제어 관련 소프트웨어적인 운전습관, 즉 앞차와의 안전거리, 방향지시 등의 물체인지, 주변정보를 인식하는 사고방지시스템 등의 융합적 기술의 접목이 더 중요하다. 그리고 3D 프린터의 경우에는 기존의 분사기술방식에서 첨단의 원재료를 원하는 물체로 만들어내는 공법 등이 더욱 중요하다. 이처럼 기업은 자신들이 보유한 핵심역량과 전술적인 역량이 요구된다. 특히 미래 기술에 대한 연계성을 고려해 각 기술 등에 선택적 · 전략적 연계성을 고려할 뿐만 아니라 독립적인 기술로 발전하기보다는 상호 영향을 주면서 융합적으로 진화한다는 점을 인식하는 것이 중요하다. 기업들은 기술 간의 선후관계와 진화방향을 명확히 예측하고 자신에게 필요한 핵심기술이 무엇인지 파악하는 미래 기술을 습득하는 전략적 방향이 요구된다.

기업이 상품화에 성공하기 위해서는 자신이 보유한 기술역량과 과감한 투자를 통한 연구개발을 발전시켜 제품을 상품화하여야 한다. 또한 상품화하기 힘들더라도 기업경쟁력 강화 차원에서 활용영역과 방안을 강구해야 한다. 또한 4차 산업혁명기술 중 산업 유형에 맞추어 상품기획, 연구개발, 조달공급망, 생산, 물류, 유통 등 비즈니스프로세스 전반에 적용기술을 활용하여 사업역량을 획기적으로 강화하거나 비즈니스프로세스를 재설계하는 데 이용하여야 한다.

사례 연구

4차 산업혁명의 장단점 이야기

4차 산업혁명은 2016년 클라우스 슈밥(Klaus Schwab)이 의장으로 있던 세계경제포럼에서 주창된 용어로, 3차 산업혁명을 기반으로 한 디지털과 바이오산업, 물리학 등의 경계를 융합하는 기술혁명이라고 설명한다.

즉 핵심적인 단어는 융합과 연결된다. 사실 4차 산업혁명은 새로운 개념이 아닌 독일의 인더스트리 4.0에서 힌트를 얻어 세계경제포럼에서 발표되었다. 제조업이 발달한 독일에서는 2012년 3월 제조업 혁신을 위한 '하이테크전략 2020' 플랫폼을 제시하였고, 인더스트리 1.0은 제조업의 기계화, 인더스트리 2.0은 대량생산, 인더스트리 3.0은 부분자동화, 그리고 인더스트리 4.0은 완전자동화를 목표로 사물인터넷(IoT: Internet of Things)을 통한 자동생산체계를 구축한다는 시스템이다.

4차 산업혁명은 과거의 1차, 2차, 3차 산업혁명과 비교하여 생각해볼 수 있다. 1차 산업혁명은 석탄이나 증기기관으로 공장의 개념이 생기고, 기계가 인간의 노동을 대신하기 시작한다. 2차 산업혁명은 컨베이어벨트가 설치된 라인이 있는 공장 개념이 생긴다. 이로 인해 대량생산과 대규모 일자리가 발생한다. 3차 산업혁명은 컴퓨터와 인터넷으로 인한 디지털혁명, 네트워크혁명, 그리고 이에 따른 자동화로 인한 정보화 시대라고 한다. 4차 산업혁명은 앞서 이야기한 것처럼 현실과 가상이 연결되고, 네트워크를 통해 분야 간이 융합되는 기술혁명이다.

4차 산업혁명의 장단점

구분	내용
장점	• 새로운 비즈니스모델의 출현으로 혁신제품과 서비스로 인한 삶의 질 향상 • 생산체계가 유연하고 효율적으로 바뀜 • 맞춤형 생산, 주문 후 즉시 생산, 다품종 소량생산이 가능
단점	• 양극화 심화 • 대량 실업(취업난의 고통이 존재): 단순사무직, 단순현장직 • 인간의 효용가치 하락 • 기계의 인간 지배: 인간 스스로의 능동적이고 주체적인 삶을 방해할 위험이 존재 • 정보 해킹으로 인한 사생활 피해

자료: 메카솔루션 (www.mechasolution.com), 저자 수정.

연습문제

01 정보기술 시대와 4차 산업혁명의 의미를 설명하시오.

02 미래 경영환경 변화에 대하여 설명하시오.

03 미래사회 변화요인과 융합의 유형분류를 설명하시오.

04 다양한 산업에서 IT와의 융합사례를 구체적으로 조사하시오.

05 사물인터넷의 환경과 특징을 설명하시오.

06 사물인터넷의 주요 특징 중에서 센서 관련 적용사례를 설명하시오.

07 사물인터넷의 활용영역을 자세히 설명하시오.

08 미래 정보기술방향에 대하여 설명하시오.

Chapter

02 데이터, 정보, 지식과 빅데이터

4차 산업혁명의 물결이 거세게 밀어닥치고 있다. 200여 년 전에도 인류는 똑같은 충격을 받아야 했다. 1차 혁명에서 3차 혁명까지 큰 패러다임이 우리에게 엄습해왔다. 대표적인 미국의 미래학자인 앨빈 토플러는 1980년에 출판된 대표작 『제3의 물결(*The Third Waves*)』에서 컴퓨터와 인터넷이 등장하여 미래사회는 정보화사회가 될 것이라고 주장하고, 제1의 물결인 농업혁명은 수천 년에 걸쳐 진행되었지만, 제2의 물결인 산업혁명은 300년 밖에 걸리지 않았으며, 제3의 물결인 컴퓨터와 인터넷기반의 정보혁명과 지식혁명은 더 빨리 진행될 것이라고 주장하였다. 본 장에서는 4차 산업혁명 시대에 가장 기본이 되는 데이터, 정보, 지식과 빅데이터에 대하여 설명한다.

2.1 데이터의 의미와 분류

2.1.1 데이터의 의미

정보시스템이 보급, 발전됨에 따라 비즈니스 및 4차 산업혁명환경에서 방대한 데이터를 얻을 뿐만 아니라 관련 데이터를 활용하기 위해 다양한 분석방법이 사용되기도 한다. 이러한 데이터의 대상으로는 수치데이터, 문자데이터, 동영상 등 여러 가지가 존재한다. 그러나 대부분의 비즈니스에 데이터분석의 대상이 되는 것은 수치데이터이다. 예를 들어 연도, 수량, 금액, 길이, 무게, 속도, 횟수, 비율 등 다양한 단위로 표현되는 수치데이터가 가장 많이 활용되고 있다.

한편으로 데이터의 품질은 데이터의 유용성을 결정할 뿐만 아니라 데이터에 기반을 둔 의사결정에 대한 다양한 형태의 분석을 나타낸다. 데이터가 명확하지 않거나 원천적인 데이터의 손실과 부주의한 추출로 인하여 나타나는 손실은 이루 말할 수 없이 많은 비용을 발생시킨다. 그리고 데이터가 적절하게 측정되거나 색인되지 않음으로써 나타나는 문제, 요구된 데이터가 명료하게 존재하지 않음으로써 나타나는 여러 가지 문제점이 있으나 결과론적으로 데이터에 관련된 품질형태는 접근성, 객관성, 신뢰성, 명확성 등이 존재한다.

데이터는 정보를 구성하는 요소로서 가공되지 않은 기본적인 사실(facts), 그림(figures), 관찰(observations), 측정(measurements) 등으로 정의한다. 예를 들어 학생을 여러 가지 속성(attribute), 이를테면 성명, 학과, 학번, 학년, 메일주소, 지도교수 등으로 분류했을 때 이 분류된 속성의 하나의 값들을 데이터라고 할 수 있다.

1) 파일의 개념

자료는 일정한 시간 내에 의사결정을 위해 검색 · 처리되지 못하면 가치를 가지지 못한다. 따라서 자료는 일정한 규칙에 따라 체계적인 방법으로 보관되어야 한다. 그러한 체계적인 자료의 보관형태를 파일(file)이라고 한다. 파일의 구조를 쉽게 이해하기 위한 예로서 어느 학과의 학생 30명의 자료를 처리한다고 하자.

- 필드(field) 또는 속성(attribute): 각 학생은 성명, 학번, 주소, 학과, 메일주소 등의 속성을 가지게 되는데 이 각각의 속성들이 하나하나의 데이터항목(data item)을 형성한다. 데이터항목은 그것이 기억장치에서 차지하는 위치를 나타내는 의미에서 데이터필드(data field)라 불린다.
- 레코드(record): 여러 개의 데이터항목으로 구성되어 학생이라는 하나의 실체(entity)를 나타내는데 이를 레코드라 한다.
- 파일(file): 각 학생에 대응되는 30개의 레코드가 모여서 하나의 학생기록부 파일을 이루게 된다. 즉 [그림 2-1]에서와 같이 대학교 자료의 계층구조를 보여준다.

그림 2-1 자료의 계층구조

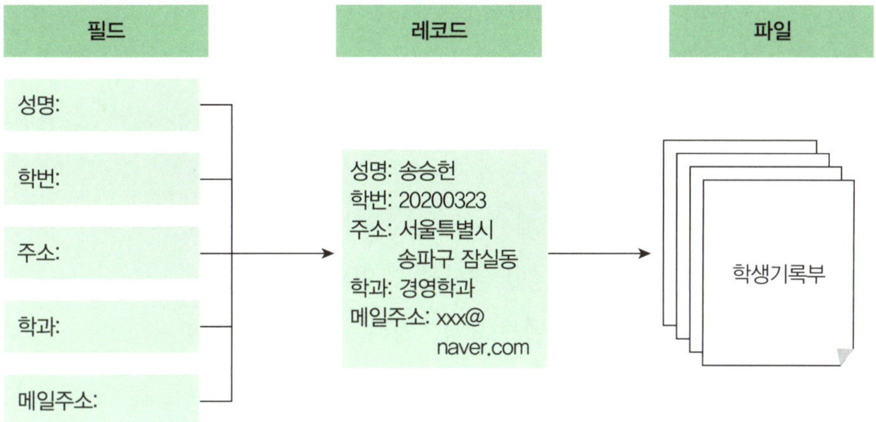

이러한 파일의 기본적인 구조를 바탕으로 데이터를 수집한다. 어떠한 정보를 얻기 위하여 파일의 형식에 맞는 적절한 데이터를 수집하여 관련 사항에 정보를 가공처리하는 것이다.

- 데이터베이스(database): 대학교 차원에서 학생들의 파일들, 예를 들어 학생 수강신청파일, 학생수업관리파일, 학생학점관리파일, 학생병역관리파일 등이 모여서 하나의 학생관리 데이터베이스가 생성된다.

2) 데이터수집

기업은 외부 환경과 생산품, 서비스 등을 제공하고 제공받는다. 정보를 처리하기 위하여 관련 시스템과 업무활동과정상에서 발생하는 거래들이 데이터레코드 형식으로 수집할 수 있게끔 구현 및 저장되어야 한다.

3) 데이터조정

데이터는 다음과 같은 조정작업을 통하여 사용가능하도록 가공되어야 할 필요가 있다.

- 분류: 데이터요소들은 필드(field)로 표현되어, 각각의 필드가 모이면 레코드에 포함된다. 이 레코드들은 코드(code)를 사용하여 규명되고 그룹화될 수

있다. 예를 들어 급여레코드는 사원(사원 ID), 부서(부서번호), 사원급여 구분(급여등급) 등의 코드 등에 따라서 분류될 수 있다.

- 정렬: 레코드는 코드나 다른 필드를 기준으로 하여 정렬될 수 있다. 예를 들어 급여레코드들로 이루어진 파일(file)은 각 사원에 대한 모든 레코드들을 그룹화하고, 그룹화된 레코드들은 날짜순으로 정렬된다.
- 계산: 산술과 논리계산을 통해 추가적인 데이터요소들을 만든다. 예를 들어 급여시스템에서 총임금지불액을 계산할 수 있다.
- 요약: 최고경영자 및 임원들에게 요약 · 정리된 자료를 제공할 수 있다.

4) 데이터저장

각 거래에 관련된 모든 데이터는 필요할 때를 대비해 저장될 필요가 있다. 데이터는 인터넷 관련 비즈니스처리기기, 스마트폰, 외장하드, 웹 및 앱, USB, 웹하드, 외부 자료, 동영상프로그램 등과 같은 다양한 자기매체에 저장되며, 그 파일들을 데이터베이스(DB)라 부른다. 데이터베이스에 있는 대부분의 자료들은 거래처리시스템에 의해 데이터가 시간별, 일별, 주기별, 월별, 분기별, 연단위 등으로 산출된다.

5) 문서작성

거래처리시스템은 계산서와 같이 특정한 일이 발생할 때나 급여명세표와 같이

그림 2-2 데이터와 관련된 사항

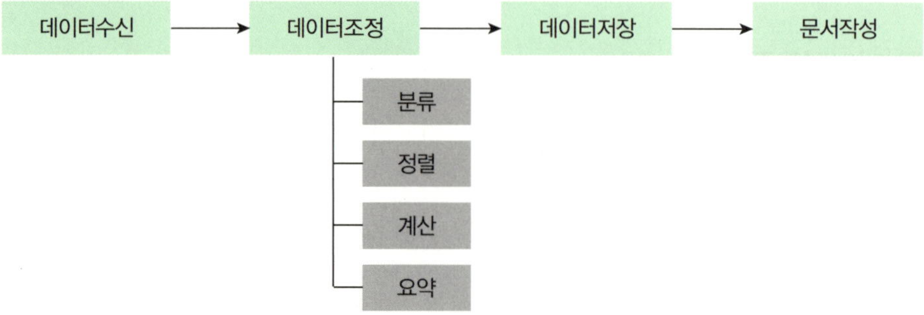

주기적으로 필요한 문서들을 제공한다.

2.1.2 데이터의 수집 및 관리

우선 정보를 제대로 수집할 수 있는 현실세계에서의 문제가 있는지, 정보를 수집하기 위한 기술이나 루트가 일상적으로 확실하게 확보되어 있는지, 신문이나 잡지, 책, 앱, 인터넷, SNS, 멀티미디어 등 다양한 채널에서 정보를 자연적으로 수집할 수 있는지가 매우 중요하다. 이러한 목적에 부합되는 데이터는 문서, 그림, 지도, 음향, 애니메이션 등을 포함하여 사용 전후에 다양한 방법으로 저장되고 조직화될 수 있다. 모든 정보를 닥치는 대로 모으기만 하면 되는 것이 아니라 목적에 맞는 정보를 선별하여 수집하는 것이 중요하다. 데이터는 크게 일반적 · 개인적인 데이터, 내부 데이터, 외부 데이터로 분류될 수 있다. 일반적인 데이터는 의사결정이 최종적으로 이루어지기 위하여 다양한 비즈니스영역, 정부, 공공기관, 개인 등에서 정보의 근원이 되는 중요한 데이터를 수집한다.

그림 2-3 정보의 수집 · 정리 · 분석

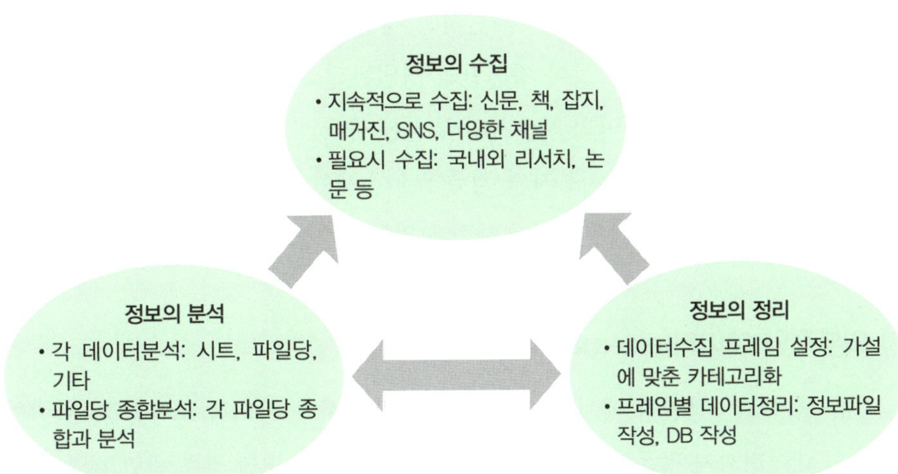

1) 내부적인 데이터(internal data)

내부 데이터는 경영조직 내의 사람, 제품, 서비스, 프로세스에 관한 것이다. 이러한 데이터는 한 개 이상의 장소에 저장될 수 있다. 대부분의 비즈니스영역과 정부기관, 공공기관 등은 컴퓨터에서 매우 폭넓은 다양한 정보를 수집하고 있다. 이 정보들은 고용인의 데이터(개인적 정보, 임금, 세금, 보험 등), 마케팅정보(판매, 광고, 소비자선호도), 그리고 재무, 회계, 운영에 관련된 데이터 등을 일컫는다.

2) 일반적인 데이터(generated data) 및 개인적인 데이터

데이터는 조사서, 개인적 인터뷰, 실험적 데이터, 그룹화, 연구보고서 등과 같이 다양한 기법을 사용하여 회사나 정부기관이 모은다. 예를 들어 새로운 제품에 대하여 안전성, 내구성, 효율성과 효과성 등에 대하여 정보를 모은다. 소비자에게 관련 제품에 대한 전략적 관점에서의 선호도와 새로운 광고 캠페인에 대한 의견을 요청한다. 경우에 따라서 회사나 자체 기관에 의하여 데이터는 수집되기도 한다. 또한 정보는 대학 또는 마케팅연구기관과 같은 외부 자원에 의하여 수집되기도 한다.

기업, 공공기관, 정부, 연구소, 대학 등 다양한 분야에서 정보기술에 기반을 둔 시스템 사용자들 또는 종업원들은 개인적인 데이터를 생성하여 그들의 전문지식을 문서화할 수 있다. 예를 들어 자신만의 영업관리 노하우, 고객은 무엇을 선호하는지에 대한 의견, 자신만의 사용자의 특별한 규칙과 방법 등이 여기에 속한다. 이러한 개인적인 데이터는 사용자의 컴퓨터에 존재할 수 있으며, 부서 또는 사업단위의 데이터베이스, 기업의 정보저장소에 위치할 수도 있다.

3) 외부적인 데이터(external data)

외부 데이터는 상업적 데이터베이스에서 인구조사와 사회적 조사환경, 협력업체 간의 데이터까지 많은 자료적인 원천을 가지고 있다. 또한 정부 관련 각종 보고서 또한 외부 데이터 원천으로 매우 중요하다. 기업이든 다른 조직이든 외부 데이터와의 상호작용이 원활히 이루어지지 않는다면 기업 관련 미래전략에 지대한 영향을 미칠 것이며 이를 체계적으로 관리하기 위하여 측정되고 획득되어야 한다.

정보의 외부적인 데이터는 상당수 많이 인용된다. 그리고 의사결정에 가장 중요한 요인으로 접근하기 위하여 외부적인 데이터가 인용되어야 한다. 어떠한 데이터는 컴퓨터가 접근할 수 있도록 구성되었지만 모든 데이터가 정형화되어 있지는 않다. 가장 많이 이용할 수 있는 데이터로는 정부기관, 연구기관, 통계기관, 마케팅조사기관 등에서 나오는 데이터들이다. 데이터들은 너무도 방대하고 정확하고, 완벽하게 시기적절하고 일관성이 있어야 되며 접근가능하고 관련성이 높으며 구체적이어야 한다.

한편 데이터관리는 전체 조직에 걸쳐서 정보를 관리하는 접근방법이다. 데이터가 잘 관리된다면 비즈니스업무 및 프로세스가 보다 체계적으로 관리된다고 볼 수 있다. 조직은 정보를 만들어내고, 수집하고, 다루고, 보호하기 위해서 모호하지 않은 규칙을 따른다. 이처럼 조직의 모든 비즈니스프로세스들과 응용프로그램을 포괄하는 과정이다. 고객, 제품, 종업원, 판매원, 위치 및 장소 등과 같은 핵심데이터의 집합이다. 운영데이터와 거래데이터 간의 기록과 관리와 분석 또한 필요하다. 데이터관리에 따라 조직들은 그들의 데이터를 능률적이고 효과적으로 관리하기 위해 데이터베이스를 사용한다.

2.1.3 데이터베이스 접근

데이터베이스의 접근은 모든 사용자가 모든 데이터에 접근할 수 있는 하나의 소프트웨어프로그램 집합, 즉 데이터베이스관리시스템으로 구성되어 있다. 같은 데이터가 여러 곳에 저장되어 있는 데이터의 중복을 최소화하고 한 응용프로그램에 있는 데이터를 다른 응용프로그램에서는 접할 수 없도록 분리한다. 데이터가 한 데이터베이스에 전부 저장되기 때문에 모든 데이터를 한번에 잃어버릴 잠재적 위험이 존재한다. 이렇기 때문에 데이터베이스는 실수와 공격을 방어할 수 있는 안전한 보안을 가동한다. 또한 데이터는 일정한 제한조건이라는 데이터의 무결성을 만족해야 한다. 데이터와 다른 응용프로그램은 서로 연결되어 있지 않은 독립적으

그림 2-4 데이터베이스관리시스템(DBMS)의 이용환경

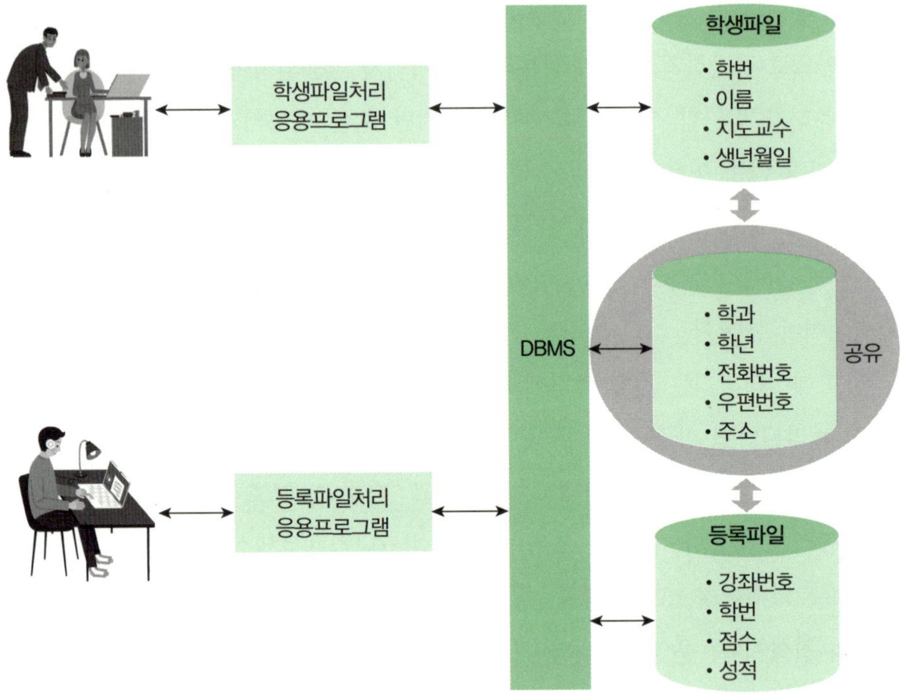

로 가동되지만 모든 응용프로그램이 동일한 데이터에 접속한다. [그림 2-4]는 대학교의 데이터베이스이다. 학생파일에서 등록파일에 이르기까지 모든 응용프로그램이 데이터베이스관리시스템을 통해 데이터를 접근한다.

2.1.4 데이터베이스관리시스템

데이터베이스관리시스템(DBMS)은 사용자가 한 장소에서 데이터를 수집, 추가, 삭제, 수정, 저장, 접근하여 데이터들을 분석할 수 있도록 해주는 프로그램의 집합이다. 데이터베이스관리시스템의 질의나 보고기능, 데이터에 접근하기 위해 특별히 상용화된 응용프로그램(액세스, 오라클, SAP 등)을 통해서 조직은 데이터를 수집하는 것이다. 또한 저장된 데이터의 무결성(데이터는 일정한 제한조건을 만족하는 것)을 유지하거나 보안과 사용자 접근을 관리하고 시스템에 대한 오류가 생

그림 2-5 다양한 분야에서 데이터베이스 수집

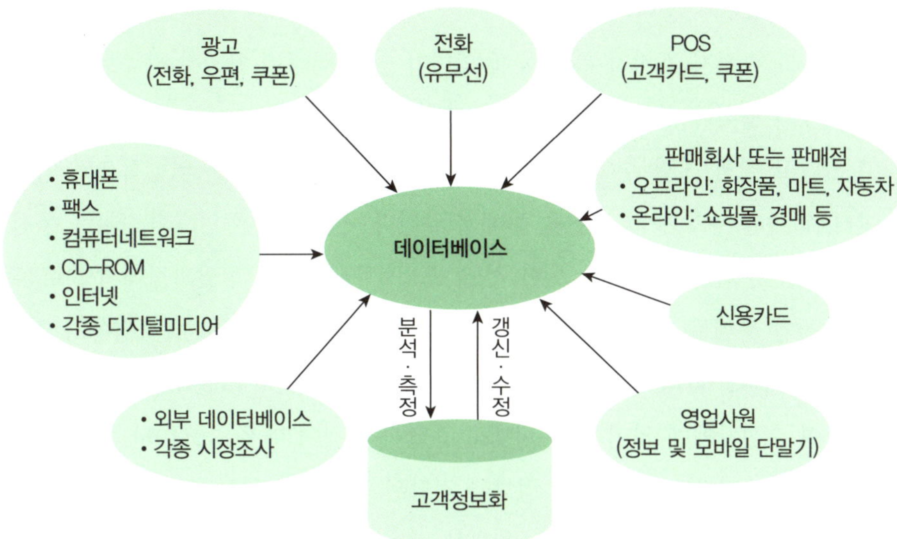

길 경우 자동으로 복구하는 기능을 제공한다.

결론적으로 데이터베이스와 데이터베이스관리시스템은 모든 비즈니스분야에서 매우 중요한 사항이며, 때에 따라 회사의 가치를 제공하기 때문에 보다 안전하고 철저하게 관리되어야 한다. 여러 가지 데이터베이스관리시스템이 존재하지만 구조가 많이 알려져 있고 쉽게 사용가능한 관계형 데이터베이스관리시스템(RDBMS)으로 마이크로소프트웨어의 액세스와 오라클이 많이 사용한다.

2.2 정보의 의미와 특징

정보는 우리가 실제세계에서 살아가는 데 보고 듣고 느끼고 경험한 많은 사실들이나 자료들 중에서 어떤 일을 하는 데 필요한 자료들만을 모아놓거나 정리한 것이다. 일반적으로 작업장의 관리자는 모든 부문의 정보를 다룬다. 고객에게 최대한 서비스를 제공하기 위하여 정보를 필요로 한다. 회사에 최대한 관심을 가지기 위하여, 적절한 인센티브를 만들기 위하여 그리고 적절하게 훈련하기 위하여 고용인에 대한 정보를 사용한다.

정보는 그 수신자(소비자 측면)에게 의미가 있는 형태로 처리된 자료로서, 현재 또는 미래의 행위나 의사결정에 실제적 혹은 지각된 가치(perceived value)를 가지고 있다고 정의 내릴 수 있다. 수신자에게 의미 있는 정보는 일반적으로 언어, 데이터, 약속된 부호 등의 수단을 통해 전달된다. 전달과정은 암호화, 해독, 통신, 인터넷채널 및 기타 타매체를 통한 전달 등으로 구분한다. 전달과정에서 오류 혹은 기술적인 문제로 원래 의도된 내용이 정확하게 전달되지 못하는 경우가 간혹 나타나기도 한다. 따라서 정보전달과정에 있어서 발생할 수 있는 오류를 극소화하기 위하여 수신자에게 의미 있는 형태로 전달하는 것이 매우 중요하다. 만약 정보가 전혀 전달되지 않거나 그릇된 정보가 전달된다면 이는 의사결정에 무익할 뿐만 아니라 심지어는 심각한 부작용을 초래할 가능성도 있다. 정보가 점점 인터넷 등을 통하여 개방형으로 전달됨으로써 개인 신상에 대한 일부 조항 등의 부작용이 초래되기도 한다.

그림 2-6 데이터, 정보, 지식 간의 관계도

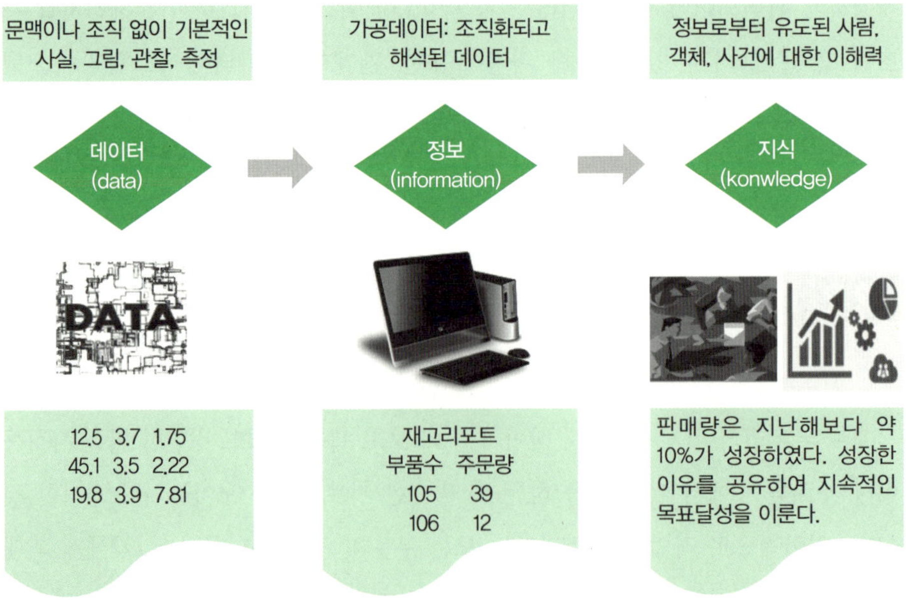

오늘날 인터넷의 발달로 점점 개방적이고 일상적이고 더러 통속적이기까지 한 모든 사항이 정보라는 말로 대변된다. 자동차로 출근 시 목적지까지 가기 위하여 실제 교통상황을 먼저 체크하고 출발하는 것, 출근 전 아침시간을 이용하여 여러 가지 취미활동을 갖는 것, 관련 비즈니스를 하기 위한 전화사용과 상담건수, 만남을 갖기 위한 장소가 회사 근처인지 먼 거리인지, 퇴근 후에 집으로 가는 방법이 자가용인지, 버스인지, 지하철인지, 잠을 잘 때 어떤 이불을 덮고 자는지, 자다가 어떤 꿈을 꾸는지 등이 모두 정보에 속한다.

2.2.1 정보의 조건과 특징

정보의 조건은 다음 세 가지로 볼 수 있다. 첫째, 정보의 이용자가 원하는 시기와 장소에서 적절하게 제공될 수 있어야 한다. 둘째, 정보의 이용자가 원하는 형태로 만들어진 진실한 내용의 정보이어야 한다. 셋째, 정보의 내용이 새롭고 최신의 것이며 자기자신만이 이용할 수 있어야 한다.

그러면 우리 삶에서 정보는 어떤 기능을 갖는가를 설명해보자. 첫째, 정보는 불확실성을 감소시킨다. 정보는 의사결정에 필요한 새로운 사실들을 알려주기 때문에 어떤 결정을 내릴 때 불확실성을 감소시켜주고 합리적인 결정을 내릴 수 있도록 도와주는 기능을 한다. 우리가 어떤 문제에 관해 어떤 선택이나 결정을 내릴 때 그 결정이 합리적이기 위해서는 그 문제와 관련된 사실들을 알아야 한다. 왜냐하면 우리가 직면하게 될 문제나 상황에 대한 정보가 부족한 경우 우리는 불확실한 상황에서 결정을 내리고 그만큼 우리의 결정은 잘못될 가능성이 커지기 때문이다. 우리가 직면한 문제상황과 관련된 사실들을 많이 알수록 문제를 둘러싼 상황에 대한 불확실성이 감소되고 그만큼 의사결정을 합리적으로 할 수 있다.

둘째, 정보는 상황을 파악하고 분석할 수 있도록 해주며 문제해결방안을 모색하고 합리적 대안을 결정할 수 있도록 도와준다. 문제상황을 분석하기 위해서는 정확한 정보가 필요하다. 이런 점에서 정보는 합리적 의사결정을 위해서 필수불가결한 것이라고 할 수 있다.

이러한 정보가 의미하는 주요 특징은 다음과 같다.

- 정보의 사회적 중요성이 증대되어 개인생활을 비롯한 정치, 경제, 사회, 문화의 모든 생활에서 정보의존도가 커지고 있다.
- 컴퓨터 및 전자통신기술의 결합인 정보통신기술(ICT)의 발전과 더불어 정보의 취득속도와 관련된 정보의 양이 무한해지고 있다.
- 경제활동의 중심인 상품의 생산에서 탈피하여 정보와 서비스가 결합된 무형제품이 지식의 생산으로 옮겨지고 있다.
- 정보통신의 네트워크화가 이루어져 네트워크 커뮤니케이션이 가능해지고 다양한 계층 및 소비자들과 만남을 통하여 정보의 규모가 점점 커지고 있다.
- 물질이나 에너지 이상으로 정보 자체가 중요한 자원이 되고, 정보의 가치생산을 중심으로 움직이는 것, 즉 정보가 인간의 지적 창조력의 원천이 되고 있다.

이처럼 정보기술에서는 정보가 가장 중요한 재화로 인식되기 때문에 우리는 정보의 중요성을 깨닫고 정보창조력과 정보활용능력을 배양하여 미래사회에 대비하여야 한다.

2.2.2 정보가치의 분류

의사결정을 하기 위해서는 정보가 매우 중요한 역할을 담당한다. 따라서 정보가치는 의사결정의 수준과 밀접한 관련을 가지고 있다. 정보는 시간, 장소 등 상황에 따라 가치가 다르므로 절대적인 가치보다는 상대적인 가치로 정해지는 부문이 많다. 이러한 정보가치는 관점에 따라 크게 정량적 가치와 정성적 가치로 분류한다.

1) 정보의 정량적 가치

정보의 가치를 관습에 따라 객관적인 척도와 기준을 세워 측정하는 것을 말한다.

- 정보의 규범적 가치: 정보화사회에서 의사결정을 하기 위하여 어느 정도 자신의 지식판단기준에 따라 행동하는 방식을 말한다. 이러한 사전적 지식수준은 판단근거에 의하여 추리되기 때문에 어느 정도 미래가치를 판정하기는 쉬우나 잘못된 척도와 기준이 된다면 다소 판별에 무리가 따른다. 여기서는 정보화사회의 집단적인 의사결정을 존중하기보다는 개인의 의사결정 판단기준을 제시하고 있다.
- 정보의 현실적 가치: 정보의 현실적인 성과를 이루는 프로토타입은 가능하나 실제시스템은 보여주지 못한다.
- 정보의 주관적 가치: 의사결정자의 가상 실험을 통해 평가한다.

2) 정보의 정성적 가치

정보의 가치(value)와 정보의 질(quality)을 결정한다.

- 관련성: 정보가 현재 의사결정자가 해결해야 할 문제와 얼마나 관련이 있는가, 즉 어떤 정보가 의사결정에 도움이 되는가의 정도를 의미한다.
- 정확성: 관련된 정보오류가 적어야 한다.
- 적시성: 필요한 정보가 필요한 시기에 제공되어야 한다.
- 완전성: 문제해결에 필요한 모든 정보 중 어느 정보가 필요한가를 말한다.

2.3 지식과 지식경영

지식의 사전적 정의는 어떤 대상을 연구하거나 배우거나 또는 실천을 통해 얻은 명확한 인식이나 이해로 개인이 옳다고 믿을 뿐만 아니라 객관적으로도 참된 것(true)으로 인정받을 수 있는 것으로 말할 수 있다. 또한 철학적 의미로는 인식에 의해 얻어진 성과 또는 사물에 대한 단편적인 사실적 · 경험적 인식으로 객관적 타당성을 요구할 수 있는 판단체계라 할 수 있다. 새로운 의미의 지식은 실용성으로

그림 2-7 데이터, 정보, 지식 간의 흐름도

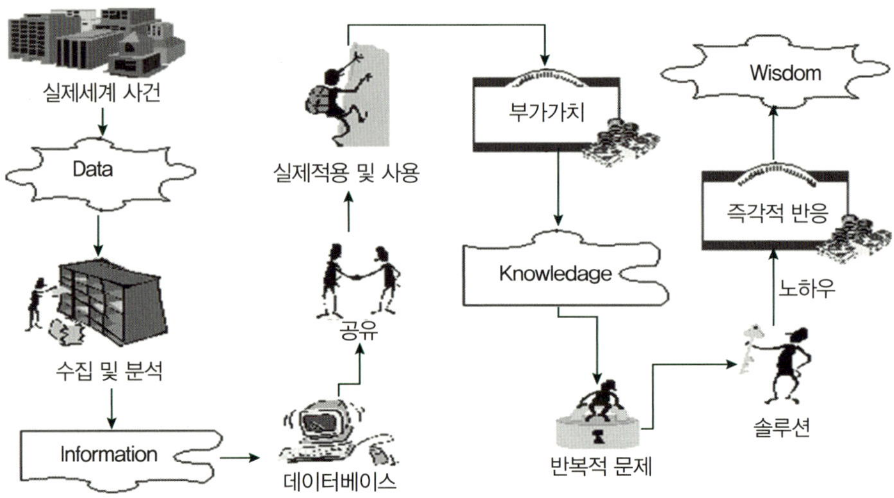

자료: 21세기 지식경영연구소

서의 지식이고, 사회적 지위와 경제적 성과를 얻을 수 있는 수단으로서 인간의 외부를 향하고 있다. 이러한 지식의 역동성은 기계, 작업도구, 제조공정, 제품에 적용되어 산업혁명을 일으키고, 노동과 일하는 방식에 적용되어 생산성혁명을 일으켰다. 또한 지식이 체계적 혁신에 적용되면서 오늘날의 지식혁명을 일으켰다.

개인과 조직을 기반으로 하여 기업지식의 생성과 활용, 축적에 이르는 활동을 원활하게 할 수 있도록 정보기술을 통해 지원하는 것을 지식관리시스템(KMS)이라고 한다. 특히 인터넷 시대에는 기업의 경쟁적 우위로서 차별적인 지식의 창출을 더욱 필요로 한다. 지식경영활동이 제대로 기업의 성과로 이어지지 못하는 것은 여러 가지 요인들에서 그 이유를 찾아볼 수 있지만, 무엇보다도 기업의 지식경영활동이 변화하고 있는 경영 패러다임에 제대로 적응하지 못하는 것이 주요 원인이다.

2.3.1 지식의 배경

새로운 정보통신기술의 등장으로 매우 기업환경은 빠르게 변화되어가고 있다. 이러한 경쟁환경을 이끌어가는 주역은 다름 아닌 지식이며, 성공에 대한 열쇠도 바로 지식이다. 국내외 기업들은 앞다퉈 지식과 시스템을 도입하고 있어 지식만이 현재 조직의 비효율적인 구조를 극복하고 세계시장에서 경쟁력을 얻기 위한 유일한 자원으로 인식되고 있다. 따라서 지식은 이론적으로 알고 있는 것보다 실제로 어떤 일을 하면서 경험으로 얻어지는 가장 현실적이고 진실한 것으로 이해할 수 있다. 이 시점에서 가장 중요한 것은 지식경영의 확산이 빠르게 진행될수록 지식에 대한 올바른 이해가 먼저 선행되어야 한다는 것이다.

[그림 2-8]에서처럼 지식은 정보보다 상위 개념으로서 사실적인 데이터를 근거로 나타난다. 즉 데이터(data)는 현실세계에서 일어난 사건들에 대한 단순한 사실이나 수치에 불과한 것으로서 그 자체로는 현실에 대한 사실전달 이외의 의미를 지니고 있지 않으며, 정보(information)는 현실세계에서 일어난 사건들에 대한 자료를 수집하거나 분석하여 사용자의 목적에 맞게 가공한 것으로서 데이터 간에 어떤 관계가 있는가를 분석하여 특정 목적과 문제해결에 도움이 되도록 의미를 부여한 것을 말한다. 그리고 지식(knowledge)은 이용자의 목적에 맞게 가공 · 분석한 정보가 일정한 규칙에 따라 데이터베이스(DB)로 구축되고, 이를 공유하고 활용함으로써 새로운 부가가치를 창출할 수 있는 정보들의 집합을 의미한다. 지혜는 이

그림 2-8 지식의 관계도

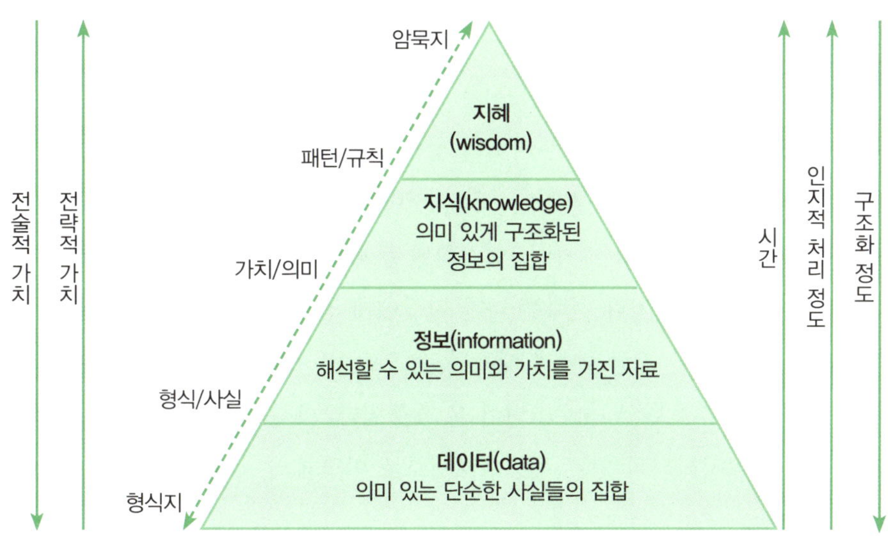

러한 데이터, 정보, 지식의 모든 과정 속에서 개인이 갖는 독자적 노하우나 응용력에 경험과 같은 주관적 정보를 더하여 보다 정도가 높아진 종합적인 판단력이나 어떤 문제에 대한 해결책을 제시할 수 있는 체화된 경우를 말한다. 또한 지혜(wisdom)는 여러 가지 다양한 상황에 적용할 수 있고, 새로운 지식을 만들어낼 수 있는 보다 고차원적인 힘으로 지식을 운용할 수 있는 능력이다.

2.3.2 지식경영의 정의

지식경영은 본질적으로 사람이 주체가 되는 주관적 속성이 강한 것으로 생산성 향상과 효율성 제고를 위한 관리기법이 아니고 인간에 대한 철학적 관점, 즉 인간은 이익을 증진하기 위한 수단이 아니고 이익을 창출하기 위한 주체라는 인식의 변화를 전제로 해야 한다. 따라서 창의력이 있고 열정이 있는 인재를 선발하는 것이 지식경영의 출발점이 되어야 하고, 제도 · 조직 · 시스템 간의 균형과 적합성이 지식경영을 위한 인프라가 되는 것이다.

지식경영(KM: Knowledge Management)은 매우 다양하게 정의되고 있다. 지식경영의 기본적인 이론은 1960년대 과학철학자인 마이클 폴라니(Michael Polanyi)에 의해 정의되었는데, 그는 지식을 형식적 지식과 암묵적 지식으로 구분하였다.

형식적 지식(explicit knowledge)은 객관적이고 이성적이며 기술적인 지식을 포함한다. 조직에서의 형식지는 기업의 정책 및 매뉴얼, 가이드라인, 화이트 페이퍼(white paper), 보고서, 설계안, 제품, 전략, 목표, 사명, 핵심역량과 정보기술(IT) 인프라, 제품양식 및 디자인, 언어화된 문제 및 방법론 등이다. 다르게 표현하면 형식지는 업무절차나 전략을 다른 사람에게 전달하기 쉽게 문서화된 지식을 의미한다. 또한 다른 사람들에게 배포될 수 있으며, 프로세스나 전략으로 전환될 수 있는 형태로 부호화(codified)되어 온 것들이다. 예를 들어 기업의 인적자원정책 매뉴얼로 문서화되어 있는 채용프로세스를 어떻게 수행하는지에 대한 기술이 이에 속한다.

암묵적 지식(tacit knowledge)은 주관적이거나 경험을 통한 학습으로 인해 쌓인 지식을 말한다. 조직에서의 암묵지는 조직의 경험, 통찰력, 관찰력, 전문지식, 노하우, 거래비밀, 기술, 지적 능력, 학습 등을 통해 축적된 결과뿐만 아니라 조직의 사람, 프로세스, 그리고 가치에 대한 과거 및 현재의 경험이 내재된 문화를 의미한다. 일반적으로 개인의 머릿속에 존재하거나 조직 내에서 그룹 간 상호작용하는 과정에 내재되어 있다. 암묵지는 전형적으로 전문지식 또는 고난도의 기술들로 구성된다. 정형화되지 않기 때문에 형식지에 비해 부호화하기 어려운 특징을 가지고 있다. 예를 들어 특정 고객들과 오랫동안 거래해온 판매원은 특정 고객의 니즈를 매우 잘 알기 때문에 이러한 고객들과 원하는 거래를 할 때에는 고객들에 대한 광범위한 노하우, 즉 개인의 암묵지를 활용한다. 암묵지는 거의 대부분이 기록되지 않는 형태로 머릿속에 하나의 형태로 남아 있다. 암묵지에 대한 성공적인 전이 또는 공유는 일반적으로 교제, 실습훈련, 대화, 그리고 기타 사회적이고 개인적인 상호작용 또는 심지어 시뮬레이션 등을 통해 이루어질 수 있다.

창조적인 기업은 형식적인 지식과 암묵적인 지식을 병행하면서 지식이 창조되어 기업이나 개인에 점차적으로 축적되어가는 양상을 띠고 있다.

결론적으로 지식경영이란 조직의 지식을 체계적이고 효과적으로 관리하고 활용하는 것이라 할 수 있다. 보다 구체적으로 기업 내외의 지식자원을 획득 · 교환 · 결합하여 새로운 지식을 창출하고, 이를 부가가치 증대에 효과적으로 연결시키는 체계적인 활동이라 할 수 있다.

2.3.3 지식경영의 구성요소와 프로세스

지식경영(KM)의 구성요소는 사람, 문화, 제도와 조직, 시스템으로 나타난다. [그림 2-9]는 지식경영의 구성요소를 나타내며, 이러한 구성요소들의 바탕에는 지식프로세스가 존재한다. 지식프로세스는 지식의 변환과 활용, 새로운 지식의 창출이 연속적인 순환과정을 통해 새로운 부가가치창출에 결정적 기여를 함으로써 고객에게 만족스러운 가치를 제공하고 기업에게는 이윤을 가져다주는 메커니즘을

그림 2-9 지식경영의 구성요소

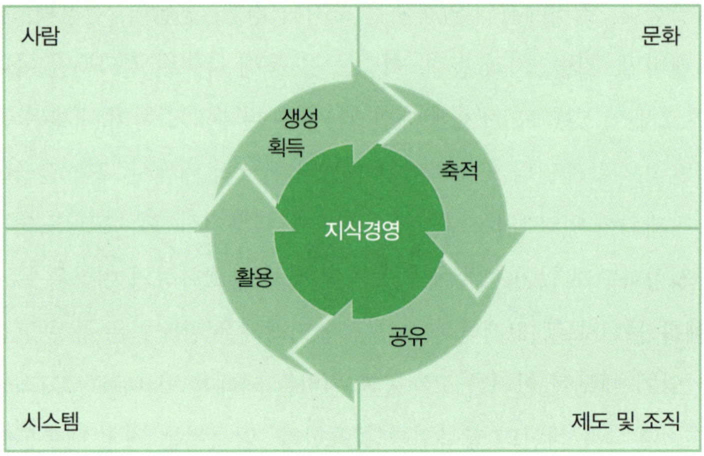

일컫는다.

즉 컴퓨터를 이용한 거래나 물류, 작업흐름의 통합 등 전통적인 정보처리의 관점을 벗어나 커뮤니케이션기반을 구축하고, 조직구성원과 고객들 간의 네트워크를 형성하며, 현장에서 직접 학습할 수 있는 다양성과 복잡성을 가진 지식경영시스템의 관점에서 정보사회를 실행하고 있는 것이다. 정보사회모델은 유연한 기술과 시스템에 기반하며, 고객과 조직구성원 간의 자유로운 지식경영실행 공동체의 형성을 가능하게 하는 지식경영시스템을 요구한다.

그림 2-10 지식경영프로세스

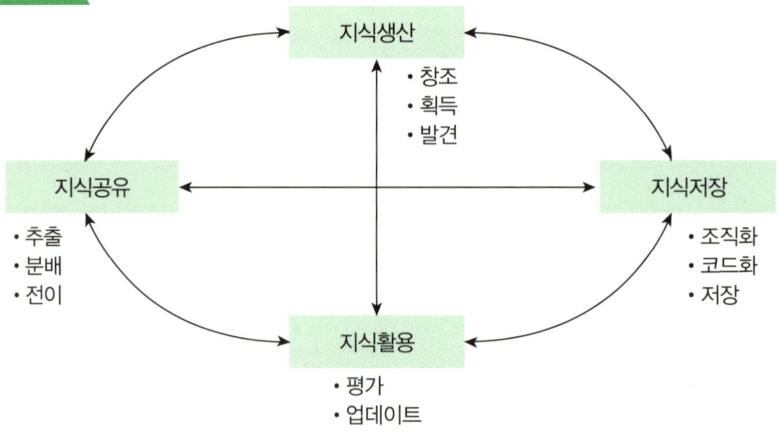

2.3.4 지식경영시스템의 구성

지식경영의 목표는 조직 내에서 보유하고 있는 지식을 효율적 · 효과적으로 사용하는 데 초점이 맞춰져 있다. 조직 내 지식자원의 가치를 극대화하기 위하여 통합적인 지식관리프로세스를 지원하는 정보기술시스템을 지식경영시스템이라고도 한다. 즉 지식경영시스템은 지식을 개인이나 조직 차원에서 적극적으로 창출하고 이를 효율적으로 조직 내 다른 구성원과 공유하고, 조직 내 지식창고에 체계적으로 저장관리하여 지식경영을 가능하게 하는 일련의 과정 및 이를 기반으로 운영하는 조직 내 정보시스템을 의미한다. 기존의 경영정보시스템들은 형식지를 기록하고, 저장하고, 관리하는 데 초점을 맞추어왔다. 그러나 인터넷 시대, 초연결 시대의 조직은 국내외적인 환경에서 나타나는 정보뿐만 아니라 그들의 정보시스템에서 형식지와 암묵지를 통합하여 관리할 필요성을 느끼고 있다.

지식경영시스템은 기존 정보시스템들과의 유기적 결합을 통해 컴퓨터상에 저장된 데이터나 정보뿐 아니라 문서, 그래픽, 동영상, 모델, 노하우 등 다양한 형태로 조직 내에 분산되어 있는 지식을 효과적으로 저장 · 관리 · 활용할 수 있는 통합된 개념의 정보시스템이라 할 수 있다. 이 시스템을 활용하는 사용자들은 단순히 데이터나 정보를 입력, 조회, 출력하는 단순한 작업이 아니라 자신의 지식을 바탕으로 지속적인 업무지식의 창출, 효과적인 지식경영시스템의 운용, 전사적인 지식경영의 비전과 전략수립 등에서 보다 지속적인 역할을 해야 한다.

지식경영시스템의 기업 인적자원이 소유하고 있는 정형적 · 비정형 지식자산 데이터들을 기업 안에서 축적하여 활용할 수 있도록 하자는 것이다. 즉 직원들이 입력한 다양한 정보를 체계적으로 수집 및 정리 · 분류하고, 전사원들에게 보급시켜 업무에 활용토록 하자는 것이다. 또한 최신의 첨단 정보기술의 조합을 통해 조직 내에 축적된 각종 지식과 노하우를 효율적으로 관리 및 상호 공유하도록 하는 것이 주요 목표이다. 지식경영시스템의 구축은 업체마다 다르며 가장 보편적인 지식경영시스템의 구성요소는 [그림 2-11]과 같다.

그림 2-11 지식경영시스템의 구성요소

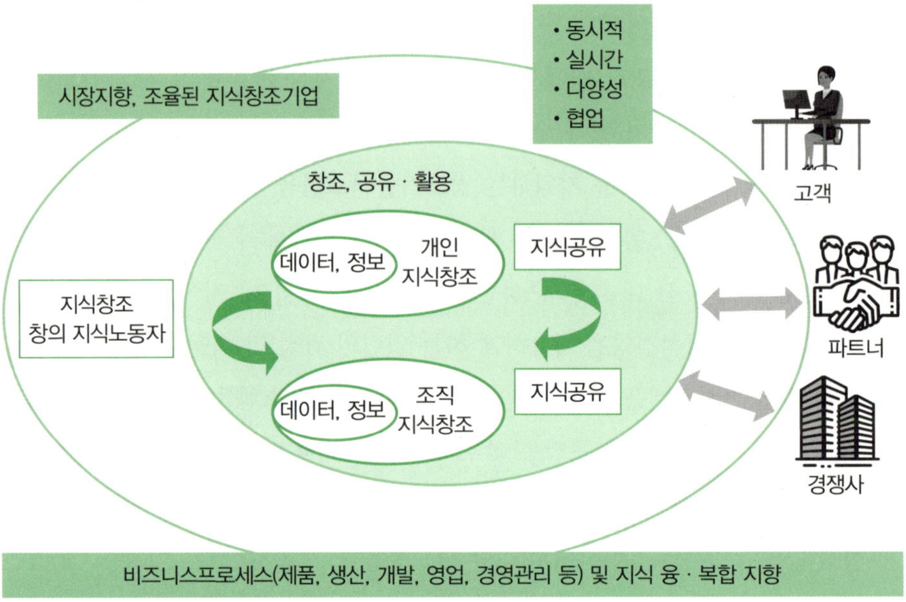

자료: 마이크로소프트웨어, 지식관리시스템, 2019. 9, 저자 수정.

1) 인터넷, 인트라넷, 엑스트라넷

인터넷은 지식의 공유와 확산 측면에서 대단히 중요한 역할을 한다. 인터넷의 공중성과 주요 정보들 사이의 정보연계를 통한 동적인 형태의 지식포털기술, 그리고 DHTML, XML, 멀티미디어기술, 클라우드, 빅데이터, 그룹웨어 등과 연결되는 다양한 지식기술은 지식경영시스템의 중요한 근원이 되며, 최근에 사물인터넷의 등장으로 더욱더 지식경영시스템이 각광을 받을 것이다. 스마트폰으로 무선환경의 모바일비즈니스가 빠르게 실현되어 관련 지식서비스 관련 산업이 급속도로 발전하고 있다.

특히 인터넷기술을 이용하여 기업이나 특정 조직 측면에서 기업 내, 기업 간의 정보공유를 활용하고자 하는 인트라넷, 엑스트라넷 개념기술이 급속도로 발전되었다. 인터넷기반기술은 많은 양의 정보를 공유하기 위하여 보안기술, 지불시스템, 스마트비즈니스 등 광범위한 형태의 무선통신기술 등이 기기와 상관없이 구현될 수 있는 지식경영시스템(KMS)이 기본 사항으로 들어가 있다.

2) 데이터베이스와 지식지도

데이터베이스는 현실세계에 존재하는 많은 데이터들 가운데 어떤 조직이나 단체를 유지하고 관리하는 데 필수적인 관련 데이터들의 집합이다. 데이터와 데이터 간에는 여러 가지 연관성이 존재한다. 데이터베이스는 이러한 연관성을 갖는 어느 데이터가 들어 있는 파일들로부터 필요한 정보만을 정리하여 또 다른 하나의 파일로 저장해두는 것으로 복수의 파일처리에서 출발하였다. 특히 지식경영시스템을 구축하기 위하여 데이터베이스는 매우 중요한 요인이다. 대부분의 조직에서 하나 이상의 데이터베이스 응용프로그램을 사용한다고 말할 수 있다. 조직 내에 정형 · 비정형의 데이터를 효율적이고 효과적으로 관리하기 위하여 데이터베이스를 활용한다. 지식경영시스템은 상이한 지식원천을 유기적으로 연결하거나 재가공과정을 통하여 사용자들의 목적과 용도에 맞도록 재구성하는 지식생성기능을 제공해야 한다.

데이터베이스와 연관이 매우 큰 지식저장소는 생성된 지식을 저장하는 곳으로 획득한 지식을 체계적으로 분류한 색인 데이터베이스와 물리적 저장위치를 나타내는 지식지도, 그리고 실제 지식정보 등을 저장하는 곳으로 나뉜다. 지식지도는 사용자가 원하는 지식에 쉽게 접근할 수 있도록 지식을 용도별 · 부문별로 정리한 지식분류체계를 의미한다. 지식지도를 구성할 때는 조직의 핵심프로세스별로 요구되는 지식을 도출하고 업무처리 관점에 따라 지식의 전체적인 구성을 논리적으로 체계화시켜야 한다.

3) 전자문서관리시스템

전자문서관리시스템(EDMS)은 조직 내 비정형적인 문서를 효과적으로 관리하기 위한 문서관리 솔루션으로 문서의 발생부터 소멸까지 전과정을 관리하며 사용자가 쉽게 문서정보를 찾을 수 있도록 지원해주는 시스템이다. 전자문서관리시스템과의 연동은 크게 두 가지 분류로 나눌 수 있다. 첫 번째는 데이터 간의 연동으로 지식경영시스템과 전자문서관리시스템이 각각 서로 다른 지식과 정보를 공유하고 있는 상태에서 사용자의 요구나 기능상의 통합을 위해 서로 간에 데이터를 이관하거나 서로에게 데이터를 공개하는 경우이다. 두 번째는 지식저장공간의 연동으로 지식경영시스템에서 보유한 지식을 좀 더 효율적이고 효과적으로 관리하기 위한 저장공간으로 전자문서시스템을 사용하고 지식경영시스템에 등록된 지식은 실제적으로 전자문서관리시스템으로 이관되어 관리 · 활용되는 경우이다.

4) 검색 및 검색엔진

지식경영시스템의 중요한 구성요소 중 하나를 차지하는 것이 검색 및 검색엔진이다. 지식경영시스템에서는 검색엔진이 문서에 대한 전문검색을 제공하는 기능뿐만 아니라 사용자가 빈번하게 참고로 하는 주요 웹사이트에 대하여 관리자가 적정한 검증절차를 거친 후 시스템에 등록해두면 웹로봇이라고 불리는 모듈이 이들 사이트에 대하여 적절한 시간간격을 두고 새롭게 갱신되는 문서들을 자동으로 수집하고 이들 수집된 문서들을 중요 키워드별로 자동으로 분류하여 지식경영시스템에 등록하게 하는 기능을 추가함으로써 사용자가 필요로 하는 지식을 한곳에서 관리하고 활용할 수 있는 효율성 및 편의성을 제공한다. 즉 사용자에게 원하는 지식을 신속하고 정확하게 검색할 수 있도록 지식의 분류 및 연관성에 따라 접근권한과 조건검색 및 키워드검색기능 등을 제공하여야 한다.

5) 협업과 그룹웨어

협업(collaboration)기술은 조직 내의 그룹적인 작업을 수행할 수 있는 수단을 제공한다. 그룹들은 공통의 문서를 가지고 동시 또는 다른 시간에 작업을 한다. 이러한 작업방식들은 지식제공작업을 수행하는 실행공동체의 구성원들에게는 매우 중요하다. 네트워크의 발전은 협업시스템들을 사용하는 개인들이 언제 어디서든 온라인 작업을 할 수 있도록 가상공간을 제공한다. 특히 대화형 협업기능인 메일, SNS, 게시판, 전자결제, 원격 및 화상회의 등을 정보시스템 내에서 구현하는 것은 매우 중요하다.

한편 그룹웨어는 개인이나 팀, 부서와 같은 그룹단위의 작업을 지원하기 위한 정보시스템을 의미한다. 좁은 의미로는 전자우편이나 전자결제, 일정관리 등의 기능을 의미하지만 넓은 의미로는 조직 내 정보공유기능을 지원해주는 소프트웨어를 총칭한다.

6) 보안

보안이란 범죄활동, 위협, 피해나 손실 등에 대비하여 보호하려는 정도이다. 정보보안이란 승인되지 않은 접근, 사용, 누출, 방해, 변경, 파괴로부터 조직 내 정보나 정보시스템을 보호하는 것을 의미한다. 조직 내외부 간의 정보시스템 방해 및 범죄행위를 방어하려는 제기능을 발휘하도록 보안이 체계화되어야 한다. 사실 지식경영시스템(KMS)이 인터넷, 인트라넷, 엑스트라넷이라는 보다 넓은 범위에 활용되면서 한 기업의 지식재산을 보호하려는 보안관리는 매우 중요한 핵심요인이라고 할 수 있다.

7) 기업지식포털과 로봇프로세스자동화

기업지식포털(EKP: Enterprise Knowledge Portal)은 사용자가 본인이 자주 접근하는 기능을 한 화면에 통합하여 볼 수 있도록 해주는 기능으로 사용자는 로그인을 한 후 그룹웨어의 주요 기능과 지식경영시스템의 주요 기능을 한 화면에서 볼 수 있으며 여러 경로를 거치지 않고 한번에 접근이 가능하도록 구성되어 있어야 한다.

포털기능은 여러 이질적인 시스템이 서로 다른 접근방식과 서로 다른 사용자 인터페이스를 가지고 사용자에게 제공됨으로써 사용자가 본인이 필요로 하는 기능과 데이터에 접근하여 정보를 획득 · 교환하는 기능이다. 즉 문맥을 공유할 수 있는 연관성을 만들어 정보를 교환함으로써 지식이전 및 공유를 하는 것이다. 이러한 포털에는 사용자의 정보요구, 즉 데이터와 문서, 전자메일, 웹링크와 질의(query), 그리고 공유되어야 하는 일정 및 과업목록 등이 통합되어 있어야 한다.

최근에 등장한 지식경영기반의 로봇프로세스자동화(RPA: Robotic Process Automation)는 사용자가 수행하는 규칙기반의 반복적인 업무를 소프트웨어 로봇이 수행하도록 자동화하는 기술이다. 규칙기반의 반복적, 절차적, 복합적, 고난이

그림 2-12 RPA의 주요 업무기능

구분	주요 업무기능
회계관리	• 거래처 계좌정보 확인 • 자사 금융거래 및 입출금정보 조회 확인 • 법인카드 사용정보 확인 • 법인카드 지출내역별 결의서 상신 여부 확인 및 메일 발송 • 매입 · 매출 전자세금계산서 확인 및 전자세금계산서 발행분 결의서 작성지원
구매관리	• 구매신청서의 구매대상 품목정보 취합 • 검수보고서의 입고 · 검수 품목정보 취합
인사관리	• 근태신청문서에 의한 근태자료 취합 반영(휴가, 시간외근무, 주휴근무 등) • 교육신청서에 의한 근태처리 및 지출결의서 작성처리 • 4대 보험 신고 및 확인 • 4대 보험 징수결정액 정보 취합
복지관리	• 콘도사용신청서에 의한 콘도사이트 예약처리 및 사용결과 취합 • 건강검진 대상자 접수 및 통보
IT, 일반업무	• 업무시스템 자동 점검 및 결과보고 SMS · 메일 발송 • 여러 분산정보를 파악하여 엑셀작업 후 보고서 작성 및 ERP 등록 · 메일 발송 • 회의 등록에 의한 회의일정 및 자료작성 요청메일 발송 • 부서별 · 보고주체별 회의자료 취합 · 메일 발송 • 사내 개선사항 또는 제안의견에 대한 심의결과 메일 발송 • 국회 관련 변경정보 취합(국회의원, 정당, 위원회정보 등) • 소송 진행정보 취합 및 SMS · 메일 발송

도 업무나 다수의 시스템 간에 정형화된 데이터의 입출력 또는 데이터처리결과 등의 업무에 효과적이고, 회사 내의 자동화된 지식을 저장 및 분석, 활용하는 데 매우 유용한 도구로 평가받고 있다. RPA 도입을 통한 효과가 검증되면서 금융권의 도입 움직임이 본격화되고 있다. RPA 도입 후 업무 효율성 개선과 비용 및 시간절감, 인건비절감 등의 효과가 검증되고 있기 때문이다.

8) 데이터웨어하우징과 데이터마이닝

기업 내 정보기술을 이용한 정형화된 정보들이 적절한 도구를 이용해 분석되고, 분석된 자료들은 새로운 정책을 결정할 수 있는 지식으로 사용될 수 있다. 이러한 작업을 가능하도록 하기 위해 데이터웨어하우스(datawarehouse)가 이용되고 있는데, 데이터웨어하우스는 즉각적으로 데이터들을 정형화할 뿐만 아니라 기업 내 의사결정자에게 필요한 과거 데이터의 저장고이다.

데이터웨어하우징 구현은 데이터추출, 데이터저장, 온라인 데이터분석, 데이터마이닝, 데이터액세스의 다섯 단계로 나눌 수 있다. 각 단계 중에서 데이터마이닝(datamining)은 수집되고 분석된 자료를 사용자에게 제공하기 위해 분류 및 가공하는 요소기술로서 사용자들은 이러한 기능을 통해 자동화된 지식검색을 할 수 있게 된다. 데이터마이닝을 활용한 작업으로서는 지식추출, 데이터탐색, 데이터패턴처리, 데이터포착, 그리고 정보생성 등이 잘 알려져 있다. 최근에 기업의 지식경영에서의 고객분석은 빅데이터기술을 활용해서 과거와 비교가 안 될 정도의 대규모 고객정보를 빠른 시간 안에 분석하고 있다.

9) 개인의 문서관리

지식경영이 보다 성공적인 시스템으로 구축되기 위하여 기업 내 개인 조직구성원의 지식자산 및 평가, 노하우 등의 비정형적인 데이터들을 탑재하여 정보를 공유하는 것이 매우 중요하다. 기업이 궁극적으로 성공하기 위해서는 개인의 문서를 보다 체계적으로 관리하기 위한 내용이 함축되어 있어야 한다. 유사시 내부 자원의 이탈이 생겨나도 대외적인 고객서비스활동이 원활히 이루어져야만 서비스만족도가 향상되며, 결국에는 기업이윤을 가져온다.

내부적으로 매우 다양한 형태의 개인정보로부터 그리고 외부의 새로운 정보와 고객들과 협력사들로부터 유익한 정보에 이르기까지 다양한 형태의 정보를 관리함과 동시에 지식경영시스템을 성공적으로 이끌기 위해서는 조직 내에 개인정보관리를 자연스럽게 유도하는 전략이 필요하다.

2.4 지식서비스산업

2.4.1 지식서비스산업의 배경과 정의

EU(유럽연합)의 1995년 리포트에서 처음으로 Knowledge Intensive Business Services(KIBS, 지식기반서비스)란 용어가 사용되었다. 그 당시 지식서비스는 노동집약적인 서비스나 단순노동 정보제공에 부가적인 지식을 창출하는 것으로서 다음과 같은 특징을 갖는다. ① 전문적(professional) 지식에 의존하며, ② 주요 정보나 지식을 창출하여 제공하거나(리포트, 교육, 컨설팅 등), ③ 최종생산자에 대한 중간단계의 서비스를 제공하기 위하여 지식을 사용하며(컴퓨터서비스), ④ 주로 비즈니스서비스에 이용되는 서비스이다. 이 같은 특징을 기반으로 "지식서비스란 기존 산업사회의 노동, 자본, 토지라는 중요 생산요소에 대비하여 인간의 창의성에 바탕을 둔 지식을 그 주요 생산요소로 삼는 서비스로서 기존 산업의 생산성 향상과 상품 · 서비스의 고부가가치화를 이루는 것을 그 목적으로 한다"로 정의된다.

지식서비스가 중요한 이유는, 첫째 이 산업의 성장가능성이 높기 때문이다. 사업서비스, 정보통신, 의료서비스 등 지식서비스산업은 미래 소비자의 요구사항에 부합되고 기술이 발전하고 경제규모가 커질수록 수요가 증가하는 산업이다. 따라서 이 산업은 아직 선진국 진입 직전에 있는 우리나라에서 특히 성장가능성이 높은 산업이라 할 수 있다. 지식서비스산업은 부가가치율이 제조업의 2배에 이르는

그림 2-13 지식서비스산업의 정의

① R&D	기술혁신을 위한 연구개발(R&D)활동이 활발	• 통신 • 금융 · 보험 • 사업서비스 • 교육 · 의료 • 문화
② ICT	ICT 관련 제품 · 서비스 투입비중이 높음	
③ 고급인력	고숙련인력(highly skilled worker)의 투입비중이 높음	

고부가가치산업일 뿐만 아니라, 제조업의 생산성 향상에도 크게 기여한다.

둘째, 다른 산업의 경쟁력 강화에 도움을 준다. 지식서비스산업은 그 자체의 성장률도 높지만 다른 산업의 경쟁력 강화에 매우 큰 도움을 주기 때문에 국민경제에서 매우 중요하다. 특히 제조업의 내부를 들여다보면 서비스적인 요소가 매우 많고, 이러한 서비스부문의 생산성 향상이 어려운 것이 사실이다. 그러나 점차 제조업 내 서비스부문이 독립하거나 제조업을 지원하는 전문서비스업이 나타나는 등 제조업에서 서비스업의 분리현상은 계속되고 있다. 뿐만 아니라 제조업만 가지고는 성장한계에 직면하자 서비스부문을 강화하여 부가가치의 대부분을 서비스부문에 의존하는 경향도 나타난다. 제조업과 서비스업이 융·복합되면서 시너지효과를 발휘하면 양자가 동반성장할 수 있는 기회가 더 커질 수 있다. 특히 제조업과의 연관성이 높아 동반성장할 수 있는 가능성이 높은 분야가 지식서비스분야이다.

셋째, 고용창출에 기여한다. 서비스산업은 일반적으로 고용창출에 기여하는 바가 제조업보다 높다. 고용이 창출되는 취업유발효과는 제조업보다는 서비스업분야가 높다. 특히 지식서비스산업은 고학력 취업자 비율이 높아 양질의 일자리창출이 가능한 산업이다.

넷째, 우리나라에 적합한 산업이다. 우리나라는 교육열이 높고 대학졸업자의 비중이 어느 나라보다도 높아 고급인력을 필요로 하는 지식서비스산업에서 많은 잠재력을 가지고 있다. 또한 지식서비스산업은 일반적으로 정보통신을 기반으로 성장한 산업군으로, IT 강국의 위상을 확보하고 있는 우리나라는 매우 유리한 조건을 가지고 있다.

2.4.2 지식서비스산업의 분류

지식서비스산업은 1995년 EU의 보고서 "Knowledge-intensive business services: their role as users, carriers and sources of innovation"에서 최초로 사용되었으며 "인간의 지식을 집약적으로 활용하여 높은 부가가치를 창출하는 서비스"라고 정의되었다. 또한 OECD는 지식기반서비스(knowledge-based service industry)를 지식을 창출 · 가공 · 활용 · 유통시키거나 지식이 체화된 중간재를 생산활동에 집약적으로 활용하여 고부가가치의 서비스를 제공하는 산업으로 정의하고 있으며, 구체적으로는 R&D, 정보통신기술(ICT), 고급인력 투입 · 활용도가 높은 산업으로 표현하였다. 여기에는 통신, 금융 · 보험, 사업서비스(법률 · 회계, 컨설팅, 디자인, R&D 등), 교육, 의료, 문화산업 등이 포함된다.

'지식서비스산업'은 국가별, 연구자, 연구목적에 따라 OECD의 정의를 중심으로 특정 서비스를 가감하여 다양하게 정의되고 있다. [표 2-1]은 산업기술분류표상의 대분류에 속한 지식서비스의 범위를 표현하고 있다. OECD가 정의한 지식서비스산업의 범위에 따르면 현행 한국표준산업분류상 통신, 금융 · 보험, 사업서비스, 교육, 보건 · 사회복지, 오락 · 문화 · 운동 관련 서비스가 그에 해당된다.

결론적으로 지속적인 경제성장, 일자리창출, 제조업 경쟁력 제고를 위해 부가가치효과가 높은 지식서비스산업 육성에 필수적인 인프라를 조성하여야 한다. 이와 같은 지식과 정보중심의 경제체제로의 전환은 다시 개인이나 기업, 국가의 지식축적을 실질적으로 가능하게 하는 과학기술혁신의 중요성을 부각시켜서, 과학기술혁신을 더욱 촉진시키는 상승효과가 나타날 것으로 기대된다. 즉 과학기술은 지식과 정보를 키워드로 하는 지식기반경제로의 이행을 주도할 것이며, 이와 같은 지식기반경제로의 이행은 다시 과학기술의 중요성을 부각시켜 기술혁신을 더욱 촉진시킴으로써 성장원천으로서의 과학기술의 역할과 중요성이 더욱 확대될 것이다.

표 2-1 | 산업기술분류표: 지식서비스(대분류)

중분류	소분류	코드번호
경영전략/금융/무역서비스	전자금융서비스	700101
	투자분석/위험관리기법	700102
	기술사업화/가치평가기법	700103
	비즈니스모델링/프로세스관리/시뮬레이션기술	700104
	서비스표준화/품질관리	700105
	서비스네트워크/협업지원	700106
	지식창출/유통/평가기술	700107
	인사관리/법무/회계서비스	700108
	전자무역서비스	700109
	기타경영전략/금융/무역서비스기술	700110

연구개발/엔지니어링 서비스	생산관리/계량분석기법	700202
	생산공정모델링/시뮬레이션	700203
	설계정보통합관리/협업시스템성능 향상기술	700204
	제품품질관리기술	700205
	시험/검사/분석기법	700206
	지식재산권분석/관리기술	700207
	첨단/친환경소재 응용포장(패키징)기술	700208
	사업설비-시설물조사/설계/예측/평가/관리기술	700209
	기타연구개발/엔지니어링 관련 기술	700210
인적자원 역량개발 서비스	지능형 학습지원/관리기술	700301
	감성시스템 및 처리기술	700302
	인간-시스템 상호작용기술	700303
	뇌 인지기반 인간수행능력 향상기술	700304
	기타인적자원역량개발서비스	700305
유통/물류/마케팅 서비스	지능형 기업물류지원기술	700401
	유통물류 응용기술	700402
	시장조사/마케팅관리기술	700403
	소비자행동모델링/테스트기법	700404
	지능형 고객관계관리기술	700405
	기타 유통물류/마케팅 관련 기술	700406
부가가치/사후관리 서비스	재제조서비스/제품 · 서비스시스템(PSS)	700501
	제품-서비스 유지/운영/사후관리	700502
	문화-의료-환경기반 지식표현/지능형 융합서비스기술	700503
	방송/광고/영화미디어 관련 기술	700504
	기타부가가치/사후관리서비스	700505
디자인 서비스	제품디자인기술	700601
	시각디자인기술	700602
	디지털디자인기술	700603
	패션 · 텍스타일디자인기술	700604
	산업공예디자인기술	700605
	서비스디자인기술	700606
	공간/환경디자인기술	700607
	포장디자인기술	700608
	UI/UX디자인기술	700609
	디자인기반(디자인인프라)기술	700610
	기타 디자인기술	700611

자료: 중소벤처기업부, 산업기술분류표, 2019.

1) 디자인서비스(산업, 시각, 환경, 포장 등)

디자인의 일반적 개념은 "미적 측면과 기능적 측면을 동시에 고려하여 기획 및 창조하는 일련의 행위"로 표현할 수 있다. 또 법적인 디자인의 정의는 "제품 등의 미적 · 기능적 · 경제적 가치를 최적화함으로써 생산자 및 소비자의 물질적 · 심리적 욕구를 충족시키기 위한 창작 및 개선행위"로 제품디자인, 포장디자인, 환경디자인, 시각디자인 등을 포함한다. 디자인서비스는 표준산업분류상 사업서비스업에 속한다. 개인 또는 특정 그룹에 의해 창작된 '디자인'물이 타개체(개인 또는 법인)에게 '제공'되는 일련의 행위를 디자인서비스의 개념으로 설명할 수 있다.

2) 경영컨설팅

국제노동기구(ILO, 1998)에서는 컨설팅을 "조직의 목적을 달성하는 데 있어서 경영 · 업무상의 문제점을 해결하고, 새로운 기회를 발견 · 포착하고, 촉진하며, 변화를 실현하는 관리자와 조직을 지원하는 독립적인 서비스"로 정의한다. 그리고 미국의 컨설팅경영 엔지니어링협회에서는 "특별히 훈련받고 경험을 쌓은 사람들이 기업경영상의 여러 가지 문제점들을 규명하고 해결할 수 있도록 실질적인 해결방안을 제시하고, 그러한 해결방안들이 적기에 실시될 수 있도록 도와주기 위한 전문적인 서비스를 제공하는 것"으로 정의한다. 국가표준산업분류에는 '경영컨설팅업'으로 분류되며, 정보기술(IT)컨설팅은 '컴퓨터시스템 설계 및 자문업', '소프트웨어 자문, 개발 및 공급업'으로 분류된다. 컨설팅은 일반적으로 전략, HR(Human Resource), 생산운영, IT, BAS(Business Advisory Services)의 5개 영역으로 구분된다.

3) 연구개발(R&D)전문업

연구개발서비스는 국가과학기술 경쟁력 강화를 위한 「이공계지원특별법」과 시행령에 의한 법률적 근거를 바탕으로 시행되고 있다. 연구개발서비스업은 새로운 전문연구개발(R&D)조직으로 전략적으로 육성하며, 신규전문인력을 산업에 고용하여 선진국 대비 70% 수준으로 연구개발서비스업을 활성화하는 데 그 목적이 있다.

4) 패키징

패키징이란 물품의 유통과정에 있어서 그 물품의 가치 및 상태를 보호하기 위하여 적합한 재료 또는 용기 등으로 포장하는 방법 및 포장한 상태를 말하며 이것을 낱포장(個裝), 속포장(內裝), 겉포장(外裝)의 3가지로 크게 나눈다. 구미에서는 "패키징은 재물의 출하, 판매를 위한 준비행위이며 패키징과 관련한 마케팅의 정의는 유통, 보관, 상품화(merchandising)의 모든 분야를 포함한다"고 정의하고 있다. 우리나라는 과거에 한국산업규격 KS A 1001(포장의 정의)을 규정하고 있었으나 1986년 KS A 1006(포장용어)에 통합되어 패키징을 현대포장(packaging)의 개념이 아닌 마케팅기법이 제외된 패킹(packing) 개념에 가깝도록 해석하고 있다.

5) 패션산업

패션산업은 일정한 기간 동안 유행하는 특정한 스타일의 생활문화상품을 기획 · 제조 · 유통 · 소비하는 산업활동으로 정의할 수 있다. 이러한 패션산업은 다음과 같은 다면적 특징을 갖고 있다. 첫째, 소비나 욕망의 변화에 부합하는 상품을 개발하는 소비생활산업이다. 둘째, 패션정보의 신속한 입수 · 분석 · 응용이 성패를 좌우하는 정보산업이다. 셋째, 문화 · 예술 · 연예 · 첨단기술적 요소의 상품화 및 응용활동이 중시되는 지식문화산업이다. 넷째, 의류와 생활제품의 디자인을 기획하는 디자인산업이다.

6) 프랜차이즈

프랜차이즈(franchise, 가맹사업)란 어느 한 조직(franchisor, 가맹본부사업자)이 일정 지역의 다른 조직(franchisee, 가맹점, 가맹점사업자)에 대하여 자기의 상호 · 상표 등 영업을 상징하는 표지를 사용하여 제품 또는 서비스를 판매하거나 기타 영업을 할 수 있는 권리를 부여함과 동시에 영업에 대한 일정한 지시 · 통제를 하는 한편, 선택적으로 그 영업에 대한 노하우를 제공하거나 상품을 공급하는 것을 말하고, 이에 대하여 프랜차이즈는 프랜차이저에게 대가로서 가맹비, 보증금 또는 로열티나 제품대금 등을 지급하는 지속적인 계약을 체결하는 것을 말한다.

한국은 미국적 정의를 원용하여 2002년 5월 13일 「가맹사업거래의 공정화에 관한 법률」을 제정하면서 가맹사업의 정의를 동법 제2조에 다음과 같이 규정하고 있다. '가맹사업'이라 함은 가맹본부가 가맹점사업자로 하여금 자기의 상표 · 서비스표 · 상호 · 간판 그 밖의 영업표지(이하 '영업표지'라 한다)를 사용하여 일정한 품질기준이나 영업방식에 따라 상품(원재료 및 부재료를 포함한다) 또는 용역을 판매하도록 함과 아울러 이에 따른 경영 및 영업활동 등에 대한 지원 · 교육과 통제를 하며, 가맹점사업자는 영업표지의 사용과 경영 및 영업활동 등에 대한 지원 · 교육의 대가로 가맹본부에 가맹금을 지급하는 계속적인 거래관계를 말한다.

7) 전시산업

전시산업(exhibition industry)에 대한 일반적으로 통용되는 정의는 없으나, 전시회(exhibition)와 관련된 산업을 의미한다고 볼 수 있다. 「전시산업발전법」 제2조(정의)에서는 '전시산업'이란 전시시설을 건립 · 운영하거나 전시회 및 전시회 부대행사를 기획 · 개최 · 운영하고 이와 관련된 물품 및 장치를 제작 · 설치하거나 전시공간의 설계 · 디자인과 이와 관련된 공사를 수행하거나 전시회와 관련된 용역 등을 제공하는 사업을 말한다고 되어 있다. 통계청의 한국표준산업분류에서는 '전시산업'에 대한 독자적인 분류가 없으며, 전시장 운영은 '비거주용 건물임대업'에 전시주최업 및 전시공사업은 '전시 및 행사대행업'에 포함되어 있다. 전시 및 행사대행업은 각종 전시회 및 행사를 기획 · 조직하는 산업활동으로 정의하고 있으며, 전시장 행사와 관련된 시설의 내장, 외장, 전시장치, 기계설비(음향, 영상 등) 등을 종합적으로 구성 · 연출하는 사업체도 포함하고 있다.

8) 유통산업

유통은 생산과 소비의 결합을 매개로 하는 일련의 비즈니스과정으로 어떤 제품이나 서비스를 생산자로부터 소비자에게 이전하는 현상 또는 이전시키기 위한 제반활동으로 정의할 수 있다. 우리나라 「유통산업발전법」에 따르면 "유통산업은 농산물, 임산물, 축산물, 수산물(가공 및 조리물 포함) 및 공산품의 도 · 소매 및 이를 영위하기 위한 보관 · 배송 · 포장과 이와 관련된 정보 · 용역의 제공 등을 목적으로 하는 산업"으로 정의되어 물리적 상품의 전달뿐 아니라 유통과 관련한 서비스분야도 유통산업에 포함시키고 있다. 한국표준산업분류상 유통산업은 개념적으로 도매 및 소매업으로 분류된다.

9) 시험 · 분석 · 인증서비스

시험 · 분석 · 인증서비스는 제품 및 물품의 기술적 정보를 제공함을 통해 기술경제에서 품질의 개선 및 제품의 수요를 증대시키는 데 기여하는 역할을 하고 있는 지식서비스를 말한다. 이러한 시험분석은 통상적으로 사용되는 용어이지만 보다 정확한 개념으로 적합성평가(conformity assessment)라 칭하기도 한다. WTO/TBT ANNEX 1, 2에 따르면 적합성평가란 기술규정 또는 표준의 관련 요건이 충족되었는지를 결정하기 위하여 직접적 또는 간접적으로 사용되는 모든 체계적 검토를 의미하며, 표본추출, 시험 및 검사, 검증 및 적합보증, 등록, 인증과 승인 및 이들의 결합된 형태를 포함하고 있는 매우 포괄적 개념이다.

10) 이러닝(전자학습)산업

이러닝(전자학습은 전자적인 매체를 기반으로 이루어지는 모든 학습을 총칭하며, 방송통신교육, 인터넷기반교육, 스마트교육 등을 포괄하는 정보기술과 교육이 융합한 디지털융합산업으로 성장하고 있다. 최근에는 신성장동력의 지식서비스산업으로 부각되고 있다. 「이러닝(전자학습)산업 발전 및 이러닝 활용 촉진에 관한 법률(약칭: 이러닝산업법)」(시행 2016년 9월 30일)에 의하여 이러닝산업은 "전자적 수단, IT 및 전파방송기술을 활용하여 이러닝콘텐츠, 이러닝서비스, 이러닝솔루션을 제공함으로써 부가가치를 창출하는 산업"으로 정의되고 있다. 이는 쌍방향으로 의사전달이 가능하도록 설계되어 온라인 및 전파방송을 통해 교육 · 훈련 및 학습을 제공하는 서비스업무와 이를 위한 하드웨어, 소프트웨어, 네트워크를 구축 · 제공하는 솔루션사업, 상호작용의 의도를 가지고 교수설계된 교육콘텐츠 제공과 시스템 및 교육컨설팅을 수행하는 산업군을 말한다.

한편 최근에 스마트러닝은 스마트환경에 기반을 둔 학습의 형태이며, 아날로그 공간, 디지털공간에 이은 제3의 공간에서 새로운 존재론 및 인식론적 학습환경을 제공하게 될 것이다. 스마트러닝은 학습자의 학습기회에의 접근가능성을 극대화할 것으로 예상되는데, 모든 사물, 환경, 유기체에 컴퓨터와 센서가 부착되어 학습자의 접근가능성은 기술적 측면에서 완성의 수준에 이를 것이다.

11) 에너지절약전문기업

에너지 사용자가 에너지절약을 위하여 기존의 에너지 사용시설을 대체 · 보완하고자 하나 기술적 · 경제적 부담으로 사업을 시행하지 못할 경우 에너지절약형 시설설치사업에 참여하여 기술, 자금 등을 제공하고 투자시설에서 발생하는 에너지 절감액으로 투자비를 회수하는 사업을 영위하는 기업을 ESCO(Energy Service COmpany, 에너지절약전문기업)라 정의한다. 에너지 사용자는 투자사업을 통해 투자위험 부담 없이 에너지절약 시설투자가 가능하고 ESCO는 투자수익성을 보고 투자위험을 부담하는 벤처형 사업이다.

12) 소프트웨어산업

소프트웨어란 컴퓨터 · 통신 · 자동화 등의 장비와 그 주변장치에 대하여 명령 · 제어 · 입력 · 처리 · 저장 · 출력 · 상호작용이 가능하도록 하게 하는 지시 · 명령(음성이나 영상정보 등을 포함)의 집합과 이를 작성하기 위하여 사용된 기술서, 기타 관련 자료를 말한다. 또한 소프트웨어산업이란 소프트웨어의 개발 · 제작 · 생산 · 유통 등과 이에 관련된 서비스 및 「전자정부법」 제2조 제13호에 따른 정보시스템의 구축 · 운영 등과 관련된 산업을 말한다. 「소프트웨어산업진흥법」 제2조에 따르면 국내 소프트웨어산업에는 기본적으로 패키지 소프트웨어에 대한 설치와 운용, 데이터베이스관리 등의 서비스까지 포함된다. 따라서 국내 소프트웨어산업은 국내 정보시스템을 위한 인프라 전체로 인식되고 있다고 할 수 있다.

13) 의료서비스산업(헬스케어 포함)

의료서비스산업은 인간의 건강유지를 위한 각종 질환의 예방과 치료를 위해 보건서비스를 제공하는 병원, 의원 및 기타 의료기관과 의료 관련 서비스를 제공하는 산업을 일컫는다. 의료서비스를 지식서비스산업의 하나로 이해하기 위해서는 의료서비스 자체보다는 의료서비스에 사용되는 보건의료기술과 보건의료 R&D의 결과를 지식으로 파악하여 살펴볼 필요가 있다. 여기서 '보건의료기술'이란 인체의 건강과 생명을 유지하고 증진하는 데 필요한 의약품, 의료기기, 의료서비스, 식품, 화장품, 한의약에 적용되는 기술을 의미한다. 보건의료분야의 정부 R&D사업은 '보건의료기술 연구개발사업', '10대 질병정복 메디클러스터 구축사업', '한의약 연구개발사업', '면역백신개발사업'과 '임상연구 인프라 조성사업'이 있으며, 지원분야는 의과학, 의약품, 의료기기, 의료정보, 건강기능제품, 한의약 등의 분야를 포함하고 있다.

2.5 빅데이터의 의미와 특징

빅데이터환경은 과거에 비해 데이터의 양이 엄청나게 폭증했으며, 관련 데이터의 종류도 다양해져 사람들의 행동은 물론 위치정보와 SNS를 통해 생각과 의견까지 분석하고 예측할 수 있도록 변하고 있다. 데이터의 생성 양 · 주기 · 형식 등이 기존 데이터에 비해 너무 크기 때문에 종래의 방법으로는 수집 · 저장 · 검색 · 분석이 어려운 방대한 데이터를 말한다. 빅데이터는 각종 센서와 인터넷의 발달과 함께 다양한 채널의 데이터가 늘어나면서 등장하였다. 컴퓨터 및 처리기술이 발달함에 따라 데이터를 기반으로 질병이나 사회현상의 변화에 관한 새로운 시각이나 법칙을 분석하는 가능성으로 자연스럽게 빅데이터란 말이 나타났다.

사용자가 직접 제작하는 동영상콘텐츠, 휴대전화와 SNS(Social Network Service)에서 생성되는 문자 등은 데이터의 증가속도뿐만 아니라, 형태와 질에서도 기존과 다른 양상을 보이고 있다. 특히 블로그나 SNS에서 유통되는 텍스트정보는 내용을 통해 글을 쓴 사람의 성향뿐만 아니라, 소통하는 상대방의 연결관계까지도 분석이 가능하다. 게다가 사진이나 동영상콘텐츠를 컴퓨터를 통해 이용하는 것은 이미 일반화되었고 방송프로그램도 TV수상기를 통하지 않고 컴퓨터나 스마트폰으로 보는 세상이다. 주요 도로와 공공건물은 물론 아파트 엘리베이터 안까지 설치된 CCTV가 촬영하고 있는 영상정보의 양도 상상을 초월할 정도로 엄청나다. 그야말로 일상생활의 행동 하나하나가 빠짐없이 데이터로 저장되고 있는 셈이다. 민간분야뿐 아니라 공공분야도 데이터를 엄청나게 쌓아가고 있다. 다양한 센서뿐만 아니라 사회적인 조사, 국세자료, 세무자료, 의료보험, 연금 등의 분야에서 데이터가 생산되고 있다. 향후 모바일의 확산으로 스마트워크를 통한 데이터 증가가 가속화될 전망이다

기업이 보유하고 있는 고객데이터를 활용해 마케팅활동을 활성화하는 고객관계관리는 기업이 보유하고 있는 데이터를 통합하는 데이터웨어하우스, 데이터마이닝, 비즈니스 인텔리전스를 통한 고객유지와 이탈방지 등과 같은 다양한 마케팅활동을 진행한다. 기업의 CRM활동은 자사 고객데이터뿐 아니라 제휴회사의 데이터를 활용한 제휴마케팅도 포함한다. 최근에는 구매이력정보와 웹로그(web-log)분석, 위치기반서비스(GPS) 결합을 통해 소비자가 원하는 서비스를 적기에 적절한 장소에서 제안할 수 있는 기술기반을 갖추었다. 이러한 고객분석은 빅데이터기술을 활용해서 과거와 비교가 안 될 정도의 대규모 고객정보를 빠른 시간 안에 분석하는 것이 가능해졌다.

데이터웨어하우스

데이터분석시스템에서 이용가능한 데이터를 일원적으로 저장하는 데이터베이스이다. 데이터웨어하우스에서 저장된 데이터는 비즈니스 인텔리전스(BI: Business Intelligence) 툴에 의해 다양한 분석에 이용된다.

데이터마이닝

대량의 데이터로부터 눈에 보이지 않는 관련성이나 경향을 찾아내는 것을 목적으로 하는 애플리케이션이다.

비즈니스 인텔리전스(BI)

복잡하고 일상적이지 않은 결정들에 대한 컴퓨터기반지원을 제공하며 응용프로그램, 기술 그리고 데이터수집, 저장, 액세스, 데이터분석 등의 프로세스를 의미하는 것으로 정의한 것으로 데이터웨어하우스 개념과 함께 사용된다. 즉 의사결정자가 핵심정보를 검토하여 신속하게 기업의 상태를 확인할 수 있게 한다.

현대사회를 살아가면서 우리 주변에는 모양이 다양하고 규모에서도 과거에는 상상할 수 없을 정도로 이미 엄청난 양의 데이터가 존재한다. 데이터는 웹과 앱의 활동성의 폭발적인 증가, 전세계 모바일기기 사용의 증가, 새로운 IT기기(CCTV, 드론, 로봇, RFID리더기, GPS내비게이션, 각종 센서측정기 등)의 출현, 생명공학과 의료공학, 멀티미디어 등 다양한 원천으로 생성되고 있다. 특히 2000년 이전에는 소규모의 데이터만 가지고도 얼마든지 정보화사회에서 생활하는 데 큰 문제가 없었다. 그러나 과거와는 비교할 수 없을 정도로 데이터의 규모가 커지고 종류 또한 다양해지면서 이러한 데이터로부터 추출할 수 있는 가치 있는 정보의 힘은 상상을 초월할 만큼 크게 작용한다.

4차 산업혁명 시대에 단연 화두는 빅데이터이다. 빅데이터, 인공지능, 로봇공학, 사물인터넷, 클라우드, 블록체인, 공유경제, 3D 프린터, 스마트팩토리 등으로 대표되는 4차 산업혁명은 우리 사회에 깊숙이 파고들고 있다. 빅데이터는 이미 기업과 사회, 정부, 학교, 연구소 등에서 보편적으로 사용되고 대중화되었다고 할 수 있다. 빅데이터는 기존 데이터보다 너무 방대하여 기존의 방법이나 도구로 수집·저장·분석 등이 어려운 정형 및 비정형 데이터들을 의미한다. 특히 다양한 소셜네트워크서비스(SNS)를 통해 전세계 사람들이 실시간으로 엄청난 양의 데이터를 생성하고 있다.

원래 빅데이터는 트위터, 카카오톡, 페이스북 등으로 대표되는 SNS상에서 발생하는 데이터를 가리켰으나 스마트기기 및 환경으로 다양한 정보가 추가됨으로써 얻어지는 각종 데이터, 예를 들어 유튜브(YouTube) 등에서 나오는 비정형 데이터와 위치정보, 신용카드정보, 고객수준정보의 데이터도 포함되었다. 이러한 데이터들의 주요 공통적 제한으로 인터넷을 기반으로 하는 스마트기기와 환경이 급속도로 변화하는 데이터량이 기하급수적으로 증가하고 있지만 이를 해결할 활용방법이 확립되어 있지 않다는 점이 단점으로 지적되기도 한다.

물론 데이터는 모바일기기나 소셜네트워크서비스가 아니더라도 일상 속에서도 끊임없이 엄청난 정보가 생성되고 있다. 도로와 건물 곳곳에 설치된 CCTV가 촬영하는 대량의 동영상, 차량에 설치된 블랙박스의 녹화영상, RFID와 같은 센싱장비를 통해 수집되는 데이터, 생명공학 및 의학분야에서는 게놈서열정보, MRI사진과 같은 다양한 의학정보 등 일상의 모든 행동이 디지털데이터로 수집되어 저장되고 있다고 해도 과언이 아니다. 최근에는 사람이 일일이 정보를 저장, 보관, 이동하는 것이 아니라 로봇자동화시스템으로 주기적으로 데이트를 끌어오고 있다. 이젠 단순한 업무에서도 사람이 일일이 데이터를 취급하는 것이 아니라 자동으로 데이터를 처리하고 있다.

최근의 스마트환경에서의 데이터들은 세 가지 유형으로 분류가능하다. 첫째, 대량으로 발생된다는 사실이다. 이러한 대량의 정보발생들은 정보네트워크의 연결을 의미하기도 한다. 둘째, 시간과 장소에 구분 없이 실시간으로 발생된다는 사실이다. 셋째, 정형 및 비정형화된 데이터, 예를 들어 텍스트, 이미지, 동영상, 음성과 같은 멀티미디어 데이터가 포함된다는 것이다. 수집한 대규모 데이터에서 추출한 정보는 엄청난 힘을 지니고 있다. 인터넷 쇼핑몰에 방문한 기록을 분석하면 사람들이 어떤 상품에 관심을 가지고 있는지, 쇼핑에 얼마나 많은 시간을 소요하는지, 개인 쇼핑에 비용을 얼마나 지불하는지 등의 소비형태정보를 분석하여 이를 마케팅과 영업, 사후 고객관리에 활용할 수 있다. 그리고 SNS를 통해 생성된 데이터를 분석하면 작성자의 성향이나 다른 사람들과의 연결관계를 파악할 수 있어, 사람들의 생각과 의견을 예측하여 현재 처해진 상황 및 문제해결에 전략적으로 활용할 수 있다.

전세계 사람들이 매일 이용하는 구글이나 페이스북도 빅데이터를 분석하여 전략적으로 이용하고 있다. 구글은 빅데이터기술을 이용하여 사용자의 개인정보와 사용자가 입력한 검색조건 등을 분석해 사용자에게 맞춤형 광고를 제시한다. 페이스북도 사용자가 작성한 글과 사진, 동영상데이터를 분석하여 사용자가 관심을 가질 만한 광고를 제시하는 데 빅데이터기술을 활용한다. 정치분야에서도 빅데이터를 적극 활용한다.

국내에서는 인터넷이나 SNS를 통한 선거운동이 허용되면서 여론조사기관들이 투표결과를 더 정확히 예측하기 위해 SNS를 통해 생성된 선거 관련 데이터를 빅데이터를 활용해 분석하기도 하였다. 미국에서도 오바마 대통령이 선거를 위해 다양한 경로로 수집한 유권자의 데이터를 분석하여 유권자의 성향을 파악하고 이를 바탕으로 선거전략을 세워 당선된 사례 등이 대표적이다.

2.5.1 빅데이터 정의와 특징

디지털경제 및 스마트기기의 확산으로 우리 주변에는 규모를 가늠할 수 없을 정도로 많은 정보와 데이터가 생산되는 '빅데이터(big data)'환경이 도래하고 있다. 빅데이터는 다양한 측면을 포함하고 있으므로 한마디로 정의하기가 쉽지 않다. 빅데이터의 정의를 사전적 의미로 살펴보면 각 사전마다 약간의 차이는 있지만 개념적으로 정의를 내리면 [표 2-2]와 같다.

빅데이터는 '빅(big)+데이터(data)'식의 단순 합성어가 아니다. '다양한 영역에서 많은 데이터'라는 표현으로는 본질적인 의미와 가치를 놓치게 된다. 기존의 기업환경에서 사용되는, 즉 조달 및 물류, 유통데이터, 각종 기기에서 나오는 센서데이터, 생산과 공정제어, 판매와 마케팅, 고객관리데이터 등과 '정형화된 데이터' 뿐만 아니라 멀티미디어적인 이미지, 사진, 동영상 등과 같은 지금까지 기업에서 활용하기 어려웠던 멀티미디어 데이터인 '비정형 데이터'를 모두 포함하는 것이 빅데이터이다.

결론적으로 빅데이터란 과거 아날로그환경에서 생성되던 데이터에 비하면 그 규모가 방대하고, 생성주기도 짧고, 형태도 수치데이터뿐만 아니라 문자와 영상데이터를 포함하는 정형이든 비정형이든 대규모 데이터를 말한다. 최근에는 빅데이

| 표 2-2 | 빅데이터의 일반적인 정의

기관	정의
위키피디아	통상적으로 사용되는 데이터수집, 관리 및 처리 소프트웨어의 수용 한계를 넘어서는 크기의 데이터를 말한다. 빅데이터의 사이즈는 단일 데이터 집합의 크기가 수십 테라(2^{40})바이트에서 수 페타(2^{50})바이트에 이르며, 그 크기가 끊임없이 변화하는 것이 특징
맥킨지컨설팅	데이터양이 기존 일반적인 데이터베이스도구를 통해 기록, 저장, 관리, 분석의 범위를 넘어서는 데이터셀
정용찬 (네이버 지식사전)	디지털환경에서 생성되는 데이터로 그 규모가 방대하고, 생성주기도 짧고, 형태도 수치데이터뿐 아니라 문자와 영상데이터를 포함하는 대규모 데이터
국립중앙과학관	기존 데이터보다 너무 방대하여 기존의 방법이나 도구로 수집 · 저장 · 분석 등이 어려운 정형 및 비정형 데이터들을 의미

터를 대규모의 데이터를 저장 및 관리하는 기술과 가치 있는 정보를 만들기 위해 분석하는 기술까지도 포함하여 광의의 정의를 내리고 있다.

[표 2-3]에서와 같이 빅데이터를 데이터 관점과 기술적인 관점을 이용하여 개념을 확장하면 훨씬 데이터를 다루는 데 최적화된 조합이라고 할 수 있다. 최근에 모바일 및 스마트기기, 인터넷 관련 다양한 매체를 통한 데이터가 기하급수적으로 증가하고 있는 상황에서 빠른 속도로 데이터를 효율적으로 수집 및 저장하고, 다양한 기술적인 기반기술을 활용하여 현황 파악, 예측, 시각화, 의사결정을 할 수 있는 판단기준 및 전략화 등을 지원하기 위한 기술로서 보다 광의적으로 빅데이터를 정의하는 것이 오히려 타당할 것이다.

인터넷쇼핑의 예를 들어보자. 데이터의 관점에서 보면 과거에는 상점에서 물건

| 표 2-3 | 빅데이터의 광의의 정의

관점	내용
빅데이터의 관점	데이터의 수집형태 (정형화된 데이터+비정형화된 데이터+멀티미디어적 데이터 등)
기술적인 관점	데이터의 인프라기반기술 (분류, 수집, 저장, 분석, 시각화, 예측, 전략화 등)

을 살 때만 데이터가 기록되었다. 반면 인터넷쇼핑몰의 경우에는 구매를 하지 않더라도 방문자가 돌아다닌 기록이 자동으로 데이터로 기록 · 저장된다. 어떠한 고객이 어떤 상품에 관심이 있는지, 얼마 동안 쇼핑몰에 머물렀는지가 시시각각으로 기록 · 저장된다. 쇼핑뿐만 아니라 은행, 증권과 같은 금융거래, 교육과 학습, 여가활동, 자료검색과 이메일 등 하루 대부분의 시간을 컴퓨터와 인터넷에 할애하는데, 이를 일일이 사람이 기록 · 관리하는 것이 아니라 자동화기반기술에 전적으로 의존한다. 이에 따라 자동화기반기술이 더욱더 중요해졌다.

주요 도로, 다리와 공공건물은 물론 심지어 아파트 엘리베이터 안에까지 설치된 CCTV는 촬영된 엄청난 양의 영상정보를 자동화된 기술로 수집 · 저장하고 있다. 그야말로 일상생활의 행동 하나하나가 빠짐없이 자동화된 기술 관점의 데이터로 저장되고 있는 셈이다. 민간분야뿐만 아니라 공공면에서 다양한 영역에서의 부동산거래데이터, 사회적인 조사, 조세자료, 의료보험, 연금 등의 분야에서 데이터가 생산되고 있다.

한편 빅데이터의 특징을 세 가지(volume, velocity, variety)로 설명할 수 있다. 데이터의 양(volume)은 정보통신기술(ICT)의 일상화와 기술적인 발달로 대규모 데이터의 디지털정보량이 기하급수적으로 증가함을 의미한다. 데이터처리속도(velocity)는 대용량의 데이터양의 빠른 증가와 즉시성 있는 응대를 위한 빠르게 처리하고 분석할 수 있는 속성이다. 최근의 4차 산업의 융 · 복합환경에서 디지털 데이터는 매우 빠른 속도로 생산되므로 이를 실시간으로 저장, 유통, 수집, 분석 처리가 가능한 성능을 의미한다. 다양성(variety)은 다양한 데이터소스로부터 다양하고 복잡한 구조의 데이터를 의미하며 정형화의 종류에 따라 정형, 비정형 데이터로 분류할 수 있다.

앞서 살펴본 속성 이외에도 다음 세 가지 속성이 새롭게 제시되고 있다.

- 정확성(veracity): 빅데이터 시대에는 방대한 데이터의 양을 분석하여 일정한 패턴을 찾아내는 정확성이 필요하다. 그러나 대규모의 정보의 양이 많아지는 만큼 데이터의 신뢰성이 떨어지기 쉽다. 따라서 빅데이터를 분석하는 데 있어 기업이나 기관에서 수집한 데이터가 정확한 것인지, 분석할 만한 가치가 있는지 등을 살펴야 하는 새로운 측면의 속성인 정확성이 제시되고 있다.

- 가변성(variability): 최근 SNS 및 소셜미디어(유튜브, 동영상 등)의 확산으로 자신의 의견을 웹사이트와 스마트앱을 통해 자유롭게 게시하는 것이 가능해졌다. 자신의 의도와는 달리 자신의 생각을 글로 표현하면 맥락에 따라 자신의 의도가 다른 사람에게 오해를 불러일으킬 수도 있다. 이처럼 데이터가 어떠한 상황에 따라 의미가 달라진다고 하여 빅데이터의 새로운 속성으로 가변성이 제시되고 있다.
- 시각화(visualization): 빅데이터는 정형 및 비정형 데이터를 수집하여 복잡한 분석을 실행한 후 시각화과정을 통해서 기업 및 기관에게 원하는 용도에 맞게 정보를 제공하는 전략으로 활용된다. 이때 가장 중요한 것은 정보의 최종사용자가 쉽게 이해하기 위한 시각화과정이다.

| 표 2-4 | 빅데이터의 패러다임 변화

구분	기존 데이터환경	빅데이터환경
데이터	• 정형화된 수치자료중심	• 비정형의 다양한 데이터 • 문자데이터(SMS, 검색어) • 영상데이터(CCTV, 동영상, 유튜브) • SNS(트위터, 페이스북, 카카오톡 등) • 위치 및 지도 데이터(내비게이션 등)
하드웨어	• 고가의 저장장치(IDC) • 데이터베이스(DB) • 데이터웨어하우스(datawarehouse)	• 클라우드 컴퓨팅 등 효율적인 장비 활용가능
소프트웨어/분석방법	• 관계형 데이터베이스관리시스템(RDBMS) • 통계패키지(SAS, SPSS) • 데이터마이닝(data mining) • machine learning, knowledge discovery	• 오픈소스형태의 무료 소프트웨어(캐글(Kaggle)오픈 데이터 등) • 하둡(Hadoop), NoSQL • 오픈소스 통계솔루션(R) • 파이썬(Python)언어 • 텍스트마이닝(textmining) • 온라인 버즈분석(opinionmining) • 감성분석(sentimentanalysis)

자료: 정용찬, 네이버지식사전, 2012, 저자 수정.

2.5.2 빅데이터 플랫폼

빅데이터 플랫폼은 빅데이터를 생산 · 분석 · 유통하는 시스템이다. 단순히 하나의 시스템을 구축하는 것이 아니라 지속적으로 개발 · 분석 · 유통할 수 있는 시스템이 필요하다. 다양한 데이터소스에서 수집한 데이터를 처리 · 분석하여 지식을 추출하고, 이를 기반으로 지능화된 서비스를 제공하는 데 필요한 IT환경을 빅데이터 플랫폼이라 한다. 빅데이터 플랫폼은 확장성 있는 대용량 처리능력, 이기종 데이터 수집 및 통합처리능력, 빠른 데이터 접근 및 처리능력, 대량의 데이터를 저장 · 관리할 수 있는 능력, 대량의 이기종 데이터를 원하는 수준으로 분석할 수 있는 능력 등을 갖춰야 한다.

빅데이터 플랫폼은 빅데이터를 분석하거나 활용하는 데 필요한 필수 인프라로서 각종 전산장비로 대용량의 고속저장공간 및 고성능의 계산능력을 갖춘 컴퓨터 등 컴퓨터기반을 제공하는 빅데이터 컴퓨팅 인프라기술로 구성된다. 인메모리 컴

그림 2-14 빅데이터 플랫폼 개념도

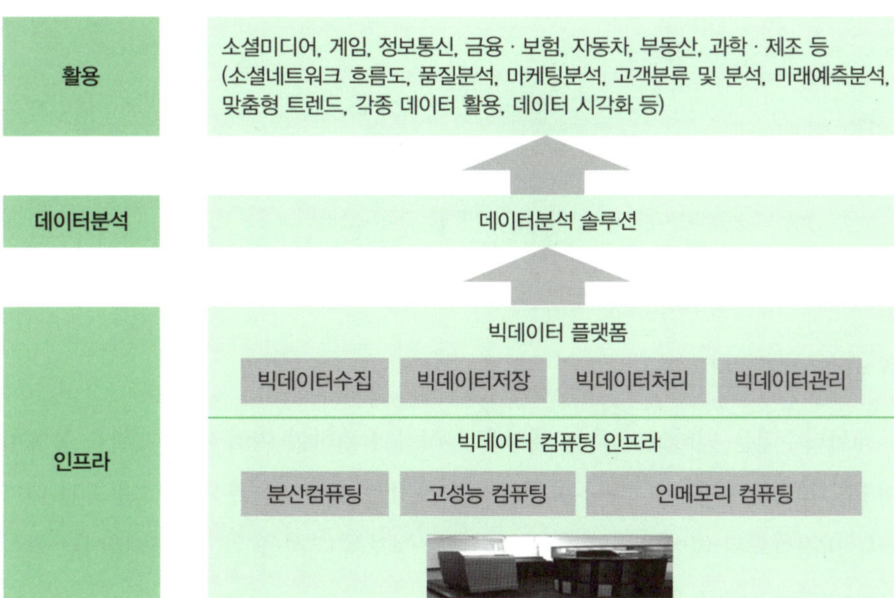

자료: 황승구 외 7인, 빅데이터 플랫폼 전략, 전자신문사, 2013, 저자 수정.

퓨팅은 하드디스크기반 스토리지에 상주하는 데이터를 메인메모리로 옮겨 활용하는 기술로 빠른 데이터처리와 전달체계로 메인메모리에 대용량 데이터를 저장해 처리함을 의미한다. 빅데이터처리 플랫폼은 빅데이터수집, 빅데이터저장기술, 빅데이터처리기술, 빅데이터관리기술 등을 적용하여 구현한다. 빅데이터로부터 지식을 얻어 활용하기까지는 여러 단계가 필요하고 그 단계마다 수많은 기술이 활용된다.

과거에는 불가능했던 엄청난 양의 정보가 양산되고 컴퓨터기술의 발전으로 이들 데이터에 대한 분석이 가능해졌다. 스마트폰이 우리가 어디쯤 있는지를 실시간으로 기록하고, 지하철과 버스의 요금정산기는 얼마를 지불하는지, 언제 어느 장소에 있는지에 관한 정보를 기록하고 있다. 네이버나 다음, 구글에 검색어를 입력할 때도, 페이스북이나 트위터에 점심은 무엇을 먹었는지 글을 올릴 때도 자동으로 스마트폰에 관련 평가기록이나 위치가 나타난다. 오늘 기분은 어떤지에 관한 짧은 글을 남기는 순간에도 위치정보는 물론 취향이나 습관, 검색패턴, 구매기록, 그날의 기분까지 알아낼 수 있는 수많은 양의 데이터들이 쌓여간다. 이를 통한 빅데이터를 이용하여 기업활동에 필요한 자료분석이 이루어져 다양한 상황에 맞는 맞춤형의 서비스들이 등장하고 있다.

인메모리

하드디스크기반 스토리지에 상주하는 데이터를 메인메모리로 옮겨 활용하는 기술(빠른 데이터 처리와 전달체계로 메인메모리에 대용량 데이터를 저장해 처리)

1) 빅데이터수집

데이터수집은 원하고자 하는 대상을 분석하기 위하여 여러 가지 채널을 통해서 저장된 정보나 새롭게 나타나는 데이터를 가지고 조직 내외부 간의 정형화된 데이터나 비정형화된 데이터를 수집하고 수집된 정보를 분석을 위한 특정 데이터 형식으로 변환하는 과정을 거쳐야 한다.

빅데이터수집이란 단순히 데이터를 확보하는 기술이 아니라 데이터를 검색하여 수집하고 변환과정을 통해 정제된 데이터를 확보하는 과정을 말한다. 특히 기초데이터의 수집을 위해서 분석목표를 이해하고 데이터를 탐색하는 과정을 거쳐야 한다. 탐색하는 과정에 어느 시스템에 존재하는지부터 식별하고 구체적인 정보내용을 분석틀 관점에서 데이터를 바라보아야 한다. 또한 빅데이터수집은 데이터분석이나 서비스, 전략, 마케팅 등을 제공할 때 서비스의 품질을 결정하는 중요한 핵심단계이므로 데이터분석 경험이 많은 전문가의 의견을 반영하여 분석목적에 맞는 데이터를 선정하여야 한다. 수집대상을 선정할 때는 대상 데이터가 수집이 가능하고 사용이 가능한지, 이용목적에 맞는 항목이 포함되는지, 그리고 개인정보 침해의 여지가 없는지, 정보수집 시 비용이 발생하는지 등의 다양한 각도로 고려해야 한다.

2) 빅데이터저장

데이터수집과정을 통해서 확보된 빅데이터로부터 유용한 정보를 나타내기 위하여 빅데이터를 효율적으로 관리 · 저장해야 한다. 수집된 저장위치는 내부에 존재하는지, 아니면 외부에 위치하여 저장된 자료인지 구분 · 탐색하여 저장관리한다. 빅데이터저장이란 검색된 데이터나 원하는 정보를 보다 체계적으로 파일형태로 저장 후 분석에 사용하기 위한 적합한 형태로 데이터를 취합, 수정, 삭제 등을 거쳐 원하는 내용을 읽어오도록 방안을 제공하는 것을 포함한다.

빅데이터저장단계는 검색수집과 변환의 과정을 거쳐 빅데이터저장소에 수집한 데이터를 저장하는 것이다. 저장단계를 지나 데이터를 분석하기 위하여 변환, 통합, 추가, 삭제과정 등을 거치는 것이다. 특히 저장할 데이터의 포맷 등의 유형을 검토하고 데이터저장관리에 유리한 관계형 데이터베이스(RDB), NoSQL(비관계형 데이터베이스), 분산파일시스템 등으로 저장하는 과정을 거치게 된다. 이러한 과정은 대부분의 데이터들은 비정형 데이터가 주류가 되므로 분석에 어려움을 거치기 때문에 다시 한번 원하는 데이터부문만을 선별하고 비교하여 재조합과정을 거쳐야만 적절한 분석으로 용이하기 때문이다.

3) 빅데이터처리

빅데이터처리는 데이터에서 유용한 정보와 의미 있는 지식을 찾아내기 위하여 데이터가공이나 데이터분석과정을 지원하는 과정이다. 이러한 처리과정은 저장된 데이터에서 분석할 수 있도록 빅데이터의 속성, 데이터규모, 데이터생성이나 처리속도, 데이터의 다양성을 고려한다. 그리고 빅데이터를 처리하기 위하여 데이터의 생성 및 데이터의 확장성, 실시간처리시간의 지원, 비정형 데이터의 처리, 비용면에서 빠르게 처리할 수 있는 요건 등을 갖춰야 한다.

4) 빅데이터분석

빅데이터로부터 의미 있는 유용한 정보나 지식을 얻고자 하려면 빅데이터를 효과적으로 분석할 수 있는 관리와 방법이 절대적으로 필요하며 플랫폼뿐만 아니라 다양한 인프라지원이 요구된다. 이러한 상황이 어느 정도 분석이 쉽게 이루어진다면 의미 있는 의사결정에 활용할 수 있는 기틀을 제공하는 것이다. 빅데이터분석을 이행하기 위한 관리방안은 계획, 시스템 구축, 분석관리 실행방안으로 구성할 수 있다. 계획수립관리방안은 분석을 통해서 얻고자 하는 문제를 명확히 이해하고 분석절차 및 로직을 분명히 이해하기 위한 관리수립이 요구된다.

분석관리를 위한 시스템 구축방안관리는 데이터의 용량이나 데이터처리 및 저장기반관리, 정형 · 비정형 데이터베이스 등을 고려하여 하드웨어와 소프트웨어를 구축 · 관리하여야 한다. 특히 소프트웨어를 중요한 분석에 이용하기 위하여 필요한 데이터수집 및 관리, 이용자환경에 맞는 툴을 제공하여야 한다. 분석관리 실행방안으로 통계학, 전산학, 경영학 등의 전공이 요구되고 있다. 최근에는 비정형적 데이터들이 많은 관계로 소셜네트워크분석, 군집분석, 데이터마이닝이 도입된 딥러닝(deep learning)기술을 적용한 분석실행, 인공지능기법 및 마케팅기법 등이 주목을 받고 있다. 분석을 위한 실행요소들로는 전통적인 통계방법(SPSS, SAS, MINITAB 등), 데이터마이닝기법, 예측분석 및 시계열처리, 최적화된 방법, 소셜네트워크분석, 소셜빅데이터분석 등을 들 수 있다. 빅데이터분석을 위해서는 하둡(Hadoop), 맵리듀스(MapReduce), NoSQL 등의 분석을 위한 인프라기술이 필요로 하며 캐글(Kaggle), 스파크(Spark)와 같은 플랫폼기술이 요구된다.

딥러닝

여러 비선형 변환기법의 조합을 통해 높은 수준의 추상화(abstractions)를 시도하는 기계학습 알고리즘의 집합으로 정의되며, 큰 틀에서 사람의 사고방식을 컴퓨터에게 가르치는 기계학습의 한 분야라고 이야기할 수 있다. 예를 들어 어떠한 데이터가 있을 때 이를 컴퓨터가 알아들을 수 있는 형태로 표현하고 이를 학습에 적용하기 위해 많은 연구가 진행되고 있으며, 이러한 결과로 다양한 딥러닝기법들이 컴퓨터비전, 음성인식, 자연어처리, 음성 · 신호처리 등의 분야에 적용되고 있다.

2.5.3 빅데이터기술 및 분석기술

빅데이터를 다루는 처리프로세스는 데이터를 독립된 형태로 나누고 이를 병렬적으로 처리하는 분할 점령(divide and conquer)이다. 빅데이터의 데이터처리란 이렇게 문제를 여러 개의 작은 연산으로 나누고 이를 취합하여 하나의 결과로 만드는 것을 의미한다. 대용량의 데이터를 처리하는 기술 중 가장 널리 알려진 것은 아파치 하둡(Apache Hadoop)이다.

한편 구글은 빅데이터를 효과적으로 처리하기 위해 컴퓨터장비는 가능한 한 값싼 것을 사용하고 그 성능을 최대한 끌어낼 수 있는 소프트웨어는 자신들이 직접 개발했다. 이 과정에서 빅데이터처리기술인 분산파일시스템과 맵리듀스(Map-Reduce)가 대표적으로 개발되었다.

1) 아파치 하둡

하둡(Hadoop)은 대용량 데이터의 분산저장 및 신속한 처리를 위해 다수의 컴퓨터를 네트워크로 연결하여 하나의 시스템과 같이 사용할 수 있도록 구성된 오픈소스 소프트웨어(open-source software)이다. 하둡은 야후(Yahoo)의 재정지원으로 2006년부터 개발되었으며 현재는 아파치(Apache)재단이 개발을 주도하고 있다. 하둡은 신뢰할 수 있고 확장이 용이하고, 분산컴퓨팅환경을 지원한다. 하둡을 대규모 데이터처리에 활용한 대표적인 사례로는 '뉴욕타임스'가 있다. 뉴욕타임스는 1851년부터 1980년까지의 기사 1,100만 건을 PDF로 변환하는 대규모 프로젝트를 수행하면서 하드웨어와 소프트웨어를 신규로 구매하는 대신 아마존 EC2와 S3, 그리고 하둡(Hadoop) 플랫폼을 활용하여 하루 만에 작업을 완료하고 저렴한 비용을 지불했다.

하둡은 공개용 소프트웨어이기 때문에 무료로 이용할 수 있다는 장점이 있다. 현재 인터넷환경에서 오픈소스로 제공되는 개발도구로는 LAMP(Linux, Apache, MySQL, PHP/Python)가 있다. 운영체제인 리눅스(Linux), 웹서버인 아파치(Apache), 데이터베이스는 MySQL, 개발언어인 PHP과 Python(파이썬)을 사용하면 저렴한 비용으로 시스템을 개발할 수 있다. 빅데이터처리기술인 하둡을 포함한 이러한 오픈소스프로그램의 등장은 개방과 협업, 공유를 지향하는 웹 생태계의 특성을 잘 나타내주고 있다. 최근에는 아마존닷컴 등 많은 기업들에서 빅데이터의 처리를 위해 하둡을 활용하고 있다. 대규모 데이터처리가 필수적인 구글, 야후, 페이스북, 트위터 등 인터넷서비스기업에서 먼저 활용하기 시작했다. 최근에는 금융서비스업, 정부기관, 의료와 생명과학, 소매업, 통신업, 디지털미디어서비스업 등으로 확장되고 있다.

2) 구글의 빅데이터처리기술: 분산파일시스템과 맵리듀스

웹환경은 기존의 전통방식으로는 효과적인 분석이 어렵기 때문에 보다 효과적으로 처리하기 위하여 다양한 처리기술이 필요한 곳이다. 웹 검색이란 규격이 일정하지 않은 비정형적인 종류의 데이터가 대규모로 쌓여 있는 곳에서 원하는 정보와 의미 있는 지식을 나타내기 위하여 효과적으로 빠른 시간 안에 분석이 이루어져야만 한다. 웹 검색엔진 개발자들은 이러한 문제를 해결하기 위해 다양한 시도를 했다. 구글(Google)은 대규모 데이터를 효과적으로 처리하기 위한 전략으로 컴퓨터 하드웨어장비는 가능한 한 값싼 것을 사용하고 그 성능을 최대한 끌어낼 수 있는 소프트웨어는 직접 개발하는 전략을 선택하였다.

구글의 검색엔진기술은 대량의 정보를 효과적으로 저장하기 위한 분산파일시스템(GFS: Google File System), 대용량 데이터의 읽기와 쓰기를 위한 분산스토리지시스템인 빅테이블(BigTable), 분산데이터처리를 위한 맵리듀스(MapReduce)로 요약할 수 있다.

(1) 분산파일시스템

분산파일시스템은 여러 대의 컴퓨터를 조합해 대규모 기억장치를 만드는 기술이다. 웹 검색엔진의 경우 전세계에 존재하는 엄청난 규모의 웹페이지를 저장해야 한다. 인터넷상 데이터는 그 증가속도가 매우 빠르기 때문에 대규모 데이터를 안전하게 저장하고 효율적으로 처리해야 한다. 이를 위해 다수의 하드디스크를 조합해 데이터를 저장하는 새로운 기술인 분산파일시스템이 개발되었다. 이는 구글의 독자적인 기술로 평가된다. 구글은 가격이 저렴한 하드웨어를 대량으로 이용하기 때문에 고장 발생을 전제로 시스템을 설계한다. 분산파일시스템은 이를 위해 항상 파일을 여러 개 복사해 저장한다. 또한 파일의 내용과 위치에 대한 정보도 여러 개의 복사본을 만들어 저장한다. 이렇게 파일의 내용과 정보가 여러 대의 컴퓨터에 분산저장되기 때문에 검색시간도 단축되고 여러 곳에서 동시에 검색이 이루어져도 어느 한 곳에 작업량이 집중되지 않는다.

예를 들어 한국에 있는 이용자가 특정 단어를 검색하면 저장된 복수의 정보 중에서 이용자와 가장 가까운 곳에 있는 정보를 찾아내 검색하게 된다. 한 대의 컴퓨터가 고장이 나도 거기에 담겨 있는 정보는 다른 곳에 복사본이 존재하기 때문에 데이터손실의 염려도 없다.

(2) 맵리듀스

맵리듀스는 컴퓨터 클러스터환경에서 대용량의 빅데이터를 병렬처리하기 위하여 만들어진 프로그램모델이다. 즉 효율적인 데이터처리를 위해 여러 대의 컴퓨터를 활용하는 분산데이터처리기술이다. 맵리듀스는 이름에서 짐작할 수 있듯이 데이터를 처리할 때 사용하는 함수로 맵(Map)함수와 맵작업에서의 결과를 취합하는 리듀스(Reduce)함수를 기반으로 구성되어 있다. 먼저 맵단계에서는 대규모 데이터를 여러 대의 컴퓨터에 분산해 병렬적으로 처리해 새로운 데이터(중간결과)를 만들어낸다. 리듀스단계에서는 이렇게 생성된 중간결과물을 결합해 최종적으로 원하는 결과를 생산한다. 리듀스과정 역시 여러 대의 컴퓨터를 동시에 활용하는 분산처리방식을 적용한다. 맵리듀스처리과정을 쉽게 이해하기 위해 어떤 문서에 존재하는 특정 단어의 숫자를 계산하는 작업을 이야기해보자. 맵단계에서는 문서의 내용을 하나하나의 단어로 분해한다. 만약 이 단어가 우리가 찾는 특정한 단어라면 숫자 1을 부여한다. 이 작업을 여러 대의 컴퓨터가 병렬적으로 처리하면 순식간에 숫자 1로 구성된 중간결과물이 생성된다. 리듀스단계에서 이렇게 생성된 중간결과물을 모두 합치면 원하는 단어의 개수를 얻게 된다.

(3) 기타: 데이터처리기술

대용량의 데이터를 처리하는 기술 중 가장 널리 알려진 것은 아파치 하둡(Apache Hadoop)과 같은 맵리듀스방식의 분산데이터처리가 대표적이다. 대부분의 빅데이터분석기술과 방법들로는 기존 통계학과 전산학에서 사용되던 몇 가지 기법들이 있다. 우선 데이터마이닝(data mining)은 대규모로 저장된 데이터 안에서 체계적이고 자동적으로 통계적 규칙이나 패턴을 찾아내는 것이다. 기계학습 또는 머신러닝(machine learning)은 인공지능의 한 분야로, 컴퓨터가 학습할 수 있도록 하는 알고리즘과 기술을 개발하는 분야를 말한다. 가령 기계학습을 통해서 수신한 이메일이 스팸인지 아닌지를 구분할 수 있도록 훈련할 수 있다. 자연어처리 또는 자연언어처리는 인간의 언어현상을 컴퓨터와 같은 기계를 이용해서 묘사할 수 있도록 연구하고 이를 구현하는 인공지능의 주요 분야 중 하나다.

자연언어처리는 연구대상이 언어이기 때문에 당연하게도 언어 자체를 연구하는 언어학과 언어현상의 내적 기재를 탐구하는 언어인지과학과 연관이 깊다. 구현을 위해 수학적 · 통계적 도구를 많이 활용하며, 특히 기계학습도구를 많이 사용하는 대표적인 분야이다. 정보검색, QA시스템, 문서 자동 분류, 신문기사 클러스터링, 대화형 에이전트(agent) 등 다양한 응용이 이루어지고 있다. 패턴인식(pattern recognition)은 인지과학(cognitive science)과 인공지능(artificial intelligence)

분야에 속하는 문제 중 하나이다. 인지과학은 심리학, 컴퓨터과학, 인공지능, 신경생물학과 언어학, 철학을 이용하여 지능과 인식의 문제를 다루는 포괄적인 학제적 과학분야를 말한다. 인공지능은 인간의 학습능력과 추론능력을 인공적으로 모델링하여 외부 대상을 지각하는 능력, 나아가 자연언어와 같은 구문적 패턴까지 이해하는 능력 등을 컴퓨터프로그램으로 구현하는 기술을 말한다.

최근의 소셜미디어 등 비정형 데이터의 증가로 인해 분석기법 중에서 텍스트마이닝, 오피니언마이닝, 소셜네트워크분석, 군집분석 등이 주목받고 있다.

- 텍스트마이닝: 비 · 반정형 텍스트데이터에서 자연언어처리기술에 기반을 두어 유용한 정보를 추출, 가공한다.
- 오피니언마이닝: 소셜미디어 등의 정형 · 비정형 텍스트의 긍정, 부정, 중립의 선호도를 판별한다.
- 소셜네트워크분석: 소셜네트워크의 연결구조 및 강도 등을 바탕으로 사용자의 명성 및 영향력을 측정한다.
- 군집분석: 비슷한 특성을 가진 개체를 합쳐가면서 최종적으로 유사 특성의 군집을 발굴한다.

빅데이터분석기술을 통해 분석된 데이터의 의미와 가치를 시각적으로 표현하기 위한 기술로 대표적인 것으로는 R프로그램밍언어가 있다. R은 통계계산과 그래픽을 위한 프로그래밍언어이자 소프트웨어환경이다. 뉴질랜드 오클랜드대학의 로버트 젠틀맨(Robert Gentleman)과 로스 이하카(Ross Ihaka)에 의해 시작되어 현재는 R 코어팀이 개발하고 있다.

2.5.4 빅데이터 활용사례

1) 정치

2008년 미국 대통령 선거에서 버락 오바마 대통령 후보는 빅데이터를 기반으로 다양한 형태의 유권자 데이터베이스를 확보하여 이를 분석 · 활용한 유권자 맞춤형 선거전략으로 대통령에 당선되었다. 당시 오바마 캠프는 인종, 종교, 나이, 가구형태, 소비수준과 같은 기본 인적사항으로 유권자를 분류하는 것을 넘어서 과거 투표 여부, 구독하는 잡지, 마시는 음료 등 유권자의 성향까지 전화나 개별 방문 또는 소셜미디어를 통해 정보를 수집하였다. 이를 통해 유권자 성향분석, 미결정 유권자 선별, 유권자에 대한 예측이 이루어졌다. 이를 바탕으로 유권자 지도를 작성한 뒤 유권자 맞춤형 선거전략을 통해 효과적인 선거를 치를 수 있었다.

2) 경제 및 경영

아마존닷컴은 모든 고객들의 구매내역을 데이터베이스에 기록하고, 이 기록을 분석해 소비자의 소비 취향과 관심사를 파악한다. 이런 빅데이터의 활용을 통해 아마존은 고객별로 추천상품을 표시한다. 고객 한 사람의 취미나 독서 경향을 찾아 그와 일치한다고 생각되는 상품을 메일을 보내거나 홈페이지상에서 중점적으로 자동으로 제시하는 것이다. 아마존닷컴의 추천상품 표시와 같은 방식으로 구글 및 페이스북도 이용자의 검색조건, 나아가 사진과 동영상 같은 비정형 데이터 사용을 즉각 처리하여 이용자에게 맞춤형 광고를 제공하는 등 빅데이터의 활용이 증대되고 있다.

3) 스포츠경기

2014년 브라질에서 개최된 FIFA 월드컵에서 독일은 준결승에서 개최국인 브라질을 7:1로 꺾고, 결승에서 아르헨티나와 연장전까지 가는 접전 끝에 1:0으로 승리를 거두었다. 무패행진으로 우승을 차지한 독일 국가대표팀의 우승의 배경에는 빅데이터가 있었다. 빅데이터를 통한 훈련 및 실전경기에 선수들에게 부착된 센서를 통해 운동량, 순간속도, 심박수, 슈팅동작 등 방대한 비정형 데이터를 수집 · 분석한 결과를 감독과 코치의 태블릿PC로 전송하여 그들이 데이터를 기반으로 전술을 짜도록 도와주는 것이다. 기존에 감독의 경험이나 주관적 판단으로 결정되는 전략과는 달리, 빅데이터를 통해 이루어지는 분석은 선수들에 대한 분석뿐만 아니라 상대팀 전력, 강점, 약점 등 종합적인 분석을 통해 좀 더 과학적인 전략을 수립할 수 있다.

4) 보건의료

국민건강보험공단은 가입자의 자격 · 보험료, 진료 · 투약내용, 건강검진결과 및 생활습관정보 등의 거대 빅데이터를 보유하고 있다. 또한 건강보험심사평가원은 진료내역, 투약내용(의약품 안심서비스), 의약품 유통 등의 빅데이터를 보유하고 있으며, 건보공단과 심평원은 빅데이터를 민간에 널리 알리고 더 많이 개방하고 있다.

빅데이터를 활용하는 미국 의료부문은 특히 임상분야에서는 의료기관별 진료방법, 효능, 비용 데이터를 분석하여 보다 효과적인 진료방법을 파악하고 환자 데이터를 온라인 플랫폼화하여 의료협회 간 데이터 공유로 치료효과를 제고하며 공중보건영역에서는 전국의 의료데이터를 연계하여 전염병 발생과 같은 긴박한 순간에 빠른 의사결정이 가능하다.

한편 의료분야에서 빅데이터가 효과를 발휘하기 위해서는 대량의 의료정보수집이 필수적이기 때문에, 개인정보의 보호와 빅데이터 활용이라는 두 가지 가치가 상충된다. 따라서 의료분야에서 빅데이터의 활용과 보급을 위해서는 이러한 문제에 대한 가이드라인 마련이 필요한 상태이다.

5) 기상정보

국내 전역의 기상관측정보를 활용해 일기예보와 각종 기상특보 등 국가 기상서비스를 제공하고 있는 기상청은 정밀한 기상예측을 위한 분석과정에서 발생하는 데이터 폭증에 대응하고자 빅데이터저장시스템의 도입을 실시하고 있다.

6) 보안관리

보안관리는 빅데이터환경을 이용해 성장과 기술발전을 동시에 이루는 분야이다. 클라우드 및 모바일환경으로 접어들면서 물리 · 가상화 IT시스템의 복잡성이 더욱 높아지고, 유 · 무선네트워크, 프라이빗 · 퍼블릭 클라우드, 모바일 애플리케이션과 기기관리 등 IT시스템 전반에서 대대적인 변화가 예상되고 있어 막대한 양의 보안관리가 중요한 요소로 현실화되고 있다.

7) 구글 번역

구글에서 제공하는 자동번역서비스인 구글 번역은 빅데이터를 활용한다. 지난 수십 년간 컴퓨터회사 IBM의 자동번역프로그램 개발은 컴퓨터가 명사, 형용사, 동사 등 단어와 어문의 문법구조를 인식하여 번역하는 방식으로 이루어졌다. 이와 달리 구글은 수억 건의 문장과 번역문을 데이터베이스화하여 번역 시 유사한 문장과 어구를 기존에 축적된 데이터를 바탕으로 추론해 나가는 통계적 기법을 개발하였다. 캐나다 의회의 수백만 건의 문서를 활용하여 영어-불어 자동번역시스템 개발을 시도한 IBM의 자동번역프로그램은 실패한 반면, 구글은 수억 건의 자료를 활용하여 전세계 58개 언어 간의 자동번역프로그램 개발에 성공하였다. 이러한 사례로 미루어 볼 때 데이터양 측면에서의 엄청난 차이가 두 기업의 자동번역프로그램의 번역의 질과 정확도를 결정했으며, 나아가 프로젝트의 성패를 좌우했다고 볼 수 있다.

사례
연구

국내외 보험회사의 빅데이터 활용사례

외국의 경우 서비스개선, 보험리스크 분석 고도화 등 다양한 분야에 빅데이터분석을 활용하고 있고 국내의 경우 보험회사들의 빅데이터 활용은 실적과 직접적으로 관련된 부문에 집중되어 있는 것으로 보인다.

가치사슬	회사	국적	생 · 손보	내용
상품	프로그레시브	미국	손보	운전습관정보를 활용한 자동차보험료 할인
	클라이미트 코퍼레이션	미국	손보	지수형 날씨보험
	MCL	영국	생보	건강개선프로그램 및 스마트기기 활용사례
마케팅 영업	오렌지라이프	한국	생보	맞춤상품 추천, 유망고객예측 등
	한화생명	한국	생보	소득 추정, 리쿠르팅 유망고객 추정 등
고객 서비스 개선	USAA	미국	생보	인공지능 고객응대서비스
	매뉴라이프	캐나다	생보	음성인식 개인인증
	메트라이프	미국	생보	고객통합정보시스템
보유계약 관리	타이캉생명	중국	생보	고객통합정보시스템을 통한 해지율 관리
	오렌지라이프	한국	생보	신계약 유지 예측
	한화생명	한국	생보	고객이탈 예측
보험사기 예측	한화생명	한국	생보	지급심사지원 고도화
	SAS	미국	공통	소셜네트워크분석을 이용한 보험사기적발
리스크 관리	오렌지라이프	한국	생명	민원발생위험도 예측
	한화생명	한국	생명	금융사고 발생감지

자료: 최창희 · 홍민지, 빅데이터 활용현황과 개선방안, 보험연구원, 2018. 11.

연습문제

01 지식정보화 시대에 데이터, 정보, 지식 간의 상호 연계성이 매우 중요하다. 이러한 연계성에서 가장 기반이 되는 데이터의 의미와 분류를 예를 들어 설명하시오.

02 21세기 지식정보화사회에서 정보는 매우 중요하다. 정보의 의미와 특징을 설명하시오.

03 정보가치를 정량적 가치와 정성적 가치를 비교하여 설명하시오.

04 지식경영을 두 가지로 분류하고 사례를 들어 설명하시오.

05 지식경영시스템(KMS)의 구성요소를 설명하시오.

06 RPA의 정의와 주요 업무기능을 사례를 들어 설명하시오.

07 지식서비스산업의 특징과 산업기술분류표를 설명하시오.

08 빅데이터의 의미와 특징을 설명하시오.

09 빅데이터의 세 가지 특징과 새롭게 추가된 세 가지 특징을 설명하시오.

10 빅데이터 플랫폼에 대하여 설명하시오.

11 빅데이터기술 및 분석기술에 대하여 설명하시오.

12 빅데이터 활용사례를 보다 자세히 설명하시오.

Chapter

03 경영혁신과 새로운 비즈니스모델전략

최근 4차 산업혁명의 도래로 세상은 끊임없이 변화하고 앞으로도 변화가 더욱 빨라질 것이다. 따라서 환경의 변화에 맞추어 기존 비즈니스 관련 사업모형, 사업모델, 구현방법, 사업전략 등도 변화해야 하고, 비즈니스모델이 변화하면 경영전략과 업무방식도 변해야 한다. 즉 경영전략을 실행에 옮긴다는 것은 고정된 프로세스를 수행하는 것이 아니라 전략목표를 달성하기 위한 최적의 업무흐름으로 개선되어야 한다는 것이다. 따라서 기업의 미래 4차 산업혁명환경에 적응하기 위한 프로세스는 끊임없이 변화에 대처할 수 있어야 하고 조직도 유연해야 한다. 본 장에서는 이러한 정보환경 변화의 시대에 혁신의 의미와 프로세스, 경영혁신과 비즈니스모델 정의와 구성요소, 그리고 새로운 비즈니스모델혁신전략에 대하여 학습하고자 한다.

3.1 혁신과 프로세스의 의미

3.1.1 혁신과 경영혁신의 의미

최근의 4차 산업과 경영환경은 너무 빠르게 변하고 이러한 변화에 적절하게 대처하지 못하면 경쟁사들에 대한 경쟁우위를 확보하지 못한다. 따라서 기업이든, 정부든, 개인이든 지속적인 내외부환경의 변화에 대한 결과지향적인 변화가 필요하다. 특히 기업은 첨단기술의 고부가가치 생산체제, 복잡하고 다양한 소비자 요구의 증대, 글로벌적인 시장 확대 등 외부 환경의 변화와 함께 기술, 설비 및 자원의 부족, 산업 및 전문인력 부족, 납기단축 및 성과측정의 필요성과 같은 내부적인 환경변화에 직면하고 있다.

4차 산업혁명기술, 인터넷비즈니스와 새로운 정보기술, 정보통신기술의 소프트웨어 같은 트렌드에 과거 우리가 해온 전통방식으로는 더 이상 문제를 해결할 수 없게 되었다. 이러한 내외부 간의 지속적인 경영환경 변화에 적절하게 대응하기 위하여 혁신, 즉 이노베이션(innovation)이란 개념이 등장하였다.

혁신은 비즈니스 업무처리방식의 개선에 초점을 둔 조직, 제도, 문화, 시스템 등의 개선을 말한다. 즉 조직과 제도, 업무처리방식 개편, 시스템 통합 등을 통하여 직접적인 개선을 목적으로 문제점을 분석하고 개선방향을 추구하는 활동이다. 혁신의 주활동은 경영혁신과 정보처리기술의 유기적 결합을 통한 업무프로세스를 재구축하는 것이다. 이처럼 혁신은 새로운 패러다임을 창조하고 조직을 새롭게 창출함으로써 근본적인 변화를 유발하여 고객 측면에서는 제품과 서비스에 대한 기회의 폭을 넓혀주고 기업으로부터 보다 빠른 제품과 서비스 혜택을 받을 수 있도록 해주며, 저렴한 가격으로 제품을 구매할 수 있도록 해준다. 기업 측면에서는 제조경쟁력을 향상시키기 위해서 업무 리드타임을 줄여주고 직원들에게 업무의 만족도를 제공하여 내부 자원을 효율적으로 운영하는 것이다.

4차 산업기술과 정보통신기술의 급격한 발전으로 기존 산업의 재정의뿐만 아니라 산업 간 기술들이 융합되면서 산업 자체의 혁신은 제조업과 서비스업 등 전통산업영역 곳곳에서 벌어지고 있다. 이러한 움직임을 4차 산업혁명이라고 칭한다. 4차 산업혁명을 통해 모든 것이 연결되고 더욱 지능화된 사회를 만들어가고 있다. 즉 이제까지와는 완전히 다른 세상이 펼쳐지고 있는 것이다. 디지털기술의 급격한 발전으로 열린 4차 산업혁명 시대에서 기업들은 완전히 새로운 경영환경을 맞게 되었다. 변화와 혁신이야말로 단순히 지속적인 성장을 위한 활동이 아니라 생존을 위한 필수조건이다.

4차 산업혁명 시대에 기업의 혁신은 두 가지 관점으로 볼 수 있다. 첫 번째는 전략과 비즈니스모델 관점이다. 클라우드, 사물인터넷, 인공지능, 빅데이터와 분석론, 모바일 등 과거에는 가능하지 않았던 새로운 비즈니스모델들을 만들었다. 우버와 에어비앤비 등 많은 스타트업기업들이 공유경제기반의 새로운 모델기반하에 만들어진 사업들이지만 이 같은 기업 형태는 사실 기업혁신을 기반으로 하고 있다. 두 번째는 기업의 경영효율화로서 지속적인 성장을 위해서 계속된 혁신이 뒷받침되어야 한다. 기업들이 새로운 사업비즈니스모델을 전략적으로 검토해 사업확장과 IT관리역량 등이 필요하게 된다. 이러한 모형들이 스마트팩토리, 핀테크, 블록체인 등과 같은 새로운 모형의 경쟁우위확보를 지속적으로 추진하는 것이다.

일반적으로 경영혁신은 기업들이 경영환경의 변화에 대응해 조직 내 업무 프로세스나 비즈니스모델 등을 획기적으로 바꾸는 것을 뜻한다. 일반적인 경영혁신은 세 가지 유형으로 상품과 서비스에 혁신을 불어넣는 제품 및 서비스혁신, 운영 측면에서 혁신을 불어넣는 프로세스혁신, 그리고 회사의 사업모델에 혁신을 불어넣는 비즈니스모델혁신이 있다.

3.1.2 프로세스혁신의 의미

일반적으로 기업의 업무활동(기획, 설계, 생산, 유통, 회계, 재무, 마케팅, 영업 등)이라고도 하는 비즈니스프로세스는 기업의 가치창출이라는 목적하에서 행해지는 모든 활동들을 말한다. 즉 회사에 출근하여 퇴근하기까지 행하는 모든 업무 관련 활동들이 비즈니스프로세스이다.

이러한 비즈니스프로세스에는 특정한 목적이 있고, 그러한 목적을 달성하기 위해 다른 직원들과 협동 및 협업작업을 하고, 지시사항을 전달하거나 받고, 다른 회사 직원에게 전화 및 이메일을 보내고, 고객을 만난다. 컴퓨터를 사용하여 문서를 작성하고, 결재를 받고, 필요한 곳에 문서를 보낸다. 공장에서는 기계를 조립하여 제품을 만들고 식당에서는 손님에게 음식을 만들어 제공한다. 회사에서는 작업이 무엇인가에 따라, 직급이 어느 위치인가에 따라 서로 다른 업무를 수행하지만, 결국 기업조직의 관점에서 이렇게 다양한 업무들은 모두 공통된 목적인 비즈니스가치를 향상시켜야 하는 당위성이 존재한다. 즉 기업의 비즈니스프로세스는 그 조직 내에서 발생하는 모든 업무활동을 가리킨다.

그림 3-1 프로세스의 흐름도

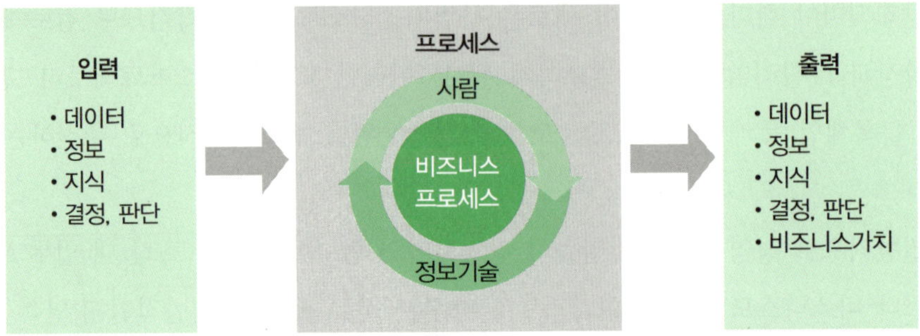

GE는 프로세스를 자원 및 정보를 특정한 제품 또는 산출물(output)로 변환시키는 데 필요한 활동(activity)과 과업(task)들의 집합으로 정의했으며, IBM도 내부 또는 외부 고객을 위해 유용한 결과를 도출하는 것이라고 정의하고 반복적이며 측정가능한 과업(직무)들의 시리즈로 설명한다.

기업의 프로세스는 기업구성원의 모든 요소가 집결되는 곳이고 기업은 바로 이 프로세스의 집결체이다. 훌륭한 인력을 뽑아오는 인력채용프로세스, 인력을 훈련시키는 교육 · 훈련프로세스, 양질의 제품을 생산하는 생산공정이라고 하는 생산프로세스, 값이 싸고 질이 우수한 자재 및 설비 등을 구매하고 조달하는 구매 · 조달프로세스, 제품을 유통과정을 통하여 고객에게 전달하는 배송프로세스, 경쟁우위를 위한 경영전략을 결정하는 전략 · 기획프로세스, 신제품을 개발하고 기획하는 신상품개발프로세스, 최적의 예산집행을 실행하기 위한 예산심의 · 기획프로세스 등 기업에는 수많은 프로세스가 존재한다. 따라서 기업의 프로세스를 보면 그 기업의 제품과 서비스의 품질을 알 수 있고, 타사 대비 기업경쟁력도 측정가능하다.

이상과 같이 프로세스는 일상에 존재하는 조직 내외의 업무와 유관된 자원 및 자원 간의 관계와 흐름을 이해하고 실제 사람들이 이를 이용해 업무처리가 수행가능하도록 구체화시키는 것을 말한다.

3.1.3 프로세스가 가지는 기본적인 성격

1) 프로세스의 목표는 고객이다

고객만족을 최대의 목표로 한다. 업무 또한 고객만족이 최종목표이다. 단순히 최종적인 외부 고객뿐만 아니라, 각 작업의 흐름인 프로세스에서 결과를 받는 모든 부서 혹은 개인을 내부 고객으로 규정하고 고객만족을 위해 노력한다. 프로세스의 최종목표는 고객만족이므로 프로세스의 성패는 이들 고객이 최종적으로 만족하는가에 달려 있다.

2) 프로세스는 조직을 뛰어넘어 수행되며, 조직 간 연계가 쉬워야 한다

프로세스는 한 조직 내부의 여러 부서는 물론 외주 거래처를 포함한 전과정이 원활해야 한다. 따라서 프로세스를 혁신하는 방향은 어느 한 부서의 최적화가 아닌 전체적인 최적화를 달성하는 것이다. 분업화된 각 조직에 있어서 업무의 연계성 부족 및 조직 간의 보이지 않는 벽을 타파해야 한다.

3) 프로세스는 시작부터 끝까지 전체적인 최적화를 추구해야 한다

많은 기업들이 경영혁신운동을 전개하고 있지만, 10~20%의 생산성 증대나 원가절감밖에는 이룩하지 못하였다. 이는 고립된 부문별 개선 또는 혁신이었기 때문이라고 할 수 있다. 50% 혹은 100% 이상의 효과를 거두기 위해서는 업무의 시작에서 끝까지의 프로세스를 대상으로 BPR이 이루어져야 한다. 이것은 단절된 한 부서의 작업을 단위로 경영혁신을 도모하지 말고 업무의 흐름을 파악하여 업무의 전체적인 최적화를 추구해야 한다.

그림 3-2 프로세스의 궁극적인 목표

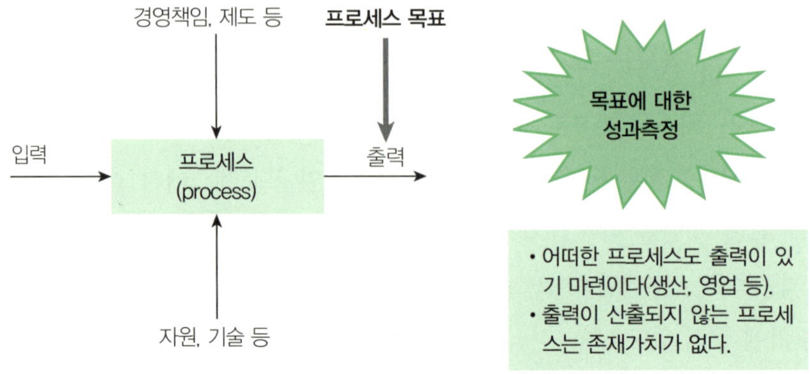

3.2 비즈니스프로세스혁신(BPR)

3.2.1 BPR의 혁신이론

1993년 마이클 해머(Michael Hammer)와 제임스 챔피(James Champy)에 의해 소개된 BPR(Business Process Reengineering)은 “하나 이상의 입력을 받아들여 고객에게 가치 있는 결과를 산출하는 행동들의 집합”으로 비즈니스프로세스를 정의하고 프로세스의 이름과 목표에 대한 정확한 이해, 프로세스 성능평가기준, 프로세스관리체계 등의 중요성을 강조하였다. 또한 데이븐포트(Thomas H. Davenport)와 쇼트(James E. Short)는 “활동의 구조로서 처음과 끝, 그리고 확연히 구분된 투입요소와 산출요소를 가지고 시간과 장소를 가로질러 수행되는 작업활동의 일정한 순서”로 정의(1990)하기도 하였다. 종합적으로 BPR은 업무와 관련된 입력요소를 받아들여 산출요소로 변환시키는 일련의 작업활동들의 집합으로 정의할 수 있다.

BPR은 고객에게 주는 가치를 극대화하기 위한 프로세스중심의 혁신활동으로 그 관점과 방법에서 새로운 시도임에 틀림없다. 즉 고객과 시장의 시각에서 고객이 요구하는 가치를 제공하는 것이 중요하다는 관점의 변화이며, 이를 위해 고객의 가치를 창조하는 기업활동의 가치사슬(value chain)을 근본적으로 직시하지 않으면 안 된다는 논리이다. 이러한 프로세스의 개념은 정보화 시대에 걸맞게 새로운 경영 패러다임의 가능성을 보여주었다. 최근의 스마트경영환경에 맞게 비즈니스프로세스 또한 변화하고 유연해야 한다.

최근 BPR 대신에 비즈니스 프로세스혁신(BPI: Business Process Innovation)이라는 용어가 사용되면서 사람의 감정을 배제하고 방법론과 기술에 중점에 둔 BPR보다 프로세스혁신을 중심으로 직원존중이 우선시되어야 계획적 · 균형적인 프로세스가 구축될 수 있다고 강조한다.

BPR은 조직 전반에 걸친 점진적인 변화가 아닌 빠른 시간 내에 조직 내의 인력, 비즈니스프로세스, 기술 등을 동원하여 획기적인 성장을 통한 성과 및 조직변화를 일으키는 것이다. BPR을 통한 장 · 단기효과로는 기업 내의 업무효율성 향상을 통한 간접비용의 절감, 4차 산업에 맞는 전사적 정보시스템 구축, 전략구매를 통한 직접조달비용의 감소, 가치사슬 통합을 통한 이익 실현과 전략, 조직, 프로세스 개선 및 정보화에 대한 기대 등을 들 수 있다.

3.2.2 BPR의 기본 개념

BPR(Business Process Reengineering)은 “원가, 품질, 서비스, 속도와 같은 핵심적인 경영성과에서 획기적인 향상을 이루기 위해 기업 및 조직의 업무프로세스를 기본적으로 다시 생각해보고 보다 개선된 프로세스 도출을 위해 근본적으로 업무를 재설계하는 것”이라고 하였다. 이 정의에는 다음과 같은 네 가지 핵심어가 있다(Hammer and Champy, 1993).

1) 근본적인 재검토

BPR을 할 때에는 먼저 기업이 무엇을 해야 할지를 결정하고, 그 다음 그것을 어떻게 해야 할지를 결정해야 한다. BPR에서는 어떠한 것도 당연한 것으로 여기지 않는다. BPR에서는 '지금 있는' 것을 무시하고 '반드시 있어야 할' 것에 집중한다.

2) 파괴적인 재설계

BPR에서 근본적인 재설계는 현존하는 모든 구조와 절차를 버리고 완전히 새로운 업무처리방법을 만들어내는 것을 의미한다. 비즈니스프로세스는 업무를 개선 · 향상 · 변경시키는 것이 아니라 다시 만들어내는 것이다.

3) 탁월한 획기적인 향상

BPR은 오직 확실한 개혁이 필요할 때에만 사용해야 한다. 점진적인 개선은 미세조정을 필요로 하지만, 극적인 개선은 낡은 것을 버리고 새로운 어떤 것으로 대체해야만 이룰 수 있다.

4) 프로세스 중점

업무프로세스는 "하나 이상의 입력을 받아들여 고객에게 가치 있는 결과를 산출하는 행동들의 집합"으로 정의할 수 있다.

3.2.3 BPR의 실천방안의 특징

BPR의 위의 4가지 근본적인 개념인 재검토와 재설계, 획기적인 향상, 프로세스 중점에 대한 표현이 다소 중복 및 애매모호함에 따라 보다 실천적인 방안을 몇 가지 제시하면 다음과 같다.

1) Top-down(톱다운방식)

BPR은 프로세스의 근본적인 재검토와 재설계를 요구한다. 이러한 일을 추진하는 것은 중간관리자 이하의 지위로는 거의 불가능하다. 특히 실무자들이 프로세스를 획기적으로 재검토한다는 자체가 자신뿐만 아니라 동료들의 업무흐름을 바꿔버리며 때에 따라 일자리가 사라져버릴 수도 있다. 따라서 리스크를 책임지려는 사람이 거의 없는 형편이다. 즉 최고경영자의 리더십으로 시작하는 톱다운방식의 업무프로세스혁신을 요구하는 것이 타당하다.

2) 정보통신기술의 습득

프로세스를 혁신적으로 재설계하고 업무를 바로 적용하는 것은 매우 어려운 일이다. 4차 산업의 등장으로 업무재설계를 정보통신기술과의 연계성을 가지고 이미 검증된 기술을 활용하는 것이 위험도를 낮추는 요인이다. 그리고 이미 활용가능한 표준적인 정보통신기술의 탬플릿과 플랫폼기술의 적용은 BPR의 추진을 원활하게 해준다. 표준화된 정보통신기술은 상대적으로 실패위험도가 적다. 4차 산업혁명 관련 신기술을 과감히 테스트하고 현업에 적용하는 도전은 서비스차별화의 방법이기도 하다. BPR 추진 시 정보통신기술과의 연계성은 성공가능성이 매우 높다고 할 수 있다.

3) 프로세스중심

업무프로세스의 획기적인 개선을 도모하는 것은 기존의 프로세스가 기능중심적 수직조직체계에 맞추어 있는 문제를 극복하기 위함이다. 기능조직은 부서 간의 소통이 덜하고 직원들은 고객보다는 상사를 만족시키기 위해 일하는 조직이다. 분업화된 조직기능은 직원들의 역량을 단순히 여러 개의 쪼개어진 일로 분산하는 특성이 있다. 이러한 기능조직은 새로운 고객요구에 대응하기 어렵다. 기능중심보다는 프로세스중심으로 업무재설계를 통하여 BPR조직을 추진하기가 용이하다.

4) 종업원에게 권한 부여

한 명의 종업원이라도 고객의 모든 이슈를 처리할 능력을 가지도록 프로세스 재설계를 하여야 한다. 물론 종업원은 정보, 기술, 데이터베이스, 전문영역의 도움을 받아 처리하도록 노력한다. 고객의 이슈를 다른 영역의 부서로 떠넘기지 않도록 권한과 역량을 지닌 조직으로 바꾸는 것이다. 또한 실무적인 차원에서 고객접점과 내부적인 업무흐름도를 보다 잘 파악하여 고객응대에 최선을 다하도록 조직화해야 한다.

5) 동시적인 작업 부여

제품과 서비스의 품질 향상을 위하여 개발기간의 단축뿐만 아니라 설계공정, 제조공정, 업무처리의 연속성이 지속되어야 한다. 조직의 평탄화, 정보기술의 활용, 직원에게 권한위임 등으로 조직업무의 순차적인 흐름보다는 동시적인 병행처리가 가능하도록 유연조직으로 만들어야 한다. 동시작업은 일에 관련된 모든 사람이 정보를 공유하고 프로세스의 초기부터 후행 프로세스를 고려하여 기획하고 작업하게 만든다.

3.2.4 BPR과 정보통신기술과의 관계

정보시스템의 구축 프레임은 시장성, 업무프로세스, 기업조직의 변화와 함께 진화한다. 정보통신기술이 없다면 BPR의 성공도 보장할 수 없기 때문이다. 또한 적정한 프로세스리엔지니어링이 선행되지 않고 정보통신기술을 도입하는 것은 아무 의미가 없다.

급변하는 기업환경에 맞추어 지속적인 혁신을 하지 않는 기업은 그 생존조차 불투명한 것이 현실이다. 기업혁신 프레임워크는 기업이 시대적 변화를 수용할 수 있는 방법을 한눈에 볼 수 있게 해준다. 실질적으로 기업이 추진하고 있는 리엔지니어링, 업무개선 등은 혁신 프레임워크의 관점에서 폭넓게 조명될 수 있다.

사실 기업들이 비즈니스리엔지니어링을 실시하고도 혁신에 실패한 경우가 많다. 그 이유는 사업전략, 정보기술전략, 사업 인프라, 정보기술 인프라의 균형 있는 혁신이 이루어지지 않았기 때문이다. 물론 정보통신기술의 활용이 기업혁신의 만병통치약은 아니다. 그러나 정보기술영역을 전략적으로 사업영역에 연계해 기업혁신을 동시에 진행한다면 기업의 가치는 월등히 증가할 것이다.

그림 3-3 BPR/BPM과 정보기술 연계전략

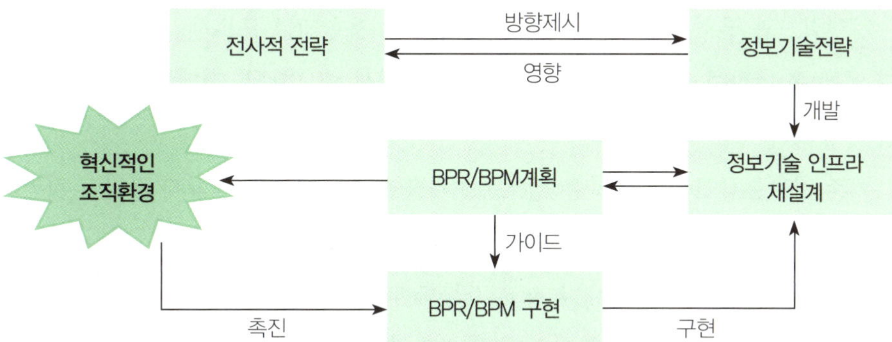

자료: Grover, Fiedler, *Teng, Business Process Reengineering*, 1994, 저자 수정.

비즈니스부문에서의 일방적인 전략적 사고, 단순한 업무편의를 위한 정보통신기술 인프라의 적용에서 벗어나 근본적으로 정보기술전략과 비즈니스전략을 연계해서 수행하고자 하는 경영자의 의지가 절대적으로 필요한 시점이다. 이노베이션과 미래 4차 산업혁명의 경쟁력확보를 통한 기업의 성공은 정보기술전략과 미래의 사업전략을 책임지는 경영자의 손에 달려 있다.

정보통신기술전략은 전사적 경영전략과 함께 BPR계획을 수립하는 데 있어서 필수적인 요소이다. 정보통신기술계획에서도 특히 기업모형이 도움이 된다. BPR의 구현은 BPR계획과 정보통신기술 인프라에 의해 결정된다. 즉 BPR계획과 여기에 따른 정보통신기술의 인프라 구축이 BPR의 성공적인 구현을 보장하는 관건이 된다. 최고경영층의 주도와 BPR계획은 조직의 혁신적 분위기를 조성하고 제도화할 수 있게 해주고 이러한 혁신적인 조직환경은 BPR 구현을 쉽게 할 수 있도록 도와준다.

1) 정보통신기술

컴퓨터 및 관련 기기, 모바일기기, 인터넷 및 소프트웨어 응용, 정보통신네트워크 등을 이용하여 얻을 수 있는 기술을 말한다.

2) 정보통신기술을 이용한 BPR

경영혁신과 정보통신기술의 유기적 결합을 이용한 업무프로세스의 재구축(분석 및 설계)을 말한다. 따라서 BPR은 두 가지 면에서 중요한데, 첫째는 정보통신기술과의 유기적 결합, 둘째는 업무프로세스의 재설계이다.

기존 정보통신기술의 활용은 정보통신기술이 경영혁신을 어떻게 지원할 것인가의 문제에만 국한되었다. 즉 정보통신기술은 BPR을 지원하기 위해서만 존재하는 것이라고 생각하고 업무를 분석하고 자동화하는 것이 일반적이었다. 그러나 이것은 업무개선일 뿐이고 경영혁신의 극적인 효과를 거둘 수는 없었다.

BPR은 정보통신처리기술이 경영혁신을 어떻게 지원할 것인가의 문제와 더불어 경영혁신에 정보통신기술이 어떻게 사용될까 하는 문제까지도 동시에 고려하는 것이다. 이는 경영과 정보통신기술의 입장에서 모두 생각되어야 함을 의미한다.

3.2.5 BPR의 5단계

1) 비즈니스의 비전과 프로세스 목표 설정

BPR에 성공한 기업들은 명백한 경영비전을 경영전략으로 수립한 경우가 대부분이다. 전종업원이 동조할 수 있는 공유된 경영비전을 제시하고 이에 관련된 각 프로세스의 목표를 설정하여 체계적인 혁신이 이루어져야 한다. 경영비전과 프로세스 목표 설정의 예로는 원가절감, 시간단축을 위한 업무환경 제고 등이 있다.

2) 재구축되어야 할 프로세스들을 선정

기업 내에 존재하는 프로세스를 파악하고, 혁신대상이 되는 프로세스를 10~20개 정도 선정한다. 선정된 프로세스는 시작과 끝, 연계부서들, 고객 등으로 정의되어야 한다. 그리고 프로세스를 총괄하는 프로세스 책임자를 책정한다.

3) 현재의 프로세스들에 대한 이해와 측정

선정된 프로세스들에 있어 현재의 작업방식과 성취도를 측정한다. 경영혁신의 기조가 되는 현상태에 대한 평가는 왜곡 없이 정확히 이루어져야 한다. 이는 현재의 문제점을 다시는 되풀이하지 않도록, 현상태가 혁신의 가치분석과 차후 목표결정에 이용되어야 하기 때문이다.

4) 필요한 정보통신기술들이 무엇인가를 파악

기존에는 경영목표의 설정과 새로운 방식이 결정된 후 이를 추구하기 위해서 적절한 정보통신기술이 반드시 필요하며 미래 사업을 위해서는 정보통신기술이 기본이 되었다. 정보통신처리기술은 기술적인 측면인 인터넷 관련 웹과 앱, 데이터베이스, 정보통신네트워크 등으로 파악할 뿐만 아니라 인터넷기반의 기업 내외 간의 연계된 시스템 구축, 모바일형태의 기반구조하에서 기능적인 면으로 파악해야 한다.

5) 프로세스에 대한 프로토타입을 개발하고 구축

기업이 처한 환경, 경영여건에 따라 기업은 저마다의 독특한 기존 프로세스의 업그레이드 및 새롭게 등장하는 업무 및 프로세스를 디자인해야 한다. 신규프로세스의 전면적인 실시 전에 소규모의 프로토타입을 구축하고 대상 프로세스를 확대하여야 한다.

3.3 비즈니스프로세스관리(BPM)

3.3.1 BPM의 배경

BPR은 정보화 시대에 요구되는 새로운 경영원리를 제시했다는 학문적 · 실무적 유용성에도 불구하고, BPR의 진원지인 미국에서도 약 70%가 기업도입에 실패하였다. BPR의 도입과정에 너무나 많은 수작업과 고통을 수반하였으며, 기업 내부에서 개선된 기능을 일부 가질 수는 있었어도 민첩성을 제공할 수 없었기 때문이다. 또한 당시의 IT는 프로세스의 복잡성을 모두 표현하고 실행할 수 있도록 지원하는 데 엄청난 한계가 있어 실행을 직접적으로 지원해주지 못했다. 그래서 프로세스의 도출과 설계는 미팅을 통해 도출된 보고서가 전부였으며, 설계된 프로세스의 적용과 전개 또한 다른 미팅에 불과했다. 무엇보다도 프로세스 자체를 표현하고 실행하는 그리고 변화에 빠르고 유연하게 대응하기 위한 방안에 대해서는 대안이 없었다.

가트너그룹의 분석에 의하면 기구축된 것 중에서 약 7%만 실제 업무에 사용하는 것으로 복잡성과 중복성을 가중시키고, 정보시스템 투자에 대한 낮은 ROI로 인해 기업들은 예전보다는 IT투자에 많이 인색해진 모습을 보이는 듯하다. 이미 기능적으로 갖추어야 할 시스템의 대부분을 갖추었기 때문일 수도 있겠으나, 신규 구축보다는 기구축된 시스템의 효율적 활용 및 통합 등 기존 IT자원을 효율적으로 활용하고 관리해야 한다는 인식이 공감대를 형성했기 때문으로 파악된다.

BPM(Business Process Management)은 기업의 자원, 즉 인적자원과 다양한 애플리케이션을 프로세스를 중심으로 연결시켜주고 묶어주는 역할을 수행한다. BPM에 의해서 프로세스가 인적자원과 그들의 업무를 직 · 간접적으로 지원하는 업무용 솔루션들의 물리적 · 논리적인 백본(backbone) 역할을 하도록 구성하고, 기업 내 산재한 업무용 솔루션들과 각 업무수행자들이 이를 중심으로 재정렬 · 통합되는 것이다.

한 번의 BPR 구축으로 조직을 재설계하는 대신에 지속적인 업무프로세스관리를 목적으로 하는 BPM은 점진적이고 지속적인 업무흐름의 개선활동, 데이터로서의 프로세스를 관리하는 활동, 비즈니스와 정보기술 간의 밀접한 연계를 구성하는 활동 및 전사적 업무프로세스를 관리하는 활동을 포함하고 있다. 또한 BPM은 변화에 대한 프로세스관리를 다룬다. BPM에서 프로세스를 관리한다는 것은 프로세스를 정의하고 정의된 프로세스에 맞게 활동을 수행하며, 적절한 평가기준과 지표에 따라 측정하고, 측정결과에 의한 필요에 부응하여 개선과 혁신을 수행하는 일련의 활동을 행하는 것이라고 할 수 있다. 경영전략을 실행에 옮기는 것, 즉 기업의 프로세스를 관리하는 활동 자체를 위한 인프라로서 BPM이 등장한 것이다.

프로세스경영이 비즈니스프로세스를 적극적으로 활용하여 기업가치창출을 추구하는 개념이라면 이러한 개념을 효과적으로 구현하기 위한 방법이 절대적으로 필요하다. 이러한 하나의 방법이 BPM으로서 이는 프로세스경영의 기반을 구축하기 위해 정보기술도구들을 접목한 개념이다. BPM영역으로는 사람, 프로세스, 기술이 있으며 이들의 활용을 통하여 성과 향상의 기틀을 잡아간다. 기존 프로세스의 부분적인 면을 보는 것이 아니라 사람의 기반하에 비즈니스프로세스 추출, 정의, 운영, 모니터링, 지속적 개선에 이르는 전체 수명주기에 걸친 프로세스와 관리, 경영전략과 운영활동과의 연계 등과 같은 총체적인 프로세스관리와 이를 효과적으로 지원하는 정보기술도구를 활용한다. 기술적인 연계로는 워크플로우, 통합솔루션, UI/UX와의 접목을 통해서 최적의 프로세스를 일원화한다.

그림 3-4 BPM의 영역

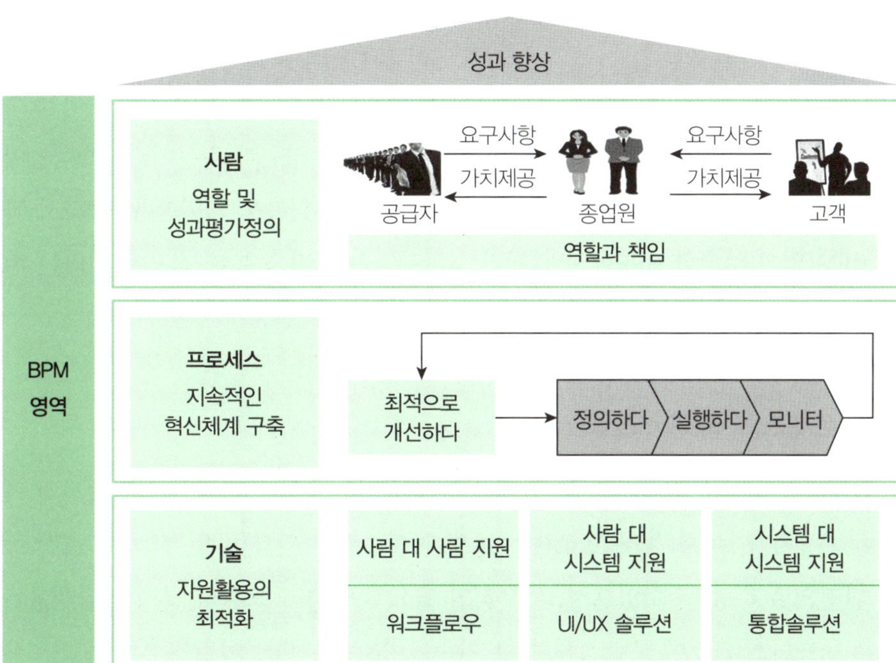

3.3.2 BPM으로 실현하는 프로세스관리

1) 프로세스의 정의(definition)

프로세스를 관리하기 위하여 먼저 중요한 비즈니스프로세스를 세부적으로 나누어 분석하고, 경영전략에 따른 개선점을 노출 · 반영하여 실행가능한 형태의 모델로 프로세스를 정의한다. 해당 프로세스 정의는 실행하는 데 필요한 정보와 측정을 위해 필요한 정보들로 구성된다. 예를 들어 프로세스의 이름, 해당 업무를 수행하는 단계의 흐름과 규칙 그리고 단계별 업무를 수행해야 하는 조직 내에서의 역할 및 자원, 각 단계별로 필요한 정보와 도구, 해당 프로세스의 오너와 책임자, 그리고 해당 프로세스에 대한 측정 등을 포함한다. 이는 기업의 프로세스 자체에 대한 지식과 정보를 축적하는 것으로 기업의 프로세스 자산의 확보를 의미한다.

2) 프로세스의 실행(enactment)

정의된 프로세스는 BPM 프레임워크 내에서 프로세스모델로 관리될 뿐만 아니라 실질적으로 실행된다. 프로세스가 정의된 업무규칙에 맞게 수행되도록 제어하고, 업무수행 중 요구되는 정보를 적절하게 제공하거나 필요한 기록을 수행할 수 있도록 정보기술시스템들을 통합한다. 이것은 조직구성원과 정보기술시스템들이 정의된 프로세스에 맞게 업무를 처리할 수 있도록 지원함을 의미한다. 따라서 과거 BPM 없이 수행한 BPR에서 설계된 프로세스가 미팅을 통해 적용된 것과는 획기적으로 다른 결과를 얻을 수 있다.

3) 프로세스의 측정(measure)

프로세스가 실행되는 과정 중 발생한 정보들을 이용하여 다양한 관점에서의 측정이 가능하다. 예를 들어 프로세스 수행과 관련된 자원과 비용, 그리고 시간 등의 관점으로 측정할 수 있으며, 업무적인 필요성에 따라 오류나 클레임 발생률과 같은 비즈니스 관점에서 측정해야 할 기준이 있는 것이다. 이것은 기업이 프로세스에 대하여 현재의 수준을 아는 데 절대적으로 기여한다. 측정된 결과는 프로세스를 분석하거나 개선하기 위한 입력자료로 활용된다.

4) 프로세스의 분석과 개선(analysis and improvement)

프로세스의 분석과 개선을 위하여 구체적인 목표수준을 정하고, 보다 우수한 프로세스로 개선하기 위한 정보를 수집해야 한다. 동일한 성과를 얻어내는 타프로세스를 검토해보는 방안도 있을 수 있고, 사내외 그리고 동종업계에서 다양한 정보와 데이터를 수집하여 참고할 수도 있다. 이를 위하여 BPM이 가지고 있는 프로세스정보와 사내외 다양한 정보의 원천들로부터 데이터를 수집하여 다양한 관점에서의 분석을 수행한다. 분석을 통하여 목표수준에 적절한 프로세스로 개선하기 위하여 시뮬레이션을 수행할 수 있다. 분석으로부터 도출된 여러 가지 대안에 대하여 프로세스의 구성요소들을 변경하고 시뮬레이션을 해봄으로써 최적의 대안을 도출할 수 있다.

5) 프로세스의 통제와 모니터링(control and monitoring)

개선을 통해 새롭게 정의된 프로세스가 정의된 대로 수행되도록 통제할 수 있으며, 프로세스의 성과를 일정수준에 맞추기 위하여 필요한 통제를 수행할 수도 있다. 예를 들어 프로세스 전체 혹은 단계별 업무수행이 완료되어야 할 시점을 통제하거나 업무의 수준 및 수행과정을 통제하거나 측정에 해당하는 값이 일정수준에 맞춰지도록 통제할 수 있다. 또한 진행되는 상황을 실시간으로 모니터링해 볼 수 있으며, 수행된 기록을 통해 이력을 추적해볼 수도 있다. 이는 업무를 수행하는 관점에서 그리고 프로세스를 관리하는 측면에서 모두 의미가 있다.

3.3.3 BPM의 기능

BPM 소프트웨어들은 비즈니스프로세스를 모니터링하거나 워크플로우(작업흐름)를 자동화해주거나 전사적 애플리케이션 통합(EAI)도구로서의 역할을 하는 등 여러 가지 기능을 수행할 수 있다. 이처럼 BPM은 기업이 자동화할 필요가 있는 비즈니스영역을 파악하고, 비즈니스규칙들을 강화하는 일을 지원하며, 한 걸음 더 나아가 기존의 IT 인프라를 통합하는 일까지 지원할 수 있다. 또한 업무프로세스를 자동화하고 전체 업무현황을 한눈에 살펴볼 수 있도록 하는 것은 물론 신규업무를 신속하게 구현할 수 있게 하는 기반이 되기도 한다. 목적과 범위가 다양한 업무에 도입할 수 있고, 전사적으로 구축할 수도 있다.

1) 업무프로세스의 자동화

워크플로우와 비슷한 개념으로 적용이 쉽다는 장점이 있다. 말 그대로 자신의 일을 끝내고 관련 자료나 서류를 다음 업무부서나 사람에게 전하는 작업이 시스템에서 자동으로 처리된다.

2) 업무프로세스의 개선

BPR 소프트웨어를 구현함으로써 기존의 업무처리에 필요한 기간과 리소스를 대폭 감소시켜주는 기능을 제공한다. 예를 들어 BPM 솔루션은 15일 걸리던 금융기관 여 · 수신업무를 절반인 일주일 만에 개선할 수 있는 환경을 제공한다.

3) 새로운 업무프로세스 생성

새로운 업무프로세스를 생성하는 기능은 변화에 적합한 솔루션이란 가치를 내건 BPM의 목적과 궁합이 가장 잘 맞는 기능으로서 현재 진행 중인 업무를 최적화하는 것을 뛰어넘어 앞으로 새로 나올 프로세스를 비즈니스프로세스의 한 영역으로 반영하여 궁극적으로 기업 경쟁력 강화를 지원한다.

4) BPM의 실행 프레임워크

BPM을 실행하기 위해서는 사람, 프로세스, 기술들의 구성이 얼마나 잘 실행되느냐와 프로세스의 연계, 사람과 그들의 행동에 관한 것들도 포함한다. 또한 성과관리와 측정, 변화관리와 의사소통 또한 BPM프로젝트에 영향을 미칠 것이다. 조

그림 3-5 BPM의 실행 프레임워크

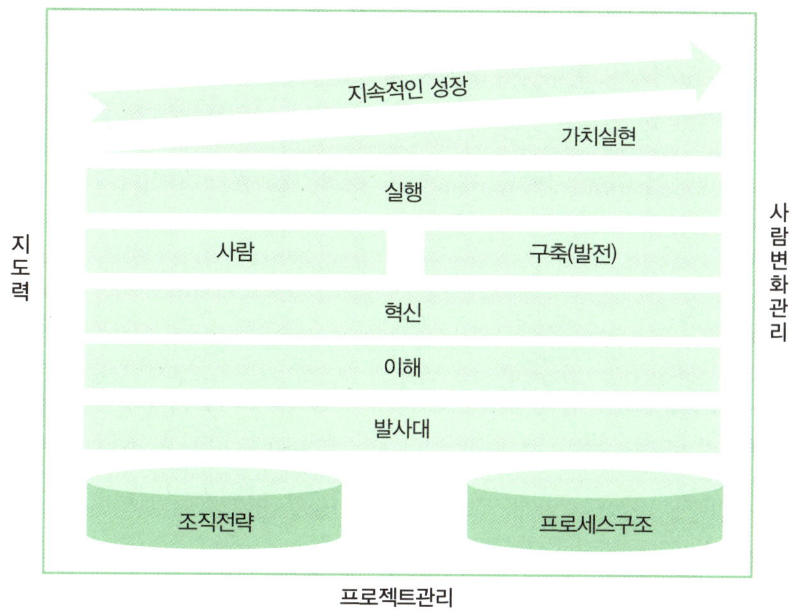

직 간의 효과적인 의사소통은 BPM프로젝트 성공의 핵심요소이다. 이러한 효과적인 BPM을 실행하기 위한 프레임워크를 소개하면 [그림 3-5]와 같이 열 가지로 요약할 수 있다. 특히 프로젝트기간 동안 세 가지 필수요소인 프로젝트관리, 사람변화관리 및 팀장의 지도력에 대한 지원은 자금을 융통성 있게 처리하는 데 매우 중요한 요소이다.

(1) 조직전략

조직전략은 전략, 비전, 목표 및 사업과 관련된 실행행동들을 프로젝트 팀원들이 정확히 이해할 수 있도록 구성하는 것이다. 이 프로젝트가 장기인가 단기인가, 해낼 수 있는 프로젝트인가, 프로젝트가 완료되었을 때 이익은 어느 정도인가 등을 면밀히 검토하여 구성원에게 이해시키는 것이 무엇보다 중요하다. 중간에 구성원들이 와해되거나 내외부 간의 연계성이 부족하여 사업이 실패로 돌아갈 수 있기 때문에 처음에 구성원들에게 충분히 이해시키는 것이 필요하다.

(2) 프로세스구조

조직전략이 구성원들에게 충분히 이해되었다면 바로 전체적인 프로세스 간 설계구조단계로 들어가야 한다. 이 프로세스구조단계는 BPM의 실행을 위한 법칙, 구성, 원칙, 지침 및 모델을 수립하는 것이다. 이 단계는 BPM프로젝트의 시작을 설계하고 실현하기 위한 기반을 제공하여 정보기술 및 사업전략과 연계되어야 한다.

(3) 발사대

발사대는 프로세스의 목적 및 비전, 구성이 완료되고 우선해야 할 프로젝트의 시작을 알리는 곳이다. 처음에 시작과 방법을 결정하는 자체가 어려운 것이며 프로젝트구조와 사업전략을 연계, 그리고 정보기술을 연계하여 사업을 극대화하기 위한 최선의 노력이 요구된다. 여기에는 프로젝트팀 조직, 업무범위, 구성원들의 관리, 최초 적용사례의 생성과 기대사업이익의 결정이 포함된다.

(4) 이해

현재의 업무프로세스환경을 충분히 이해하는 단계이다. BPM프로젝트가 잘 수행되기 위한 최소기준비용에 관련된 측정치, 원인의 분석 및 가능한 단기효과 정의 등이 필수적으로 수집되어야 한다. 단기 프로젝트를 수행하기 위한 적절한 자금지원형태도 준비되어야 한다.

(5) 혁신

프로젝트팀과 업무부서뿐만 아니라 내외부 간의 이해관계자도 혁신에 예외일 수 없다. 현재의 프로세스가 정해지면 새로운 프로세스가 나타날지라도 어떠한 것이 최선의 프로세스인지 결정하는 데 모의실험을 수행하고, 활동기준원가(ABC: Activity Based Costing)를 확정하고, 실행가능성을 결정해야 한다. 향후 기존 프로세스와 새로운 프로세스 간의 측정을 비교 · 분석한 후 단기효과의 우선순위를 결정하는 것이 하나의 바람직한 혁신의 도구이다.

(6) 구축(발전)

새로운 프로세스의 실행을 위한 모든 요소들을 구축하는 단계이다. 구축은 사람들의 변화관리프로그램을 지원하기 위한 모든 인프라요소와 프로세스를 수행하는 사람들에 대한 지원의 변화를 포함하며 소프트웨어 및 하드웨어의 시험 또한 포함한다.

(7) 사람

사람은 업무활동, 역할 및 성과측정의 조직전략 및 프로세스 목표가 일치하는지 확인하는 것이다. 효과적인 업무프로세스기능을 구축하기 위하여 가장 필요한 요소는 사람이다. 따라서 모든 단계에서 사람은 필요한 요소이다.

(8) 실행

실행에서는 프로젝트의 모든 활동이 실행에 옮겨진다. 여기서 모든 활동은 새로운 프로세스의 시작, 새로운 역할 정의, 성과관리 및 측정, 교육 등이 포함된다. 실행 여부는 프로젝트 성공에 매우 중요한 요인으로 작용한다.

(9) 가치실현

가치실현은 프로젝트 실행으로 이익이 나타나는지를 검토하는 단계이다. 이 단계는 이익실현관리프로세스 및 이익실현보고를 포함한다.

(10) 지속적인 성과

프로젝트가 지속적인 성과를 내기 위하여 지속적인 프로세스의 민첩성과 개선을 유지하기 위해 프로세스구조를 만들어 프로젝트 주관팀과 지속적으로 진행하여야 한다. 지속적인 성과가 나타난다면 프로젝트 차원이 아닌 일상업무 운영활동으로 전환하는 것도 바람직하다.

5) BPM의 모델

BPM의 소프트웨어에는 효율성 모니터링 소프트웨어, 워크플로우 소프트웨어, EAI를 지원하는 도구 등 세 가지 기본형이 있다.

(1) 모니터링 소프트웨어

BPM 모니터링도구는 기본적으로 과거 조립라인에서 초시계를 재고 있던 효율성 컨설턴트들이 하던 일을 컴퓨터로 구현한 것이다. 모니터링 소프트웨어제품에 내장된 여러 가지 API(Application Programming Interfaces)를 사용해 특정 프로세스를 위한 시스템들을 서로 연결한 후 그 프로세스에서 비효율적인 부분이 있는가를 모니터링하는 소프트웨어는 프로세스를 계속 감시해 정확한 프로세스가 지켜지지 않을 경우에 그에 대해 경고기능을 제공한다.

(2) 워크플로우

워크플로우의 개념에 대한 정의는 범위와 시스템의 성격 등에 따라 다른데, 대다수의 워크플로우에 대한 정의에서 공통적으로 나타나는 사항이 있다. 프로세스와 이에 관련된 자원, 그리고 이를 활용하여 실제 업무처리를 할 사람, 즉 사람, 프로세스, 자원이다.

워크플로우란 기업 내외적으로 정의된 업무들과 그에 관련된 사람, 정보, 및 기타 자원의 흐름을 통합적으로 관리 · 지원해주는 업무처리자동화시스템이다. 여기서 언급되는 업무는 프로세스이며 자원은 문서, 자금, 제품뿐만 아니라 IT 관련 시스템, 데이터베이스, 애플리케이션과 같은 다양한 업무자원에서부터 사람에 이르기까지 모든 프로세스구성체를 말한다.

또한 워크플로우의 개념상의 변화는 기업통합, 변화관리, 성과관리의 세 가지 요소로 언급된다. 이러한 개념상의 변화를 바탕으로 워크플로우시스템의 정의는 "프로세스를 중심으로 기업을 통합하고 사람과 프로세스와 자원을 관리하고 성과를 관리해주는 도구"로 표현할 수 있다. 일부 적용가능 응용분야로는 금융기관의 여 · 수신업무, 제조기업의 공정업무, 일반기업의 재무 및 회계업무 등이 있다.

그림 3-6 워크플로우 개념도

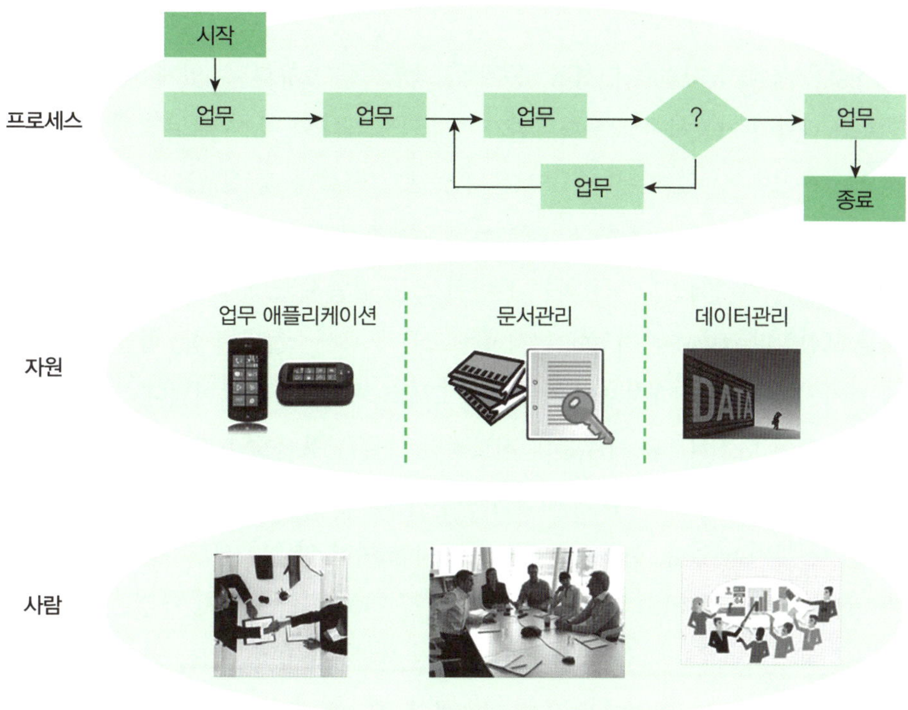

(3) EAI도구

EAI(Enterprise Application Integration)는 고립되어 있는 데이터의 동기화, 자동화를 위한 일관된 애플리케이션 플랫폼을 제공하기 위해 제안된 BPM의 모델로서, 예를 들어 ERP시스템에서 변화된 데이터를 CRM시스템과 같은 의미를 갖고 있는 데이터영역에 자동으로 반영하는 작업 등을 구현한다. 일반적으로 EAI는 데이터의 변환 및 자동화된 프로세스를 포함한다. 이 프로세스는 일반적으로 사람이 개입되지 않는 비교적 짧고 간단한 프로세스이다. 즉 이벤트에 의해 실행되는 프로세스, 비동기 데이터전송, 메시징기반의 느슨한 통합, 트랜잭션처리 등의 시스템들로부터 정보를 추출하는 BPM을 전사적 애플리케이션 통합도구로 만들어가고 있다.

3.3.4 BPM 2.0

BPM을 통해서 기업은 민첩성, 통제성, 책임성을 보유할 수 있게 된다. 중복된 부분의 파악이 가능하며 자동화범위가 증대되고 대내외 비즈니스프로세스를 효율적으로 운영할 수 있게 된다. BPM은 프로세스의 설계 및 실행을 위한 시스템을 직접 만들 수 있도록 지원한다. BPM은 프로세스모델링을 지원하는데, 그 범위는 기업의 모든 가치체인을 포괄하는 관련된 모든 참여자들, 시스템, 사람, 정보, 장치를 포함한다. BPM은 기업에 존재하는 모든 프로세스들의 통합, 협업, 결합, 분해를 지원한다. 또한 재사용이 가능한 프로세스 패턴들을 만들어낸다.

최근 들어 비즈니스와 IT부문의 진보적인 그룹은 자신들이 컨설팅회사 또는 솔루션 벤더의 도움을 받지 않고도 직접 비즈니스프로세스를 다룰 필요가 있다는 사실을 인식하게 되었다. 아직은 초기단계이지만 여러 업종별 선도기업들이 BPM의 가치에 새롭게 주목하고 있으며, 그 가치를 실현하기 위해 전사 업무프로세스 표준화를 핵심으로 하는 다각적인 접근방법을 선택하고 있다. 이들 기업이 BPM을 통해 얻고자 하는 궁극적인 목표는 경쟁력의 확보에 있을 것이다. 기업들은 오랜 기간 경쟁력확보를 위해 자원의 최적화, 업무효율성 제고, 전략경영의 실현 등에 주력해왔다.

최근의 웹 2.0과 앱, 모바일, 사물인터넷, 클라우드서비스, 빅데이터, 인공지능 등과 같은 4차 산업혁명기술들과 더불어 BPM환경도 BPM 2.0 이상 전환하는 배경이 필요하다. 과거의 BPM은 단편적인 프로세스에서 비용절감이라는 목적하에 자동화를 추진하였다면 BPM 2.0은 전사적인 범위에서 기업의 민첩성확보를 통한 기업전략 수행 및 성과 향상을 기하기 위하여 지속적인 체질개선확보 등을 통해 위상이 커질 수 있다.

또한 BPM이 주로 정보기술중심의 비즈니스 현업에 대한 통제를 강조하였지만 BPM 2.0은 기업을 둘러싼 모든 이해관계자를 대상으로 하며 기업전략과 조화가 참여와 공유를 통해 자율적으로 확대될 것이다. 그리고 과거의 BPM은 비즈니스 프로세스의 자동화에 초점을 두어 한정적인 범위의 프로세스만을 대상으로 하였지만 BPM 2.0은 정형 및 비정형 프로세스, 추상 및 실행프로세스, 개별 및 통합

프로세스와 같은 다양한 측면에서 비즈니스프로세스가 이루어질 것이다. 이러한 BPM 2.0은 사용자의 참여와 공유를 위한 블로그, 위키, 웹서비스, 인공지능, 시맨틱웹 등을 채택하고 다양한 플랫폼기술을 기본 인프라로 장착할 것이다.

웹서비스(web service)

네트워크상에서 서로 다른 종류의 컴퓨터들 간에 상호작용을 하기 위한 소프트웨어시스템이다. 웹서비스는 서비스지향적 분산컴퓨팅기술의 일종이다. 모든 메시징에 XML이 사용되어 상호 운용성이 높다.

시맨틱웹(semantic web)

'의미론적인 웹'이라는 뜻으로 현재의 인터넷과 같은 분산환경에서 리소스(웹 문서, 각종 파일, 서비스 등)에 대한 정보와 자원 사이의 관계-의미정보(semanteme)를 기계(컴퓨터)가 처리할 수 있는 온톨로지형태로 표현하고, 이를 자동화된 기계(컴퓨터)가 처리하도록 하는 프레임워크기술을 말한다.

온톨로지(ontology)

사람들이 세상에 대하여 보고 듣고 느끼고 생각하는 것에 대하여 서로 간의 토론을 통하여 합의를 이룬 바를 개념적이고 컴퓨터에서 다룰 수 있는 형태로 표현한 모델로, 개념의 타입이나 사용상의 제약조건들을 명시적으로 정의한 기술을 말한다.

3.4 비즈니스모델환경과 전략

새로운 시대, 변화하는 고객에 맞춰 생존하기 위해서 기업은 어떠한 비즈니스전략을 구현하여야 할까? 가장 대표적인 구현전략이 비즈니스모델전략이다. 미래기업이 조직과 비즈니스를 변화하여 살아남기 위해서는 새로운 경쟁요소를 발굴하고 비즈니스모델링을 체계적으로 전략화하여야 한다.

디지털 비즈니스모델링을 하는 근본적 목적은 기존 시장의 새로운 혁신 및 새로운 시장창출에 있다. 기존 시장의 혁신 및 새로운 시장창출을 위해서는 보통사람들이 일반적으로 생각하는 관점에서 현상을 다루어서는 안 된다. 지금까지 시도되지 않았고 향후 시도되어야만 하는 새로운 시각에서 트렌드를 쫓아갈 때 새 시장을 발견할 수 있다.

새롭고 기발한 비즈니스모델을 제시하기 위해서는 개념적인 사고(conceptual thinking)가 비즈니스 리더에게 필요하다. 이 개념적인 사고는 현재의 상황과 트렌드하에서 무엇이 가장 근원적 해결이 될 것인가를 탐구하는 전략이다. 유능한 비즈니스 리더는 복잡한 문제를 복잡하게 생각하는 것이 아니라 단순하게 생각한다. 디지털 비즈니스모델링에 있어서도 단순한 생각과 통찰력으로 전례 없는 창의적인 비즈니스모델을 만들어낼 수 있다. 통찰력은 우선 눈에 보이는 대안만이 대안은 아니며, 우리는 얼마든지 대안들을 새로 만들어낼 수 있다는 열정을 가지는 것에서 시작된다. 이를 위해서 동종이나 타업종에 대한 벤치마킹 등을 통해 대상을 찾는 것이 매우 중요하다.

비즈니스모델을 만들어내기 위한 통찰력으로서 첫째, 겸허한 마음으로 기존 대안들에게 지배당하지 않는 대안을 찾아나서는 일에 열정이 있어야 한다. 둘째, 얻게 된 대안을 아주 가까이서도, 아주 멀리서도 보고 외부적 의문을 던져야 한다. 오히려 대안에 대한 반대편 사람들의 이야기를 더 귀담아 들어야 한다. 이때 겸허한 자세로 마음을 비워 많은 의구심을 담을 수 있어야 한다. 셋째, 핵심 중에 핵심을 찾아야 한다. 이를 위해 여러 아이디어를 판별할 수 있는 우선순위가 있어야 한다. 오늘의 우선순위가 미래의 창의적 비즈니스모델을 탄생시킨다. 마지막으로 통찰력을 통해 얻는 결정이 끝이 아니고 새로운 시작이라고 생각해야 한다. 최악의 시나리오에 대비한 예방대책과 긴급대책을 고려하여 완성된 새로운 아이디어나 모델을 재검토해야 한다. 이러한 통찰력을 위한 프로세스는 우리에게 통찰력에 대한 자신감을 갖게 해준다.

새로운 기술의 도입에 있어서도 우리는 신중한 입장으로 어떠한 신기술을 도입할 것인가, 또 언제 도입할 것인가를 고려해야 한다. 신기술을 너무 빨리 도입해도 안 되며, 너무 빨리 포기해도 안 되며, 너무 늦게 도입해도 물론 안 되고, 너무 오래 붙잡고 있어도 안 된다. 따라서 기술이 지금 어디에 와 있는가에 대한 촉각을 항상 세우고 비즈니스모델을 구상하여야 한다.

비즈니스모델에서 대표적인 중요한 콘셉트 중의 하나는 기술의 재설계이다. 따라서 고객대응을 위한 새로운 대안을 마련하기 위해서는 미래에 나타날 비즈니스가 무엇일까를 상상해야 한다. 즉 고객만족, 고객감동, 고객환희, 고객참여를 넘어 새로운 기술의 활용으로 고객에게 다가가 24시간 밀착하여 고객이 처한 상황을 읽어내고, 고객의 요구를 미리 알아내는 소위 고객지향적인 비즈니스모델이 필요하다. 그리고 인간 위주의 모든 비즈니스의 발상과 이를 위한 창조적 파괴(creative destruction)의 비즈니스모델을 구상해야 한다.

창조적 파괴란 어떤 부분을 초기에는 희생하더라도 창조적 기회를 잡는 것을 말한다. 새로운 기술 중에서도 특히 주목해야 하는 것은 정보이다. 현재는 발 빠른 정보화 시대이며 경쟁전략도구로 정보를 활용하고 있다. 정보통신기술의 발달로 위치정보, 지리정보 등을 이용해 관련 소비자의 위치정보를 부가하여 비즈니스를 이행하는 새로운 기회를 발견할 수 있다. 둘째로는 지속가능한 성장품목으로서 시장에서의 소비자에게 활용성이 매우 큰 새로운 비즈니스모델을 만들어내야만 한다. 셋째로는 소셜네트워크 관점의 그래프로 생산성에 영향을 미치는 조직구조, 팀 디자인, 문화 등의 이해를 돕기 위해 네트워크 관점의 연계성이 필요하다. 이

그림 3-7 비즈니스모델 아홉 가지 핵심블록

자료: Osterwalder & Pigneur, *Business Model Generation*, John Wiley & Sons, 2010.

를 통해 부가가치 높은 통찰력이나 전략수립이 가능해지는 것이다. 이러한 새로운 고객지향적인 비즈니스구성을 이행하기 위하여 상황인지정보, 행위정보, 만물인터넷정보, 감성정보, 이미지 등을 통한 사물확인정보 등의 각종 정보들이 필요하다.

오스터왈더(A. Osterwalder)와 피그누어(Y. Pigneur)는 비즈니스모델을 구성하는 아홉 가지 핵심블록(blocks)들을 제시하였다.

3.4.1 고객 세그먼트

고객 세그먼트(customer segments)는 기업이 목표하는 고객의 유형을 의미한다. 기업의 비즈니스모델에 따라 고객 세그먼트는 변하기 때문에 하나가 될 수도 혹은 다수가 될 수도 있다. 일단 세그먼트를 결정하면 해당 세그먼트의 특화된 요구를 제대로 파악할 수 있도록 이를 이용해 비즈니스모델을 더욱 신중하게 설계할 수 있다. 기업은 고객을 좀 더 만족시키기 위해서 고객의 요구나 행동상의 특징과 다른 특징들을 분류하고 그에 대해 적절히 대응하고 접근해야 한다.

고객 세그먼트는 일반적으로 먼저 고객을 세분화하는 수준(level)을 결정하는 것부터 시작하여야 한다. 얼마나 많은 고객을 하나의 집단으로 정의할지 결정을 내리고, 세분화 변수를 선정하여 세분화한 다음 각 고객 세그먼트의 특성을 파악하는 단계를 거치게 된다.

고객 세그먼트는 [그림 3-8]과 같은 4단계의 절차로 진행된다. 각각의 소비자들은 모두 제각기 다른 요구사항을 가지고 있다. 기업은 이런 각각의 고객에 맞는 가치를 제공해주는 것이 이상적이지만 현실적으로 모든 고객의 니즈를 만족시키기란 불가능한 일이다. 따라서 기업은 고객을 일정집단으로 분류하여 각 집단에 맞는 가치를 제공하기 위해 노력한다. 이 단계에서는 고객을 분류할 때 어느 수준에서 고객을 묶을 것인지 결정을 내려야 한다. 고객 세그먼트는 일반적으로 고객의 다양한 특성을 고려하여 분류한 후 그 집단의 인구통계적 특징에 따라 이루어진다. 기업이 고객 세그먼트 기준을 세울 때에는 고객 요구사항의 차이, 고객 세

그림 3-8 고객 세그먼트단계

그먼트의 크기 등 다양한 요소를 고려하여야 한다.

고객 세그먼트에는 매스마켓, 틈새시장, 멀티사이드시장 등의 유형이 있다. 어떤 고객 세그먼트는 세그먼트가 명확히 이루어져 있으며, 반대로 세그먼트가 명확히 이루어지지 않고 복합적으로 혼재되어 있는 시장이 있다. 만약 기업이 매스마켓을 타깃으로 한다면 세그먼트를 따로 설정하지 않는다. 틈새시장은 이와 반대로 특화되고 전문화된 세그먼트를 설정하고 그에 맞는 상품이나 서비스를 제공하게 된다. 결론적으로 고객 세그먼트를 통해서 "누구를 위해 가치를 창조해야 하는가, 누가 진정 우리의 가장 중요한 고객인가"를 명심할 필요가 있다.

3.4.2 가치제안

가치제안(value propositions)단계에서는 앞에서 정한 세그먼트의 요구사항에 부합하는 가치를 제공해야 한다. 고객에게 어떠한 가치를 전달할 것인가는 매우 중요하다. 고객에게 가치제안은 고객 요구사항을 충족시키는 기업이 제공하는 제품 혹은 서비스를 의미한다.

기업이 고객에게 가치를 제안할 때 사용하는 가장 일반적이며 고전적인 방법은 기존에 존재하는 제품이나 서비스의 성능을 향상시키는 것이다. 이 경우 고객이 기존 제품을 통해 만족하지 못했던 부분에서 접근해보면 쉽게 해답을 찾을 수 있을 것이다. 이러한 요소와 대비되는 것이 바로 고객에게 새로운 가치를 전달하는 일이다. 말 그대로 그 전에 존재하지 않던 새로운 요구사항을 찾아내는 일이다.

최근 들어서는 이러한 새로운 가치와 더불어 특정 세그먼트나 고객에게 특화된 맞춤형 서비스를 제공하는 것 역시 많이 강조되고 있다. 기업은 이를 통해 고객별 맞춤제품이나 서비스를 제공할 수 있으며 고객은 특화된 맞춤제품을 통해 다른 경쟁기업에서는 얻을 수 없는 가치를 갖게 된다. 또한 기업은 가격이나 디자인을 통해서도 고객에게 가치를 제안할 수 있다. 비슷한 가치를 저가로 제공하는 것은 고객 요구사항을 충족시키는 가장 일반적인 방법이며, 디자인 역시 고객이 제품을 선택하는 데 있어 중요한 요소이다. 고객이 기존에 느끼던 불만족, 불평을 통해 기업은 어떤 가치를 고객에게 제공해야 할지 결정을 내리게 된다.

3.4.3 채널

가치제안단계에서 어떤 가치를 고객에게 제공할지를 결정하였다면, 채널(channels)단계에서는 가치를 어떻게 고객에게 제공할지를 고민하게 된다. 채널을 통해 기업은 타킷고객 세그먼트에 가치를 제안한다. 다양한 채널 유형들은 각각의 특징을 가지고 있으며, 고객경험에 많은 영향을 미치게 된다.

채널 유형은 일반적으로 영업부서, 웹사이트, 직영매장, 파트너매장, 도매상으로 분류된다. 기업은 직접 영업부서를 통해 제품을 팔거나 인터넷사이트를 통해 제품을 판매할 수 있다. 이는 직접 채널을 이용하여 기업이 직접 제품을 판매하는 경우이며, 매장이나 도매상을 통해 간접 채널로 제품을 판매하는 경우도 있다. 파트너와 계약을 맺어 제품을 판매하는 경우 수익을 파트너와 분배하여 이익은 줄지만, 해당 파트너의 역량에 따라 고객의 범위를 확장시킬 수 있다는 장점이 있다.

결국 기업은 고객이 제품을 편리하게 접할 수 있고, 기업이 수익을 최대로 끌어낼 수 있는 적절한 채널을 선택하여 전략을 세워야 한다.

3.4.4 고객관계

고객관계(customer relationships)에서는 타깃고객 세그먼트와 어떻게 관계를 맺고 유지하는가를 결정해야 한다. 기업이 어떤 비즈니스모델을 선택하고, 고객관계를 정의하느냐에 따라 전체 고객관리프로세스가 변화하게 된다. 기업에게 고객관계는 고객확보, 고객유지, 판매촉진의 이유로 중요하다. 신규고객을 확보하고 기존 고객을 유지하면서 자사의 제품과 서비스를 판매하는 것은 기업의 핵심업무 중 하나이다. 그만큼 수익에 많은 영향을 끼치는 것이 고객확보단계이다. 기업은 어떤 고객관계를 확립할지 고민한 후 효율적으로 관계를 쌓아가야 할 것이다.

고객이 만약 기업이 판매하는 제품에 궁금한 점이 생긴다면 일반적으로 기업의 고객센터로 전화를 하거나 이메일을 보낸다. 이 경우 기업은 개별 어시스트를 통해 고객에게 도움을 줄 수 있다. 이러한 개별 어시스트보다 고객과 더욱 긴밀한 관계를 맺는 것이 바로 헌신적인 개별 어시스트이다. 주로 VIP고객들과 관계를 맺을 때 사용하는 방법이며 가장 깊고 친밀한 형태이다. 이와는 반대로 고객과 직접적인 관계를 맺지 않는 유형이 셀프서비스이다. 기업은 셀프서비스를 통해 비용을 절약할 수 있으며 고객은 그만큼 저렴한 비용으로 서비스를 이용한다. 최근에는 온라인 커뮤니티의 발달로 자사의 커뮤니티를 통해 고객과 관계를 맺기도 한다. 블로그나 카페를 통해 신제품에 대한 정보를 전달하고 생생한 고객의 목소리를 빠르게 접할 수 있기 때문에 고객의 입장을 한층 더 잘 이해할 수 있다.

3.4.5 수익원

수익원(revenue streams)은 각 고객 세그먼트로부터 발생하는 현금을 의미한다. 기업이 제안하는 가치에 고객은 돈을 기꺼이 지불하는가? 비즈니스모델에는 두 가지 수익원이 존재한다. 하나는 고객의 1회 지출로부터 유발되는 수익이고, 다른 하나는 고객에게 가치제안을 전달하거나 구매 후 고객을 지원하는 데 따른 연속적인 지출로부터 유발되는 반복적인 수익이다.

기업이 수익을 올리는 가장 보편적인 수익원은 기업이 보유한 제품이나 서비스를 판매하여 얻는 수익이다. 통신회사의 경우 이러한 판매를 통한 수익 외에도 고객이 처음 가입 시 지불하는 가입비가 존재한다. 이외에도 기업의 자산을 일정시간 빌려주고 받는 대여료나 임대료와 같은 수익원도 존재한다. 최근에는 정수기나 공기청정기 같은 가전제품도 구매하지 않고 대여하여 사용하는 고객들이 늘고 있다. 라이선싱 수입은 고객들이 기업의 지식재산권을 사용한 후 사용료를 제공하면서 발생하는 수익이다. 많은 음원제작자들은 자신의 곡에 대한 저작권을 보유하고 있으며, 그에 맞는 저작권료를 받고 있다. 중개수수료는 흔히 부동산중개업에서 발생하는 수익이다. 기업이 중간에서 매개역할을 해주는 서비스에서 발생하며 거래가 성사될 때마다 거래액의 일정금액을 수수료로 받는다.

3.4.6 핵심자원

핵심자원(key resources)은 비즈니스를 원활히 진행하는 데 가장 필요한 자산을 의미한다. 핵심자원은 물리적인 것일 수도 있고, 재무적이거나 인적자원의 영역에 속하는 것일 수도 있다. 이 자원들을 이용해 고객에게 가치를 제안하고 창조하며, 고객 세그먼트와의 관계를 유지해서 수익을 창출한다. 핵심자원은 물적 자원, 지적자산, 인적자원, 재무자원으로 분류된다. 물적 자원은 건물, 자동차 같은 물리적 자산이며, 점점 더 중요한 자원으로 여겨지고 있는 지적자산은 브랜드, 특허 및 저작권과 같은 자산을 의미한다.

3.4.7 핵심활동

핵심자원(key activities)과 마찬가지로 핵심활동 역시 가치제안을 창조 및 제공하고 시장에 접근하고 고객 세그먼트와의 관계를 유지하며 수익원을 만드는 데 필요한 활동이다. 즉 기업이 비즈니스를 제대로 영위해 나가기 위해 꼭 해야 하는 중요한 일들을 말한다.

생산활동은 높은 품질의 제품을 제작하는 것과 관련이 있는 활동이다. 일반적으로 제조회사의 비즈니스모델에서 가장 큰 비중을 차지한다. 또한 고객이 해결할 수 없는 문제에 대해 해결책을 제시하는 문제해결활동도 존재한다. 플랫폼 및 네트워크활동 관련 비즈니스모델은 이와 관련된 핵심활동에 의해 지배된다.

3.4.8 핵심파트너십

핵심파트너십(key partnerships) 관계는 '공급자–파트너' 간의 네트워크를 의미한다. 기업들은 비즈니스모델을 최적화하거나 리스크를 줄이고 자원을 얻기 위해 서로 연합한다. 파트너십을 구축하는 이유는 규모의 경제, 리스크 감소, 자원획득으로 요약할 수 있다. 자원은 한정되어 있다. 따라서 기업은 최적화나 규모의 경제를 통해 비용을 절약하고자 한다. 또한 기업은 파트너십을 통해 경쟁환경에서의 리스크를 감소시키고자 한다. 기업은 이러한 파트너십을 통해 자원이나 활동을 획득하여 효율적인 운영을 하게 된다.

3.4.9 비용구조

비용구조(cost structure)는 비즈니스모델을 운영하는 데 발생하는 모든 비용을 의미한다. 앞선 블록들을 통해 핵심자원, 핵심활동, 핵심파트너십을 정의하고 나면, 비용구조를 쉽게 파악할 수 있다. 많은 비즈니스모델의 비용구조는 비용주도적 비용구조와 가치주도적인 비용구조로 나눠진다. 비용주도적인 비즈니스모델은 비용절감을 위해 많은 노력을 기울인다. 반면 가치주도적 비용구조는 고급스러운 가치제안과 고객에게 고도의 맞춤서비스를 제공하고자 노력한다.

비용구조는 고정비, 변동비, 규모의 경제, 범위의 경제로 구성되어 있다. 일반적으로 제조업체의 경우 고정비가 차지하는 비율이 높다. 고정비는 생산량과 관계없이 소요되는 비용으로 인건비, 임대료, 공장 등이 이에 해당된다. 반대로 변동비는 생산되는 제품이나 서비스의 규모에 비례해 변동하는 비용이다. 규모의 경제

그림 3-9 비즈니스모델: 비용구조

cost-driven(비용주도): 비용을 최소화하는 데 중점

value-driven(가치주도): 최상의 가치에 중점

는 제품의 산출량이 늘어날수록 개당 비용이 저렴해지는 이점을 갖는다. 따라서 기업은 대량생산이나 파트너십을 통해 규모의 경제를 실현시키고자 한다. 범위의 경제는 운영범위를 넓혀 비용을 절감하는 방법이다. 대기업은 동일한 마케팅활동이나 물류채널을 이용해 다양한 제품을 취급할 수 있다.

3.5 새로운 비즈니스모델혁신전략

수많은 기업 중에서 기술적으로 무장된 제품과 서비스활동으로 시장에서 경쟁력을 확보하고 지속적으로 성장하는 기업이 있는가 하면, 갑자기 경쟁력을 잃어가는 기업이 존재한다. 이러한 현상은 무엇 때문일까? 아메리칸에어라인, 리먼브러더스, 아그파, 모토로라, 노키아, 코닥필름 등과 같은 글로벌기업들도 수십 년간 성공적인 비즈니스를 펼쳤지만 어느 날 갑자기 자취를 감추었다. 대부분의 기업들은 과거의 성공에 취해서 변화된 환경에 적응하지 못했다. 인터넷의 등장과 휴대폰의 발전을 가져온 통신기술의 획기적인 발전뿐만 아니라 변화무쌍한 고객 구매력의 변화에 기업이 적응하지 못하고 기술적이든 마케팅적이든 성공적인 비즈니스로부터 지속적인 수익을 내지 못하면 기업은 생존을 보장받지 못한다.

오늘날 글로벌적인 경쟁력을 유지하기 위해서는 혁신적인 비즈니스모델을 만들어낼 수 있는 능력의 기업만이 생존한다. 이러한 성공적인 비즈니스모델은 실리콘

밸리에 있는 구글, 애플, 페이스북 등과 같은 기업뿐만 아니라 국내 삼성전자와 LG전자, SK하이닉스 등에서 찾아볼 수 있다. 10년 전만 해도 매일 수백만 명이 방문하는 페이스북과 같은 온라인 포럼이 없을뿐더러 있다고 해도 누구도 자신의 사생활을 공개하는 것은 반대하였을 것이다. 와이파이를 통해 데이터를 무료로 사용하고 화상통화가 가능해지고, 저가항공회사들이 등장하여 항공요금이 저렴해지는 현상들과 인터넷으로 원격조정을 통한 컴퓨터유지관리 등은 상상할 수 없었던 일이었다. 이런 일들을 가능하게 한 것이 비즈니스모델혁신이다.

기업이 성장하고 경쟁력을 확보하기 위해서 혁신은 언제나 중요한 요소였다. 과거에는 뛰어난 기술력 혹은 우수한 제품만 있으면 성공하기에 충분하였다. 경쟁력을 갖추기 위하여 제품프로세스혁신을 통한 제품을 시장에 내놓는 것만으로 가능하였지만 오늘날에는 제품이나 프로세스의 혁신에 집중하는 것만으로는 충분하지 않다. 새로운 기술, 산업 간 경제의 붕괴, 변화하는 시장, 새로운 경쟁자와 규제변화 등은 기존의 제품과 서비스 관련 프로세스를 쓸모없게 만들고 있다.

보스턴컨설팅그룹(BCG)에 따르면 비즈니스모델을 혁신하는 기업들은 프로세스혁신보다 큰 성공 잠재력을 가지고 있다. 이는 [그림 3-10]과 같이 실증적 연구로 보여주고 있다. 비즈니스모델혁신이 성공하기 위하여 지속적인 혁신이 중요한 원동력이 되며, 이를 통해 수익률이 증가하였다. 물론 좋은 품질과 서비스, 프로

그림 3-10 새로운 비즈니스모델의 추가적인 혁신 잠재력

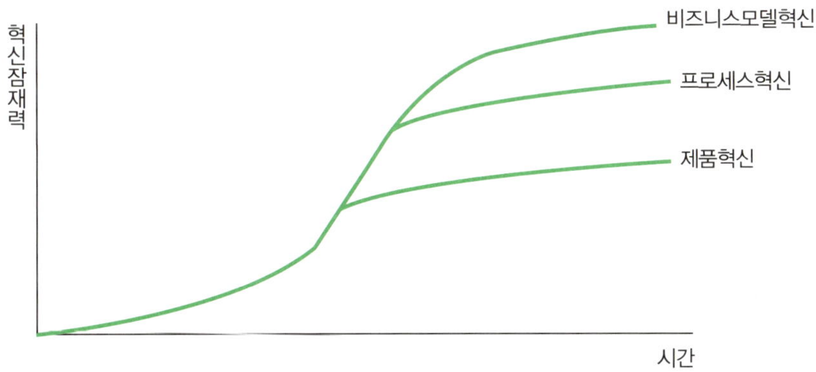

자료: 올리버 가스먼 외 2인, 비즈니스모델 내비게이터, 아이큐브플랫폼연구소, 2016.

세스의 중요성을 간과해서는 안 된다 해도 이러한 것들이 미래의 성공에 핵심은 아니다. 향후 미래의 성공전략은 비즈니스모델혁신전략이다. 이를 가장 핵심적인 요인으로 하여 차별화된 환경으로 만들어나가야 한다.

비즈니스모델혁신에 성공한 기업 중에서 그냥 단순히 놀라운 제품이 아니라 혁신적인 비즈니스모델에 성공한 사례는 다음과 같다.

- 아마존(Amazon): 전통적인 오프라인 성격의 매장의 서점이 아닌 온라인 서점으로 세계에서 가장 큰 도서판매 전자상거래사이트가 되었다.
- 애플(Apple): 컴퓨터회사가 스마트폰(아이폰 시리즈와 탭)으로 세계에서 가장 규모가 큰 시장으로 성장하였으며, CD도 팔지 않으면서도 가장 커다란 음악 소매업인 아이튠즈(iTunes)를 만들었다.
- 유튜브(YouTube): 무료 동영상 공유사이트로 사용자가 영상클립을 업로드하거나 보거나 공유할 수 있는 전세계 최대의 동영상 공유사이트의 자리를 고수하고 있다.
- 스타벅스(Starbucks): 커피제품을 고가에 판매하고, 테이크아웃 커피와 매장 내 원두커피를 처음으로 판매하였으며, 세계에서 가장 큰 커피전문점이 되었다.
- 스카이프(Skype): 네트워크 인프라를 전혀 소유하지 않고서도 세계에서 가장 큰 통신사업자가 되었다.

3.5.1 비즈니스모델혁신의 환경과 구성

비즈니스모델혁신을 의미하는 요소는 뭔가 다르게 하는 것, 즉 변화에 관한 것이다. 비즈니스모델혁신은 수익창출을 위해 변화하는 가치를 더욱 잘 창출하고 확보할 수 있는 기회를 만들어내거나 활용하는 것과 관련된다. 이러한 변화들은 하나 이상의 비즈니스모델요소들을 명확하게 설명할 수 있다. 많은 혁신제품들은 경쟁사의 제품이나 부차적인 것들로부터 고객들의 마음을 빼앗아올 수 있을 정도의 새로운 고객가치제안을 수반한다. 이러한 고객가치제안은 새로운 아이디어나 역량 또는 기존의 아이디어와 역량의 재결합으로부터 나올 수 있다.

사실 비즈니스모델혁신을 추구하는 기업들은 변화를 설계해야 하는 요소들이 무엇인지, 그리고 이로 인해 어떤 변화가 일어날지를 보다 면밀하게 잘 바라보고 있다. 비즈니스모델의 요소들에 대해 어떠한 변화가 필요한지, 그리고 이러한 변화들이 비즈니스모델의 수익성에 어떤 영향을 미칠지에 대해 보다 잘 파악하여야 한다.

비즈니스모델의 주요 핵심은 고객으로부터 수익을 창출해야 한다. 고객들이 구매하는 제품이 되기 위하여 고객가치제안을 수렴하여야 한다. 만약 고객에 만족을 주지 못하는 제품은 회사에서 큰 짐이 될 수 있다. 따라서 회사가 시장 세그먼트로서 고객을 만족시킨다면 고객들은 대가를 지불할 의향이 있다. 수익모델은 고객가치제안에 제공된 제품이며 고객들이 지불한 대가가 수익이다. 잘 만들어진 제품은 고객들에게 시장 세그먼트로서 많이 팔리기 때문에 고객가치제안이 된다. 만약 고객들에게 팔리지 않은 제품은 회사의 짐이 될 수 있으며 회사가 어려운 상황에 봉

그림 3-11 비즈니스모델혁신의 환경

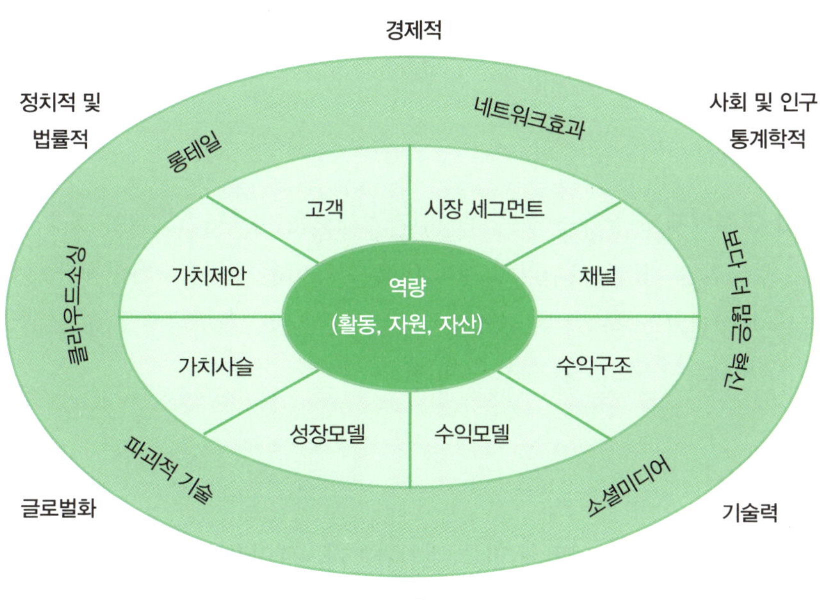

자료: Allan Afuah, *Business Model Innovation*, Routledge, 2014, 저자 수정.

착되기도 한다. 따라서 대부분의 회사의 비즈니스모델은 경쟁자들보다 이익에서 앞설 수 있는 성장모델을 추구하는 것이다.

일반적으로 비즈니스모델혁신의 핵심은 역량(활동, 자원, 자산)을 기반으로 [그림 3-11]에서 보여주는 고객, 가치제안, 가치사슬, 시장 세그먼트, 성장모델, 수익모델, 채널, 수익구조로 구성된다.

1) 역량(활동, 자원, 자산)

해당 기업은 탁월한 고객가치제안을 지불의사가 높은 다수의 고객들에게 전달하고 적절한 수익모델과 성장모델을 추구하는 데 필요한 역량을 갖추고 있는가? 기업의 기존 역량은 혁신을 통해 새로운 비즈니스모델을 성공적으로 수행하는 데 어느 정도나 도움이 되는가?

2) 고객

우리의 목표고객은 누구인가? 우리에게 필요한 고객군을 정확히 인식하는 것은 매우 중요하다. 우리의 비즈니스모델이 겨냥하는 혹은 겨냥하지 않는 고객은 누구인가? 고객은 언제나 모든 비즈니스모델의 가장 예외가 없는 핵심요소이다.

3) 가치제안

우리가 고객에게 제공하는 것은 무엇인가? 새로운 비즈니스모델이 경쟁사들이나 다른 부차적인 기업들로부터 고객의 마음을 끌어올 수 있는 가치제안의 매력포인트는 무엇인가? 우리가 제공하는 제품과 서비스를 의미하며 어떻게 고객의 필요에 맞게 제공할 것인가에 관한 것이다.

4) 가치사슬

우리가 제공하는 것을 어떻게 만들 것인가? 가치제안을 실현하기 위해 프로세스와 핵심활동이 필요하다. 이런 프로세스와 핵심활동은 관련된 자원과 시설, 그리고 기업의 가치사슬과의 조화가 절대적으로 필요하다.

5) 시장 세그먼트

새로운 비즈니스모델은 얼마나 많은 고객들을 끌어올 수 있는가? 그러한 고객 중에서 시장의 성장으로 인해 새로 생겨난 고객들은 얼마나 되는가? 기존 시장에 속했던 고객들은 얼마나 되는가? 고객들이 지불의사는 어느 정도나 되는가? 새로운 시장이 기존 시장에 비해 더 매력적인가?

6) 수익모델

비즈니스모델혁신이 새로운 수익모델에 대한 기회를 만들어주는가? 기존의 수익모델을 변화시키는가? 비즈니스모델혁신이 새로운 가격전략을 필요로 하는가?

7) 성장모델

해당 기업은 수익 측면에서 어떻게 성장할 수 있는가?

8) 채널

고객과 사용자에게 우리의 제품과 서비스를 어떻게 전달할 것인가? 고객과의 접점을 통해서 제품을 제공하는 하나의 방법을 말한다. 온라인이든 전통적인 상거래활동에서 주안점을 고객에게 편안하고 만족감을 제공하는 상호 보완적인 유통채널을 개발해야 한다.

9) 수익구조

수익구조는 비즈니스모델의 경제적 가능성을 제공한다. 모든 기업이 가져야 할 가장 핵심적인 구조로서 어떻게 우리의 주주와 이해당사자를 위해 가치를 만들어 낼 것인가? 혹은 이 비즈니스모델이 상업적으로 성공할 수 있는가? 등의 비용구조와 수익창출의 메커니즘을 일컫는다.

3.5.2 비즈니스모델혁신의 성공미션

일반적인 기업에서 비즈니스모델혁신이 성공하기 위해서는 필요한 창의성과 다양한 사고력을 기를 수 있는 체계적인 도구가 부족이다. 특히 기업 비즈니스모델을 성공하기 위해서는 창의적인 기법의 도움이 절대적으로 필요하다. 그러나 현재 존재하는 성공미션에 대한 도구가 없으나 아푸아(A. Afuah, 2014)가 제안한 성공미션을 저자들이 각색하여 제시하고자 한다([그림 3-12] 참조).

1) 처음의 미션

비즈니스에서의 성공미션은 완전 새로운 모델에서 나타나기도 할뿐더러 기존의 다른 산업에서 빌려오거나 벤치마킹 및 모방적인 창의적 활동에서 나타난다.

2) 기술의 미션

모든 비즈니스모델혁신은 제품과 서비스개발에 대한 놀라운 기술이 기반이 된다. 새로운 기술이 새로운 비즈니스모델을 끌어낼 수 있지만 오히려 기술 자체

그림 3-12 비즈니스모델혁신의 성공미션

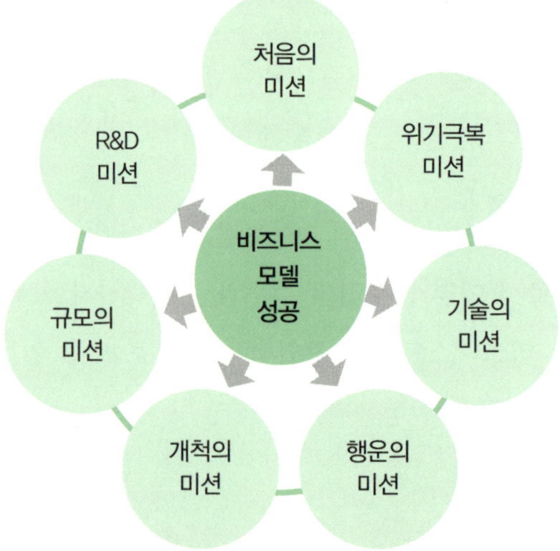

자료: Allan Afuah, *Business Model Innovation*, Routledge, 2014, 저자 수정.

는 평범할 수도 있다. 창의적인 활동을 이루기 위해서는 혁신적인 기술이 바탕이 된다. 혁신적인 행동은 새로운 기술의 경제적 잠재력을 찾아내는 것이다.

3) R&D(연구개발)의 미션

연구개발은 중요한 혁신의 일부이다. 비즈니스모델혁신은 다양한 분야, 즉 전략, 마케팅, 사후서비스, 정보기술, 생산, 유통, 물류, 구매 등뿐만 아니라 연구개발부서만큼 중요하다. 그러나 연구개발영역은 지속적인 혁신을 이루기 위한 매우 기초적인 분야로 가장 중요시되어야 하는 영역이다.

4) 규모의 미션

비즈니스모델이 성공하기 위해서는 어느 정도 규모의 시장, 규모의 경제, 규모의 대중화 등이 이루어져야만 한다. 비즈니스모델을 도입하고 확대하는 데는 엄청난 투자가 필요하며 성공적인 사업성공을 이루기 위해서는 아이디어 실현과 적절한 용기, 자원 등이 절대적으로 필요하다.

5) 행운의 미션

비즈니스모델혁신은 지원이 뒷받침되고 체계적으로 이루어지지 않으면 행운이 따르지 않는다. 신제품, 기술, 사후서비스과정 혹은 유통과 물류 등에 새로운 비즈니스모델을 적용하기 위해서는 커다란 노력이 수반되어야 한다. 그리고 비즈니스모델혁신은 끈기와 동기부여가 있어야 한다. 또한 계획적인 준비와 체계적인 과정이 성공을 보장하지는 않지만 성공의 확률을 높이는 계기가 된다.

6) 개척의 미션

비즈니스모델혁신은 천재에 의해서 존재하는 것이 아니며 보통사람도 혁신대열에 합류가 가능하고 회사 차원에서 구성된 팀과 외부 전문가들과의 연결고리를 활용하여야만 성공가능성도 존재한다. 협력과 컨소시엄 없이는 아무리 좋은 아이디어라도 비즈니스모델혁신이 성공하기가 매우 어렵다.

7) 위기극복의 미션

비즈니스모델혁신은 항상 급진적이고 신선하다. 그러나 한편으로 비즈니스모델혁신은 제품혁신과 마찬가지로 어느 정도 리스크한 위기극복의 미션이 준비되어야 한다.

사례 연구

유니콘기업을 통해 살펴본 성공요인 10가지

스타트업 전문지 '*Enterpreneur*'는 기고를 통해 총기업가치 1,300억 달러 이상으로 성장한 10개 스타트업들을 분석해 이들로부터 배울 수 있는 교훈을 10가지로 정리했다. 칼럼을 기고한 딥 파텔(Deep Patel)은 '포브스(*Forbes*)'가 선정한 최고의 마케팅 인플루언서 25인에 선정된 바 있으며 저서 '*A Paperboy's Fable*'은 비즈니스 도서분야 베스트셀러로 선정되기도 했다.

딥 파텔은 미국기업의 5년 생존율 50% 미만, 10년 생존율이 30% 미만인 상황에서 빠르게 성장한 스타트업들은 기존 시장에 충격을 가해 시장 자체를 변화시키거나 완전히 새로운 시장을 창출했다고 평가하며, 기술혁신과 영리한 시장진입전략이 핵심적인 요소로 기능했다고 설명했다. 다음은 그가 정리한 유니콘으로 성장한 벤처기업으로부터 얻을 수 있는 10가지 교훈이다.

1. 고객이 진정으로 사랑할 수 있는 것을 만들 것

'에어비앤비(Airbnb)'가 사업 초기 성장을 위한 전략을 고민할 때 스타트업 엑셀레이터 Y Combinator의 폴 그레이엄(Paul Graham)은 에어비앤비 CEO에게 단순히 사람들이 좋아하는 제품이나 서비스가 아닌 이들이 진정으로 사랑할 수 있는 서비스나 제품을 만드는 데 집중해야 함을 조언했다. 100명의 열정적인 고객들은 친구나 동료에게 제품과 서비스를 적극적으로 홍보하며 작지만 열정적인 고객그룹이 지닌 네트워크효과는 대부분의 비즈니스를 놀라운 수준으로 끌어올릴 수 있기 때문이다. 때문에 100만 명이 좋아하는 서비스보다 100명이 사랑하는 제품이나 서비스가 비즈니스 성장을 위해 더욱 중요한 요소가 될 수 있다는 것이다.

2. 명확한 목표와 임무중심의 기업문화

스타트업이나 중소규모 기업을 위한 공간을 제공하는 '위워크(WeWork)'는 모든 공간에 "당신이 사랑하는 일을 하십시오"라는 문구가 걸려있다. 이는 위워크의 소규모 기업을 위한 서비스 제공의 핵심미션으로 기능하며, 이를 중심으로 한 목표와 임무는 위워크가 빠르게 성장해 전세계 20여 개 이상의 도시에 지사를 둔 200억 달러 이상의 기업가치를 가질 수 있는 원동력이 되었다.

3. 피봇(pivot)을 위한 정확한 타이밍 인지

협업을 위한 소프트웨어를 제공하는 '애틀라시안(Atlassian)'은 2017년도 경쟁사였던 '트렐로(Trello)' 인수를 위해 4억 2,500만 달러를 지출했다. 협업 소프트웨어시장에서 트렐로가 우위를 점하고 있었으나 애틀라시안은 늦기 전에 최대 경쟁사를 인수함으로써 과감하게 사업방향을 변경했다.

4. 시장은 하나 이상의 기업을 수용할 수 있음을 깨달을 것

'리프트(Lyft)'는 '우버(Uber)' 설립 3년 후 사업을 시작해 공유 자동차산업에서 선점효과를 누릴 수 없었다. 그러나 현재 100억 달러 이상의 기업가치를 인정받고 있으며 우버보다 빠른 속도로 성장하는 기업이 되었다. 리프트의 사례는 다양한 산업이 시장에 영향을 미치는 여러 개의 기업을 충분히 수용할 수 있음을 보여주는 사례로 평가된다. 이는 단순히 다른 회사가 선점효과를 누리고 있다는 이유로 아이디어를 포기할 필요가 없으며 올바른 포지셔닝을 통해 후발주자도 많은 소비자를 유치할 수 있음을 의미한다.

5. 틈새시장은 혁신을 위한 중요한 시작점이 될 수 있다

모든 스타트업이 유니콘(Unicorn)이 되기 위해 소비자시장을 지향할 필요는 없다. '트윌리오(Twilio)'는 기업이 소비자와 커뮤니케이션할 수 있도록 돕는 서비스를 제공하는 B2B기업으로 우버, 리프트, '넷플릭스(Netflix)' 등이 트윌리오를 활용해 문자와 음성메시지 전송을 자동화하고 있다. 트윌리오는 틈새시장에서 세계적 수준의 제품개발이 기업의 발전으로 이어질 수 있는 증거로 평가되며 엔지니어와 전문가를 위한 높은 수준의 서비스 제공으로 20억 달러 이상의 기업가치를 가진 것으로 평가된다.

6. 소비자들은 마찰 없는 쇼핑 경험을 원한다

기업들은 소비자들의 쇼핑 경험을 더 빠르고 쉽게 만들기 위해 수십억 달러를 투자하고 있다. 스마트스피커부터 창고자동화, 드론 배송 등 B2C기업들은 소비자의 기대치가 높아지고 있음을 알고 있다. 그러나 자동화가 반드시 모든 쇼핑 경험을 개선하는 것은 아니다. '인스타카트(Instacart)'는 대규모 물류센터나 자동화가 아닌 이용자를 대신해 사람이 식료품 등을 쇼핑하고 배달하는 시스템을 선택했다. 주문에 대한 질문이 있을 때만 고객과의 커뮤니케이션이 발생하며 구매 후 2시간 안에 배달을 완료해 거대 유통업체들과 경쟁하는 기업으로 성장했다.

7. 스스로 이용하기를 원하는 도구를 판매하라

소프트웨어 비즈니스에서 가장 어려운 부분 중 하나는 향후 발생할 수 있는 혁신에 대비해 건강한 코드기반을 유지하는 것이다. 그렇지 않으면 복잡하고 간결하지 않은 코드가 혁신의 장애가 될 수 있기 때문이다. '뉴렐릭(New Relic)'은 엔지니어를 위한 플랫폼으로 기업 내부에서 소프트웨어의 퍼포먼스를 지속적으로 모니터링할 수 있는 시스템을 통해 엔지니어팀을 지원할 목적으로 개발되었다. 그러나 결과적으로 스스로 이용할 목적으로 개발된 플랫폼을 통해 뉴렐릭은 30억 달러 가치를 인정받는 거대기업으로 성장했다.

8. 중소기업시장이 더 큰 기회가 될 수 있다

2005년 '허브스팟(Hubspot)'이 설립되었을 때 중소기업이 디지털 마케팅을 위해 선택할 수 있는 옵션이 많지 않았다. 허브스팟은 이들을 대상으로 자동화된 인바운드 마케팅전략수립을 제공하면서

30억 달러 가치 기업으로 성장했다. 경쟁자들이 GE 등 대기업 고객 유치에 힘쓸 때 중소기업시장에 초점을 맞춘 전략이 성공요인으로 평가되며, 최근 고객지원 및 판매를 위한 도구도 지원하며 전세계 비즈니스를 위한 올인원 솔루션으로 자리 잡았다.

9. 대중은 미래지향적 사고를 지닌 조직을 기꺼이 지지할 것이다

구글(Google)의 조사에 따르면 밀레니얼세대와 Z세대 모두 '테슬라(Tesla)'를 세계에서 가장 멋진 기업으로 생각하고 있었다. 대부분의 응답자들이 테슬라의 상품을 소유하기에 젊다는 점을 감안하면 고무적인 결과로 평가된다. 이는 대중들이 세상을 변화시키고자 노력하는 조직을 기꺼이 지원하고자 한다는 교훈을 제공하는 사례로 간주된다. 투자자들도 테슬라가 개인 운송수단에 중요한 변화를 일으킬 수 있다고 평가하며 테슬라의 기업가치 증가로 연결되었다.

10. 정부조직도 새로운 시장이 될 수 있다

법규, 조달규정, 관료주의로 인해 정부조직은 스타트업이 진출하기에 불가능한 시장으로 인식되어왔다. 그러나 '팔란티르(Palantir)'는 정부조직조차도 제대로 구현되기만 한다면 혁신적인 기술을 포용할 준비가 되어 있음을 보여주었다. 팔란티르는 심각한 범죄 예방을 위해 정부가 사기 및 의심스러운 행동을 탐지하기 위해 사용하는 기술 솔루션을 제공하고 있다. 공개적으로 자신을 드러내지 않고 세계 최고수준의 데이터 과학자와 엔지니어를 유치해 불가능할 것으로 인식되던 영역에 진출하는 성과를 이룬 것으로 평가된다. 거대기업으로 성장한 스타트업들은 각각 독특한 성공사례들을 보여주고 있다. 그러나 대부분의 성공한 스타트업이 공유하는 몇 가지 특징이 존재한다. 세계적 수준의 상품과 서비스를 제공하고 고객중심문화와 명확한 목표지향적인 기업문화를 지니고 있다는 것이다. 또한 소비자나 전문가의 일상을 바꿀 수 있는 솔루션을 제공할 때 이들은 적극적으로 새로운 상품이나 서비스를 수용하며 이를 널리 전파하기도 한다. 이러한 사례들을 그대로 따라하는 것만이 능사는 아니나 스타트업의 성장에 중요한 시사점을 제공해주고 있다.

자료: 스타트업투데이(국내 유일 창업 전문지, http://www.startuptoday.kr)

연습문제

01 정보기술에서 혁신의 의미를 설명하시오.

02 기업에서 프로세스의 중요성과 몇 가지 프로세스를 설명하시오.

03 BPR의 정의와 기본 개념을 설명하시오.

04 BPR의 실천방안에 대하여 설명하시오.

05 BPM의 의미와 실행 프레임워크를 설명하시오.

06 워크플로우에 대한 개념을 설명하시오.

07 새로운 시대의 비즈니스모델전략과 구성요소를 설명하시오.

08 기존의 혁신들과 비즈니스모델혁신의 차별화를 설명하시오.

09 비즈니스모델혁신의 성공미션을 설명하시오.

Part 02

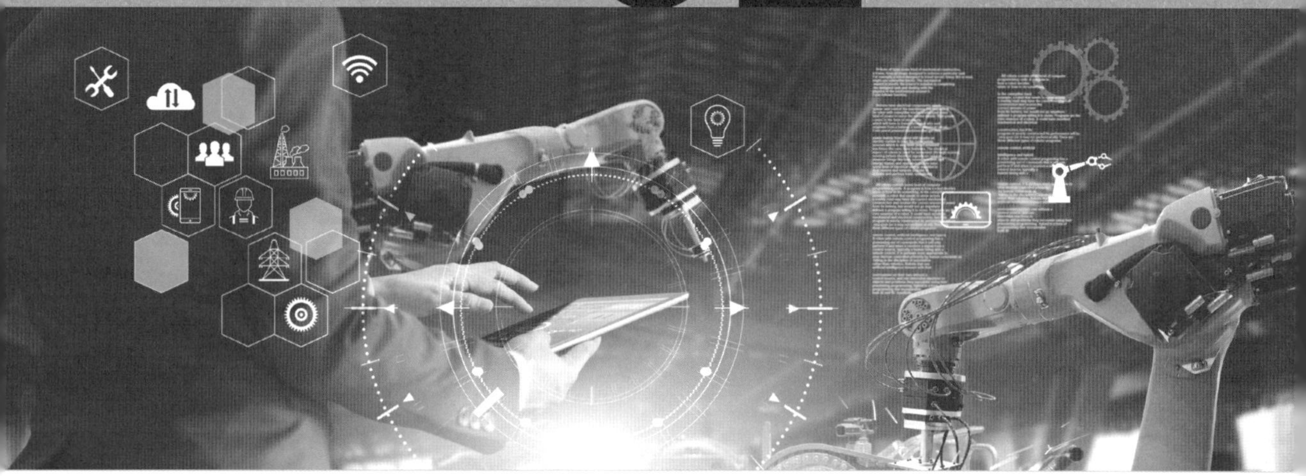

IT경영 인프라

Chapter 04 | 컴퓨터의 구성 및 원리

Chapter 05 | 정보통신기술의 의미

Chapter 06 | 인터넷과 모바일, 클라우드 컴퓨팅

Chapter 07 | 인터넷과 비즈니스 관련 기술

Chapter

04 컴퓨터의 구성 및 원리

컴퓨터의 기능들이 고도화되고 휴대할 수 있는 모바일 관련 스마트기기 등의 확산을 통한 다양한 관련 비즈니스와의 연계 및 지원활동이 일어나고 있다. 최근에는 컴퓨터들이 소형화, 태블릿화, 노트북, 모바일기기로의 스마트화를 통하여 무선환경으로 모든 상황이 변해가고 있다. 본 장에서는 정보기술 발달사를 통한 미래 동향 파악 후 컴퓨터의 구성 및 동작구조, 중앙처리장치(CPU), 운영체제(OS), 메모리, 멀티미디어, MP3/MP4 등을 소개하고자 한다.

4.1 정보기술 발달사

대부분이 손으로 행해지던 계산의 문명은 인류문명이 발달할수록 보다 정확하고 빠르게 이루어져 보다 나은 계산기가 발명되었다. 이러한 계산기는 인간의 요구와 필요에 따라 발전을 거듭하면서 오늘날의 컴퓨터에 이르게 되었다.

초기의 컴퓨터는 연구용이 대부분을 차지하였고, 점차적으로 사용이 다양화되면서 상업적으로 활용되기 시작하였다. 이에 따라 컴퓨터에 쓰이는 기본 기술의 변화에 따라 세대별로 구분하기 시작하였는데 메인프레임 시대는 중앙집중식이고, PC 시대에는 부서별 · 지역별로 흩어진 기능을 활용하였고, 1990년대 이후부터는 본격적인 네트워크 시대로 클라이언트와 서버, 인터넷의 분산된 기능이 통합과 더불어 유 · 무선의 경계영역이 구분되어 있지 않은 모바일환경이 확대되었다. 그리고 2010년대 이후에 모든 기기와 컴퓨터 간의 통합 및 자동화관리가 실현되었으며, 시간과 장소에 구분 없이 정보관리가 가능하도록 클라우드서비스가 실현되었다.

| 표 4-1 | 정보기술의 발달사

구분	메인프레임 시대 (1950년대~70년대)	퍼스널 컴퓨터 시대 (1970년대 후반~80년대)	네트워크 컴퓨팅 시대 (1990년대~2010년)	클라우드 컴퓨팅 시대 (2010년~미래)
주요 기술	메인프레임: 중앙 집중화된 지능	마이크로 컴퓨터: 부서별, 지역별로 흩어진 지능	클라이언트 서버와 인터넷: 지능이 분산된 동시에 통합 관리	모든 기기와 컴퓨터 간의 통합 및 자동화관리기술
조직	전통적인 수직계층구조	분산된 조직구조	분산되었으나 네트워크화된 조직구조	실시간의 정보동기화 연계구조
정보기술의 주요 역할	프로세스의 자동화	개인과 그룹의 효과성 및 생산성 · 의사결정의 질 향상	여러 측면에서의 새로운 가치창출의 도구	스마트환경에서 비즈니스 통합, 인공지능과 사물인터넷환경
관련 기술	• 케이블, 마이크로웨이브, 위성통신 • WAN: 패킷스위칭, 서킷스위칭	• 케이블, 광케이블, 이동통신, 위성통신 • LAN: 이더넷, 토큰링기술	• 다양한 네트워크 매체의 통합 • LAN/WAN의 융합: 개방화된 표준	• 유 · 무선네트워크 융합관리 및 동기화 연계 • 클라우드를 통한 네트워크의 동기화

인터넷은 정보기술 중에서 인류가 만들어낸 가장 우수한 최고기술 중의 하나이고 인터넷이 도입된 거의 30여 년 동안 인류생활에 커다란 영향을 미쳤다. 또한 인터넷은 개인, 기업, 정부, 정치 및 경제사회의 모든 영역에 영향력을 행사하면서 성장 · 발전하고 있다. 이처럼 인터넷의 발전과 동시에 매일 끊임없이 팽창하면서 거대한 영향력을 증대시키고 있는 현대 정보기술(IT)혁명의 역사는 얼마 되지 않았다.

2010년대 이후에 들어오면서 인터넷 연결과 고도의 비즈니스가 융합되는 시기에 애플사의 아이폰기기가 출현함으로써 모바일혁명이 촉발되었다. PC는 물론 스마트폰, 태블릿PC, TV, 카메라 등이 스마트환경으로 융합되면서 다양한 디바이스가 인터넷의 인프라로 등장하였다. 인터넷과 스마트폰이 연계되면서 새로운 변화의 비즈니스 출현이 나타났다. 고객들은 이동하는 중에도 언제 어디서나 스마트폰을 꺼내들고 앱프로그램에 접속한 후 바로 물건을 검색하고 가격비교를 통하여 구매가 가능해졌다. 또한 소셜커머스를 통하여 앱에서 실시간으로 간편하고 편리하게 구매활동을 시작하는 모빌리티(mobility) 시대가 도래했다.

또한 스마트폰의 대표적인 기능인 SNS(Social Network Service)를 통하여 언제 어디서나 정보를 상호 교환할 수 있는 시대가 온 것이다. 휴대폰으로 찍은 사진이 바로 스마트폰의 위치정보와 함께 노출된다. 페이스북과 트위터, 카카오톡 같은 SNS도구들을 사용하여 순식간에 수천 명의 사람과 수시로 통화할 수 있게 된 것이다. 이러한 다양한 정보를 보다 체계적인 관리와 분석을 통하여 새로운 비즈니스형태로 응용할 수 있는 빅데이터가 자연스럽게 나타나고 있으며, 모바일 이후 향후 언제 어디서나 사람과 사물, 사물과 사물 간의 초연결, 초지능사회 및 산업 간의 정보교환이 자연스럽게 이루어지는 만능시대가 도래할 날이 점점 다가오고 있다. 그리고 하루하루 변화하는 정보화에 대한 투자와 비용에 대한 효율을 높이기 위하여 기존 방식의 구매보다는 각 기업이 필요할 때 원하는 장소에서 구분 없이 사용가능한 양만큼 사용하고 비용을 지불하는 클라우드형태의 비즈니스도 유행하고 있다.

또한 스마트폰에 PC기능과 인터넷기능이 탑재되면서 향후 텔레비전, 자동차, 게임기, 내비게이션, 전자카드, 각종 가전제품들, 교통신호와 가로등에도 다양한 형태의 로봇이 등장할 것이고 생활중심의 로봇가전이 보편화될 것이다. 로봇 작동의 대표적인 분야가 센서(sensor)로서, 예를 들어 실내위치추적시스템, 즉 건물 내에서 고객의 위치를 알려주는 센서, 자동차의 다양한 데이터를 전송해주는 센서기술, 가전제품이 인터넷으로 연결되는 스마트센서, 의료기기와 연결된 센서기술들이 보편화되면서 센서연동과 다양한 애플리케이션의 연동이 개발되고 있다. 향후 이러한 연동센서와 애플리케이션 등이 빅데이터와 연동하여 정보를 분석 · 가공한 새로운 유형의 비즈니스가 나타날 가능성도 존재한다.

그리고 온라인(online)과 오프라인(offline)이 결합하는 현상을 의미하는 O2O는 소셜커머스와 함께 자연스럽게 출현함으로써 누구든 장소와 시간에 구분 없이 구매활동이 이루어지고 있다. 즉 소비자들에게는 저렴하게 상품이나 서비스를 구매할 기회를 주면서, 동시에 해당 제품이나 매장을 홍보하는 수단이 되기도 한다. 사물인터넷은 단순히 사물들을 인터넷에 연결하는 것이 아니라, 현실세계와 가상세계를 연결하며, O2O서비스도 같은 개념으로 제품의 데이터화를 통한 서비스혁신을 가속화하고 있다. 데이터와 서비스의 중요성을 강화하는 4차 산업혁명의 출현인 것이다.

4.2 컴퓨터 하드웨어

4.2.1 컴퓨터 하드웨어의 구성과 분류

컴퓨터 하드웨어는 중앙처리장치(CPU), 입력장치, 출력장치, 주기억장치, 보조기억장치와 통신장치로 구성된다. 입력장치는 컴퓨터가 이해할 수 있도록 데이터와 프로그램 등을 부호로 바꾸어주는 역할을 담당하며, 출력장치는 데이터, 그림과 도표, 이미지 등을 처리한 결과를 사람이 알아볼 수 있는 형태로 표시해주는 장치이다. 중앙처리장치는 또 다른 구성들에 의해 다루어지는 작업을 제어하고 데이터를 조정한다. 주기억장치는 처리할 동안 데이터와 프로그램을 임시로 저장하며 즉각적으로 처리한 데이터 등을 저장한다. 보조기억장치는 미래 사용될 프로그램과 데이터를 저장한다. 통신장치는 외부 컴퓨터네트워크(인터넷, 인트라넷, 엑스트라넷 등)에서 중앙처리장치(CPU)와 컴퓨터네트워크로의 데이터 흐름을 제공한다.

컴퓨터의 종류를 구분하는 방법은 여러 가지가 있다. 우선 CPU(Central Processing Unit)의 레지스터(register) 크기에 따라 32비트, 64비트, 128비트, 256비트, 512비트 컴퓨터로 나누기도 하고, 크기와 형태, 계산 성능에 따라 분류하기도 한다. 빠른 하드웨어와 소프트웨어의 출현은 새로운 모바일기기들, 태블릿 PC, 셀폰(cell phone) 및 스마트폰, 스마트노트 등을 등장시킨다.

그림 4-1 컴퓨터 하드웨어 구성도

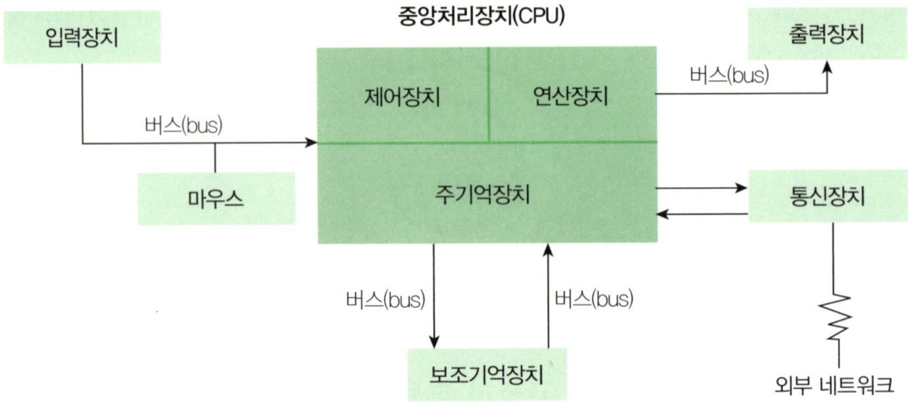

[표 4-2]는 일반적인 컴퓨터시스템의 분류형태이다. 전문가들은 컴퓨터 분류가 사라질 것이라고 예측한다. 인터넷을 통한 정보공유와 네트워크컴퓨터의 등장과 공유 인프라 등이 개인컴퓨터를 대체할 것이기 때문이다.

표 4-2 컴퓨터시스템의 분류

구분		분류
마이크로(micro) 컴퓨터		PC, 노트북, 데스크탑, 랩탑, PDA, 태블릿PC, 미니PC 등
임베디드(embedded) 컴퓨터		기계장치나 전자장치들의 내부에 포함되어 장치들의 동작을 제어하는 컴퓨터로서 내장형 컴퓨터, 각종 가전제품, 자동차, 냉장고, 휴대폰 등에 내장
미드레인지(midrange) 컴퓨터	미니(mini) 컴퓨터	특별한 목적(처리제어, 과학적 연구, 공학 응용 등), 멀티유저시스템 등
	서버(server)	웹서버, 네트워크 서버 등
메인프레임(mainframe) 컴퓨터		기업시스템, 대용량 서버, 대용량 처리프로세스 등
슈퍼(super) 컴퓨터		군사용, 과학용, 기업용, 기상예측, 영화제작, 핵융합 등

1) 마이크로(micro) 컴퓨터

마이크로프로세서라는 반도체의 출현으로 개발되기 시작된 소형 컴퓨터로서 가격이 저렴하고 크기도 작다. 구조적 측면에서도 다른 컴퓨터와 차이가 없다. 개인용 컴퓨터의 성능은 10여 년 전의 대형급 컴퓨터의 성능을 훨씬 뛰어넘었다. 이러한 성능 향상은 고성능 마이크로프로세서의 개발이 이유이기도 하지만 다른 부품들(기억장치, 상호 연결망)의 고집적화, 고속화도 주요 요인이다.

마이크로 컴퓨터는 비즈니스맨이나 일반소비자에게 가장 많이 사용되는 컴퓨터 시스템이다. 보통 개인 컴퓨터, 즉 PC라고 부른다. 마이크로 컴퓨터는 비용면에서 이전 컴퓨터세대인 메인프레인급 컴퓨터의 기능이 초과되어 강력한 비즈니스가 가능한 전문적 워크스테이션이 되었다. PC는 손에 넣을 수 있는 것, 노트북, 랩탑, 데스크탑, 미니PC, 태블릿PC 등 다양한 형태의 크기를 가지고 있다. 대부분의 마이크로 컴퓨터는 사무실 책상에 적합하게 설계된 데스크탑(desktop)과 작게 사용하기를 원하는 사람에게 적합한 랩탑(laptop), 그리고 작업활동에 자유로운 휴대용PC(portable)로 나뉜다.

2) 임베디드(embedded) 컴퓨터

기계장치나 전자장치들의 내부에 포함되어 장치들의 동작을 제어하는 컴퓨터를 말한다. 즉 내장형 컴퓨터라고도 한다. 각종 가전제품, 자동차, 냉장고, 휴대폰 등에 내장되어 있다. 임베디드 컴퓨터는 처리 속도와 크기면에서 다양하다. 일반적으로 최소비용으로 필요한 만큼의 성능을 가지도록 설계한다. 임베디드 컴퓨터는 실시간으로 처리해야 한다. 일반적으로 각 응용에 맞게 특수한 하드웨어와 소프트웨어를 설계하여 결합하는 구조이다. 다른 주요 특징은 기억장치 용량과 전력소모량을 최소화할 수 있도록 설계된다. 이 같은 컴퓨터는 4차 산업혁명의 미래기기들에서 아주 최소화된 컴퓨팅 설비의 중심으로 사용될 것으로 예상된다.

3) 미드레인지(midrange) 컴퓨터

미드레인지 컴퓨터는 미니 컴퓨터와 서버를 포함한다. 미니 컴퓨터는 메인프레임 컴퓨터보다 가격이 더 저렴하고 작다. 미니 컴퓨터는 공정제어, 과학적 연구와 공학 응용과 같은 특별한 작업을 이루기 위해 설계되어 인기가 높다. 메인프레임 컴퓨터로서 강력하지는 않지만 비용, 운용, 유지보수에 더 적은 비용이 들어 많은 회사에서 필요로 하는 컴퓨팅을 충족시킨다. 미드레인지 컴퓨터는 보다 큰 인터넷 웹사이트, 기업 인트라넷과 엑스트라넷 그리고 클라이언트 · 서버 네트워크를 관리하는 데 도움을 주는 강력한 네트워크 서버로서 인기가 높다. 전자상거래와 인터넷비즈니스, 클라우드서비스, 스마트팩토리형 제조 · 물류, 재무적인 응용에서도 사용된다. 그리고 데이터웨어하우스관리, 데이터마이닝, 빅데이터, 온라인 분석처리에서도 미드레인지 컴퓨터가 사용된다.

4) 메인프레임(mainframe) 컴퓨터

메인프레임 컴퓨터는 크고 빠르고 강력한 컴퓨터시스템이다. 예를 들어 메인프레임은 초당 수백만 개의 명령을 처리한다. 메인메모리의 용량도 수백 메가(mega)바이트에서 테라(tera)바이트로의 범위를 가진다. 메인프레임 컴퓨터는 복잡한 컴퓨터문제와 보다 많은 양의 데이터를 처리하는 대기업 및 정부기관에서 필요로 한다. 즉 거대한 국제금융회사, 항공회사, 석유회사, 기타 많은 양의 정보처리와 고객의 정보를 제공하는 기관 등이 메인프레임 컴퓨터를 사용한다. 또한 대기업의 인터넷에서 보다 많은 양의 정보를 처리하기 위하여 클라이언트 · 서버 네트워크에 대한 슈퍼 서버로서 사용된다. 그리고 데이터마이닝, 데이터웨어하우징, 전자상거래, 빅데이터, e-비즈니스, 사물인터넷 응용, 클라우드, 블록체인 등에서도 비즈니스 컴퓨팅 플랫폼으로 사용되고 있다.

5) 슈퍼(super) 컴퓨터

현존하는 컴퓨터 중 최상의 처리능력과 속도가 현저히 높은 컴퓨터이다. 슈퍼컴퓨터는 초기에 주로 군사용이나 과학용으로 사용되었으나 최근에는 가격인하를 통해 기업용으로 급속히 발전하였다. 테라플롭스(TFLOPS)급의 속도를 가진다. 향후 미래의 환경은 클라우드를 통한 빅데이터들의 데이터값들이 많은 영역을 차지할 것이고 데이터와 처리속도에서 중요변수로 작용할 것이다. 주요 응용분야는 VLSI 회로 설계, 우주, 항공, 핵융합, 군사용. 인공지능과 로봇, 기상예측, 영화제작 등을 하는 데 사용될 것이다. 일반적인 구조적 특징에 따라 슈퍼 컴퓨터를 세 가지로 분류하면 다음과 같다.

(1) 파이프라인 슈퍼 컴퓨터

하나의 CPU 내에 다수의 연산장치들이 있다. 높은 계산능력을 가진 것이 주요 특징이다. 최근에는 그와 같은 CPU들을 여러 개 서로 연결하여 시스템을 구성해 더욱 성능을 높이고 있다.

(2) 대규모 병렬 슈퍼 컴퓨터(MPP)

한 시스템 내에 상호 연결된 수천 개의 프로세서들을 포함하여 하나의 큰 작업을 나누어서 동시에 수행하는 병렬처리기술을 사용한다. 이런 시스템은 점차 대형화되면서 성능이 더욱 높아지는 추세로 구조설계의 핵심은 통신시간을 상호 연결망으로 설계하는 것이 주요 특징이다.

(3) 클러스터 컴퓨터

여러 대의 컴퓨터들이 연결되어 하나의 시스템처럼 동작하는 컴퓨터들의 집합을 말한다. 클러스터의 구성요소들은 일반적으로 고속의 근거리통신망으로 연결된다. 서버로 사용되는 노드에는 각각의 운영체제가 실행된다. 클러스터 컴퓨터에 포함된 모든 노드들의 프로세서와 주기억장치 및 디스크들이 소프트웨어를 통해서 하나의 큰 시스템으로 동작한다. 하나의 노드에서 로그인을 하면 전체 클러스터 컴퓨터를 하나의 시스템으로 간주하여 사용할 수 있다. 그리고 만약 한 노드의 컴퓨터가 고장 나더라도 다른 컴퓨터가 기능을 대신 할 수 있어서 신뢰도가 높다고 할 수 있다.

4.2.2 PC의 하드웨어 동작구조

PC는 크게 중앙처리장치(CPU), 기억장치(메모리), 입출력장치(I/O device)의 세 부분으로 구성되며, 기억장치는 주기억장치와 보조기억장치로 나누어진다. 특히 입출력장치에서 출력장치는 LCD모니터의 출현과 함께 해상도가 점점 좋아지고 있고 입력장치는 키보드, 마우스, 음성 및 홍채인식, 터치펜, 정전식 터치(손가락) 등으로 다양화되고 있다.

PC 내부의 구성과 동작에 대하여 살펴보면 [그림 4-2]와 같다. 컴퓨터가 소형이든 대형이든 내부 구성은 기본적인 정보처리의 심장부인 중앙처리장치(CPU)와 그 주변의 각 기능 사이에서 교환을 하기 위한 버스 인터페이스로 구성된다. 프로그램을 실행하면 버스관리용 칩세트를 이용하여 미리 프로그램이 설치되어 있는 하드디스크 등의 보조기억장치에서 프로그램을 메인메모리에 전송한다. 그리고 전송된 프로그램을 메인메모리에서 자동으로 실행한다. 또한 중앙처리장치는 반드시 메인메모리에서 프로그램 명령을 하나씩 꺼내어 실행하게 한다. 또 프린터로 출력하기 위하여 메인메모리에 존재하는 대상 데이터를 병렬포트, 즉 프린터(잉크젯, 레이저, 3D 등)로 출력하여 프린터를 제어함으로써 글자가 인쇄된다.

그림 4-2 컴퓨터 내부 구성도

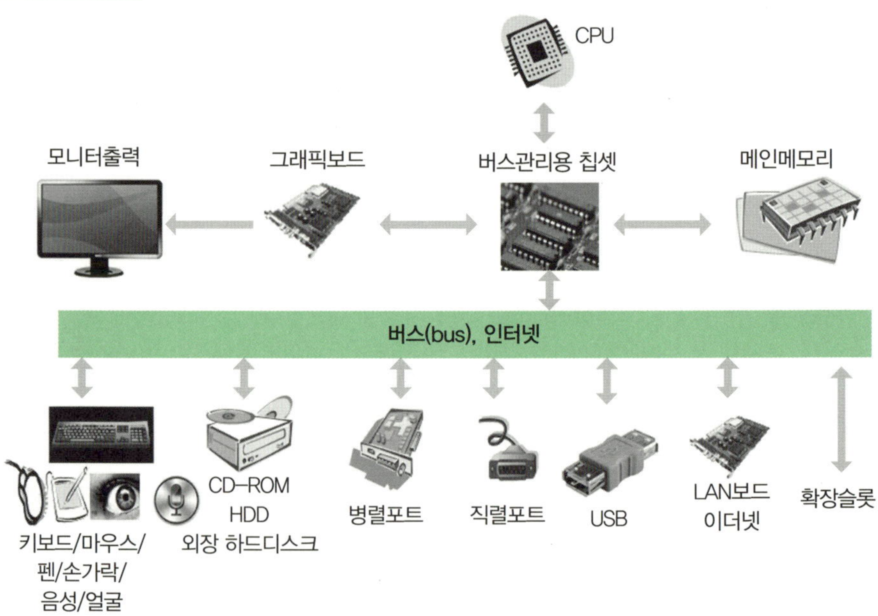

비트와 바이트

① 비트(bit)=binary digit의 약어

컴퓨터에서 사용되는 데이터 중에서 가장 작고, 기본적인 단위로서 0과 1로 표현(예: on/off, false/true, no/yes 등)

② 바이트(byte), 문자(character)

비트가 8개 모인 것을 1바이트라고 한다. 바이트는 문자를 의미한다.

01000001(비트) → 41H(바이트) → A(문자)

〈예〉

01101011	: 8비트 = 1바이트
0110101100110111	: 16비트 = 2바이트
01101011001101110110101100110111	: 32비트 = 4바이트
	: 64비트 = 8바이트
	: 128비트 = 16바이트
	: 256비트 = 32바이트

8,192bit = 1,024byte = 1K(Kilo)byte

10KB = 10,240(10 * 1024)byte

640KB = 655,360(640 * 1024)byte

1,024KB = 1,048,576(1,024 * 1,024)byte = 1M(Mega)byte

1Mbyte = 1,024KB = 1,048,576(1024 * 1024)byte

10Mbyte = 10,240KB

1G(Giga)byte = 1,024Mbyte = 약 10억(1024 * 1024 * 1024 = 2^{30})byte

1Terabyte = 1,024Gbyte = 2^{40}byte = 1,099,511,627,776byte

〈참고〉 한글은 바이트가 2개 모여서 만들어진 것이며, 영어 알파벳은 한 글자당 1바이트로 만들어진 것

데이터처리:

8비트 컴퓨터 = 8라인을 처리, 즉 1바이트처리 = 영어 한 글자(예를 들어: A) 처리

16비트 컴퓨터 = 16라인을 처리, 즉 2바이트 처리 = 한글 한 글자(예를 들어: 장) 처리

32비트 컴퓨터 = 32라인을 처리, 즉 4바이트 처리

64비트 컴퓨터 = 64라인을 처리, 즉 8바이트 처리

128비트 컴퓨터 = 128라인을 처리, 즉 16바이트 처리

256비트 컴퓨터 = 256라인을 처리, 즉 32바이트 처리

결론적으로 비트수가 올라갈수록 바이트 처리가 빠르기 때문에 컴퓨터의 성능 향상이 이루어진다.

〈참고〉 바이트에 대한 계보는 다음과 같다.

Kilobyte → Megabyte → Gigabyte → Terabyte → Petabyte → Exabyte → Zettbyte → Yottabyte

4.2.3 컴퓨터 소프트웨어 구성도

컴퓨터는 하드웨어만으로 동작되는 것이 아니라 관련 프로그램 간의 연동을 통하여 기기를 동작하면서 기본적인 환경을 제공하는 운영체제로서 구성되며, 이것이 없다면 우리는 컴퓨터를 동작할 수 없다. 대체로 PC에서의 운영체제는 윈도우(Window)가 대표적인 동작프로그램이다. 동작프로그램이 작동되면 문서작성과 도표, 그림 등을 작성하기 위하여 각각의 용도에 맞는 응용프로그램이 존재하게 된다. [표 4-3]은 하드웨어와 소프트웨어 간의 관계에 대한 연계성을 제시하고 있다.

표 4-3 하드웨어와 소프트웨어 연계성

사용자(end-user)
응용프로그램(application programming)
운영체계(operating system)
입출력장치 구동기(I/O device driver)
BIOS(Basic Input Output System)
하드웨어(hardware): 메인보드, CPU, 메모리, 입출력장치, 그래픽카드, 주변장치 등

운영체제나 응용프로그램이 직접 하드웨어를 제어하는 것이 아니라 BIOS(Basic Input Output System)나 혹은 드라이버라고 불리는 소프트웨어가 하는 것이고 그 위에 운영체제나 응용프로그램이 동작한다. BIOS는 PC의 마더보드 혹은 기판에 장착된 ROM(영구메모리)이라는 유니트 안에 내장된 프로그램으로 디스크 드라이버나 키보드, 그래픽보드 등 각종 기기를 관리하는 것이다. 또 드라이버는 운영체제(OS)의 지시에 따라 이들 각종 기기를 쉽게 제어한다. [표 4-4]는 컴퓨터와 컴퓨터네트워크에 접근할 수 있는 소프트웨어의 형태와 기능을 더욱 세분화하여 분류한 것이다.

표 4-4 소프트웨어의 분류

구분	분류	내용
응용소프트웨어	일반응용프로그램	소프트웨어 슈트(suites), 앱 및 웹브라우저, 전자우편, 워드프로세싱, 스프레드시트, 데이터베이스관리, 그래픽, 개인정보관리, 그룹웨어, 전자결제, 앱 관련 응용프로그램 등
	특별응용프로그램	비즈니스프로그램(CRM, ERP, SCM, KMS 등), 회계프로그램, 쇼핑몰, 과학과 엔지니어, 교육 및 엔터테인먼트, 게임, 오락, 음악 등
시스템소프트웨어	시스템관리프로그램	운영체계, 네트워크관리프로그램, 데이터베이스관리시스템, 응용 서버, 시스템유틸리티, 성과와 안전모니터링 등
	시스템개발프로그램	프로그램언어번역기, 프로그램편집기와 툴, 컴퓨터지원 소프트웨어 엔지니어(CASE) 패키지 등

1) 응용소프트웨어

응용소프트웨어는 일반응용과 특별응용으로 나눈다. 특히 특별응용의 소프트웨어 패키지는 비즈니스와 또 다른 응용분야에서 사용자의 특별응용을 지원하는 데 이용된다. 예를 들어 비즈니스지원관리(CRM, ERP, SCM, KMS 등), 전문성, 비즈니스 사용을 지원하는 패키지는 의사결정지원, 판매관리, 투자분석, 거래처리, 전자상거래 쇼핑몰, e-비즈니스, 빅데이터, 스마트 관련 관리프로그램 등이다. 과학과 엔지니어분야는 연구개발과 높은 품질의 제품을 생산하기 위하여 특별응용프로그램이 적용되어야 한다. 이에 관련된 또 다른 프로그램은 홈관리, 개인적 회계관리, 오락과 교육의 다양성을 보인다.

일반응용프로그램은 사용자에게 공통된 정보처리를 위한 프로그램이다. 예를 들어 워드프로세싱프로그램, 스프레드시트프로그램, 데이터베이스관리프로그램, 그래픽프로그램, 앱 및 웹브라우저, 전자우편, 그룹웨어, 전자결제, 앱 관련 응용프로그램 등이다. 여기서 가장 인기 있는 프로그램 슈트(suites)의 예로는 가장 폭넓게 사용되고 있는 패키지화제품인 마이크로소프트 오피스 등을 들 수 있다.

2) 시스템소프트웨어

시스템소프트웨어는 정보처리활동과 컴퓨터시스템의 지원과 관리에 대한 프로그램들로 구성된다. 시스템관리프로그램은 사용자의 다양한 정보처리를 수행할 동안에 컴퓨터시스템의 데이터자원과 네트워크, 소프트웨어, 하드웨어를 관리하는 프로그램이다. 여기에 속하는 프로그램으로는 운영체제, 네트워크관리프로그램, 데이터베이스관리시스템, 시스템유틸리티 등이 포함된다.

시스템개발프로그램은 사용자프로그램의 준비와 절차, 그리고 정보시스템프로그램을 개발하기 위해 사용자에게 도움을 주는 프로그램이다. 대부분의 소프트웨어개발프로그램은 프로그램언어번역기 및 에디터, 다양한 컴퓨터지원 스프트웨어 엔지니어(CASE: Computer-Aided Software Engineering)와 다른 프로그래밍 툴이다.

4.2.4 프로그래밍언어

프로그래밍언어는 시스템소프트웨어와 응용소프트웨어를 만들기 위한 기초적인 환경을 제공한다. 프로그래밍언어는 컴퓨터에게 어떠한 일을 할 것인가를 지시하는 역할을 담당한다. 프로그래밍언어는 프로그램코드를 쓰기 위하여 사용된 부호와 규칙의 집합이다. [그림 4-3]은 전체적인 프로그래밍언어의 발전과정을 1세대의 기계어부터 자연어까지 보여주고 있다.

그림 4-3 프로그래밍언어의 발전과정

기계

1세대	2세대	3세대	4세대	5세대
기계언어	어셈블리언어	절차적 언어	비절차적 언어	지능적 언어
0과 1로 구성, 길고 어려운 프로그래밍	반복적인 명령어들과 단축코드의 조합	명령어들과 단축코드 포함	응용생성기, 지시/구체적 결과들	자연적인 언어과정

인간

자연어

→ 발전과정

1) 기계어(1세대 언어, 1GL)

기계어는 최하위의 컴퓨터언어로 데이터와 명령의 내부적인 표현으로 구성되어 있다. 기계코드는 이진수로 구성된다. 기계어는 기계가 유일하게 이해할 수 있는 프로그래밍언어이다. 따라서 낮은 수준의 코드로 생성된 프로그램은 기계어프로그램이라 부르며, 1세대 프로그래밍언어로 부른다. 컴퓨터의 CPU는 기계에 의존한 단지 기계어프로그램에 의해 실행될 수 있다. 기계어는 프로그래머가 사용하고 이해하는 데 어려움이 있다. 직접적으로 기계어를 제어할 수는 없었기 때문에 이를 다시 기계어로 바꾸어주는 작업이 필요하게 되었다. 이때 사용자 편의의 언어로 만들어진 프로그램을 소스프로그램(source program)이라 하고, 이를 기계에 인식시키기 위해서 기계어로 번역한 것을 목적프로그램(object program)이라 한다.

2) 어셈블리어(2세대 언어, 2GL)

아직 수준은 낮지만 연상기호코드(mnemonics) 혹은 보조기억장치의 사용을 통해 주기억장치에서 기계어의 명령어와 데이터 위치를 나타내는 사용자가 사용하기에 더 쉬운 언어이다. 어셈블리어는 2세대 언어로 표현할 수 있다. 기계어와 비교하여볼 때 어셈블리어는 프로그래머의 작업을 굉장히 쉽게 한다. 그러나 어셈블리어의 문장은 여전히 기계어의 문장으로 전환되어야 한다. 어셈블리어(assembler)라고 하는 시스템소프트웨어에 의해 어셈블리어프로그램이 기계어프로그램으로 전환된다.

3) 절차적 언어(3세대 언어, 3GL)

절차적 언어는 사용자지향의 프로그래밍언어로 진화된 단계이다. 또한 3세대 언어 혹은 3GL이라고 부른다. 절차적인 언어는 자연어에 매우 가까우므로 쓰고 읽고 전환하는 것이 보다 쉽다. 절차적인 언어의 한 문장은 수많은 기계어의 명령어로 변환될 수 있다. 그러므로 더욱더 생산적인 프로그램을 만들 수 있다. 일반적으로 절차적인 언어는 어셈블리어보다 자연어에 더 가까우며, 오히려 축약된 연상기호코드보다 보통어로 잘 쓰인다. 이러한 것 때문에 보다 높은 수준의 언어(high-level language)의 첫 번째 단계로 본다.

고차원 언어프로그램은 컴파일러(compilers)라고 하는 소프트웨어프로그램에 의해 목적코드로 변환되고, 전체적인 프로그램을 한꺼번에 변환시킨다. 이와 반대로 인터프리터(interpreters)는 한 번에 하나의 프로그램 문장을 변환하고 실행한다. 따라서 컴파일러보다 해석하기가 상대적으로 간편하다. 이러한 간편함은 보다 많은 결함을 발견하고 수정해주며, 진단 보조기구에도 활용할 수 있다. 절차적인 대표적인 언어는 FORTRAN, COBOL, PASCAL, C, Visual BASIC, APL, LISP, PROLOG, C#, C++, Delphi 등이다.

4) 비절차적 언어(4세대 언어, 4GL)

고차원 언어의 다른 형태로 비절차적 언어로서 사용자들에게 결과를 달성하기 위해 필요로 하는 상세한 절차를 규정할 필요 없이 요구한 결과를 바로 서술해준다. 이 언어는 4세대 언어 또는 4GL로 표현한다. 비절차적인 언어의 장점은 미숙련자들도 구체적인 작업을 실행하는 데 사용할 수 있다는 점이다. 이 언어는 크게 단순화되어 있으며 프로그래밍과정을 가속화하고 코딩오류를 줄여준다. 4GL은 언어, 보조생성기, 데이터 조작언어로서 데이터베이스 적용에 보편화되어 있다. 이 언어는 사용자들과 프로그래머들에게 자연어와 유사한 문장을 사용하여 컴퓨터 데이터베이스에 접근하도록 해준다.

5) 지능적 언어(5세대 언어, 5GL)

자연적 언어는 그 다음으로 진화된 단계이다. 5세대 언어 또는 지능적 언어로 알려져 있다. 자연어를 구조적이고 컴퓨터로 처리할 수 있는 형태로 변환하기 위한 프로그램은 극도로 복잡하고 많은 양의 컴퓨터자원을 요구한다. 그러므로 대부분 이러한 언어들은 여전히 실험적인 단계이며 아직 상업화하기에는 시간이 걸린다.

6) 기타 프로그램언어

여러 가지 새로운 프로그램언어는 멀티미디어, 하이퍼미디어, 문서관리, 인터넷과 같은 새로운 기술에 적합하게 설계되어 있다.

(1) 객체지향프로그래밍(object-oriented programming)

객체지향프로그램은 C#, C, Pascal, BASIC 등과 같은 절차형 언어(procedure-oriented programming)가 크고 복잡한 프로그램을 구축하기 어렵다는 문제점을 해결하기 위해 탄생하였다. 절차형 언어에서는 코드 전체를 여러 개의 기능부분, 즉 인쇄하는 기능부분과 유저로부터의 입력을 받는 기능부분 등으로 분할하는데, 이와 같이 각 기능부분을 구성하는 코드를 모듈이라고 한다. 절차형 언어에서는 프로그램을 여러 기능으로 나누고 이들 모듈을 편성하여 프로그램을 작성할 경우, 각 모듈이 처리하는 데이터에 대해서는 전혀 고려하지 않는다. 다시 말하면 데이터 취급이 완전하지 않고 현실세계의 문제를 프로그램으로 표현하는 것이 곤란하다.

이러한 절차형 프로그래밍이 가지는 문제를 해결하기 위해 탄생된 객체지향프로그래밍은 객체라는 작은 단위로서 모든 처리를 기술하는 프로그래밍방법으로서, 모든 처리는 객체에 대한 요구의 형태로 표현되며, 요구를 받은 객체는 자기 자신 내에 기술되어 있는 처리를 실행한다. 이 방법으로 프로그램을 작성할 경우 프로그램이 단순화되고, 생산성과 신뢰성이 높은 시스템을 구축할 수 있다. 객체지향프로그래밍은 객체(object)의 집합으로서 시스템을 모델화한다. 시스템의 복잡한 정보와 행위적인 복잡성을 다루기에 적합하다. 프로그래밍, 운영체제환경, 객체지향 데이터베이스, 그리고 비즈니스목적에 맞게 접근을 용이하게 할 수 있다.

C# 프로그래밍언어

C#은 마이크로소프트에서 개발한 객체지향 프로그래밍언어로, .NET프레임워크의 한 부분으로 만들었으며 나중에 ECMA(ECMA-334)와 ISO(ISO/IEC/23270)의 표준으로 자리 잡았다. C++와

자바의 문법과 비슷한 문법을 가지고 있다. C#은 .NET프로그램이 동작하는 .NET 플랫폼을 가장 직접적으로 반영하고, 또한 .NET 플랫폼에 강하게 의존하는 프로그래밍언어이다. C#은 그 문법적인 특성이 자바와 상당히 유사하며 C#을 통하여 다룰 수 있는 .NET 플랫폼의 기술들조차도 자바를 염두에 둔 것이 많아서 자바와 가장 많이 비교되고 있다. 그러나 C#은 자바와 달리 불안전코드(unsafe code)와 같은 기술을 통하여 플랫폼 간 상호 운용성에 특징을 가진다. C#의 기본 자료형은 .NET의 객체모델을 따르고 있고, 런타임 차원에서 쓰레기 수집(garbage collection)이 되며 또한 클래스, 인터페이스, 위임, 예외와 같이 객체지향언어로서 가져야 할 모든 요소들이 포함되어 있다.

(2) UML

통합된 모델링언어(UML: Unified Modeling Language)는 소프트웨어개발과정에서 산출되는 산출물들을 명시 · 개발 · 문서화하기 위한 모델링언어이다. UML은 모델링언어일 뿐 메소드(또는 방법론)는 아니다. 메소드는 프로세스에 대한 정의와 각각의 업무들에 대한 지침과 업무들 간의 순서들을 명시해야 하는 반면, 모델링언어는 표기법(또는 다이어그램)들만을 제시하는 것이다. 따라서 UML은 소프트웨어개발에 사용하기 위한 여러 다이어그램들을 정의하고 있으며, 다이어그램들의 의미들에 대하여 정의한다.

UML은 여러 가지 다이어그램들을 제시함으로써 소프트웨어개발과정의 산출물들을 비주얼하게 제공하고, 개발자들과 고객 또는 개발자들 간의 의사소통을 원활하게 할 수 있도록 하고 있다. UML은 시스템을 모델링할 수 있는 다양한 도구들을 제공하기 때문에 도메인을 모델링하기가 훨씬 용이할 뿐만 아니라 모델링한 결과를 쉽게 파악할 수 있다. 또한 산업계 표준으로 채택되었기 때문에 UML을 적용한 시스템은 신뢰성 있는 시스템으로 평가받을 수 있다.

7) 웹프로그램언어

(1) HTML과 HTML5

웹의 발전, 즉 인터넷의 판도를 바꿀 만큼 가장 큰 공헌을 한 것 중의 하나가 바로 HTML이다. 대부분의 사람들은 HTML(HyperText Markup Language)을 통해 더 광범위하고 구조화 · 일반화된 마크업을 알게 되었다. 문서의 내용과 문서의 구조를 분리하고 이 문서구조를 마크업이란 특별한 꼬리표(tag)로 암호화한다는 것이 핵심아이디어였다. 이처럼 문서내용과 문서구조를 분리함으로써 사용자는 문서내용을 다른 문서구조에서도 사용할 수 있게 되었다.

또한 워드프로세서 외에도 다른 프로그램이 문서를 다룰 수 있게 해줌으로써, 새로운 응용프로그램이 나올 수 있는 공간을 마련해주었다. HTML은 상당히 정적이다. 따라서 웹브라우저 공급업체들은 HTML언어를 확장하기 시작했다. 이 결과 테이블이나 스타일시트 같은 발전된 기능을 쓸 수 있게 되었으며, 더 나아가 개발자가 간단한 클라이언트용 애플리케이션까지 개발할 수 있게 해주는 ECMAScript(자바스크립트)까지 나왔다.

이런 발전은 문자를 깜박거리게 해주는 마크업 꼬리표를 등장시켰고, 마침내 HTML의 단순함과 상호 운영성이 사라져버린 것이다. HTML은 자바 애플릿(브라우저에서 실행되는 소형 자바프로그램)을 전달하기 위한 '편지봉투'로 전락하고 있다.

HTML5는 별도 프로그램을 깔지 않아도 인터넷 브라우저상에서 화려한 그래픽 효과를 구현하며, 음악 · 동영상을 자유롭게 감상할 수 있다. 2004년부터 WHATWG(Web Hypertext Application Technology Working Group)는 HTML5를 HTML의 차기 핵심표준으로 만들기 위한 세부 작업을 시작하였으며, 2014년 기술표준으로 공식 발표되었다. 이에 따라 애플 · 마이크로소프트(MS), 구글, 페이스북 등 글로벌 IT기업들은 HTML5 시대 주도권을 잡기 위해 치열한 경쟁에 돌입했다. 대표적인 예로 세계 최대 소셜네트워크서비스 페이스북이 대만 스마트폰업체 HTC와 공동으로 차세대 인터넷규격인 HTML5를 탑재한 기기를 만들었다.

(2) DHTML

DHTML은 동석인(dynamic) 작용을 할 수 있는 HTML 문서로 기존의 정적인 웹페이지에 동적인 기능을 추가하고자 하는 뜻에서 만들어진 HTML언어이다. 이전 버전의 HTML에 비해 레이아웃기능이 강화되고, 사용자 상호작용에 좀 더 민감한 웹페이지를 만들 수 있게 해준다.

DHTML(Dynamic HTML, 동적 HTML)은 정적 마크업언어인 HTML과 클라이언트기반 스크립트언어(자바스크립트 같은) 그리고 스타일 정의언어인 CSS를 조합하여 대화형 웹사이트를 제작하는 기법을 의미한다.

CSS 또는 캐스케이딩 스타일 시트(Cascading Style Sheets)

마크업언어가 실제 표시되는 방법을 기술하는 언어로, HTML과 XHTML에 주로 쓰이며, XML에서도 사용할 수 있다. W3C의 표준이며, 레이아웃과 스타일을 정의할 때의 자유도가 높다.

DHTML은 웹브라우저상에서 동작하는 응용프로그램을 제작하는 데에도 쓰인다. 예를 들어 간편한 내비게이션을 위해 대화형 폼(form)을 제작하거나 전자학습에 사용되는 대화형 실습장을 만드는 데 이용할 수 있다. 완전히 브라우저에 포함되어 데이터베이스와 같은 서버 측 지원이 없이 동작하는 DHTML 응용프로그램을 때로 SPA(Single Page Applications, 단일페이지 응용프로그램)라 부른다.

예를 들면 마우스의 포인터를 갖다 대면 텍스트의 색깔이 변하거나 이미지를 웹페이지의 다른 위치로 '끌어다 놓기(drag-and-drop)' 등을 할 수 있다. 웹페이지 내에서 자체적으로 실행되어 서버의 부담이 적고, 이벤트에 대한 즉각적인 반응이 가능하다는 장점이 있다. 사용자의 입력을 받아들여 그에 맞게 웹페이지를 변화시킬 수 있으며, 웹페이지의 외형을 자유자재로 지정할 수 있다. 다이내믹 HTML을 쓰면 웹페이지들을 마치 데스크탑 응용프로그램들이나 멀티미디어제품처럼 보이고 동작하게 할 수 있다.

경쟁기술로는 애니메이션을 위한 매크로미디어 플래시나 자바, AJAX, 애플릿, SVG 등이 있다(SVG는 아직까지 주요 웹브라우저에서 잘 지원되지 않는다).

Ajax(Asynchronous JavaScript and XML, 에이잭스)

대화식 웹애플리케이션의 제작을 위해 다음과 같은 조합을 이용하는 웹개발기법이다.

- 표현정보를 위한 HTML(또는 XHTML)과 CSS
- 동적인 화면 출력 및 표시정보와의 상호작용을 위한 DOM, 자바스크립트
- 웹서버와 비동기적으로 데이터를 교환하고 조작하기 위한 XML, XSLT, XMLHttpRequest

DHTML이나 LAMP와 같이 Ajax는 자체가 하나의 특정한 기술을 말하는 것이 아니며, 함께 사용하는 기술의 묶음을 지칭하는 용어이다. Ajax 애플리케이션은 실행을 위한 플랫폼으로 위에서 열거한 기술들을 지원하는 웹브라우저를 이용한다. 이것을 지원하는 브라우저로는 모질라 파이어폭스, 인터넷 익스플로러, 사파리, 구글 크롬 등이 있다.

SVG(Scalable Vector Graphics)

2차원 벡터 그래픽을 표현하기 위한 XML기반의 파일 형식으로, 1999년 W3C(World Wide Web Consortium)의 주도하에 개발된 오픈표준의 벡터 그래픽 파일 형식이다. SVG 형식의 이미지와 그 작동은 XML 텍스트파일들로 정의되어 검색화 · 목록화 · 스크립트화가 가능하며 필요하다면 압축도 가능하다.

DHTML의 단점으로는 브라우저마다 기술지원에 대한 편차가 있기 때문에 개발과 디버그작업이 힘들다는 것과 화면크기가 다양하기 때문에 제한된 브라우저와 화면크기 조합에만 최적화가 가능하다는 점이다.

(3) SGML

SGML(Standard Generalized Markup Language)은 상이한 시스템 간 복합문서정보들을 공통적으로 표현하기 위해 국제표준기구에서 데이터객체 양식표준으로 정한 것이다. SGML 표준은 임의의 형태문서, 임의의 응용에 대한 범용적인 마크업을 정의하기 위한 방법을 표준화한 객체지향형 메타언어이다. 이를 이용하여 텍스트, 그래픽, 오디오, 비디오 등 거의 모든 유형의 데이터들이 복합적으로 포함된 문서를 명확하게 처리할 수 있다. SGML은 정부나 항공우주기업의 대규모 계획사업과정에서 기계판독형(machine-readable) 문서를 공유할 목적으로 몇십 년 이상의 기간 동안 판독가능하도록 설계되었다. SGML은 인쇄와 출판산업에 광

범위하게 사용되었지만, 너무 복잡한 이유로 소규모 범용목적으로 사용하는 데 걸림돌이 되었다.

(4) XML

XML(Extensible Markup Language)은 W3C에서 개발된 언어로 다른 특수한 목적을 갖는 마크업언어를 만드는 데 사용하도록 권장하는 다목적 마크업언어이다. XML은 SGML의 단순화된 부분집합으로, 다른 많은 종류의 데이터를 기술하는 데 사용할 수 있다. XML은 주로 다른 종류의 시스템, 특히 인터넷에 연결된 시스템끼리 데이터를 쉽게 주고받을 수 있게 하여 HTML의 한계를 극복할 목적으로 만들어졌다.

기계는 인간의 언어를 읽거나 이해할 수 없는 계산기에 불과하므로 XML과 같은 구조화된 마크업언어들은 인간의 읽고 분석하여 이해하는 능력과 컴퓨터의 단순한 계산적인 판독능력 사이에 타협점을 만들어줄 수 있다. W3C가 만든 XML 1.0 Specification과 몇몇 다른 관련 명세들과 모든 자유 개방형 표준에서 정의되었다. 많은 API가 개발되어 XML 데이터를 처리하고자 하는 소프트웨어 개발자들이 활용하고 있다. 또한 여러 가지 스키마시스템이 있어서 XML기반 언어의 정의를 보다 쉽게 할 수 있도록 도와준다.

마크업언어(markup language)

태그 등을 이용하여 문서나 데이터의 구조를 명기하는 언어의 한 가지이다.

W3C(World Wide Web Consortium)

XML 설계 목표에서 단순성과 일반성, 그리고 인터넷을 통한 사용가능성을 강조했다. XML은 텍스트 데이터 형식으로 유니코드를 사용해 전세계 언어를 지원한다. XML을 설계할 때는 주로 문서를 표현하는 데 집중했지만, 지금은 임의의 자료구조를 나타내는 데 널리 쓰인다. 대표적인 예가 웹서비스이다.

API(Application Programming Interface, 응용프로그램 프로그래밍 인터페이스)

응용프로그램에서 사용할 수 있도록 운영체제나 프로그래밍언어가 제공하는 기능을 제어할 수 있게 만든 인터페이스를 뜻한다. 주로 파일제어, 창제어, 화상처리, 문자제어 등을 위한 인터페이스를 제공한다.

(5) 자바(JAVA)와 자바스크립트(JavaScript)

자바(JAVA)는 선마이크로시스템스의 제임스 고슬링(James Gosling)과 다른 연구원들이 개발한 객체지향적 프로그래밍언어이며, 선마이크로시스템스에서 무료로 제공하고 있다. 1991년 그린 프로젝트(Green Project)라는 이름으로 시작해 1995년에 발표했다. 처음에는 가전제품 내에 탑재해 동작하는 프로그램을 위해 개발했지만 현재 웹애플리케이션개발에 가장 많이 사용하는 언어 가운데 하나이고, 모바일기기용 소프트웨어개발에도 널리 사용하고 있다. 현재 버전 10까지 출시했다.

자바는 문자, 데이터, 그래픽, 사운드, 비디오, 그리고 한 프로그램 내의 모든 것을 다룰 수 있다. 자바는 인터넷의 HTML 페이지에 포함된 애플릿(APPLET)에서 발전되어왔다. 사용자들이 자바 애플릿을 포함한 페이지를 보기 위해 자바 접속 브라우저를 사용할 때, 애플릿의 코드는 사용자시스템으로 전달되고 브라우저에 의해 실행된다. 처음에는 가전제품 내에 탑재해 동작하는 프로그램을 위해 개발했지만 현재 웹애플리케이션 개발에 가장 많이 사용하는 언어 가운데 하나이고, 모바일기기용 소프트웨어 개발에도 널리 사용하고 있다.

자바의 개발자들은 유닉스기반의 배경을 가지고 있었기 때문에 문법적인 특성은 파스칼이 아닌 C++의 조상인 C언어와 비슷하다. 자바를 다른 컴파일언어와 구분 짓는 가장 큰 특징은 컴파일된 코드가 플랫폼 독립적이라는 점이다. 자바 컴파일러는 자바언어로 작성된 프로그램을 바이트코드라는 특수한 바이너리형태로 변환한다. 바이트코드를 실행하기 위해서는 JVM(자바 가상머신, Java Virtual Machine)이라는 특수한 가상머신이 필요한데, 이 가상머신은 자바 바이트코드를 어느 플랫폼에서나 동일한 형태로 실행시킨다. 때문에 자바로 개발된 프로그램은 CPU나 운영체제의 종류에 관계없이 JVM을 설치할 수 있는 시스템에서는 어디서나 실행할 수 있으며, 이 점이 웹애플리케이션의 특성과 맞아떨어져 폭발적인 인기를 끌게 되었다.

한편 자바스크립트(JavaScript)는 객체기반의 스크립트 프로그래밍언어이다. 이 언어는 웹브라우저 내에서 주로 사용하며, 다른 응용프로그램의 내장 객체에도 접근할 수 있는 기능을 가지고 있다. 자바스크립트는 본래 넷스케이프 커뮤니케이션즈 코퍼레이션의 브렌던 아이크(Brendan Eich)가 처음에는 모카(Mocha)라는 이름으로, 나중에는 라이브스크립트(LiveScript)라는 이름으로 개발하였으며, 최종적으로 자바스크립트가 되었다. 자바스크립트가 선마이크로시스템스의 자바와 구문(syntax)이 유사한 점도 있지만, 이는 사실 두 언어 모두 C언어의 기본 구문을 바탕으로 하기 때문이며 자바와 자바스크립트는 직접적인 관련성이 없다. 이름과 구문 외에는 자바보다 셀프와 유사성이 많다.

4.3 컴퓨터의 주요 구성과 기능

4.3.1 컴퓨터 운영체제

컴퓨터에서 운영체제(operation system)가 작동하기까지의 흐름은 다음과 같다. 컴퓨터의 전원을 켜면 BIOS프로그램이 실행된다. 실행된 프로그램에서 각종 입출력기기를 체크하고 초기화한다. 초기화한 후 하드디스크 등의 보조기억장치에서 운영체제프로그램을 불러들여 운영체제를 기동한다. 운영체제가 기동하면 사용자는 마우스나 키보드를 사용하여 컴퓨터를 조작하거나 응용프로그램을 실행할 수 있다.

운영체제의 몇 가지 기능은 다음과 같다.

첫째, 응용프로그램에서 공통으로 이용하는 기능을 제공한다. 응용프로그램은 각각의 기능 및 작업환경에 맞게 다양하게 존재한다. 키보드나 마우스로 입력하거나 디스크의 파일을 읽고, 쓰고, 프린터로 출력하는 작업 등은 어떤 응용프로그램과도 운영체제와 공통으로 수행하도록 되어 있다.

둘째, 하드웨어를 제어하기 위한 인터페이스를 제공할 뿐만 아니라 하드웨어 간의 차이를 흡수한다. 응용프로그램에서 각각의 프로그램은 하드웨어가 이를 직접 제어하는 것이 아니라 보통 운영체제가 제어한다. 응용프로그램이 모니터에 표현하거나 프린터로 출력할 수 있는 것은 운영체제가 제공하는 기능을 이용하기 때문이다. 운영체제는 응용프로그램에 대하여 하드웨어와 교신하기 위한 표준적인 프로그램 인터페이스만을 제공한다. 그리고 실제로 하드웨어를 제어하는 것은 운영체제와 그에 편입된 드라이버와 BIOS이다.

셋째, 시스템 전체를 관리한다. 운영체제는 응용프로그램의 동작을 관리할 뿐만 아니라 접속한 주변기기를 포함한 하드웨어 전반에 대하여도 관리한다. 운영체제가 이와 같은 관리기능을 갖기 때문에 사용자는 어떤 문제에 대하여 운영체제와의 교신만으로 대처할 수 있다. 요즈음의 컴퓨터시스템은 멀티태스킹(multitasking)으로 여러 응용프로그램을 동시에 실행하는 운영체제가 대부분이다. 이러한 동작을 실현하는 것은 메인메모리의 어느 영역에 어떤 응용프로그램을 할당할 것인가, 어떤 시간에 어떻게 적절하게 바꿀 것인가 등에 관해 운영체제가 처리하는 것이다. 또한 PC에서 사용되는 모든 대표적인 운영체제로는 Microsoft Windows(98/Me/2000/XP/Vista), Windows 7, Windows 10, MacOS(OSX), Linux(Red Hat Linux)가 있다.

4.3.2 스마트폰용 운영체제

이동통신시장, 즉 스마트폰은 여러 제조사를 통해 다양한 운영체제가 적용되어 사용자가 자신의 취향과 환경에 맞는 제품을 선택할 수 있다. 스마트폰의 다양한 운영체제를 소개하면 다음과 같다.

1) 애플 iOS 운영체제

iOS는 애플의 모바일 운영체제이다. iOS는 OS X을 기반으로 만들어졌다. OS X과 마찬가지로 다윈(Darwin) 파운데이션을 기반으로 한다. iOS는 OS X의 요소인 코코아, 코어 애니메이션 등의 애플리케이션 프레임워크를 포함하고 있다. 여기에 멀티터치를 비롯하여 종래의 휴대전화 및 스마트폰에는 없었던 고유의 사용자 인터페이스를 구현하고 있다. 다시 말해 아이폰 운영체제는 네 개의 추상화계층을 가지고 있다. 이를테면 코어 OS계층(Core OS layer), 코어서비스계층(Core services layer), 미디어계층(Media layer), 코코아 터치계층이라는 네 개의 계층을 가지고 있다. iOS는 플래시 메모리에 설치할 수 있다.

iOS는 2007년 아이폰, 아이팟, 아이패드 등을 위한 운영체제로서 공개되었다. 처음 공개되었을 당시에는 사용자가 개발한 애플리케이션의 추가가 허용되지 않았으나, 2008년 6월 이후 iOS에서 소프트웨어를 개발할 수 있는 도구인 SDK가 공개되어, 2.0 버전부터는 애플의 앱스토어를 통해 자유롭게 사용자 애플리케이션을 공개하고 판매할 수 있게 되었다.

2010년 스티브 잡스는 iPhone OS가 아이폰은 물론 아이팟 터치, 아이패드에서도 쓰이는 범용 운영체제이므로 공식 명칭을 iOS로 변경한다고 밝혔고, 그 후부터 iOS가 공식 이름으로 사용되었다. 또한 2010년 6월 iOS에서 작동하는 22만 5천 개 이상의 응용소프트웨어들이 애플의 앱스토어에 올라가 있으며, 누적 다운로드 횟수는 50억 회를 넘어섰고(2012년 2월 23일 기준 245억 회 초과), 2010년 iOS 운영체제를 사용하는 기기의 판매량이 1억 대를 넘어섰다. 2015년의 iOS 9 버전에서는 지도, 메모 앱의 개선 및 뉴스서비스, 음악 스트리밍서비스 등이 담긴 기능을 공개하였다. 그리고 2019년 가을에 출시된 iOS 13은 다크모드, 동영상 편집, 비트코인, 애플로 로그인하기(Sign in with Apple), 분실 시 대책 등 모든 것을 갖춘 운영체제이다.

2) 구글 안드로이드 운영체제

안드로이드(Android)는 휴대전화를 비롯한 휴대용 장치를 위한 운영체제와 미들웨어, 사용자 인터페이스 그리고 표준 응용프로그램(웹브라우저, 이메일 클라이언트, 단문 메시지서비스(SMS), 멀티미디어 메시지서비스(MMS) 등)을 포함하고 있는 소프트웨어 스택이자 모바일 운영체제이다. 안드로이드는 개발자들이 자바와 코틀린(Kotlin)언어로 응용프로그램을 작성할 수 있게 하였으며, 컴파일된 바이트코드를 구동할 수 있는 런타임 라이브러리를 제공한다. 또한 안드로이드 소프트웨어개발키트(SDK)를 통해 응용프로그램을 개발하는 데 필요한 각종 도구와 응용프로그램 인터페이스(API)를 제공한다.

안드로이드는 리눅스 커널 위에서 동작하며, 자바와 코틀린으로 앱을 만들어 동작한다. 또한 다양한 안드로이드시스템 구성요소에서 사용되는 C/C++ 라이브러리들을 포함하고 있다. 안드로이드는 기존의 자바 가상 머신과는 다른 가상 머신인 안드로이드 런타임을 통해 자바와 코틀린으로 작성된 응용프로그램을 별도의 프로세스에서 실행하는 구조로 되어 있다. 안드로이드의 구성요소로 응용프로그램, 응용프로그램 프레임워크, 라이브러리, 안드로이드 런타임, 리눅스 커널의 총 5개의 계층으로 분류되어 있다.

구글은 2005년 안드로이드사를 인수하였다. 그 후 2007년 안드로이드 플랫폼을 휴대용 장치 운영체제로 무료 공개한다고 발표한 후 48개의 하드웨어, 소프트웨어, 통신회사가 모여 만든 오픈 핸드셋 얼라이언스(OHA: Open Handset Aliance)에서 공개표준을 위해 개발하고 있다. 구글은 안드로이드의 모든 소스코드를 오픈소스 라이선스인 아파치 v2 라이선스로 배포하고 있어 기업이나 사용자는 각자 안드로이드프로그램을 독자적으로 개발해서 탑재할 수 있다. 또한 등록한 개발자들이 소비자에게 응용프로그램을 판매할 수 있는 구글 플레이를 제공하고 있으며, 이와 별도로 각 제조사 혹은 통신사별 응용프로그램 마켓이 함께 운영되고 있다.

2015년 구글 I/O에서 다양한 안드로이드 구축을 통한 사물인터넷(IoT) 운영체제인 '브릴로(Brillo)'를 공개하였다. 웨어 OS는 미리 공개되었으며, 웨어를 제외한 나머지는 구글 I/O에서 공개되었다.

- 웨어 OS: 2014년 3월 18일 구글은 스마트워치와 웨어러블 컴퓨터에도 선두를 지켜나가기 위해 안드로이드를 일부 수정한 안드로이드 웨어를 발표하였다. 이후 웨어 OS로 이름을 바꾸고 아이폰도 연결하여 사용할 수 있도록 개선하였다.
- 안드로이드 오토: 자동차에서 구글 어시스턴트를 통해 내비게이션 이용과 메시지 보내기, 음악 재생 등을 이용할 수 있다. 단 안전상의 문제로 동영상 재생은 지원하지 않는다.
- 안드로이드 TV: 기존 구글 TV의 후속이며 TV화면에 최적화된 안드로이드 앱기반 콘텐츠를 TV에서 사용할 수 있다.

안드로이드는 6개월~12개월에 한 번씩 업데이트를 주기적으로 진행하며, 업데이트의 내용은 주로 오류 수정이나 새로운 기능 추가로 구성된다. 버전은 1.0~9.0, …으로 올라가며, 앞자리의 숫자가 올라가면 대규모 업데이트(메이저 업데이트), 소수점 아래 숫자가 올라가면 소규모 업데이트(마이너 업데이트)로 규정한다. 국내에서는 안드로이드 스마트폰 사용자 점유율이 93.4%로 세계에서 가장 인기가 높다.

3) 윈도우폰 운영체제

윈도우폰(Windows Phone)은 마이크로소프트의 스마트폰을 위한 임베디드 모바일 운영체제이다. 초기 이름은 윈도우폰 시리즈였으나, 2010년 공식 명칭에서 '시리즈'를 제외하였다. 윈도우폰 7은 CE기반 커널이었으나, 윈도우폰 8부터는 NT커널로 변경되었다. 윈도우 10 모바일 버전은 윈도우의 통합을 우선시하여 개발되고 있다. 유니버설 앱에 대하여 윈도우 10(PC 버전)과 완벽한 호환성을 갖췄다. 음악과 동영상서비스로는 준(June)을 채용하였으며, 마이크로소프트의 검색 엔진인 빙(Bing)과 엑스박스 라이브(Xbox Live) 등이 기본적으로 탑재되어 있다. 또한 주소록은 페이스북 같은 SNS와 연동되도록 설계하였다.

4.3.3 중앙처리장치

중앙처리장치(CPU: Central Processing Unit)는 컴퓨터시스템을 통제하고 프로그램의 연산을 실행하는 가장 핵심적인 컴퓨터의 제어장치, 혹은 그 기능을 내장한 칩을 말한다. 컴퓨터 안의 중앙처리장치(CPU)는 외부에서 정보를 입력받고, 기억하고, 컴퓨터프로그램의 명령어를 해석하여 연산하고, 외부로 출력하는 역할을 한다. 따라서 중앙처리장치는 컴퓨터 부품과 정보를 교환하면서 컴퓨터시스템 전체를 제어하는 장치로, 모든 컴퓨터의 작동과정이 중앙처리장치의 제어를 받기 때문에 컴퓨터의 두뇌에 해당한다고 할 수 있다.

실제의 CPU 칩에는 실행 부분뿐만 아니라 캐시 등의 부가장치가 통합된 경우가 많다. CPU에는 MCU(Micro Control Unit)와 주변장치(외부 확장 장치에 관한 IC)가 다 들어있는 SoC(System On Chip)가 있다. CPU는 기계어로 쓰인 컴퓨터 프로그램의 명령어를 해석하여 실행한다. CPU는 프로그램에 따라 외부에서 정보를 입력받아 이를 기억하고 연산하며 결과를 외부로 출력한다. CPU는 컴퓨터 부품과 정보를 교환하면서 컴퓨터 전체의 동작을 제어한다. 중앙처리장치는 컴퓨터의 심장부와 같으며, 컴퓨터의 성능과 처리속도에 있어서 중요한 요소이다. CPU 기능을 설명하면 다음과 같다.

첫째, 메인메모리의 어드레스(address)를 제어한다. 컴퓨터에서 프로그램을 실행하면 하드디스크 등에 설치된 프로그램은 일단 메인메모리에 전송되며 곧 프로그램이 실행된다. 또한 프로그램의 동작과정에서 생성되는 데이터도 메모리에 기록되거나 호출된다. 즉 메모리 안의 제어할 장소와 기록상태를 판독할 것인가 등의 지시상태는 어드레스의 특정한 장소를 말하며 중앙처리장치는 어드레스를 제어하는 기능을 갖고 있다.

둘째, 데이터를 읽고 출력한다. 중앙처리장치에서 읽어 들이는 정보는 메인메모리의 프로그램 명령, 프로그램의 동작과정에서 필요한 메인메모리상에 존재하는 데이터, 외부 장치를 통한 데이터 등이다. 또한 메인메모리에 기록된 정보를 출력하거나 외부 장치에 정보를 출력하는 동작을 수행한다([그림 4-4] 참조).

셋째, 연산제어장치이다. 수치와 논리연산을 통하여 단순한 동작부터 복잡한 애플리케이션프로그램을 실행하는 것이다.

기본 구성으로는 CPU에서 처리할 명령어를 저장하는 역할을 하는 프로세서 레지스터, 비교, 판단, 연산을 담당하는 산술논리연산장치(ALU), 명령어의 해석과 올바른 실행을 위하여 CPU를 내부적으로 제어하는 제어부(control unit)와 내부 버스 등이 있다. 각종 전자부품과 반도체 칩을 하나의 작은 칩에 내장한 전자부품을 마이크로프로세서라고 한다. 마이크로프로세서는 전기밥통에 쓰이는 낮은 성능의 제품부터 컴퓨터에 쓰이는 높은 성능의 제품까지 매우 다양하다. 마이크로프로세서들 가운데 가장 복잡하고 성능이 높은 제품은 컴퓨터의 연산장치로 쓰인다. 이것을 중앙처리장치라고 한다.

그림 4-4 CPU와 데이터의 흐름도

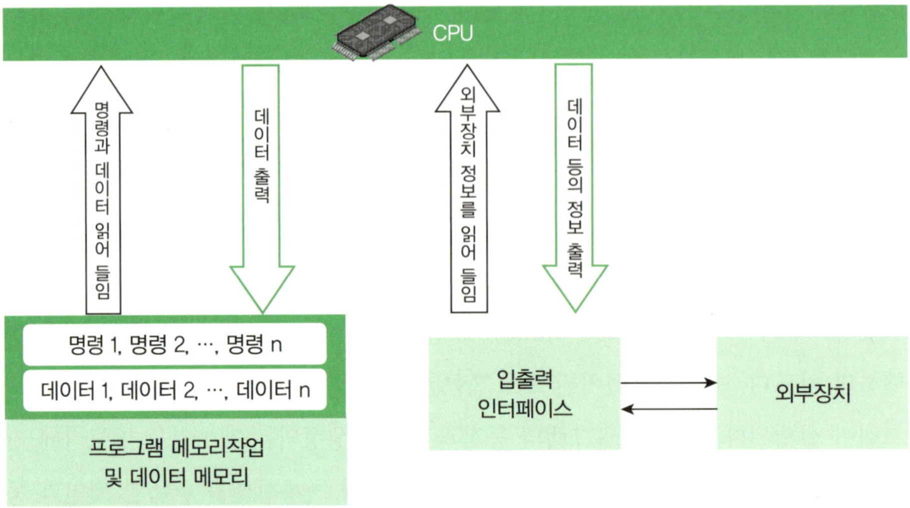

1) CPU의 클럭속도와 코어수

최근에 나오는 중앙처리장치의 성능은 크게 클럭(clock)속도와 코어수로 결정된다. CPU에서 클럭이라고 하는 수치는 중앙처리장치 내부에서 일정한 주파수를 가지는 신호로, 이 신호에 동기화되어서 중앙처리장치의 모든 명령어가 동작된다. 예를 들어 클럭수가 3.0GHz이면 초당 30억 번의 명령어처리를 할 수 있다는 말이다. 따라서 클럭 주파수가 빠를수록 제한된 시간에 더 많은 명령을 처리할 수 있기에 더 좋은 성능의 중앙처리장치라고 할 수 있다. 또 중앙처리장치 안의 코어의 수로도 성능의 차이가 난다. 코어는 중앙처리장치의 역할을 하는 블록으로 예전에는 한 개의 칩 안에는 한 개의 코어의 구조를 가졌으나, 최근에는 한 개의 칩 안에 여러 개의 코어를 가지는 구조를 채택하고 있다. 이렇게 한 개의 칩 안에 여러 개의 연산을 처리할 수 있는 장치를 병렬적으로 연결한 멀티코어시스템을 통하여 더 좋은 성능의 중앙처리장치를 얻을 수 있다.

싱글 코어 및 다중 코어를 칭하는 명칭은 다음 [표 4-5]와 같다. 현재는 코어의 속도를 높이기 힘든 한계에 왔기 때문에, 병렬성을 높여 CPU 안에 코어를 72개 넣은 인텔 제온 파이(Xeon Phi) CPU도 있다.

표 4-5 싱글코어와 다중코어

코어의 개수	명칭
1	싱글코어
2	듀얼코어
3	트리플코어
4	쿼드코어
6	헥사코어
8	옥타코어
10	데카코어
12	도데카코어
16	헥사데시멀코어

2) CPU의 캐시

CPU 캐시(cache)는 CPU 구조에 메모리로 사용하도록 구성되었다. CPU 캐시는 메인메모리에서 가장 자주 사용되는 위치의 데이터를 갖고 있는 크기는 작지만 빠른 메모리이다. 대부분의 메모리 접근은 특정한 위치의 근방에서 자주 일어나는 경향이 있기 때문에, 데이터를 크기는 작지만 속도가 빠른 캐시메모리에 복사해두면 평균 메모리 접근시간을 아낄 수 있다.

그림 4-5 CPU와 캐시의 연계도

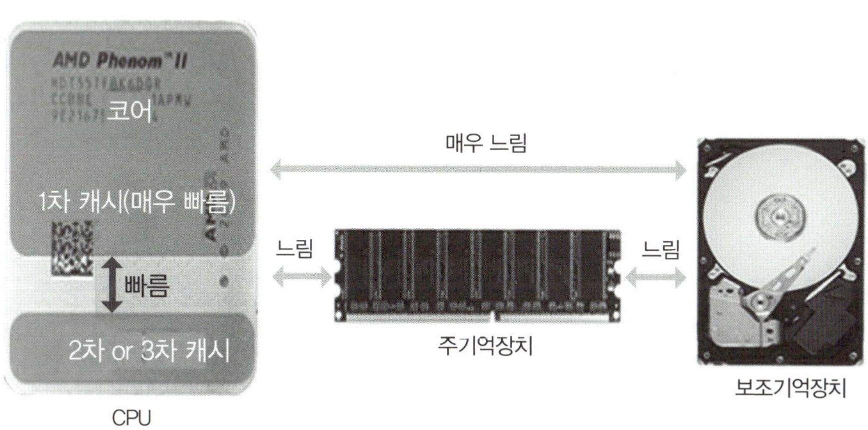

프로세서가 메인메모리를 읽거나 쓰고자 할 때는 먼저 그 주소에 해당하는 데이터가 캐시에 존재하는지를 살핀다. 만약 그 주소의 데이터가 캐시에 있으면 데이터를 캐시에서 직접 읽고, 그렇지 않으면 메인메모리에 직접 접근한다. 이때 대부분의 프로세서는 메인메모리에 직접 접근해서 전송된 데이터를 캐시에 복사해 넣음으로써 다음번에 같은 주소에 프로세서가 접근할 때 캐시에서 직접 읽고 쓸 수 있도록 한다.

4.3.4 메인메모리, 캐시메모리, 플래시메모리

메모리는 그 이용방법에 따라 프로그램메모리, 작업메모리, 데이터메모리로 나눈다. 프로그램메모리는 프로그램이 설치되어 있는 영역이고, 작업메모리는 프로그램의 실행과정에서 일시적으로 데이터를 보존해두는 영역이다. 그리고 데이터메모리란 프로그램이 취급한 고정적인 데이터를 저장하고 있는 영역이다.

1) 메인메모리

메인메모리는 사용 용도에 따라 ROM(Read Only Memory)과 RAM(Random Access Memory)으로 구분되는데, ROM은 자료를 읽기만 하는 읽기전용 기억장치이고, RAM은 임의의 장소에 있는 자료를 읽고 쓸 수 있는 기억장치이다. [표 4-6]은 RAM과 ROM의 차이점을 비교한 것이다.

표 4-6 ROM과 RAM의 비교

구분		내용
ROM	기능	• 읽기만 가능하다. • 컴퓨터의 전원이 끊어져도 기억되어 있는 내용이 그대로 남아 있다. • 컴퓨터시스템을 운용하는 데 필수적인 내용들이 담겨있다.
	PROM	• Programmable ROM • 프로그램할 수 있는 읽기용 메모리
	EPROM	• Erasable programmable ROM • 프로그램을 지울 수 있는 읽기용 메모리

RAM	기능	• 읽고 쓰기가 자유롭다. • 전원이 끊어지면 기억되어 있는 내용도 함께 사라진다. • 응용프로그램을 수행하는 데 필요한 데이터들을 저장한다.
	DRAM	• Dynamic RAM • 일반적으로 메모리로 가장 많이 사용한다.
	EDORAM	• Enhanced data out RAM • 메인보드와 데이터를 주고받는 데 필요한 시간을 절약할 수 있어 수행속도를 높인다.
	VRAM	• Video RAM • 비디오 칩에 기록과 읽어내기가 가능하기 때문에 최고처리속도를 높일 수 있다.
	SRAM	• Static RAM(캐시메모리로 활용) • 메인메모리에 있는 데이터를 CPU에서 고속으로 처리하기 위해 쓰인다.

2) 캐시메모리

컴퓨터 속에 장착해 속도를 빠르게 하는 임시메모리이다. 컴퓨터의 속도를 설명하고자 할 때에는 일반적으로 CPU(중앙처리장치)의 속도를 말한다. 이는 CPU의 속도에 의해 컴퓨터의 속도가 결정될 정도로 CPU에 비해 상대적으로 주변기기의 속도가 매우 느리다는 것을 나타낸다. 이러한 문제점을 해결하기 위하여 주변기기의 속도를 빠르게 하는 대표적인 방법이 캐시(cache)메모리이다. 램캐시(외부 캐시), 내부 캐시, 디스크캐시 등 여러 종류의 캐시가 있다.

하드디스크의 속도는 램보다 매우 느리다. 매번 프로그램을 실행시킬 때마다 디스크를 읽어야 하므로 속도가 느릴 수밖에 없다. 따라서 램과 디스크 사이에 일정량의 임시메모리를 만들고 처음 프로그램을 실행할 때 램으로 들어오는 내용을 그 임시메모리에도 보관한다. 그런 다음 프로그램을 실행시키면 하드디스크가 아닌 임시메모리에서 읽어오게 되기 때문에 읽어오는 시간이 매우 빨라진다. 이 임시메모리를 캐시메모리라고 한다.

3) 플래시메모리

플래시메모리(flash memory)는 소비전력이 작고, 전원이 꺼지더라도 저장된 정보가 사라지지 않은 채 유지되는 특성을 지닌다. 곧 계속해서 전원이 공급되는 비휘발성 메모리로, DRAM과 달리 전원이 끊기더라도 저장된 정보를 그대로 보존할 수 있을 뿐 아니라 정보의 입출력도 자유로워 다양한 기기에서 사용되고 있다. 대표적인 활용 예로 디지털음악재생기(MP3), 디지털카메라, 휴대전화를 들 수 있다. 일반적인 데이터를 저장하고 컴퓨터 사이에 데이터를 옮기는 용도로 USB 드라이브를 많이 사용하는데, 이때도 플래시메모리가 쓰인다.

종류는 크게 저장용량이 큰 데이터저장형과 처리속도가 빠른 코드저장형의 두 가지로 분류된다. 전자는 고집적이 가능하고 핸드디스크를 대체할 수 있어 고집적 음성이나 화상 등의 저장용으로 많이 사용한다.

4.3.5 보조기억장치

컴퓨터의 중앙처리장치가 아닌 외부에 존재하여 주기억장치의 한정된 기억용량을 보조하기 위해 사용하는 것으로 전원이 차단되어도 기억된 내용이 상실되지 않는다. 반도체로 만들어진 주기억장치는 처리속도가 빠르기는 하지만, 대부분 전원이 끊어지면 저장된 자료가 소멸되고 가격이 비싸 다량의 자료를 영구적으로 보관할 수가 없다. 그러나 보조기억장치는 속도가 상대적으로 느리기는 하지만, 다량의 자료를 영구적으로 저장할 수 있는 특징이 있다.

보조기억장치는 자료접근방법에 따라 순차접근(sequential access)방식과 직접접근(direct access)방식이 있다.

순차접근방식은 정보를 순차적으로만 읽고 쓰기를 하는 방식으로서 기록 밀도가 좋으나 정보검색에 많은 시간이 걸리고, 자료의 삽입과 삭제 시 재구성해야만 한다. 자기테이프가 이에 속한다.

직접접근방식은 순차적으로 또는 필요한 위치에서 직접 읽고 쓰기를 하는 방식으로, 자기드럼과 자기디스크가 이에 속하며, 이러한 장치를 직접처리장치

(DASD: Direct Access Storage Device)라고 한다. 보조기억장치로 사용되는 것으로는 자기테이프, 자기디스크 등과 같이 자기를 이용하거나 레이저디스크와 같이 빛을 이용하는 것, 광자기디스크처럼 빛과 자기를 이용하는 것이 있다.

1) USB 플래시 드라이브

USB 플래시 드라이브(USB flash drive)는 USB 포트에 꽂아 쓰는 플래시메모리를 이용한 이동형 저장장치를 말한다. 1TB까지 다양한 용량의 제품이 판매 중으로, 그 중에서 64~512기가바이트 용량의 제품이 일반적이다. USB 메모리(USB memory)나 USB 스틱(USB stick), USB 키(USB key) 등으로 불리기도 한다. 간단히 USB라고 부르는 경우도 있는데 USB는 컴퓨터와 주변기기를 연결하는 인터페이스의 한 종류이지 이동형 저장장치의 종류가 아니다.

크기가 일회용 라이터 정도에 불과해 휴대하기도 매우 간편하다. 또한 큰 용량의 파일을 가지고 다닐 때나 파일을 옮길 때 편리하며 보안용 암호장치도 있어 자료를 안전하게 보관할 수 있다.

USB메모리는 대개 손가락 하나 정도의 크기의 막대형 본체에 USB 커넥터가 노출된 형태다. 내부는 데이터를 저장하는 플래시메모리칩, 그리고 커넥터와 메모리칩 사이에서 데이터전송을 제어하는 컨트롤러(controller, 제어기)로 구성되어 있다.

그림 4-6 USB메모리와 USB의 내부 구조

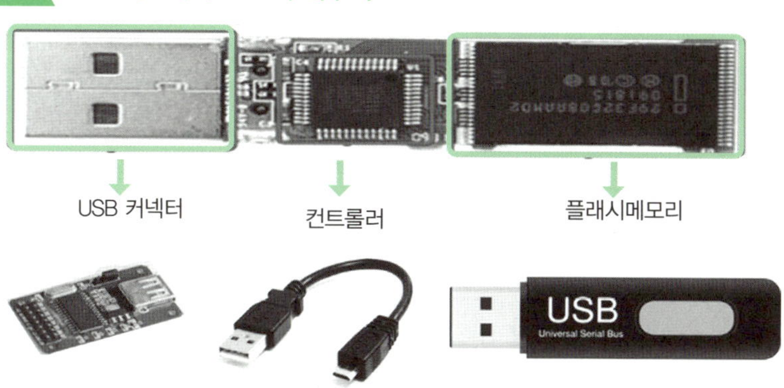

USB메모리는 물리적인 구동이 필요한 디스크가 아닌 반도체를 저장매체로 사용하기 때문에 제품의 내구력 역시 우수하다. 더욱이 데이터기록을 하기 위해 별도의 소프트웨어가 필요한 CD나 DVD와 같은 광디스크보다 훨씬 간편하게 사용할 수 있어서 아직도 인기가 있다. USB메모리는 USB 버스를 이용하므로 언제나 자유롭게 탈착이 가능하며, 플래시메모리를 사용하여 전원이 끊어지더라도 저장된 데이터가 지워지지 않아 누구라도 유용하게 사용할 수 있다. 다만 대부분의 컴퓨터 하드웨어가 그러하듯 USB메모리 역시 해당 컴퓨터에 설치되어 있는 운영체제의 종류에 따라 사용조건이 다르다.

마우스, 키보드, 프린터, 스캐너, 웹캠 등 다양한 컴퓨터 주변기기들이 USB규격으로 나오게 되었으며, 특히 USB 포트와 플래시메모리를 결합한 저장장치인 USB 플래시 드라이브(USB메모리)는 기존에 사용하던 플로피디스크나 CD 등을 밀어내고 휴대용 저장장치의 대명사처럼 쓰이게 되었다. 최근에 USB메모리는 512G, 1테라급 용량이 나오고 있다.

2) CD-ROM 드라이브

CD에 기록된 데이터를 판독하는 장치로 현재 대부분의 컴퓨터에 기본적으로 장착되어 있다. 주로 소프트웨어를 하드디스크에 설치하는 데 사용되며 저장된 파일을 읽기 위해 사용되기도 한다. CD-ROM 드라이브의 사양에 배속이라는 것은 음악용 CD 플레이어의 데이터 전송속도(150KB/s)를 기준으로 그 몇 배의 전송속도를 내는지를 의미한다. CD-ROM 드라이브가 판독전용인 데 비하여 CD에 기록하고 다시 기록하는 형태의 장치로서 데이터를 여러 번 기록할 수 있는 CD-RW가 있다.

3) DVD 드라이브

DVD에 기록된 데이터를 판독하는 장치이다. DVD는 CD와는 달리 양면 기록에 의해 대용량의 기억을 할 수 있다. DVD라는 이름은 개발 당초에는 'Digital Video Disc'의 약자였지만, 영화감상 외에 데이터저장용으로도 DVD가 쓰인다는 것을 고려하여 'Video(비디오)'를 'Versatile(다기능)'으로 바꾼 'Digital Versatile Disc'로 바뀌었다. DVD계열 디스크라도 읽기만 가능한지 혹은 기록이 가능한지의 여부에 따라 몇 가지의 종류로 나뉘며, 기존의 것과 용도가 같아도 관련 업체들 간의 이해관계에 따라 별도로 탄생한 디스크도 있다.

한편 DVD를 PC에서 사용하기 위해서는 당연히 PC에 DVD 드라이브가 장착되어 있어야 한다. 그런데 DVD계열 디스크가 워낙 다양하다 보니 DVD 드라이브 보급 초기에는 몇몇 제품에서 특정 디스크가 호환되지 않는 문제가 발생하곤 했다. 하지만 현재 시장에서 판매되는 DVD 드라이브는 여러 가지 개선작업을 통해 호환성문제를 해결한 제품들이 대부분이다.

4) 외장 하드디스크

외장형 하드디스크 드라이브(external hard disk drive)는 컴퓨터에 사용되는 보조기억장치인 하드디스크 드라이브(HDD)를 휴대용으로 만든 것을 말한다. 흔히 '외장하드'라고 줄여 부르며, 휴대용 데이터저장기기 중에서 가장 큰 용량을 갖추었기 때문에 USB메모리나 플로피디스크, CD/DVD 등으로는 저장이 곤란한 대용량의 데이터를 담고 이동할 때 주로 사용된다.

외장하드는 기본적으로 일반적인 내장형 HDD에 휴대용 케이스를 씌운 구조이므로 동작원리나 데이터 기록방식은 일반적인 내장형 HDD와 다르지 않다. 외장하드의 내부에는 플래터(Platter)라고 하는 자기디스크가 들어 있으며, 헤드(Head)라는 장치가 플래터 위를 움직이며 데이터를 읽거나 쓴다. 다만 외장하드는 내장형 HDD와 달리, 컴퓨터 내부가 아닌 외부에 설치하는 것이 일반적이며, 필요시 분리하여 이동할 수 있다는 것이 가장 큰 특징이다.

외장하드는 컴퓨터와 연결되는 외부 인터페이스(interface, 서로 다른 두 시스템을 연결하는 부분)방식에 따라서도 분류할 수 있다. 외장하드가 사용하는 외부 연결 인터페이스에는 USB, eSATA, 파이어와이어(FireWire, IEEE 1394), SCSI 등이 있으며 그 중에서 가장 많이 사용하는 것은 USB방식의 제품이다.

4.3.6 인터페이스

인터페이스의 데이터전송방법에는 직렬전송방식(serial)과 병렬전송방식(parallel)이 있다. 직렬전송이란 한 개의 데이터 선으로 정보를 전송하는 것으로 정보를 1비트마다 순차적으로 전송한다. 개인형 컴퓨터에서는 직렬포트나 USB가 대표적이다. 병렬전송은 여러 데이터 선으로 정보를 한 번에 여러 비트 전송하는 것이다. 프린터를 접속하는 표준인터페이스인 병렬포트나 SCSI(Small Computer System Interface), IDE(Integrated Drive Electronics) 등이 대표적이다. IDE는 대부분의 PC에서 IDE 인터페이스를 이용하여 하드디스크, CD-ROM 드라이브, 테이프 관련 드라이브 등의 저장장치를 연결한다. PC에서 IDE가 주로 사용된다면 워크스테이션, 서버 등 컴퓨터에서는 이보다 성능이 우수하고 가격이 비싼 SCSI 인터페이스가 사용된다. 이는 주변장치들을 제어하는 별도의 프로세서가 존재하여 주변장치들을 보다 효과적으로 제어할 수 있는 장점이 있다.

그림 4-7 컴퓨터의 인터페이스

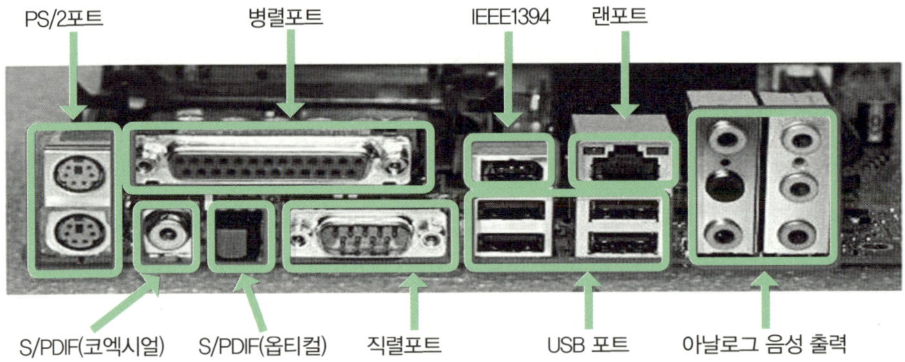

1) 직렬포트

컴퓨터환경에서 직렬포트(serial port)는 한 번에 하나의 비트단위로 정보를 주고받을 수 있는 직렬통신의 물리 인터페이스이다. 병렬포트와는 대조된다. 개인용 컴퓨터 역사를 보면 대개가 데이터는 단말기와 다양한 주변기기와 같은 장치와 컴퓨터 사이에서 직렬포트를 통해 전송된다.

이더넷, IEEE 1394, USB와 같은 인터페이스는 모두 직렬 스트림으로 데이터를 전달하지만 '직렬포트'라는 용어는 일반적으로 RS-232 표준을 어느 정도 따르는 하드웨어를 가리킨다. 주변기기를 연결할 목적으로 고안된 직렬포트는 USB와 IEEE 1394의 등장으로 점차 쓰이지 않고 있다. 네트워크환경에서는 이더넷이 이를 대신하고 있다. 단말기(뒤에 그래픽)를 비롯한 콘솔의 경우 오래 전에 MDA로, 그 뒤에 VGA로 이를 대신하게 되었다. 대다수의 컴퓨터시스템에서는 직렬포트를 갖추고 있지만 수동으로 유선으로 연결하는 것이 일반적이며 이따금씩 제조할 때부터 핀이 제공되지 않는 경우도 있다.

2) 병렬포트

병렬포트(parallel port)는 여러 용도의 컴퓨터에서 찾을 수 있는 다양한 주변기기를 연결하기 위한 일종의 인터페이스이다. 프린터 포트라고 부르기도 한다. IEEE 1284 표준은 이 포트의 양방향 버전에 대해 정의하고 있다.

USB가 등장하기에 앞서 병렬 인터페이스가 프린터를 비롯한 수많은 주변기기들을 연결하기 위해 사용되었다. 병렬포트를 사용한 가장 초기의 장치들 가운데 하나가 동글(dongle)이었던 것으로 여겨지며 소프트웨어 복사보호의 하드웨어 키 형태로 사용되었다. 그 뒤로 스캐너, 외장모뎀, 사운드카드, 웹캠, 게임패드, 조이스틱, 외장하드디스크 드라이브, CD-ROM 드라이브에도 사용되었다. 어댑터들을 이용하여 병렬을 통한 SCSI장치들을 구동할 수 있었다. EPROM 프로그래머와 하드웨어 컨트롤러와 같은 다른 장치들도 병렬로 구성하여 연결할 수 있었다.

3) USB포트

USB(Universal Serial Bus)는 직렬포트인 RS-232C를 대신하는 것으로 현재 모든 컴퓨터에 대부분 사용되고 있다. USB란 컴퓨터와 주변기기 사이에 데이터를 주고받을 때 사용하는 버스(bus, 데이터가 전송되는 통로)규격 중 하나이다.

USB 인터페이스의 가장 큰 특징은 간편함이다. 플러그앤플레이(plug and play)기능을 지원하기 때문에 꽂으면 곧장 컴퓨터에서 주변기기의 연결을 감지한다(다만, 일부 USB장치의 경우는 추가로 소프트웨어 설치가 필요한 경우도 있다). 그리고 예전에 사용하던 대부분의 인터페이스는 장치 연결 전에 반드시 컴퓨터의 전원을 꺼야 하는 경우가 많았으나 USB는 핫 스와핑(hot swapping)기능을 지원하므로 전원이 켜진 상태에서도 장치를 연결하거나 분리 혹은 교환이 가능하다.

4) LAN포트

현재의 일반화된 LAN환경으로 이더넷(ethernet)이라는 규격의 포트가 컴퓨터에 탑재되어 있다. 만약 두 대의 컴퓨터가 동시에 검사하여 통신망이 사용 중이지 않다는 것을 확인하고 동시에 전송하게 되면 충돌이 발생한다. 이런 경우에 대비해서 데이터를 전송한 컴퓨터는 자신의 데이터가 손상되지 않았는지를 확인하여 손상이 있으면 다시 전송한다. 이때 두 컴퓨터의 재전송이 동일한 시간 후에 일어나면 다시 충돌이 발생하므로 재전송시간은 일정한 방법에 의해 변경된다. 이더넷은 전송속도에 따라 Ethernet, Fast Ethernet, GigaBit Ethernet으로 나뉜다.

그림 4-8 LAN포트: 인터넷 공유기

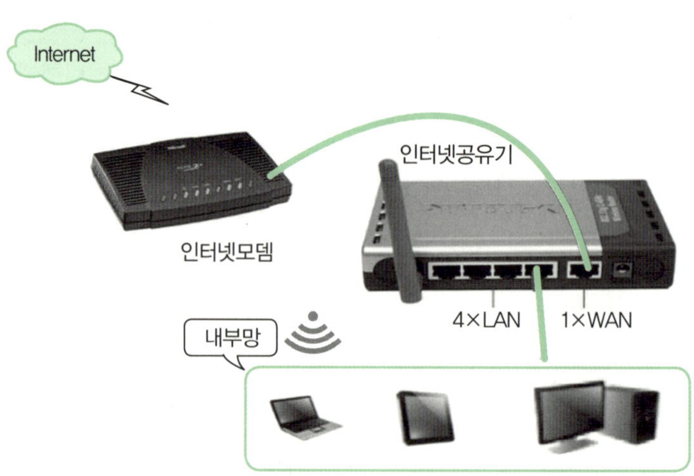

컴퓨터와 관련된 수치

- CPU의 클럭 주파수: MHz(메가헤르츠)는 컴퓨터가 처리할 수 있는 최대속도를 의미하기 때문에 높을수록 처리속도가 빠르다. 155MHz는 1초에 1억 5천 번의 진동신호를 처리한다.

〈참고〉 인텔 코어 i7 2600K의 기본 동작 클럭인 3.4GHz를 산식으로 풀이해보자.

100MHz(시스템 버스) x 34(배수) = 3,400MHz(3.4GHz)

즉 인텔 코어 i7 2,600K CPU는 100MHz의 시스템 버스와 34의 배수로 산출된 3.4GHz 클럭으로 동작하게 된다.

- 메모리와 하드디스크 용량: MB(1백만), GB(10억)
- 하드디스크의 데이터전송량: Mbps(초당 메가비트)
- 데이터전송량: bps(초당 비트) 28,800bps는 초당 2,880비트를 전송(bps = bit per second)
- CD-ROM 드라이브 데이터전송량: Kbps(초당 킬로비트)
- CD-ROM 드라이브는 매초 150Kb를 전송할 때 1배속이다. 배속이 커질수록 한꺼번에 읽어들일 수 있는 정보의 양이 많아지기 때문에 성능이 좋아진다. CD타이틀로 배속에 맞게 구현한다.
- 메모리칩 액세스시간: ns(나노초 = 10억분의 1초): 액세스시간이란 운영체계(OS)에서 기억장치, 주변기기로부터 필요한 데이터를 얻어내는 데 걸리는 시간을 말한다.
- 하드디스크/CD-ROM 드라이브 액세스시간: ms(밀리초 = 1천분의 1초)
- 프린터 해상도: dpi(dot per inch) 1인치(2.54cm) 길이에 찍히는 점의 수를 나타낸다.
- 프린터 속도: ppm(page per minute = 분당 페이지) 또는 mpp(minutes per page = 페이지당 분)
- 모니터 해상도: pixel
- 모니터 색상수: 비트(8비트, 16비트, 24비트, 64비트 등)

해상도(Resolution)

해상도는 이미지를 표현하는 데 몇 개의 픽셀(pixel) 또는 도트(dot)로 나타내며, 단위로는 1인치당 몇 개의 픽셀(pixel)로 ppi(pixel per inch)와 1인치당 몇 개의 점(dot)은 dpi(dot per inch)를 주로 사용한다. 픽셀 또는 도트의 수가 많을수록 고해상도의 정밀한 이미지를 표현할 수 있다. 해상도가 높을수록 이미지가 깨끗하고 선명하게 보이지만, 그만큼 1인치당 점의 수가 많아져서 많은 양의 메모리가 필요하고 결과적으로 컴퓨터 속도가 느려지는 결과도 가져온다.

- 픽셀 해상도(=비트 해상도): 픽셀을 만드는 데 사용되는 색상의 수를 말한다. 1bit는 픽셀이 담고 있는 정보를 검정과 흰색으로 나타낸다. 절대 픽셀 해상도인 8비트는 2의 8승인 256색상, 24비트는 2의 24승인 1,677만 7,216색상을 표현한다.
- 이미지 해상도: 하나의 비트맵이미지가 몇 개의 픽셀로 구성되었는지를 뜻하는 것으로 'dpi', 'ppi'가 있다. dpi는 인쇄물에서 인쇄물형태에 따라서 다른 수치를 적용하는 단위로, 인쇄를 목적으로 이미지를 편집할 때 사용한다. 어떤 이미지가 72dpi라면 가로 1인치에 72개 점과 세로 1인치에 72개의 점, 총 5,184개의 점(dot 또는 pixel)으로 이루어져 있다는 것이다. ppi는 dpi

와 근본적으로 차이는 없으나 모니터의 이미지 해상도를 나타내며 인쇄물에서는 사용하지 않는다.

- 모니터 해상도: 한 화면에 픽셀이 몇 개나 포함되어 있는지를 말하는 것으로, 대개 가로의 픽셀수와 세로의 픽셀수를 곱하기형태로 나타낸다. 곧 1,024×768는 가로 1,024개, 세로 768개의 픽셀로 모니터에 나타낸다는 표시이다. 같은 해상도라도 크기가 작은 모니터에서 더 선명하고, 큰 모니터로 갈수록 면적이 넓어지므로 선명도가 떨어진다.

4.4 컴퓨터의 멀티미디어

1990년부터 불기 시작한 컴퓨터의 속도와 메모리, 하드저장공간의 확대로 아날로그방식에서 디지털방식으로, 그것도 단순한 텍스트형태의 디지털방식이 아니라 그림, 이미지, 동영상 등 여러 가지 멀티미디어 시대가 도래하여 계속해서 발전하고 있다. 특히 정보통신기술의 발달은 고품질의 서비스를 제공하여 복잡하고 다양한 정보를 전달할 수 있게 되었고 기존의 텍스트의 종이형태에서 그림, 그래픽으로 대체되고 표현성과 전달성을 높이기 위하여 사운드, 애니메이션 그리고 동영상을 포함하게 되었다.

컴퓨터의 성능이 향상되고 저가화 · 고기능화됨에 따라 일반사람들도 쉽게 접근이 가능해짐으로써 멀티미디어 제작과 개발이 쉽게 이루어졌고 양질의 멀티미디어가 출현하였다. 그리고 컴퓨터의 성능 향상, 대용량 기억장치의 발달, 각종 멀티미디어 보드의 저가화 · 고성능화로 급속히 발전되고 있다. 또한 하드웨어뿐만 아니라 다양한 형태의 멀티미디어 제작 툴의 등장으로 전문성과 함께 일반초보자도 활용성이 넓어지고 있다. 최근에는 휴대폰과 고해상도의 디지털카메라의 출현으로 여러 가지 멀티미디어 제작기술의 범위가 점점 넓어지고 있다. 앞으로 정보의 종류는 더욱더 다양하고 복잡한 형태로 변화될 것이고, 이에 따라 효과적인 정보의 표현 및 전달수단으로 멀티미디어에 대한 연구와 발전은 빠르게 진행될 것이다.

멀티미디어의 정의는 사용자의 관점에 따라 약간의 차이가 있으나 다양한 미디어를 효과적으로 사용하여 만들어진 정보의 전달이라는 공통적인 특징이 존재한다. 즉 멀티미디어는 문자, 텍스트, 그래픽, 이미지, 소리, 영상 등의 미디어를 두 개 이상 이용하여 저작 · 통합하고 프로그래밍하여 다양한 통신매체(지상파, 위성방송, 케이블TV, 인터넷TV(IPTV), 초고속정보통신망 등)를 이용하여 제3자에게 표현하기 위한 방법론 및 기술이다.

멀티미디어데이터의 수집에서부터 최종사용자에게 전달되는 과정은 표현단계, 저장단계, 전송단계, 디스플레이단계, 인지도단계의 다섯 단계로 나눌 수 있다([그림 4-9] 참조). 표현단계에서는 텍스트뿐만 아니라 다양한 형태의 이미지를 함께 제시할 수 있으며 이들 생성된 데이터를 CD-ROM, 하드디스크, DVD 등의 미디어저장매체에 저장할 수 있다. 전송단계는 네트워크와 초고속정보통신망의 발달과 더불어 멀티미디어 전송매체로 중요한 위치를 차지한다. 디스플레이단계는 TV, 라디오, 음향기기, 정보통신기기, 휴대전화 등 다양한 형태로 모니터에 디스플레이가 가능하다. 인지도단계에는 사람의 감각을 자극하는 것으로 표현할 수 있다. 사람의 감각이 어떻게 자극될 것인가에 대한 표현이야말로 마케팅, 이미지 광고 및 홍보 등 여러 가지 형태로 기업 및 개인에게 접근하는 방법이 다르게 나타날 수 있다. 한편 멀티미디어 활용분야는 다음과 같다.

그림 4-9 멀티미디어 표현형태

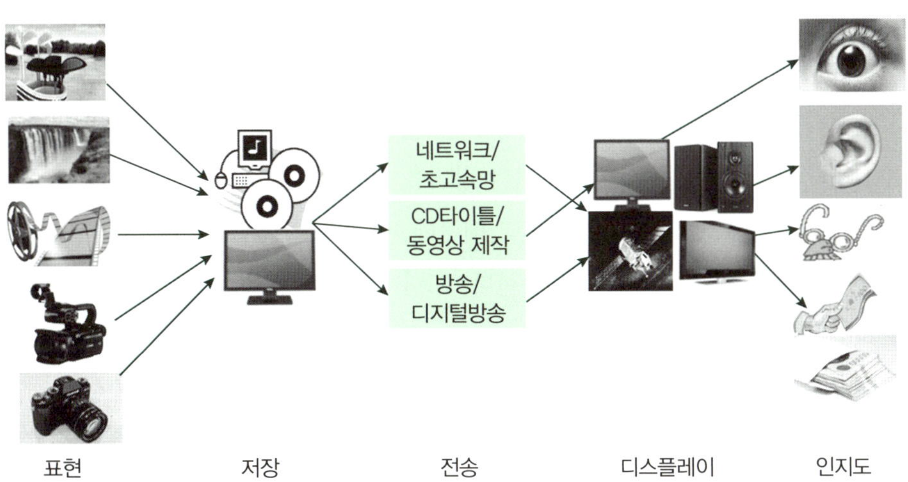

1) 주문형 비디오

VOD(VOD: Video On Demand)란 이용자의 요구에 따라 영화나 뉴스 등의 영상콘텐츠를 제공하는 영상서비스를 말한다. VOD서비스는 기존의 공중파 방송과는 다르게 인터넷 등의 통신회선을 사용하여 원하는 시간에 원하는 매체를 볼 수 있도록 하는 서비스이다. VOD시스템은 매체를 스트리밍 혹은 다운로드방식으로 전송하여 보여준다. 많은 VOD시스템은 비디오 레코더 같은 조작방식을 채용하려고 노력하고 있다. 국내 방송매체에서도 VOD를 도입하려는 시도를 하고 있다. 위성방송 KT스카이라이프의 경우 여러 채널에서 같은 영화를 30분 단위 등 PPV(편당 구매콘텐츠)방식으로 방송하면서 VOD의 장점을 도입하였으며, 통신 3사 IPTV는 물론 디지털CATV에서도 인터넷기반 VOD서비스를 하고 있다.

2) 화상회의

화상회의(VCS: Video Conferencing)는 둘 이상의 위치에서 양방향 비디오 및 오디오 전송을 동시에 주고받게 하는 대화식 전기통신기술의 집합이다. 시각 협업(visual collaboration)이라고도 부르며 그룹웨어의 일종이다. 화상회의는 공동보다 개인에 초점을 맞춘 화상전화와는 다르다. 이는 AT&T가 1970년대 초에 최초로 상용화한 화상통화의 중간형태이다.

3) 원격진료시스템

원격의료(telemedicine)는 원거리에서 임상 헬스케어를 제공하기 위해 원거리 통신과 정보기술을 이용한다. 거리의 장벽을 없애주고, 의료서비스를 쉽게 접할 수 있도록 해준다. 많은 경우에 거리 때문에 지속적으로 의료서비스를 받기가 어려운 지방 쪽에서 원격의료를 이용한다. 또한 중환자관리나 응급상황에서 생명을 살리는 데에도 쓰인다.

비록 먼 과거에 선구자들이 있었지만, 근본적으로는 20세기의 원격통신과 정보기술의 산물이다. 이러한 기술들은 환자와 의료진과의 소통 편의와 정확성을 가능하게 한다. 이뿐만 아니라 종합검진의 전송, 의료영상과 의료정보학 데이터를 한

쪽에서 다른 쪽으로 전송도 가능하게 한다.

4) 가상현실

가상현실(VR: Virtual Reality)은 컴퓨터 등을 사용한 인공기술로 만들어낸, 실제와 유사하지만 실제가 아닌 어떤 특정한 환경이나 상황 혹은 그 기술 자체를 의미한다. 이때 만들어진 가상의(상상의) 환경이나 상황 등은 사용자의 오감을 자극하며 실제와 유사한 공간적 · 시간적 체험을 하게 함으로써 현실과 상상의 경계를 자유롭게 드나들게 한다. 또한 사용자는 가상현실에 단순히 몰입할 뿐만 아니라 실재하는 디바이스를 이용해 조작이나 명령을 가하는 등 가상현실 속에 구현된 것들과 상호작용이 가능하다. 또 가상현실은 사용자와 상호작용이 가능하고 사용자의 경험을 창출한다는 점에서 일방적으로 구현된 시뮬레이션과는 구분된다. 쉽게 떠올릴 수 있는 가상현실시스템의 예로는 비행훈련 시뮬레이션과 3D로 표현되었으며 사용자의 의지가 반영될 수 있는 세컨드라이프와 같은 게임이 있다.

5) e-러닝

전자학습(e-Learning, 이러닝)은 정보통신기술을 활용하여 언제(anytime), 어디서나(anywhere), 누구나(anyone) 원하는 수준별 맞춤형 학습을 할 수 있는 체제이다. 전자학습은 전통적인 교육의 장과 비교할 때 학습공간과 학습경험이 보다 확대되고, 학습자 주도성이 강화될 수 있는 교육으로 ICT 활용교육과 같은 의미를 갖는다. 단 정보통신기술의 발전과 함께 ICT 활용교육이 학습환경과 방법, 내용 측면에서 보다 확대되고 발전된 형태로 이해할 수 있다.

4.4.1 유튜브와 유튜버

유튜브(YouTube)는 전세계 최대 무료 동영상 공유사이트로 사용자가 영상을 시청 · 업로드 · 공유할 수 있다. 2005년 2월에 페이팔 직원이었던 채드 헐리, 스티브 천, 자베드 카림(퇴사)이 공동으로 창립했으며, 2005년 4월 23일에 최초로 영상이 업로드되면서 본격적인 서비스를 시작했고 2006년 10월 16억 5천만 달러의 가격으로 구글에 인수되었다. 유튜브의 콘텐츠는 개인이 제작한 비디오 영상을 비롯한 영화와 텔레비전 클립, 뮤직비디오 등이다.

한국어서비스는 2008년 1월 23일에 시작했다. 유튜브는 윈도우미디어비디오(.WMV), 오디오비디오인터리브(.AVI), MPEG, MPEG-4 파트 14(.MP4) 포맷들을 업로드할 수 있다.

유튜브가 문을 열기 이전에는 일반컴퓨터 사용자들이 온라인에 동영상을 올려 다른 사람들에게 보여주기 위한 쉬운 방법이 많지 않았다. 유튜브는 사용하기 쉬운 환경을 강점으로 컴퓨터를 사용하는 누구나 동영상을 올릴 수 있도록 해 몇 분 안에 수백만 명이 볼 수 있도록 하였고, 유튜브에서 다루는 광범위한 주제의 비디오 공유를 인터넷문화의 중요한 한 부분으로 자리 잡게 했다.

유튜버(Youtuber)는 동영상 플랫폼인 유튜브에 정기적 또는 비정기적으로 동영상을 올리는 사람을 말한다. 구글 계정만 있으면 누구나 모두 유튜버가 될 수 있으며 광고를 통해 수익을 얻을 수도 있다. 흔히 유튜버와 유튜브 크리에이터를 동일하게 생각하는 경우가 있는데 이 둘은 약간의 차이가 있다. 크리에이터는 유튜버의 일종이라고 볼 수 있는데, 유튜브에 영상을 업로드하는 모든 사람들을 유튜버라고 하고 자신이 만든 콘텐츠를 업로드하는 사람을 유튜브 크리에이터라고 한다. 콘텐츠의 유형은 유튜버에 따라 정말 다양하다. 게임, 리뷰, 캠방, 브이로그, 정보, 음악, 요리, 먹방 등이 있고, 여러 가지 유형이 중첩되어 있는 경우가 많다.

4.4.2 코덱

코덱(codec)은 어떠한 데이터스트림이나 신호에 대해 인코딩이나 디코딩 혹은 둘 다를 할 수 있는 하드웨어나 소프트웨어를 일컫는다. 또 이를 위한 알고리즘을 가리키는 용어로도 쓰인다. 전기통신분야의 용어로는 디지털 회신, 곧 송수신장치를 뜻하였으며, 부호기, 복호기를 합쳐 불렀다. 코덱에는 데이터 압축기능을 사용하여 자료를 압축하거나 압축을 푸는 소프트웨어나 소리, 동영상 등의 자료를 다른 형식으로 변환하는 장치 및 소프트웨어가 포함된다. 일반적으로 코덱이라고 하면 영상, 음향 등 미디어정보를 압축하는 기술을 가리킨다.

1) 손실 코덱

영상이나 음향과 같은 정보는 시공간적 연관성에 의하여 지각되기 때문에 개별 데이터에 대하여 오차가 있더라도 문제가 없는 경우가 많다. 이에 따라 사람이 잘 느끼지 못하는 부분을 우선적으로 손실시켜 압축률을 크게 올리는 기술이 적용된다. 대부분의 유명한 비디오 · 오디오 코덱들이 손실 코덱을 사용하는데, 사용되는 코덱과 설정에 따라 압축되지 않은 원음과 실제로 차이를 느끼기가 쉽지 않다.

2) 비손실 코덱

압축된 데이터가 원본 스트림에 존재하는 모든 정보를 보유하고 있는 코덱을 비손실 코덱이라고 한다. 대개 영상편집처럼 빠른 처리가 필요하거나 편집 도중 화질 열화를 막기 위해 비손실 코덱이 쓰인다. zip 등을 비롯한 데이터 압축은 기본적으로 이 기술을 사용한다.

3) 무압축

디지털데이터가 다른 코덱 등을 거치지 않고 저장되고 변환되는 경우이다.

4.4.3 디빅스

디빅스(DivX)는 DivX사가 MPEG-4기술을 기반으로 독자적으로 개발한 영상 코덱이다. 크고 긴 영상도 원본 품질에 가까우면서도 작은 크기로 압축시켜주는 강력한 기능을 갖고 있다. 원래 크기의 약 15%까지 압축하는 것이 가능하다.

DivX코덱에는 두 가지 종류가 있다. MPEG-4파트 2 DivX 코덱과 H.264/MPEG-4 AVC DivX 플러스 HD 코덱이다. 디빅스 코덱은 주로 영화 같은 멀티미디어데이터를 리핑하는 데 주로 이용된다.

처음 개발 당시에는 오디오 코덱만 존재하였으나, 이제는 영상 코덱만이 제공되고 있다. 따라서 지금은 DivX를 영상 코덱으로 가리키는 경우가 대부분이다.

4.4.4 틱톡

틱톡(TikTok)은 중국의 미디어기업 바이트댄스(ByteDance)가 제공하는 글로벌 쇼트 비디오 애플리케이션이다. 글로벌 쇼트 비디오 애플리케이션인 틱톡은 2016년 150개 국가 및 지역에서 75개의 언어로 서비스를 시작한 이래, 한국에서는 2017년 11월부터 정식으로 서비스를 시작했다.

틱톡은 모두가 크리에이터가 될 수 있도록 하며, 사용자들이 영상을 통해 그들의 열정과 창의적인 표현들을 공유할 수 있도록 장려한다. 틱톡은 북경, 베를린, 자카르타, 런던, 미국 LA, 모스크바, 뭄바이, 상파울루, 서울, 상하이, 싱가포르, 그리고 도쿄에 글로벌 오피스를 두고 있다. 2018년 초 틱톡은 세계에서 가장 많이 다운로드된 앱으로 선정되었다.

틱톡은 사용하기 쉬운 비디오 캡처 및 편집 툴을 활용해 영상 제작을 하도록 함으로써 다양한 콘텐츠를 제작하고 크리에이터 및 팬들이 즉각 연결되도록 한다. 틱톡은 혁신적인 기술로 무장했으며, 특히 머신러닝기술기반의 검색은 특수효과 및 각종 기능을 포함한 제작도구, 스티커 및 기타 편집도구뿐만 아니라 콘텐츠 검색 프로세스에 적용되어 있다. 가장 큰 기능인 틱톡의 '포유 피드(For-You Feed)'는 환경 설정에 따라 각 사용자별 맞춤 비디오 영상을 추천한다. 사용자별 맞춤 비디오 영상 제공은 플랫폼에서 유명한 동영상을 제공하는 대신 사용자가 관심 있고 더 좋아하는 동영상 유형을 기반으로 동영상 콘텐츠를 강조하여 표시한다. 틱톡은 인공지능을 이용하여 콘텐츠 인터랙티브를 통해 사용자들의 취미와 선호도를 분석하고, 각 사용자의 취미를 상대로 개성 있는 콘텐츠를 제공한다.

4.4.5 드롭박스

드롭박스(Dropbox)는 Dropbox Inc.가 제공하는, 파일 동기화와 클라우드 컴퓨팅을 이용한 웹기반의 파일공유서비스이다. 2007년 와이 콤비네이터(Y Combinator)의 벤처기업으로 시작했다.

무료와 유료서비스를 모두 가지고 있으며, 유사한 서비스에 비해 상대적으로 많은 서비스를 지원한다. 총 12개의 클라이언트가 있는데, 윈도우, 맥 OS X, 리눅스뿐만 아니라 iOS, 안드로이드, 윈도우 모바일, 블랙베리 OS 등도 지원한다.

드롭박스는 한 계정당 무료로 2GB까지 지원한다. 주요 경쟁서비스로는 Box.net, SugarSync, 모지(Mozy), 주모드라이브(ZumoDrive), 우분투 원(Ubuntu One) 등이 있다.

4.4.6 넷플릭스

지상파, 위성방송, 케이블TV, 인터넷TV(IPTV) 등의 방송 및 콘텐츠시장이 통신기술의 발전에 따라 온라인 동영상서비스(OTT: Over The Top)중심으로 변하고 있다. OTT 주도권을 둘러싼 콘텐츠 · 정보통신기술(ICT)기업들의 경쟁이 날로 치열해지고 있다. OTT란 TV와 연결된 셋톱박스 없이 제공되는 온라인기반의 동영상서비스를 포괄하는 말이다. 통신망 확대와 압축 등 영상처리기술 발달 등으로 기본 방송시장을 빠르게 대체하고 있다. 처음 시장을 개척한 넷플릭스는 풍부한 콘텐츠와 현지화전략으로 시장을 선도하고 있다. '넷플릭스(Netflix)'는 '인터넷(Net)'과 '영화(Flicks)'를 합성한 이름이다. 넷플릭스 회원들이 오리지널 시리즈, 다큐멘터리, 드라마 등 다채로운 콘텐츠를 향유하는 데 들이는 시간은 하루 평균 1억 2천5백만 시간 이상이다. 넷플릭스의 모든 콘텐츠는 인터넷 연결이 가능한 모든 스크린에서 언제, 어디서나 광고나 약정 없이 즐길 수 있다.

전통유료방송에서 스트리밍기반을 둔 넷플릭스는 콘텐츠유통을 공급자 위주에서 사용자가 자유롭게 원하는 선택을 할 수 있는 수요자중심으로 바꾸었다. 주로

SF, 판타지, 역사물을 많이 다룬다. 멜로 및 드라마 등의 장르로는 대중적 관심을 끌기 어렵고 트렌드를 이끌기 어렵기 때문이다. 또한 인공지능(AI)을 이용해 사용자의 기호에 맞춘 콘텐츠를 찾아주기도 한다. 모바일을 통해 언제 어디서나 이용할 수 있고 비용은 기존 유료방송의 5~10분의 1 수준에 불과하다. 즉 원하는 시간에 다양한 콘텐츠를 저렴하게 즐길 수 있어 리모컨 대신 스마트폰을 드는 사람이 늘고 있다.

넷플릭스는 자체 글로벌 콘텐츠 전송네트워크(CDN)시스템을 2012년부터 구축해왔다. 전세계 곳곳에 설치된 설비에 미리 콘텐츠를 전송하고 구독자들과 가장 가까운 지역네트워크에서 콘텐츠가 전송되도록 하는 방식이다. 고용량 콘텐츠를 작은 용량으로 압축해 전송하는 기술도 적용되어 적은 데이터로 고화질 콘텐츠 감상이 가능한 것이 특징이다.

4.4.7 버즈비디오

버즈비디오(BuzzVideo)는 내 폰에서 언제든지 화제의 동영상, 재미있는 GIF 및 TV쇼를 바로 플레이하여 즐길 수 있어 최근 인기가 많다. 몇 가지 특징을 소개하면 다음과 같다.

1) 다양한 동영상

- 가장 인기 있는 뮤직비디오부터 게임, 엔터테인먼트, 뉴스까지 전세계의 인기 동영상을 확인가능하다.
- 좋아하는 채널을 구독하고 친구와 공유하며 원하는 기기에서 시청가능하다.
- 인공지능기술로 사용자의 개인취향을 저격하는 고품질 동영상과 GIF를 추천할 수 있다.

2) 하나의 앱으로 편하게

- 유튜브, 네이버TV 등 여러 인터넷사이트의 화제 동영상을 하나의 앱에서 볼

수 있다.

- 디자인이 개편되어 더 쉽고 빠르게 좋아하는 동영상을 탐색할 수 있다.
- 재미있는 최신 인기 동영상을 무료로 더 편하고 스마트하게 즐길 수 있다.

3) 누구보다 빠르게

- 실시간 핫이슈를 누구보다 빠르게 만나볼 수 있다.
- 지친 눈을 배려하여 사용자의 환경에 따라 자동으로 밝기를 조절한다.
- 향상된 비디오 플레이어로 원활한 비디오 재생을 체험할 수 있다.
- 좋아하는 동영상을 저장하여 나중에 다시 찾아볼 수도 있다.

4) 소통하고 공유하기

- '좋아요'와 '댓글'을 통해 다른 사용자들과 함께 즐길 수 있다.
- 페이스북, 트위터, 인스타그램 등 SNS를 통해 친구들과 동영상을 공유하며 더 많은 즐거움을 나눌 수 있다.

4.5 MP3/MP4

1) MP3

MP3(MPEG-1 Audio Layer-3)는 MPEG-1의 오디오규격으로 개발된 손실압축 포맷이다. MP1, MP2를 개량하여 만들어져 가장 대중적인 음악파일 포맷으로 여겨진다. 컴퓨터디스크 등의 PCM 음성을 일반적으로 들을 만한 음질로 압축하여 크기를 1/10까지 줄일 수 있다. MPEG-2에도 Audio Layer-3이 있어 MP3라고 부르지만, MPEG-2 Audio BC(Backward Compatible)가 정식 명칭이다. MPEG-2 MP3는 압축방식은 동일하지만, 비트율이 낮은 매체를 위한 낮은 고정 비트율, 다채널 대응이 포함되어 있다. 이 형식은 유럽형 DVD에 채용되어 있다.

또한 ISO 표준규격이 아닌 MPEG-2.5 Audio Layer 3이라는 것도 있으며, 저비트레이트에서의 사용에 최적화되어 있다.

MP3는 손실 오디오 압축 포맷이다. MP3는 PCM 오디오데이터를 사람이 듣는데 중요하지 않은 부분을 버리고 다시 표현한 것이다(JPEG 이미지의 손실압축기법과 비슷하다). MP3에서 사용하는 기술의 대부분은 음향심리학에서의 오디오데이터의 어느 부분을 폐기할 것인가를 결정하는 데에 있다. MP3 오디오는 각기 다른 비트레이트로 압축된다. 데이터의 크기와 음질에 서로 관계가 있다. 다시 말해 데이터의 크기가 커지면 음질은 좋아지는 반면, 데이터의 크기가 작아지면 음질과 성능은 떨어진다.

2) MP4

MPEG-4 파트 14(MPEG-4 Part 14) 또는 MP4(공식적으로 ISO/IEC 14496-14:2003)는 MPEG-4의 일부로 규정된 멀티미디어 컨테이너 포맷 표준이다. 디지털 비디오와 디지털 오디오 스트림을 저장하는 데 사용하는 것이 일반적이며 자막과 스틸 이미지 따위의 기타 데이터를 저장하는 데 사용할 수도 있다. 현대의 대부분의 컨테이너 포맷과 동일하게 MPEG-4 파트 14는 인터넷을 통한 스트리밍을 지원한다. 파일 내 스트리밍정보를 포함하기 위해 별도의 힌트 트랙이 사용된다. 공식적인 기본 확장자는 .mp4이다. MP4 플레이어로 광고되는 일부 장치들은 단순히 MP3 플레이어로서 AMV 비디오나 일부 기타 비디오 포맷도 재생하지만 반드시 MPEG-4 파트 14 포맷을 재생하는 것은 아니다. 공식 파일 확장자가 .mp4로 규정되어 있으나 특정 콘텐츠에 적용하기 위해 다양한 파일 확장자가 사용된다.

사례 연구

막 오르는 온라인 동영상서비스(OTT) 콘텐츠 대전

통신기술의 발전에 따라 지형도가 달라졌던 방송 · 콘텐츠시장이 OTT중심으로 지각변동이 일어나고 있다. 역사의 수레바퀴는 되돌릴 수 없듯 OTT로의 전환은 거스를 수 없는 흐름이다. 이에 OTT 주도권을 둘러싼 콘텐츠 · 정보통신기술(ICT) 공룡기업들의 경쟁이 날로 치열해지고 있다. 처음 시장을 개척한 넷플릭스는 풍부한 콘텐츠와 현지화전략으로 세계 구석구석을 공략하고 있다. 디즈니는 막강한 콘텐츠로 사용자들을 유혹하고 있고, 아마존과 구글은 조용히 연합전선을 펼치며 시장 영향력을 키울 조짐이다. 애플은 아이폰과 마찬가지로 하드웨어에 기반을 둔 생태계 구축에 나서고 있다. 전략은 대동소이하지만 목표는 같다. OTT 플랫폼의 주도권 장악이다. OTT란 TV와 연결된 셋톱박스(set top box) 없이 제공되는 온라인기반의 동영상서비스를 포괄하는 말이다. 통신망 확대와 압축 등 영상처리기술 발달 등으로 기존 방송시장을 빠르게 대체하고 있다.

현재 세계적으로 가장 큰 OTT 사업자는 넷플릭스다. 글로벌 유료 구독자수는 1억 4,816만 명(2019년 3월 말 기준, 추산치)에 달한다. 2019년 202억 달러(약 23조 5,000억 원)의 매출을 올릴 전망이다. 사용자가 꾸준히 증가해 매출액은 2020년 250억 달러, 2021년 299억 달러를 기록할 것으로 보인다. 이 기간 영업이익은 각각 26억 달러, 41억 달러, 59억 달러로 늘어날 전망이다. OTT는 여느 플랫폼 비즈니스와 마찬가지로 콘텐츠 제작, 공급 등 투자비는 고정적인 편이라 영업이익률이 높다.

케이블방송 · IPTV · 위성방송 등 전통 유료방송 입장에서 스트리밍에 기반을 둔 넷플릭스는 생태계 파괴자다. 시장조사업체 이마케터에 따르면 미국에서 '코드커팅(code cutting, 유료방송을 끊고 OTT서비스에 가입)'을 한 사람은 2018년 8월 기준 3,300만여 명에 달했다. 2022년에는 5,510만 명으로 불어날 전망이다. 시장조사기관 IHS마킷 조사를 보면 넷플릭스 · 훌루 · 아마존 등 온라인 스트리밍 구독자는 지난해 6억 1,330만 명으로 전년 대비 37% 급증했다. 케이블TV 가입자수 5억 5,600만 명을 추월했다. 미국 최대의 케이블TV 사업자 컴캐스트는 지난해 4분기 모든 채널가입자 수가 줄었다고 밝혔고, 미국 소형 케이블업체 RTC는 2019년 7월부로 서비스를 종료했다.

미국에서 코드커팅이 벌어지는 것은 OTT가 기존 방송보다 경쟁력이 앞서기 때문이다. 콘텐츠 유통을 공급자 위주에서 사용자가 자유롭게 원하는 선택할 수 있는 수요자중심으로 바꿨다. 인공지능(AI)을 이용해 사용자의 기호에 맞춘 콘텐츠를 찾아주기도 한다. 모바일을 통해 언제 어디서든 이용할 수 있다는 점도 매력적이다. 무엇보다도 OTT의 월 사용료는 10~20달러로 기존 유료방송의 5~10분의 1 수준에 불과하다.

넷플릭스가 일으킨 지각변동에 미국 콘텐츠 · IT 공룡들도 발걸음을 재촉하고 있다. 세계 최대 영화제작사 디즈니는 온라인 동영상 구독서비스인 '디즈니 플러스'를 내놓

2019년 OTT 시장점유율 전망

(단위: %)

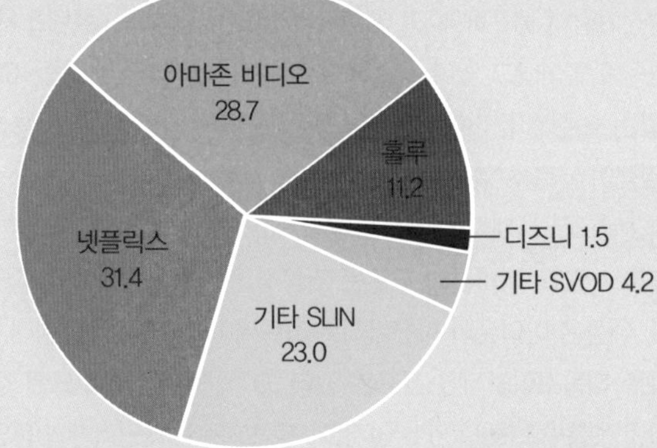

자료: Ovum

겠다고 한다. 서비스 개시일은 2019년 11월 12일. 미국을 시작으로 대륙별로 서비스 지역을 확대, 2021년 전세계에 디즈니 플러스 콘텐츠를 공급할 계획이다. 요금은 월 6.99달러, 연 69달러로 넷플릭스의 절반수준이다.

애플도 2019년 3월 '애플TV플러스'를 출시한다고 밝히며 OTT 진출을 공식화했다. 애플은 현재 애플TV 셋톱박스를 통해 훌루 · ESPN 등 TV 프로그램을 공급 중인데 여기에 자체 제작한 콘텐츠를 포함한 영상 스트리밍서비스를 공급할 계획이다. 애플은 2016년부터 OTT시장 진출을 염두에 둬왔다. 스마트폰 판매부진 등으로 신규사업 육성이 필요해서다. 이 과정에서 애플의 디즈니 인수설 등이 제기되었으나 결국 자체 제작 쪽으로 방향을 잡았다. 애플은 아이폰 · 아이패드 등 전세계로 팔린 자사의 스마트 디바이스를 플랫폼 삼을 것으로 보인다. 애플이 앱스토어를 비롯해 애플뮤직 · 아이튠즈 · 아이클라우드 등 콘텐츠사업에서 큰 매출을 올린 것도 하드웨어 판매량이 안정적으로 뒷받침해줘서다.

OTT에서 한발 뒤처진 구글과 아마존은 협력을 통해 활로를 모색하고 있다. 두 ICT 공룡은 아마존 파이어TV에 유튜브를, 구글 크롬캐스트에 아마존 프라임 비디오를 공급하기로 했다. 2017년 자사 플랫폼에 상대 스트리밍 콘텐츠를 서로 차단하며 갈등을 빚은 바 있다. OTT시장에 몰아치고 있는 격동에 소모적 분쟁을 중단, 손을 잡은 것이다. 다만 두 회사는 클라우드 · 하드웨어 · 스트리밍 등 주력사업이 비슷해 평화협정이 오래가지 않을 것이란 전망도 나온다.

이처럼 글로벌기업들이 엘도라도를 발견한 듯 OTT시장에서 팽창하고 있지만, 시장규모에 한계가 있어 그만큼 경쟁이 치열해지고 있다. 플랫폼 확장 경쟁에서 뒤처진 기업은 밀려날 것으로 보인다. 승부는 결국 누가 매력적인 콘텐츠를 많이 확보했느냐로 갈릴 전망이다. 많은 사용자를 끌어모으기 위한 가장 확실한 방법은 뛰어난 콘텐츠다. 특히 5세대(5G) 이동통신 시대가 열리며 콘텐츠의 중요성이 더욱 부각되고 있다. 넷플릭스가 자사의 경쟁자로 다른 OTT업체가 아닌, 게임 포트나이트를 지목한 것도 '고객의 시간'을 둘러싼 새로운 경쟁 양상이 시작되었다는 뜻이다.

자료: 김유경 기자, 이코노미스트, 2019. 5.

연습문제

01 정보기술의 발달사를 설명하시오.

02 컴퓨터의 하드웨어 구성과 컴퓨터시스템을 분류하고 설명하시오.

03 컴퓨터 소프트웨어를 분류하고, 프로그램언어와 웹프로그램언어를 조사하시오.

04 컴퓨터의 운영체제와 스마트폰용 운영체제를 설명하시오.

05 CPU의 동작원리와 인텔과 AMD회사의 CPU를 조사하시오.

06 ROM과 RAM의 차이점을 설명하고, 캐시메모리의 작동원리를 설명하시오.

07 USB가 많이 사용되는 이유를 설명하시오.

08 컴퓨터의 멀티미디어 활용분야를 조사하시오.

09 MP3/MP4에 대하여 설명하시오.

Chapter

05 정보통신기술의 의미

미래사회는 컴퓨터와 정보통신기술의 발달과 사회 전반의 융합으로 초지능, 초연결사회로의 다양한 현상이 나타나고 있다. 정보통신기술은 더 이상 어느 특수한 영역에 사용하는 기술이 아니라 일상생활의 필수도구가 되었으며 4차 산업혁명 시대에 사회, 산업, 문화, 교육, 전분야에 많은 영향력을 행사할 것이다. 정보통신기술이 변화시킬 앞으로의 사회모습을 그려보면 초지능 컴퓨터들이 유·무선네트워크에 연결되고 우리의 일상생활에 스며들어 일반사용자가 그 존재를 알아보지 못한 채 필요한 정보를 언제 어디서나 제공받을 것이다. 이러한 상황에서 본 장에서는 정보통신의 의미, 네트워크와 주변장치, 이동통신(WiFi, LTE, 5G) 등을 소개한다.

5.1 정보통신의 의미

정보통신이란 용어는 다양하게 정의하지만 넓은 의미로는 “인간 상호 간의 의사소통을 위하여 음성이나 행위를 전달하는 과정”이라고 할 수 있고 작은 의미로는 “멀리 떨어져 있는 컴퓨터들을 회선으로 연결하여 분산되어 있는 정보를 공유하는 방식”을 말한다. 즉 정보통신은 정보전송기술과 컴퓨터를 통한 처리기술을 결합하여 정확한 정보의 전달과 처리를 수행하는 것으로 말할 수 있다. 또한 정보통신은 컴퓨터 간의 처리, 스마트폰 간의 처리, 컴퓨터와 스마트폰 간의 처리와 같이 여러 단말장치를 통신네트워크에 접속하여 데이터를 전송, 처리, 교환하는 통신체계를 의미한다.

정보통신기술(ICT)은 정보기술(IT)을 이용하여 통합 커뮤니케이션의 역할을 하고, 원거리통신(유 · 무선네트워크), 컴퓨터, 더 나아가 정보에 접근하여 저장, 전송, 조작이 가능하도록 하는 것이다. 이러한 정보통신기술과 정보통신은 정보를 처리하고 전달하는 통신기술을 결합한 것을 의미한다.

정보통신의 다양한 기능으로 첫째, 먼 거리에 있는 사람 간의 의사소통을 원활하게 해준다. 둘째, 의식주에 필요한 다양한 정보들, 예를 들어 식료품 및 일상적인 소비가격, 유통, 생산현황, 소비현황, 금융정보, 주택정보, 유행하는 옷과 화장품 등의 정보를 쉽게 얻어 효율적으로 정부가 원하는 대상의 관리가 가능하다. 셋째, 멀리 떨어진 단말기에서 데이터의 입력과 처리가 실시간으로 처리되어 시간과 비용을 절약할 수 있다. 넷째, 인터넷의 발달과 컴퓨터의 대용량 처리와 비즈니스 관점의 빅데이터의 분석과 해석이 가능해져 클라우드기반의 정보공유 및 4차 산업혁명과 같은 기술적인 대체가 어느 정도 가능하다. 그리고 새로운 세계로의 대응과 글로벌적인 문제해결이 가능하다. 한편 정보통신서비스를 정보의 형태별로 분류하면 [표 5-1]과 같다.

| 표 5-1 | 정보통신 서비스영역

정보형태	내용	사례
데이터통신	숫자, 문자를 디지털형태로 전송하는 통신	전자우편(e-mail)
음성통신	전화망을 이용하여 음성을 전달하는 통신	음성메일, 음성응답서비스(ARS) 등
이미지통신	정지된 영상을 전달하는 통신	팩스
영상통신	동영상을 전달하는 통신	TV방송, 영상응답시스템, 영상회의 등
멀티미디어통신	복합된 여러 매체를 전달하는 통신	원격회의, 원격교육, 원격진료, 스마트폰통신 등

자료: 고응남, 정보통신개론, 한빛출판사, 2017.

5.2 정보통신망과 네트워크의 의미

정보통신시스템에서 텍스트, 이미지, 음성 등과 같은 정보를 효율적으로 전송하기 위한 통신장비(컴퓨터, 단말기, 다중화기 등)를 상호 유기적으로 여러 대의 컴퓨터로 묶인 그룹이나 다른 장치(예: 프린터, 스캐너, 디지털카메라, 스마트폰, 3D 프린터, 디지털기기 등)들이 서로 연결되어 통신이 가능하도록 해주는 장치나 시설 등을 정보통신망(network)이라고 말한다. 네트워크는 하나의 회선에 따라 여러 시스템을 연결하거나 몇 개의 회선을 공유하는 방식으로 구성되며, 통신비용을 절감하고 정보를 효율적으로 전송하는 것이다.

정보통신망에서 각 컴퓨터 서버로 관리하는 것, 즉 컴퓨터시스템을 노드(node)라고 하고 이를 서로 연결한 것을 링크(link)라고 한다. 경로(path)는 메시지가 링크를 따라 전송되는 길을 의미한다. 노드 A와 노드 B사에 정보를 전송할 수 있는 경로는 링크 A-B와 링크 A-C와 링크 B-C이다. 통신비용을 절감하고 효율적으로 전송하려면 하나의 회선에 여러 시스템을 연결하거나 몇 개의 회선, 즉 링크를 공유한다.

그림 5-1 정보통신망의 예

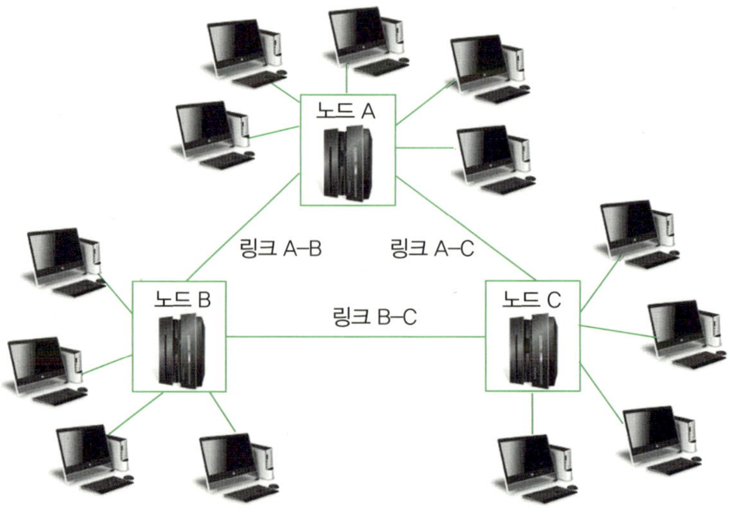

정보통신망의 대표적인 것으로 근거리통신망(LAN: Local Area Network)이나 광역통신망(WAN: Wide Area Network), 도시망(MAN: Metropolitan Area Network), 부가가치망(VAN: Value Added Network) 등이 있다. 현재 네트워크는 다양한 용도로 사용되고 있다. 예를 들면 통신망네트워크, 컴퓨터네트워크, 무선네트워크, 기업네트워크, 학교네트워크, 데이터네트워크, 이동통신네트워크, 병원네트워크, B2B네트워크, 글로벌네트워크 등의 방면에서 네트워크라는 용어를 사용한다.

그림 5-2 네트워크의 연계도

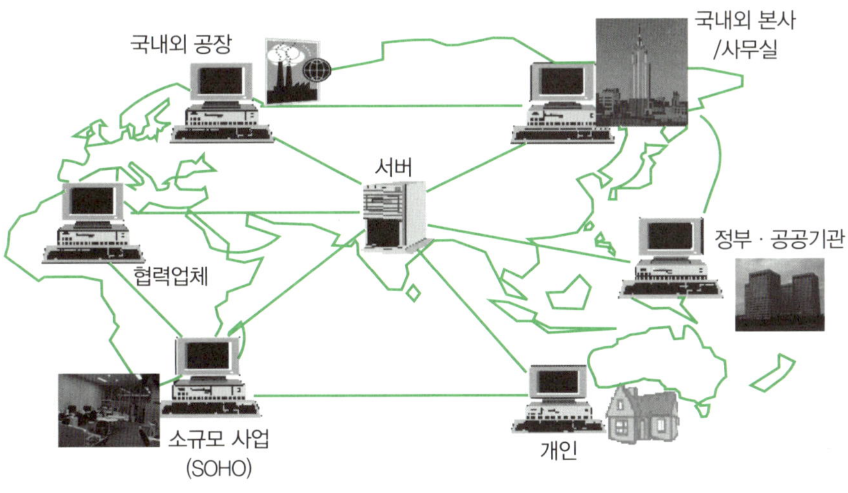

5.2.1 근거리통신망

근거리통신망(LAN: Local Area Network)은 네트워크매체를 이용하여 집, 사무실, 학교 등의 건물과 같은 가까운 지역을 한데 묶는 컴퓨터네트워크이다. 네트워크환경을 구축하기 위하여 한 장소에서 여러 대의 컴퓨터나 서버에 접속할 수 있는 것이 LAN이다. LAN은 수백 미터에서 수백 킬로미터 거리 안에 있는 여러 개의 컴퓨터시스템이나 사무용 기기(프린터 및 3D, 스캐너, 디지털카메라, 디지털기기, 스마트폰 등)들을 하나의 통신망으로 연결하여 사용하는 것이다. 즉 한정된 영역이나 같은 건물, 같은 부서 또는 하나의 작업그룹에서 다수의 컴퓨터나 주변 장치들을 물리적인 통신매체를 이용하여 상호 간 데이터통신이 가능하도록 한 것이다.

1) 무선랜

무선랜(wireless LAN)은 무선신호 전달방식을 이용하여 두 대 이상의 장치를 연결하는 기술이다. 이를 이용해 사용자는 근거리 지역에서 이동하면서도 지속적으로 네트워크에 접근할 수 있다. 오늘날 대부분의 무선랜기술은 IEEE 802.11 표준에 기반하고 있으며, 와이파이(WiFi)라는 마케팅 네임으로 잘 알려져 있다. 무선랜은 설치의 용이성으로 인해 가정환경에서 매우 널리 쓰이게 되었다. 또한 커피숍과 같은 상업시설들은 방문객들을 위해 무료로 사용이 가능한 무선랜환경을 제공하기도 한다.

5.2.2 광역통신망

광역통신망(WAN: Wide Area Network)은 드넓은 지리적 거리 · 장소를 넘나드는 통신네트워크 또는 컴퓨터네트워크이다. 광역통신망에서는 먼 거리 지역을 통한 수백 수천 대의 컴퓨터와 각종 컴퓨터장비들을 연결하기 때문에 초고속처리가 가능한 주컴퓨터를 사용할 필요가 있다. 광역통신망은 종종 전용선과 함께 구성된다. 비즈니스사업, 교육, 정부 및 공공기관들은 광역통신망을 사용하여 세계의 다양한 지역의 사원, 학생, 고객, 구매자, 공급자에게 데이터를 중계한다. 본질적으로 이러한 방식의 전기통신은 장소에 관계없이 날마다 비즈니스가 효율적으로 수행될 수 있도록 도와준다. 한편 WAN을 지원하는 장거리서비스는 대부분 통신회사들이 제공하고 있으며, 전세계적으로 현존하는 가장 큰 WAN은 인터넷이다.

그림 5-3 복수의 LAN를 연결한 광역통신망(WAN)

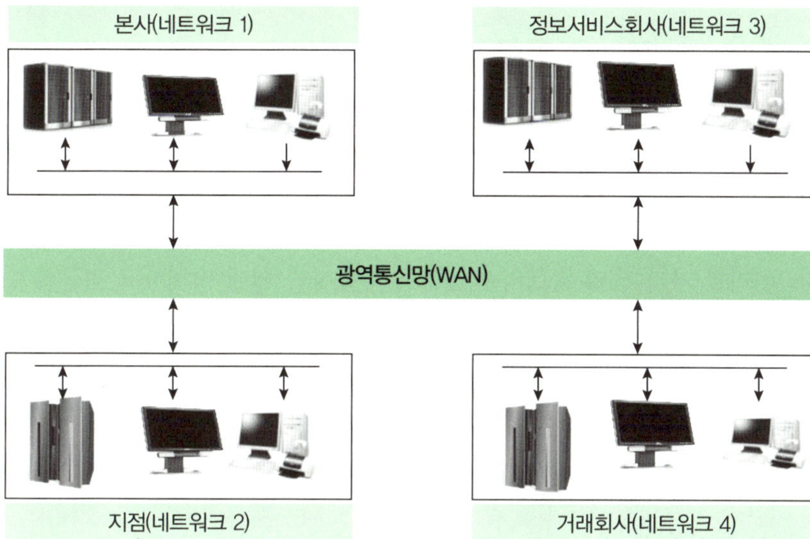

5.2.3 도시망

도시망(MAN: Metropolitan Area Network)은 큰 도시 또는 캠퍼스에 퍼져 있는 컴퓨터네트워크로 텍스트, 음성, 비디오 등 다양한 형태의 데이터를 지원하는 고속의 통신망이다. LAN과 WAN의 중간크기를 갖는다. 도시 하나 정도의 영역에 분산된 LAN이나 컴퓨터, WAN을 연결하여 통신한다. 대개 한 지역의 도시와 근교를 포함하여 범위가 수십 km에 이른다. DSL 전화망, 케이블TV네트워크를 통한 인터넷서비스 제공이 대표적인 예이다.

5.2.4 부가가치통신망

부가가치통신망(VAN: Value Added Network)은 회선을 소유하는 통신사업자로부터 통신회선을 임차해 이용하고 단순한 전송기능 이상의 부가가치를 부여해 텍스트와 음성, 무역 관련 서비스정보 등을 제공하고 독자적인 통신망뿐만 아니라 어떤 가치를 부가한 통신망이다. 광범위하고 서비스를 제공한다는 특징이 있다.

5.3 스마트홈과 블루투스

컴퓨터의 소형화, 노트북, 스마트폰, 태블릿PC 등이 일반인들에게 대중화됨에 따라 컴퓨터와 인터넷네트워크정보의 연계수요가 점점 높아지고 있다. 대부분의 IT기기가 네트워크에 연결되고 이를 통해 상호 연동하여 정보를 주고받고 있기 때문이다. 이러한 기기 간의 네트워크는 모든 사용자가 쉽게 이해하고 접근할 수 있는 분야는 아니다. 하지만 네트워크기기 · 장비가 발전함에 따라 조금만 관심을 가지면 누구라도 네트워크를 활용할 수 있을 만큼 눈높이가 낮아진 건 사실이다. 그 대표적인 경우가 바로 스마트홈이라고 할 수 있다.

하나의 가정에 두 대의 컴퓨터 시대가 도래된 후 각종 모바일 및 스마트폰기기까지 가세하면서 이들 기기들을 하나로 묶어 연동하기 위한 적절한 스마트홈 구성이 필요해졌다. 각 기기별로 인터넷 접근도 가능하고, 데이터와 파일을 클라우드 기반으로 한 자유로운 정보공유가 가능하다.

그림 5-4 스마트홈 연계도

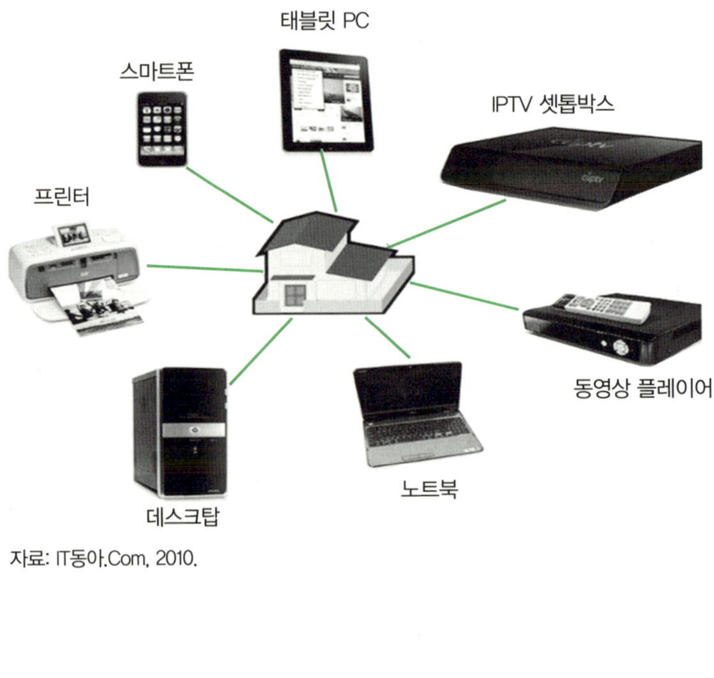

자료: IT동아.Com, 2010.

1) 공유기를 통한 스마트홈

스마트홈으로 묶을 만한 가정용 IT기기들은 대략 데스크탑이나 노트북 등의 일반컴퓨터나 스마트폰, 태블릿PC, IPTV 셋톱박스, 동영상 플레이어 등이다. 스마트홈환경에서 이들 기기는 유선 또는 무선랜을 통해 서로 데이터를 공유할 수 있으며, 가정으로 들어오는 하나의 인터넷 라인을 통해 인터넷을 동시에 사용할 수 있다. 예를 들어 노트북과 스마트폰과 태블릿PC는 무선랜을 통해, 데스크탑과 셋톱박스, 동영상 플레이어 등은 유선랜을 통해 하나의 구역으로 묶어 연결하여 정보를 공유하는 것이다.

스마트홈 구현에 있어 가장 핵심적인 요소는 바로 인터넷 유·무선공유기이다. 공유기는 또한 유선랜 연결 포트수에 따라 구분되는데, 4개 케이블을 연결할 수 있는 4포트 제품이 주를 이룬다. 가정에서는 보통 유선랜을 사용해야 하는 기기가 4개 이상인 경우가 드물기 때문에 4포트 공유기면 된다. 물론 그 이상이라면 8포트, 16포트 공유기를 사용하면 된다.

그림 5-5 공유기를 통한 스마트홈 연계도

자료: IT동아.Com, 2010.

2) 블루투스

블루투스(bluetooth)는 1994년에 에릭슨이 최초로 개발한 디지털 통신기기를 위한 개인 근거리무선통신 산업표준으로 2.4~2.485GHz의 단파 UHF전파를 이용하여 전자장비 간의 짧은 거리의 데이터통신방식을 규정한다. 블루투스는 개인용 컴퓨터에 이용되는 마우스, 키보드, 휴대전화 및 스마트폰, 태블릿, 스피커 등에서 문자정보 및 음성정보 등의 디지털정보를 비교적 낮은 속도로 무선통신을 통해 주고받는 용도로 채용되고 있다. 스마트홈에서 자주 사용한다.

5.4 네트워크와 장비: 네트워크상태를 점검 · 진단하는 명령어 'ping'

5.4.1 네트워크상태: ping 명령어

컴퓨터네트워크상태를 점검 · 진단하는 명령어가 바로 'ping'이다. ping 명령어의 기본적인 작동원리는 네트워크상태를 확인하려는 대상(target) 컴퓨터(또는 네트워크기기)를 향해 일정 크기의 패킷(packet, 네트워크의 최소 전송단위)을 보낸 후, 대상 컴퓨터가 이에 응답하는 메시지를 보내면 이를 수신 · 분석하여 대상 컴퓨터가 작동하는지 또는 대상 컴퓨터까지 도달하는 네트워크상태가 어떠한지 파악하는 것이다.

ping 명령어는 대부분의 운영체제에 기본으로 포함되어 있다. 흔히 인터넷이 안 되거나 특정 컴퓨터와 통신이 되지 않을 때 사용하며, 기본 사용법은 다음과 같다(MS 윈도우 10 운영체제기준). 처음에 ping을 실행하기 위하여 윈도우 검색창에서 cmd.exe를 실행한다. 도스창이 뜨면 ipconfig를 입력 후 엔터를 치면 자신의 네트워크 IP주소가 나타난다. IP주소를 ping 테스트하면 [그림 5-6]과 같다.

그림 5-6 ipconfig 연결: IP주소 확인

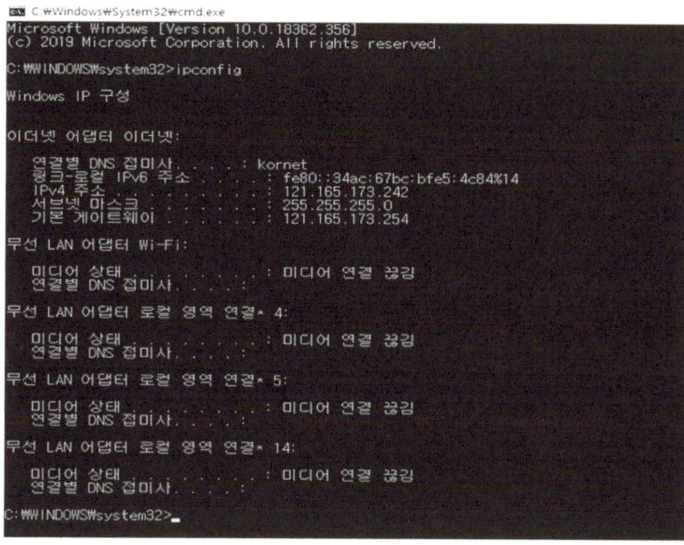

ping 명령어는 MS 윈도우계열 운영체제에서는 '명령 프롬프트(보조프로그램 내)'를 통해, 리눅스/유닉스계열 운영체제에서는 터미널 모드를 통해 실행할 수 있다. ping 명령어 바로 뒤에(공백 필요) 대상 컴퓨터의 IP주소나 웹사이트 등의 도메인이름을 입력하면 된다.

그림 5-7 Ping –t xxx.xxx.xxx.xxx

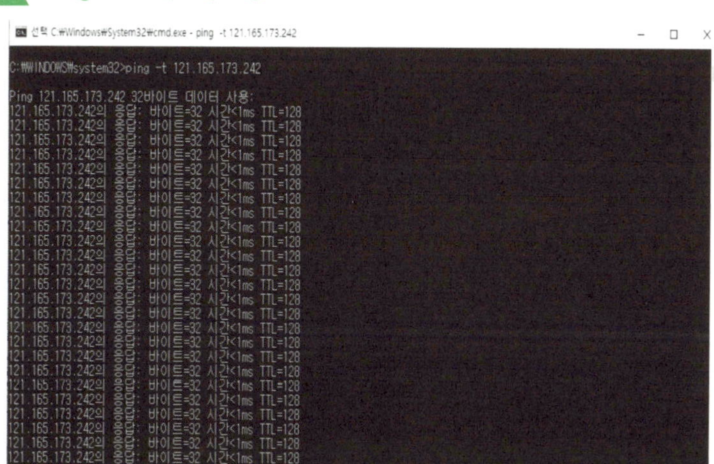

C:₩>ping –t IP주소 또는 도메인이름, 예를 들어, 대상 컴퓨터의 IP주소가 xxx.xxx.xxx.xxx이라면 'ping –t xxx.xxx.xxx.xxx'이라 입력 후 실행하면 [그림 5-7]과 같은 결과가 출력된다. 물론 도메인주소를 입력해도 마찬가지다.

5.4.2 네트워크장비

1) 스위치와 허브

네트워크 스위치(network switch)는 처리가능한 패킷의 숫자가 큰 것으로 네트워크 단위들을 연결하는 통신장비로서 소규모 통신을 위한 허브보다 전송속도가 개선된 것이다. 간단히 스위치라고 부르는 경우가 많으며, MAC 브리지, 스위칭 허브(switching hub), 포트(port) 스위칭 허브라고도 한다. 스위치의 사용목적은 허브와 유사하지만 스위치는 훨씬 향상된 네트워크 속도를 제공한다. 이는 각 컴퓨터에서 주고받는 데이터가 허브처럼 다른 모든 컴퓨터에 전송되는 것이 아니라, 데이터를 필요로 하는 컴퓨터에만 전송되기 때문에 가능하다. 따라서 허브처럼 병목현상이 쉽게 생기지 않는다. 또한 대부분의 스위치는 전이 중 통신방식(full duplex)을 지원하기 때문에 송신과 수신이 동시에 일어나는 경우 훨씬 향상된 속도를 제공한다.

이더넷 허브(ethernet hub)는 이더넷 네트워크에서 여러 대의 컴퓨터, 네트워크장비를 연결하는 장치이다. 한 대의 허브를 중심으로 여러 대의 컴퓨터와 네트워크장비가 마치 별 모양으로 서로 연결되며, 같은 허브에 연결된 컴퓨터와 네트워크장비는 모두 상호 간에 통신할 수 있게 된다. 허브로 연결된 네트워크에서는 한 컴퓨터에서 주고받는 데이터가 같은 허브에 연결된 다른 모든 컴퓨터에 전달된다. 따라서 연결된 컴퓨터의 개수가 많아질수록 네트워크에서 충돌(collision)이 많아지고 속도가 느려진다. 이 문제를 해결하기 위해 최근에는 데이터를 필요로 하는 컴퓨터에만 전송하는 이더넷 스위치장비를 많이 사용한다.

그림 5-8 스위치와 허브

스위치(또는 스위치 허브) 허브(또는 더미 허브)

2) 라우터

라우터(router)는 다른 장소의 컴퓨터를 연결하는 장비라 할 수 있다. 데이터가 출발지에서 목적지까지 정확하게 이동하는 것을 라우트(route)라 하고, 그렇게 될 수 있도록 최적의 경로를 찾아주는 역할을 라우터가 담당한다. 배치되는 위치로 보면 제일 하단에 컴퓨터가, 그 바로 위에 허브나 스위치가, 또 그 위에 라우터가 존재한다.

라우터 혹은 라우팅기능을 갖는 공유기는 패킷의 위치를 추출하여 그 위치에 대한 최적의 경로를 지정하며, 이 경로를 따라 데이터 패킷을 다음 장치로 전향시키는 장치이다. 이때 최적의 경로는 일반적으로는 가장 빠르게 통신이 가능한 경로

그림 5-9 라우터

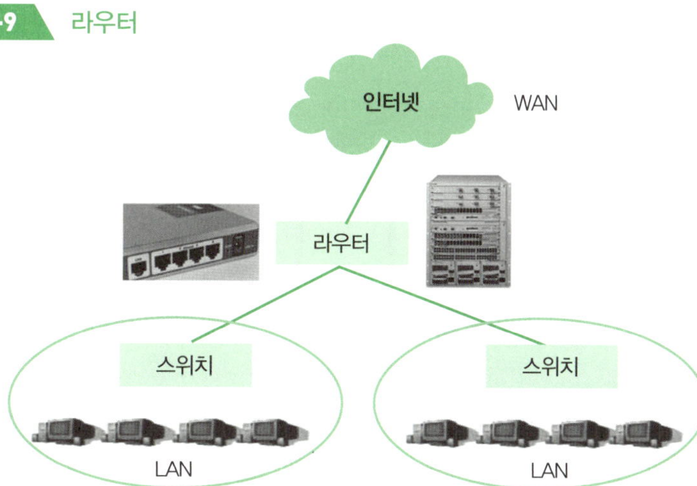

이므로 이것이 최단 거리일 수도 있지만, 돌아가는 경로라도 고속의 전송로를 통하여 전달이 되는 경로가 될 수 있다. 간단히 말해 서로 다른 네트워크 간에 중계 역할을 해준다.

3) 공유기

노트북이나 스마트폰이 대중화되면서 인터넷 유 · 무선공유기(이하 공유기)는 이제 일반가정에서도 보편적인 네트워크장비가 되었다. 집이나 사무실에 들어온 하나의 인터넷 라인을 공유하여 두 대 이상의 컴퓨터나 스마트폰을 통해 유선 또는 무선으로 인터넷에 동시에 접속할 수 있도록 하는 장비이다. 설치나 설정, 사용방법이 간소화된 제품이 대거 출시되면서 이제 전문가만이 아닌 일반사용자도 얼마든지 활용할 수 있게 되었다.

가정과 사무실용 소형 공유기라 해도 주요 네트워크서비스나 기능은 충실히 제공된다. 일반적으로 4개의 유선랜 포트와 1개의 인터넷(WAN) 포트를 갖춘 구성인데, 인터넷 포트에는 인터넷 라인(라우터기능)을, 4개의 유선랜 포트에는 노트북이나 데스크탑을 연결한다(스위치기능). 여기에 누군가가 외부로부터 인터넷 등을 통해 내부로 침입할 수 없도록 하는 보안기능(방화벽)을 기본으로 제공한다.

그림 5-10 공유기

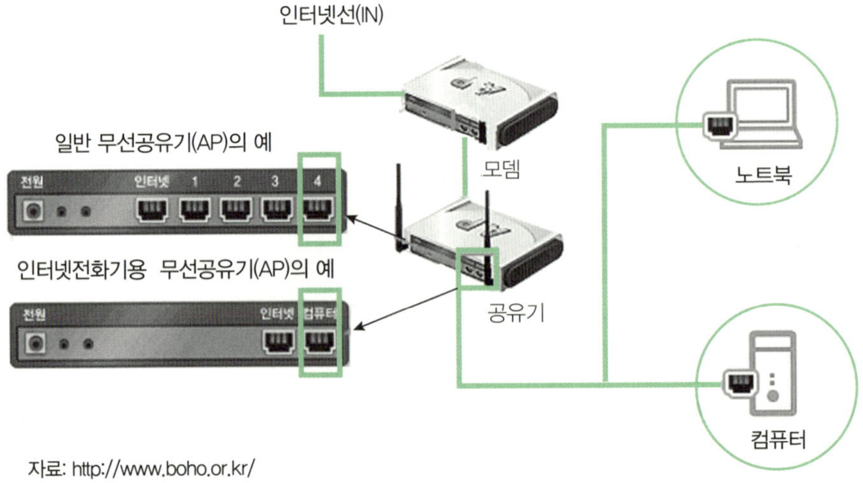

자료: http://www.boho.or.kr/

인터넷공유기는 무선랜(WiFi) 연결을 지원하기에 일반적으로 안테나를 장착한 형태다. 이러한 안테나가 많을수록 무선신호가 강해져 무선랜 사용 반경이 넓어진다.

4) 방화벽

방화벽(firewall)은 미리 정의된 보안규칙의 기반으로 들어오고 나가는 네트워크 트래픽을 모니터링하고 제어하는 네트워크 보안시스템이다. 컴퓨터네트워크에서는 해커나 크래커 또는 바이러스 등이 네트워크 내부에 침입하지 못하도록 하는 보안장비를 말한다. 방화벽은 일반적으로 신뢰할 수 있는 내부 네트워크, 신뢰할 수 없는 외부 네트워크(예: 인터넷) 간의 장벽을 구성한다. 서로 다른 네트워크를 지나는 데이터를 허용하거나 거부하거나 검열, 수정하는 하드웨어나 소프트웨어 장치이다.

사실상 일반사용자가 네트워크 방화벽을 직접 사용할 기회는 거의 없다. 왜냐하면 인터넷서비스를 제공하는 업체의 네트워크 구성에 고급 방화벽 등의 보안장비가 배치되어 있기 때문이다. 하지만 고가의 고급 방화벽이라 해도 100% 안전할 수는 없다. 따라서 윈도우 운영체제에서 무료로 제공되는 '윈도우 방화벽'프로그램이나 무료 백신프로그램(알약, V3 등)을 설치해 주기적으로 컴퓨터상태를 점검해야 한다.

그림 5-11 방화벽

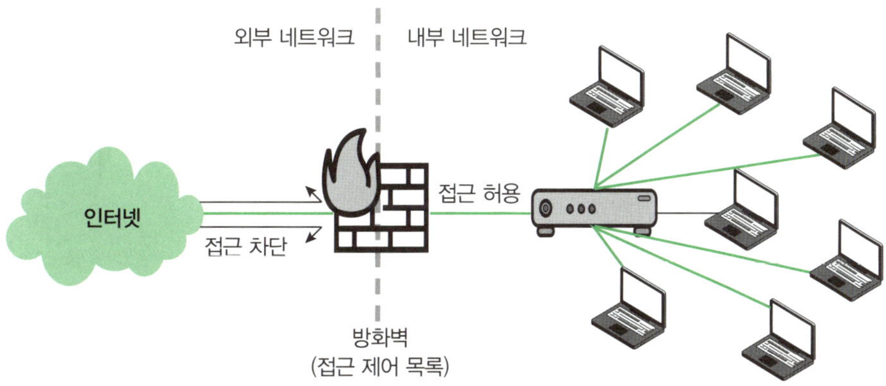

5.5 전용회선

전용회선이란 통신회선의 일부를 특정인에게 독점 사용하게 하는 서비스로, 이용자가 원하는 지점 간을 직통으로 연결하는 통신회선을 말한다.

5.5.1 비대칭디지털 전화가입자선(ADSL)

ADSL(Asymmetric Digital Subscriber Line)은 DSL의 한 형식으로, 구리 전화선을 통해 전통적인 모뎀보다 데이터를 더 빠르게 전송하도록 도와주는 데이터통신기술이다. SDSL(Symmetric Digital Subscriber Line)은 데이터 업로드 속도와 다운로드 속도가 똑같은 데 반해(대칭형), ADSL은 언제나 업로드 속도가 다운로드 속도보다 느리다(비대칭형). ADSL은 음성통화와 고속인터넷통신을 동시에 즐길 수 있는 차세대 접속서비스로 인터넷통신의 경우 기존 모뎀 속도에 비해 최고 100배 빠르다. 저주파(4KHz대) 음성신호와 고주파(1MHz대) 데이터신호를 기존의 전화선에 같이 싣고, 스플리터(splitter)라는 장치로 두 신호를 분리한 후 음성교환기(또는 전화기)와 데이터교환기(또는 가정 내 컴퓨터)로 우회시켜 신호를 종단시키는 기술이다.

그림 5-12 ADSL

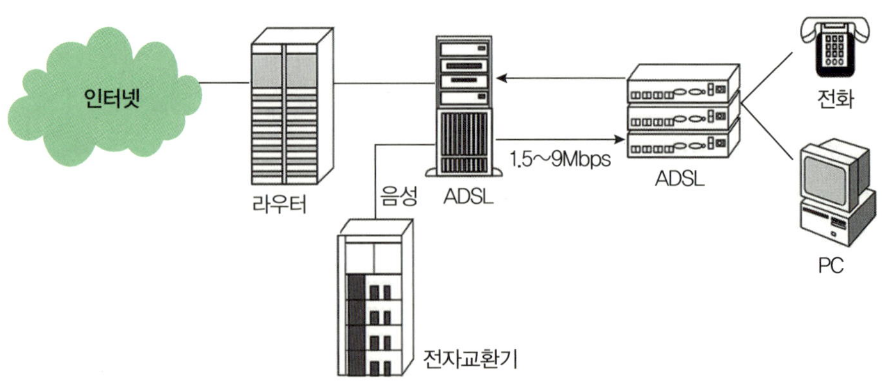

5.5.2 초고속디지털가입자선(VDSL)

VDSL(Very high-data rate Digital Subscriber Line)은 ADSL에 이어 등장한 초고속디지털 전송기술의 하나이다. VDSL은 ADSL보다 한 단계 상위 개념의 차세대 초고속인터넷서비스이다. ADSL과 유사한 장치로 2~5배까지 빠른 전송속도를 자랑한다. 특히 하향(내려받기)과 상향 전송속도 격차가 큰(비대칭) ADSL에 비해 양방향 동일한 속도를 보이는 데다 요금도 ADSL과 별 차이가 없어 차세대서비스로 각광받고 있다. VDSL은 ADSL처럼 기존 전화선을 이용하고 전송기술이 간단하다는 것이 특징이다.

5.5.3 광LAN

광LAN(optic LAN)은 빛으로 변환된 신호를 사용하여 전기통신망의 다양한 노드를 경유하며 정보를 전달하는 통신수단이다. 제한된 범위의 근거리통신망(LAN), 광역통신망(WAN)을 통해 도심 및 지방에서부터 국가, 국제, 대양 저편의 거리까지 가로지르며 광케이블로 운영된다. 매우 높은 대역을 달성할 수 있기 때문에 오늘날의 인터넷, 그리고 인류와 기계 대 기계정보를 전송하는 통신망이 가능해졌다.

5.5.4 FTTH

FTTH(Fiber To The Home)는 광섬유를 집안까지 연결한다는 뜻으로, 초고속 기가인터넷 설비방식의 한 종류이다. 유리섬유 재질이라 집안까지 광케이블이 연결되어 레이저 빔으로 통신을 하므로 품질과 속도에서 우수하며 구리 재질로 된 동축케이블에 비해 밖의 날씨와 낙뢰 및 전기, 전파 등에 의한 품질 저하에 영향을 받지 않는다.

기가인터넷서비스는 집안까지 광섬유 케이블이 들어온 후 집안에 설치되어 있

그림 5-13 FTTH

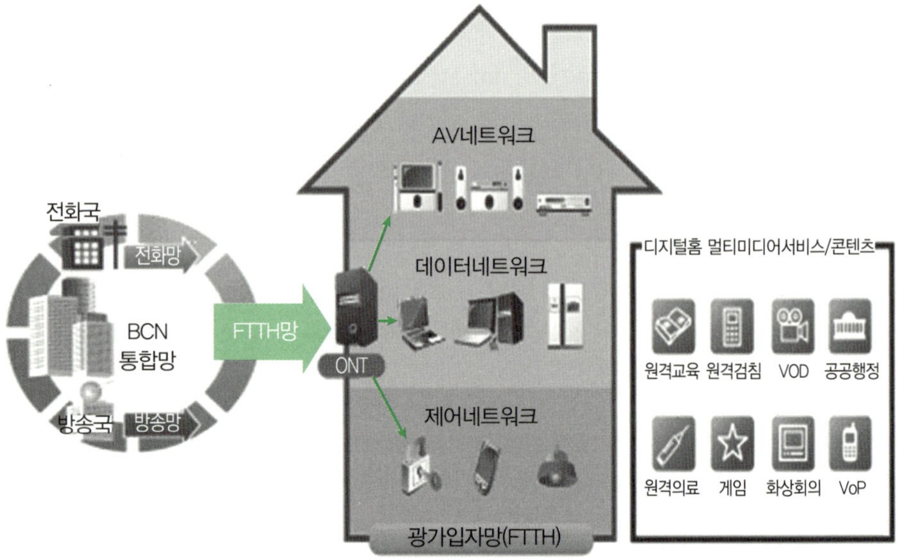

는 광섬유 케이블 모뎀을 통해 빛의 신호를 전기신호로 바꾼 후 PC로 연결된다. 100Mbps급에서 광섬유 케이블 교체 없이 그대로 모뎀 교체만으로 최고 1Gbps의 속도로 서비스가 가능하다. FTTH서비스 지역은 정보통신 특등급 인증을 받은 아파트를 비롯한 주택과 공장지대, 산간(시골) 등 FTTH 광포트가 설치되어 있는 지역에서 사용가능하다. 인터넷 속도와 보급률이 높은 대한민국에서는 기존 xDSL과 동축 케이블인 HFC방식은 점진적으로 감소하는 추세이고 인터넷 보급이 어렵거나 낙후된 산간, 오지, 시골 지역도 FTTH로 교체 및 보급되고 있다.

5.6 이동통신의 개요

이동통신이란 사용자가 단말기를 통해 음성이나 영상, 데이터 등을 장소에 구애받지 않고 통신할 수 있도록 항공기, 선박, 기차, 초고속열차, 자동차, 버스, 택시 등과 같이 움직이는 대상과 일반전화 간이나 이동하는 물체 상호 간에 발생하는 통신체계를 말한다.

5.6.1 1세대 이동통신

1세대 이동통신인 아날로그 이동통신시스템은 음성전송에는 주파수 변조(FM)를, 신호전송에는 주파수 편이 변조(FSK)방식을 이용한다. 즉 '아날로그통신'으로 음성을 그대로 전송하는 방식이기 때문에 전송하는 데이터량이 크고 전송속도의 한계도 있었다. 게다가 사용자가 많이 몰릴 경우 주파수가 부족해 아예 통화가 되지 않는 경우도 발생하는 등 문제점이 많았다. 대한민국에서는 1984년부터 상용화되기 시작되었다. 당시 무겁고 투박하고 무게가 많이 나가는 무전기 같던 휴대폰을 기억하면 된다.

5.6.2 2세대 이동통신

1세대 이동통신의 뒤를 이어 1993년부터 등장한 디지털방식 이동통신시스템(CDMA2000)을 말한다. 3G~5G계열 이동통신서비스가 등장하면서 2G 이용자 수가 점점 감소하고 있지만 여전히 세계 여러 지역에서 사용되고 있는 주요 이동통신서비스이다.

음성을 아날로그가 아닌 디지털로 전환해 전달하면 훨씬 적은 데이터 용량으로 이전보다 더 깨끗한 통화품질을 제공할 수 있다. 데이터 전송속도는 14.4~64Kbps이고, 1996년 국내에 도입된 이래 현재까지 사용되고 있다. 휴대폰번호 앞자리가 010이 아닌, 01×(011, 017 등)가 2G 이동통신규격이라고 보면 된다. 2000년대에 접어들면서 기술적으로 한 단계 진화된 CDMA2000 1x방식의 2.5세대 통신기술이 개발되어 모바일 무선인터넷서비스가 시작되었고 2001년에는 컬러휴대폰이 첫신을 보였다.

5.6.3 3세대 이동통신

3세대 이동통신은 음성데이터와 비음성데이터(데이터 다운로드, 메일 주고받기, 메시지 보내기 등)를 모두 전송할 수 있게 한다. 이동통신사들이 설치한 기지국으로부터 데이터를 받아오는 방식으로 기지국이 촘촘하기 때문에 이동 중일 경우에 편리하다.

무선이동통신기술의 속도와 기능이 발전하여 3세대라고 하였다. 국제전기통신연합(ITU)이 지정한 IMT-2000(International Mobile Telecommunications-2000) 표준을 준수하는 모바일장치 및 이동통신 사용서비스 및 네트워크에 사용되는 일련의 표준을 기반으로 한다. '010'으로 시작되는 휴대폰이 바로 3G 휴대폰이라고 생각하면 된다. 방송통신위원회의 법안 발의로 이제 기존 01× 번호로도 3G를 사용할 수 있다.

1) 와이브로

와이브로(WiBro: Wireless Broadband)는 삼성전자와 한국전자통신연구원이 개발한 무선광대역 인터넷기술이다. 국제표준 IEEE 802.16e에 대한 이름이고, 북미에서는 모바일 와이맥스로도 불린다. 삼성전자, 인텔 등에서 주도하여 추진하고 있는 국제적 와이브로기술인 와이맥스(WiMax)는 2006년 이동성을 제공할 수 있는 규격 개선을 완료하였고, 와이브로의 규격도 이 와이맥스와 호환되도록 규격개정이 이루어졌다. 2007년 10월 18일 한국이 세계 최초로 개발한 와이브로기술이 국제전기통신연합 전파총회에서 'IMT-2000'으로 통칭되는 3세대 이동통신(3G)의 6번째 국제표준으로 채택되었다.

와이브로의 특징은 휴대폰, 스마트폰의 3G통신망처럼 언제 어디서나 이동하면서 인터넷을 이용할 수 있다는 점이다. 이론적으로 최대전송속도는 10Mbps(평균전송속도는 2~4Mbps 정도이다), 최대전송거리는 1km이며, 시속 120km/h로 이동하면서 사용할 수 있다. 주로 넷북이나 노트북 등에 적용되고 있다.

2) 3G LTE

LTE(Long-Term Evolution)는 HSDPA보다 한층 진화된 휴대전화 고속 무선데이터 패킷통신으로 3.9세대 무선통신규격으로 불린다. LTE는 휴대전화네트워크의 용량과 속도를 증가시키기 위해 고안된 4세대 무선기술(4G)을 향한 전 단계이다.

5.6.4 4세대 이동통신

4세대 이동통신시스템은 초광대역(100Mbps 이상의 기가비트 속도) 인터넷 접속, IP전화, 게임서비스 및 스트리밍 멀티미디어를 사용자에게 제공하는 기능을 가진 포괄적이고 안정된 all-IP기반의 솔루션이다. 모바일 와이맥스와 3G LTE(Long Term Evolution)의 초기 버전과 같은 4G 이전기술들은 각각 2006년과 2009년에 상용화되었고 흔히 4G와 혼동된다. 이러한 기술들의 현재 버전은 데이터 전송속도가 최대 약 1 Gbit/s이어야 한다는 ITU-R의 4G에 대한 요구조건을 충족하지 못한다. 따라서 4G LTE라고 흔히 광고하는 기술은 약 3.9G이다. 그러나 4G를 정의한 ITU에서는 발표 초기 4G 선정 후보로 LTE를 개선한 LTE-Advanced와 와이브로를 개선한 와이브로-에볼루션(Wibro-Evolution, 와이맥스 2)을 지칭하였지만, 2010년 12월 ITU에서 LTE나 HSPA+ 등도 4G라고 불렀다. 이에 따라 사실 4G의 엄밀한 기술적 구분은 불가능해진 상황이며 이후 마케팅적 용어로 각국의 통신사에서는 개별적으로 LTE 등도 '4G'라고 부르고 있다.

1) 와이파이

와이파이(WiFi)는 전자기기들이 무선랜(WLAN)에 연결할 수 있게 하는 기술이다. 무선랜은 일반적으로 암호로 보호되어 있지만, 대역 내에 위치한 어느 장치라도 무선랜네트워크의 자원에 접근할 수 있도록 개방도 가능하다. 와이파이기술을 사용하는 장치에는 개인용 컴퓨터, 비디오게임 콘솔, 스마트폰, 디지털 카메라, 태블릿 컴퓨터, 디지털 오디오 플레이어, 현대의 프린터가 포함된다. 와이파이 호환장치들은 WLAN네트워크와 무선 액세스 포인트를 통해 인터넷에 접속할 수 있다. 이러한 액세스 포인트(핫스팟)는 실내에서는 약 20미터의 대역을, 실외에서는 이보다 더 큰 대역을 가진다. 핫스팟 지원범위는 무선파를 차단하는 벽이 있는 작은 방으로까지만 지원될 수 있고, 여러 액세스 포인트를 겹쳐 사용함으로써 수 제곱킬로미터로까지 확대할 수 있다. 초기에는 PC를 중심으로 와이파이가 쓰였으나 휴대폰, 게임기, 프린터, 특히 스마트폰으로 인터넷을 사용하기 위하여 와이파이가 확장되었다.

2) LTE

단순히 LTE는 처음에 3.9세대 무선통신규격으로 불렸지만 휴대전화네트워크의 용량과 속도를 증가시키기 위해 고안된 4세대 무선기술(4G)을 향한 단계이다. 즉 네트워크 투자비용을 줄일 수 있고, 2G/3G 통신규격과 호환이 가능하기 때문에 서비스 지역을 넓히기에도 용이하다. 또한 다운로드 75Mbps, 업로드 37.5Mbps에 달하는 전송속도 덕에 고화질 동영상 등을 실시간으로 감상할 수도 있고, 클라우드 관련 서비스를 본격적으로 가동할 수 있기도 하다.

(1) LTE 어드밴스드

LTE 어드밴스드(LTE Advanced)는 2009년 국제전기통신연합에서 ITU-T 표준 4G시스템 후보로 제출되어, IMT-어드밴스드로 승인되었다. 2011년 3월에 3GPP(3rd Generation Partnership Project)가 릴리즈 10을 기반으로 완성한 WCDMA계열의 4세대 이동통신으로, LTE의 본래 규격이다.

2012년 9월 10일 러시아의 이동통신사인 요타(Yota)에서 세계 최초로 세 개의 100Mbps급 LTE대역을 묶은 300Mbps급의 서비스를 전용동글을 통하여 상용화하였다. 한국에서는 SK텔레콤이 2013년 150Mbps급의 서비스를 갤럭시 S4 LTE-A를 통해 상용화하였다. 뒤이어 LG유플러스와 KT가 상용화하였다.

(2) 광대역 LTE

광대역 LTE는 기존 LTE 주파수대역을 넓히는 것을 의미한다. 예컨대 20MHz LTE 주파수대역을 40MHz로 확장해 데이터의 전송속도를 두 배로 높이는 것이다. LTE-A는 두 개의 다른 LTE 주파수대역을 결합해 대역확대효과를 내는 '주파수집성기술(CA)'을 적용한다. 각기 다른 2차로에 교통량을 분산시켜 속도를 높이는 셈이다.

(3) 광대역 LTE-A(Advanced)

차세대 LTE서비스로 최고 225Mbps의 다운로드 속도를 구현할 수 있어 기존 LTE(75Mbps)보다 3배, 광대역 LTE와 LTE-A(150Mbps)보다 1.5배 더 빨라 최고 속도를 기준으로 1GB 용량을 37초 만에 다운로드할 수 있다. 기존 LTE가 2차로라면 LTE-A는 두 개의 2차로를 연결해 4차로처럼 사용하는 것이고, 광대역 LTE는 4차로를 이용하는 것이다. 반면 광대역 LTE-A는 4차로와 떨어진 2차로를 다시 묶어 6차로처럼 사용한다. SK텔레콤이 2014년 6월 세계 최초로 광대역 LTE-A 상용서비스를 제공하였으며 KT와 LG유플러스도 서비스를 시작하면서 경쟁이 본격화되었다.

(4) LTE-M(Machine)

향후 사물인터넷서비스 시대에 대비하기 위한 네트워크 속도와 용량이 지금의 1,000배 늘어나 엄청난 혁신과 비즈니스 기회가 나타날 5G서비스는 초고주파대역(28GHz)에서 기존 LTE보다 100배 빠른 데이터전송서비스가 가능할 것이다. 이러한 초고주파대역은 많은 데이터를 보낼 수 있다는 장점이 있지만 데이터손실률이 높아 먼 거리까지 데이터를 보내는 데 적합하지 않다. 따라서 이러한 초고주파대역에서 데이터를 얼마나 잘 보내는지가 5G의 핵심기술 중 하나이다. 이러한 기술은 사물인터넷서비스인 LTE-M이 주도할 것이다. LTE통신망에 다양한 사물이 연결되어 가로등제어, 주차장 및 빌딩관리, 계량기 점검, 노후 수도관리 등의 생활밀착형 솔루션을 제공하는 서비스가 나타날 것이다.

5.6.5 5세대 이동통신

5세대 이동통신은 2018년부터 채용된 무선네트워크기술이다. 미국의 Verizon 사업자가 5GTF(5G Technology Forum)를 2015년 말에 설립하여 주도하고 있으며, 5GTF에 한국에서는 KT와 SKT가 합류하였고, 일본의 Docomo가 가세했다. 한국은 2018년 12월 1일부로 상용화를 위한 5G 무선이동통신을 세계 최초로 개통했다.

세계적으로 표준화 작업을 하고 있는 차세대 이동통신으로 현재 쓰이고 있는 LTE(4G대 이동통신)에 비해 데이터전송속도가 1,000배가량 빠르며, 홀로그램 영상전송, 가상현실서비스, 사물인터넷, 무인자동차, 원격진료, 네트워크 로봇 등이 일상화될 것으로 기대하고 있다. 5G가 상용화되면 머릿속으로만 상상했던 광경들이 눈앞에 현실로 펼쳐질 것이다. 상용화서비스를 위해 국내외 관련 기관들은 5G 이동통신기술 선점을 위한 정보통신기술(ICT)업체 간 경쟁을 본격적으로 시작했다. ICT업체들이 경쟁적으로 5G 기술개발에 나선 것은 5G가 다가올 사물인터넷(IoT) 시대에 모든 것을 연결하는 근간(서비스를 구현하는 통신망)이기 때문이다. IoT 시대에는 모든 산업에 ICT가 적용된다. 모든 산업이 ICT와 융합되는 '4차 산업혁명'이 일어날 것이란 전망이다. 5G 경쟁에서 밀리면 4차 산업혁명에서 뒤처지게 된다.

모든 사물과 사물이 연결되고 모든 서비스가 네트워크를 통해 유기적으로 연동되는 4차 산업혁명이 성공적으로 실현되기 위한 핵심조건은 '연결성'에 있다. IoT 등 동시에 많은 연결성이 안정적으로 보장되고, 자율주행이나 원격조작 등 4차 산업혁명으로 예상되는 다양한 융합산업을 성공적으로 구현하기 위해서는 속도 향상에만 초점을 맞추었던 기존 네트워크를 넘어 초고속, 초연결성, 초지능 및 산업성까지 아우르는 지능형 네트워크 5G가 필수적이다.

5G는 네트워크 자체에서 각 산업영역에서 필요로 하는 속도, 대량 연결, 보안 등을 효율적으로 제공하는 유연한 기술특성을 갖고 있다. 5G에서는 대용량 데이터를 고속으로 전송하기 위해 수십 개 이상의 안테나를 사용하는 다중입출력기술(massive MIMO)을 사용한다. 기존 2~4개 안테나만 이용하는 LTE와 달리 수십

개 이상의 안테나 소자를 활용해 수십 개의 데이터채널을 동시에 전송함으로써 획기적으로 기지국 용량을 향상시킬 수 있다.

5G는 기존 망과 달리 물리적으로 하나인 네트워크를 가상으로 분리하여 서로 다른 특성을 갖는 서비스별로 특화된 전용 네트워크를 제공하는 네트워크 슬라이싱(network slicing)이 가능한 것이 특징이다. 별도의 물리적인 전용망을 구축하는 것이 아니라 소프트웨어기반 가상망방식으로 유연한 네트워크 구축이 가능해 네트워크를 보다 효율적으로 활용가능하다. 현재는 하나의 네트워크에 다양한 서비스와 단말이 혼재되어 있어 서비스 간 영향이 있으나 망을 분리함으로써 안정적인 데이터전송(QoS)이 가능하다.

5G의 엣지 컴퓨팅, 네트워크 슬라이싱, 인텔리전스기능은 개별 산업의 보안 및 데이터처리 요구사항을 무리 없이 수용하여 서비스혁신의 기반 인프라를 제공할 것이다. 제조, 의료, 금융 등 다양한 산업에 접목되어 산업군별로 요구하는 다양한 네트워크 사양을 하나의 네트워크로 충족시키는 수직적 통합(vertical integration)이 가능하기 때문이다. 즉 5G는 자율주행차, 가상현실(VR) 등 미래의 서비스로 주목받는 다양한 비즈니스모델들이 필요로 하는 네트워크 요구사항들을

그림 5-14 5G 네트워크 슬라이싱

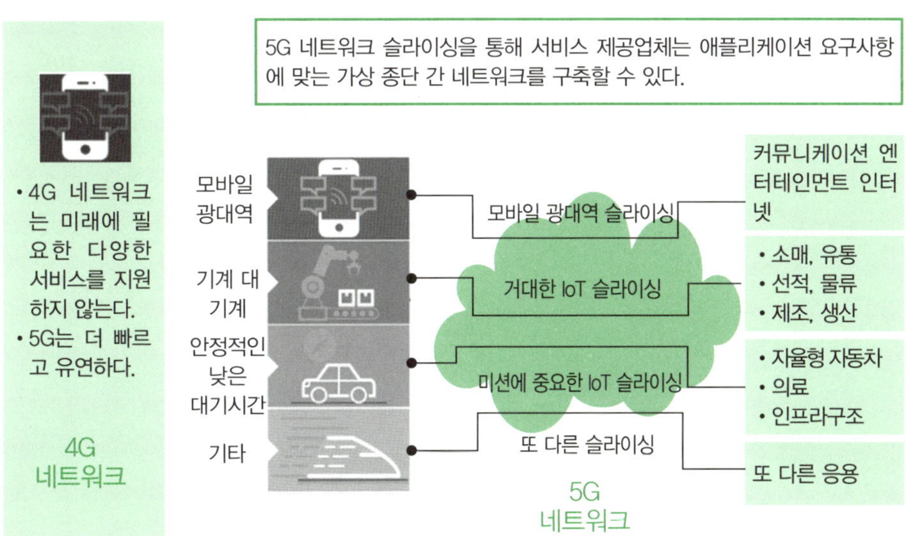

수용하는 최초의 네트워크라고 할 수 있다.

엣지 컴퓨팅(edge computing)

사용자와 가까운 위치에서 서비스를 제공하는 것을 의미한다. 사용자와 가까운 위치에서 서비스를 제공해주니 당연히 서비스의 속도가 빠르다. 엣지 컴퓨팅의 장점 중 하나는 바로 네트워크 트래픽을 줄일 수 있다는 것이다.

사례 연구

5G를 쉽게 이해할 수 있는 세상

도대체 4G LTE에 비해 5G는 무엇이, 얼마나 다른 것일까? 왜 저렇게 미국 · 중국 · 일본 · 한국 등, 전세계 정보통신 강국들은 눈에 핏발을 세우는 것일까? 무엇보다 5G는 어떻게 우리의 미래 세상을 바꿀 수 있는 것일까?

5G는 통신망이다. 점과 점을 연결해주는 선(線)에 해당한다. 여기서 점들은 사람일 수도, 기계일 수도 있다. 선으로써 5G의 특성은 ▷초고속 ▷초연결성 ▷초저지연으로 집약된다. 이 세 가지만 머릿속에 입력되어 있으면 5G를 이해할 수 있다. 쉽게 말해서 '굉장히 빠르게', '많은 용량의 데이터'를, '여러 사람과 기계들에게', '끊기지 않고 동시에' 전달할 수 있다는 뜻이다. 1G는 아날로그방식으로, 음성통화가 가능한 휴대전화를 일컬었다. 숄더폰, 자동차전화가 해당된다. 2G부터 디지털방식이 시작되었다. 문자를 보낼 수 있는 휴대전화다. 3G는 디지털방식에서, 세계표준으로 통일이 되었다. 그 효과로 휴대전화로 인터넷을 검색할 수 있고, 사진을 찍고 전송할 수 있는 시대가 열렸다. 그리고 3.9G, 즉 LTE의 시대가 열렸다. 스마트폰으로 동영상을 접할 수 있게 된 것이다. 이어 더 진화된 4G(LTE-Advanced)에서 동영상 화질은 업그레이드되었다.

1979년 1세대 이동통신이 등장한 이래 10년 간격으로 기술의 진화가 이뤄지는 셈이다. 5G는 4G에 비해 데이터의 전송속도가 100배 빠르다. 아울러 보낼 수 있는 데이터의 양은 1,000배가 많다. 예를 들어 종전에는 2시간짜리 영화를 다운로드받는 데 5분 정도 걸렸는데, 5G에서는 3초면 끝난다.

속도와 용량보다 더욱 주목해야 할, 5G기술의 핵심 중의 핵심은 '초저지연(超低遲延)'에 있다. 풀어쓰면 끊김이 거의 없어졌다는 뜻이다. 이것이 왜 그토록 굉장한 현상인지를 알기 위해선 미리 알아둬야 할 용어가 하나 있다. 클라우드(cloud)다. 구름을 의미한다.

가령 과거에 우리는 사진을 찍으면, 자신이 소유한 컴퓨터 하드디스크에 저장을 했다. 그러나 아무리 컴퓨터라도 저장할 공간에는 한계가 있었다. 그래서 넘치게 되면, 부득이하게 사진을 지우거나 외장 하드디스크를 새로 구입했다. 이메일도 마찬가지였다. 과거에 이메일은 편지상자와 같은 개념이었다. 편지가 너무 많이 오면 감당이 안 되니까 폐기해야 했다.

그러나 클라우드가 생기고 난 뒤 이런 고민은 사라졌다. 클라우드는 구름 위의 하늘이 한없이 펼쳐져 있듯이, 수용공간이 무한대인 창고라고 생각하면 된다. 클라우드의 등장 이후 정보는 소유의 개념에서 공유 혹은 연결의 개념으로 변모했다. 근본적 문제는 클라우드에 방대한 정보가 저장되어 있어도, 지상의 인간과 기계가 끌어다 쓰는 데에는 그동안 한계가 명백한 점이었다. 난관은 큰 틀에서 두 가지로 압축됐다. 첫째, 클라우드의 데이터를 편집하는 능력의 결여였다. 둘째, 클라우드와 지상을 연결하는 선이 약했다는 것이었다.

첫 번째 과제는 빅데이터 · 딥러닝 · AI 등의 기술로 해결했다. 이제 남은 것은 그 데이터를 운송하는 '파이프라인'이었다. 그리고 두 번째 숙제는 '초저지연'을 탑재한 5G의 출현으로 풀 수가 있게 됐다.

5G에서 통신 타임래그는 1,000분의 1초에 불과하다. 클라우드에서 정보를 받는 데 거의 동시타임이라고 할 수 있다. 1,000분의 1초 만에 100만 대의 기기가 동시 접속할 수 있다.

5G의 패권을 놓고 미국과 중국은 왜 저토록 으르렁거릴까. 적나라하게 말하자면 그만큼 돈이 될 것이라고 보기 때문이다. 그만큼 5G는 산업적 측면이 강하다. 인공지능 · 가상현실 · 자율주행 · 스마트홈 등, 4차 산업혁명의 기반이기 때문이다.

5G는 인간보다 기계를 위한 통신에 가깝다. 우리가 활용하고 있는 각종 기기들이 5G와 결합하면 완전히 새로운 국면으로 진화한다. 그리고 기술의 발전은 일상의 생활을 변화시킬 것이다. 더 나아가 공동체의 가치관까지 뒤흔들 것이다. 5G의 특징인 초저지연이 자율주행차의 안정성을 극한으로 올리는 것이다. 궁극적으로는 자율주행의 최고단계인 운전자가 잠을 자도 되는 수준까지 도달할 수 있다. 운전 중 도로 교통상황, 날씨, 사고 유무 등에 관한 정보가 매 순간 모아져서 클라우드에 저장될 것이다. 그 다음에 AI가 여기서 유의미한 패턴을 찾아낸 뒤, 최적화된 정보를 각각의 자율주행차들로 보낼 것이다.

이러면 출퇴근 경로가 최소화될 것이다. 교통체증으로 인한 에너지 낭비, 미세먼지 등 대기오염이 줄어들 것이다. '뉴스위크' 일본판은 전세계인 8명 중 1명은 대기오염이 원인인 질병으로 사망한다고 보도했다. 전세계인의 92%는 위험한 대기오염환경에서 생활한다는 것이다.

설령 회사 가는 시간이 길어도 별 상관이 없는 것이 차 안에서 책을 읽거나 잠을 자는 등 다른 일을 해도 된다. 나아가 출퇴근 자체가 무의미해지는 세상이 올 수 있다. 재택근무가 일상화되는 것이다. 가령 "회의가 있으니 모여"라고 해도 직접 나가는 대신에 영상통화에서 진화한 홀로그램이 나를 대신해 회사 회의실에 앉아있을 수도 있다. 내가 집에서 어떤 말과 행동을 취하면, 회사에서 홀로그램이 똑같이 반응하는 식이다.

의료분야도 5G가 인도하는 신대륙과 직면할 것이다. 서울에 있는 의사가 부산에 있는 환자를 집도하는 원격의료가 대표적인 케이스다. 이 역시 5G의 초저지연 덕분에 가능해진다. 부산에서 실제 수술을 집도하는 것은 AI 로봇이다. 그리고 이 로봇이 직면한 상황과 똑같은 영상이 서울의 의사 앞에 펼쳐진다. 서울에 있는 의사의 손놀림과 똑같이, 시차를 두지 않고, 부산의 로봇이 움직이는 것이다. 그만큼 수술 성공률은 높아진다. 수술 이전 진단단계에서는 AI, 빅데이터가 효력을 발휘할 수 있다. 의사조차 잡아낼 수 없는 인과관계를 집어내는 것이다. 가령 A라는 사람이 아침에 일어나면 자기도 모르게 목을 긁는다고 하자. 그런데 이 사람이 폐가 안 좋다고 치자. 그러면 AI는 둘 사이의 연관성을 추적한다. 아침에 목을 긁는 사람들 중 폐가 안 좋은 다른 케이스들을 찾아보는 것이다. 만약 그런 사람들이 꽤 많이 발견된다면 하나의 패턴이 성립되는 셈이다.

5G와 AI, 빅데이터가 결합한 예방기능은 건강뿐 아니라 기상예보나 재해방지까지 폭을 넓혀갈 수 있다. 도로공사가 알려주는 라디오 교통상황처럼 기상청 일기예보도 어쩔 수 없는 한계가 명백하다.

그 시점에서는 예측이 타당할지 몰라도 이후 어떻게 변할지 감지할 수 없기 때문이다. 데이터 해석의 문제일 수 있겠고, 데이터 자체가 충분치 않아서일 수도 있다. 그러나 5G 시대에는 전세계의 기상위성과 레이다, 센서의 정보가 클라우드에 취합될 수 있다. 또 여기서 유의미한 패턴을 포착할 수 있는 AI기술이 있다. 가령 바람방향과 구름의 모양만으로 쓰나미나 지진의 전조일 수 있음을 예측할 수 있게 되는 것이다.

재해방지에서도 5G 시대에는 로봇 · 드론과 결합해 시너지를 낼 수 있다. 재난현장에 자율주행 드론을 띄워서 실시간으로 그곳에 사람과 동물이 얼마나, 어디에서 도움의 손길을 기다리고 있는지 속속들이 정보를 얻을 수 있다. 탄광 같은 밀폐된 공간이라면 열감지를 통해 알아낼 수 있다. 인명을 구조할 때에도 사람 대신 로봇이 동원될 수 있다.

미래에는 얼굴인식을 통해 집이나 회사에 출입이 가능할 수 있다. 만약 AI에 생소한 얼굴이 내 집 앞에 나타나면 센서가 반응한다. 그 정보는 동시에 인근 경찰서나 치안센터에 전달될 수 있다. 정확하게 사람의 안면을 기계가 인지하려면 그만큼 데이터가 많이 생성 · 축적되어야 하고, 운반되어야 한다. 5G가 그 기능의 극대화를 돕는 것이다.

5G는 영화 '마이너리티 리포트'를 현실 세상으로 만들 수 있다. 필립 K. 딕의 소설을 영화화한 이 작품은 범죄를 일으킬 사람을 미리 예측해 체포하는 세상을 묘사한다. 그 덕분에 세상의 범죄율은 0%로 떨어진다.

그런데 유토피아 같은 미래 세상에는 치명적 함정이 있다. 범죄를 예측하는 시스템이 조작된다면 무고한 사람을 잠재적 범죄자로 몰아갈 수 있기 때문이다.

실제 빅데이터와 AI가 장착된 세상에서 각종 범죄자의 범행 전, 패턴을 포착하는 것은 충분히 가능하다. 가령 "강간 범죄자들은 사건을 벌이기 전에 이런 행동들을 하더라" 같은 교집합을 끄집어내는 것이다. 그러나 그런 행동을 한다고 100% 강간 범죄를 저지른다고 단정할 수는 없다. 그러나 AI와 빅데이터는 잠재적 범죄자로 구획 짓는다. 더욱 근원적인 공포는 결국 AI와 빅데이터를 컨트롤하는 주체는 정부, 기업 등 특정 세력이라는 대목이다. 여기서 등장하는 용어가 알고리즘이다. 알고리즘은 '데이터를 일정한 규칙에 따라 재배열하는 것'을 일컫는다. 이는 재배열의 규칙을 만들고 운영하는 쪽이 미래 세상의 정보를 장악할 수 있다는 뜻을 내재하고 있다. 실제 중국 정부는 개인정보에 관해 내밀한 곳까지 들여다보고 있다. 조지 오웰의 소설 『1984』의 세상은 5G가 불러올 디스토피아적 측면이다.

"개인정보의 공개를 어디까지 허용하냐"는 5G 통신기술의 효율성과 윤리 사이를 오가는 철학적 화두이기도 하다. 빅데이터는 그 용어의 뉘앙스에서 묻어나듯 개인정보를 많이 입력할수록 실생활에 도움 될 가치 있는 정보가 추출될 수 있다. 그렇다고 개인의 신상을 전부 다 AI에 넘겨주는 것은 불안하다. 어떻게 악용될지 알 수 없기 때문이다.

중국과 미국의 IT기술이 발전하는 것은 개인정보 공개에 상대적으로 관대한 정책이 자리한다. 반면 한국은 비교적 개인정보보호법이 강력한 편에 속한다. '감시사회'를 경계하는 관점이다. 그러나 통신업계 일각에서는 이래서는 산업경쟁력을 확보하기 어렵다고 주장한다. AI와 빅데이터기술이 있어봤자 거기 들어갈 자료(개인 정보)의 제약이 심하면, 무력화될 뿐이라는 논리다.

최근 통신 3사의 5G 관련 광고를 보면 공통적인 장면이 등장한다. 소재는 각각이지만 큰 안경(헤드셋)을 뒤집어쓰고 판타지 같은 장면들을 현실처럼 체험하고 있는 것이다. 이를 전문용어로 VR과 AR이라고 칭한다. VR(Virtual Reality)은 가상현실을 의미한다. 사람이 가상세계를 실제처럼 체험할 수 있도록 해주는 기술이다. 그리고 AR(Augmented Reality)은 증강현실이다. 현실세계를 바탕으로 하되, 거기에 가상의 정보를 더해서 보여주는 기술이다.

5G는 엔터테인먼트, 스포츠를 소비하는 방식을 바꿀 것이다. VR, AR, 게임, 초고화질 미디어, 새 커뮤니케이션 툴이 5G에서 향유가능한 콘텐츠로 꼽힌다. 적어도 한국에서는 이 분야에서부터 진보가 시작될 개연성이 높다. 상대적으로 규제의 벽이 낮기 때문이다.

5G의 본질은 이 통신망을 어떻게 4차 산업 인프라로 활용할 것이냐다. 그 과정에서 개인의 프라이버시를 어디까지 지킬지는 사회적 합의의 영역이다. 유토피아와 디스토피아 사이 어딘가에서 5G 세상이 여는 최종적인 변화는 사회 구성원의 가치관일 것이다. 꼰대문화는 시간을 두고 멸종될 것이 필연이다. 영화 '킹스맨'처럼 홀로그램이 대신 출근하는 세상에서 퇴근 후 회식, 휴일 등산, 상사의 부당지시 같은 행위는 원천 봉쇄된다. 더 깊이 들어가면 사람과 사람이 소통하는 커뮤니케이션의 형태와 내용 자체가 변모할 것이다. 4G 세상에서 유튜브가 나타났다. 불과 10여 년 전만 해도 유튜브, 페이스북은 상상도 못한 영역이었다. 그래도 사회의 대세가 됐다. 5G에서 어떤 플랫폼과 콘텐츠가 등장할지는 짐작조차 할 수 없다.

5G 세상에서 인구의 도시 집중, 부동산, 육아의 관점도 바뀔 것이다. 그 세상은 편리하고 안전할 것이다. 그러나 개인의 자유를 위협할 수 있다. 바둑계를 평정한 알파고의 무서움은 굳이 인간이 가르치지 않아도 무한대로 팽창하는 학습능력에 있었다. 인간은 갈수록 진화할 AI의 편의성 앞에 눈멀지 않고, 존엄함을 유지할 수 있을까.

자료: 김영준 기자, 월간중앙, 2019. 4.

연습문제

01 네트워크의 의미와 이점을 설명하시오.

02 LAN과 WAN을 비교 · 설명하시오.

03 네트워크장비와 원리를 설명하시오.

04 블루투스에 대하여 실제 개인이 적용할 수 있는 사례를 설명하시오.

05 네트워크의 작동원리와 ping을 실행하고 자신의 컴퓨터를 적용하여 설명하시오.

06 ADSL, VDSL, 광LAN, FTTH에 대하여 설명하시오.

07 이동통신의 연대기를 설명하시오.

08 WiFi(와이파이)가 각광받는 이유를 설명하시오.

09 LTE, LTE-A, 광대역 LTE, 광대역 LTE-A, LTE-M(Machine)을 비교 · 설명하시오.

10 5G가 미래사회를 어떻게 변화시킬지에 대하여 조사하시오.

Chapter

06 인터넷과 모바일, 클라우드 컴퓨팅

1990년도 초반에 등장한 유선인터넷은 사람, 사회, 산업, 정보통신기술, 비즈니스 관련 활동들에 많은 변화를 가져왔으며, 또한 무선인터넷으로 바뀐 모바일세상은 기존 PC기반의 인터넷세상보다 우리의 삶을 더 크게 바꾸어 놓고 있다. 향후에도 인터넷과 모바일기기가 중심이 되어 변화를 이끌어갈 것이다. 최근에는 사람에게 편리성을 제공할뿐더러 사물에게까지 지능화된 정보가 추가되는 사물인터넷이 빠르게 접목되고 있다. 즉 모든 영역에 획기적인 변화가 감지되고 있다. 본 장에서는 인터넷환경과 인터넷기술, 모바일 및 특징, 그리고 파일공유 및 관리 개념인 클라우드 컴퓨팅 및 서비스에 대하여 알아본다.

6.1 인터넷과 환경

과거 산업사회는 유형의 물건을 사고파는 시대였다면 현재 우리가 살고 있는 정보화사회에서는 무형의 정보와 데이터를 생산, 가공, 처리, 유통하여 기존의 가치를 높이고 정보통신기술을 이용하여 부를 창출한다. 이러한 정보기술 중에 가장 획기적인 것이 컴퓨터와 통신의 결합으로 등장한 인터넷이며, 인터넷은 새로운 형태의 정보화사회를 혁명적인 수준으로 발전시키고 있다.

인터넷이란 전세계의 컴퓨터들을 공통된 규칙(기술)에 따라 상호 연결하고 있는 통신망(네트워크)이다. 이러한 통신망에 연결된 컴퓨터들은 국적에 관계없이 서로 통신, 사진, 파일 및 이미지 전송, 웹페이지 검색, 전자우편(e-mail) 전송, 상거래 활동, SNS를 통한 커뮤니티활동 등을 할 수 있다. 최근에는 인터넷을 통한 대규모 클라우드서비스, 빅데이터를 통한 이슈별 분석과 전략이 이루어지고 있으며 모든 사물에 인터넷을 접목하려는 시도가 포괄적으로 이루어지고 있다. 또한 4차 산업혁명의 모든 영역에 변화가 감지되고 그 변화의 중추적인 역할이 인터넷이다.

인터넷상에서 파일이나 이미지자료를 주고받을 수 있으며, 다른 나라의 컴퓨터(웹서버)가 제공하는 정보를 웹브라우저를 이용하여 검색할 수 있고, 다른 사람에게 전자우편을 보낼 수도 있다. 인터넷은 전용망을 통해 더욱 빠르게 접근되지만 비용이 많이 들어 초기에는 대부분이 전화망을 연결하여 인터넷을 이용하였다. 최근에는 보다 빠른 인터넷을 구현하기 위하여 초고속전용망을 연결하여 인터넷의 접속속도를 높이고 있다. 한편 스마트폰을 통한 모바일 연계방안은 와이파이(WiFi)와 LTE, 5G를 통한 무선환경에서 때와 장소에 구애받지 않고 인터넷에 접속하여 활용성이 점점 커지고 있다.

6.1.1 인터넷의 정의

인터넷은 전세계의 컴퓨터를 상호 연결하는 컴퓨터통신망을 나타내는 단어로 INTERnational NETwork에서 나온 말이다. 오늘날 인터넷의 발전추세는 매우 빠르게 변화되면서 전세계의 컴퓨터를 연결하는 하나의 거대한 통신망이 되었다. 즉 인터넷은 거대한 통신망에 여러 대의 호스트(인터넷에 연결되어 있는 컴퓨터)가 연결되어 서로 정보를 주고받을 수 있다.

인터넷의 고유기능은 정보검색, 전자우편이었으나 현재는 전화, 팩스, TV, 라디오, 신문, 전자상거래 등의 역할을 대신하면서 문자형태의 정보에서 음성, 소리, 사진, 이미지, 동화상, 멀티미디어 등을 동시에 전달할 수 있다.

과거에는 개인 및 회사가 홈페이지를 소개하고, 전자우편을 통해 서류를 전달하고, 정보검색을 위한 도구로서 인터넷이 응용되었다. 이제는 인터넷상에서 회사를 설립하고 판매를 하는 전자상거래 및 모바일 상거래활동, 사이버은행 및 핀테크금융 실현, 은행 및 보험, 주식 등의 활동, 대중교통정보를 통한 실시간 교통흐름 파악, 각종 정보조회를 통한 맞춤형 정보이용, 인터넷을 통해 기업업무를 처리하는 인트라넷(intranet), 기업과 기업 간의 연결이 가능하도록 지원하는 인터넷기반의 엑스트라넷(extranet), 웹상에서의 영화 · 게임 등의 대규모 엔터테인먼트사업, 수많은 고객정보를 빅데이터화하여 분석과 전략을 수립하는 마케팅전략, 파일과 정보의 공유 개념인 클라우드서비스 및 각종 사업, 사물에 지능을 갖춘 사물인터넷 등과 같은 거의 모든 분야에서 인터넷이 응용되고 있다.

6.1.2 인터넷의 역사

인터넷의 시초는 1969년 미국 국방성 산하 고등연구계획국(DARPA: Defense Advanced Research Project Agency)에서 개발한 '아르파넷(ARPAnet)'이다. 아르파넷은 연구원들과 군납업체, 관련 연구기관 간의 정보공유를 지원하기 위한 목적으로 설립한 하나의 통신망이다.

아르파넷은 원격시스템 접속, 파일전송, 전자우편 및 정보공유가 가능한 컴퓨터 통신망으로서 외부 충격으로 선로가 손실을 입어도 정보를 계속 전달할 목적으로 만든 것이다. 이후에 아르파넷에 사용하는 프로토콜(protocol)이 TCP/IP로 통일됨으로써 어떤 기종이든지 상관없이 정보교환이 가능하게 되었다. 이를 통한 정보교환이 급격히 팽창되자 당초 취지인 군사목적에 해당하는 부분은 밀넷(MILNET: Military Network)이라고 하는 새로운 통신망으로 떨어져 나가고 아르파넷은 일반사용자가 사용하는 통신망이 되었다.

한편 1980년대 말에 미국의 정부기관인 미국국립과학재단(NSF: National Science Foundation)은 슈퍼 컴퓨터센터를 설치하여 이를 대학 및 지역연구소에서 사용할 수 있도록 하기 위하여 같은 프로토콜(통신규약)을 이용하는 NSFNET이라는 통신망을 만들어 운영하였는데, 이 통신망은 전세계를 연결하는 최대규모의 국제학술연구망으로 발전하였다. 특히 연구개발에 많이 사용되는 UNIX시스템에서 TCP/IP를 기본적으로 제공함으로써 학계와 연구기관에 쉽게 확산될 수 있었다. 오늘날에는 산업계의 참여로 인터넷이 상업화되어 일반인들이 참여하기 쉽게 되었으며, 특히 멀티미디어통신의 발달로 다양한 응용이 가능해짐으로써 더욱

그림 6-1 인터넷의 역사

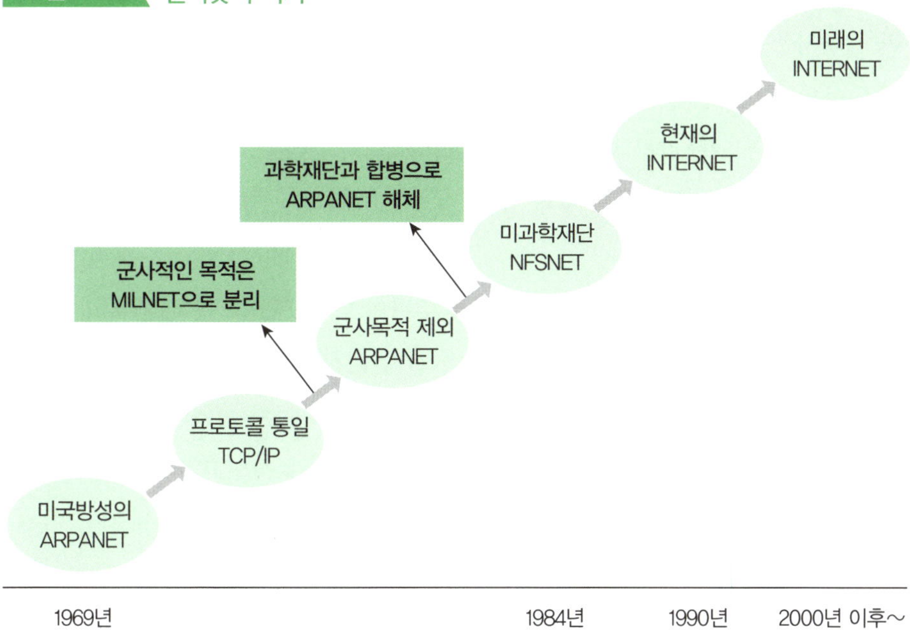

빠르게 확산되고 있다.

우리나라의 인터넷은 하나망(HANA), 연구전산망(KREONET), 교육전산망(KREN)의 3개의 전산망으로부터 시작되었다. 이 전산망은 교육기관, 공기업체, 정부, 연구소가 가입되어 있다. 또한 이 전산망은 학술전산망협의회(ANC: Academic Network Council)를 통해 서로 간에 조정과 협의를 하고 있다. 학술전산망협의회의 관할하에 한국네트워크정보센터(KNIC: Korea Network Information Center)를 운영하고 있다. 1994년에 한국통신, 데이콤에서도 상용 인터넷 접속서비스를 제공하기 시작했으며, 1995년에는 본격적인 인터넷 접속서비스회사인 아이네트(INET)가 설립되어 서비스를 시작했다. 이후 많은 인터넷 접속서비스회사들이 설립되었다.

1994년부터 한국통신에서 코넷(KORNet)을 통하여 상용 인터넷서비스를 시작했다. 같은 해 데이콤에서도 상용 인터넷서비스를 제공하기 시작하였다. 1995년에는 아이네트(INET)에서 인터넷 접속서비스를 시작하였고 이후부터 많은 상용 인터넷서비스 제공자가 생겨나기 시작하였다. 현재는 초고속인터넷(xDSL, 케이블모뎀, LAN(아파트 초고속 광LAN), FTTH, 광랜, 5G, 위성 접속을 지원하며, 기관 사용자들을 위해 토털 솔루션과 웹호스팅서비스를 제공한다. 그 외에 인터넷 팩스 등의 서비스를 지원하기도 한다.

인터넷 보급도를 나타내는 한국인터넷진흥원의 자료를 살펴보면, 2019년 8월 현재 IPv4는 112,468,480개이며, IPv6는 5,258개이다. 그리고 국내 도메인수는 1,633,780개가 등록되었다.

인터넷 이용자수가 급증함에 따라 우리 주변의 일상생활 중 많은 부문이 온라인과 연결되었으며, 특히 모바일 스마트폰이 인터넷으로 연결되면서 정보검색, 인터넷뱅킹, 전자상거래 쇼핑몰 등을 자유롭게 이용할 수 있게 되었다. 향후 모든 것이 인터넷으로 연결되어 주변 유·무형의 사물들이 지능화되고, 4차 산업의 핵심인 사물인터넷이 급속도로 전개되어 미래사회의 한 획을 담당할 핵심적인 기술이 될 것이며, 새로운 비즈니스모델로 활용성이 매우 클 것으로 전망된다.

6.1.3 인터넷 관련 기술

1) TCP/IP 프로토콜

컴퓨터를 통해 인터넷을 접속하든 공유 폴더나 파일에 접근하든 메일을 주고받든 네트워크 프로토콜을 알게 모르게 이용하게 된다. 이렇듯 컴퓨터통신에 이용되는 프로토콜은 여러 가지가 있는데, 컴퓨터와 인터넷을 사용하면서 흔히 접하게 되는 프로토콜에 대하여 알아보자.

프로토콜(protocol)은 컴퓨터뿐만 아니라 다양한 방면에서 통용되는 용어이다. 공상과학영화 등을 보면 자주 나오는데, 사전적으로는 '규약', '약속' 등을 의미한다. 컴퓨터네트워크에서의 프로토콜은 두 기기(이기종 컴퓨터)가 서로 통신하기 위한 사전 약속으로 해석할 수 있다. 즉 여러 컴퓨터를 네트워크로 접속할 때 서로 통신하기 위해 필요한 순서나 약속사항을 프로토콜이라고 한다.

통신규약이라 함은 상호 간의 접속이나 전달방식, 통신방식, 주고받을 자료의 형식, 오류검출방식, 코드변환방식, 전송속도 등에 대하여 정하는 것을 말한다.

일반적으로 기종(機種)이 다른 컴퓨터는 통신규약도 다르기 때문에, 기종이 다른 컴퓨터 간에 정보통신을 하려면 표준 프로토콜을 설정하여 각각 이를 채택하여 통신망을 구축해야 한다. 대표적인 표준 프로토콜로는 인터넷에서 사용하고 있는 TCP/IP가 있다.

TCP/IP는 몇 개의 프로토콜이 규정되어 있다. 예를 들면 웹페이지의 통신을 수행하는 HTTP와 메일 송 · 수신을 수행하는 POP3와 SMTP, 파일전송을 수행하는 FTP 등이 여기에 해당된다. TCP/IP프로토콜의 구성을 계층별로 나타내면 [표 6-1]과 같다.

| 표 6-1 | TCP/IP 프로토콜의 구성

명칭	기능	프로토콜명
애플리케이션층 (application layer)	애플리케이션 간의 통신처리	HTTP, POP3, SMTP, FTP, IMAP 등
트랜스포트층 (transport layer)	데이터전송관리	TCP
인터넷층 (internet layer)	어드레스관리와 경로선택	IP
네트워크 인터페이스층 (network interface layer)	물리적인 접속기기 간의 통신을 확보	Ethernet

이에 따라 전세계의 모든 컴퓨터, 기기가 인터넷을 통해 상호 연결되기 위해서는 TCP/IP라는 통신규약을 사용해야 하고, 그 일환으로 IP주소를 각각 부여하고 있다. 윈도우 운영체제의 네트워크 속성 등에서 보는 'Internet Protocol Version 4(TCP/IPv4)'가 바로 이것이다.

2) 이메일을 받고 보내기 위한 규약: POP3/SMTP

POP3(Post Office Protocol 3)은 응용계층 인터넷 프로토콜 중 하나로 원격 서버로부터 TCP/IP 연결을 통해 이메일을 가져오는 데 사용된다. 여러 버전의 POP 프로토콜이 개발되었지만 일반적으로 POP을 지칭하는 경우 보통 POP3를 가리킨다. 윈도우 라이브 핫메일, G메일, 네이버메일과 같은 대부분의 웹메일에서 지원한다. 대부분의 이메일프로그램이 서버에 이메일을 남겨두는 기능을 제공하지만, POP은 원격 서버에 접속해서 이메일을 가져온 후 서버에서 이메일을 삭제한다.

한편 IMAP(Internet Message Access Protocol)는 응용계층 인터넷 프로토콜 중 하나로 원격 서버로부터 TCP/IP 연결을 통해 이메일을 가져오는 데 사용된다. IMAP는 온라인 모드와 오프라인 모드를 모두 지원하므로 POP3를 사용할 때와 달리 이메일 메시지를 서버에 남겨 두었다가 나중에 지울 수 있다. 그러므로 다른 컴퓨터환경에서 서로 다른 이메일 클라이언트가 같은 이메일을 받아올 수 있는 장점을 가지고 있다. 이메일 메시지는 서버로 보내져 받는 사람의 이메일 보관함에 저장된다. 사용자는 마이크로소프트 아웃룩, 네이버 같은 메일 클라이언트를 사용하여 편지의 기본 헤더(제목, 송신자명, 이메일 주소 등)를 보고 메일 본문의 다운로드 여부를 정할 수도 있다. 하지만 POP3에 비해 IMAP는 메일 서버와의 통신 트래픽이 높은 단점을 가지고 있다.

그림 6-2 메일을 수신하기 위한 규약: IMAP/SMTP

3) IP주소

(1) IPv4

편지는 받는 사람의 주소를 토대로 정확하게 배송한다. 이메일도 마찬가지로 이메일 주소가 있어야 원하는 내용을 원하는 사용자에게 보낼 수 있다. 컴퓨터네트워크에서 IP(Internet Protocol)주소는 전세계 컴퓨터에 부여된 고유의 식별주소이다. 이론적으로 세상의 모든 컴퓨터(또는 네트워크기기)는 중복되지 않는 IP주소를 가지고 있어야 한다. 그래야 상호 충돌 없이 네트워크에 연결될 수 있기 때문이다. 따라서 IP주소는 컴퓨터끼리 서로 통신하기 위한 '전화번호'라 생각하면 이해가 쉽다.

IP주소는 각 나라의 공인기관에서 할당 · 관리하는데, 우리나라는 한국인터넷진흥원(www.kisa.or.kr)에서 관리한다. 이렇듯 IP주소의 기본 개념은 그리 어렵지 않지만 그 종류와 형태, 용도 등이 다양해서 혼동되기도 한다. 여기서는 컴퓨터나 스마트폰, 기타 모바일기기를 사용할 때 접할 수 있는 기본 용어와 개념에 대해서만 기술한다.

IP주소는 인터넷상에서 통신하기 위하여 각각의 컴퓨터와 통신장비에 부여하는 고유한 주소이다. IP주소는 IPv4, IPv6로 2가지 종류가 있으며 일반적으로 IP주소라 하면 IPv4주소를 말한다. IPv4주소는 32비트 길이의 식별자로 0.0.0.0부터 255.255.255.255까지 숫자의 조합으로 이루어진다.

IPv4의 주소체계는 3자리 숫자가 4마디로 표기된다(각 마디를 옥텟(octet)이라 한다). 표기되는 숫자는 총 32개다. 예를 들어 '123.123.123.123'과 같은 식이다. 단 각 마디(옥텟)의 숫자는 255(0~255)를 넘을 수 없다. 따라서 IPv4체계의 IP주소로는 0.0.0.0부터 255.255.255.255까지 약 42억 개의 주소를 사용할 수 있다. 숫자로 보면 IP주소가 엄청나게 많은 듯하지만, 지금까지 인터넷이 발전되면서 점

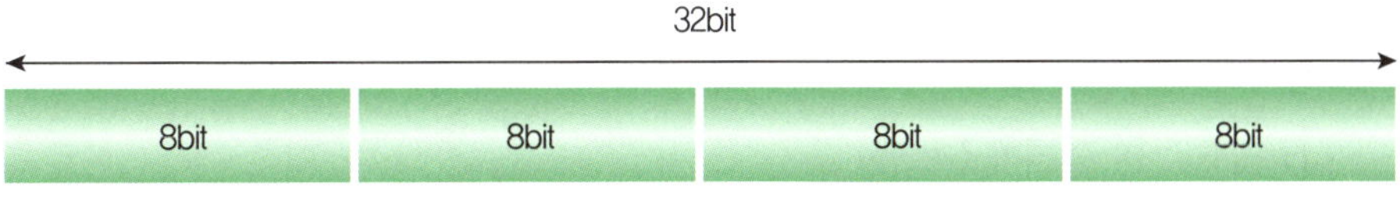

차 IP주소 고갈현상이 나타나고 있다. 전세계 컴퓨터를 비롯한 다양한 기기가 고유한 IP주소를 가져야 하기 때문이다.

IPv4주소는 인터넷주소 자원관리기관에서 부여한 네트워크주소와 네트워크상의 개별 호스트를 식별하기 위하여 네트워크관리자가 부여한 호스트주소로 구성된다. 또한 IPv4주소는 네트워크의 크기나 호스트의 수에 따라 A, B, C, D, E클래스로 나누어진다. A, B, C클래스는 일반사용자에게 부여하는 네트워크구성용, D클래스는 멀티캐스트용, E클래스는 향후 사용을 위하여 예약된 주소이다.

- A Class: Network Address 0 – 127
  (0.0.0.1 – 127.255.255.254)

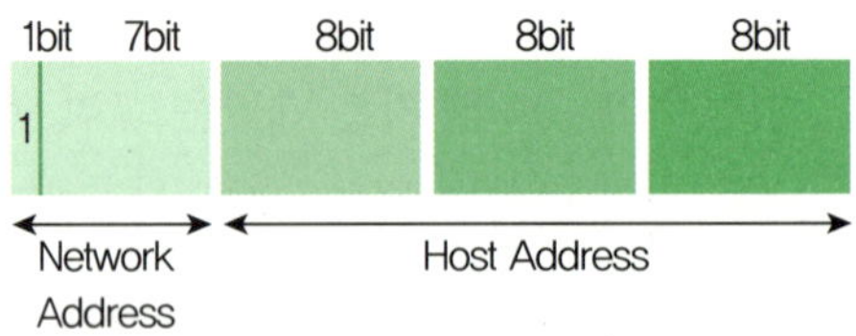

- B Class: Network Address 128 – 191
  (128.0.0.1 – 191.255.255.254)

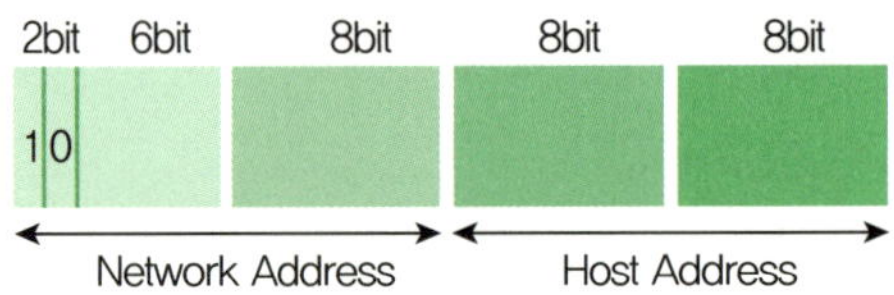

- C Class: Network Address 192 – 223
  (192.0.0.1 – 223.255.255.254)

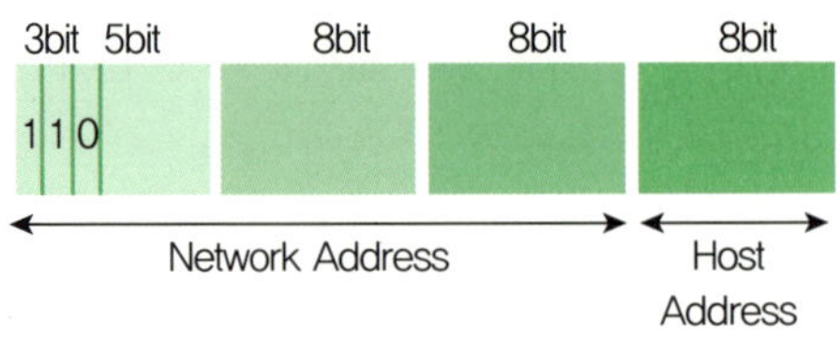

- D Class: IP 멀티캐스트용

• E Class: 미래 사용을 위한 유보용

이와 같은 IP주소 부족문제를 해결하기 위해 제안된 새로운 IP주소체계가 IPv6이다. 이는 기존 IPv4의 32개 숫자가 128개로 늘어나고, 마디도 4개에서 16개로 증가한 형태이다. 예를 들어 3.4×10의 38승에 해당하는 IP주소를 사용할 수 있게 된다. 한 마디로 거의 무한대로 사용할 수 있는 정도다. 이렇게 되면 컴퓨터 관련 기기뿐만 아니라 냉장고, TV, 세탁기, 전자레인지 등 일반가전에도 IP주소를 부여할 수 있어 각 기기 간의 통신이 가능해진다. 다만 IPv6는 시작단계라 현재의 IPv4체계를 완전히 대체하기까지는 시간이 필요할 것으로 예상된다.

(2) IPv6

IPv6주소는 IPv4의 주소 고갈문제를 해결하기 위하여 기존의 IPv4 주소체계를 128비트 크기로 확장한 차세대 인터넷 프로토콜주소이다. 군사 및 학술연구목적을 고려하여 탄생한 IPv4기반 인터넷이 상업적 목적으로 사용되면서 많은 문제점

표 6-2 IPv4와 IPv6의 비교

구분	IPv4	IPv6
주소길이	32비트	128비트
표시방법	8비트씩 4부분으로 10진수로 표시 예) 202.30.64.22	16비트씩 8부분으로 16진수로 표시 예) 2001:0230:abcd:ffff:0000:0000:ffff:1111
주소개수	약 43억 개	약 43억×43억×43억×43억 개
주소할당	A, B, C 등 클래스 단위의 비순차적 할당	네트워크규모 및 단말기 수에 따른 순차적 할당
품질제어	지원수단 없음	등급별, 서비스별로 패킷을 구분할 수 있어 품질보장이 용이
보안기능	IPsec 프로토콜 별도 설치	확장기능에서 기본으로 제공
플러그 앤드 플레이	지원수단 없음	지원수난 있음
모바일IP	상당히 곤란	용이
웹캐스팅	곤란	용이

이 발생하자 이를 대폭 보완 및 개선하기 위하여 IPv6가 표준화되었다.

IP(인터넷 프로토콜)는 TCP/IP 중 데이터의 발신지, 목적지주소를 갖고 데이터가 마지막 목적지까지 안전하게 전달되도록 하는 기능을 갖고 있는 프로토콜이다. IPv6는 IPng의 일부분으로 여기서 ng는 new generation의 약자로 계속해서 IP가 업그레이드될 것을 말하고, IPv6에서 v6는 IPng의 6번째 버전이라는 뜻이다. 버전 업그레이드 작업은 앞으로도 계속 인터넷 표준화 작업기구인 IETF를 통해 진행될 것이다.

이렇게 IPv6가 필요하게 된 것은 현재 인터넷 사용자가 급증하고 있기 때문이다. 예로 2019년 8월 현재 전세계에 3억 6천 개의 도메인이 있다. 이렇게 도메인수가 증가하면서 이를 지원하기 위해 IPv6가 등장하게 되었는데 32비트(IPv4)를 훨씬 능가하는 128비트가 만들어졌다.

IPv6가 사용되면 지금의 통신환경이 많이 바뀌어야 한다. IPv6가 사용될 경우 LAN카드부터 스위치, 라우터 등 모든 네트워크장비가 새로 개발되어야 하기 때문이다. 현재 전세계에서 테스트 중에 있으며 앞으로 실제 사용이 될 때까지 많은 시간이 걸릴 것으로 보고 있다.

4) 인터넷주소와 도메인이름

인터넷주소란 인터넷에서 국제표준방식에 의하여 일정한 통신규약에 따라 특정 정보시스템을 식별하여 접근할 수 있도록 하는 숫자 · 문자 · 부호 또는 이들의 조합으로 구성되는 정보체계를 말한다. 인터넷주소에는 인터넷 프로토콜주소(IP주소)와 도메인 이름이 있다.

- 인터넷 프로토콜(protocol)주소: 인터넷상에서 컴퓨터 및 정보통신설비가 인식하도록 만들어진 것이다.
- 도메인이름(domain name): 인터넷상에서 인터넷 프로토콜주소를 사람이 기억하기 쉽도록 하기 위하여 만들어진 것과 그 밖에 대통령령으로 정하는 것이다.

그림 6-3 도메인(숫자와 문자로 표현) – 검색예시

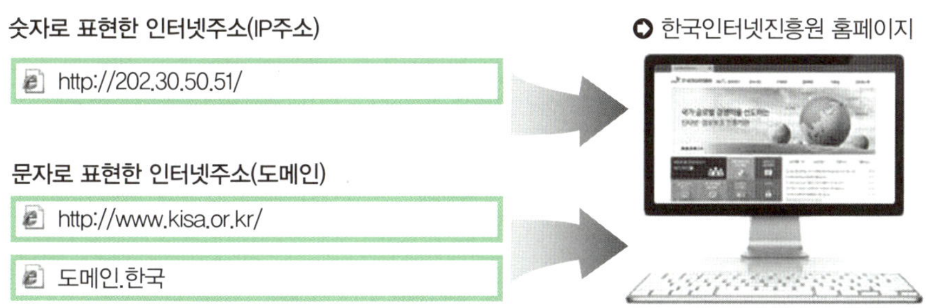

도메인은 인터넷에 연결된 컴퓨터를 사람이 쉽게 기억하고 입력할 수 있도록 문자(영문, 한글 등)로 만든 인터넷주소이다. 법률상으로는「인터넷주소자원에 관한 법률」제2조에 따라 도메인은 인터넷에서 인터넷 프로토콜주소를 사람이 기억하기 쉽도록 하기 위하여 만들어진 것이다. DNS(Domain Name Server)는 할당된 도메인영역에 대한 정보를 가지고 있는 서버로 주로 도메인을 IP주소로 변환하는 역할을 한다.

인터넷상에서 사용되는 도메인은 [그림 6-4]와 같이 나무를 거꾸로 위치시킨 역트리(inverted tree)구조로 계층적으로 구성되어 있다. 루트 도메인 바로 아래의 단계를 1단계 도메인 또는 최상위 도메인(TLD: Top Level Domain)이라고 부르며, 그 다음 단계를 2단계 도메인(SLD: Second Level Domain)이라고 부른다. 네트워크상에서 컴퓨터들은 IP주소를 이용하여 서로를 구별하고 통신한다. 사람들이 네트워크를 통해 원격의 컴퓨터에 접속하기 위해서는 IP주소를 이용하여야 하지만, 숫자의 연속인 IP주소를 일일이 외울 수 없기 때문에 쉽게 기억할 수 있는 도메인주소체계가 만들어졌다. DNS(Domain Name System)는 도메인이름의 수직적인 체계를 말한다.

도메인에는 국가도메인(ccTLD: country code Top Level Domain)과 일반도메인(gTLD: generic Top Level Domain)이 있다. 국가도메인은 인터넷상에서 국가를 나타내는 도메인으로 '.kr(대한민국) .jp(일본), .cn(중국), .us(미국) 등 영문으로 구성된 영문 국가도메인이 있다. 또한 '.한국(대한민국)', '중국(중국), .러시아(러시아), .이집트(이집트)처럼 자국어 국가도메인이 있다. 일반도메인은

그림 6-4 전체 도메인단계

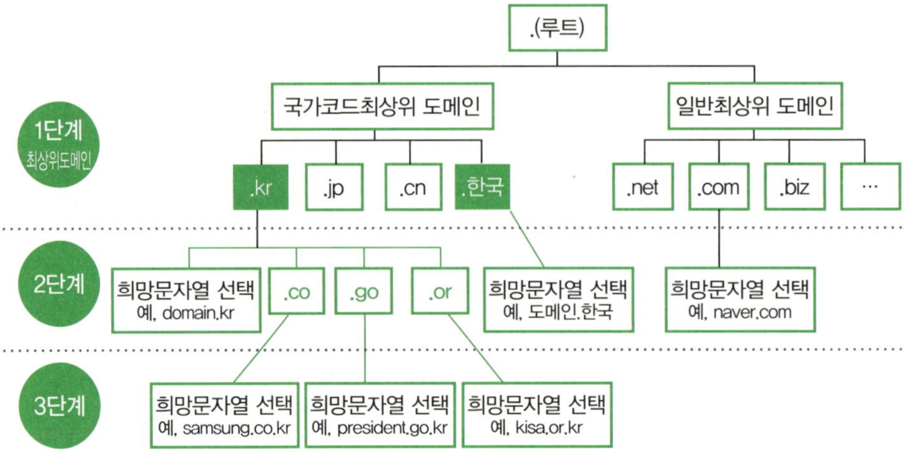

'.com(회사)', '.net(네트워크 관련 기관)', 'org(비영리기관)', '.biz(사업)' 등 등록인의 특성에 따라 사용할 수 있는 도메인이다.

.kr은 국제표준(ISO-3166-410)에 의해 대한민국 국민이 등록할 수 있는 영문 국가 최상위 도메인이다. kr도메인에 대한 등록관리업무는 현재 한국인터넷진흥원(KISA)에서 수행하고 있다. '.한국' 도메인은 원하는 한글 표현 뒤에 '.한국'을 붙여서 홈페이지주소로 사용할 수 있는 한글도메인이다.

예를 들면 kr도메인에는 or영역을 표현하는 or.kr 도메인이 포함되어 있고 or.kr 도메인에는 kisa.or.kr 도메인이 포함되어 있다. 일반적으로 도메인관리자는 해당 도메인이 포함하는 영역을 관리할 수 있다. kisa.or.kr 도메인의 관리자는 kisa.or.kr 하위에 www.kisa.or.kr 혹은 domain.kisa.or.kr 등 여러 개의 호스트를 생성하는 등 kisa.or.kr 도메인을 관리할 수 있다.

표 6-3 국내사용 도메인

중간단계 (2단계 공공도메인)	해당 영역	등록자격
co	영리	법인 또는 개인
or	비영리	
ne	네트워크	
re	연구	
pe	개인	개인
go	정부기관	행정기관 또는 입법기관, 사법기관
mil	국방조직	정부조직법, 국군조직법, 국방조직 및 정원에 관한 통칙에 관한 국방조직
ac	대학 · 대학원	교육기본법 및 고등교육법, 기타특별법에 의한 교육기관
es	초등학교	교육기본법 및 초 · 중등교육법에 의한 초등학교 · 공민학교
ms	중학교	교육기본법 및 초 · 중등교육법에 의한 중학교 · 고등공민학교
hs	고등학교	교육기본법 및 초 · 중등교육법에 의한 고등학교 · 고등기술학교
sc	기타학교	교육기본법 또는 기타법령에 의하여 주문관청에 설립허가, 등록, 신고 등의 절차를 거친 교육, 훈련기관
kg	유치원	교육기본법 및 유아교육법에 의한 유치원
지역	지역	해당 지역에 연고가 있는 법인 또는 개인(예, seoul.kr)

6.1.4 파일식별자(URL)

URL(Uniform Resource Locator)은 네트워크상에서 자원이 어디 있는지를 알려주기 위한 규약이다. 즉 컴퓨터 네트워크와 검색 메커니즘에서의 위치를 지정하는 웹리소스에 대한 참조이다. 흔히 웹사이트주소로 알고 있지만 URL은 웹사이트 주소뿐만 아니라 컴퓨터 네트워크상의 자원을 모두 나타낼 수 있다. 그 주소에 접속하려면 해당 URL에 맞는 프로토콜을 알아야 하고, 그와 동일한 프로토콜로 접속해야 한다.

6.1.5 웹브라우저

웹브라우저 또는 브라우저(web browser 또는 browser)는 웹서버에서 이동하며(navigate) 쌍방향으로 통신하고 HTML 문서나 파일을 출력하는 그래픽 사용자 인터페이스기반의 응용소프트웨어이다. 웹브라우저는 대표적인 HTTP 사용자 에이전트의 하나이기도 하다.

주요 웹브라우저로는 구글 크롬, 인터넷 익스플로러, 마이크로소프트 엣지, 모질라 파이어폭스, 오페라, 사파리가 있다.

6.2 무선인터넷환경

전세계적으로 인터넷의 폭발적인 보급과 사용으로 인하여 인터넷을 기반으로 한 다양한 종류의 사이버세계의 활성화가 급속히 커지고 있다. 그리고 인터넷의 활동범위가 점점 커지면서 이를 기반으로 한 방송, 휴대폰, 태블릿PC, 스마트폰, 블록체인, 로봇, 자율형 자동차, 4차 산업 등을 인터넷분야에 접목하려는 다양한 형태의 콘텐츠개발 역시 활발해지고 있다. 특히 모바일환경에서의 인터넷활용은 미래 중요한 한 축의 비즈니스를 형성해갈 것으로 예상된다.

무선인터넷은 기술방식에 따라 무선랜으로 대표되는 고정형 계열과 이동통신망을 이용한 이동형 계열로 나눌 수 있다. 고정형의 경우 한정된 거리 내에서만 무선접속이 가능하여 이동성에 한계가 있기 때문에 일반적으로 광의의 무선인터넷에는 포함되지만, 이동성을 강조하는 협의의 무선인터넷 개념에는 포함되지 않는다. 또한 위성을 이용한 인터넷의 경우도 이동형으로 분류할 수도 있으나, 고정형의

그림 6-5 무선인터넷의 범위

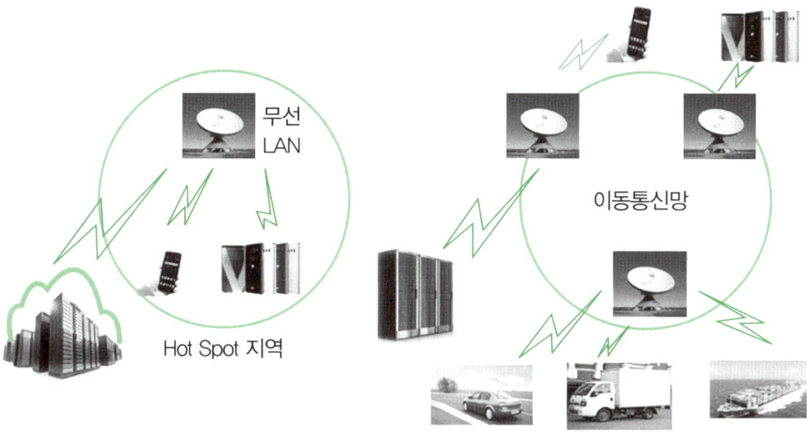

(a) 고정형 무선인터넷　　　(a) 이동형 무선인터넷

형태로 사용하는 것이 일반적이기 때문에 무선인터넷서비스 대상에서 제외된다. 무선LAN의 경우는 고정형의 개념에 포함시킬 수 있으나, 이동성을 가질 수 있기 때문에 무선인터넷의 범주로 포함시킬 수도 있다. 무선LAN은 대부분 캠퍼스, 공항 등 제한적인 지역만을 커버하기 때문에 관점에 따라 고정형 혹은 이동형으로 볼 수 있다. 이러한 관점에서 무선인터넷은 '이동형 인터넷'이라고 정의할 수 있다.

대부분이 모바일이라면 휴대폰을 생각하는데, 영업사원들이 사용하는 PDA와 RFID, 자동차 내비게이션 및 하이패스, 휴대노트북, 움직이는 선박이나 비행기의 위성항법시스템 등도 모바일경제의 한 부분이며 최근의 사용범위가 급속도로 확대되고 있다. 다양한 모바일기기 중에서도 가장 대표적인 것은 24시간 손에 들고 다니는 휴대전화일 것이다. 이러한 모바일기기의 특징은 언제 어디서나 네트워크에 접속하여 실시간으로 정보를 생산 · 배포 · 공유하는 이동성과 개인의 독특한 문화와 경제를 새롭게 구현해가는 개인성으로 구분된다. 최근에는 4차 산업혁명 기술의 등장으로 웹에 대한 욕구가 높아지고 모바일기기의 성능 향상과 다양한 콘텐츠의 향상으로 미래의 무선인터넷환경은 점점 커질 것이다.

6.2.1 무선인터넷 비즈니스모델

변화와 경쟁이 심화되는 글로벌 기업환경에서 기업들이 고객의 욕구를 충족시키고 지속적인 수익창출로 시장의 흐름을 주도하기 위해서는 새로운 변화와 혁신기술뿐만 아니라 새로운 비즈니스모델을 개발하는 것이 무엇보다 중요하다. 인터넷의 등장 이후 기존의 사업구조 및 실행방법에 영향을 미쳐 사업을 하는 방법에 관한 가치체계로 비즈니스모델이 각광받았다.

비즈니스모델은 현재의 비즈니스를 개선하거나 발전시키기 위한 토대로 어떠한 형태의 사업이든 신규로 시작할 때 반드시 고려되어야 하는 핵심요소이다. 비즈니스모델은 하나의 기업이 정해진 시장에서 실질적인 경쟁우위를 창출하기 위해 기업의 전략, 경제성, 그리고 하부구조 등의 영역에서 어떻게 관련 의사결정을 추진해 나갈 것인지에 대해 명확하게 정리한 것을 의미한다.

기업이 비즈니스모델을 통해서 얻고자 하는 것은 이윤이며 구성요소로는 고객가치, 범위(목표고객, 상품, 서비스), 연계활동, 이익구조 등이 포함된다. 기업들이 비즈니스모델을 만들기 위해 고민하는 내용은 다음과 같은 것들이 있다.

- 어떠한 가치(value)를 제공할 것인가?
- 어떤 고객에게 어떤 제품 또는 서비스를 제공할 것인가?
- 어떤 연계활동을 통해 가치를 제공할 것인가?
- 어떻게 이익을 실현할 것인가?

폴 티머스(Paul Timmers)는 다음과 같이 비즈니스모델의 개념을 정의하고 있다.

- 다양한 형태의 비즈니스 참여자들의 역할 등을 포함한 제품, 서비스, 정보의 흐름에 관한 구조
- 다양한 비즈니스 참여자들의 잠재적 이익
- 수익원천을 설명해주는 청사진

표 6-4 일반적인 모바일 상거래 수익모델 유형

수익모델형태	내용	특징
광고, 이용료, 수수료	• 검색광고 • 디스플레이광고	• 위치기반 검색광고, 개인형 맞춤형 광고 • 쌍방향 비디오광고
유료아이템	• 게임, 책, 음악, 디지털아이템 등	• 애플리케이션스토어(앱스토어)에서 판매하는 아이템들에 대한 건당 과금 부과
상거래 및 각종 유료서비스	• 모바일 상거래(소셜 상거래) • 모바일 금융(핀테크) • 다양한 형태의 비즈니스(여행, 호텔, 차량, 영화 등	• 온라인기업의 모바일 상거래 진출(아마존, 아이폰앱과 모바일 킨들스토어 등) • 모바일 금융 솔루션 등 수요확대(블록체인기업의 확대) • 기타: 여행, 호텔, 항공, 차량, 영화 등 실시간 예약서비스 등

6.2.2 무선인터넷의 특징

무선인터넷의 서비스 특징을 살펴보자. 유선인터넷이 편재성(ubiquity), 접근성(reachability), 보안성(security), 편리성(convenience)이라는 특징을 가지고 있다면, 무선인터넷은 여기에 언제 어디서나 실시간 정보검색이 가능한 이동성(mobility), 사용자의 위치파악이 가능한 위치성(localization), 고객·그룹별로 차별화된 서비스 제공이 가능한 즉시연결성(instant connectivity), 개인전용 단말기 이용에 따른 개인성(personality)의 특징이 부가되었다고 할 수 있다.

1) 편재성(ubiquity)

편재성은 무선단말기의 가장 두드러진 특징이다. 휴대폰, 스마트폰, PDA폰 등에서 무선단말기를 이용하여 언제 어디서든 실시간으로 커뮤니케이션활동을 통한 정보검색 및 통신이 가능하도록 지원한다.

2) 접근성(reachability)

접근성은 사람과 사람 간의 통신을 위해 중요한 기능이다. 무선단말기를 가진

사람은 언제 어디서나 연결이 가능하고 원할 경우에는 특정 인물이나 시간대에 접근이 가능하도록 제한할 수 있다. 접근성은 서비스의 개인화, 다양화 추세에 맞물려 점점 더 중요시되는 특징이다.

3) 보안성(security)

사물인터넷 시대에 가장 큰 과제는 보안문제이다. 모바일에서의 통화기록, 메시지 송 · 수신기록, 위치, SNS계정 조회, NFC결제시스템 등의 정보가 누출되어 디도스공격, 악성코드 등의 위협을 받고 있다. 이메일, SNS, 메신저 등을 통해 전송된 첨부파일을 실행하면 감염될 뿐만 아니라 웹사이트 방문을 통해서 감염되기도 한다. 연락처, 사진, 위치정보, 유심카드정보 등의 개인정보관리에 최선의 노력이 필요하다.

보안시스템으로서 SSL(Secure Socket Layer)은 웹브라우저와 웹서버에서 많이 사용하고, PKI(Public Key Infrastructure)는 데이터를 암호화하고 그것을 복호화하는 공개키와 개인키 두 개의 다른 키를 사용한다. 최근 단말기에 부착되는 스마트카드, USIM카드는 개인소유자를 인증하고 인터넷망에서의 보다 수준 높은 보안을 가능하게 해준다.

4) 편리성(convenience)

무선단말기의 데이터저장용량은 점점 늘어나고 사용하기도 더 쉬워지며, 최근에는 모든 휴대폰 및 스마트폰이 터치형태로 간편하게 조절할 수 있는 기능이 강화되었다. 또한 하드웨어적인 기술적 진보와 단말기의 화면크기 개선, 음성인식시스템, 카메라기능의 강화, 짧은 시간 내 배터리용량 충전 강화, 메모리저장용량 강화, 빠르기기능 다양화 등을 통해 점점 편리성이 강화될 것이다.

5) 위치성(localization)

서비스와 애플리케이션에 위치정보를 결합하여 무선단말기에 가치를 부여할 수 있다. 특정 시점에 이용자가 어디에 위치하고 있는지를 분석하여 이용자가 거래하고 싶은 욕구가 생기도록 유인할 수 있는 적절한 서비스를 제공할 수 있게 된다.

6) 즉시연결성(instant connectivity)

무선단말기를 통해 즉시 인터넷에 접속할 수 있다. 휴대폰뿐만 아니라 스마트폰에서도 무선서비스를 자유롭게 이용할 수 있는 와이파이(WiFi)와 LTE, 5G 등이 지원되어 기존보다 데이터, 사진 및 동영상자료들의 즉시연결성이 획기적으로 개선되었다.

7) 개인성(personality)

개인전용 단말기를 사용하는 고객들이 미리 제공한 정보나 사전 설정한 내용을 바탕으로 사용자 개인의 특성에 맞춘 콘텐츠를 제공하는 것이다. 예를 들어 여행을 좋아하는 고객이라면 여행 관련 정보나 광고, 쿠폰 등을 제공한다.

6.3 모바일과 모바일 컴퓨팅

6.3.1 모바일환경

국내 3대 통신사인 LG유플러스, KT, SK텔레콤 모두 모바일 인터넷 활성화를 통한 성장을 이끌어가고 있으며, 과학기술정보통신부에서도 4차 산업혁명기술에 맞는 모바일 인터넷 활성화를 핵심과제로 설정하였다. 모바일 인터넷 활성화에 대한 기대가 그 어느 때보다 높은 상황이라 할 수 있다. 이러한 높은 기대감으로 인해 포털, 블록체인 및 핀테크기술, 인터넷은행서비스, 소셜커머스 및 해외직구 쇼핑몰, SNS, 빅데이터, 클라우드서비스, 스마트헬스, 사물인터넷 등 다양한 기업에서 모바일 인터넷서비스를 확대 · 개편하고 있으며, 소프트웨어개발업체 및 개인개발자들도 모바일 인터넷서비스를 이용하기 위한 각종 모바일 애플리케이션을 개발하여 앱스토어에 등록하여 고객에게 콘텐츠를 제공하고 있다.

2019년 8월 정보통신정책연구원의 조사에 따르면 국내 휴대폰 사용자수는 약 6,779만 명을 넘어섰다. 이제는 휴대전화를 가지고 다니면서 실시간으로 다양한 형태의 정보를 습득하는 것으로 파악된다.

모바일, 즉 스마트폰이 널리 보급된 시기는 2007년 아이폰이 등장하면서이다. 단순히 휴대전화를 고성능, 고기능으로 만든 것이 아니라 항시 휴대하여 인터넷과 연결하여 클라우드와 하나가 되어 각종 애플리케이션서비스를 제공하는 새로운 방안으로 활성화가 크게 이루어졌다. 스마트폰을 구입한 이후에는 기존의 휴대폰(셀폰)과는 다르게 기능을 변경하거나 다양한 앱프로그램을 수시로 다운 및 업로드하여 관리 차원에서 쉽게 이용할 수 있도록 하여 더욱 편리하게 사용되었다. 특히 아이폰의 등장으로 소셜미디어의 폭발적인 보급, 디지털비즈니스, 각종 새로운 방식의 비즈니스 플랫폼(공유)의 확대 등이 이루어졌다. 새로운 형태의 디지털혁신은 아이폰의 등장이 계기였다고 할 수 있다.

스마트폰의 활성화는 스마트폰에 고성능 CPU프로세스와 운영체제(OS), 카메라의 고성능화, 풀터치스크린과 터치 유저 인터페이스(UI)와 사용자경험 인터페이스(UX), 지문인식시스템 등을 탑재한 스마트폰이 확산되면서 모바일 인터넷을 빠르고 편리하게 이용할 수 있는 단말환경이 구축되고 있다. 향후에는 디자인과 하드웨어보다는 운영체제(OS)와 콘텐츠가 스마트폰의 운명을 가름할 것이다. 또한 제조회사 간의 스마트기기, PDA기능(노트), 넷북, 태블릿PC, e-Book 단말기, 노트북 PC 등 다양한 모바일 인터넷기기 간의 경쟁도 심화될 것이다([그림 6-6] 참조).

스마트워치는 포화상태에 이른 스마트폰시장에 새로운 성장동력이 될 것이다. 그저 갖고 다니는 것이 아닌 사용자의 몸과 하나가 될 기기인 스마트워치는 개인화된 제품이다. 스마트워치의 주요 기능으로는 음성통화, 메시지 송 · 수신, SNS 알림, 모바일 결제, LTE통신, 길안내, 헬스케어, 여러 가지 레저기능(골프, 등산, 자전거, 조깅 등)이 있다.

애플 앱스토어의 성공과 안드로이드환경의 구글 플레이, 삼성전자, LG전자, MS 등 다수의 경쟁업체 진입으로 인해 앱스토어시장이 활성화되면서 굳이 이동통

그림 6-6 모바일 단말기와 미래 단말기 전망

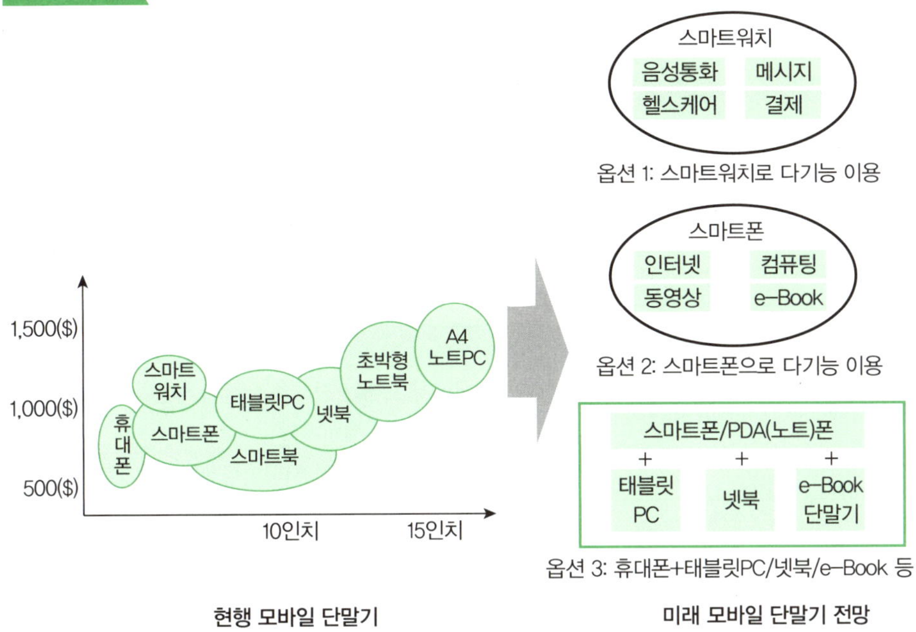

신사를 통하지 않고도 개발자와 소비자가 모바일 애플리케이션을 자유롭게 거래할 수 있는 채널이 열리게 되었다. 향후 모바일 인터넷을 이용하기 위한 환경은 더욱 급속도로 바뀔 것으로 전망된다.

6.3.2 모바일 컴퓨팅

전통적인 컴퓨팅환경은 컴퓨터가 어떠한 일을 수행하는 데 절대적으로 필요한 작업요소이다. 모든 컴퓨터들은 유선(wire)을 경유하여 네트워크, 서버와 기타 등으로 서로서로 연결되어 있다. 이러한 상황은 종종 컴퓨터의 사용에 제한이 될 수 있다. 특히 판매원, 서비스담당자, 정비수리자, 법률대리인 등과 같은 직업에서는 정보기술(IT)이 작업장에서 보다 효율적으로 사용되길 원한다. 이젠 모바일 시대로 때와 장소에 상관없이 컴퓨터가 이용되고 있다. 시간과 장소에 상관없이 컴퓨터가 이용되기 위하여 모바일 컴퓨팅(mobile computing)이 가능한 기술들을 갖추어야 한다.

모바일의 소형화, 모바일 작업자들의 정보의 업로드와 다운로드의 동기화(synchronization) 처리, 모바일 컴퓨팅이 가능하도록 하는 것이다. 이는 인터넷, 인트라넷과 같은 모바일장치와 다른 컴퓨팅환경 사이의 실시간 연결이 가능한 것으로 교육, 건강, 전자상거래, 엔터테인먼트, 보안 등에 사용된다. 이러한 컴퓨팅 기술이 가능한 기반기술들은 [표 6-5]와 같다.

표 6-5 | 모바일 컴퓨팅의 기반기술

구분	내용
GPS(Global Positioning System)	GPS 위성에서 보내는 신호를 수신해 사용자의 현재 위치를 계산하는 위성항법시스템
PDA(Personal Digital Assistant)	작고 소유할 수 있는 컴퓨터(일정계획, 필기도구 및 메모, 사전, 매뉴얼, 전자우편, 팩스, 음성 등)
SMS(Short Messaging Service)	휴대폰에서 짧은 메시지를 보내는 기술로 현재 데이터와 음성을 받고 보낼 수 있음
EMS(Enhanced Messaging Service)	단순한 애니메이션, 움직이는 모습, 짧은 멜로디 등이 가능한 SMS의 확장
MMS(Multimedia Messaging Service)	무선메시지의 다음 세대로서 보다 많은 미디어를 보낼 수 있음
Bluetooth	모바일장치나 또 다른 장치 사이에 임시적이나 짧은 범위의 연결을 위한 무선표준 칩기술
WAP(Wireless Application Protocol)	무선장치로부터 인터넷 브라우징을 제안하는 기술
WiFi	무선LAN을 실행할 수 있는 표준 802.11b
Wireless LAN	모든 802.11 표준에 대한 폭넓은 영역으로 이더넷 네트워킹 표준에 대한 무선버전
WiMax	IEEE 802.16-2004 표준에 대한 무선기술
LTE(Long Term Evolution)	현행 데이터 전송량을 획기적으로 개선한 4세대급 이동통신규격
5G	무선네트워크기술로 밀리미터파(3.6GHz, 24~86GHz 대역 등)를 작동하는 통신, 최대속도가 20Gbps에 달하는 이동통신기술로 4세대 이동통신인 LTE에 비해 속도가 20배가량 빠르고, 처리용량은 100배 많다. 강점인 초저지연성과 초연결성을 통해 4차 산업혁명의 핵심기술인 가상현실, 자율주행, 사물인터넷기술 등을 구현

6.4 애플리케이션(앱)과 소셜네트워크서비스

6.4.1 애플리케이션(앱)

스마트폰이 일반휴대폰과 근본적으로 다른 부분이 바로 용도에 따라 애플리케이션(application, 응용프로그램, 이하 줄여서 '앱')을 추가 설치해 활용할 수 있다는 점이다. 컴퓨터에서 사용하는 각종 프로그램과 동일한 개념이다. 컴퓨터에 윈도우 등과 같은 운영체제만 설치되어 있다면 활용도가 극히 낮은 것처럼, 수백만 개에 달하는 스마트폰 앱을 거의 사용하고 있지 않다면 진정한 스마트폰 사용자라 말할 수 없다.

예를 들어 컴퓨터에서 흔히 사용하는 문서작성프로그램(워드, 한글 등)이나 인터넷 브라우저(인터넷 익스플로러, 구글 크롬 등), 동영상 재생프로그램(유튜브, 윈도우 미디어 플레이어 등), 각종 패키지 · 온라인 게임 등이 컴퓨터용 애플리케이션이다. 이들은 바탕화면 혹은 시작메뉴에 있는 각 아이콘을 더블클릭해서 실행할 수 있다.

스마트폰 앱은 제품에 따라 수십만에서 수백만 개가 제공되고 있으며, 하루에도 수백 개의 앱이 쏟아지고 있다. 해당 앱만 설치하면 간편하게 인터넷뱅킹도 이용하고 버스나 지하철노선, 차량이동 지점도 확인가능하며, 영화나 연극도 그 자리에서 예약할 수 있다. 어디 이뿐인가? GPS 수신기를 통해 간단한 내비게이션으로 특정 위치나 장소를 찾아갈 수 있고, 각 언론사의 최신뉴스도 일목요연하게 열람할 수 있다. 영화나 음악, 사진을 감상하는 것은 기본이다. 이외에도 기상천외한 앱을 통해 지금까지 일반휴대폰으로는 경험할 수 없었던 독특한 기능을 만끽할 수 있다. 앞서 앱이 스마트폰을 더욱 '스마트'하게 만들어준다고 강조한 이유가 바로 이것이다.

최근에는 현실세계와 3차원 가상환경을 접목한 '증강현실(AR: Augmented Reality)'기술을 적용한 생활도우미형 앱이 스마트폰의 가치를 더욱 높여주고 있다. 스마트폰의 카메라로 거리를 비추면 증강현실 앱을 통해 각 건물의 이름,

상호, 업종 등의 정보를 직관적으로 파악할 수 있다. 현재 위치에서 가장 가까운 화장실이나 약국, 병원, 주유소 등을 찾아주는 증강현실 앱은 이미 스마트폰 필수 앱으로 인식되고 있다. 최근에는 음성인식은 기본이고 홍채 및 안면인식을 통해 보안장치를 더욱 확고히 해주는 등 갈수록 모바일기기의 활용성이 증대되고 있다.

1) 스마트폰 애플리케이션 장터, 앱마켓/스토어

앱을 스마트폰으로 직접 다운로드하여 설치할 수 있는 서비스를 제공하는 곳이 앱마켓(app market) 또는 앱스토어(app store)이다. 다만 스마트폰 운영체제에 따라 앱 종류와 개수, 이용방법 등이 각각 다르다. 운영체제개발사뿐 아니라 스마트폰 제조사와 이동통신사도 앱 구매서비스를 별도로 제공하고 있다. 동일한 앱이라도 각 운영체제에 맞게 개발된 앱은 해당 스마트폰에서만 사용할 수 있다.

(1) 애플의 '앱스토어'

앱스토어(App Store)는 애플이 운영하고 있는 아이폰, 아이패드 및 아이팟 터치용 응용소프트웨어 다운로드서비스이다. 아이폰 3G가 발표될 즈음인 2008년 7월 10일부터 아이튠즈의 업데이트형태로 서비스가 시작되었다. 앱스토어란 이름은 애플의 응용소프트웨어 가게(Apple Application Software Store)란 의미를 담고 있다.

개인용 컴퓨터에서 아이튠즈를 이용하거나, 아이폰 및 아이팟 터치의 메뉴에서 직접 3G 네트워크 혹은 와이파이(WiFi)를 경유하여(아이팟 터치의 경우는 WiFi만 지원) 소프트웨어를 다운로드할 수 있다. 다운로드할 수 있는 소프트웨어는 유료와 무료가 있으며, 무료소프트웨어를 다운로드할 때도 아이튠즈스토어의 계정이 필요하다.

일반이용자는 자신이 개발한 응용소프트웨어를 앱스토어를 통해 등록할 수 있다. 이를 위해서는 애플과 개발자계약을 한 후, 인텔의 CPU가 탑재된 매킨토시의 Mac OS X 10.5 이상의 운영체제에서 Xcode, 아이폰 SDK(소프트웨어개발키트) 등의 개발도구를 이용하여 작성한 다음에야 앱스토어를 통해 전세계를 대상으로 판매할 수 있다. 이를 위해서 개발자로서 등록하는 데에는 연간 99달러의 비용이 든다. 유료소프트웨어의 판매가격은 개발자가 자유롭게 매길 수 있으며, 판매수익의 30%를 애플이 수수료 및 호스팅비용으로 받는 형태이다.

앱스토어는 아이폰 및 아이팟 터치의 운영체제 버전이 2.0 이상이어야 이용할 수 있으며, 컴퓨터에서 이용하는 경우 아이튠즈 7.7 이상부터 이용할 수 있다. 다만 아이폰 OS 3.0 출시 이후 등록된 응용프로그램은 운영체제 버전 2.0에서는 설치할 수 없는 것들이 대부분이다. 2017년기준 이용가능한 앱이 220만 개이고 1,300억 다운로드 횟수를 훨씬 돌파하였다.

(2) 구글의 '구글 플레이'

구글 플레이(Google Play)는 음악, 동영상, 책, 안드로이드 응용프로그램, 게임을 포함한 온라인스토어와 클라우드 미디어 플레이어를 아우르는 구글의 디지털 콘텐츠서비스이다. 구글 플레이는 구글이 기존의 안드로이드 마켓과 구글 뮤직서비스의 상표를 새로 변경하면서 2012년 3월에 도입되었다. 구글 플레이를 통해 안드로이드 응용프로그램을 받을 경우, 애플의 앱스토어와는 달리 구글의 정책에 따라 사용자가 구입한 지 2시간 이내에 다운로드한 응용프로그램의 환불을 요구하면 구매금액을 모두 환불해주어야 한다.

전세계에서 무료 애플리케이션이 가능하다. 129개 국가에서 유료로 구입할 수 있다. 애플리케이션은 디바이스에서 설치하거나 인터넷에서 설치할 수 있다. 사용자가 자동 업데이트를 지정하면 애플리케이션이 자동으로 업데이트한다.

안드로이드 마켓 초기에는 미국과 영국에서만 유료 애플리케이션의 판매가 가능했다. 2009년 4월 2일, 구글은 한 언론사와의 이메일 인터뷰에서 독일과 오스트리아, 네덜란드, 프랑스, 스페인에도 유료 애플리케이션 판매시스템을 구축하기 위하여 힘쓰고 있으며, 이들 국가의 판매시스템이 완성되면 다른 국가의 개발자를 위한 판매시스템에 관한 계획을 발표하겠다고 밝혔다. 그 후에도 계속해서 유료 애플리케이션 판매가능 국가의 범위가 더욱 확대되고 있다. 또한 구글 체크아웃(Google Checkout)뿐만 아니라 각 이통사 과금시스템과의 연동을 적극적으로 검토하겠다고 밝힌 적이 있으나, 여전히 미국 등 일부 국가를 제외하면 지지부진한 편이다. 2011년 국내 안드로이드 마켓 유료 애플리케이션의 원화 제공이 시작되어 달러가 아닌 원으로 결제가 가능해졌다.

2) 앱의 발전이 곧 스마트폰의 발전

스마트폰 사양이 어느 정도 평준화됨에 따라 앱의 중요성이 매우 커지고 있다. 얼마나 다양한 앱을 이용할 수 있는가가 해당 스마트폰을 구매하는 데 절대적인 영향을 미칠 정도이다. MS의 '윈도우'라는 운영체제가 우리나라 인터넷 발전에 상당한 영향을 미친 것처럼 이제는 애플리케이션, 즉 앱이 특정 하드웨어를 떠나 시장과 트렌드를 이끌어갈 수 있는 절대적인 요소라 말할 수 있다. 따라서 고성능 스마트폰을 구매했는데 정작 사용할 수 있는 앱이 몇 개 되지 않는다면 스마트폰으로 아무런 의미를 부여하지 못한다. 다양한 앱이 스마트폰으로 구현된다면 향후 스마트폰의 하드웨어와 소프트웨어 간의 상호 연계성이 점점 증가되어 발달할 것이다.

6.4.2 소셜네트워크서비스

기존의 휴대폰은 제조사별로 전용 운영체제(OS)를 탑재하여 제3자가 개발된 애플리케이션을 설치하는 데 제한이 있다. 일반휴대폰의 소프트웨어는 대부분 제조사가 설치한 소프트웨어이다. 일반휴대폰이 폐쇄적인 구조를 갖는 것은 이동통신서비스 사업자가 이동전화 제조업체와 함께 설정한 규격에 따라 모바일 애플리케이션과 콘텐츠 유통시장을 독자적으로 운영하기 때문이다.

그러나 스마트폰은 다양한 애플리케이션을 사용자가 원하는 대로 설치하고 추가 또는 삭제할 수 있다. 특히 다양한 애플리케이션과 콘텐츠를 디지털 오픈마켓에서 구매한다는 것 이외에는 PC와 같은 개념을 지닌다.

스마트폰의 기능 중 하나인 페이스북, 트위터, 카카오톡, 인스타그램 등과 같은 다양한 SNS미디어를 이용한 커뮤니케이션이 우리 사회를 연결하고 있다. 소셜네트워크는 개인 대 개인, 개인 대 집단, 더 나아가 개인이 속한 집단과 다른 개인이 속한 집단까지도 연결할 수 있다. 겉으로는 분명히 개인과 개인이 연결된 것으로 보이지만, 한 개인을 통해 개인과 개인이 연결되면서 각 개인이 속한 집단과 집단의 연결점이 된다는 것에 소셜네트워크의 의미를 둘 수 있다.

1) 페이스북

페이스북(Facebook)은 미국 캘리포니아 멘로파크에 본사를 둔 세계 최대의 소셜네트워크서비스이다. 2004년 2월 4일에 마크 저커버그(Mark Zuckerberg)가 하버드대 동문이자 룸메이트인 친구들과 함께 웹사이트를 개설했다. 2018년 8월 기준, 월 실사용자(monthly active users)수가 무려 22억 명에 달한다. 전세계 인구 3명 가운데 한 사람이 페이스북을 하는 것이다. 페이스북은 활동 사용자가 가장 많은 소셜네트워크서비스이다.

활발한 사용자 중 절반 이상은 모바일기기에서도 페이스북을 이용하고 있다. 사용자들은 페이스북을 이용하기 전에 가입을 해야 한다. 가입 뒤 자신의 프로필을 만들고 사용자들을 친구로 추가하고, 메시지를 교환할 수 있다. 친구들이 프로필을 업데이트하면 자동으로 알림이 뜬다. 또한 사용자들은 공통의 관심사를 가진 사용자그룹에 가입할 수 있으며, 이 그룹들은 직장, 학교 등과 같은 특성으로 분류되고, 친구들은 '직장친구', '가까운 친구'와 같이 분류할 수 있다.

2) 트위터

트위터(Twitter)는 소셜네트워크서비스이자 미니블로그서비스이다. 2006년 미국의 잭 도시(Jack Dorsey), 에반 윌리엄스(Evan Williams), 비즈 스톤(Biz Stone) 등이 공동으로 개발하고 벤처기업 오비어스(Obvious Corp.)가 처음 개설하였다. 트위터란 지저귀다라는 뜻으로 재잘거리듯이 하고 싶은 말을 그때그때 짧게 올릴 수 있는 공간이다. 한 번에 쓸 수 있는 글자수도 최대 140자로 제한되어 있다.

블로그의 인터페이스에 미니홈페이지의 친구맺기기능, 메신저의 신속성을 갖춘 소셜네트워크서비스(SNS)로서 관심 있는 상대방을 뒤따르는 팔로(follow)라는 독특한 기능을 중심으로 소통한다. 이는 다른 SNS의 친구맺기와 비슷한 개념이지만 상대방이 허락하지 않아도 일방적으로 뒤따르는 사람 곧 팔로어(follower)로 등록할 수 있는 점이 가장 큰 차이점이다. 웹에 직접 접속하지 않더라도 휴대전화의 문자메시지(SMS)나 스마트폰 같은 휴대기기 등 다양한 방법을 통하여 글을 올리거나 받아볼 수 있으며, 댓글을 달거나 특정 글을 다른 사용자들에게 퍼트릴 수도 있다. 홈페이지주소는 'http://twitter.com'이며, 사용자의 트위터주소는 '@아이디'로 표기된다.

언제 어디서나 정보를 실시간으로 교류하는 빠른 소통이 가장 큰 특징으로서 세계적 뉴스채널로 속보를 장점으로 하는 CNN을 앞지를 정도로 신속한 정보유통망으로 주목받고 있다. 미국의 첫 흑인 대통령이 된 버락 오바마가 대통령 선거에서 승리하는 데 트위터를 이용한 홍보효과를 톡톡히 본 것으로 알려져 있으며, 기업들도 홍보나 고객불만 접수 등 다양한 방법으로 트위터를 활용하고 있다. 한국에서도 사용자가 급속히 확산되는 추세로 드림위즈가 호환사이트인 트위커(http://twtkr.com)를 개설하여 제공하기도 하였다.

3) 카카오톡

카카오톡(KakaoTalk)은 주식회사 카카오가 2010년 3월 18일 서비스를 시작한 글로벌 모바일 인스턴트 메신저이다. 카카오톡은 현재 스마트폰 사용자를 대상으로 프리웨어로 제공된다. 안드로이드 모바일장치 사용자는 Google 플레이스토어에서, 애플의 모바일장치 사용자는 애플 앱스토어에서, 윈도우폰 사용자는 윈도우 스토어에서 내려받아 사용할 수 있다.

4) 인스타그램

인스타그램(Instagram)은 케빈 시스트롬(Kevin Systrom)과 마이크 크리거(Mike Krieger)가 만들었으며 온라인 사진 공유 및 소셜네트워킹서비스이다. 사용자들은 인스타그램을 통해 사진 촬영과 동시에 다양한 디지털 필터(효과)를 적용하여 페이스북이나 트위터 등 다양한 소셜네트워킹서비스에 사진을 공유할 수 있다. 인스타그램의 가장 큰 특징은 정사각형의 사진이며 보통의 모바일기기에서 사용하는 16:9 비율과 다르다.

인스타그램은 즉석에서 사진을 볼 수 있게 한 방식인 '인스턴트 카메라(instant camera)'와 전보를 보낸다는 의미의 '텔레그램(telegram)'을 합쳐 만든 이름으로, 사진을 즉석에서 손쉽게 다른 사람들에게 전송한다는 뜻을 가지고 있다. 사용자들은 사진을 올릴 수 있고 사용자들의 인스타그램 계정을 소셜네트워킹서비스와 연동할 수 있으며, 다른 사용자들과 피드백을 주고받을 수 있다

6.5 클라우드서비스

인터넷을 통한 클라우드서비스 연계방안이 점점 규모가 커지고 있다. 클라우드서비스는 영화, 사진, 음악, 각종 기업업무, 거래유통 등 미디어파일, 문서파일, 주소록파일 등 사용자의 콘텐츠를 서버에 저장해두고 스마트폰이나 스마트TV를 포함한 어떤 기기에서도 다운로드한 후 사용할 수 있도록 한 서비스를 말한다. 이러한 정보가 인터넷상의 서버에 영구적으로 저장되고, 데스크탑 · 태블릿PC · 노트북 · 넷북 · 스마트폰 등의 IT기기 등과 같은 클라이언트에는 일시적으로 보관되는 컴퓨터환경을 뜻한다. 즉 이용자의 모든 정보를 인터넷상의 서버에 저장하고, 이 정보를 각종 IT기기를 통하여 언제 어디서든 이용할 수 있다는 개념이다([그림 6-7] 참조).

다시 말하면 구름(cloud)과 같이 무형의 형태로 존재하는 하드웨어 · 소프트웨어 등의 컴퓨팅자원을 자신이 필요한 만큼 빌려 쓰고 이에 대한 사용요금을 지급하는 방식의 컴퓨팅서비스로, 서로 다른 물리적인 위치에 존재하는 컴퓨팅자원을 가상화기술로 통합해 제공하는 기술을 말한다. 클라우드로 표현되는 인터넷상의 서버에서 데이터저장, 처리, 네트워크, 콘텐츠 사용 등 IT 관련 서비스를 한번에 제공하는 혁신적인 컴퓨팅기술인 클라우드 컴퓨팅은 '인터넷을 이용한 IT자원의

그림 6-7 클라우드서비스환경

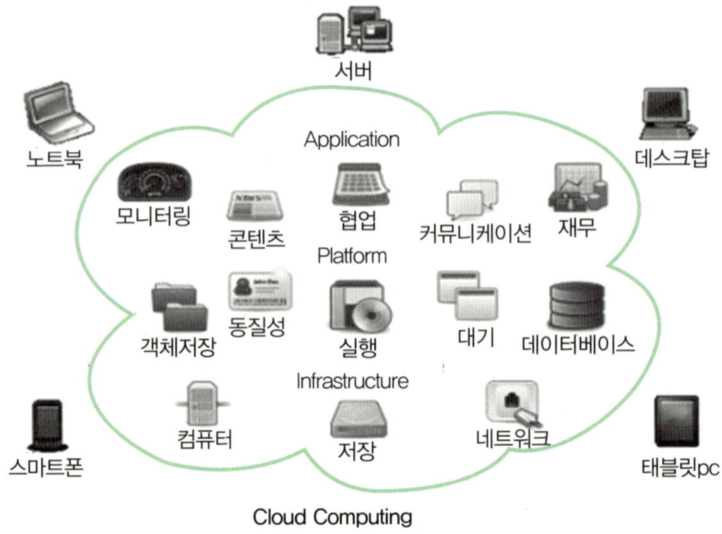

주문형 아웃소싱서비스'라고 정의되기도 한다.

기업이 클라우드를 이용할 경우 회사의 정보를 회사 안에 구축한 시스템에서 처리하는 것이 아니라 클라우드 사업자의 데이터센터 안의 시스템에서 처리하게 된다. IT자산을 소유하는 것이 아니라 서비스로 이용하는 모델이다. 클라우드 이용자는 인터넷에 접속한 후, 웹브라우저나 클라우드서비스 전용 소프트웨어 등을 통해 서비스를 이용할 수 있다. 그리고 클라우드 컴퓨팅을 도입하면 기업 또는 개인은 컴퓨터시스템을 유지 · 보수 · 관리하기 위하여 들어가는 비용과 서버의 구매 및 설치비용, 업데이트비용, 소프트웨어 구매비용 등 엄청난 비용과 시간 · 인력을 줄일 수 있고, 에너지절감에도 기여할 수 있다.

또 PC에 자료를 보관할 경우 하드디스크 장애 등으로 인하여 자료가 손실될 수도 있지만 클라우드 컴퓨팅환경에서는 외부 서버에 자료들이 저장되기 때문에 안전하게 자료를 보관할 수 있고, 저장공간의 제약도 극복할 수 있으며, 언제 어디서든 자신이 작업한 문서 등을 열람 · 수정할 수 있다. 하지만 서버가 해킹당할 경우 개인정보가 유출될 수 있고, 서버장애가 발생하면 자료 이용이 불가능하다는 단점도 있다.

클라우드 컴퓨팅은 컴퓨터를 사용한 정보처리를 자신이 보유한 PC가 아니라 인터넷 너머에 존재하는 클라우드 사업자의 컴퓨터에서 처리하는 서비스를 말한다. 즉 서버, 스토리지, 소프트웨어 등 IT자원을 필요시 이용하는 컴퓨팅방식으로 공통적으로 인터넷을 통해 가상화된 형태로 이용자가 필요로 하는 IT자원을 필요한 만큼 빌려 쓰는 개념이며 클라우드 컴퓨팅에 대한 다양한 정의와 서비스가 출현하고 관련 기술개발이 빠르게 진행되면서 클라우드서비스의 개념도 지속적으로 변화해가고 있다.

클라우드 컴퓨팅서비스의 유형으로는 클라우드서비스 사업자가 제공하는 IT자원의 종류에 따라 서비스모델을 인프라서비스(IaaS: Infrastructure as a Service), 플랫폼서비스(PaaS: Platform as a Service), 소프트웨어서비스(SaaS: Software as a Service)로 [그림 6-8]과 같이 나눈다. 또한 클라우드 이용모델에 따라 퍼블릭 클라우드서비스(public cloud service), 프라이빗 클라우드서비스(private cloud service), 하이브리드 클라우드서비스(hybrid cloud service), 커뮤니티 클라우드서비스(community cloud service)나누기도 하고, 클라우드 구현방법에는 네이티브앱(native app)방식, 웹앱(web app)방식, 하이브리드앱(hybrid app)방식, 클라우드 스트리밍(cloud streaming)방식이 있다.

최근에는 클라우드시장이 성숙해지면서 서비스 제공방식도 다변화되고 있다. 단순히 퍼블릭 클라우드, 프라이빗 클라우드, 하이브리드 클라우드로 나누던 것에서 '온프레미스 클라우드'와 같이 양쪽의 장점을 취합한 새로운 형태의 서비스 혹

그림 6-8 클라우드서비스 모델 유형

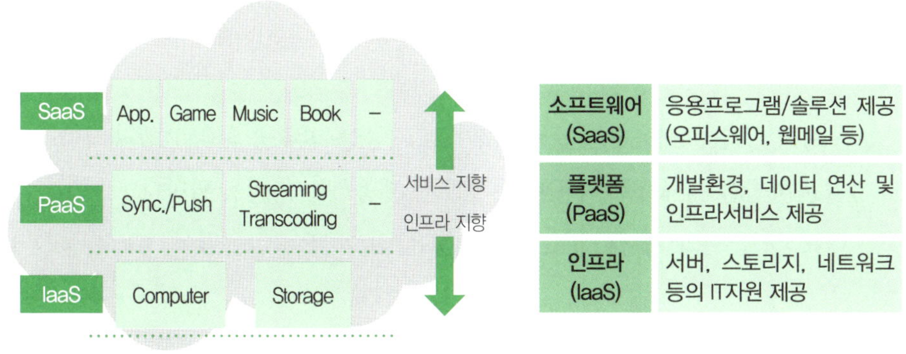

은 제품이 등장하고 있다.

6.5.1 일반적인 클라우드서비스모델

1) 인프라서비스(IaaS)

- CPU나 서버, 메모리와 같은 하드웨어 등의 컴퓨팅리소스를 네트워크를 통해 서비스로 제공하는 모델로 가상 서버 및 온라인 스토리지 등을 들 수 있다.
- 대표적인 활용 예는 웹사이트의 서버로 안정적인 웹사이트의 구축비용과 운용비용을 절감할 수 있다.
- 최근에 기업의 업무 통합패키지인 ERP를 운용하는 사례도 나오고 있다.

2) 자체 플랫폼서비스(PaaS)

- 기업의 애플리케이션 실행환경 및 애플리케이션 개발환경을 서비스로서 제공하는 모델로 단기간에 기업의 응용프로그램을 개발하여 서비스를 제공할 수 있다.
- 개발 및 테스트 시행에 큰 처리능력이 필요한 경우 혹은 자사에서 운용 중인 애플리케이션의 최대 부하를 분산처리하는 경우에 사용된다.
- 스마트폰, 태블릿PC 등의 모바일서비스에서 인터넷 접속이라든지 사물인터넷에서 다양한 기기들이 생성하는 센서데이터와 같은 대용량 데이터를 효율적으로 수집하여 처리하는 플랫폼에 사용된다.

3) 소프트웨어서비스(SaaS)

- 주로 업무에서 사용하는 소프트웨어의 기능을 인터넷 등의 네트워크를 통해 필요한 만큼 서비스로 이용할 수 있도록 제공하는 형태를 말한다.
- 대표적인 소프트웨어나 애플리케이션은 전자메일, 그룹웨어, CRM 등을 들 수 있다.

- 회사의 PC는 물론, 스마트폰, 태블릿과 같은 이동형 단말기로 인터넷 접속하는 형태로 전자메일 및 일정, 영업정보 등을 여러 사람과 교환하는 서비스이다.

6.5.2 클라우드 이용모델에 따른 분류

1) 퍼블릭 클라우드서비스(public cloud service)

- 클라우드 사업자가 시스템을 구축하고 인터넷망 등의 네트워크를 통해 불특정 다수의 기업과 개인에게 서비스를 제공하는 형태이다.
- 사용대상에 제한을 두지 않으며 공개적으로 서비스를 제공한다.
- 필요한 컴퓨팅자원을 단기간에 저비용으로 마련할 수 있고 운용관리 부담이 적다.

2) 프라이빗 클라우드서비스(private cloud service)

- 클라우드서비스의 사용자 또는 사업자의 데이터센터에 클라우드 관련 기술이 활용된 자사 전용환경을 구축하여 컴퓨팅리소스를 유연하게 이용할 수 있는 형태이다.
- 가상화, 자동화와 같은 클라우드 관련 기술의 활용으로 인해 시스템의 성능과 비용이 최적화되므로 유연한 사용자 정의가 가능하다는 점이 특징이다.

3) 하이브리드 클라우드서비스(hybrid cloud service)

- 퍼블릭 클라우드와 프라이빗 클라우드, 커뮤니티 클라우드 같은 클라우드서비스와 온프레미스시스템(on-premise system)을 연계시켜 활용하는 시스템 및 서비스이다.
- 시스템자원을 효율적으로 사용하면서도 비용절감이 가능하다.

4) 커뮤니티 클라우드서비스(community cloud service)

- 공통의 목적을 가진 특정 기업들이 클라우드시스템을 형성하는 방식이다.
- 데이터센터에서 공동 운영하는 형태로 퍼블릭 클라우드와 프라이빗 클라우드의 중간형태이다.

온프레미스시스템

기업 사용자 스스로 클라우드기반 소프트웨어 등을 이용하고 자체적으로 구입한 서버 및 스토리지, 하드웨어리소스기업 안에 설치하여, 자사 전용 클라우드환경을 구축해서 운용하는 형태이다. 기업 사용자 스스로가 시스템을 설계하고 운용 및 관리하기 때문에 자사의 시스템 요구사항에 맞춘 유연한 시스템 설계가 가능하다.

6.5.3 클라우드 구현방법

1) 네이티브앱(native app.)

- 운영체제가 설치된 사용자의 단말기상에 데이터저장과 애플리케이션 구동이 진행되며 일부 작업에서만 클라우드자원을 활용한다.
- 동작속도가 빠르며 네트워크 단절 시에도 사용가능하나, 운영체제별로 서비스 애플리케이션을 개발해야 하는 단점이 있다.

2) 웹앱(web app.)

- 모든 데이터와 애플리케이션이 온라인 서버에 저장되며 웹브라우저를 통해 클라우드서비스를 이용한다.
- 하나의 애플리케이션만 요구되기 때문에 서비스 개발비용이 저렴하나 네이티브앱 대비 구동속도가 느리다.

3) 하이브리드앱(hybrid app.)

- 사용자 인터페이스는 네이티브앱을, 서비스프로세스는 웹앱방식으로 구현된다.
- 웹앱 대비 구동속도는 빨라졌으나 운영체제별로 서비스 애플리케이션을 개발해야 한다는 불편함은 여전히 존재한다.

4) 클라우드스트림(cloud streaming)

- 모든 데이터는 온라인 서버에 저장되어 있으며, 애플리케이션 구동 또한 서버상에서 진행되므로 사용자의 단말기에는 서비스 관련 이미지만 전송된다.
- 단일 애플리케이션만을 요구하며 서비스속도 또한 빠르나 완벽에 가까운 네트워크가 필요하다는 제약이 존재한다.

클라우드서비스를 제공하는 사업자들은 자사가 가지고 있는 사업영역에서의 강점을 살려 차별화를 가지고 추진하고 있다.

클라우드서비스시장은 아마존.com이나 구글 같은 클라우드서비스를 자사의 핵심비즈니스로 전개하고 있는 클라우드 네이티브 사업자가 선도하고 있다. 대규모 웹사이트 인프라의 운영 노하우를 바탕으로 서비스를 확장하고 있다.

소프트웨어 사업자는 자사 소프트웨어를 이용하는 기업 이용자를 대상으로 클라우드비즈니스의 확대를 진행하며 마이크로소프트웨어회사 등이 대표적이다. 기존의 온프레미스로 사용하고 있던 시스템과 클라우드서비스를 통합하는 하이브리드 클라우드를 추진하고 있다.

한편 통신사업자들은 자사의 VPN망이나 전용선 같은 네트워크와 데이터센터를 종합적으로 제공하고 있다. 이를 통해 통신서비스의 품질을 내세워 고객들을 유치하고 있다. SI 사업자 및 하드웨어 사업자의 경우(IBM, NTT, NEC 등) 하드웨어 제조 및 대량 조달, 시스템통합 노하우를 바탕으로 소프트웨어 사업자와 연계한 클라우드서비스와 클라우드기반 솔루션사업을 전개하고 있다.

클라우드 사용 패턴은 전사상거래 운영과 이미지광고, 동영상 진송의 웹사이트 등을 기반으로 이용하는 고객과 기업연계(B2C)분야, 기업 내부시스템을 기반으로 물류, 유통, 서비스, 오피스 계열로 이용하는 엔터프라이즈분야, 지자체와 교육, 농업, 의료, 정부 등의 공공기관을 이용하는 공공분야, 사물인터넷과 인공지능, 빅데이터 등을 데이터분석에 이용하는 4차 산업 등의 신산업분야로 분류할 수 있다. 초기의 클라우드서비스가 제공될 때는 웹사이트나 애플리케이션개발환경으로 이용되었으나 최근에는 기업의 정보시스템부터 ERP, CRM, SCM과 같은 인트라넷과 엑스트라넷시스템까지 중용한 내부 정보시스템기반으로 채택되기 시작되었다.

그리고 향후에 클라우드서비스 이용실태는 일반PC나 스마트폰에서 클라우드서비스를 접속하여 이용하는 형태였으나 미래에는 공장이나 자동차 등 다양한 사물 혹은 사물인터넷으로 접속하는 기기 등에 접속하여 방대한 자료를 수집하고 분석하여 비즈니스를 활용하려는 움직임이 더욱 많아질 것이다.

가상사설망(VPN: Virtual Private Network)

공중네트워크를 통해 한 회사나 몇몇 단체가 내용을 외부 사람에게 드러내지 않고 통신할 목적으로 쓰이는 사설통신망이다. 가상사설망에서 메시지는 인터넷과 같은 공공망 위에서 표준 프로토콜을 써서 전달되거나, 가상 사설망서비스 제공자와 고객이 서비스수준계약을 맺은 후 서비스 제공자의 사설망을 통해 전달된다.

사례 연구

개 · 고양이 구분 못한 AI, 2045년 인간 앞설 듯

#1. 2019년 한국을 방문한 손정의 소프트뱅크 회장은 "앞으로 한국이 집중해야 할 것은 첫째도 AI, 둘째도 AI, 셋째도 AI"라고 강조했다. 앞으로 AI기술이 정보의 전달체계를 비롯한 우리 삶의 패러다임을 바꿀 것이란 얘기다. 실제 그의 말처럼 2000년대는 세계적인 IT 열풍과 스마트폰혁신으로 온라인에 기반을 둔 정보혁명이 일어났다. 손 회장은 AI분야의 변화에 대응하기 위해 1,080억 달러(약 127조 원) 규모의 제2비전펀드 출범 계획도 내놨다.

#2. 인텔은 디지털 뉴런 800만 개를 활용한 신경모방시스템 '포호이키 비치(Pohoiki Beach)'를 공개했다. 인간의 뇌신경구조를 모방한 컴퓨팅기술을 하드웨어로 구현한 AI 반도체시스템으로, 병렬구조로 그래프 검색이나 복잡한 수학 연산처리 등을 한다. 기존 중앙처리장치(CPU)보다 최대 약 1,000배 빠르고, 에너지 효율은 100배나 좋다. 이론적으로는 CPU 1,202개가 동원된 알파고의 슈퍼컴퓨터에 육박하는 성능을 낼 수 있다. 인텔은 올 연말에는 디지털 뉴런 개수를 1억 개로 늘릴 계획이다. AI의 문제로 지적되어 온 계산량과 방대한 에너지 소비에 대한 해법의 실마리가 잡혀가고 있는 셈이다.

AI 시대의 주도권을 잡기 위한 글로벌 정보통신기술(ICT) 공룡들의 기술개발과 파트너십 구축이 속도를 내고 있다. 마이크로소프트는 테슬라의 일론 머스크가 설립한 개방형 AI 스타트업에 10억 달러(약 1조 1,885억 원)를 투자했고, 구글 · 아마존은 의료 · 통신 등 AI를 이용한 신규비즈니스 진출을 서두르고 있다. AI 알고리즘과 하드웨어기술이 정보 · 지식의 폭발을 일으키며 나날이 진보하고 있다고 판단해 발걸음을 재촉하고 있는 것이다.

현재 AI기술은 AI가 인간의 지능을 뛰어넘는 싱귤래러티(singularity, 특이점)를 향해 달려가고 있다. 특이점이란 인간의 지능을 모방한 AI가 온라인 등 공간에 누적된 방대한 데이터를 자율적으로 해석해 새로운 이성과 의식을 생성, 인간 이상의 지능을 발휘하는 순간을 뜻한다. 미국의 수학자 존 폰 노이만이 처음 언급한 용어로, 미래학자이자 현재 구글 이사인 레이 커즈와일이 2005년 『특이점이 온다』는 책에서 "2045년 AI가 인간의 지능을 능가할 것"이라는 전망을 내놓으며 대중적으로 사용되기 시작했다. 커즈와일은 AI가 튜링테스트(컴퓨터가 생각이 있는지 판정하는 테스트)를 통과하는 시점을 2020년대 말로 예상했다. 커즈와일은 "특이점이 오면 인간의 지능은 우리가 만든 지능과 통합되어 10억 배 높아지며, 컴퓨터가 뇌에 이식되고 클라우드에 연결되어 인간 존재를 확장시킬 것"이라고 내다보기도 했다.

실제 AI는 딥러닝기술의 급진적 발전과 함께 르네상스를 맞고 있다. AI는 지난 50년간 연구에도 슈퍼컴퓨터가 고양이와 개를 구분하지도 못하는 수준이었다. 그러나 딥러닝기술의 발전으로 인위적 조작 없이도 AI가 사람처럼 생각하고 배우며 스스로 데이터를 분류, 집합의 상하관계까지 파악할 수 있는 단계까지 이르렀다. 인간이 가르치지 않아도 미래의 상황을 예측하고 판단할 수 있는 시대가 온 셈이다. 사람은 흔히 젊은 시절 내린 판단이나 습득한 정보를 죽을 때까지 가져가는 경향이 있지만, AI는 지식을 업데이트하며 새로운 판단과 이전과는 다른 의사결정을 할 수 있다. 인간의 뇌는 늙지만 AI는 늙지 않고 무한한 발전이 가능한 셈이다.

특히 5세대(5G) 이동통신의 확산과 사물인터넷(IoT)의 대중화로 관련 디바이스 보급이 확산되면 데이터는 기하급수적으로 늘어날 수 있다. 이런 데이터의 축적은 AI의 발전속도를 높일 수 있다. 손 회장은 2017년 '모바일 월드 콩그레스(MWC) 2017' 기조연설에서 "30년 안에 인간의 두뇌를 능가하는 아이큐 1만의 슈퍼 인텔리전스 컴퓨터가 탄생할 것"이라며 "IoT 칩이 사용된 기계 · 로봇이 세계 인구수를 추월할 것이다. 30년 내에 신발 속 칩이 인간보다 똑똑해지는 날이 올 것"이라고 말하기도 했다. 이런 상황이 펼쳐지면 영화 '마이너리티 리포트'에 등장하는 세 명의 예언자처럼 AI가 강력범죄가 언제, 어디에서 발생할지 미리 예측하는 날이 도래할 수도 있다.

물론 AI가 인간을 대체하는 일은 분야에 따라 시차가 있다. 영국 옥스퍼드대 인류미래연구소와 미국 예일대 정치학부 연구진이 2017년 AI 전문가들을 상대로 고도기계지능(HLMI: Highlevel Machine Intelligence)이 인간의 능력을 추월하는 시점을 예측하는 설문조사를 벌인 결과 답변자 352명은 45년 안에 모든 분야에서 AI가 인간을 앞설 확률이 50%라고 내다봤다. 직업별로 이런 AI가 등장하는 시점은 빨래 개기 2021년, 번역 2024년, 고교 에세이 작문 2026년, 트럭운전 2027년, 유통매장 점원 2031년, 베스트셀러 집필 2049년, 외과수술 2053년 등이었다. AI 연구자를 대체하는 AI도 90년 후면 등장할 것으로 봤다.

AI는 막대한 비용과 시간이 소요되지만 큰 혁신과 수익을 가져올 수 있다는 점에서 글로벌 벤처캐피털(VC)자금도 AI 투자에 베팅하고 있다. 소프트뱅크는 이사회에서 1,080억 달러(약 127조 원) 규모의 '소프트뱅크 비전펀드(SVF) 2호'를 만들기로 했다. 1펀드는 온디맨드(O2O) 등 플랫폼기업과 반도체 같은 기초 기술기업에 주로 투자했기 때문에 2펀드는 AI기업에 집중 투자할 것이란 관측이 지배적이다. 소프트뱅크벤처스도 소프트뱅크그룹과 국민연금공단, 국내외 투자기관, 기업 등이 참여한 3,200억 원 규모의 '그로스엑 셀러레이션펀드'를 만들어 AI기업 투자에 나설 계획이다. 소프트뱅크벤처스는 지난해 말부터 중국 등 아시아 AI기업을 물색해왔다.

미국은 버락 오바마 대통령 때부터 국가적 AI R&D전략을 시작했으며, 도널드 트럼프 행정부에서도 AI분야의 선도적 지위 유지, 근로자 지원, 공공 R&D 촉진, 혁신을 방해하는 장애물 제거 등 4대 과제를 설정해 지원하고 있다. 중국의 경우는 국가 주도로 직접 AI R&D에 나서는 모습이다. 스탠퍼드 · MIT · 하버드대 연구진이 주축이 되어 발간한 『2018 AI 보고서』에 따르면 중국에서 발간한 AI 논문 가운데, 2007~2017년 사이 정부 연계 논문은 400% 늘어났다.

척 홀리스 오라클 클라우드 인프라스트럭처 수석 부사장은 사내 기고를 통해 "고객서비스, 재무, 영업, 인사, 공급망 등에 연결된 인텔리전스를 구축한 조직은 더 적은 비용으로 빠르게 가치창출의 기회를 발굴할 것"이라며 "머지않아 고객과 투자자, 임직원들도 AI에 기반을 둔 조직과 그렇지 않은 조직을 구별하기 시작할 것"이라고 내다봤다.

물론 현재 AI기술의 한계도 명확하다. 딥러닝 등 기술은 아직 연구단계이며, 비즈니스 현장에서 쓰는 AI는 알고리즘 설계, 데이터 학습결과 등 거의 대부분 과정에서 사람의 개입이 필요하다. 또 이를 위한 전문인력 영입과 방대한 데이터 확보 · 처리를 위한 인프라 구축비용, AI가 학습하지 않은 상황 대처능력의 한계와 리스크 등이 문제로 제기된다. 또 아직 기술적으로 입력한 내용과 최종 모형의 직접적 인과관계를 추적하기 어렵다는 점도 지적받는다. '왜'를 설명하지 못한다는 것이다. 영국 이코노미스트는 지난해 초 "AI가 번성하려면 자기자신을 설명해야 한다"는 제목의 기사로 이런 한계를 꼬집은 바 있다. 딜로이트컨설팅사는 보고서에서 "AI는 비용효율성을 고려한 취사선택이 필요하다"며 "AI를 목적이 아닌 수단으로 판단해야 한다"고 지적했다.

자료: 김유경 기자, 이코노미스트, 2019. 8.

연습문제

01 인터넷의 역사를 고찰하고 한국인터넷진흥원에 접속하여 국내 인터넷 이용자수, 도메인수, 인터넷기술에 대하여 조사하시오.

02 TCP/IP기술에 대하여 설명하시오.

03 IPv4와 IPv6를 비교 · 설명하시오.

04 IP와 DNS와 상호관계를 설명하시오.

05 웹브라우저 종류를 설명하시오.

06 무선인터넷의 비즈니스모델과 특징을 설명하시오.

07 모바일에서의 가장 인기 있는 앱을 영역별로 조사하시오.

08 클라우드 컴퓨팅이 각광받는 이유와 클라우드서비스를 제공하는 사업자의 특징과 서비스내용을 조사하시오.

Chapter

07 인터넷과 비즈니스 관련 기술

웹과 앱의 환경이 급속도로 변하면서 기업들은 생존과 직결된 새로운 비즈니스 관련 기술환경 및 개발에 애를 쓰고 있다. 인터넷과 비즈니스 관련 기술은 모바일과 함께 기존의 환경이 결합하는 형태로 적응되어야 한다. 그리고 고객의 변화와 시장의 변화에 항시 주목해야 한다. 본 장에서는 이러한 변화에 적응하기 위하여 비즈니스 관련 기술 습득을 통한 내외적인 기업대처방안인 정보시스템기술, 인터넷비즈니스 보안기술, 디지털서명과 전자인증, 생체인식기술(지문 및 홍채), 전자금융과 핀테크기술, 암호화폐 등을 설명한다.

7.1 기업 내외 간 정보시스템

오늘날 인터넷기술은 조직 내와 조직 간에 모두 사용되고 있다. 조직 내에서 쉽고 간편하게 정보를 찾고, 정보를 공유하고, 정보를 전송하게 하는 역할이 인트라넷이며, 서로 다른 조직의 인트라넷을 연동시키는 것이 엑스트라넷이다. 또한 인터넷기술의 실행과 함께 기업조직들의 특성에 맞게 세분화하는 것도 필요하다.

가트너그룹이 정의한 것처럼 인트라넷은 내부 정보시스템에 사용하기 위해 인터넷에서 파생된 기술과 통신 프로토콜들의 조정, 채택 및 통합에 기반을 둔 활용모델을 말한다. 인트라넷은 일반적인 인터넷기반기술을 활용하는 네트워크지만 조직의 구조에 따라 다르며 대개 방화벽을 통해 세계적인 인터넷으로부터 보안이 유지되는, 즉 연결이 분리되는 네트워크이다. 게다가 인트라넷은 세계적인 인터넷에 있는 처리과정, 서비스 및 애플리케이션들에 대한 가시성의 부족을 그대로 가지고 있어야 한다. [그림 7-1]은 인트라넷의 영역을 나타낸 것이다.

그림 7-1 인트라넷의 영역

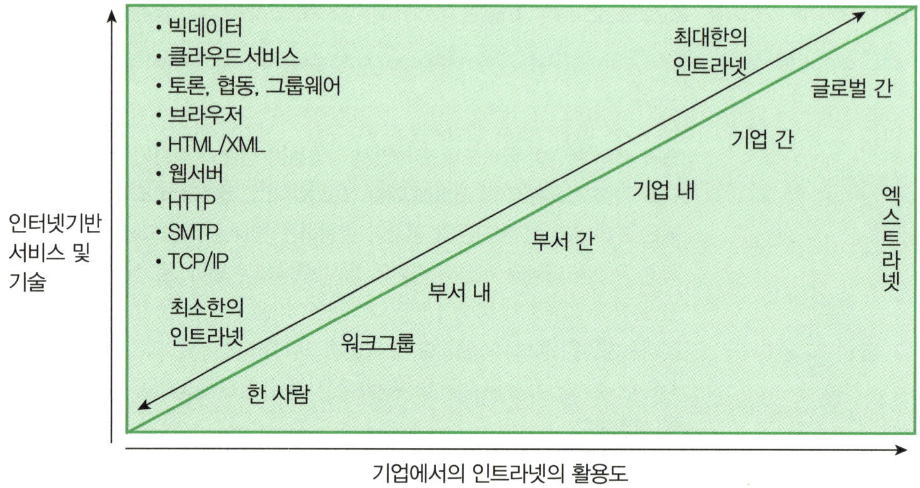

7.1.1 인트라넷

인트라넷(intranet)은 단체 혹은 기업의 직원만 접근이 가능한 사설망이다. 인터넷 프로토콜을 쓰는 폐쇄적 근거리통신망으로 간주된다. 인터넷을 조직 내 네트워크로 활용하는 것을 말한다. 인트라넷은 근거리통신망(LAN)을 기반으로 데이터저장장치인 서버를 연결하고 PC에 설치된 인터넷 검색프로그램을 통해 업무를 처리할 수 있게 하는 것이다. 방화벽을 설치하여 외부로부터의 접근을 막거나 제한하여 보안을 유지한다. 즉 인트라넷은 사용자가 친숙한 애플리케이션을 사용하고 기존의 업무습관을 그대로 사용할 수 있도록 인터넷 프로토콜인 TCP/IP를 지원하는 LAN을 기반으로 기업 내의 모든 정보를 인트라넷 서버(웹서버)에 저장하고, 이것을 웹브라우저를 통해 검색하는 개념이다.

인터넷기술을 통해 기업 내부 업무 및 정보처리를 효율적으로 하고자 하는 개념으로 사용하는 것이다. 일반적으로 이것은 웹의 속성과 기능을 채택한다는 것을 뜻한다. 웹이 인터넷의 한 부분이라는 것을 감안하면 인트라넷을 내부적인 웹이라고 표현하는 것은 옳다. 웹서버, 웹브라우저, HTTP, HTML/XML 등의 웹기능과 사양은 다음과 같은 인트라넷환경의 특징이다.

- 콘텐츠의 작성 및 HTML을 통한 게시의 필요성
- 문서, 처리과정 및 서비스들을 하이퍼링크로 한데 연결하고자 하는 희망
- 애플리케이션 처리과정 및 서비스들을 직접 이용할 수 있게 해주는 브라우저 기반의 접속
- 사내 업무습관의 애플리케이션을 모바일로 구현하는 방안으로 진행

또 부가적인 인트라넷 요구사항들은 특별히 웹에 기반을 두지 않는데, 그러한 것들로는 커뮤니티 뉴스그룹, 전자우편, 그룹웨어, 전자결제 등이 있다.

그림 7-2 인트라넷의 구조

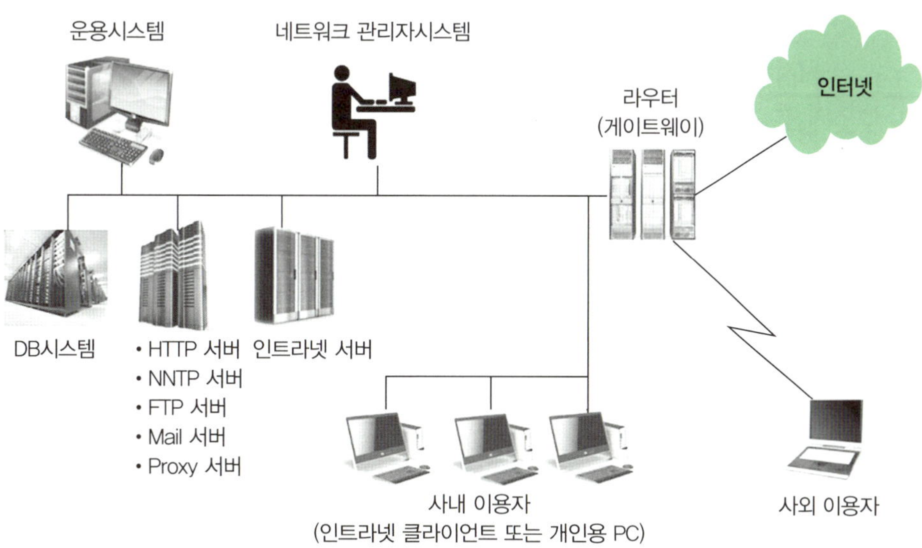

7.1.2 엑스트라넷

엑스트라넷(extranet)은 외부 조직의 승인된 사용자들에게 확장된 사설 인트라넷이다. 엑스트라넷은 인트라넷과 달리 특정 회사 내의 종업원들만 사용하는 시스

템이 아니라 오히려 해당 회사 외부의 이해관계자들도 함께 사용할 수 있는 시스템을 의미한다. 기업은 개방형 인터넷기술인 엑스트라넷을 이용함으로써 고객과 사업 파트너 간의 커뮤니케이션을 개선할 수 있게 되었으며, 사업적으로 우위에 있을 수 있게 되었다.

엑스트라넷을 통한다면 제품개발, 생산비절감, 마케팅, 분배, 제휴회사와의 공동투자 등이 있다. 엑스트라넷은 인터넷기술을 이용하여 자사의 인트라넷과 다른 비즈니스 파트너들의 인트라넷을 서로 연결하는 네트워크 연결이다. 엑스트라넷은 가상사설망(VPN: Virtual Private Network)을 이용하여 기업 간에 직접적으로 안전하게 연결하기도 하며, 또는 인터넷을 사용하지만 데이터 암호화기술과 방화벽을 이용하여 보안을 유지하기도 한다. 엑스트라넷의 이용효과는 다음과 같다.

- 엑스트라넷의 웹브라우저기술로 인해 고객과 공급자는 기존의 방법보다 훨씬 빠르고 편리하게 접속할 수 있게 된다.
- 기업은 엑스트라넷을 통해 비즈니스 파트너들에게 새로운 형식의 상호 대화식 웹서비스를 제공할 수 있다.
- 고객과 비즈니스 파트너 간의 공동작업을 향상시키며, 온라인상에서 이루어지는 상호 대화식 제품개발과 마케팅을 가능하게 함으로써, 고객지향적인 제

그림 7-3 엑스트라넷의 구조

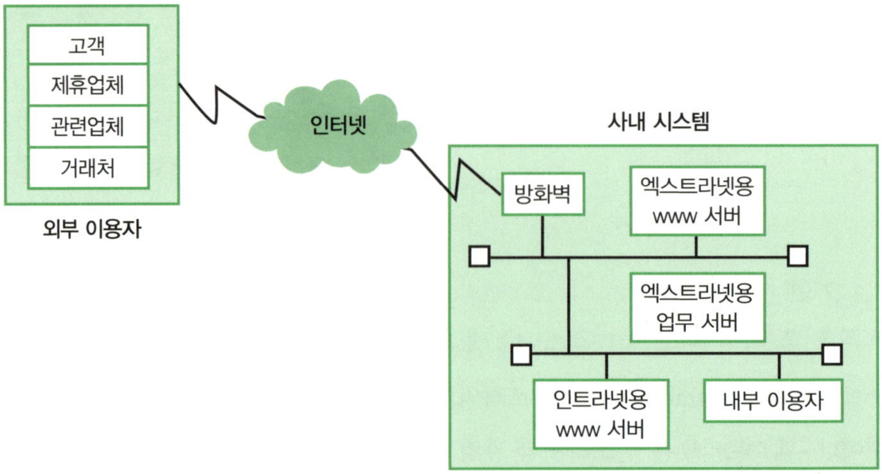

품을 시장에 보다 더 빨리 출시할 수 있게 한다.

7.2 인터넷과 비즈니스 관련 기술

인터넷비즈니스의 구성요건은 정보화 인프라구조, 공공정책 및 법률제도, 관련 요소기술로 나눌 수 있는데 상세한 내용은 다음과 같다.

1) 정보화 인프라구조

통신망, 케이블, 전화, TV, 무선통신망, 인터넷 등 정보화의 기반시설 및 시스템으로 구성된다.

2) 공공정책 및 법률 · 제도 등

정보보호 및 개인정보(privacy)보호, 시장 진 · 출입, 정보이용가격, 조세 등 인터넷비즈니스에 대한 제반규정이 필요하다.

3) 요소기술

(1) 기술표준

전체 네트워크 내에서 정보의 생산 · 교환 · 이전 및 호환성을 보장하는 기술적 표준이 도입된다.

(2) 서비스기술

- 보안 · 서명 확인방안, 인증, 스마트카드, 과금, 기타 결제제도 등 기반기술을 의미한다.
- 화상, 음성, 이미시, 멀티미디어, 텍스트 등 정보를 생산 · 이용하는 하드웨어

(H/W) 및 소프트웨어(S/W)기술을 의미한다.

• 정보를 가공 · 전송하는 기술이다.

인터넷비즈니스 도입에 따른 다양한 기술들을 몇 가지 유형으로 나누어 살펴보면 다음과 같다.

그림 7-4 인터넷비즈니스의 기반구조, 지원서비스, 응용분야

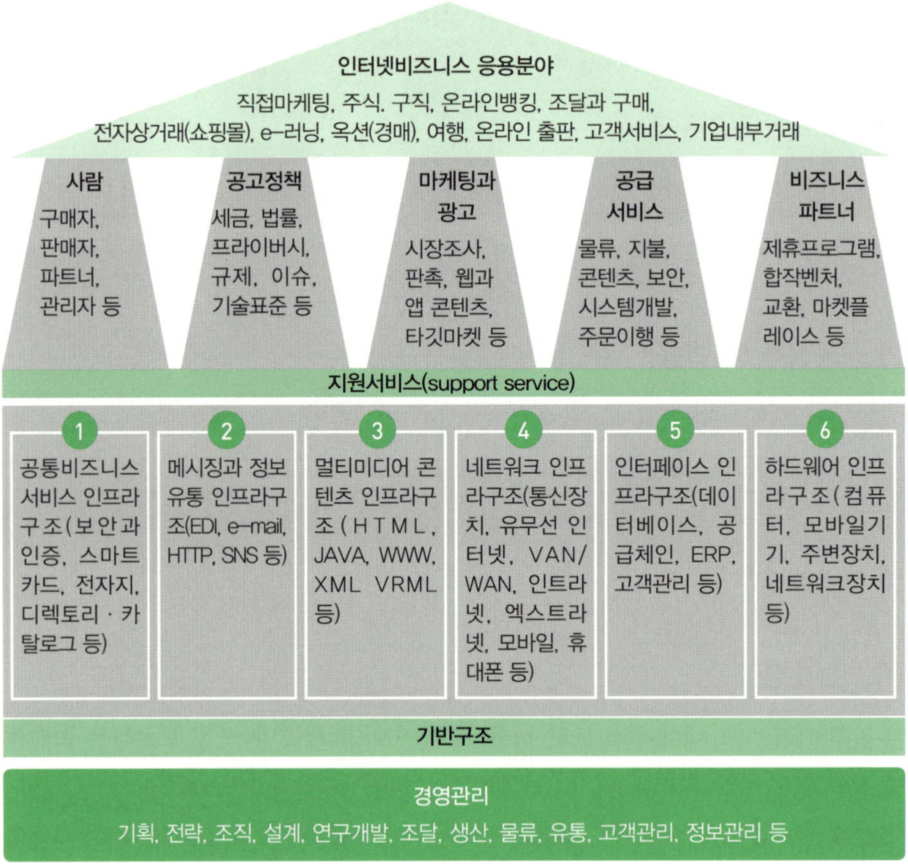

7.2.1 메시징 전송기술

인터넷비즈니스 구현에 있어서 기본적인 인터넷 메시징기술로는 다음과 같은 것이 있다.

1) SMTP(Simple Mail Transport Protocol)

인터넷의 표준메시징 프로토콜로서 가장 기본적인 메시징기술이다.

2) MIME(Multipurpose Internet Messaging Extensions)

다양한 데이터(오디오, 비디오. 동영상 등)를 처리할 수 있도록 SMTP의 기능을 확장시킨 기술로서 전자문서교환(EDI) 양식 문서를 처리할 수 있게 한다.

3) X.400

국제적인 전자우편 표준 프로토콜로서 OSI의 일곱 번째 응용계층에 속하는 프로토콜이다.

4) 팩스 서버

종래의 팩스데이터를 변환을 통해 디지털화된 정보형태로 인식하는 방법이다.

5) 전자우편

인터넷상에서 메시지를 교환하는 전송방식을 말한다.

7.2.2 전자문서교환(EDI)

전자문서교환(EDI: Electronic Data Interchange)은 독립된 조직 간에 정형화된 문서를 표준화된 자료표현 양식에 준하여 전자적 통신매체를 이용해 교환하는 방식이다. 즉 EDI는 일정한 통신표준에 따라 서로 다른 기업 또는 조직 간에 상업 송장 등의 상거래 서식 또는 수출신고서 등의 공공서식을 표준화된 전자문서로 변화시켜 컴퓨터 간에 교환, 축적, 처리하는 정보전달방식이다. EDI의 목적은 전통적인 서류의 작성과 전달을 통해 무역업무를 처리하는 대신 컴퓨터에 기록되어 있는 정보를 전자문서화하여 데이터통신망을 통해 전송처리함으로써 서류 없는 무역(paperless trade)을 실현하는 것이다.

7.2.3 데이터베이스기술

데이터베이스관리시스템은 현재 관계형 데이터베이스관리시스템이 많이 사용되고 있으나 점차 객체지향 데이터베이스관리시스템을 적용하기 위한 논의가 진행되고 있으며, 데이터베이스의 효율적인 연결을 위해 다음과 같은 기술들이 포함된다.

1) CGI

공용 게이트웨이 인터페이스(CGI: Common Gateway Interface)는 웹서버상에서 사용자프로그램을 동작시키기 위한 조합이다. 존재하는 많은 웹서버프로그램은 CGI의 기능을 이용할 수 있다.

웹서버프로그램의 기능의 주체는 미리 준비된 정보를 이용자(클라이언트)의 요구에 응답해 보내는 것이다. 그 때문에 서버프로그램 그룹에서는 정보를 그 장소에서 동적으로 생성하고 클라이언트에 송신하려 하는 조합을 작성하는 것이 불가능했다. 서버프로그램에서 다른 프로그램을 불러내고, 그 처리결과를 클라이언트에 송신하는 방법이 고안되었다. 이를 실현하기 위한 서버프로그램과 외부 프로그램과의 연계법을 정한 것이 CGI이다.

CGI는 환경변수나 표준입출력을 다룰 수 있는 프로그램언어에서라면 언어의 구별을 묻지 않고 확장하여 이용하는 것이 가능하나, 실행속도나 텍스트처리의 용이함 등의 균형에 의해 펄(perl)이 사용되는 경우가 많았다. 최근에는 펄뿐 아니라 파이썬(python), 루비(ruby) 등도 널리 쓰이고 있다. 대표적인 애플리케이션에는 전자게시판, 접속 카운터, 위키나 블로그시스템 등이 있다.

근래에는 웹서버의 프로세스로서 인터프리터를 상주시킴으로써 CGI로부터 프로그램을 호출해 부하를 줄여 성능을 개선한 자바 서블릿이나 mod perl, mod php, FastCGI 등도 공개되었다.

2) ASP

애플리케이션서비스 제공자(ASP: Application Service Provider)는 고가의 하드웨어, 소프트웨어를 도입하지 않고도 네트워크 인프라를 이용하여 다양한 정보화 솔루션을 사용할 수 있는 애플리케이션 임대서비스이다.

별도의 서버, 애플리케이션을 구매, 구축하지 않을 수 있고 비용, 시간, 관리인력의 부담을 해소하며, 중소기업의 경우 경영 및 업무 프로세스를 쉽게 취득하면서 대기업과 대등한 업무혁신을 가능하게 하는 점 때문에 각광을 받고 있다.

웹서비스 등의 기술을 적용하면서 서비스기반의 소프트웨어로 발전해가고 있다. 온 디맨드(on-demand), 또 클라우드 컴퓨팅에서는 SaaS라고 일컫는다.

7.2.4 지능형 에이전트

에이전트(agent)는 복잡한 동적인 환경에서 목표를 달성하려고 시도하는 시스템이다. 에이전트는 외부 환경과 센서와 행위자를 사용하여 상호작용한다. 가상공간환경에 위치하여 특별한 응용프로그램을 다루는 사용자를 도울 목적으로 반복적인 작업들을 자동화시켜주는 컴퓨터프로그램을 소프트웨어 에이전트 또는 지능형 에이전트라 부른다. 인터넷상에서 지능형 에이전트라고 부르는 것은 사용자의 개입 없이 주기적으로 정보를 모으거나 또는 일부 다른 서비스를 수행하는 프로그램이다.

지능형 에이전트기술의 유형을 보면 학습, 인터페이스, 데스크톱, 인터넷, 전자상거래에이전트 등이 있다. 이들 에이전트기술은 복잡한 작업환경과 수많은 정보

중에서 자기가 원하는 정보를 쉽게 추출해내고 비숙련자도 쉽게 사용하도록 함으로써 인터넷비즈니스를 활성화하는 데 중요한 기술이다.

7.3 인터넷비즈니스의 보안

인터넷을 기반으로 한 인터넷비즈니스가 등장하면서 시스템적으로 커다란 변화가 나타나고 있다. 특히 네트워크에 관련된 보안은 시급히 해결해야만 원활한 인터넷비즈니스가 구현될 수 있는 기반이 된다. 네트워크를 통하여 전송되는 데이터에 어떠한 위험요소가 존재하는지 송신자와 수신자와의 관계에 대하여 살펴보자.

1) 전자문서 도청

송신자와 수신자가 메시지, 전자문서 등을 주고받을 때 제3자가 도청하는 경우이다. 특히 회사기밀이나 중대한 사항이 도청된다면 위험에 처할 수 있다.

2) 전자문서 변조

작성된 문서의 일부 또는 전체 문서를 제3자가 가로챈다든지, 아니면 송신자가 메시지의 일부 또는 전체를 변경하여 수신자에게 보내진다면 데이터를 통한 업무 이상현상이 나타난다.

3) 전자문서 위조

송신자가 전자문서를 작성하지도 않았는데 제3자로 하여금 수신자에게 전자문서 메시지를 보냈을 때 발생하는 현상이다. 이는 전자문서 변조와 비슷하지만 송신자가 작성하지 않은 사항이므로 차이가 있다.

4) 전자문서 송 · 수신 부인

전자문서 도청, 변조, 위조는 제3자에 의해서 발생되는 위험요소인 데 반하여 전자문서의 송 · 수신 부인은 전자문서를 주고받는 당사자에 의해서 발생할 수 있는 위험요소이다. 특히 인터넷비즈니스 지불시스템에서 송신자가 일정금액을 보냈는데 수신자가 금액을 받지 않았다고 부인하는 경우와 송신자가 보내 분명히 수신자가 받았는데 나중에 송신자가 보내지 않았다고 주장하는 경우가 발생할 수 있다.

5) 불법적인 시스템 접근

제3자가 불법적으로 접근하여 중요한 정보를 얻는 행위이다. 컴퓨터의 서버에 들어와 파괴하고 불법적으로 정보를 갈취하는 행위로, 특히 권한이 없는 자가 정보를 불법적으로 도용하는 행위이다.

- 사적정보보호: 실제로 단말기와 호스트 간 회선을 분기하여 송 · 수신정보를 그대로 얻는 것은 매우 쉽다. 즉 카드번호, 비밀번호 획득도 가능한데 이것은 카드를 훔치는 것과 동일한 범죄이다. 카드를 도난당했을 경우 발견이 쉬워 개인적 손해는 매우 적다. 그러나 번호를 도용당하는 경우 도용사실을 전혀 모르고 있으므로 피해가 크다.
- 권한부여: 실제로 카드를 훔치면 신고 이전까지는 제3자가 쉽게 사용이 가능하다. 그러나 신고 이전 본인이 사용하지 않은 것에 대해서는 사인을 대조해서 해결해야 한다. 즉 다른 사람의 카드번호, 비밀번호를 획득하여 물품을 구매해도 사인이 틀리면 허가가 안 되게 해야 한다.
- 부정방지: 카드라는 물리적 매체가 없기 때문에 발생되는 문제이다. 실제로 제3자가 사용한 것인지 본인이 사용하고도 사용사실을 부정하는 것인지의 구분이 가능해야 한다.
- 내용불변: 제3자가 자금이체내역에서 입금계좌를 자신의 계좌로 변경하면 돈이 다른 계좌로 들어갈 수 있다. 데이터가 도중에 변동되지 않았음을 알아야 한다.

- 해결방법: 사적인 정보보호는 암호화, 권한부여와 부정방지는 전자서명, 내용불변은 메시지 요약값으로 해결할 수 있다.

한편 정보보호기술은 인터넷비즈니스를 하는 데 있어서 아주 중요한 기술로서 다음과 같은 기술을 내포한다.

- TLS(과거 명칭 SSL): 넷스케이프사에서 개발한 기술로서 웹브라우저, 전자메일 등의 보안에 사용한다.
- PKI(Public Key Infrastructure): 송신자와 수신자의 공개된 공개키를 이용하여 메시지를 암호화하여 전송하면 수신자는 공개되지 않은 자신의 고유한 공개키를 이용하여 암호메시지를 복호화하는 경우이다.
- S-HTTP: 웹페이지나 다른 문서를 안전하게 전송한다.
- S-MIME: 메시징 보안을 위한 기술이다.
- Firewalls: 외부로부터 내부 중요정보를 보호하기 위한 방화벽을 구성하는 기술이다. 사설네트워크를 보호하기 위해 외부에서의 불법적인 트래픽 유입을 막고, 허가되고 인증된 트래픽만을 허용하는 방어대책이다.
- IDS: 침입탐지시스템(IDS: Intrusion Detection System)은 침입탐지에 사용하는 감시데이터를 제공하며, 인터넷에 연결된 시스템의 보안 취약성을 분석하고 점검해주는 보안도구이다.

7.3.1 전송계층보안(TLS)

전송계층보안(TLS: Transport Layer Security, 과거 명칭: 보안 소켓 레이어(SSL: Secure Sockets Layer)는 컴퓨터네트워크에 통신 보안을 제공하기 위해 설계된 암호규약이다. 그리고 '트랜스포트 레이어 보안'이라는 이름은 '보안 소켓 레이어'가 표준화되면서 바뀐 이름이다. 이 규약은 인터넷과 같이 TCP/IP 네트워크를 사용하는 통신에 적용되며, 통신과정에서 전송계층 종단 간 보안과 데이터 무결성을 확보해준다. 이 규약은 웹브라우징, 전자메일, 인스턴트 메신저, Voice-

그림 7-5 TLS 구성도

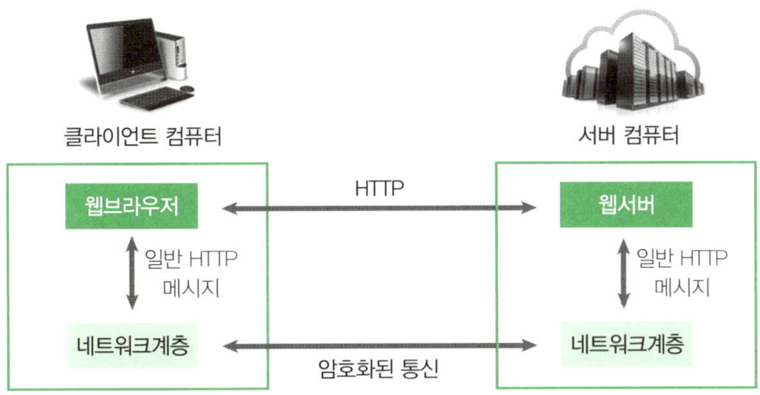

over-IP(VoIP) 같은 응용 부분에 적용되고 있다.

TLS는 패킷이 암호화되어 송수신되므로 정보탈취 부분에서는 강하다. 기밀성이 우선이므로 스니핑 공격에서 뛰어난 보안성을 보인다. 다만 암호화된 패킷이 클라이언트 PC 또는 서버로 전송되기 때문에 송수신자 간 데이터교환이 일어나는 일에 대해서는 무력해진다. 개인정보유출, 기밀정보유출, DDos, APT, 악성코드 공격이 발생할 경우 무력화된다.

7.3.2 Secure-HTTP(S-HTTP) 보안기술

S-HTTP(Secure HyperText Transfer Protocol)는 웹상에서 네트워크 트래픽을 암호화하는 주요 방법 중 하나로, 1993년 EIT(Enterprise Integration Technologies)에 의해 개발되었다. S-HTTP는 기존의 HTTP를 확장하여 암호화된 데이터와 서명된 데이터를 교환할 수 있도록 보안기능을 추가하였다. S-HTTP는 클라이언트와 서버 간에 전송되는 모든 메시지를 각각 암호화한다. S-HTTP에서 메시지 보호는 HTTP를 사용한 애플리케이션에 대해서만 가능하다.

이러한 데이터의 암호화와 전자서명의 확인기능으로 인해 S-HTTP는 인터넷비즈니스에 사용될 수 있다. 직접 웹브라우저와 웹서버에 통합되어 구현되므로 별도

그림 7-6 S-HTTP 구성도

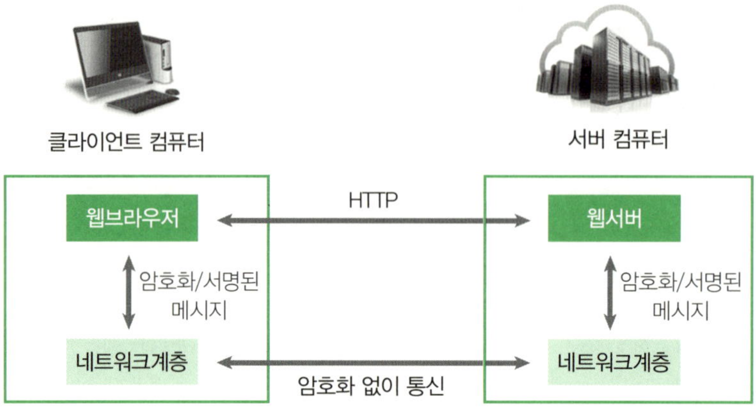

의 모듈과의 인터페이스로 인해 생기는 속도문제와 관리의 불편함 등이 없다.

하이퍼텍스트 전송규약(HTTP)에 보안기능을 부가하기 위한 통신규약으로 월드와이드웹(WWW)을 이용할 때 데이터를 안전하게 주고받을 수 있다. S-HTTP에서 메시지 보호는 HTTP를 사용한 애플리케이션에 대해서만 가능하다. 또 S-HTTP에서는 서버와 클라이언트 양방의 인증을 위해 각각의 증명서가 반드시 필요하다.

7.3.3 비밀키 암호화: 대칭형

비밀키(private key 혹은 secret key)는 송신자와 수신자 측에서 공히 동일한 암호키를 사용하는 대칭성 암호화방식이다. 암호키는 송신자 측의 데이터를 암호

그림 7-7 비밀키 암호화: 대칭형

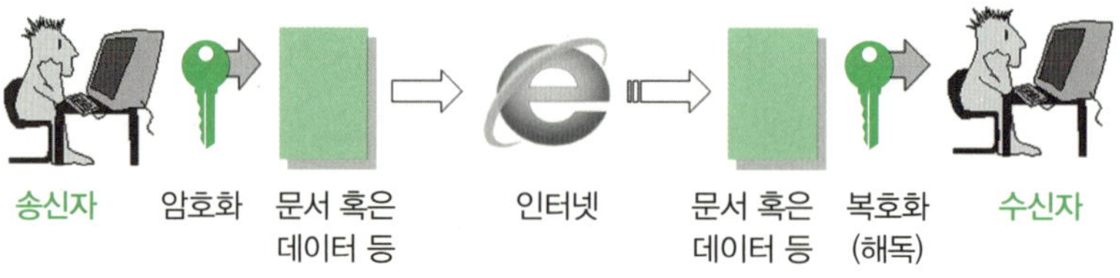

화하여 수신자 측에서 동일한 암호키를 이용하여 풀어야만 데이터해독이 가능하게 된다. 이러한 방식의 암호화는 정보의 기밀성을 높일 수 있지만 인증기능은 떨어진다. 특히 대칭성 암호화는 공유키를 대규모로 분산시키는 네트워크환경에서는 약점이 있다.

7.3.4 공개키 암호화: 비대칭형

비대칭성 암호화방식은 공개키(public key) 암호화방식이라고 부른다. 공개키 암호화방식은 인터넷비즈니스에서 안정성을 기할 수 있는 방식으로 산술적으로 연관된 두 개의 키를 사용하여 하나는 암호화하고 다른 하나는 해독에 이용한다. 두 개의 키 중 하나는 공개되지 않는데 이 키를 비밀키라고 하며 데이터의 주인을 인식하기 위한 키이다. 다른 키는 공개되며, 이를 공개키라고 한다.

그림 7-8 공개키 암호화: 비대칭형

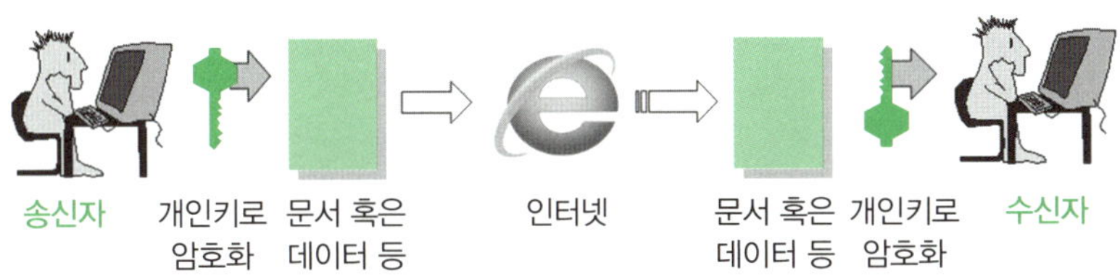

7.4 디지털서명, 전자서명과 공인인증서

7.4.1 디지털서명

디지털서명(digital signature)은 네트워크에서 송신자의 신원을 증명하는 방법으로 송신자가 자신의 비밀키로 암호화한 메시지를 수신자가 송신자의 공용키로 해독하는 과정이다. 디지털서명은 보통 세 개의 알고리즘으로 구성된다. 하나는 공개키 쌍을 생성하는 키 생성 알고리즘이다. 두 번째는 이용자의 개인키를 사용하여 서명(전자서명)을 생성하는 알고리즘, 그리고 그것과 이용자의 공개키를 사용하여 서명을 검증하는 알고리즘이다. 서명 생성 프로세스에서 생성된 데이터도 '디지털서명'이라고 지칭한다. 디지털서명은 '메시지'의 인증기능을 제공한다. 메시지는 전자메일, 계약서 혹은 더 복잡한 암호화 프로토콜로 송수신되는 데이터 등 많은 것을 포함한다.

인증기관이 발행하는 공인인증서는 인증기관의 사회적인 신뢰성을 담보로 이용자와 공개값과 이용자의 관계를 보증하는 것이다. 이때 인증서가 인증기관에서 발급된 것임을 증명하기 위해 디지털서명을 사용한다. 디지털서명은 종종 전자서명(서명을 전하기 위한 모든 전자데이터를 가리키는 상위어의 개념)을 구현하기 위해 사용되기도 한다. 그러나 모든 전자서명이 디지털서명을 이용하는 형태를 취하고 있지는 않다.

7.4.2 전자서명

전자서명은 서명자를 확인하고 서명자가 당해 전자문서에 서명했다는 사실을 나타내는 데 이용하려고, 특정 전자문서에 첨부되거나 논리적으로 결합된 전자적 형태의 정보를 말한다. 공개키기반구조(PKI)기술 측면에서 전자서명이란 전자문서의 해시(hash)값을 서명자의 개인키(전자서명생성정보)로 변환(암호화)한 것을 사용한다.

즉 원래의 문서내용을 A라고 하면 A의 해시값을 잘 알려진 해시함수인 FFF 같은 함수 하나를 정해 이런 해시함수로 문서 A의 해시값을 구하고 이 해시값을 보내는 사람(철수)의 비밀키(private key)로 암호화한다. 이런 다음 이렇게 암호화된 해시값을 원래 문서 A 끝에 첨부하여 이 문서 전체를 받는 사람(영희)에게 보낸다.

영희는 먼저 메시지가 오면 해시값을 뺀 앞부분의 문서에 대해 철수가 사용했던 해시함수를 이용해 받은 문서의 해시값을 구한다. 그 다음 문서 뒤에 달린 암호화된 해시값을 철수의 복호키(decryption key)로 복호화한 다음 이 복호화된 해시값을 받은 문서의 해시값과 비교하게 된다. 이 두 개의 해시값이 동일한 값이면 서명이 올바른 것이고 값이 서로 다르거나 변환에 오류가 있으면 서명이 틀린 것이다.

해시함수(hash function)

임의의 길이의 데이터를 고정된 길이의 데이터로 매핑하는 함수이다. 그 용도 중 하나는 해시테이블이라는 자료구조에 사용되며, 매우 빠른 데이터 검색을 위한 컴퓨터 소프트웨어에 널리 사용된다. 해시함수는 큰 파일에서 중복되는 레코드를 찾을 수 있기 때문에 데이터베이스 검색이나 테이블 검색의 속도를 가속화할 수 있다.

디지털서명은 송신자가 자신의 신원을 증명하는 절차이고, 전자서명은 그 절차의 특정 단계에서 사용하는 정보이다. 종이문서의 서명(인감)과 같이 전자문서에 서명한 사람이 누구인지 확인하고 서명된 전자문서의 위 · 변조사실을 알 수 있도록 전자문서에 부착하는 특수한 형태의 디지털정보를 말한다. 전자서명은 인감도장의 역할을 하는 '생성'과 인감증명의 역할을 하는 '검증' 등 한 쌍의 전자서명키로 구성되는데 생성키는 서명자만 보관해서 사용하고 전자서명검증키는 정보통신망을 통해 누구나 알 수 있도록 공개된다.

전자서명에 대한 공인인증은 코스콤(증권분야), 금융결제원(금융분야), 한국정보인증(전자거래분야), 한국전자인증(행정분야), 한국무역정보통신(무역분야) 등 5개 공인인증기관에서 하게 된다. 인증받은 전자서명키로 서명한 전자문서에 문제가 생기면 국가가 책임을 진다. 특히 암호화기술이 이용되기 때문에 당사자 외에는 정보가 유출되지 않아 전자상거래의 활성화가 이루어진다.

7.4.3 공인인증서 및 기관

공인인증서는 전자서명의 검증에 필요한 공개키(전자서명법에는 전사서명검증

정보로 표기)에 소유자정보를 추가하여 만든 일종의 전자신분증(증명서) 및 전자인감증명이라고 할 수 있다. 공인인증서는 개인키(전자서명법에는 전자서명생성정보로 표기)와 한 쌍으로 존재한다.

공인인증서는 비대면 온라인방식의 전자상거래에서 상대방과의 계약서 작성, 신원확인 등에 전자서명이 필요하며 동시에 공인인증서로 해당 전자서명을 생성한 자의 신원을 확인하게 된다.

공개키기반구조(PKI)는 전자서명을 생성하고 검증하는 데 사용되는 개인키와 공개키를 안전하게 나누어주는 역할을 담당하는 신뢰된 제3자(인증기관)의 존재를 전제로 하고 있다. 한국의 공인인증서제도 역시 공개키기반구조에 입각한 제도이다. 공개키기반구조에 입각한 인증서는 서버의 신원을 확인하는 데 사용되는 서버인증서와 이용자의 신원을 확인하는 데 사용되는 개인인증서로 나누어볼 수 있다. 한국의 공인인증서도 이 두 가지 용도에 모두 사용될 수는 있지만, 한국의 공인인증서를 서버인증서로 사용할 경우, 파이어폭스 웹브라우저는 그러한 서버인증서를 신뢰하지 않으므로 현실적으로 서버 신원확인 용도로 한국의 공인인증기관이 발급한 서버인증서를 사용하기는 무리가 따른다. 한국의 공인인증서는 따라서 개인인증서로 주로 사용되고 있다.

한국의 공인인증서 및 개인키 역시 파일 양식 자체는 국제표준을 따르고 있지만 그 파일들이 보관, 저장되는 위치와 방법이 독특하여 웹브라우저로는 사용이 불가능하였다. 그 결과 한국의 공인인증서를 이용하려면 이용자가 추가프로그램을 반드시 설치해야만 했다. 그러나 이후 액티브X나 exe(실행파일) 등 플러그인 설치 없이 웹표준 HTML5기반의 비설치형 인증프로그램 등이 이용되어, 공인인증서를 브라우저에 저장해 사용할 수 있는 '브라우저 인증'서비스를 2015년 이후, 국민은행, 신한은행, NH 등 시중은행 및 대구은행 등 지방은행들에서 적용했다. 추가로 인증프로그램 외에 각종 보안프로그램의 설치를 최소화하고 OTP나 가상키보드 등을 이용할 수 있게 했다.

인증서는 원래 금융거래에만 사용되는 것이 아니라 모든 전자적 거래(금전적이건 비금전적이건)에서 당사자의 신원을 확인하거나 전자서명을 하는 용도로 사용될 수 있고, 한국의 공인인증서도 그런 다양한 용도로 사용될 수 있다. 그러나 현실적으로 공인인증서는 전자금융거래에서 주로 사용되고 있다. 금융위원회는 전자금융거래에 '공인인증서 등'을 사용하도록 강제해오던 의무사용을 폐지했다.

한편 은행 및 정부는 범용의 기업용 인증서를 광범위하게 대체할 수 있는 저렴하고 안정된 금융, 행정용 및 국세청용 공인인증서를 제공하고 있으며 상대적으로 활용도가 높은 것으로 알려져 있다. 그러나 조달청 또는 특허청 등 모든 분야에서 이를 사용하기 위해서는 여전히 범용 공인인증서를 발급받아야 한다. 또한 은행 등은 공인인증서의 발전된 형태로 블록체인기술을 개발한 편리한 뱅크사인 및 QR코드 사용을 병행하고 있다.

대한민국에서는 1999년 「전자서명법」을 제정하고 공인인증서의 발급 및 관리

❙ 표 7-1 ❙ 공인전자서명과 행정전자서명의 비교

구분	공인전자서명 인증체계	행정전자서명 인증체계
명칭	국가 공개키기반구조 (NPKI: National Public Key Infrastructure)	정부 공개키기반구조 (GPKI: Government Public Key Infrastructure)
주관기관	과학기술정보통신부 한국인터넷진흥원	행정안전부 행정전자서명인증관리센터
근거법령	전자서명법(1999년 2월 제정)	전자정부법(2001년 3월 제정)
최상위 인증기관	한국인터넷진흥원(KISA)	행정전자서명인증관리센터
인증기관	• 한국정보인증(KICA) • 코스콤(KOSCOM) • 금융결제원(KFTC) • 한국전자인증(KECA) • 한국무역정보통신(KTNET) • 한국정보사회진흥원(구 전산원, 2008년에 한국정보인증으로 업무 이관)	• 교육과학기술부 • 국방부 • 행정안전부 • 대검찰청 • 병무청 • 대법원(법원 행정처)
등록기관	은행, 증권회사 등 등록대행기관	29개 기관: 대통령비서실 등 13개 중앙행정기관, 서울특별시 등 16개 지방자치단체
발급대상	자연인 또는 법인, 서버 및 기계장치	행정기관, 보조기관, 보좌기관 및 공무원
용도	전자상거래, 전자정부	행정행위

체계를 마련하였다. 행정안전부 장관이 지정한 공인인증기관에서 발급한 인증서를 공인인증서라 하며 기타 인증기관에서 발급한 인증서를 사설인증서라 부른다.

공인인증서가 사용되는 분야는 인터넷뱅킹 · 증권거래 · 인터넷을 통한 카드결제 · 보험 등의 금융업무와 전자세금계산서 · 전자입찰 · 전자계약 등의 기업 조달업무, 정부에서 제공하는 전자민원 · 전자정부업무 등이 있다. 「전자정부법」에 의해 정부인증기관에서 발급하는 행정전자서명 인증서로 생성된 전자서명을 행정전자서명이라 한다. 이를 전자관인이라 부르기도 한다.

전자서명법에 의해 지정된 2019년 10월 현재 5개 공인인증기관은 2003년 1월 공인인증서 상호 연동협약을 체결하고, 2003년 6월부터 모든 전자거래에서 공통으로 사용할 수 있는 범용 공인인증서를 발급하기 시작하였다. 범용 공인인증서를 과거에는 상호 연동 공인인증서, 전자거래 공인인증서, 1등급 공인인증서라 표기했으며 최근에도 가끔 혼용해서 표기된다.

표 7-2 | 공인인증기관과 사업자 범용공인인증센터

회사이름	브랜드	홈페이지	주요 등록대행기관
한국정보인증 (KICA)	사인게이트 (SIGNGATE)	http://www.signgate.com	상공회의소, 우체국, 조달청, 중소기업종합지원센터 등
코스콤 (KOSCOM)	사인코리아 (SIGNKOREA)	http://www.signkorea.com	증권사, 아이티네이드 등
금융결제원 (KFTC)	예스사인 (YESSIGN)	http://www.yessign.or.kr	은행
한국전자인증 (KECA)	크로스서트 (CROSSCERT)	http://www.crosscert.com	상공회의소, 중소기업종합지원센터 등
한국무역정보통신(KTNET)	트레이드사인 (TRADESIGN)	http://www.tradesign.net	상공회의소 등
한국범용인증센터	트레이드사인 (TRADESIGN)	http://www.certbiz.com/	사업자 범용공인인증센터

7.5 생체인식기술: 지문과 홍채인식

생체인식기술(biometrics)은 사람의 하나 이상의 고유한 신체적 · 행동적 특징을 자동화된 장치로 추출하여 개인을 식별하거나 인증하는 기술이다. 생체인식기술로 사용하기 위해서는 누구나 가지고 있으며, 각 사람마다 고유하며, 변하지 않고 변화시킬 수도 없으며 센서에 의한 획득과 정량화가 쉬운 특징을 가지고 있어야 한다. 생체인증, 바이오인증, 생물측정학, 바이오인식, 생체인식, 생체측량 등 다양한 용어로 번역되어 사용된다. 바이오매트릭스에 쓰이는 신체적 특성으로는 지문, 홍채, 얼굴, 정맥 등이 있으며 행동적 특성으로는 목소리, 서명 등이 있다.

특허청에서 발표한 자료에 의하면 생체인식은 많은 분야에서 다양하게 사용되고 있으며, 기본적으로 사용자의 특징을 추출하여 저장하는 등록, 1:1 매칭으로 사용자 본인임을 확인하는 인증 및 데이터베이스를 통한 1:N 매칭으로 많은 사람들 중에 사용자를 찾아내는 식별과정으로 구성된다.

이러한 생체인식을 사용하는 이유는 전통적인 암호화방식에서는 송신자와 수신자 간의 키를 공개키, 비밀키 혹은 암호화, 복호화를 통해서 인식하는 데 이러한 방법은 메시지의 암호화와 복호화에 속도면에서는 빠르지만 보안 측면에는 여러 가지 문제점이 발생된다. 수신자와 송신자 이외의 다른 사람이 키를 알게 된다면 메시지를 암호화하는 의미가 없기 때문이다.

그래서 최근에 공개키암호화방식인 생체인식기술을 사용한다. 이 방식은 송신자와 수신자의 공개된 공개키를 이용하여 메시지를 암호화하여 전송하면 수신자는 공개되지 않은 자신의 고유한 개인키를 이용하여 암호 메시지를 복호화할 수 있다. 전송 도중 메시지가 도난당하더라도 개인키가 있어야만 메시지를 볼 수 있으므로 안전할 뿐만 아니라 개인키는 공개할 필요가 없으므로 외부에 알려질 위험도 없다.

이러한 대표적인 것이 생체인식으로 개인의 독특한 생체정보, 예를 들어 지문, 목소리, 눈동자, 홍채 등이 사람마다 다른 특징을 가지므로 이러한 특징을 비밀번호로 활용하는 것으로 인간의 신체적 · 행동적 특징을 개인 식별의 수단으로 활용하는 모든 것을 가리킨다.

신체인식은 통상 템플릿이라고 불리는 정보를 사전에 채취 및 등록해서 인증할 때 센서로 취득한 정보와 비교한다. 단순히 이미지의 비교로 인증하는 방식부터 생체반응을 검출하는 방식까지 여러 가지 수준이 있다. 비밀번호나 물건에 의한 인증방식은 망각이나 분실, 비밀번호 노출, 도난의 우려가 있다. 생체정보의 경우에는 그런 위험성이 낮고, 비밀번호를 입력하거나 열쇠를 휴대하는 것이 불필요하며, 제삼자가 인증하는 것이 방지가능한 수단으로 공동주택의 입구, 신용카드나 생체 여권(입출국 시)의 인증수단으로 사용되고 있다.

하지만 널리 사용될수록 상처, 병, 선천성 결손 등에 의해 생체인식이 불가능한 사람을 위한 대안이 필요하다. 또한 복제되거나 신체기관의 노화로 인해 인식이 불가능해지는 경우가 있다. 생체정보는 비밀번호처럼 임의로 갱신하는 것이 불가능하기 때문에 한 번 복제되면 안전성을 회복하는 것이 불가능할 수도 있는 치명적인 문제를 가지고 있다.

생체인식기술은 4차 산업혁명기술을 기반으로 한 사물인터넷(IoT), 블록체인, 인공지능, 헬스케어, 위치기반서비스 등의 서비스가 확대되면서 해킹이나 개인정보 유출에 대응하기 위한 안전한 보안기술로 부상하고 있다. 금융, 컴퓨터, 보안, 통신기기 및 서비스관리, 출입관리, 의료복지 및 공공분야 등 광범위한 분야에 적용될 것으로 전망된다. 금융에서는 ATM, 모바일뱅킹, 증권거래, 전자상거래, 지불 및 결제수단, 가상화폐 등이 있고, 보안 부분에서는 정보보안, 생체로그인, 휴대폰/노트북/자동차 등의 사용자인증이 있다. 출입관리 부분에는 공항, 기업 등이 있고, 의료복지에는 환자 신분확인, 기록관리, 원격진료 등이 있다. 공공부분에는 범죄자 식별, 전자주민증, 선거관리 등이 있으며, 엔터테인먼트에는 얼굴인식을 통한 인물사진 분류 및 관리, 닮은 사람 찾기 등이 있다.

7.5.1 지문인식

지문인식은 전용센서를 이용해 지문의 디지털 영상을 획득하여 사용자를 인식

그림 7-9 지문인식: 갤럭시 S10

하는 기술이다. 획득된 영상은 생체 영상으로 불린다. 디지털 신호처리하여 생성된 생체인식 템플릿은 저장하여 식별하는 데 사용된다. 일반적으로 다음과 같은 기술이 지문인식센서에 사용된다.

삼성 갤럭시 S10과 S10+, S10 5G는 모두 초음파식 온스크린 지문인식이 적용되었다. 지문인식을 아예 화면 안에 내장시킨 것이다. 단 삼성 갤럭시 S10e는 초음파식 온스크린 지문인식이 적용되지 않았으며, 측면 전원버튼에 정전식 지문인식센서가 있다.

7.5.2 홍채인식

현재 사용되는 생체인식은 바로 손의 지문이다. 여전히 지문으로 신원을 확인하는 일이 많은데, 예를 들어 출 · 입국할 때나 휴대폰의 인증, 운전면허증 · 주민등록증 발급 등 적용되는 분야가 많다. 그러나 지문은 손상이 쉽다는 점과 조작의 위험 때문에 문제가 되고 있다. 그래서 등장한 것이 바로 홍채인식이다. 홍채는 눈

꺼풀과 망막에 의해 보호되어 손상위험이 적어 정확도가 높고, 신체접촉이 필요 없다는 점에서 전염성 질환의 예방에 효과적이다.

홍채인식기술은 여러 생체인식기술 중에서도 오인식률이 가장 낮기 때문에 본인과 타인을 구별할 수 있는 변별력이 가장 우수한 기술이다. 그리고 홍채의 무늬는 일란성 쌍둥이라도 서로 다르며, 특별한 외상이나 심각한 질병에 걸리지 않는다면 일생 동안 유지된다는 장점이 있다.

이와 함께 홍채는 대략 266개의 측정가능한 식별 특징을 가지므로 40개 정도의 식별 특징을 가지고 있는 지문에 비해 훨씬 복잡하고 정교하다. 또한 얼굴인식과 마찬가지로 카메라를 이용하여 홍채를 촬영하는 비접촉방식이므로 지문인식에 비해 거부감이 줄어든다. 그리고 홍채인식기술은 경제성으로 봐도 장점이 뚜렷하다. 홍채인식 카메라장비의 지속적인 가격 하락으로 저렴한 비용으로 홍채인식기술을 이용할 수 있다. 향후 카메라시장 규모의 확대에 따라 가격이 더욱 하락할 전망이다.

홍채인식(iris recognition)은 사람의 양눈 또는 한쪽 눈의 상에 대해 수학적 패턴인식기술을 사용하는 자동화된 생체 식별방식으로, 복잡한 패턴이 고유하고 안정적이며 일정한 거리에서 관찰이 가능하다. 또한 홍채인식은 사람마다 고유한 특성을 가진 안구의 홍채패턴을 이용한 것으로 생후 1~2년 사이에 고유한 패턴이 형성되어 평생 변하지 않기 때문에 데이터의 정확성, 안정성, 사용편리성, 처리속도면에서 가장 발전된 보안시스템이다.

그림 7-10 홍채인식: 휴대폰

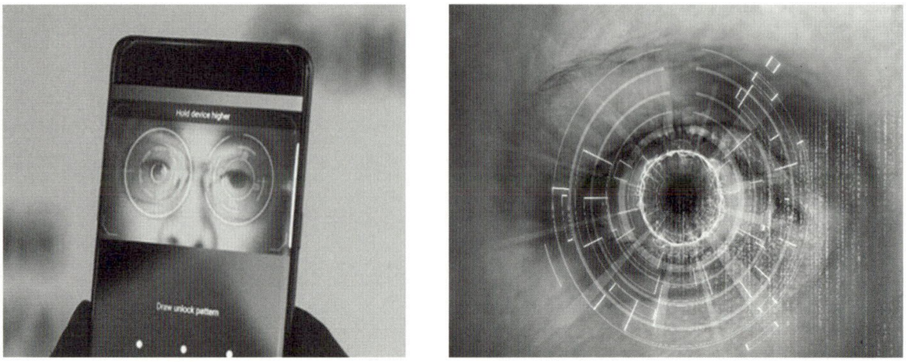

망막인식은 인체의 고유한 망막혈관을 사용하는 접안기반의 생체기술로서 홍채 인식과 혼동될 수 있다. 홍채인식은 근적외선 조명기능을 갖춘 비디오카메라기술을 사용하여 바깥에서 보이는 세세하고 복잡한 구조의 홍채의 상을 취득한다. 수학적 · 통계적 알고리즘을 통해 이러한 패턴으로부터 인코딩된 디지털 템플릿들은 개인의 식별을 허용한다.

삼성 갤럭시폰의 생체인식기능을 예로 들면 다음과 같다.

- 홍채인식을 이용해 로그인이나 인증서비스가 가능한 '삼성패스'기능이 사용가능하며, 2016년 9월경부터 삼성페이에서 홍채인증이 가능하다.
- 생체인식 잠금해제: 생체인식 솔루션을 이용해 기기의 잠금을 해제할 수 있다. 별도의 솔루션이 내장된 지문인식 및 홍채인식을 포함해 사용자 편의성을 위한 안면인식 잠금해제기능을 별도로 탑재했다.

7.6 디지털콘텐츠 보호기능(DRM)

DRM은 'Digital Rights Management'의 약자이다. 인터넷을 돌아다니다가 디지털음악, 전자책, 온라인 영화 등을 구매하는 경우 우리는 쉽게 DRM기술이 적용된 콘텐츠를 접할 수 있으며, 다소의 불편함을 감소하면서 유료 콘텐츠를 구매한 경험이 있을 것이다. DRM이란 디지털콘텐츠에 권한 및 보안기능을 부여하여 허가받은 사용자만 해당 콘텐츠에 접근이 가능하도록 하는 기술이다. 즉 상용화된 콘텐츠의 경우 돈을 낸 사람들만 사용할 수 있게 하는 기술이다.

DRM기술 발전의 두 가지 요인은, 첫째 저작권법의 진화, 둘째 디지털콘텐츠 제작 및 유통기술의 발달이다. 즉 디지털콘텐츠기술의 발달로 인해서 고급 디지털 콘텐츠가 생산되었으며 이를 이용하는 사용자와 생산하는 저작권자 사이의 수요에 의해 개발된 기술이라고 볼 수 있다.

DRM은 보호대상 및 관점에 따라서 여러 분야에 응용이 가능한데, 디지털가전과 같은 전자기기에서의 콘텐츠 불법복제 방지목적으로 사용이 가능하며, 기업 내 핵심정보보안, 온라인상에서 거래되는 멀티미디어콘텐츠의 저작권보호, 지식정보의 저작권보호, 민원발급문서의 위 · 변조방지 등 폭넓은 분야에 적용이 되고 있거나 향후 적용이 가능할 것으로 보인다.

디지털저작권보호기술은 온라인 네트워크상에서의 저작권보호뿐만 아니라 TV나 VTR과 같은 가전기기에서의 콘텐츠복제에 대한 부분도 고려의 대상이다. 게임이나 사진, 동영상 같은 온라인 디지털콘텐츠와 함께 방송콘텐츠도 고품질의 디지털콘텐츠로의 전달이 가능해짐에 따라, 이들 콘텐츠에 대한 보호기술의 개발이 필요하다. 고품질의 디지털콘텐츠를 누구나 쉽게 접하고 있고, 대용량 저장공간의 확보에 의해 풍부한 자원을 바탕으로 하는 고용량 · 고품질 콘텐츠의 이동이 자유로워졌다.

기업 간의 경쟁이 심화되면서 시장정보, 기술정보와 같은 가치 있는 정보가 가장 중요한 경쟁요소로 대두되었고, 기업들이 내부 정보보호에 대한 중요성을 인식하고 이에 대한 보안대책을 마련하고 있다. 특히 반도체, 자동차, 조선기술과 같은 국내 핵심기술이 중국, 대만 등지로 유출되는 사례가 발생하면서 국가 차원에서 국가의 핵심과학기술보호에 대한 인식도 증대되고 있는 것이 현실이다.

DRM기술은 콘텐츠의 불법복제를 방지하고 지정된 사용자에게 허가된 범위 내에서 콘텐츠를 사용하게 하고 콘텐츠 내에 저작권 관련 정보를 삽입 · 추출하는 등 디지털콘텐츠의 안전하고 투명한 유통을 위한 콘텐츠 및 콘텐츠 저작권을 보호관리하는 기술이다.

최근 정보통신기술의 발전에 따라 초고속인터넷, 무선인터넷, 휴대인터넷, 지상파 DMB, 위성 DMB 등 다양한 형태의 통신 인프라를 바탕으로 동영상, 이미지, 음악콘텐츠, e-Book, 소프트웨어 등 콘텐츠의 유통이 활발하게 이루어지고 있다. 또한 데스크탑 컴퓨터, 노트북 컴퓨터, PDA 무선휴대폰, MP3 플레이어, 태블릿PC, 스마트기기 등 다양한 기기들이 사용자의 편리성에 따라 이용되고 있다. 디지털콘텐츠의 특성에 따라 시공을 초월한 환경에서 디지털콘텐츠들이 널리 사용되고 있다. 1990년대 초 · 중반 인터넷의 급속한 확산에는 이러한 콘텐츠의 자유로운 이용이 큰 역할을 한 것이 사실이다. 그러나 인터넷 사용자가 급증하고 인터넷이 콘텐츠 유통을 촉진시키는 도구로 활용되면서 주요 콘텐츠의 저작권을 보호하자는 이슈가 나타나기 시작하였으며 점차 그 중요성을 더해가고 있다.

콘텐츠의 불법적인 사용은 P2P, 웹하드서비스, 클라우드서비스와 같은 콘텐츠 공유환경을 통하여 확산되고 있으며 콘텐츠를 불법으로 사용할 수 있는 다양한 도구들이 존재하고 콘텐츠를 무료로 서비스하는 비즈니스형태도 나타나고 있다. 인터넷에서는 콘텐츠의 사용이 무료라는 인식이 아직도 사용자에게 남아 있으므로 이를 고려한 저작권보호기술인 DRM기술은 다양한 비즈니스형태를 고려하고 콘텐츠 유통의 전범위에 걸쳐 적용되어야 하므로 점진적인 기술 향상 및 적용범위의 확대가 필요하다. 정보통신기술의 발전 및 단말기의 다양성에 따라 DRM기술내용 또한 이에 비례하여 새로운 기술개발이 이루어져야 한다.

DRM기술은 크게 두 가지의 형태로 구분할 수 있다. 첫째, 콘텐츠를 적법한 사용자에게만 안전하게 전송하고 지정된 사용범위 내에서 사용하게 하며 불법으로 복제할 수 없도록 하는 기능과, 둘째 불법으로 콘텐츠가 유출되었을 때 해당 콘텐츠의 소유권이 어떤 기관 또는 개인에게 속하는지를 증명하고 어떤 경로를 통하여 불법 유통되었는지를 추적하는 기능이 그것이다. 이와 같이 저작권보호의 효율성을 높이기 위해서는 앞서 언급한 두 가지의 기능이 상호 보완적으로 지속적인 발전을 하면서 이루어질 수 있다.

디지털콘텐츠 유통은 통신 프로토콜의 특성, 콘텐츠 전송방식 및 DRM기술을 이용한 온라인방식의 콘텐츠거래를 의미하며 콘텐츠 창조자, 제작자, 배포자, 사용자와 같은 주요 유통주체를 비롯하여 고유식별자 부여기능과 시스템 또는 사용자의 확인에 필요한 인증기능 또한 필수적인 기능이다. 다양한 유통주체와 기능은 [그림 7-11]과 같이 나타낼 수 있다. 이 그림은 콘텐츠 유통의 일반적인 형태를 나타내는 것으로 유통에 참여하는 주체와 각 유통의 신뢰성 및 편리성을 지원하기 위한 보조적인 기능을 나타내는 콘텐츠 유통 프레임워크를 보여준다.

최근 디지털콘텐츠의 유통 활성화에 따라 기존의 저작권이 비즈니스 및 서비스 형태에 따라 복제권, 배포권, 대여권, 전송권, 공연권, 방송권 등으로 세분화되고 있다. 이에 따라 법 · 제도적인 측면뿐만 아니라 기술적인 측면에서 이를 세부적으로 지원할 수 있는 기술이 필요하다.

그림 7-11 디지털콘텐츠의 유통주체와 운영

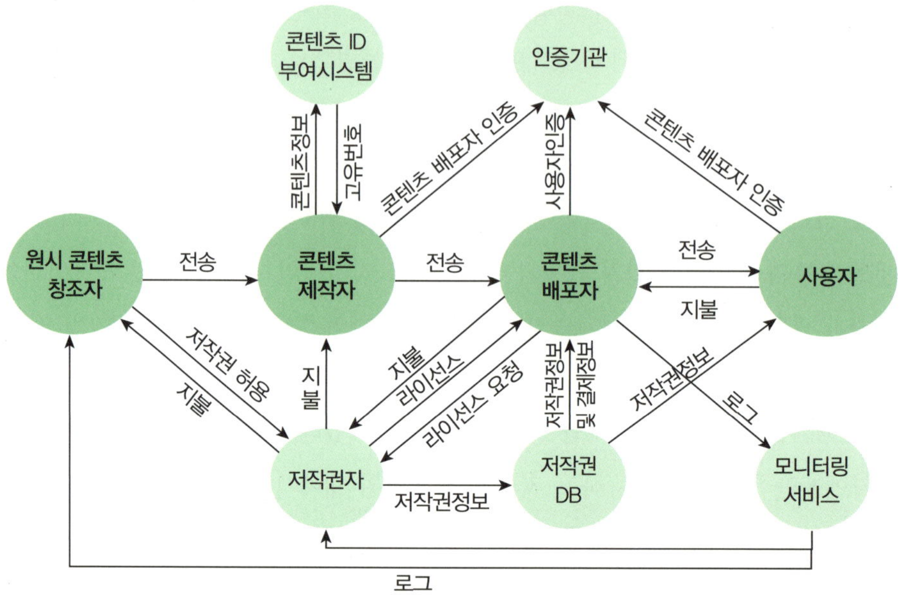

7.7 전자금융과 핀테크

7.7.1 전자금융과 핀테크의 배경

금융이란 사전적으로 경제주체 간의 자금 융통을 의미한다. 즉 자금이 남는 경제주체에서 자금이 부족한 경제주체로 화폐(구매력)를 이전하는 것이다. 금융업은 효율적인 자금 융통을 위한 정보수집 및 처리수단으로서 이미 어느 산업보다 ICT를 적극적으로 도입해왔다. 이미 핀테크가 알려지기 전부터 금융 IT, 스마트금융 등으로 불린 전자금융(electronic banking), 금융공학(financial engineering), 기술금융(technology financing) 등 ICT와 금융이 융합된 금융서비스들이 존재했고, 현재에도 일상적으로 광범위하게 사용되고 있다.

국내에서도 인터넷뱅킹, 증권사의 HTS(홈트레이딩시스템), 보험사의 다이렉트

자동차보험, 카드사의 후불교통카드 등을 전자금융의 대표적인 사례로 꼽을 수 있다.

정보통신기술의 비약적인 발전으로 정보처리비용이 극적으로 낮아지고, 전세계가 인터넷으로 연결됨에 따라 물리적 인프라 구축이나 인력 충원 없이 소프트웨어를 통해서 기존의 비즈니스가 대체되고 있다. 핀테크를 이끈 디지털혁명의 기반에는 모바일기기의 고성능화, 소셜네트워크 다양성, 클라우드서비스, 빅데이터의 수집과 분석능력 등 네 가지 중요한 기술이 자리하고 있다. 고성능 모바일기기를 접점으로 다양한 방식으로 소통하고, 다양한 콘텐츠를 생산할 수 있는 소셜네트워크 환경이 만들어졌다. 소셜네트워크를 통해서 쏟아지는 막대한 데이터는 빅데이터의 중요성을 부각시켰다. 데이터의 수집과 분석은 클라우드 컴퓨팅환경을 통해서 저렴한 비용으로 처리할 수 있게 되었다.

금융과 정보통신기술의 융합이 공통적인 배경인 전자금융과 디지털혁명 등 금융위기 이후 특정한 수요와 공급조건의 변화 속에서 부상한 핀테크는 인터넷이 부상하던 시기부터 존재하던 전자금융(electronic banking)과는 분명 다르게 정의할 수 있다. 핀테크 육성을 담당하고 있는 영국 무역투자청이 'Ernst & Young'에 작성한 보고서에서는 '핀테크'를 전통적 핀테크(traditional fintech)와 신흥 핀테크(emergent fintech)로 구분하였다. 전자는 기존 금융서비스의 가치사슬상에 포함되어 서비스의 효율을 높이는 조성자(facilitator)로서 포지셔닝하는 반면, 후자는 기존 금융서비스 전달체계를 와해시킬 수 있는 파괴자(disruptor)의 속성을 가지고 있다. 기존 전자금융이 바로 전통적 핀테크기업에 의해서 지원되고 있다고 할 수 있고, 후자는 현재 부상하고 있는 핀테크라고 할 수 있다.

일반적으로 제품을 고도화시켜 기존 주류시장을 만족시키는 기술개선을 지속적 혁신(sustaining innovation)이라고 하고, 새로운 방식의 기술을 통해서 시장을 창출하여 지속적 혁신이 주류를 장악하고 있는 기존 시장을 대체하는 것을 파괴적 혁신(disruptive innovation)이라고 분류한다.

국제결제은행(BIS)은 전자금융을 "전자적 채널을 통하여 금융상품 및 서비스를 제공하는 것"으로 정의하는데, 전통적 핀테크는 금융회사의 가치사슬상에 포함되어 금융업무가 ICT를 통해서 자동화되고 효율화될 수 있도록 지원하는 역할을 담당한다. 금융회사의 금융 인프라지원 성격이 강한 것이다. 전자금융의 대표적 형태인 인터넷뱅킹은 IT솔루션기업, 보안회사 등의 지원을 통해서 은행 지점업무를 온라인화시킨 것이라고 볼 수 있다. 전자금융은 금융회사가 가치사슬의 핵심에 위치하고, ICT기업은 이를 후방에서 지원하는 역할에만 그친다. 금융거래의 흐름도 기존 지점을 통한 업무와 별반 다를 것이 없다.

반면에 핀테크는 기존 가치사슬을 와해시킬 수 있다는 점이 두드러진 특징이다. 핀테크기업은 금융회사의 솔루션 역할을 벗어나 고객과 직접 소통함으로써 금융업 가치사슬의 핵심을 담당할 잠재력을 가진다.

반면 금융회사는 핀테크기업의 금융서비스 제공을 위한 보조적인 역할에 그치는 양상을 나타낸다. 예를 들어 P2P 대출 플랫폼은 투자자와 대출자의 매칭은 플랫폼이 수행하고, 은행은 자금을 이체하거나 수탁하는 역할에 그치게 된다. 스마트폰의 부상으로 이동통신회사들이 단순히 인프라의 역할에 그치므로 고객의 접점이 모바일기기에 쏠림에 따라 핵심가치사슬은 앱을 제공하는 소프트웨어기업이 담당하고, 금융회사는 금융거래의 후방에서 보조적인 업무만을 담당한다. 때로는 기존 금융 인프라 전체를 거치지 않고 금융서비스를 고객에게 제공할 수도 있다. 은행이나 금융망은 물론이고 중앙은행과 SWIFT망 등을 거치지 않더라도 인터넷을 통해서 전세계 개인 간, 개인과 기업 간, 기업 간 금융거래를 가능케 한 비트코인과 리플코인 등은 기존 금융 인프라를 대체하고 거래수수료도 거의 제로에 가깝게 함으로써 고객들에게 이익을 제공하는 형태의 핀테크 사례라고 볼 수 있다.

위 상황을 종합하면 핀테크를 "기술을 핵심요소로 하는 금융서비스 혁신"이라고 정의할 수 있다. 핀테크에서 기술은 블록체인의 기반으로 모바일기기의 고성능, 소셜네트워크서비스, 클라우드서비스, 빅데이터 수집 및 분석 등은 물론이고, 4차 산업의 혁명이라고 할 수 있는 IoT(사물인터넷), VR(가상현실)/AR(증강현실), 인공지능(AI), 헬스케어 등 다양한 ICT기술을 포괄한다. 기술이 금융서비스를 새로운 방식으로 개선하는 데 결정적인 역할을 수행한다. 주요 주체는 창의적 아이디어를 보유한 스타트업이 되겠지만, 기존 금융회사도 새로운 시도와 변화를 통해서 혁신의 주체가 될 수 있다.

7.7.2 모바일 지급결제시스템과 핀테크의 분류

1) 모바일 결제현황 및 특징

모바일 지급결제서비스란 스마트폰 등 모바일기기를 이용하여 금융거래와 소비거래 등의 지급결제업무를 처리할 수 있도록 하는 지급결제서비스이며, 모바일 신용카드, 모바일뱅킹, 휴대폰 소액결제, 전자지갑 등으로 크게 나눌 수 있다. 모바일 지급수단은 현금, 신용카드 등의 전통적인 지급수단을 보완하는 형태로 출발하였으나 스마트폰의 보급, 광대역 이동통신 네트워크의 확산 등에 힘입어 차별화된 지급수단으로 진화하고 있다.

현재 국내 모바일 지급결제서비스는 자금이체분야를 중심으로 활성화된 모바일뱅킹, 모바일 신용카드, 휴대폰 소액결제, 전자지갑 혹은 모바일 지갑 등으로 크게 나눌 수 있다.

표 7-3 모바일 결제 유형별 현황 및 전망

구분	모바일뱅킹	모바일 신용카드	휴대폰 소액결제	전자지갑
서비스 현황 및 전망	• 모바일간편결제 서비스와 더불어 대중화된 서비스 • 이용경험자의 만족도와 이용 증대 의향이 매우 높고, 비이용층의 수요도 상당히 존재하고 있어 시장 성장속도가 빠를 것으로 전망	• 인지도는 높은 편이나 이용률 낮음 • 발급 · 설치, 휴대폰 분실, 보안 · 해킹 우려가 이용의 장애요인으로 작용 • 비이용자 수요 많지 않은 편으로 점진적 시장확대 전망	• 모바일뱅킹과 더불어 가장 대중화된 서비스로 모바일결제시장의 리딩서비스 • 휴대폰 요금부담, 충동구매 우려가 존재하나 점진적으로 이용할 것으로 예상	• 많은 카드를 가지고 다니지 않아서 편리하며, 부가서비스를 함께 제공하여 편리 • 향후 결제 및 포인트 적립 등이 가능하여 옴니채널서비스로 진화될 것으로 예상
서비스 단점	• 보안 · 해킹 우려 • 공인인증서 이용 번거로움 • 휴내폰 분실 우려 • 프로그램/앱 설치 번거로움	• 발급 · 설치 번거로움 • 휴대폰 분실 우려 • 새 카드 발급 부담 • 보안 · 해킹 우려	• 휴대폰요금 부담 • 소액결제로 충동구매 우려 • 기존 결세수난으로 충분 • 보안 · 해킹 우려	• 발급 · 설치 번거로움 • 휴대폰 분실 우려 • 발급카드관리 번거로움

자료: DMC리포트, 모바일 지급결제시장 현황 및 전망, 2014. 10, 저자 수정.

(1) 모바일뱅킹

모바일뱅킹은 인터넷 접속이 가능한 휴대폰 등의 모바일기기를 이용해 계좌조회, 자금이체, 거래내역조회 등을 할 수 있는 은행서비스를 말한다. 인터넷을 기반으로 하지만 이동 중에도 사용할 수 있다는 점에서 기존의 인터넷뱅킹과 구분된다. 초기 모바일뱅킹은 자금이체, 계좌조회 등 단순업무 위주로 활용되었으나, 최근 대출 · 보험 · 주식 등 모든 금융상품을 편리하게 이용할 수 있는 수준으로 발전하고 있다.

현재는 스마트폰 전용 금융상품의 전성 시대라고 불릴 만큼 은행 간 경쟁이 치열해지고 있다. 이에 따라 다른 은행보다 상대적으로 높은 이자를 제공하는 스마트폰 전용상품들이 속속 등장하고 있다. 은행에서는 스마트폰 애플리케이션을 통해 기존 고객의 편의성을 높이고, 새로운 고객을 확보하여 수익을 창출할 수 있을 것으로 기대하고 있다.

(2) 모바일 신용카드

모바일 신용카드는 모바일기기에 저장된 결제카드정보를 이용하거나 카드사 네트워크에 접속하여 결제하는 서비스를 말한다. 국내 모바일 카드시장은 BC와 하나SK 주축의 USIM형 모바일(신용) 카드와 신한, 삼성, 현대, 국민, NH농협, 롯데 등 6개 카드사가 연합 출시한 애플리케이션(APP)형 모바일(신용) 카드로 나눌 수 있다.

- 유심(USIM)방식: 휴대전화에 사용하는 유심칩을 개인 카드정보 저장매체로 활용하고, 근거리무선통신(NFC)을 통해 전용 단말기에 칩을 접촉하여 결제하는 방식이다.
- 애플리케이션(APP)방식: 스마트폰에 전용프로그램을 설치한 후, 신용카드 앱을 실행하여 출력된 바코드를 리더기로 읽으면 카드결제가 이루어지는 방식이다.

국내 신용카드업계는 빠른 속도로 성장하고 있는 모바일 지급결제시장을 선점하기 위해 모바일 신용카드를 직접 출시할 뿐만 아니라, 모바일 신용카드를 내장

| 표 7-4 | 모바일 신용카드 기술표준 비교

구분	유심(USIM)방식	애플리케이션(APP)방식
소속사	하나SK, BC	신한, 삼성, 현대, 국민, 롯데, NH농협
발급방식	신규발급(USIM 탑재)	기존 신용카드를 앱에 등록
결제방식	NFC 단말기 접촉방식으로 결제	앱 실행 후 바코드 스캔방식으로 결제
보안성	휴대폰 분실 시 신용카드 유출	사용 시마다 앱 실행 후 비밀번호 입력
결제 인프라	전용 단말기(동글) 추가 구매 설치	기존 가맹점 단말기 소프트웨어 업그레이드

자료: 우리금융경영연구소, 국내 모바일 신용카드 시장 동향 및 전망, 2013. 9.

한 모바일 지갑 등 다양한 방법으로 결제시스템을 제공하고자 노력하고 있다.

USIM형 방식의 모바일 신용카드는 가맹점에 NFC 단말기인 동글(dongle)이 설치되어 있어야 하지만, 앱방식 모바일 신용카드는 NFC 이외에 바코드나 QR코드로도 거래할 수 있다. 전자화폐, 즉 모바일 지갑이란 현금이나 신용카드 등의 결제수단뿐만 아니라 지갑에 소지하고 다니는 신분증, 멤버십포인트, 보안카드 등의 소지수단을 하나의 모바일기기에서 사용가능하도록 구현하는 서비스를 말한다. 모바일 지갑은 여러 개의 실물 카드를 모바일 하나로 이용할 수 있기 때문에 소지하기가 편리하며, 결제뿐만 아니라 적립 · 할인 등을 한번에 이용가능하다는 장점을 가지고 있다.

(3) 휴대폰 소액결제

휴대폰 소액결제는 소비자가 상품 구매대금을 이동통신요금에 덧붙여 지급하는 것으로 모바일 통합과금서비스로도 불린다. 모바일 신용카드의 경우 카드사가 최종승인하지만, 휴대폰 소액결제는 이동통신사가 지급을 승인하는 것이 차이이다. 상대적으로 결제가 간편한 휴대폰 소액결제서비스의 수요는 지속적으로 증가하고 있으며, 이는 휴대폰 통신과금시장에서 절대적인 점유율을 차지하고 있다.

휴대폰 소액결제는 SMS인증을 통해 결제하여 통신요금과 합산하여 청구된다. 구매자가 통신요금과 함께 통신사에게 구매금액을 지급하면 통신사가 결제대행사에게 지급하고 결제대행사는 제품을 구매자에게 지급하는 형태로 이루어진다.

(4) 전자지갑 또는 모바일 지갑

전자지갑은 하나의 독립적인 지급결제서비스라기보다 기존의 결제서비스와 그 외 비결제적 기능(멤버십카드, 티켓 등)을 필요에 따라 조합하여 제공하는 형태에 가깝다. 초기 모바일 지갑은 통신사가 주도하였으나 최근 금융업체에서도 관련 서비스를 제공하면서 시장을 선점하기 위해 치열하게 경쟁하고 있는 상황이다.

전자지갑은 전자화폐와 쿠폰, 티켓, 교환권 등을 저장해 복합적인 결제서비스를 제공한다. 코드 스캐닝형은 바코드나 QR코드를 활용하는 것으로 다시 원거리와 근거리로 나뉜다. 원거리 결제는 이용자가 전단지나 상품에 부착된 코드 이미지를 스캔해 온라인 결제용 페이지로 이동해 결제하는 방식이다. 근거리는 고객이 오프라인 가맹점에서 결제정보가 연결된 코드 이미지를 보여줘 결제가 이루어지는 형태다. 서버형 결제는 이용자가 신용카드번호와 같은 자신의 결제정보와 결제용 키를 특정한 서버에 미리 등록해둔 뒤, 결제할 때마다 복잡한 결제정보 대신 키값만 입력해 결제하는 방식을 말한다. 모바일 포스는 스마트폰, 태블릿PC 등 모바일기기를 카드 결제단말기로 사용하는 방식의 서비스를 뜻한다.

NFC(Near Field Communication)

근거리무선통신(NFC)은 13.56MHz의 대역을 가지며, 아주 가까운 거리의 무선통신을 하기 위한 기술이다. 현재 지원되는 데이터 통신속도는 초당 424킬로비트다. NFC방식 결제는 스마트폰에 내장된 NFC칩을 결제단말기(POS)에 갖다 대는 것만으로 간단하게 결제가 이루어지는 장점이 있지만 기존의 마그네틱 단말기를 사용하는 상점들이 NFC 전용단말기 설치에 소극적이어서 아직 이들 서비스를 사용하는 사람들이 많지 않다. 그러나 간편하게 결제가 이루어지므로 향후 폭발적인 성장이 기대된다. NFC기술을 이용하여 신용카드를 스마트폰에 저장하는 것도 가능해졌다. 여러 장의 카드를 지갑에 넣고 다닐 필요가 없어진 것이다. 최근 핀테크기반의 애플, 구글, 아마존과 같은 ICT기업들이 모바일 결제서비스에 뛰어들면서 모바일 결제시장에 대한 기대가 어느 때보다 높아지고 있는 상황이다.

마그네틱 보안전송(MST)기술

오프라인 매장에서 흔히 이용하는 신용카드 및 체크카드 단말기에 사용되는 기술로 단말기에 카드를 긁을 때 생기는 자기장의 원리를 휴대폰에 이용해 카드를 긁지 않고 결제단말기의 마그네틱 리더에 접촉하면 간단하게 결제를 할 수 있다.

바코드방식

저장된 카드정보를 바코드화해서 매장 내 POS에 부착된 바코드리더기로 인식해 결제하는 방식으로 국내에서는 다날, KG이니시스 등이 모바일 바코드 결제서비스를 지원하고 있다. 바코드 방식 역시 마그네틱 보안 전송방식과 마찬가지로 별도의 결제단말기 구축 없이 바로 사용이 가능하다.

2) 핀테크와 산업분류

금융(finance)과 IT기술(technology)의 결합인 핀테크(FinTech) 시대가 도래하면서 모바일을 통한 결제, 송금, 대출 등 금융과 IT의 융합형 산업이 나타나고 있다. 핀테크에는 모바일 결제뿐만 아니라 해외송금, 온라인 개인자산관리, 클라우드펀딩, 온라인 보험, 온라인 대출 등도 포함되며, 핀테크를 활용할 수 있는 금융서비스는 금융 전영역에 달할 정도로 광범위하다.

금융을 도와주는 기존 IT기술과는 달리 핀테크가 금융시장 자체를 바꾸는 파괴적인 기술이 된 것은 바로 스마트폰 때문이다. 스마트폰의 사용자수 증가, 모바일 접속빈도 및 기기의 증가, 모바일 네트워크 속도의 증가 등에 의해 급속도로 증가하는 모바일 트래픽은 개인과 기업의 신용평가와 금융거래에 대한 새로운 분석이 가능한 데이터를 제공해 대출이나 보험 등 금융서비스방식에 있어 커다란 변화를 촉발하고 있다.

핀테크의 기본은 개인화를 기반으로 개인행동 패턴에 따른 위치기반 O2O(Online to Offline) 금융서비스를 제공하는 것이다. O2O는 오프라인 매장에서 판매되는 제품이나 서비스를 온라인 소비자와 연결하여 구매를 유도하는 방식을 지칭한다. 예를 들어 소비자의 위치를 기반으로 근처 매장의 할인정보를 소비자에게 전달하면 스마트폰으로 주문 · 결제 후 오프라인 매장에서 제품을 수령하거나 서비스를 이용하는 경우 등이 있다. 이러한 O2O서비스의 핵심은 오프라인의 활동을 온라인에서 지원하는 데서 출발한다. 핀테크기술에는 통계, 머신러닝 등 다양한 알고리즘을 분석하여 실시간으로 온 · 오프라인서비스를 제공할 수 있는 시스템 간의 연계가 필수적이다. 이러한 인프라가 요구되는 모바일기술과 함께 빅데이터처리기술과 클라우드 인프라, 인증과 보안, 그리고 자동화 등이 요구된다.

O2O(Online to Offline)

온라인과 오프라인을 연결한 마케팅으로 특정 지역에 들어서면 실시간으로 스마트폰에 쿠폰 등을 보내주는 서비스가 대표적이다.

핀테크영역의 산업별 분류내용은 [표 7-5]와 같이 송금, 결제, 자산관리, 투자, 보안 및 데이터분석서비스 등으로 구분할 수 있다.

표 7-5 핀테크의 산업분류

구분		종류	내용 및 특징
금융 서비스	송금	모바일 및 이메일 송금	• 온라인으로 가능한 전자화폐 혹은 암호화폐 • 이메일과 모바일을 통해서 개인과 기업 간 송금(기업과 기업 간)
	결제	전자결제 서비스	• 상품과 서비스결제 편의성 향상 • 가상계좌, 신용카드, 실물계좌로 결제가능
	자산관리	온라인펀드, 인터넷은행, 보험 · 증권	• 온라인으로 다양한 펀드를 살 수 있는 슈퍼마켓의 역할 • 인터넷은행, 온라인 전용으로 여수신기능을 제공 • 인터넷만을 통해 가입하는 보험 • 온라인 전용으로 주식, 채권, 선물투자 플랫폼 제공
	투자	금융투자 플랫폼 (소셜트레이딩, 클라우드펀딩)	• 대출, 창업자금지원 등 투자 관련 금융을 서비스하는 온라인 플랫폼 • 스마트폰 등을 이용하여 투자정보 교류를 통한 가치판단 및 투자활동에 영향 • 개인 간 자금조달을 중개해주는 서비스 제공
ICT기술	보안 및 데이터분석	정보보안	• 새로운 금융서비스를 보다 편리하게 사용하기 위해서는 보다 고도화된 금융보안기술이 필요
		금융 빅데이터 분석 및 금융 S/W	• 빅데이터분석으로 소비패턴의 인식을 통한 소비활동 증진 • 대규모 데이터를 활용한 보다 정교한 대출금리 산정

자료: 여신금융연구소, 핀테크의 가치창출요건 및 시사점, 2015. 1, 저자 수정.

(1) 페이팔

페이팔 홀딩스 주식회사(PayPal Holdings, Inc.)는 온라인 송금을 지원하며 수표나 우편환 같은 전통적 종이방법에 대한 전자적인 대안의 역할을 제공하는 전세계 온라인 지불시스템을 운영하는 미국의 회사이다. 페이팔(PayPal)은 온라인 판매자, 경매사이트 그리고 다른 상용 사용자들을 위한 지불처리시스템으로 운영되는데, 거래 상대방에게 자신의 은행계좌번호나 신용카드번호의 노출 없이 클릭 한 번으로 송금처리를 완료할 수 있는 서비스를 제공하며 일반적으로 송금받는 사람들에게는 일정한 소액 수수료를 청구하고 있다.

페이팔의 모바일 앱을 설치한 고객이 페이팔 비콘이 설치된 오프라인 매장에 들어가면, 해당 매장의 메뉴와 할인쿠폰 등이 자동으로 스마트폰에 보인다. 그리고 고객이 원하는 메뉴를 선택하여 주문하면 페이팔에서 바로 결제가 이루어진다. 주문하기 위해 오랜 시간 줄을 설 필요가 없어지기 때문에 스타벅스와 같은 카페 등을 중심으로 사용되고 있다.

(2) 애플페이

애플페이(Apple Pay)는 애플이 제공하는 모바일 결제 및 전자지갑서비스이다. 사용자들은 애플페이를 통해 아이폰 6, 6 플러스 이상, 애플 워치 호환기기(아이폰 5 이상), 아이패드 에어 2, 아이패드 프로, 아이패드 미니 3 이상에서 결제가 가능하다. 애플페이는 애플페이 특유의 비접촉 결제 터미널이 필요하지 않으며 기존의 비접촉방식의 터미널과도 동작한다. 애플의 모바일 결제 솔루션인 애플페이는 아이폰과 애플워치에 탑재된 NFC모듈을 이용하고 아이폰의 터치ID로 본인인증을 하는 방식이다. 애플페이를 이용해 결제를 하려면 NFC를 지원하는 결제단말기가 필요하며 아이폰이나 애플워치를 단말기에 갖다 대면 저장된 카드가 화면에 표시되고 지문인증을 통해 결제를 할 수 있다.

(3) 삼성페이

삼성페이(Samsung Pay)는 삼성전자에서 만든 모바일 결제서비스다. 삼성페이는 마그네틱 보안전송(MST)을 사용하여 무선으로 마그네틱 신용카드의 정보를 전송시켜 결제하는 방식으로, 근거리무선통신(NFC)을 사용하지 않아도 된다. 삼성페이기능이 지원되는 스마트폰에 신용카드 및 체크카드를 등록하고 사용하면 된다. 2017년에는 오프라인 결제기능을 제거한 삼성페이 미니(mini)를 출시했으며, 삼성전자 이외 회사의 기기에서도 안드로이드 5.0 이상 버전이면 사용이 가능하다.

(4) 중국의 알리페이

중국은 기존 국영은행중심의 금융체제를 혁신하고자 하는 과정에서 핀테크를 전향적으로 받아들이고 있다. 최근 텐센트의 인터넷전문은행 '위뱅크'의 출범 기념 행사에 참석한 리커창 총리는 인류 최초로 달에 착륙한 닐 암스트롱의 명언을 인용하여 "위뱅크는 작은 걸음이나 금융개혁에는 거대한 발자취가 남을 것이다"라고 발언함으로써 ICT를 통한 금융혁신의 강한 의지를 드러내기도 하였다.

중국은 선진국에 비해서 상대적으로 낙후된 금융 인프라를 모바일 인터넷을 통한 새로운 패러다임으로 소위 '퀀텀 점프'하는 양상으로 혁신하고 있다. 알리바바를 필두로 텐센트, 바이두 등 주요 ICT기업의 금융업 진출을 적극적으로 장려함으로써 기존 금융회사가 충족시키지 못하는 소비자들의 금융서비스 수요를 충족시키고 있다. 기존 금융업의 레거시가 존재하는 선진국에 비해서 오히려 빠른 혁신 속도를 보여주고 있다. 예를 들어 선진국에 비해서 현저히 낮은 중국의 신용카드 보급률은 전자지급결제 발전의 걸림돌이 아니라 글로벌 최대 결제 플랫폼으로 성장한 '알리페이(Alipay)'가 탄생할 수 있었던 배경으로 작용하였다. 출시 1년도 안 되어 중국 최대의 머니파켓펀드(MMF)로 성장한 알리바바의 온라인 금융상품 '위어바오'는 알리페이의 고객기반을 바탕으로 예금금리 규제를 우회하는 대안적인 투자상품 수요를 충족시킴으로써 성공을 거둘 수 있었다.

(5) 구글페이

구글페이(Google Pay)는 구글이 개발한 전자지갑 플랫폼의 하나로서, 모바일기기에서 인앱(in–app) 및 탭투페이(tap–to–pay) 구매를 지원하며 사용자들이 안드로이드 전화, 태블릿, 워치로 지불할 수 있게 한다. 안드로이드페이는 근거리 무선통신(NFC)을 사용하여 소매업체에 송금을 용이하게 하는 카드정보를 전송할 수 있다. 신용 · 직불카드의 칩과 핀 또는 POS 터미널의 마그네틱 스트라이프 거래를 대체하며 사용자들이 이것들을 안드로이드페이 지갑에서 업로드할 수 있게 한다. 이미 수많은 국가에서 사용되는 2요소 인증이 추가된 비접촉식 지불방식과 비슷하다. 이 서비스는 안드로이드장치들이 근거리무선통신(NFC) 안테나, 호스트기반 카드 에뮬레이션(HCE), 안드로이드의 보안기능을 사용하여 무선으로 판매시점 정보관리시스템과 통신할 수 있게 한다.

3) 암호화폐 정의와 분류

암호기술을 이용하여 만든 디지털화폐인 암호화폐(cryptocurrency)는 네트워크로 연결된 인터넷 공간에서 암호화된 데이터형태로 사용된다. 암호화폐는 지폐나 동전과 같은 실물이 없이 디지털 데이터형태로 존재하기 때문에 가상화폐(virtual money)라고도 부른다. 암호화폐는 흔히 가상화폐라는 말로 혼용되어 사용되기도 하지만, 엄밀히 말하면 서로 구별되는 개념이다. 암호화폐는 암호화기술을 이용하여 만든 화폐이고, 가상화폐는 실물이 없이 가상으로 존재하는 화폐이다. 예를 들어 비트코인, 이더리움, 리플 등은 암호화폐이고, 싸이월드의 도토리, 리니지의 아덴 등은 가상화폐이다. 암호화폐는 암호화기술을 이용하여 만든 가상화폐의 일종이다. 결국 암호화폐는 가상화폐의 한 종류이다.

암호화폐는 결제수단으로 사용되기보다는 자산의 안전한 보관을 위해 사용되는 경우가 많아서 암호자산(crypto asset)이라고 부르기도 한다. 대부분의 암호화폐는 탈중앙화된 피투피(P2P)방식의 블록체인(blockchain)기술을 이용하여 가치를 저장 · 전송한다. 암호화폐는 해시(hash)라는 암호화기술을 이용하여 만든 전자화폐의 일종으로서, 가치를 보증하는 중앙은행이 없이도 거래의 신뢰성과 안전성을 보장받을 수 있다. 암호화폐는 국가의 제약이 없는 글로벌 통화로서, 일종의 디지털 골드(digital gold)라고 할 수 있다.

암호화폐는 달러($)나 원화(₩)와 같은 법정화폐와 달리 화폐를 발행하는 중앙은행이 없이 전세계 인터넷 네트워크에 피투피(P2P)방식으로 분산 · 저장되어 운영된다. 암호화폐를 발행하고 관리하는 핵심기술은 블록체인기술이다. 암호화폐는 다음과 같은 유형으로 분류할 수 있다.

(1) 코인과 토큰

- 코인(coin): 다른 플랫폼에 종속되지 않고 자체 메인넷을 가지고 독립적인 생태계를 구성하고 있는 암호화폐를 말한다. 이더리움, 이오스 등 모든 플랫폼 코인이 여기에 해당한다. 플랫폼 코인이 아니더라도 비트코인이나 리플처럼 다른 플랫폼에 종속되지 않은 독립적인 암호화폐도 코인이라고 부른다.
- 토큰(token): 다른 플랫폼 코인 위에서 개별적인 목적을 달성하기 위해 사용하는 암호화폐를 말한다. 토큰은 자체적인 메인넷이 없으며, 다른 플랫폼기반 위에서 작동한다. 예를 들어 스테이터스네트워크토큰(SNT)은 이더리움 플랫폼 위에서 작동하는 토큰이다.

(2) 사용목적에 따른 분류

- 알트코인(altcoin, alternative coin): 비트코인의 단점을 해결하기 위한 대안적 코인으로 비트코인 이외의 나머지 모든 암호화폐를 알트코인이라고 부른다. 리플, 라이트코인, 이더리움, 이오스 등 수천 종의 알트코인이 존재한다.
- 플랫폼 코인(platform coin): 다양한 서비스와 토큰에서 사용하는 공통된 기능을 모아서 제공하는 플랫폼에 사용되는 암호화폐이다. 플랫폼 코인 위에 다양한 서비스에서 사용하기 위한 탈중앙 분산형 응용프로그램인 디앱(DApp)을 만들 수 있다.
- 유틸리티 토큰(utility token): 게임, 콘텐츠, 데이터 등 다양한 서비스를 이용하기 위해 사용하는 암호화폐이다. 대개 플랫폼 코인 위에서 작동하는 디앱방식으로 개발한다.

- 결제코인(payment token): 실제생활에서 상품이나 서비스의 대가로 결제, 송금, 지불하는 화폐처럼 사용하기 위한 암호화폐이다.
- 증권형 토큰(security token): 주식, 채권, 부동산 등 현실세계의 자산을 블록체인기반의 암호화폐에 페깅(pegging)한 디지털 자산을 말한다.
- 스테이블코인(stablecoin): 법정화폐로 표시한 코인의 가격이 거의 변동하지 않고 안정된 암호화폐를 말한다. '가치안정화폐'라고도 한다. 예를 들어 테더, 스팀달러, 테라 등이 있다.
- 프라이버시 코인(privacy coin): 일명 다크코인(darkcoin)이라고도 한다. 익명성을 보장하는 코인이다. 영지식 증명기술을 이용하여 코인 소유자의 신분노출을 완벽하게 방지할 수 있다. 다크코인 계열의 암호화폐에는 모네로, 대시, 지캐시, 코모도 등이 있다.

2009년 세계 최초의 암호화폐인 비트코인이 창시된 이후 계속 새로운 암호화폐가 출현하였다. 주요 암호화폐에는 비트코인, 이더리움, 리플, 비트코인캐시, 이오스 등이 있다. 2020년 1월 기준으로 전세계 암호화폐는 약 2,401종이 존재한다.

암호화폐를 얻기 위해서는 채굴기라는 서버 컴퓨터를 운영하여 직접 채굴(mining)을 하거나, 암호화폐거래소를 통해 현금을 주고 구매하거나, 상품이나 서비스를 제공하고 그 대가로 암호화폐를 받아야 한다. 새로운 암호화폐를 개발하기 위한 자금을 모으기 위해 일종의 '암호화폐 프리세일'에 해당하는 ICO(초기 코인 공개)를 하기도 한다.

대표적인 암호화폐에 대하여 소개하면 다음과 같다.

(3) 비트코인

비트코인(bitcoin)은 최초로 구현된 암호화폐이다. 발행 및 유통을 관리하는 중앙권력이나 중간상인 없이, P2P 네트워크기술을 이용하여 네트워크에 참여하는 사용자들이 주체적으로 화폐를 발행하고 이체내용을 공동으로 관리한다. 이를 가능하게 한 블록체인기술을 처음으로 코인에 도입한 것이 바로 비트코인이다. 비트코인을 사용하는 개인과 사업자의 수는 꾸준히 증가하고 있으며, 여기에는 식당, 아파트, 법률사무소, 온라인서비스를 비롯한 소매상들이 포함된다. 비트코인은 새로운 사회현상이지만 아주 빠르게 성장하고 있다. 이를 바탕으로 가치 증대는 물론 매일 수백만 달러의 비트코인이 교환되고 있다. 비트코인은 암호화폐시장에서 현재 유통시가총액과 코인의 가치가 가장 크고, 거래량 또한 안정적이다. 이더리움이 빠르게 추격하고 있지만 아직은 가장 견고한 암호화폐라고 볼 수 있다. 비트코인의 핵심가치는 다음과 같다.

- 다양한 알트코인(비트코인 이외의 코인들)들의 등장에 앞서 비트코인은 암호화폐시장에서 독보적이었기 때문에, 현재 가장 보편적인 결제수단으로 사용된다. 실생활에서 이를 활용할 수 있는 가맹점이 알트코인들보다 압도적으로 많을 뿐만 아니라 이 또한 증가하고 있다. 예를 들어 일본업체들이 비트코인 결제시스템을 도입하면서 곧 비트코인을 오프라인 점포 26만 곳에서 이용하고 있다.
- 여러 나라에서 비트코인을 정식 결제수단으로 인정하면서, 실물화폐와 암호화폐를 거래할 때 더는 부가가치세가 부과되지 않게 된다고 한다. 실제로 일본과 호주에서는 이미 비트코인을 합법적 결제수단으로 인정하면서 제도권 안으로 들여오고 있고, 미국에서는 비트코인 ETF 승인 노력도 진행되고 있다. 각국에 비트코인을 기반으로 한 ATM기계도 설치되어 운용되고 있다.

(4) 리플코인과 리플시스템

리플(ripple)코인은 금융거래를 위한 인터넷 프로토콜인 '리플 프로토콜'에서 사용되는 디지털 자산이자 기초 화폐이다. 이 코인을 매개로 전세계의 화폐를 몇 초 내로 송금할 수 있어 혁신적인 실시간 통화거래가 가능하다. '리플 프로토콜'이란 분산원장을 기반으로 한 '실시간 총액결제시스템(RTS)'으로 국제결제시스템망(SWIFT)을 대체할 새로운 대안으로 주목받고 있다. 그리고 리플코인을 거래 시 게이트웨이를 통하여 달러, 유로, 엔화 또는 비트코인, 이더리움 등으로까지 다양하게 결제가 가능하다. 세계 각국의 통화를 수수료가 거의 없이 송금할 수 있다는 점이 리플의 장점이다. 블록체인기반의 송금시스템으로 별도의 화폐시스템을 가진 일반적인 암호화폐와는 그 구조가 다르다. 사용하는 합의 프로토콜도 독자적일 뿐만 아니라 다른 코인들과 다르게 현실적으로 주도권의 집중화가 있기 때문이다. 따라서 리플의 시스템은 한정된 참여자만 분산 네트워크를 구성한다는 의미에서 프라이빗 블록체인(private blockchain)이라고 불리기도 한다.

리플사는 총량의 62%의 코인을 보유하고 있으며, 사업개발단계에 따라 전략적으로 시장에 유통하고 있다. 리플사는 그들이 전체 유통의 반수 이상으로 보유하고 있는 코인을 악용할 우려를 잠재우기 위해 암호화를 통해 보호된 조건부 날인계정(escrow)에 리플을 넣어둔다고 한다.

리플시스템은 코인을 국제적으로 화폐가치화시켜 교환뿐만 아니라 온라인 결제 및 해외송금을 4초 이내에 실시간처리가 가능케 했다. 모바일기기에서 기존 시스템보다 엄청나게 빠르고 수수료가 매우 저렴한 플랫폼으로 등장하면서 새로운 영역으로 자리할 것이다. 기존 스마트환경의 핀테크가 국내적인 제한적 네트워크에서 글로벌적인 지불결제뿐만 아니라 해외송금에서도 자유자재로 지불할 수 있는 리플시스템이 활성화되고 있다. 이처럼 각국의 핀테크에 대한 제도적인 제한을 과감하게 풀어가면서 시장의 선도적인 역할을 담당하고 있다.

P2P 네트워크는 서로 모르는 사람 혹은 은행 간의 외환거래를 중개하는 다리를 만들어준다. 따라서 SWIFT와 같은 중개기관이 필요하지 않아 저렴한 비용으로 신속한 국제결제서비스를 가능하게 한다. 리플의 핵심가치는 다음과 같다.

- 결제비용 감소: 중개기관을 거치지 않으므로 수수료 절약이 가능하다. 특히 환전 시 달러거래와 달리 은행계좌를 요구하지 않기 때문에 서비스 수수료나 추가 운용비용이 발생하지 않는다. 따라서 리플은 기존 환율보다 훨씬 더 경쟁력 있는 외환가격을 제공한다.
- 실시간 결제: 전세계 어디든 거래당 4초가 걸리며 즉각적인 정산이 가능하다. XRP(리플의 1단위 표시)는 연중무휴로 초당 50,000건의 거래를 처리한다.

(5) 이더리움

이더리움은 블록체인에 기초해 다양한 앱개발을 지원하는 플랫폼이며, 여기서 사용되는 가상화폐 또한 같은 이름으로 통용된다. 이더리움은 블록체인을 활용한 모든 것을 프로그래밍할 수 있는 플랫폼이다. 거래기록뿐만 아니라 탈중앙화 앱(디앱, DApp)들을 투명하게 운영할 수 있는 확장성을 제공한다. 플랫폼은 프로그램된 계약을 정확히 실행하도록 설계된 스마트컨트랙트를 기반으로 운영된다. 이더리움 플랫폼에서 이용되는 암호화폐로 디앱을 만드는 개발자들과 스마트컨트랙트를 이용하고자 하는 사용자들이 필요로 한다. 현재 암호화폐 시가총액기준, 비트코인 다음으로 독보적인 위치에 있다. 디지털분야에서 가장 혁명적인 기술 중 하나로 평가받고 있으며, 실제 '월드테크놀로지(The WTN) IT S/W'부문에서 경쟁작인 마크 저커버그의 '페이스북'을 제치고 수상을 한 바 있다. 이더리움의 핵심가치는 다음과 같다.

- 스마트컨트랙트: 컴퓨터언어인 실행 코드로 작성되기 때문에 특정 조건이 달성되면 자동으로 프로그램이 실행되어 계약이 이행된다. 강제로 계약이 이행되므로 상대를 신뢰할 수 없는 경우에 강력한 힘을 발휘할 수 있다. 따라서 시스템 오류, 사기, 제3자의 간섭가능성을 제거할 수 있다.
- 디앱을 통한 이더리움 플랫폼의 확장성: 이더리움의 경우 화폐 자체보다 네트워크 플랫폼이 더 큰 의미가 있다. 분산화된 디앱과 스마트컨트랙트, 그리고 사물인터넷(IoT)을 접목한 기술은 향후 인간의 개입을 완전히 배제한 기계 간 금융거래까지도 가능하게 할 것이다. 100개가 넘는 코인들이 이더리움 플랫폼에서 운영되고 있는 것으로 볼 때, 그 확장성을 짐작할 수 있다.
- 디앱(DApp: Decentralized Application): 안드로이드나 iOS에서 구동되는 앱처럼 분산화된 네트워크에서 구동하는 앱이다.

4) 결제서비스의 비즈니스모델 경쟁

과거 결제서비스시장은 수수료를 핵심수익모델로 하는 전문 결제서비스사업자들이 주도해왔으며, 이들 간의 경쟁이 전부였다. 그러나 최근 결제서비스시장은 스마트폰의 확산과 함께 급증하고 있는 모바일 결제시장을 중심으로 애플, 구글, 아마존 등 ICT 강자들이 진입하면서 새로운 국면을 맞고 있다.

결제서비스시장의 규모가 이들의 현재 사업규모에 비해 상당히 작은 수준임에도 불구하고 이들이 진입하는 이유는 자신들의 주력사업의 경쟁력을 차별화하거나 웨어러블기기, O2O, 맞춤형 광고 등 주력사업과 관련된 거대 신시장을 선점하려는 목적이 있기 때문이다. 다시 말해 결제서비스를 통해 다른 사업에서 추가로 벌어들일 수 있는 수익이 매우 크기 때문이다. 이는 장기적으로 결제수수료의 무료화로 이어질 수도 있다. 가맹점에는 카드수수료만 부과될 수도 있고, 소비자들은 결제금액에 따라 카드 포인트 적립과는 별도로 결제사업자의 포인트를 추가적으로 적립받을 수도 있을 것이다.

향후 결제서비스분야의 비즈니스모델 관점의 경쟁도 함께 이루어질 것으로 보인다. 결제수수료 외에 부가가치를 창출할 수 있는 영역을 찾고, 이를 기반으로 가맹점과 소비자들에게 차별적인 가치를 제공할 것이다. 애플과 같이 스마트기기의 판매를 통해 부가가치를 창출하거나, 아마존과 같이 상거래를 통해 또는 구글과 같이 광고를 제공함으로써 부가가치를 창출할 수도 있을 것이다. 결국 결제서비스를 기반으로 하여 다양한 비즈니스모델을 발굴함으로써 견고한 수익기반을 갖추는 사업자들이 미래의 결제서비스 경쟁을 주도할 가능성이 높을 것으로 보인다.

또한 암호화폐도 향후 발생, 유통, 가치보장 등에 관한 법적 기반이 충분히 갖추어져 법규에 따라 정부의 감시와 감독을 받아야 한다. 그리고 정부의 사전허가에 따라 발생되어야만 한다. 현재 단지 등록만으로 허가를 받아 발행되는 모순이 없어야 한다. 즉 가맹점수, 자본규모 등 엄격한 기준을 충족시킨 발행기관이 나타나면 신뢰가 높아 암호화폐로서 지위를 얻게 되는 것이다. 개인과 개인, 개인과 기업 간 거래되는 가치가 법정화폐로서 지위를 갖게 된다면 법률, 신용, 운영 등에 관련된 리스크가 줄어들 것이다.

사례 연구

금융권 4차 산업혁명의 새로운 신호탄

일반암호화폐는 인터넷상에서 채굴이 되고 발행이 된다. 가명으로 밝혀졌지만 사토시 나카모토가 탈중앙화를 부르짖으면서 인터넷상에서 모든 기록이 블록체인형태로 공유되고 비트코인이 채굴되고 발행되는 체제의 구축을 주장했을 때 많은 네티즌이 이에 호응하기 시작했다. 지금은 모든 사람이 사용하는 화폐를 중앙은행이 독점 발행하고 있고 대부분의 금융거래기록이 중앙집권화된 은행의 서버에 저장되어 관리된다. 이런 체제가 당연하게 받아들여지는 상황에서 중앙집권적 구조를 탈중앙화하자는 주장은 상당한 관심을 끌었다. 특히 금융위기 이후 금융회사와 중앙은행이 위기의 원인을 제공했다는 비난에 직면했고 많은 금융개혁이 이루어졌지만 시원한 변화가 없던 상황이라 이런 아이디어에 대해 긍정적 시각이 많았다. 이름조차 생소한 비트코인이 채굴되고 거래되기 시작했고 그 가치가 천정부지로 치솟자 많은 종류의 코인이 뒤따라 출시되기 시작했다. 특히 뒤이어 출시된 이더리움은 이른바 스마트계약이라는 개념을 전제로 일정 요건이 충족되면 화폐가 결제되는 기능을 내재해 한 단계 진화한 암호화폐로 인정을 받기 시작했다.

문제는 너무 많은 코인이 쏟아지기 시작했다는 점이다. 알트코인 내지 '잡코인'이라고 불리는 코인이 쏟아지면서 코인별로 가치가 들쭉날쭉하게 되고 한 코인에 대해서도 시간에 따라 가치가 왔다갔다하면서 과연 이런 코인이 결제수단으로서 역할을 할 수 있을 것인가에 회의가 일었다.

흥미로운 것은 '스테이블 코인(stable coin)'이라는 개념이 뒤이어 등장했다는 점이다. 인터넷상에서만 채굴이 되고 발행이 되는 암호화폐의 가치는 안정되기 어렵다. 하지만 그 가치를 일정 자산에 연동시키는 코인은 가치가 안정되면서 화폐 내지 결제수단으로 사용될 가능성이 커진다. 이런 아이디어는 테더라는 암호화폐를 통해 구체화된 바 있는데, 여전한 의문이 나오고 있는 상황이다. 이런 가운데 페이스북은 '리브라'라는 스테이블 코인을 발행하겠다는 계획을 밝혔다. 페이스북에 따르면 이 비즈니스는 칼리브라(Calibra)라는 페이스북의 자회사가 추진하고 있다. 페이팔의 전 CEO이고 페이스북 암호화폐사업 총괄 부사장인 데이비드 마커스가 이를 담당하고 있는 것으로 알려졌다. 우선 리브라가 완전히 다른 것은 백화점 상품권처럼 법정화폐를 지불하고 사들이게 된다는 점이다. 아주 쉽게 얘기해서 소비자가 달러를 지불하고 리브라를 사들이게 되고 반대로 페이스북은 달러를 받고 리브라를 발행하게 된다는 점이다. 우선 지적할 점은 리브라의 잠재적 파괴력이다. 페이스북 사용자들은 전세계에 포진해 있고 그 숫자도 20억 명이 넘는다.

이들 사이에서 이 화폐가 사용되기 시작하면 리브라 자체가 전세계에 통용된다. 이 비즈니스와 관련해 우선 전자지갑을 만드는 작업을 추진하고 있다. 스마트폰 안에 전자지갑이 잘 설치되고 이 안에 리브라가 잘 보관되고 송금되도록 하는 안전장치인 셈이다. 흥미로운 것은 이 서비스는 은행계좌가 없는 전세계 약 17억 명의 소비자들에게도 제공될 수 있다는 점이다. 스마트폰이 있고 그 안에 전자지갑이 설치되면 이는 일종의 현금지갑이 된다. 이는 은행계좌와는 다르다. 수많은 전자지갑 사이를 리브라가 오가면서 결제수단으로 사용된다. 굳이 은행을 거치지 않고서도 많은 서비스와 제품에 대한 결제가 스마트폰기반으로 쉽게 일어난다. 리브라의 사용규모와 범위는 어마어마한 수준으로 증대될 것으로 보인다. 또 약간 민감한 부분이지만 리브라의 가치는 유로와 달러 등의 주요 화폐로 구성된 바스켓에 연동되도록 하되 이 바스켓에서 중국 위안화는 제외되는 것으로 알려져 있다. 이것이 사실이라면 미국이 추진하는 '중국 패싱'이 사이버머니에서도 실현되는 셈이다.

급기야 미국 의회는 이틀이나 청문회를 실시하면서 자금세탁 여부 그리고 페이스북의 소셜계정과 금융계정 간의 관계 등에 대해 집중적으로 조사했다. 페이스북은 현행 법정화폐제도하에서도 자금세탁이 발생하고 있다는 점을 들면서 큰 변화는 없을 것이라는 점을 지적하면서 소셜계정과 금융계정의 분리 운영방침을 밝힌 것으로 알려졌다. 그리고 빨리 도입하지 않으면 중국이 먼저 치고나오면서 중국에 의해 따라잡힐 것이라고 경고했다. 이런 일련의 변화를 종합해보면 중앙은행과 일반은행중심의 금융체제에 엄청난 변화가 예상이 된다.

첫째, 비트코인이나 이더리움 등의 코인은 암호화폐가 아닌 암호자산의 범주로 분류되면서 스테이블 코인이 암호화폐로 인정되고 이런 화폐의 사용이 매우 활발해질 것으로 보인다. 가치가 달러에 대해 안정된 리브라 같은 화폐가 전세계 소비자들의 스마트폰 안에 장착된 전자지갑 사이를 오가면서 결제수단으로 사용되는 상황은 일대 혁명이다. 예를 들어 어떤 국가에서 관광서비스의 가치가 10리브라라고 명시하면 10리브라가 전자지갑을 통해 송금이 되면서 결제가 종료된다. 해당 국제결제통화와 해당 지역화폐 간에 환전이 불필요해진다는 점에서 외환 관련 은행의 역할은 대폭 줄어든다.

둘째, 페이스북은 법정화폐(이하 달러라고 가정)를 받고 리브라를 발행한다. 그리고 나중에 사용자들이 리브라를 다시 달러로 바꾸는 경우 이에 대비해 달러를 쌓아놓아야 한다. 문제는 한 번 리브라가 발행이 되면 이 리브라가 교환이 되기보다는 자체적으로 전세계를 돌면서 사용될 가능성이 크다는 점이다. 리브라로 교환해주면서 페이스북이 확보한 달러는 일종의 리저브(준비금)가 되는데, 이 리저브는 자꾸만 증가할 뿐 줄어들 가능성은 작다. 페이스북은 이 막대한 양의 리저브를 운용하면서 그 수익으로 리브라의 사용환경을 개선하고 안정장치를 강화하는 등의 목적에 사용할 것으로 알려졌다. 이렇게 되면 페이스북의 지위는 막대한 리저브를 보유한 글로벌 금융회사수준으로 단숨에 도약한다. 일반기업인지 금융회사인지 구분하기 힘들다. 금산분리가 아닌 금산통합기관이 그것도 막강한 힘을 가진 기관이 글로벌시장에 새로이 등장하는 것이다.

셋째, 핀테크와 비트코인 등으로 시작된 금융혁신이 또 한 번 요동칠 것으로 보인다. 기존 화폐에 대한 대체재를 꿈꾼 비트코인의 역할이 끝나고 스테이블 코인 중심의 또 한 번의 혁명이 시작될 것으로 보인다. 스테이블 코인의 특징은 기존 화폐에 대한 대체재가 아니라 기존 화폐의 가치와 지위를 인정하면서 이를 발전시키는 역할을 한다는 점에서 의미가 있다. 또 그 가치가 안정되어 일반결제에 사용할 수 있다는 점에서도 상당한 확산이 예상된다. 핀테크를 포함한 금융분야에서의 4차 산업혁명이 본격화되는 계기가 될 수도 있다는 점에서 매우 적극적인 대비가 필요하다.

넷째. 우리도 한류 등의 흐름을 이용해 동남아를 포함한 아시아권에서 통용되는 화폐를 만들어 유통시킬 준비를 해야 한다. 이는 우리 경제의 위상과 제품 수출 그리고 한류문화의 확산 등에 기여할 수 있을 것으로 보인다. 지금부터 스테이블 코인의 발행과 유통에 대한 준비를 확실하게 하고 선제전략을 시행해 새로운 기회를 포착해야 한다. 현시점에서 스테이블 코인의 시대를 미리 준비하고 선점함으로써 금융산업분야에서의 4차 산업혁명 시대의 확산에 대비해야 할 필요가 있다.

자료: 윤창현 교수, 이코노미스트, 2019. 9.

연습문제

01 인트라넷과 엑스트라넷을 상호 비교 · 설명하시오.

02 인터넷과 비즈니스 관련 기술을 설명하시오.

03 인터넷비즈니스보안은 무엇이며, TLS와 H-TTP을 서로 · 비교 설명하시오.

04 대칭형과 비대칭형 보안에 대하여 설명하시오.

05 디지털서명, 전자서명, 공인인증서에 대하여 설명하시오.

06 생체인식기술인 지문과 홍채인증을 설명하시오.

07 DRM은 무엇이며, 운영주체와 운영방안을 설명하시오.

08 전자금융과 핀테크 간의 차별화를 설명하시오.

09 모바일 결제 유형별 현황에 대하여 설명하시오.

10 모바일 간편결제서비스 도입현황에 대하여 조사하시오.

11 모바일 지급결제서비스 사례를 조사하시오.

12 핀테크의 산업별 분류와 대표적인 암호화폐 코인의 정의와 특징, 핵심가치를 조사하시오.

Part 03

IT의 비즈니스 응용

Chapter

08 새로운 기업환경과 정보전략

현재의 기업환경은 4차 산업혁명이 도래하면서 급속도록 변하고 있고 이에 대한 기업환경도 변화와 혁신에 따라 전략화되어야 한다. 전략은 다소 애매한 개념이지만 비즈니스세계와 만나면 기업의 발전, 제품과 서비스의 개발, 마케팅 혹은 구조조정, 차세대 정보전략 등 미래의 성공을 위하여 미리 계획하는 일을 의미하기도 한다. 즉 전략이란 미래의 성공가도를 위해 사용하는 사고 및 행동의 중요한 도구가 되는 것이다. 본 장에서는 새로운 기업환경을 통한 전략적 대응, 경영전략과 정보전략, 가치사슬, 정보전략계획(ISP)과 방법론적 접근, 정보계획모델링(EA) 등을 소개하고자 한다.

8.1 새로운 기업환경과 경쟁구도

오늘날 비즈니스 경영환경은 전에 없이 빠르고 복잡하게 변화하고 있다. 기업의 비즈니스 경쟁력을 강화하여 생존을 영위해 나가기 위해서는 혁신적인 경영전략의 수립과 실행이 중요하다. 21세기 들어 세계시장의 사업환경은 빠르게 변화하고 있다. 무엇보다 글로벌경영으로 인해 각 국가별 · 지역별 시장의 장벽이 무너지고 시장통합이 가속화되고 있다. 또한 기업경영에 있어 지속가능한 이슈와 맞물리면서 사물인터넷, 모바일비즈니스, 스마트환경과 경영, 4차 산업혁명비즈니스, 고효율경영이라는 새로운 화두가 계속해서 제기되고 있다.

고객을 위한 가치창조, 전략적인 자원배분, 산업 내 차별적인 포지셔닝, 저비용 고효율 이윤추구 등 경영의 본질은 시간이 흘러도 변하지 않는다. 그러나 글로벌 사업환경의 변화에 따라 고객, 고부가가치, 상품 및 서비스혁신, 전달방식에 있어 새롭고 혁신적인 스타일로 접근해야 새로운 사업을 창출할 수 있다. 특히 사물인터넷, 인공지능, 스마트비즈니스, 새로운 유형의 비즈니스, 이기종산업 간 융합비즈니스, 4차 산업혁명 관련 등 새로운 사업 패러다임들로 기존의 비즈니스모델과 관련된 일반적인 통념에서 벗어날 때 새로운 사업기회가 열릴 것이다.

스마트비즈니스와 4차 산업혁명은 가치제공 측면과 새로운 사회 패러다임의 도래에 따라 변화하는 고객가치를 융합 및 포착하는 것이 더욱 중요해졌다. 이러한 비즈니스환경 변화에 대처하기 위하여 전략적 차원에서 우리는 체계적으로 요인을 파악할 필요가 있다. 기업전략은 크게 내부적 요인과 외부적 요인에 영향을 받는다. 내부적 요인은 설비, 자본 등 유형의 역량과 브랜드와 같은 무형의 역량으로 나누어볼 수 있다. 이러한 내부적 요인들은 기업이 통제할 수 있는 변수이다. 즉 이들로 인해 발생하는 리스크는 어느 정도 예측이 가능하다. 외부적 요인은 인구구조 변화, 기상이변 등 거시적 충격, 소비자 라이프스타일 변화와 같은 미시적

그림 8-1 새로운 기업환경

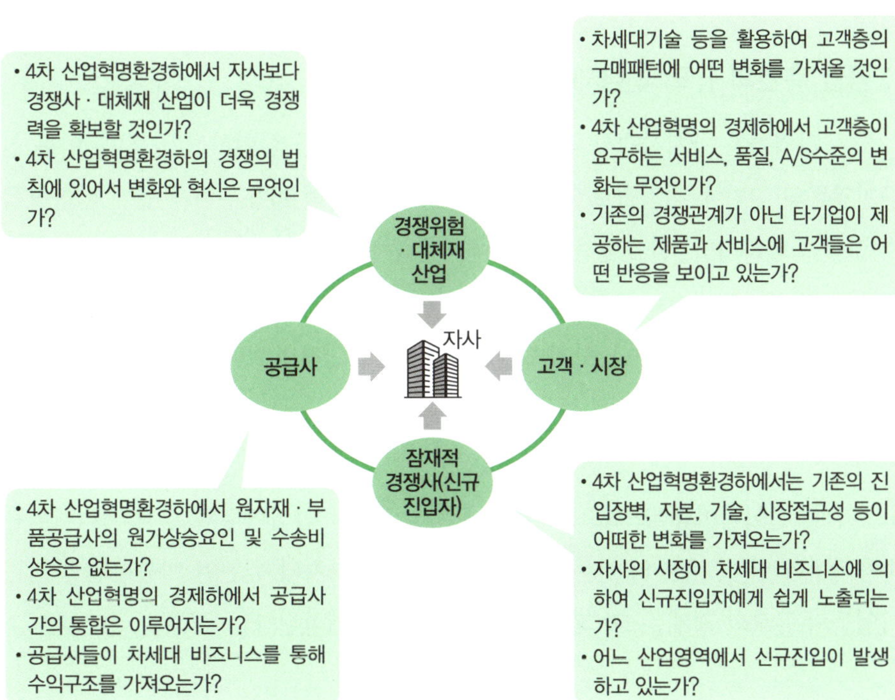

충격, 그리고 모바일비즈니스, 융합경영, 4차 산업혁명과 같은 기술적 충격을 포함한다. 이들 외부 요인은 기업의 통제범위를 벗어난다. 때문에 이들의 변화는 기업이 직면하는 불확실성을 증폭시킨다. 이들 외부 요인들은 새로운 경쟁과 사업환경을 형성하며, 기업의 전략방향 변화를 끌어낸다.

8.1.1 새로운 제품과 서비스, 업종 신규진입의 위협

새로운 유형의 제품과 서비스 그리고 산업 및 새로운 업종에 대한 신규진입의 위협만으로도 자사의 잠재적인 수익성은 감소될 수 있다. 때문에 기존 기업들은 새로운 진입시도를 봉쇄하기 위한 진입장벽을 높이기 위하여 대응해왔다. 그러나 외부 환경이 변화하면서 신규진입의 양상이 크게 달라질 것으로 예상된다. 결론부터 말하자면 기존의 진입장벽은 상당부분 무력화될 가능성이 크다. 때문에 다양한 부분에서 새로운 제품과 서비스 관련 신규진입의 위협이 현실화될 것으로 예상된다.

1) 공급 측면의 규모의 경제

기존 기업들은 가치사슬상 전과정에서 규모의 경제를 실현하고 있으며, 이는 신규기업들의 진입에 걸림돌로 작용해왔다. 기존 기업의 비용우위를 쉽게 따라잡을 수 없었기 때문이다. 글로벌경쟁 시대에서는 규모의 경제의 확보의 중요성이 후퇴할 것으로 예상된다. 즉 규모의 경제 진입장벽이 약화되는 것이다. 특히 제조업부문을 중심으로 생산설비나 고정자산이 가지는 진입장벽으로서의 역할이 줄어들 것이다.

신규진입자들이 브랜드, 연구개발(R&D), 유통 등에서 자신만의 역량을 구축하고, 지식, 아이디어중심으로 변해가는 모바일과 4차 산업혁명의 경제 패러다임은 순응되어야 한다. 유형의 자본에서 무형자본으로 가치의 원천이 이동하면서 기존 기업들의 규모의 경제는 그 의미가 퇴색할 것으로 예상된다.

2) 수요 측면의 규모의 이익

기존 기업들은 이미 시장에서 상당기간 활동해왔기 때문에 수익이 가능한 일정 수준 이상의 고객을 확보하고 있다. 신규진입기업의 경우 단기에 이를 따라잡는 것은 거의 불가능하다. 어느 정도 고객을 확보하는 것은 기업의 규모에 관계없이 새로운 산업에 진입하려는 모든 기업의 고민이다.

그러나 '롱테일(long-tail)'이라는 새로운 경제가 등장하면서 수요 측면의 규모의 이익이 신규진입을 저지하기 어려워졌다. 롱테일이란 과거 20:80법칙(파레토 법칙: 상위 20%가 매출의 80%를 차지하는 것)에서 벗어나 하위 80%에서 시장의 가능성을 찾을 수 있다는 웹 2.0 이후의 새로운 개념의 법칙으로 많은 고객을 확보하지 않고도 새로운 산업에 진입할 가능성이 증가하고 있다는 뜻이다.

롱테일은 온라인을 넘어 현실경제에서도 관찰되고 있다. 글로벌화, 인구구조 변화, 소비자니즈 다양화 등의 트렌드는 롱테일경제의 확산을 이끌고 있다. 기존의 기업들, 특히 대중시장에 집중하던 대규모 기업들이 신속하게 롱테일환경에 대응하기는 어렵다. 반면 신규진입자들은 비교적 손쉽게 진입이 가능하며, 이를 바탕으로 기존 대중시장의 경쟁자들과 겨룰 수 있는 기반을 마련할 수도 있다.

3) 고객의 전환비용

전환비용은 기존에 사용하던 제품과 서비스를 새로운 것으로 대체할 경우 발생하는 비용이다. 고객들은 익숙함의 포기, 탐색비용 등으로 새로운 제품과 서비스 구매를 고민하기 때문에 전환비용은 중요한 진입장벽이다.

향후 고객의 전환비용보다 새로운 대체재의 편익이 증가하면서 고객들의 이동이 빈번하게 일어날 것으로 예상된다. 이는 대체재의 다양성 증가, 대체재 탐색비용의 하락에 기인한다. 고객이 어떠한 제품과 서비스 유형을 선택하느냐에 따라 기업의 이익증감이 나타난다.

4) 자격요건

새로운 제품과 서비스 및 업종에의 신규진입 시 여러 비용들이 발생된다. 이러한 신규진입비용은 매몰비용(sunk cost)과 관련이 있다. 기존 기업과의 경쟁을 위해 대규모 시설투자가 필요하다면 신규기업들은 진입을 망설일 수밖에 없다. 고정설비, 광고, 연구개발(R&D) 지출 등 단기에 회수하기 힘든 비용이 많다면 신규진입의 위협은 줄어들게 된다. 경쟁시대에는 이러한 매몰비용이 감소하면서 신규진입의 제품과 서비스에 들어가는 비용요건이 낮아질 수도 있다.

정보통신기술의 발달, 아웃소싱 공급자 다양화, 협업적 혁신과 개방형 비즈니스 증가 등으로 매몰비용의 감소가 두드러질 것으로 예상된다. 먼저 유통분야에서는 모바일비즈니스를 활용한 유통이 증가하면서 매몰비용이 급감하고 있다. 이전 시대와 같이 점포임대, 관리비, 인건비 등에 많은 비용이 소요되지 않기 때문이다. 누구나 쉽고 저렴하게 진입, 퇴거할 수 있는 환경이 마련되고 있는 것이다.

5) 유통경로

유통경로도 기존 기업들이 진입장벽으로 활용할 수 있는 요소 중 하나이다. 기존 기업들은 독자적인 유통경로를 확보하고 있거나, 유통기업과의 관계를 통해 배타적으로 사업을 운영할 수 있었다. 그러나 인터넷의 등장과 모바일, 4차 산업혁명 도래로 인한 유통부문에 혁신적인 변화가 나타나면서 진입장벽으로서 독점적인 지위를 해온 유통경로는 퇴색할 것이다. 오픈마켓을 통한 유통이 급증하면서 기존 기업들이 가지고 있는 유통의 우위가 빠르게 해체되기 때문이다.

6) 선도기업 우위

기존 기업들은 비용구조, 품질, 학습효과와 같이 신규기업에 비해 우월한 역량을 가지고 있다. 또한 기존 공급자들과의 거래관계, 생산 · 판매의 입지 측면에서도 유리한 측면이 있다. 기존의 선도우위를 활용한 진입장벽은 비교적 약화될 것으로 예상된다. 예를 들어 비용, 품질, 학습효과의 우위는 지속적으로 유지되기 어려울 것이다. 혁신 및 R&D기반의 제조방식의 변화, 새로운 유통구조가 등장하고 있기 때문이다. 또한 원자재 수급불균형과 가격 불안정성이 확대되면서, 기존 기업들도 공급자들과의 거래관계 유지에 애를 먹고 있는 상황이다. 선도기업으로서 무형의 우위가 사라지면서 진입장벽은 더욱 낮아지게 되는 것이다.

8.1.2 공급자 협상력

공급자 협상력은 산업의 수익성을 변화시키는 잠재적 경쟁요인이다. 여기서 공급자란 기업에 원료, 중간재, 서비스 등을 공급하는 사업 파트너, 외부 역량을 총칭한다. 공급자들의 힘이 강해지면 원료나 중간재에 보다 높은 가격이 매겨진다. 이 경우 기업들의 수익성이 악화될 수밖에 없다. 때문에 글로벌기업들의 경우 안정적 사업을 위해 자사의 비즈니스 생태계(ecosystem)에 공급자들을 편입시켜 관리하기도 한다. IT부문의 마이크로소프트(MS)나 소비재기업 이케아(IKEA)가 대표적인 사례이다. 이처럼 공급자들이 수익성을 강화하기 위해서는 시설확충과 사업다각화가 필요하다.

8.1.3 구매자 협상력

구매자 또는 고객은 제품과 서비스에 대하여 가격인하 압력을 행사하며 품질과 서비스 개선요구를 통해 산업참여자 간 경쟁을 유도한다. 기업과 소비자 간에는 정보의 비대칭성이 존재했기 때문에 소비자들의 영향력은 제한적일 수밖에 없었다. 인터넷이 도입되면서 이러한 정보 비대칭성이 점차 개선되기는 했지만, 정보의 일방적 수용 측면이 강했기 때문에 영향력은 크게 확대되지 못했다.

반면 스마트 혹은 모바일비즈니스, 4차 산업혁명기술들이 등장하면서 소비자들은 접근할 수 있는 정보의 양도 막대할 뿐 아니라, 쌍방향적으로 정보를 생산 · 유통한다는 측면에서 기업과 대등한 정보력을 갖게 되었다. 나아가 개인 간 연결을 통해 만들어진 집단적인 정보력을 실제 기업에 대한 영향력으로 전환할 여지가 커졌다. 때문에 경쟁시대의 구매자 협상력은 폭발적으로 증가할 전망이다. 특히 최근 모바일 스마트환경과 4차 산업혁명이 증가하면서 정보력이 더욱 소비자 쪽에 집중되어 협상력의 카드는 점점 늘어나는 추세이다.

8.1.4 대체재의 위협

경쟁환경이 글로벌체제로 변하면서 다양한 형태의 제품과 서비스들이 기존 기업의 제품을 위협하는 대체재의 위협이 존재한다. 이러한 대체재의 위협은 항상 존재하지만 인지하지 못하는 경우도 많다. 기존 제품과 바꾸어 쓸 수 있다는 점 때문에 대체재의 가격수준은 기존 제품의 가격과 잠재수익을 제한한다.

경쟁시대의 대체재 위협은 더욱 다양해지고, 예측하기 힘든 곳에서 등장할 것으로 예상된다. 대체가능한 상품 자체가 증가할 뿐 아니라, 대체재 탐색비용도 낮아지고 있기 때문이다. 소비자의 라이프스타일 변화에 따라 전혀 새로운 제품이 대체재가 될 수 있다는 점도 한 원인이다.

먼저 기존 제품 대비 가격, 성능의 우위를 가진 다양한 대체재가 나타날 것이다. 정보통신기술의 발달은 이런 현상을 가속시키는 주요 원인이다. 제품 간 융합 및 산업 간 융합기술, 공급 측면의 변화도 대체재 증가의 원인이 된다. IT, 제조부문에서는 기술 · 기능 융합기술로 대체관계가 매우 복잡해지고 있다. 휴대폰, 스마트폰, 내비게이션, 카메라, 오디오, 비디오 등은 상호 밀접한 대체관계를 가지고 있다. 전반적인 산업규제 완화 트렌드도 대체재 압력을 증가시킨다.

8.1.5 기존 기업 간 경쟁

기존 기업 간 경쟁은 보통 '경쟁기업' 간의 경쟁을 의미한다. 경쟁자는 나와 같은 시장에서 유사한 방식으로 제품과 서비스를 경합한다. 때문에 경쟁의 양상은 가격 및 비가격경쟁, 신제품 출시, 광고 등 보다 직접적인 형태로 나타난다.

신규진입자, 공급자와 소비자, 대체재 등 광범위한 영역에서 경쟁이 증가하기 때문에, 경쟁시대하에서 기존 기업 간 경쟁의 상대적 비중은 낮아질 것으로 판단된다. 그러나 기존 기업 간 경쟁은 기업의 수익을 결정하는 가장 크고 직접적인 요인이라는 점에서 여전히 중요하다.

먼저 과거의 경쟁방식인 가격경쟁은 지속될 것이다. 시장점유율 확대, 단기적 매출액 증대 등에 직접적 효과를 가지기 때문이다. 더욱이 모바일비즈니스, 4차 산업혁명 등의 새로운 환경이 등장하면서 가격경쟁은 당분간 더욱 심화될 것으로 예상된다.

사물인터넷의 등장, 모바일의 획기적인 변화, 스마트비즈니스, 4차 산업혁명기술들이 가져온 사회적 변화는 기업경영에 있어서도 엄청난 위협과 기회로 다가오고 있다. 향후에도 스마트비즈니스와 함께 4차 산업혁명 등이 점차 성숙된 모습으로 기업환경에 자리 잡아 가게 되면서 시간과 비용을 절약할 수 있을 것이다.

8.2 정보전략의 의미

8.2.1 정보기술의 경영환경

정보기술시대에서의 경영전략환경을 효과적으로 운영하기 위해서는 전략적인 포지셔닝(positioning)을 동일한 환경에서, 즉 목표시장, 고객, 서비스수준 등에 대한 지속적인 개선으로 경쟁우위를 확보해야 한다.

정보기술시대의 경영전략이 성공하기 위해서는 다음의 조건이 충족되어야 한다. ① 외부 환경, 특히 정보기술시대에 맞는 경쟁환경과 상황에 대한 철저한 이해, ② 내부 역량, 즉 자사의 강점과 약점에 대한 객관적인 평가, ③ 명확하고 일관성 있는 전략목표의 설정, ④ 전조직원의 참여에 입각한 전략의 효과적 실행으로 내부적 체질개선과 정보화 이행, 경쟁력을 유지하는 것이 매우 중요하다.

이들 네 가지 성공조건은 단지 기업경영뿐만 아니라 다양한 분야에서도 찾아볼 수 있다. 각각의 패러다임과 분석방법들은 나름대로의 유용성과 한계를 동시에 지니고 있으므로 각 기업의 상황에 따라 취사선택하여 활용하는 것이 중요하다. 어느 특정 패러다임만을 고수하면 문제를 단면적으로 볼 위험이 있으므로, 다양한 패러다임의 선별적 활용을 통해 문제에 대한 풍부한 통찰력과 다각적인 접근방법을 모색할 수 있다.

8.2.2 경영전략과 정보전략의 연계방안

경영전략은 기업의 기본적인 목표를 달성하기 위한 일상적인 업무나 기능별 활동과는 구별되는 미래지향적이면서 통합적인 측면을 강조하는 종합적인 경영전략의 개념이다. 경영전략은 조직의 어떠한 수준에서 분석할 것인가에 따라 기업경영전략, 사업부전략, 기능별 전략으로 구분한다.

기업경영전략은 기업의 종합적인 관점에서 비전과 목표를 설정하고 각 사업분야에 경영자원을 배분하고 조정하는 일련의 활동을 의미한다. 사업부전략은 각 사업단위에서 경쟁우위확보를 위한 구체적이고 실천적인 사업전략을 의미한다. 기능별 전략은 연구개발, 재무회계, 마케팅, 인사, 생산, 유통 · 물류, 고객 등 각 기능별 세부전략을 의미한다.

인터넷의 발전으로 기업에서 정보기술을 보다 전략적으로 활용하는 것이 매우 각광받고 있다. 컴퓨터의 하드웨어와 소프트웨어의 급속한 발전과 상대적인 비용절감 및 생산성의 향상, 특히 인터넷을 기반으로 한 초고속정보통신망의 비약적 발전은 기업 내의 정보처리능력뿐만 아니라 전자상거래, 공급자 간의 신속한 정보전달을 가능케 함으로써 이제는 정보기술이 기업의 전략적 도구로 사용되어야만 미래 경쟁에서 살아남을 수 있는 경쟁체제에 돌입하였다. 즉 정보기술과 경영전략

그림 8-2 경영전략과 정보전략의 연계방안

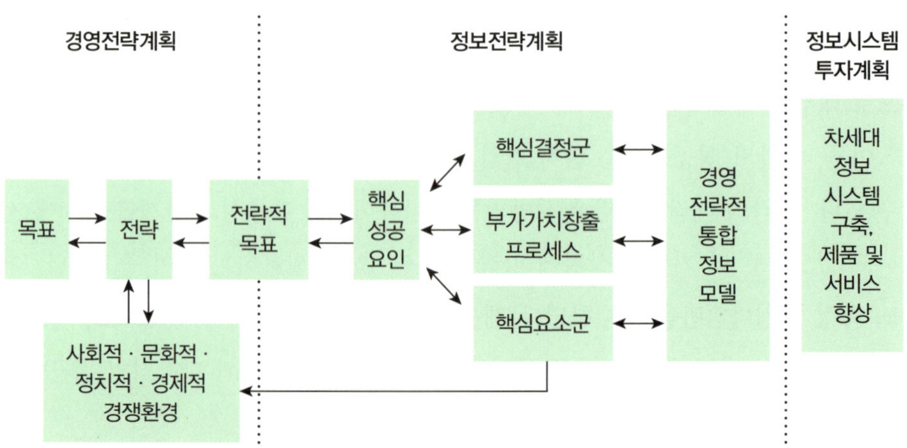

이 조화롭게 되었을 때 기업의 경쟁력은 더욱 힘을 발할 것이다. 이러한 상황에서 4차 산업혁명의 도래와 미래 비즈니스 발전을 위해서는 지속적인 정보전략과의 연계방안수립이 강조되고 있다.

어떠한 정보기술이라도 지속적인 경쟁적 우위를 가져다주지는 않으며 정보기술을 꾸준하게 활용할 수 있는 능력을 갖출 때 비로소 경쟁력을 확보할 수 있다. 따라서 기업에서의 정보기술의 역할에 관한 경영자 인식의 변화가 필수적이며 정보기술전략의 핵심요소와 경영전략 의사결정을 수립하고 지원하는 데 정보기술의 역할을 이해해야만 한다. 경영전략과 정보기술전략의 통합모형을 이해하기 위해서는 전략적 접근조화와 기능적 통합접근에 관하여 이해해야 한다.

1) 전략적 접근

경영전략적 접근방안은 다음과 같다. 기업의 외부 영역은 그 기업이 경쟁하는 시장을 말하며 경쟁기업과 차별화하는 독특한 전략요소를 포함한다. 기업의 내부 영역은 기업의 요구사항을 충족시키기 위해 필수적인 관리구조와 핵심비즈니스 프로세스의 재설계 등 기업운영과 관련된 의사결정에 관심을 둔다. 즉 기업의 기능적 구조, 제품생산, 유통, 고객서비스 등 프로세스, 인적자원의 획득과 기술개선 등에 초점을 둔다. 외 · 내적 간의 조화는 기업의 성과를 극대화하기 위한 핵심적 요인이라고 할 수 있다.

정보기술전략의 접근은 두 영역 간의 조화가 매우 중요하다. 기업이 정보기술산업에서 어떤 위치에 있는지에 관한 외적 위치선정과 정보시스템기반구조는 어떻게 구성되고 관리되어야 하는지에 관한 내적 영역을 고려하여 정보기술전략을 명확하게 해야 한다. 기존에는 정보기술전략을 경영전략을 지원하는 내적인 기능으로 생각함으로써 정보기술에 입각한 사고를 등한시하고 단지 제품과 서비스를 판매하는 산업시장에만 관심을 가져왔다.

2) 기능적 통합접근

앞에서 언급한 전략직 통합접근은 외적 요소를 지향하는 경영전략과 정보기술전략과의 연계로 경영전략을 수립하고 지원하기 위한 정보기술의 기능을 다룬다. 반면 기능적 통합접근은 운영적 통합으로 내적 영역에 초점을 두고 조직구조 및 업무프로세스와 정보기술기반구조 및 프로세스 간의 연결을 말한다. 이 형태의 통합은 기업 내부에서 조직의 요구사항의 기대와 정보시스템 역량과의 조화를 확보하는 것이 매우 중요하다. 결론적으로 비즈니스의 내외적인 역량과 정보기술의 내적 · 외적인 영역이 잘 정렬되어 있는지 살펴볼 필요가 있다.

8.3 경영전략수립을 위한 가치사슬

고객에게 가치를 제공하고 내부적으로 핵심역량을 파악 · 발견하여 미래 사업 진출에 대한 전략과 사업축소 및 철수에 대한 결정을 하고, 어떻게 하면 경쟁우위를 확보할 것인가를 결정하게 될 경영전략을 매우 체계적으로 세워야 한다. 정보기술 시대에 경영전략을 세우기 위해서는 여러 가지 사항이 고려되어야 한다.

8.3.1 가치사슬과 경쟁우위

1980년대까지 기업경영은 원가절감과 품질혁신 등의 효율성을 증진시키는 것이 핵심이었다. 이러한 상황은 튼튼한 시장여건하에서 진행되었다. 선진국뿐만 아니라 우리나라에서도 저렴한 제품으로 고객보다는 시장에 초점을 맞춘 공급자중심의 경영이 성공할 수 있었다. 그러나 1990년대 이후 들어 국제적 시장개방, 다양한 고객의 요구, 인터넷을 기반으로 한 정보기술 출현, 4차 산업혁명 등 글로벌 환경의 변화가 발생하면서 국제적인 경쟁에서 살아남기 위하여 빠른 환경변화에 안이하게 대처한다면 기업경영환경에 있어서 효율성을 증대시키지 못할 것이다. 이러한 경영환경의 기업경영 효율성을 증대시키는 포터(M. Porter)의 가치사슬은 [그림 8-3]과 같다.

그림 8-3 가치사슬(value chain)의 흐름도

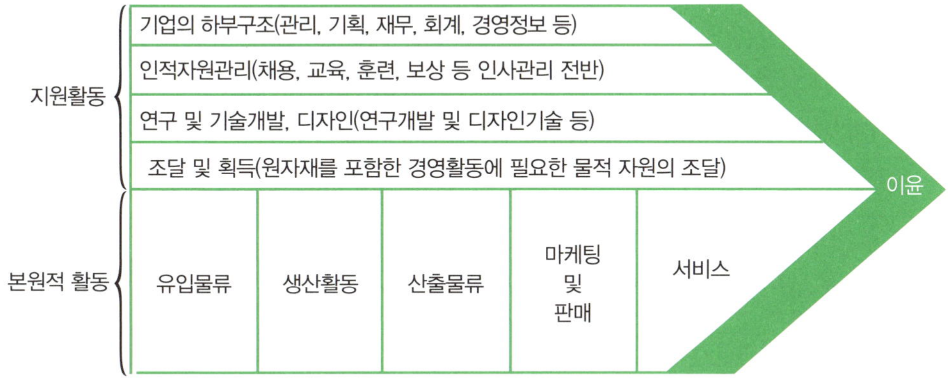

자료: M. Porter, *Competitive Advantage*, 1995.

가치사슬(value chain)은 기업이 수행하는 업무를 기술적 활동과 경제적 활동으로 구분하고 있다. 이를 가치활동(value activities)이라 부른다. 기업이 창조하는 가치는 상품 또는 서비스에 대해서 소비자들이 지불하고자 하는 금액에 의해 측정될 수 있다. 기업은 자신이 창조한 가치가 가치활동을 수행하는 데 요구되는 비용을 초과할 때 이윤을 남길 수 있다.

각 기업의 가치사슬은 가치시스템(value system)이라고 불리는 기업활동의 거대한 흐름 속에 파묻혀 있다. 가치시스템은 기업의 가치사슬에 투입물을 제공하는 공급업체들의 가치사슬을 포함한다. 기업의 상품은 종종 최종구매자에 이르는 과정에서 유통업체의 가치사슬을 통과한다. 그리고 상품은 한 개 또는 그 이상의 구매활동을 수행하기 위해 이 상품을 활용하는 구매자의 가치사슬에 대해 투입물의 역할을 하게 된다.

1) 본원적 활동(primary activity)

- 유입물류(inbound logistics): 필요한 자재를 제조지점까지 이동시켜 조업을 준비하는 과정을 일컫는다.
- 기업의 생산활동(operations): 유입된 원료 및 자재를 공정에 투입시켜 완제품을 만들어내는 활동이다. 여기서 생산에 필요한 각종 활동뿐만 아니라 금융

서비스, 대출서비스 등도 조업으로 볼 수 있다.

- 산출물류(outbound logistics): 완성된 제품을 창고에 보관시키고 판매지점까지 운송하는 과정이다.
- 마케팅 및 판매(marketing and sales): 광고 및 판촉을 포함하여 제품이 고객의 손에 입수되는 순간까지 전개되는 전반적인 영업활동이 해당된다.
- 서비스(service): 고객이 제품을 구매한 이후 제품과 관련하여 필요로 하는 모든 서비스기능을 제공하는 기업활동이다.

2) 지원활동(secondary activity)

- 기업의 하부구조(firm infrastructure): 본원적 활동들에 대해 통제 및 조정관리기능을 제공하는 기업활동이다. 계획, 재무관리, 회계관리, 정부 및 법규관계, 품질관리, 경영정보시스템(MIS), e-비즈니스, 차세대 정보시스템 등은 제품의 제조나 판매에 직접적인 영향은 미치지 않으나 기업의 정상적인 운영을 위해 없어서는 안 될 필수기능이다.
- 인적자원관리(human resource management): 회사 인력의 선발 및 고용에서 이들에 대한 교육연수 및 능력개발에 이르기까지 포괄적인 인적자원관리기능을 제공하는 활동이다.
- 연구 및 기술개발(technology development): 생산하는 제품 자체에 대한 기술과 제조공정의 효과 및 효율을 증대시켜주는 기술에 대한 연구개발과정이다.
- 조달 및 획득활동(procurement): 조업을 위해 유입되는 원료나 자재를 조달 및 주문하여 구매하고 대금을 지불하는 행위이다.

8.3.2 가치사슬의 경쟁력 장점

일반적인 경쟁력전략은 가격선도와 제품차별화의 두 가지이다. 경쟁력 위치에 대한 위협은 포터(Porter)모델을 사용하여 설명된다. 조직의 능력은 마켓섹터

(market sector) 내에 운영되는 다른 조직에 대한 경쟁력의 장점으로부터 나타난다. 생존할 수 있는 조직의 능력은 경쟁력 위치가 마켓섹터 내에 운영되는 다른 회사보다도 우월해야 한다.

경쟁력 장점을 위한 세 가지 기본적 전략은 비용, 차별화, 초점이다. 비용은 경쟁력보다 적은 가격으로 서비스를 제공하고 또는 제품을 단순히 파는 것이다. 차별화는 제품과 서비스가 낮은 가격을 가지는 경쟁력을 통하여 경쟁제품보다도 더욱 매력적인 품질을 가지는 것이다. 초점은 시장에서 제품의 단일면을 집중화하는 것이다.

8.4 정보전략계획

2000년대부터 현재까지도 기업, 정부, 공공기관 등의 정보시스템을 구축하기 위하여 도입된 것이 바로 정보전략계획(ISP: Information Strategy Planning)이다. 정보전략계획은 최적의 정보화를 추진해 나가기 위한 중장기전략의 계획을 수립하는 절차라고 할 수 있다. 정보전략계획은 경영환경이 급격히 변화하고 이에 따라 조직의 경영목표와 전략이 바뀔 때 이를 효율적으로 달성하기 위한 수립과 재수립절차이기도 하다.

정보전략계획(ISP)은 일정한 절차나 방법에 따라 정보계획을 수립하는데, 경영계획이나 사업계획과 같이 그 절차상에 매우 유사성을 갖는다. 관련 보고서의 주요 내용으로는 국내외 경영환경분석, 기존 정보기술환경과 미래 정보기술 고도화 환경분석, 현행 업무프로세스분석, 개선될 내용의 분석 및 개선과제 도출, 이행계획수립, 예산안 도출, 구축기간 및 투입인력, 장비 도출 등 정보기술 구축방향 및 과제의 실천 등이 있다.

ISP의 기업정보화 추진에 대한 진화단계는 다음과 같다. 첫째는 개발단계로서 정보시스템의 성공적 개발을 목적으로 사용자 요구사항 수렴 및 시스템분석, 설계 중심으로 계획을 수립하며, 둘째는 전략단계로서 중 · 장기 경영목표 및 전략과 연

그림 8-4 정보전략계획(ISP)의 수립방안

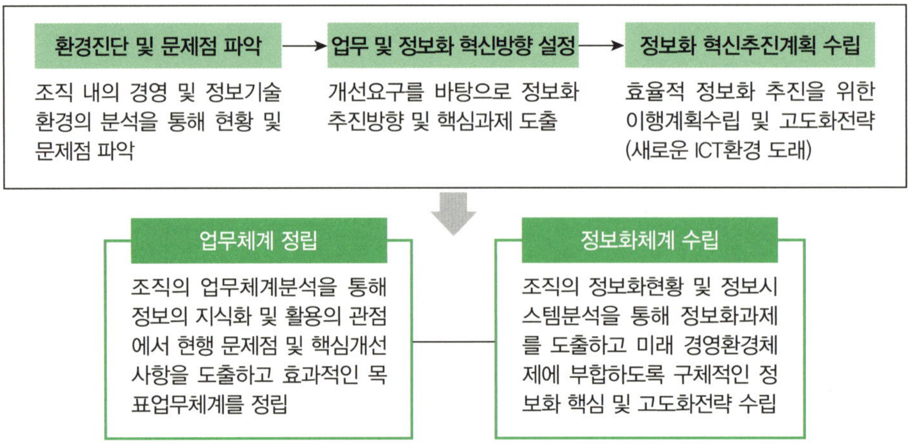

계된 솔루션 구축을 위한 이행계획수립단계이며, 셋째는 가치창출단계로서 새로운 비즈니스창출과 새로운 기술환경의 기회로 적극 활용하는 차원에서 IT의 경제적 가치활용과 비즈니스의 고도화전략 수립이 강조되는 단계이다. 즉 IT가 단순한 업무중심에서 새로운 사업기회를 제공하고 수익을 창출하는 적극적인 개념으로 ISP를 수립해 나가고 있다.

8.4.1 ISP 수립방법론

어떠한 일을 수행함에 있어 지식과 경험을 통하여 적기에 원하는 성과물을 기대하는 것은 당연하다. 그러나 관련 결과를 도출하기 이전에 절차와 방법이 부족하면 혼란을 겪게 될 수 있으며, 사업프로젝트를 수행하는 데 있어 방법론은 매우 중요한 사항이다. 이러한 방법론은 제한된 기간 내 최적의 결과물을 산출해낼 수 있는 절차이다.

만약 우리가 살고 있는 집을 생각해보기로 하자. 자신이 살기 위한 자신만의 집을 짓는다고 한다면 여러 가지 부분에서 다양한 생각들을 할 것이다. 음식을 만들기 위한 주방은 활용하기 편리한 구조로 만들고, 서재는 공부할 분위기를 조성할 수 있도록 설계하고, 침실은 평안하고 안락하게 쉴 수 있는 공간으로 구성할 것이다. 이런 것을 설계 없이 주먹구구식으로 만들지는 않을 것이다. 먼저 집에 대한 모델과 청사진을 작성하고 이런 청사진을 바탕으로 설계할 것이다. 이런 집은 아무런 데이터 없이 지어지지 않는다. 몇 명이 생활할 수 있는 공간이며, 가전제품을 배치하기 위한 구조, 배수시설 및 상수도 배치, 적정 인원이 생활하기 위한 전기공급에 필요한 요소 등 다양한 데이터를 바탕으로 설계가 이루어진다고 볼 수 있다.

구축방법론 역시 마찬가지다. 집을 짓기 위해 데이터가 필요하듯이 기업 내의 프로세스, 사람, 데이터 등을 바탕으로 이에 대한 균일한 품질 유지를 수립하는 것이다. 건설의 규모와 분류에 따라 아파트가 될 수 있고 주상복합이나 빌딩이 될 수 있으며, 저층 규모인지, 고층 규모인지가 결정될 수 있는 것이다. 또 새로운 비즈니스냐 기존 비즈니스를 재정립하는 것이냐에 따라 택지개발을 통한 신규건설인지, 재건축 또는 재개발인지가 결정된다고 볼 수 있는 것이다. 집을 짓기 위해 철근이 얼마나 들어가고 이런 철근 사이의 간격은 얼마나 되고 창문은 몇 개나 필요하고 현관의 크기는 얼마나 되고 하는 요소가 있듯이, 방법론 역시 각 단계별로 개발수준이 결정되고 비즈니스, 데이터, 애플리케이션, 기술부분 등 분야에 따른 방법론이 다르다. 이와 같이 방법론은 집을 지을 때 필요한 청사진과 설계도 같이 기업의 청사진과 원칙, 정책, 아키텍처, 그에 따른 표준을 세우는 것이다.

ISP 수립방법론은 집을 지을 때의 원칙과 그에 따른 프로세스 차원의 검토와 같은 수준에서 정보전략계획을 수립하기 위해 단계별 작업, 분석해야 할 사항, 입력물, 출력물 등을 정의하여 누가 사업을 수행하더라도 거의 균일한 품질의 산출물을 생성할 수 있어야 한다. 이러한 절차와 정책과 함께 비즈니스, 데이터, 인적자원, 애플리케이션, 기술요소 등에 대한 세부 실행계획 등도 포함해야 한다.

8.4.2 ISP의 수립절차

ISP의 수립절차는 경영과 정보기술(IT) 측면에 대한 분석을 통하여 업무분석 및

그림 8-5 정보전략계획(ISP) 수립단계 및 활동내역

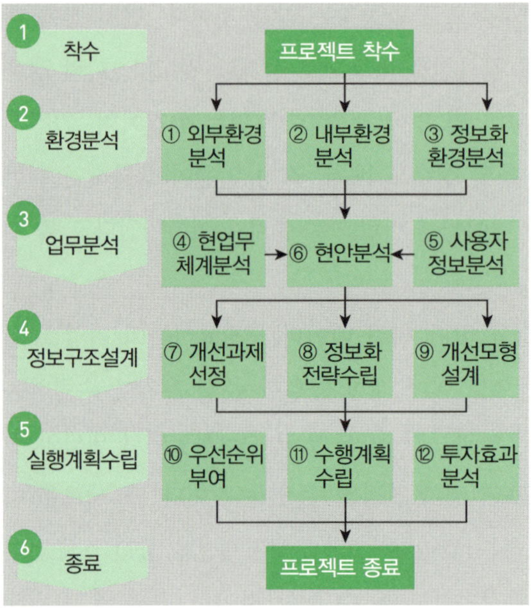

단계(phase)	활동(activity)
P1. 착수단계	A1.1 프로젝트 착수
P2. 환경분석단계	A2.1 외부환경분석 A2.2 내부환경분석 A2.3 정보화환경분석
P3. 업무분석단계	A3.1 현업무체계분석 A3.2 사용정보분석 A3.3 현안분석
P4. 정보구조설계단계	A4.1 개선과제선정 A4.2 정보화전략수립 A4.3 개선모형설계
P5. 실행계획수립단계	A5.1 우선순위 부여 A5.2 수행계획수립 A5.3 투자효과분석
P6. 종료단계	A6.1 프로젝트 종료

정보화의 기회요소를 찾아내고 궁극적으로 조직목표 및 경영성과 향상에 IT가 기여할 수 있는 영역을 발굴 · 육성하여 단계별 정보화 추진계획과 고도화를 이행하는 것으로 구성된다. [그림 8-5]는 ISP의 일반적인 수립단계 및 활동내역을 보여준다. 이 절차는 착수를 시작으로 환경분석(내외부 기업환경, 정보화환경), 업무분석(현행업무체계분석, 현안분석, 사용정보분석), 정보구조 설계(개선과제 선정, 정보화전략 선정, 개선모형 선정), 실행계획수립(우선순위, 수행계획수립, 투자효과분석), 종료 등 총 6단계로 구성된다.

1) 착수단계

착수단계는 전체 프로젝트를 시작하기 위해 ISP를 수립하는 준비단계로 경영과 정보기술담당자와 관련된 사람중심으로 프로젝트팀을 구성하고, 프로젝트의 제안서와 기초자료를 토대로 사업추진을 위한 사업수행계획서를 작성한다. 또한 프로젝트를 추진하기 위한 준비과정에 프로젝트 간의 팀원 구성멤버와 상호 회의를 통

한 전체적인 일정에 관해 착수하는 과정이다. 이 착수단계에서는 ISP의 명확한 목적과 결과를 이해시키도록 한다.

2) 환경분석단계

ISP의 수립을 위하여 기업의 요구사항, 기업 관련 기술 등 다양한 프로젝트성에 둘러싸인 내외부 환경에 대하여 다양한 채널(SWOT분석, 신시장개발, 고객발굴, 정보환경, 법률 및 규제 등)과 문헌조사를 통해서 면밀히 분석해야 한다. 특히 경영목표 및 전략과 이와 연계된 정보와 요구사항을 명확히 파악한 후 정보화 추진 방향을 제시하여 경영 및 정보기술에 대한 현황, 문제점, 개선방안이 도출되어야 한다.

3) 업무분석단계

기업의 업무프로세스 및 조직을 분석(가치사슬, 업무의 기능 및 특성별 분석, 사용자의 데이터 분포도, 정보기술 인프라의 요구사항 등)하여 기업의 업무활동에서 필요한 정보를 수집하고 체계화함으로써 기업의 업무현황 및 문제점 파악, 개선방안 등을 집중분석하는 단계이다.

4) 정보구조설계단계

조직 내 업무분석과정을 통해 도출된 문제점 및 개선방안(정보기술의 구조, 관리구조, 기반구조 등)은 IT를 활용하여 해결할 수 있다. 업무분석을 통해 도출된 문제점 및 개선방안(정보화 통합 및 전략수립 등)에 따른 필요 정보기술을 선정하여 정보기술의 도입을 위한 최적의 솔루션이 선정될 수 있도록 개선모형(to-be)을 설계한다.

5) 실행계획수립단계

정보구조설계를 통해 계획된 정보화전략수립(인적 및 물적 자원의 우선순위, 시

급성의 필요시스템, 과제별 정보화 추진계획 및 투자효과 관련 소요예산 등)의 단계별 목표에 맞추어 실행계획을 세운다. 중 · 장기 정보화 추진을 위하여 필요한 각 단계에서 구축해야 될 정보시스템별 비용을 추정하고 비용 대비 효과 등을 면밀히 검토하여 정보시스템에 대한 투자의 타당성을 미리 검토하여 합리적인 정보화 투자를 유도하기 위한 기초정보가 제시되어야 한다.

6) 종료단계

정보화전략수립계획의 종료를 위해 프로젝트 이해관계자들이 모여 사업수행(최종산출물, 산출물 검토, 최종보고서 등)의 수립가능 여부를 판단하여 수정 및 보완사항들을 미리 검토한다. 기업의 사장, 임원진, 각 부서장을 대상으로 최종보고회를 실시함으로써 프로젝트를 성공적으로 완료하기 위한 단계이다.

이상과 같이 경영목표를 지원하는 핵심업무활동을 정보기술(IT)로 실행가능하도록 정보전략을 수립함으로써 궁극적으로 IT가 경영성과 향상 및 조직경쟁력 강화에 기여할 수 있게 된다.

8.5 새로운 정보계획모델링-EA

정보전략계획(ISP)은 의미 그대로 계획수준에서 정보자원들의 아키텍처를 정의하고, 향후 IT전략과제 도출 및 도출과제의 이행계획을 수립하는 것이다. 그러나 ISP를 극복하고자 등장한 정보기술 아키텍처(ITA)는 계획자 및 소유자수준의 전사적 아키텍처계획에서부터 설계자 및 개발자수준까지의 구조화를 통해서 모델과 설계를 수행하게 된다.

정보화 시대가 본격적으로 진행됨에 따라 정보기술은 국가 생존을 위한 필수요소가 되고 있다. 정보기술 아키텍처(ITA: Information Technology Architecture)

는 조직의 정보기술을 통합 · 관리하기 위해 정보체계에 대한 요구사항을 충족시키고, 상호 운용성 및 보안성을 보장하기 위해 조직의 업무, 사용되는 정보, 이들을 지원하기 위한 정보기술 등의 구성요소를 분석한 후, 이들 간의 관계를 구조적으로 정리한 체계이다.

ITA는 크게 전사적 아키텍처(EA: Enterprise Architecture), 기술참조모델(TRM: Technical Reference Model), 표준프로파일(SP: Standards Profiles)의 세 가지 기본 요소로 구성되며, 각 부문들은 정보기술의 구체적인 적용을 위한 세부구조를 갖고 있다. 또한 ITA는 조직의 목적달성을 위한 구체적 시행기준과 ITA의 지속적인 관리, 갱신, 평가를 위한 사항들을 포함하고 있다.

ITA는 정보시스템에 대한 요구사항을 충족시키고 상호 운용성, 이식성, 확장성, 보안성을 보장하기 위한 조직의 임무, 사용되는 정보 및 이들을 지원하기 위한 정보기술 등의 구성요소를 분석하고, 이들 간의 관계를 구조적으로 정리한 체계로 모든 정보프로세스를 지원하는 요소들 간의 관계가 구조화된 집합으로 세 가지 기본 요소는 다음과 같다.

엔터프라이즈 아키텍처(EA)는 '전사적 아키텍처'라고 하며, 기업이나 기관에서 사용되는 업무 및 관리프로세스와 정보기술 간의 관계를 표현한 것이다. 기술참조

그림 8-6 건축분야와 정보구축분야 간의 비교를 통한 EA 이해도

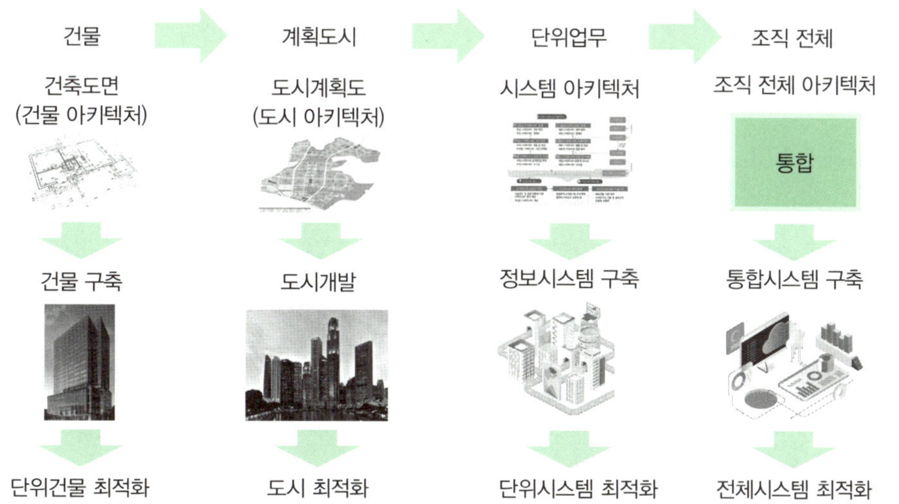

모델(TRM)은 업무분석을 통한 비즈니스 아키텍처를 지원하는 데이터와 애플리케이션 등 기술요소들에 대한 기준이 되는 기술분류체계를 수립한다. 표준프로파일(SP)은 TRM에서 분류·정의된 기술요소에 대해 표준을 식별하고 매핑시킨 것을 의미한다. 여기서는 ITA의 이해를 돕기 위한 EA 개념하의 정보를 습득하도록 한다.

8.5.1 EA의 개념

엔터프라이즈 아키텍처(EA: Enterprise Architecture)는 조직의 프로세스 및 정보시스템 및 부서의 구조와 기능을 포괄적이고 정확한 방법으로 기술하는 방법이고, 이를 통해 조직이 전략적 목표에 따라 행동하도록 방향을 제시하는 것이다. 정보기술과 관련이 깊지만, 사업 최적화도 관련이 깊고, 사업구조, 성과관리, 조직구조 아키텍처 등으로 불린다. 그리고 조직 전체적으로 한꺼번에 수행할 수 있을 뿐만 아니라 조직 내부에서 독립적인 역할과 임무를 수행하는 하부조직(기업의 사업부가 이에 해당할 수 있음) 차원에서 수행할 수도 있다. EA는 미국 연방정부의 계획에 일반적으로 사용되는 방법으로 되어 있다. FEA(Federal Enterprise Architecture) 참조모델은 미국 연방정부의 각 부분의 아키텍처수립의 기본이 되고 있다. 여기서 'Enterprise'의 의미는 조직의 목표달성을 위해 추구해야 할 전략 및 업무(business architecture), 업무수행과정에서 필요하거나 발생하는 자료와 정보(data architecture), 이런 업무를 처리하고 필요한 정보를 확보하는 데 필요한 응용시스템(application architecture), 그리고 이를 지원하는 정보기술 인프라(technical architecture)가 포함된 개념으로 설명할 수 있다.

또한 EA는 기업을 설계하는 것으로 집을 짓기 위해 데이터가 필요하듯이 기업 내의 프로세스, 사람, 데이터 등을 바탕으로 이에 대한 표준을 세우는 작업이다. 전사 차원의 IT시스템에 대한 통합과 상호 운영성 있는 계획 및 개발, 운영과 관리를 위한 무언가가 필요하고, 이런 요구를 만족하기 위해 EA를 적용하게 된다. EA는 전사 차원의 아키텍처뿐 아니라 이를 뒷받침할 수 있는 세부 원칙 및 정책이 있어야 하며 비즈니스, 데이터, 인적자원, 애플리케이션, 기술요소 등에 대한 세부 표준 및 실행계획 등을 포함하고 있다.

EA의 1차 목표는 비즈니스전략을 인식하고 그에 따라 IT 투자를 실행하는 것이다. 따라서 EA는 비즈니스전략을 지원하는 기술에 대한 추적성을 확보한다. 인텔, 폭스바겐 그룹 등도 기업에 EA를 적용하여 사업의 효율성 및 생산성을 향상시켰다.

8.5.2 EA의 필요성

인터넷환경으로 변한 뒤 기업은 너무 빠르게 비즈니스를 변화시켜왔다. 이런 흐름은 기업의 환경을 돌아볼 수 있는 시간을 허락하지 않았다. 이에 따라 대부분 기업들은 IT투자의 효율성과 투자 대비 효과(ROI)라는 문제점을 안고 있다.

예를 들어 기업들은 개별시스템을 기준으로 IT 투자를 진행해왔으며, 이로 인한 중복투자, 데이터 및 시스템의 중복, 관리의 중복으로 골치를 앓고 있다. 또 개별 시스템 단위의 성과평가로 인해 기업 전체시스템 측면에서 성과를 간과하는 경우도 있다. 즉 단위시스템과 단위업무별 성과에 초점을 맞춤으로써 상호 유기적인 시스템 운용환경을 구축하기 어려운 환경을 만들어온 것이다.

현재 기업들은 다양하게 변화하고 있다. 1, 2위가 아니면 살아남기 어려운 기업 환경 변화로 인해 기업 인수합병이 여러 분야에서 진행되고 있으며, 고객을 중심으로 기업의 상품이나 협업 및 제휴관계 등이 변화하고 있다. 중요한 것은 고객의 요구사항 역시 급속도로 바뀌고 있다는 것이다. 고객이 원하는 시점에 원하는 상품이 나와 있지 않으면 이미 상품화되어 있는 곳으로 고객이 움직인다는 것이다. 따라서 적절한 시간에 시장에 진입할 수 있는 타임-투-마켓이 정말로 중요한 시점에 와 있다.

이런 환경에서 기업의 요소 중 어느 하나만이라도 이를 뒷받침해주지 못한다면 그 기업은 살아남기 어렵다. 따라서 이런 시장에 발 빠르게 대응하려면 기업환경을 변화시켜야 한다. 예를 들어 몇 년 전부터 계속되어온 국내 금융권의 인수합병은 커다란 경영환경 변화 중의 하나이다. 이때 신속한 IT 인프라 통합, 상품 및 고객정보 통합, 새로운 환경에 적합한 신속한 상품개발 등은 경영환경 변화에 대한 신속한 대응이 얼마나 중요한지 잘 보여주고 있다.

비즈니스와 IT는 밀접한 관계가 있다. 외부 환경변화에 유연하게 대처하려면 기업의 비즈니스모델과 IT의 통합된 정보구조가 전제되어야 한다. 특히 비즈니스와 IT 아키텍처의 통합된 정보는 IT부서의 업무수행능력을 높이는 효과가 있다. 이제는 비즈니스에 필요한 요구사항을 IT에서 뒷받침해주고 IT의 요구사항을 비즈니스부분에서 해결할 수 있다. 이와 같이 IT와 비즈니스가 상부상조하는 구조로 바뀌고 있는 것이다. 그만큼 IT의 중요성이 부각되었으며, 각 기업에서도 IT관리를 도맡을 임원으로 정보화담당자를 선출하고 이를 필두로 IT의 관리 및 전략을 내세우고 있는 것이다. 이런 변화를 통해 IT 의사결정에 필요한 충분한 정보를 제공할 수 있으며 이를 바탕으로 IT에 대한 올바른 의사결정을 내릴 수 있다.

이미 국내 기업뿐 아니라 외국 기업들도 IT 지출비용에 대한 지출명세를 정확히 하고 그 활용목적과 성과를 미리 평가하고, 구현 뒤에 측정하는 것을 일반화하고 있다. 이제 기업들은 시스템 구현 자체에 치중하기보다는 현재 기업이 보유하고

그림 8-7 EA의 흐름도

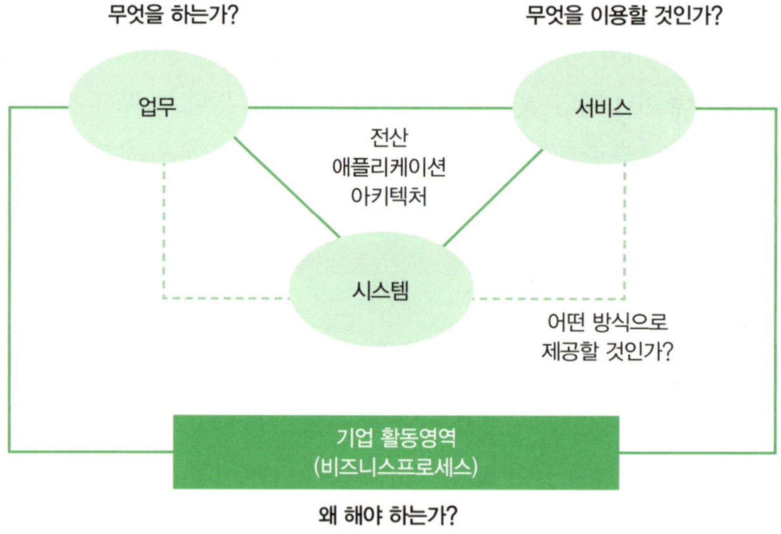

있는 IT자원 중 재활용이 가능한 부분이 없는지 살피고, 중복투자가 발생하지 않도록 주의하는 데 더 노력하고 있다. 아울러 IT 투자규모를 어느 선까지 해야 하고 그 목표를 어떻게 설정할 것인지를 명확히 하고 있다.

이런 일련의 변화는 EA의 도입이 얼마나 필요한 것인지를 새삼 느끼게 한다. EA를 시행함으로써 가장 큰 이점은 비즈니스와 IT의 격차를 줄일 수 있다는 것이다. EA는 비즈니스 전반에 관한 프로세스를 정의하고 IT와 프로세스 간 연관성을 갖게 한다. IT가 업무 전반에 걸쳐 필수요소가 됨에 따라 IT와 연계 없이는 업무도 불가능해진다. EA를 통해 IT와 연계로 프로세스를 한눈에 파악할 수 있다. EA로 전체 비즈니스와 IT에 대한 청사진을 그림으로써 자원낭비를 줄이고 효율성을 높일 수 있는 것이다. 또한 프로세스 이노베이션이나 리엔지니어링을 통한 프로세스의 자동화 및 간소화, 제어 및 모니터링을 통한 자원의 활용성 평가를 통한 리스크 감소 및 투자효율성의 극대화를 얻을 수 있다.

사례 연구

핀테크보다 더 '핫'한 프롭테크

소프트뱅크그룹의 손정의(孫正義) 사장이 이끄는 비전펀드가 창업 4년 차를 맞는 '오픈도어'란 기업에 4억 달러(약 4,500억 원)를 투자했다. 현재 이 기업의 가치는 20억 달러(약 2조 3,000억 원)으로 평가받는다. 오픈도어의 비즈니스모델은 자기가 건물을 사서 수리한 뒤 되파는 일이며, 미국 최대 주택 공급업체인 레나가 투자했다.

사업방식은 이렇다. 집을 팔고 싶은 사람이 사이트에 들어가 원하는 가격을 제시한다. 그러면 오픈도어가 자체 소프트웨어로 감정해 가격을 제시한다. 고객이 이를 받아들이면 곧바로 매매가 이뤄진다. 부동산 매매에 많게는 수개월이 소요되는 미국에서 이 모든 과정을 90일 안으로 줄여버렸다. 집을 판 돈으로 새 집을 사야 한다면 오픈도어사이트에서 맘에 드는 집을 골라 다시 구매하면 끝이다. 조성현 스페이스워크 대표는 "오픈도어의 핵심기술은 집의 가치를 정확히 평가하는 시스템(인공지능 소프트웨어와 전문가 50명의 평가결합)과 주택을 산 고객에게 대출 · 보험까지 한꺼번에 제공하는 플랫폼 설계에 있다"고 설명했다. 소프트웨어를 못 믿겠다면 회사에 고용된 공인중개사 100명이 상담에 나선다.

물론 손 사장이 투자를 결정했다는 소식 자체는 언제나 화제다. 하지만 이 회사가 미국의 대표적인 프롭테크기업으로 꼽힌 점도 분명 한몫했다. 프롭테크(PropTech)란 부동산(Property)과 기술(Technology)을 합친 단어다. 요즘 이 단어가 미국 실리콘밸리에서 화두다. 공교롭게도 손 사장이 투자한 카테라(건설), 위워크(공유 오피스), 레모네이드(주택보험)와 오요(호텔) 등 부동산 관련 스타트업과도 묘하게 어우러진다. 엄밀히 말하면 손 사장이 투자한 위 기업들은 모두 프롭테크기업이다.

프롭테크는 기본적으로 구사하던 단순한 O2O(온라인과 오프라인 연결)서비스를 지양한다. 최근 서비스 고도화에 인공지능(AI)기술을 도입한 집닥 대표는 "감정 · 매매 · 융자 · 건물관리 · 보험 등 다양한 분야로 넓어지는 동시에 이 분야들이 서로 섞이기 시작했다"며 "서비스 고도화에는 인공지능 · 딥러닝 · 빅데이터 등 첨단기술까지 달라붙기 시작했다"고 말했다.

물론 당장 오픈도어 같은 서비스가 한국에서 나타나긴 어렵다. 한국에서는 부동산 보유세가 낮고, 취득세 · 양도세가 높아 도입이 쉽지 않다. 게다가 국회에 계류 중인 데이터 규제법도 언제 통과될지 모르기에 정부가 완전히 공개한 데이터를 활용하는 것 말고 개인거래 데이터로 사업영역을 확장하기도 쉽지 않은 게 현실이다.

하지만 척박한 현실에서도 프롭테크 스타트업들이 속속 나타나고 있다. 2012년 첫 서비스를 개시한 부동산 임대관리 플랫폼 '직방'을 시작으로 '다방'이 뒤를 따랐다. 신생 프롭테크기업도 속속 자리를 잡아가고 있다. 셰어하우스를 운영하는 '우주'와 '코티에이블', 부동산 인테리어 중개 플랫폼 '집닥'과 '인스테리어', 공유오피스를 운영하는 '패스트파이브'와 '스파크랩플러스', 부동산 플랫폼을 운영하는 '슈가힐' · '복덕판' · '스테이즈', 3D 공간 데이터 정보 플랫폼 '스페이스워크'와 '어반베이스', 실거래가 정보를 제공하는 '밸류맵' · '부동산지인' · '디스코' 등이 있다.

한국프롭테크포럼에 따르면 2019년까지 회원사만 80여 개를 넘어섰다. 국내 최초로 프롭테크 생태계를 조성하기 위해 관련 기업들이 모여 만든 이 단체는 회원사 관계자들이 기술이나 비즈니스모델을 공유하고 협업할 기회를 마련하고 있다.

정부도 이들을 거드는 모양새다. 대대적으로 정보를 공개하고, 산재된 정보를 한데 모아 시차가 생기는 문제 등을 개선하기도 했다. 국토교통부, 서울특별시, 인천광역시, 경기도는 부동산 실거래 정보를 일원화한다고 밝혔다. 앞으로는 시스템 간 차이 없이 연간 약 2,000만 명에게 같은 실거래 정보 제공이 가능해진다. 업계도 "프롭테크분야에서 신규 사업모델 발굴 등 산업 활성화에도 크게 기여할 것"이라며 반겼다.

장밋빛 기대감만 있는 건 아니다. 한국건설산업연구원 주택도시연구실 실장은 "최근 오픈도어 투자 이슈가 화제인데 미국 건설 시공 쪽 스타트업은 노동 생산성을 관리해주는 프로큐어(PROCORE) 등 미국에서 3개 정도가 나왔을 뿐이고, 스마트시티나 스마트빌딩 등도 구글(사이드워크랩스)이나 지멘스, 미쓰이 부동산 같은 IT기업과 전통 대기업이 주도하고 있다"며 "한국의 경우 데이터규제완화법도 아직 국회 문턱을 넘지 못했고, 일부 서비스만 정보통신화하거나 신규 온라인서비스 개설 정도로 그친다면 근본적 목적인 플랫폼 비즈니스 확대로 이어지지 못할 것"이라 강조했다.

자료: 김영문 기자, 포브스, 2019. 6.

연습문제

01 새로운 기업환경과 경쟁원리 다섯 가지를 설명하시오.

02 전략을 정의하고 정보기술전략의 중요도를 설명하시오.

03 경영전략과 정보전략의 상호 연계방안을 설명하시오.

04 포터의 가치사슬을 설명하시오.

05 가치사슬의 경쟁력 장점은 무엇인지 설명하시오.

06 ISP의 구축방법론을 실제사례를 적용하여 계획서를 작성하시오.

07 EA란 무엇이며 필요성에 대하여 설명하시오.

Chapter 09

IT경영과 경영정보시스템

인터넷과 모바일기기를 통한 비즈니스활동영역이 매우 넓어졌으며 최근에는 4차 산업혁명이라는 새로운 형태보다는 변화와 혁신을 통한 기존 영역의 흐름이 바뀌어가고 있다. 이러한 환경에서 기업환경과 부가가치창출이라는 정보시스템을 새롭게 고도화하는 전략이 요구된다. 즉 기업의 경영환경을 지속적으로 바꾸어가는 시기에 기업들은 달라진 시장상황에 적극적으로 대응하기 위해 경영 전반에 근본적인 새로운 차원의 정보화가 요구되는 것이다. 본 장에서는 이러한 환경에 대응하기 위한 기업환경을 고찰하고, 비즈니스 관련 정보시스템현황, 조직경영활동과 새로운 전략정보시스템에 대하여 소개한다.

9.1 정보와 경영환경

9.1.1 기업환경의 의미

기업이란 사회구성원들에게 재화와 서비스를 제공할 목적으로 기업자원을 활용하여 고유의 업무를 수행하는 조직적인 접근방식을 가진 시스템이라고 할 수 있다. 기업의 기본 개념을 구성하는 요소는 다음과 같다.

- 제품과 서비스: 누구에게 무엇을 팔 것인가를 의미한다.
- 국내외 시장: 시장의 영역과 타깃을 명확히 할 것을 의미한다.
- 기업 내외부: 기업 내부의 기본 업무활동영역과 외부의 협력업무활동을 규정하는 것이다.

그림 9-1 기업경영환경의 구성요소

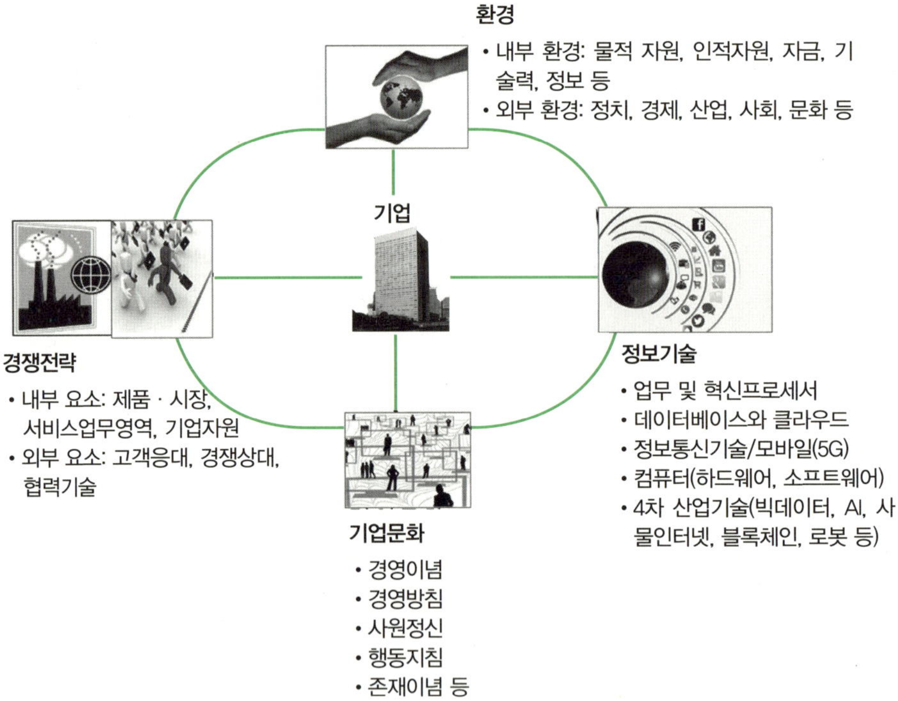

- 기업자원: 기업이 어떠한 자원을 확보 및 결정하며, 경영활동을 수행하는 데 필요한 자원이 무엇인가를 규명하는 것이다.

기업과 밀접한 관계를 형성하고 있는 네 가지 분야는 [그림 9-1]과 같다.

1) 기업문화의 특징

- 기업을 지탱해주는 구성원이 공유하는 가치의식을 말한다.
- 존재이념과 실천적 전략으로 구성한다.
- 경영이념과 행동이념이 상호작용한다.
- 미래 상황에 대처할 수 있는 기업을 한데 묶을 수 있는 것이다.

2) 기업환경의 특징

- 변화와 경쟁에 대응하기 위해 환경들로부터 얻을 수 있는 자료와 정보를 이용한다.
- 내부 환경: 조직구성원의 가치변화와 물적 및 인적자원들과 연관성이 존재하며 특히 자금과 정보시스템의 중요성이 매우 크다.
- 외부 환경: 정치, 경제, 사회 및 기술변화의 기반으로 고객요구, 상품, 금융경제, 국제관계 등의 변화 등이 구체화된다.

3) 기업경쟁전략의 특징

- 기업활동의 전반적인 경쟁전략범위를 결정하고, 그 범위 밖에 있는 경쟁환경에 따라 조정 및 지원하는 지침서를 제공한다.
- 기본 목적의 전략과 그 전략을 행동하는 경영전술로 구분한다.

4) 기업정보기술의 특징

- 기업경영의 대부분은 다양한 정보시스템 자체가 기업을 이끌어 나가고 있다.
- 정보를 창출하고, 생산성을 높이며, 경쟁력을 갖추기 위한 기술의 확보가 시급히 요구된다.
- 정보기술은 업무처리방식, 의사결정과정, 경영구조, 구성원의 행동양식에까지 영향을 미친다.

기업경영의 기본적인 개념은 대체적으로 '계획-조직화-충원-지시-통제'의 순환과정이라는 인식을 바탕으로 한다.

- 계획: 설정된 조직의 목표를 구체적인 행위과정으로 변환시키는 기능이다.
- 조직화: 계획의 수립 후 이를 가장 효율적으로 수행할 수 있도록 각종 자원을 구조화하는 기능이다.
- 충원: 조직화기능에 의해 규명된 모든 필요자원을 획득하는 행위이다.
- 지시: 계획의 실행을 위해 경영자가 수행해야 할 필요가 있는 기능이다.

• 통제: 당초의 계획과 실제로 얻어진 성과를 비교해서 어떤 차이가 발견되면 그 차이를 극복할 수 있는 조치를 취하는 기능이다.

9.1.2 기업에서 정보환경의 의미

기업의 경쟁환경은 고객(customer), 경쟁(competition), 변화(change)의 3C와 주변 정보기업의 환경으로 설명할 수 있다. 과거의 기업환경은 생산자중심으로 제품을 생산만 하고 소비는 저절로 이루어졌다. 산업사회의 후반기에 들어오면서 고객이 원하는 제품이나 서비스를 생산하지 않으면 소비자에게 외면당하기 쉬운 소비자시장으로 변하였다. 이러한 고객의 중요성 증대로 기업은 고객에 대한 보다 정확하고 다양한 정보를 수집 · 처리하는 과제를 부여받고 있다. 즉 기업정보의 흐름도는 크게 외부 환경정보와 일반기업정보, 기업 내부 분석정보로 구성된다([그림 9-2] 참조).

그림 9-2 기업정보의 흐름도

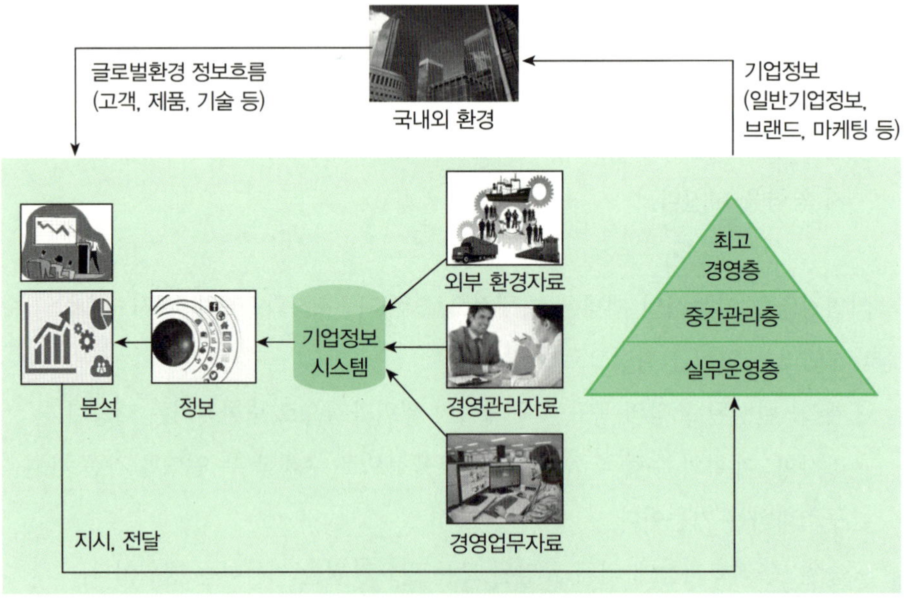

기업 내부 정보흐름도

- 외부 환경정보: 국내외환경으로부터 대상 기업으로 흐르면서 환경과 관련된 무형자산을 창출한다. 고객정보, 생산에 관련된 기술들, 국내외 정보채널, 국가적 정책의 비전 등이다.
- 일반기업정보: 기업 내부로부터 국내외환경으로 흐르는 정보이다. 기업의 이미지, 브랜드가치, 기업의 가치, 유통채널, 협력업체 간의 영향도, 마케팅적 노하우 등 무형자산이 이에 속한다.
- 기업 내부 분석정보: 기업 내에서 시작되어 끝나는 분석정보이다. 기업의 정보관리분석능력, 의사결정을 위해 정보를 가공하고 활용하는 구성원들의 능력, 종업원들의 능력 및 복지, 사기, 사내규범, 기업문화, 경영능력, 경영결과로 인한 수익 등을 포함한다.

산업사회에서 정보화사회로의 급속한 발전은 국내외 경쟁을 점점 심화시키고 있다. 또한 무역장벽의 완화와 교통의 발달, 정보통신기술 등은 경쟁의 국제화를 가열시키고 있다. 정보기술의 발달은 정보의 교환 · 수집 · 전파를 더욱 신속하게 함으로써 전세계에서 벌어지는 일들을 실시간으로 알 수 있게 하여 경쟁이 더욱 커지고 있다.

경쟁자, 잠재적 경쟁자, 기술의 발달, 비즈니스 경향, 글로벌환경에 대하여 전세계적으로 정보를 수집 · 분석하여야 한다. 변화는 더욱 빨라지고 라이프사이클, 즉 변화의 주기 역시 점점 단축되고 있다. 신상품과 서비스의 수명주기에 있어서 개발부터 출고까지의 시간단축은 기업의 생존전략에 막대한 영향을 미치고 있으며, 서둘러 새로운 변화에 적극적으로 대처할 필요가 있다. 이를 위해 고객이 원하는 제품과 서비스개발뿐만 아니라 빈번하게 나타나는 정보를 수집 · 분석하여 미래에 대한 수요를 확보하는 예측전략이 요구된다.

1) 정보사회와 기업환경과의 관계는 필연적

기업의 환경변화는 궁극적으로 보다 많은 정보를 통하여 정확한 분석 · 수집 · 처리 · 가공을 거쳐 기업전략에 활용될 때 가능하다. 기업의 환경은 이러한 정보사회와 상호 연동성을 가지며, 보다 많은 정보에 근간을 둔 경영을 요구하고 있다. 인터넷비즈니스, 모바일경영환경, 클라우드, 가상현실, 4차 산업혁명(사물인터넷, 인공지능, 자율자동차, 드론, 신재생에너지 등)의 환경 도래로 정보의 중요성이 매우 강조되고 있으며 정보사회와 기업환경의 관계는 필연적이라고 할 수 있다.

2) 정보통신기술은 필수적

정보통신기술은 기업경영과 관련하여 자료 또는 정보의 저장 · 처리 · 가공 · 추가 · 삭제 및 의사결정기능을 지원함으로써 경영자의 업무적 · 전략적 의사결정을 돕는 제반기술로 나타난다.

3) 정보통신기술 역할의 활용성 증대

하드웨어의 성능 향상과 가격하락으로 비용 측면에서의 활용성이 점점 증대되고 있다. 다양하고 사용이 용이한 기업용 소프트웨어개발로 업무(인사, 생산, 마케팅, 회계, 기획, 영업, 고객관리 등)의 정보화를 쉽게 해주고 있다. 스마트경영의 기반으로 모바일기기와 4차 산업혁명기술들이 향후 미래의 핵심으로 자리 잡을 것이다.

저장장치기술의 발달로 많은 양의 데이터를 저장하고 활용하는 것이 가능해졌다. 과거의 컴퓨터시스템은 저장장치(메모리 등)가 비싸 많은 양의 자료를 저장하는 데 한계가 있었다. 저장장치의 비용절감으로 전자도서관, 전자자료실뿐만 아니라 전산업 및 사회에 활용이 증대되고 있다. 이러한 저장장치는 사람과 사람, 사람과 사물, 사물과 사물 간의 비즈니스영역까지 확대 · 적용되고 있다. 이러한 저장장치의 힘은 과거의 무어의 법칙이 무의미한 정도의 메모리의 증가가 예상되고 있다.

정보통신기술의 발달은 정보와 기업을 연결하는 획기적인 사항으로 받아들여지고 있다. 전화, 팩스, 휴대폰, 전자우편, 전자게시판, 인터넷, 모바일기기, 사물인터넷 등을 활용하여 지리적 · 시간적 장벽을 없앴으며 지구의 반대편에서도 쉽게 실시간으로 정보를 교환할 수 있음은 물론 서로 만나지 않고도 업무를 해결할 수 있다.

무어의 법칙(Moore's Law)

마이크로칩기술의 발전속도에 관한 일종의 법칙으로 마이크로칩에 저장할 수 있는 데이터분량이 18~24개월마다 두 배씩 증가한다는 법칙이다. 이는 컴퓨터 성능이 거의 5년마다 10배, 10년마다 100배씩 개선된다는 것을 의미한다. 1965년 미국 인텔사의 고든 무어(Gordon Moor)는 마이크로칩의 용량이 매년 두 배가 될 것으로 보인다고 예고했었다. 하지만 변화의 속도가 지난 수년간 다소 느려져 18개월마다 두 배씩 증가하자 '고든 무어의 법칙'의 정의를 수정하고 그의 이름을 빌려 '무어의 법칙'이라고 명명하였다.

무어의 법칙은 PC의 처리속도와 메모리의 양이 2배로 증가하고 비용은 상대적으로 떨어지는 효과를 가져왔다. 이러한 디지털혁명은 1990년대 말 미국의 정보기술에 막대한 비용을 투자하는 계기를 만들기도 했다. 그러나 2016년 2월에 반도체업계가 경제성을 이유로 포기를 선언하면서 무어의 법칙이 폐기되었다.

9.2 정보시스템의 정의, 구성

정보사회에서 가장 핵심적인 개념은 정보이며, 자료와 지식은 정보와 관련된 아주 중요한 용어이다. 따라서 각각의 개념에 대하여 살펴보면 다음과 같다.

- 데이터(data): 정보의 자원으로 관찰이나 측정을 통해서 인지된 사실이다. 정리되지 않은 자료를 의미한다.
- 정보(information): 데이터가 상황에 유용하도록 여과 · 수정 · 처리되어 조직의 과업수행에 적합한 형식과 내용으로 전환된 것이다.
- 지식(knowledge): 데이터가 정보로 전환되는 과정에서 이를 여과하고 수정하기 위해 사용되는 축적된 힘, 상황에 따라 필요한 결정과 행동을 끌어내는 본능, 사상, 법칙, 그리고 절차의 합을 말한다.

데이터, 정보, 지식은 정보시스템의 입력요소가 될 수 있으며 또한 출력물일 수도 있다. 예를 들면 종업원, 월급, 근무시간에 관한 데이터는 급여정보를 위한 입력요소로 사용되며, 급여정보는 기업의 예산을 기획하는 또 다른 정보시스템의 입력정보로서 사용될 수 있다.

그림 9-3 기업정보시스템의 개념

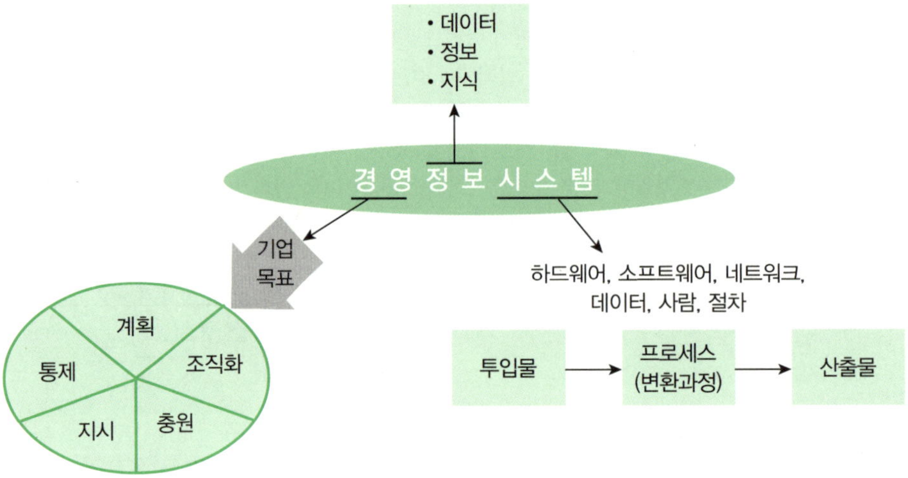

9.2.1 시스템의 개념

특정한 목적을 가지고 이를 성취하기 위하여 여러 구성인자가 서로 유기적으로 연결되어 목적을 달성하기 위해 상호작용하는 요소들의 집합을 말한다. 시스템(system)에 대한 개념을 정의하면 다음과 같다.

- 요소들의 집합: 시스템은 하나 이상의 요소를 가지고 있어야 한다.
- 상호작용하는 연결: 시스템의 모든 요소들은 상호작용관계를 가지고 있어야 한다. 예를 들어 컴퓨터시스템의 구조는 부품들이 서로 관계를 가지고 각각의 기능을 수행한다. 만약에 각 요소들이 독립적으로 움직인다면 시스템이라고 할 수 없다.
- 공통이나 특정한 목적달성: 모든 시스템은 하나 또는 그 이상의 목표를 달성하기 위하여 존재하며, 시스템을 구성하는 모든 요소들은 각각의 독자적인 목표가 아닌 공통이나 특정한 목적을 위하여 작용하여야 한다.

기업 내의 근로자들은 사업목적을 위하여 상호작용하면서 지시 · 통제뿐만 아니라 동기부여 및 조정 등을 수행하면서 시스템적인 집합으로 구성된다.

9.2.2 시스템의 특성

시스템의 특징을 몇 가지 사항으로 요약하면 다음과 같다.

- 시스템은 환경으로부터 얻은 투입물(input)을 변환(transformation)시켜 그 산출물(output)을 환경으로 내보낸다.
- 시스템은 개별요소로서가 아니라 하나의 전체로서 인식되어야 한다.
- 시스템은 계층적인 특성을 갖는다.
- 시스템은 상승효과를 발휘한다.
- 시스템은 통제되어야 한다.

9.2.3 정보시스템의 정의

정보시스템(information system)이란 조직의 의사결정 및 업무관리를 지원하기 위해서 필요한 정보를 수집 · 처리 · 저장 및 검색할 수 있도록 상호 관련된 구성요소들(사람, 업무처리, 자료, 컴퓨터 및 모바일의 하드웨어와 소프트웨어 등)을 모아놓은 집합체라고 정의할 수 있다.

그림 9-4 정보시스템의 흐름도

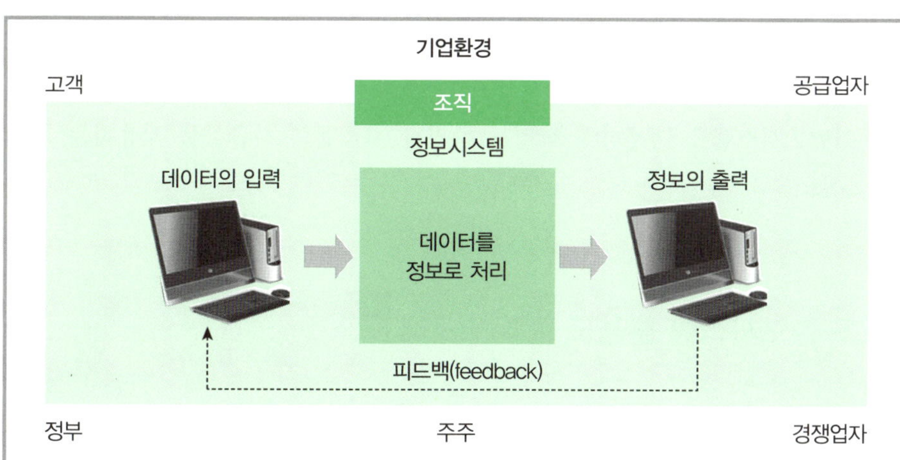

기업을 경영하는 데 있어서 의사결정, 업무관리, 문제분석, 제품과 서비스를 창출하고 필요한 정보를 산출하기 위해서는 입력, 처리, 출력이라는 과정이 필요하다. 입력은 조직의 내부나 외부 환경으로부터 자료를 수집하는 활동이며, 처리는 이러한 데이터를 보다 의미 있는 형태로 변환시키는 활동을 의미한다. 출력은 처리된 정보를 그것을 필요로 하는 사람 또는 업무에 전달하는 활동을 의미한다. 여기서 피드백(feedback)은 입력단계에서 평가 및 수정할 수 있도록 조직의 구성원에게 되돌려지는 출력을 의미한다.

9.2.4 정보시스템의 구성요소

정보시스템의 구성요소란 컴퓨터기술을 기반으로 한 정보시스템을 일컫는다. 구성요소로는 컴퓨터, 소프트웨어, 통신네트워크, 데이터베이스, 사람 등으로 구성된다.

- 하드웨어: 프로세서, 모니터, 키보드, 프린터와 같은 장치의 집합이다. 데이터와 정보를 받아들이고 처리하여 그 결과를 보여준다.
- 소프트웨어: 하드웨어가 데이터를 처리하도록 하는 프로그램의 집합이다.
- 통신네트워크: 각종 정보 및 자원을 네트워크를 통해 분석 전후를 연결하여 공유하기 위한 연결시스템이다.
- 데이터베이스: 연관된 파일, 테이블 등의 집합체인데, 데이터와 이들 간의 연관성을 저장한다.
- 사람: 시스템을 이용하여 작업을 하거나 시스템의 산출물을 사용하는 개인이다.

9.2.5 정보시스템 활용도

다양한 정보시스템은 데이터의 처리능력을 지닌 조직과 그 조직에 있는 사람에게 필요한 정보를 공급해서 양적 · 질적으로 더 나은 지식을 제공한다. 개인용 컴퓨터는 공통적인 업무용과 특별한 업무용으로 구분하여 활용이 증대되고 있다.

- 워드프로세싱: 워드, 한글 등 워드소프트웨어는 사용자에게 출력(프린트, 팩스, 전자우편 등)할 문서나 서류의 편집기능을 제공한다.
- 스프레드시트: MS-Excel 등 스프레드시트 소프트웨어는 데이터와 수치를 처리할 수 있다.
- 통신: 통신소프트웨어는 전자우편, 팩스, 정보검색 및 서비스를 위한 접속뿐만 아니라 지역적인 제한이 없다.
- 게임: 인터넷의 활성화를 통한 다양한 게임의 개발로 여러 명이 동시에 게임이 가능하다.
- 탁상출판: 광고, 소식지, 인터넷출판 등을 가능하게 한다.
- 데이터베이스: 오라클, MS-SQL을 통하여 데이터베이스의 생성과 관리를 가능하게 하고, 정보추출도 가능하다.
- 애니메이션, 멀티미디어, 동영상: 웹과 앱프로그래밍 및 애플리케이션 관련 그림, 클립아트, 애니메이션, 멀티미디어, 동영상, 유튜브 등의 이미지를 생성하고 관리가능하게 해준다.
- 커뮤니케이션: 직원 간, 고객 간의 상호 커뮤니티(SNS, 블로그, 카카오톡, 페이스북 등)를 통하여 충성도 및 고객사랑을 느끼도록 관리해주는 역할을 한다.

9.2.6 정보시스템의 종류

정보시스템의 종류는 실제로 매우 다양하다. 유사한 업무에 유사한 정보기술을 적용한다 하더라도 기업, 정부, 공공기관 등의 조직의 특성에 따라 그 활용형태가 다를 수 있다. 이러한 상황을 살펴볼 때 정보시스템을 특성별로 구분하여 이해하는 것이 효과적이다. 여기서는 다양한 형태의 분류보다는 일반적인 분류인 정보시스템의 활용목적에 따른 분류체계를 살펴보도록 하자. 이 분류형태에 따라 정보시스템은 크게 다음과 같이 구분된다.

- 거래처리시스템: 대규모 조직에서는 매일 수백만에서 수십억의 거래가 발생되는 데이터가 창출된다. 이러한 조직에서 기본적으로 발생하는 거래자료를 신속정확하게 처리하는 정보시스템이다.
- 지식업무시스템: 조직상 서로 연계된 일련의 업무부서에서 취급하는 업무의 능률과 효과적 수행을 위해 각종 정보 관련 기술들로 구성된 정보시스템이다.
- 정보보고시스템: 거래자료에 일정한 분석을 가하여 관리활동에 필요한 정보를 보고형태로 지원해주는 시스템을 말한다.
- 의사결정지원시스템: 관리자의 의사결정과정을 지원해주는 정보시스템으로 중역에게 일정한 형식을 지원하기 위한 시스템이다.
- 중역정보시스템: 최고경영자에게 필요한 기업 내외부 정보를 일목요연하게 제공하고 필요한 분석기능을 제공하는 정보시스템으로 하나의 전략정보시스템이기도 하다.
- 기업 내 통합시스템: 조직 내의 전사적 정보공유 및 통합을 목적으로 하며 주요 정보기술로는 전사적 자원관리(ERP), 고객관계관리(CRM), 인트라넷(Intranet) 등이 있다.
- 기업 간 연계시스템: 하나의 공급업체뿐만 아니라 다수의 공급업체 및 고객업체와의 다양한 형태의 정보공유 및 거래처리로서 전자문서교환(EDI), 엑스트라넷(extranet), 공급사슬관리(SCM) 등이 있다.

9.3 기업정보시스템의 환경과 구성

컴퓨터는 데이터를 처리하는 효과적이고 효율적인 방법을 제공하며, 정보시스템의 필수적인 구성요소이다. 그러나 정보시스템은 단지 컴퓨터뿐만 아니라 그 이외의 많은 구성요소들로 구성된다. 정보시스템의 성공적인 응용은 정보시스템에 의해 지원되는 비즈니스와 비즈니스환경에 대한 이해를 필요로 한다.

다량의 제품을 구매하는 경우 고객은 가격을 낮추어 구매할 수 있으며, 대량구매를 통해 가격할인이 가능하다. 제3자 업체가 개인 또는 중소기업을 발견하고, 이들의 소규모 주문을 종합하여 최상의 거래를 위해 협상 또는 입찰을 실시한다.

컴퓨터는 공동구매를 위해 설계되고, 운영되고, 유지되어야 하는 복잡한 시스템의 한 부분일 뿐이다. 다양한 고객의 의견수렴, 가격형태, 요구사항, 패턴, 규제 등의 다양한 형태의 비즈니스를 이해하여야 한다.

- 업무처리: 일상적인 업무를 신속하고 정확하게 처리하기 위하여 합리적으로 구성된 문서구조형태로 기업환경에서 업무처리의 주요 대상은 기능별로 구성되어 있다.
- 데이터베이스: 수만 건의 데이터에서 해당 데이터만을 골라 분석이 가능하도록 모아놓은 형태로, 예를 들어 제과점의 판매에서 가져온 데이터에 날짜, 요일, 날씨, 고객의 성별, 연령층 등이 들어있다면 매출차이가 무엇에 의해 발생되었는지 분석이 가능하다.
- 전략정보화: 경쟁우위를 전개하기 위하여 컴퓨터와 인터넷, 통신기기의 특성을 기반으로 시간과 공간적 벽을 극복하여 고객에 대한 요구사항에 즉각적으로 대처하여 만족도뿐만 아니라 매출과 이익의 확대를 도모하는 전략이다.
- 인터넷기반의 웹서비스: 다양화된 정보, 거래방식, 상품의 구매 및 판매에 이르기까지 모든 비즈니스형태를 전자적으로 처리하는 웹기반의 경영형태이다.
- 모바일기반의 오피스와 애플리케이션: 모바일기기 및 스마트기기의 활성화로 정보, 주문, 거래처리, 상품과 서비스에 이르기까지 다양한 형태의 비즈니스가 앱기반의 오피스와 애플리케이션형태로 이루어질 것이다.

기업정보시스템이 필요한 이유는, 첫째 소비주체의 다양성을 들 수 있다. 고객들의 욕구 및 선택의 폭이 넓어짐에 따라 이를 충족하기 위하여 다양한 제품 및 비용을 컴퓨터를 통하여 저장 · 처리함으로써 다양한 소비주체의 층에 관한 전략적 차원의 접근이 가능하고 그 관련 자료에 대한 분석적 의사결정을 지원해야 한다. 둘째, 실시간처리를 통해 고객요구를 반영한 제품이 출현되어야 한다. 빠르게 변화하는 사회환경 속에서 경영자는 빠른 시간에 다양한 형태의 고객층을 확보하기 위해 고객의 요구를 실시간 반영한 제품을 생산하기 위한 의사결정을 내려야

그림 9-5 기업정보시스템의 흐름도

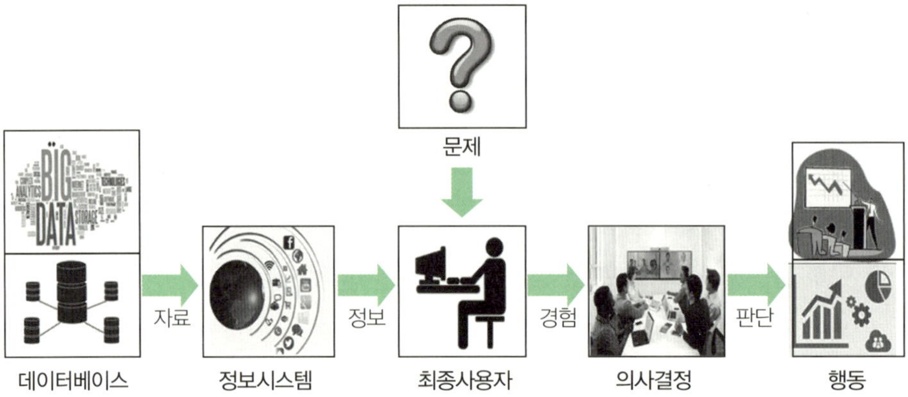

한다. 셋째, 경영의 효과적이고 효율적인 처리가 이루어져야 한다. 업무처리속도면에서 양적인 면보다는 질적인 관리면에서 노력을 기울여 다양한 경영기법을 적용 및 운영해야 한다.

기업정보시스템은 최종사용자(사용자)들의 의사결정을 이해하는 과정에서 매우 중요한 역할을 담당한다. 정보화시대에 의사결정자가 자기의 판단, 직관, 감각 등으로만 판단을 내리기 매우 어려운 상황이다. 데이터를 기반으로 한 정보획득을 통해 보다 과학적인 의사결정과정을 필요로 한다. 보다 합리적이고 정확하고 빠르게 의사결정을 하기 위하여 의사결정자는 기업정보시스템을 이용한다. [그림 9-5]는 의사결정자의 문제해결에 관한 의사결정과정 중에 나타나는 기업정보시스템의 흐름도를 보여주고 있다.

9.4 조직, 관리, 정보의 형태

9.4.1 비즈니스조직체계

경영활동은 네 가지 주요 활동(인적자원, 재무와 회계, 제조와 생산, 판매와 마

그림 9-6 기업비즈니스의 조직구조

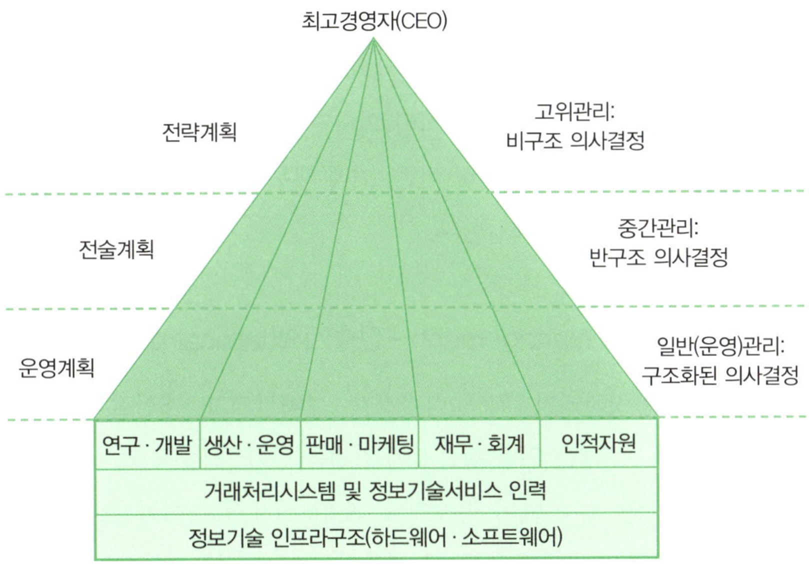

케팅)에 대한 계획, 조정과 통제, 업무프로세스의 관리방법에 초점을 맞추고 있다. 각 기능부서는 자신의 목표와 프로세스를 추구하고, 전체 비즈니스가 성공하기 위한 운영 순서를 상호 협력이 되도록 하여야 한다. 모든 조직처럼 비즈니스 회사는 조직이 함께 다양한 분야에서 일할 수 있도록 고용된 책임 있는 관리자의 조정이 필요하다.

비즈니스의 조직구조는 회사의 재무적인 성과를 확실히 할 뿐만 아니라 제품과 서비스에 대하여 장기적인 전략적 의사결정을 이루는 고위관리(senior management), 고위관리자의 계획 및 프로그램을 실행하는 중간관리(middle management), 매일매일의 비즈니스활동을 모니터링하는 운영관리(operational management)와 같은 세 가지 경영계층과 세 가지 활동수준(전략계획, 전술계획, 운영계획)으로 구성된다.

1) 고위관리(senior management) – 전략계획(strategic planning)

최고경영자(CEO)와 사장, 임원급은 고위관리자이다. 그러나 여기에서는 각 부서(연구개발, 제조 및 생산, 판매 및 마케팅, 재무 · 회계, 인적자원 등)의 우두머리를 고위관리자라 일컫는다. 고위관리자는 장기적 또는 전략적 계획 및 의사결정에 관심을 가진다. 전략적인 의사결정은 미리 결정된 일반적인 절차가 아닌 복잡한 의사결정에 관심이 있으며, 주관적인 의사결정의 판단에 관련된다. 예를 들어 회사의 5개년 계획, 공장의 확장 및 이전, 미래 재무적인 자원할당, 새로운 시장에서의 성공가능성 등이 이에 해당한다.

2) 중간관리(middle management)–전술계획(tactical planning)

중간관리자는 공장관리자, 각 영역관리자, 판매관리자, 개인적 조정자로서 조직의 전략적인 목표수행을 위한 전술적인 결정을 한다. 전술적 의사결정은 명확하게 정의된 정보적인 절차 없이 행해진다. 또한 상세한 분석과 계산능력을 요구한다. 예를 들어 회사 내에서 보다 큰 컴퓨터시스템을 구매하여야 하는 것, 상황에 따른 비즈니스 대처방안 등이 이에 해당된다.

3) 운영관리(operational management)–운영계획(operational planning)

운영관리자는 회사 재고에 책임을 지는 창고관리자 등으로서 잘 정의된 일반적인 절차에 따라 현행 일들을 수행한다. 매일매일의 업무를 모니터링하고, 필요시 상호작용을 취하는 것 등이다. 이러한 계층구조는 최근 컴퓨터와 통신기반시대에서 변화하기 시작하였다. 일상적으로 처리해야 하는 상품주문과 서비스제공 등이 보편적인 업무운영관리 매뉴얼절차로 진행되는 사항이다.

9.4.2 정보의 형태: 구조화, 반구조화, 비구조화

전략 · 전술 · 운영의 적절한 의사결정을 이루기 위하여 다른 수준의 관리자들은 올바른 종류의 정보(구조화, 반구조화, 비구조화)를 필요로 한다. 세 가지 수준(고위관리, 중간관리, 운영관리)의 의사결정을 지원하기 위하여 모든 정보들은 다음과 같이 명확히 지원될 필요가 있다.

- 정확하고 입증가능해야 한다.
- 모든 관련된 데이터, 축소 등이 완벽해야 한다
- 효율적인 비용으로 이루어져야 한다
- 정보가 과거, 현재, 미래를 기반으로 현재화되어야 한다
- 빠르고, 쉽게 접근가능해야 한다

또한 정보는 세 가지 명확한 특징(요약수준, 정확성 정도, 시간성)을 보여주어야 하는데, 이하에서 구조화, 반구조화, 비구조화된 정보의 차이점을 살펴본다.

1) 구조화(structured)된 정보

구조화된 정보는 주관적이지 않은 현재 개념의 상세함을 나타낸다. 주요 과거 사건에 관심이 있으며, 사실적인 범위가 좁으며, 조직의 내부적인 활동에 관심을 가진다. 표준해결책의 반복적인 문제와 정해진 순서를 의미한다. 최고의 해결책을 획득하기 위한 절차는 알려졌다. 그 해결책이 적당한 재고수준을 파악하든, 최적의 투자전략을 결정하든, 그 해결책의 선택기준은 분명히 정의되었다.

2) 반구조화(semi-structured)된 정보

반구조화된 정보는 구조화된 정보와 비구조화된 정보를 포함한다. 일부 의사결정단계만이 구조화된 문제와 관련된다. 반구조화된 문제는 표준해결책의 절차와 개인적인 판단의 결합을 필요로 한다. 이러한 예는 직원들을 매년 평가하고, 고객제품에 대한 마케팅 예산을 정하는 것, 그리고 자본획득분석을 수행하는 것 등이 될 수 있다.

3) 비구조화(un-structured)된 정보

비구조화된 정보는 주관성이 매우 강하며 현재 개념이 덜한 것으로 요약된다. 주요 미래 사건에 관심이 있으며, 사실적인 범위가 넓으며, 조직의 내부적인 활동뿐만 아니라 외부적인 활동에도 관심을 가진다. 이는 문제 정의 등이 명확하지 않

고, 미리 결정된 해결책이 없는 복잡한 구조이다. 이러한 구조적인 문제는 차년도 프로젝트개발과 연구범위 선택, 중역진의 고용, 새로운 서비스제공 기획 등을 포함한다.

9.4.3 조직에서의 정보시스템의 유형

정보시스템 구성요소들은 건축자재가 다양한 형태의 집을 짓기 위해 조립되는 것과 마찬가지로 다양한 형태의 모습들로 조립될 수 있다. 집의 형태와 구조는 비용, 건물의 목적, 자금의 확보가능성, 환경적인 요소와 같은 다양한 제약들로 좌우된다. 다양한 형태의 집이 존재하는 것과 마찬가지로 정보시스템도 다양한 형태의 시스템들로 구성된다. 그러므로 정보시스템을 유사한 특징을 공유하는 그룹으로 묶으면 유용할 때가 있는데 그러한 분류는 시스템의 차이점을 식별하고, 분석하며, 새로운 시스템을 계획하고, 시스템통합을 계획하며, 시스템개발의 외주와 같은 의사결정을 하는 데 도움을 준다.

정보시스템의 유형을 구분하기 위해서는 기준이 필요하다. 보통 그 기준은 조직에서의 경영활동수준과 조직기능의 두 차원으로 볼 수 있다.

1) 조직경영활동수준에 따른 정보시스템의 유형

조직의 경영활동수준에 따라 담당경영자의 역할이 달라지는데, 그런 차이로 인해 각 수준에서 요구하는 정보의 특성 또한 크게 달라진다. [그림 9-6]에서 설명했듯이 가장 하부의 거래처리수준부터 최상위층의 전략계획수준 간에는 요구되는 정보특성이 차이를 보이게 된다. 이러한 정보요구의 차이는 각 계층을 중점적으로 지원하는 시스템의 차이를 발생시키는데 이는 다음과 같다.

(1) 전략계획

- 중역지원시스템(executive support systems): 최고경영층에 대한 업무를 지원한다.

(2) 전술계획

- 경영정보시스템(management information systems): 부서별 활동과 경영자를 지원한다.
- 의사결정지원시스템(decision support systems): 경영자와 분석가의 의사결정을 지원한다.

(3) 운영계획

- 거래처리시스템(transaction processing systems): 반복적이며 기업의 운영에 필수적인 활동을 지원한다.
- 협력적 작업시스템(cooperative work systems(using groupware)): 작업군을 이루어 네트워크 및 그룹웨어로 작업을 지원한다.

2) 조직기능에 따른 정보시스템의 유형

- 생산 · 운영관리정보시스템: 생산 및 운영기능을 구성하는 생산기획, 작업관리, 공정의 운영과 통제, 생산실적관리 등과 관련된 활동을 지원하는 정보시스템을 말한다.
- 판매 · 마케팅정보시스템: 마케팅의 기획, 관리, 거래처리에 관한 데이터를 처리하며, 판매와 마케팅과 관련된 의사결정에 필요한 정보를 제공하는 정보시스템이다.
- 인적자원을 위한 정보시스템: 사원의 모집, 선발, 배치, 평가, 보상, 개발의 기능을 제공하는 정보시스템이다.
- 회계 · 재무정보시스템: 급료, 자금조달 및 재무자원의 운용 및 평가에 관한 정보를 제공하여 이와 관련된 의사결정을 지원하는 정보시스템이다.

기업의 비즈니스활동을 이행하고, 비즈니스문제를 풀 수 있고, 비즈니스기회를 추구할 수 있는 기업에서는 정보기술을 사용하는 데 많은 방법들이 존재한다. 우리는 비즈니스기능의 각각을 지원하는 데 사용되는 정보시스템의 여러 가지 방법

그림 9-7 기능별 비즈니스 정보시스템의 예

을 평가하고 이해해야 한다. 본 장에서는 회계, 재무, 마케팅, 생산 및 운영관리, 인적자원관리의 비즈니스기능을 지원하는 정보시스템(프로세스처리, 관리정보, 의사결정 등)의 여러 가지 형태인 기능적 비즈니스시스템에 대하여 설명한다. [그림 9-7]은 기능별 비즈니스 정보시스템의 예를 그룹별로 분류하여 설명하고 있다.

(1) 판매와 마케팅정보시스템

판매와 마케팅기능은 조직의 제품과 서비스를 판매하는 데 책임이 있는 부서이다. 마케팅은 기업의 제품과 서비스에 대한 고객반응을 확인하고, 고객이 원하고 필요로 하는 것에 대한 결정과 제품개발, 제품과 서비스에 대한 프로모션과 광고 등에 관심을 가진다. 판매는 고객에 대한 계약, 제품과 서비스의 판매량, 주문서, 판매관리 등에 관심을 가진다. 판매와 마케팅정보시스템은 이러한 활동을 지원한다.

[표 9-1]은 판매와 마케팅에서 사용된 정보의 구성 예를 보여준다. 또한 판매와 마케팅정보시스템은 마케팅기능의 관리와 판매에 대한 전통적인 프로세스와 새로운 정보시스템을 지원한다. 판매와 마케팅정보시스템의 주요 형태는 상호작용 마케팅, 영업자동화, 고객관계관리, 판매관리, 제품관리, 타깃마케팅, 광고와 프로

표 9-1 판매정보시스템의 구성 예

시스템	내용	비즈니스 조직수준
주문처리	주문 관련 입력, 처리, 추적	운영관리
가격분석	제품과 서비스에 대한 가격결정	중간관리
판매지원 및 예측	• 5년 이상 미래 판매예측 • 새로운 제품과 서비스에 대한 지원계획	고위관리

그림 9-8 판매정보시스템의 예

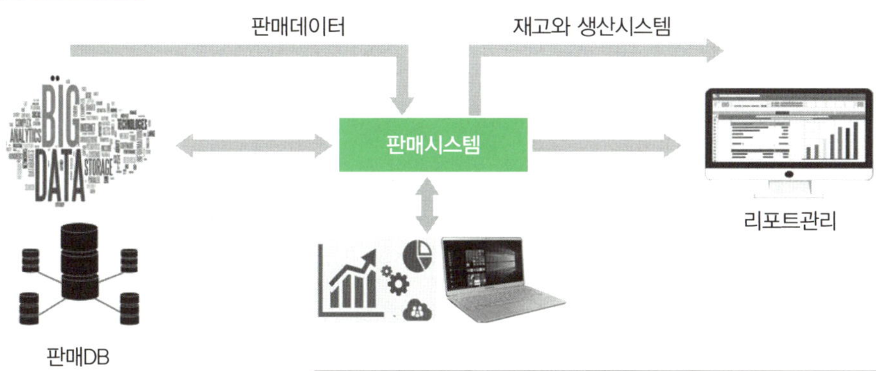

데이터요소
- 점포수
- 아이템수
- 아이템 설명
- 색
- 크기
- 단위가격
- 전체 판매
- 날짜

판매보고서(2020/5/9)

No.	종류	색	크기	개당 가격	판매수량	전체 판매
110	가방	검정	소형	1,000원	200	200,000
210	가방	검정	대형	5,000원	100	500,000

모션, 마케팅연구가 포함된다. 그리고 판매와 마케팅정보시스템은 새로운 물류의 채널, 신규제품의 잠재적인 성장패턴, 광고와 판매를 증진시키기 위한 전략뿐만 아니라 고객관계 증진을 위해서도 마케팅관리자가 지원하는 시스템이다. [그림 9-8]은 소매점에서 사용된 판매정보시스템의 예를 보여주고 있다.

(2) 생산 및 운영정보시스템

생산 및 운영시스템은 회사의 제품과 서비스를 증진시키는 데 목적이 있다. 생산 및 운영시스템은 계획 · 개발 · 생산설비의 유지, 생산목표의 설정, 생산자원의

표 9-2 생산정보시스템의 구성 예

시스템	내용	비즈니스 조직수준
기계제어	기계와 장비의 작동을 제어	운영관리
생산계획	많은 제품이 생산될 수 있는 방법과 때를 결정	중간관리
설비배치	새로운 생산설비가 위치하는 장소의 결정	고위관리

그림 9-9 재고관리시스템의 예

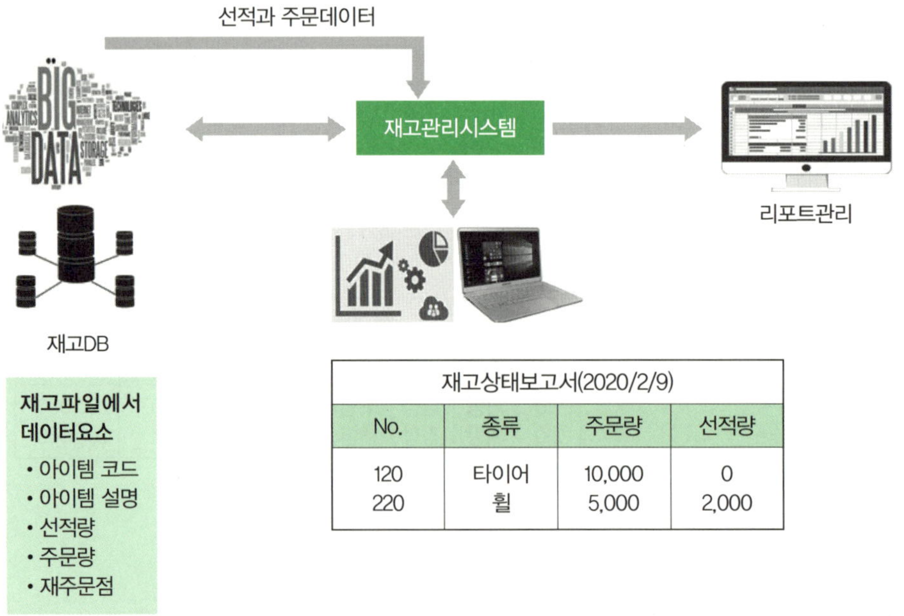

가용, 저장 · 습득, 장비 · 설비 · 원료의 스케줄, 최종제품에 요구되는 노동력 등을 다룬다. 생산 및 운영정보시스템은 이들의 활동을 지원한다. [표 9-2]는 주요 조직적인 그룹에 대한 생산 및 운영시스템을 보여준다.

또한 컴퓨터를 기반으로 한 생산정보시스템은 자동화된 공정체제를 지원할뿐더러 고객요구 변화를 충족시키고 질 높은 품질을 빠르게 생산하기 위하여 많은 활동을 통합하고 단순화하는 것이다. 예를 들어 새로운 제조기술을 투자할지, 새로운 공장의 위치를 어디에 둘 것인지처럼 회사의 장기적인 제조목표를 다룬다. 생산 및 운영시스템은 생산 및 운영프로세스에서 필요한 자원의 형태적 계획 및 비용 등을 지원하는 것이다.

(3) 인적자원관리시스템

인적자원기능은 회사의 작업장의 개발과 유지를 위하여 필요하다. 인적자원시스템은 조직에서 인적자원관리를 지원하는 것이다. 조직계층, 훈련과 개발, 보상 등에 대한 정보시스템으로 구성된다. 인터넷과 인트라넷의 인적자원관리 웹사이트는 미래 고용인과 현재에 대한 인적관계서비스를 제공하는 중요한 툴이다.

표 9-3 인적자원관리시스템의 구성 예

시스템	내용	비즈니스 조직수준
훈련과 개발	고용인의 훈련, 기술과 성과평가	운영관리
보상분석	고용인의 임금, 봉급, 이익의 배분	중간관리
인적자원계획	조직에 필요한 노동력의 계획	고위관리

그림 9-10 인적자원관리시스템의 예

인적자원데이터요소:
고용인

- 번호
- 이름
- 주소
- 부서
- 나이
- 성별
- 봉급
- 교육
- 직업타이틀
- 고용일
- 퇴직일
- 퇴직이유

퇴직보고서			
날짜	이름	부서	이유
2020/3/10	초보자	마케팅	적응부재
2020/5/01	왕초보	판매부	이직

(4) 회계와 재무정보시스템

재무기능은 회사의 재무적인 자산, 예를 들어 현금, 주식 또 다른 투자자산의 수익률을 최대화하기 위한 책임이 있다. 회사의 수익률을 높이기 위해서는 외부적 자원에서 기업 내로부터 많은 양의 정보를 다루어야 한다. 재무에서의 정보시스템은 기업 내에 재무적 자원을 할당하고 재무적인 정보를 의사결정과정에서 재무전문가에게 지원하는 것이다. 재무정보시스템에는 현금관리, 온라인 투자관리, 자본예산, 재무예측과 계획이 포함된다.

회계기능은 회사의 재무적인 기록, 예를 들어 영수증, 지불, 감가상각, 급료 등의 관리와 유지에 관련이 있다. 회계정보시스템은 비즈니스기업의 관리에 대하여 사건, 비즈니스처리를 분석 · 보고 · 기록하는 것이다. 공통된 회계정보시스템의 예로 주문처리, 재고관리, 수취계정, 지불계정, 급료지불, 그리고 일반적 원장시스템 등을 들 수 있다.

재무와 회계는 회사의 재무적인 자산과 자금흐름을 파악하는 방법에 관련된 문제를 공유한다. [표 9-4]는 회사조직의 회계정보시스템 구성 예를 보여준다.

I 표 9-4 I 회계정보시스템의 구성 예

시스템	내용	비즈니스 조직수준
회계수치계정	회사가 소유한 돈의 파악	운영관리
예산	짧은 기간의 예산의 준비	중간관리
이익계획	장기적인 이익의 계획	고위관리

그림 9-11 회계수치계정시스템의 기입 예

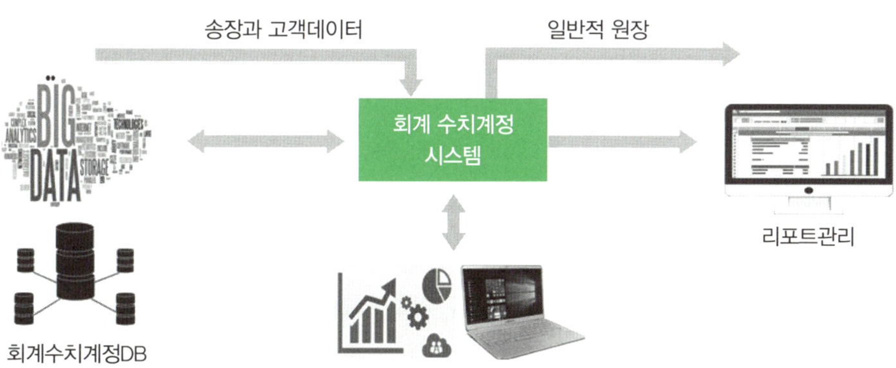

데이터요소
- 고객번호
- 이름
- 주소
- 신용률
- 신용제한
- 송장번호
- 지불된 양

회계수치계정보고서						
고객번호	이름	현재잔고	1~30일 만기	31~60일 만기	61일 이상 만기	계
2300	홍길동	0	5,000			5,000
2300	경영인	15,000		15,000		30,000

9.5 조직경영활동과 수준에 따른 정보시스템의 유형

9.5.1 운영계획: 거래처리시스템

거래처리시스템(TPS: Transaction Processing Systems)이란 기업경영에 있어서 일상적으로 발생하는 거래를 기록·처리하는 컴퓨터시스템을 일컬으며 매일 수백만에서 수십억의 거래가 발생한다. 거래는 데이터베이스에 저장된 가치 있는 데이터를 창출할 모든 사업상의 사건이다. 즉 어느 기업의 경영목표를 달성하기 위한 일상적이고 일차적인 역할을 수행하는 기본적인 업무활동이다. 예를 들어 생산된 제품, 판매된 제품, 서비스일지, 고용된 인력, 발생된 급료수표 등이다. 제조업체의 경우는 원자재와 부분자재, 자금, 인력 등의 자원을 투입하여 생산과정을 거쳐 이를 상품으로 변환시켜 고객에게 판매하는 것이 그 일차적인 역할이다. 이러한 과정 내에서 판매, 구매, 예금, 인출, 반품 및 지급과 같은 활동이 발생하는데 이를 거래라고 말한다.

거래처리시스템은 다음의 두 가지 차원, 즉 하나는 다른 정보시스템의 투입물이 되는 정보의 주생산원으로서, 다른 하나는 가장 기본적인 정보시스템의 기능으로

그림 9-12 조직경영활동과 수준에 따른 정보시스템의 유형

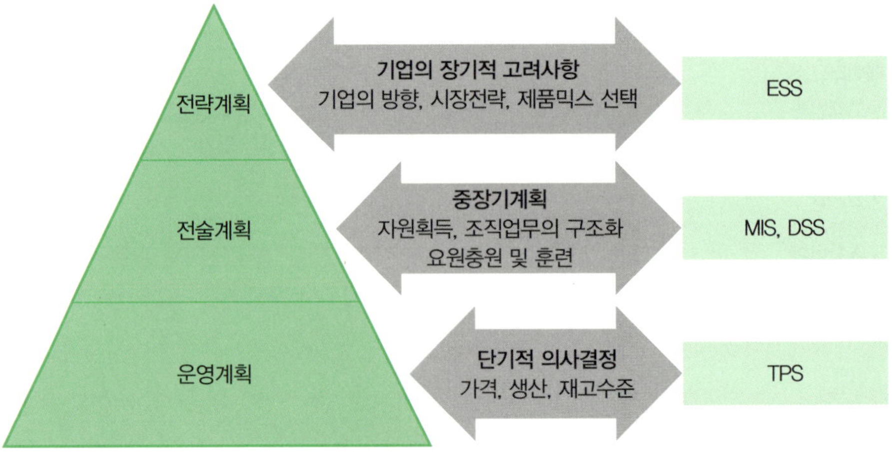

서 중요성을 가진다. 이를 근간으로 하여 경영층은 경영활동 및 의사결정에 관한 정보를 제공받을 수 있다.

9.5.2 전술계획: 경영정보시스템

경영정보시스템(Management Information System)의 개념은 모든 사람들이 동의할 정도로 명확하게 내려지지는 않았다. 기존의 견해는 크게 두 가지로 나눈다. 하나는 경영정보시스템을 모든 컴퓨터 응용시스템을 포함하는 광의의 의미로 본다. 또 다른 견해는 경영정보시스템이 기업의 경영층에 의해 사용될 목적으로 구현되어 다른 시스템들과 유기적으로 상호관계를 가지는 것으로 본다. 결론적으로 경영정보시스템은 경영자에게 보고서를 제공하거나 조직의 역사적 기록과 현재의 상태에 대한 정보를 제공함으로써 중간관리자의 계획, 통제활동을 지원하는 시스템이다.

경영정보시스템의 유사 개념인 정보보고시스템은 조직의 경영자들이 수행하는 관리업무나 의사결정을 지원하기 위하여 사전에 정의된 형태 및 내용의 정보를 제공해주는 시스템으로 정의한다.

경영정보시스템이 가지는 특성을 몇 가지로 설명하자면 대상으로 하는 업무, 사용자, 투입되는 데이터, 산출정보의 특성으로 설명할 수 있다.

첫째, 경영정보시스템은 정형화 · 구조화된 업무를 대상으로 한다. 앞의 정보보고시스템의 정의에서 나타난 '사전에 정의된 형태 및 내용'이라는 말에서 알 수 있듯이 경영정보시스템이 대상으로 하는 기능은 필요한 정보의 형태나 내용이 미리 정해질 수 있는 관리업무, 즉 정형화 또는 구조화되어 있는 관리업무이다.

둘째, 경영정보시스템은 중간관리자를 대상으로 한다. 전통적으로 조직의 경영활동수준은 전략계획, 경영통제, 운영통제의 계층적 구조로 파악해왔고 각 계층에 속하는 경영자의 숫자는 상위계층으로 올라갈수록 적어지는, 즉 피라미드구조를 띠고 있다. 이렇게 계층적으로 파악하려는 이유는 각 계층별로 맡은 바 기능에 차이가 있기 때문인데, 그러한 기능의 차이는 자연히 계층별로 요구되는 정보특성의 차이를 가져오게 된다. 중간관리계층 직무는 상당부문이 정형화된 의사결정행위에 해당하므로 정보시스템에 의해 효과적으로 지원될 수 있다.

셋째, 경영정보시스템은 거래처리시스템으로부터의 거래처리데이터를 투입물로서 제공받는다. 경영정보시스템은 거래처리시스템을 개선하거나 대체하기 위한 것이 아니라 또 다른 정보요구를 충족시키기 위해서 거래처리시스템으로부터 점진적으로 진화한 것이다. 따라서 경영정보시스템은 거래처리시스템에 의해서 처리된 자료를 바탕으로 계산, 요약, 전송 등의 과정을 통해서 적절한 정보를 생성시키고 이를 요구하는 사용자에게 제공하게 된다.

넷째, 경영정보시스템은 주기적, 예외적, 그리고 필요에 의한 요구보고서와 질문에 관한 응답을 산출물로서 제공한다.

- 주기적으로 산출하는 요약보고서: 가장 많이 쓰이는 보편적인 형태로서 미리 정해진 양식에 따라 일정한 기간별로 제공된다. 분기별 생산보고서, 월간 판매분석, 주간 생산보고서 등이 그 예이다.
- 예외적 상황보고서: 업무의 실적이 기존의 기준과 유의한 차이를 보이는 경우 제공된다. 적정 재고수준이 급격히 낮아진 경우, 생산일정을 초과하게 된 경우, 판매수량이 급락하는 경우 등이 발생했을 때 예외적 상황보고서가 제공된다.
- 필요에 의한 요구보고서의 응답: 주기적 요약보고서와 대조적으로 경영자의 요구가 있을 때마다 제공된다. 예로서 수정된 판매예측, 고용인 급여상황, 현재의 생산실적보고서 등을 제공받을 수 있다.

9.5.3 전술계획: 의사결정지원시스템

경영정보시스템은 어떤 경영조직 내의 정보의 통합에 중점을 두고 발전해왔다. 그러나 실제 경영문제에 있어서 의사결정의 문제는 경영정보시스템에 의한 정보만을 참고하기에는 어려움이 있었다. 따라서 직면한 문제가 모형설정이나 해법에 있어서 비구조적이거나 반구조적인 경우에 이를 해결하는 데에 실질적인 도움이 될 수 있는 새로운 개념의 시스템을 추구하게 되었다. 이것이 의사결정지원시스템(DSS: Decision Support System)이다.

의사결정지원시스템은 경영자의 비구조적 혹은 반구조적인 의사결정을 지원하기 위하여 보다 쉽게 의사결정모형과 자료에 접근할 수 있게 해주는 대화식 시스템이다. 대화식 시스템이란 사용자가 터미널 앞에 앉아 직접 시스템을 운영하면서 의사결정모형을 만들거나 기존의 모형을 이용하여 접근가능한 자료를 분석할 수 있도록 준비된 시스템을 말한다.

의사결정지원시스템은 관련 의사결정의 목적에 따라 통제용과 계획용으로 나누기도 한다. 통제용은 운영통제와 경영통제수준을, 계획용은 경영통제와 전략계획수준을 지원하므로 실제로 의사결정시스템은 조직계층 전반에 걸쳐 적용될 수 있는 시스템이라고도 할 수 있다. 그러나 의사결정지원시스템이 대상으로 하는 문제가 비구조적 내지는 반구조적인 것이고 이는 조직계층의 상위층 경영자들의 직무특성에 더 부합하므로 여기에서는 조직계층 상위의 경영자들을 지원하는 계획용 의사결정지원시스템을 지칭한다.

의사결정지원시스템의 이상적인 구조는 [그림 9-13]에 나타난 바와 같다. 이러한 개념적 구성요소는 전체적인 기능과 조화를 이루며 다음의 기능들을 수행해야 한다.

그림 9-13 의사결정시스템의 개념흐름도

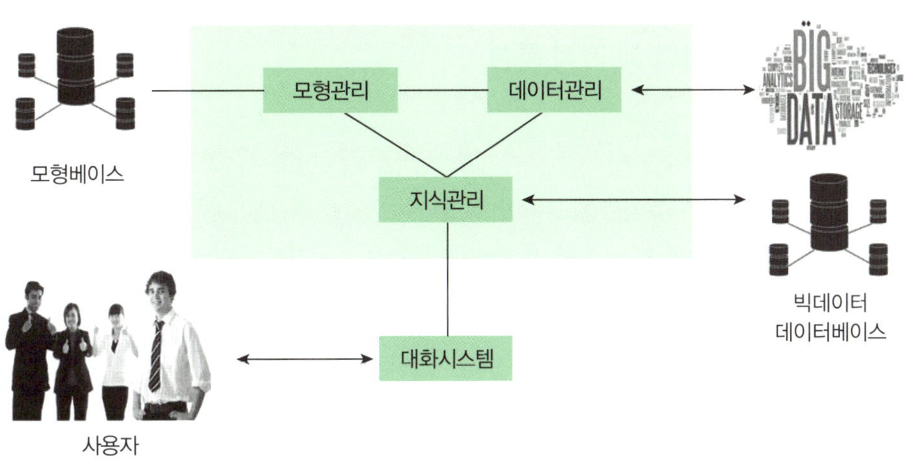

- 대화기능: 사용하기 쉽고 반복적 계산에 용이해야 한다. 따라서 다양한 보고 형태가 필요하고 다양한 의사소통과 기억능력을 지니고 있어야 한다.
- 데이터관리기능: 다양한 데이터 원천으로부터의 다양한 형태의 자료접근이 용이해야 한다. 구체적으로는 데이터의 조작, 관리, 조회, 수정이 용이해야 한다.
- 모델관리기능: 다양한 형태의 질문에 대비해 다양한 분석이 가능해야 한다. 모형들의 라이브러리화를 통해 모형의 조작, 관리 조회, 수정이 용이해야 한다.
- 지식관리기능: 지식의 저장, 조회, 추론, 설명 등에 적합한 구조를 가지고 있어야 한다.

9.5.4 전략계획: 임원지원시스템

임원지원시스템의 정의에 대해서 명확하게 합의된 바는 없지만, 기존의 논의를 고려하면 다음과 같이 요약할 수 있다. 임원지원시스템(ESS: Executive Support System)은 최고경영자 혹은 임원수준의 경영활동을 지원하기 위해서 정확하고 시기적절한 기업 내외부 정보를 요약 · 정리하여 사용 및 이해가 쉬운 정보표현형태로 제공해주는 시스템이다.

1) 임원지원시스템의 세 가지 특성

(1) 최고경영층 대상

임원지원시스템은 운영통제수준이나 경영통제수준의 관리자들보다는 최고경영층의 경영활동을 지원하기 위해서 개발된 시스템이다. 이들은 장기적인 기업의 방향을 제시하고 이끌 책임을 맡고 있으므로 필요로 하는 정보에 있어서도 차별성이 있다.

(2) 기업의 내부 자료뿐만 아니라 외부 자료까지 이용

임원지원시스템은 거래처리시스템 등에서 제공되는 기업 내부의 자료뿐만 아니라 정치, 경제, 사회, 기술분야의 다양한 외부 경영환경자료들을 활용한다.

(3) 쉽게 학습하고 활용

임원진들은 컴퓨터에 친숙하지 않은 경우가 많으므로 아이콘, 자연어 등을 통한 쉬운 조작과 도표, 그래프, 멀티미디어(이미지, 동영상) 등을 적극 활용한 정보제공형태를 지니는 것이 바람직하다.

2) 임원지원시스템이 제공하는 정보의 내용

(1) 요약정보 및 단계적 분석정보

임원정보시스템은 우선적으로 현재 경영상태의 현황에 대한 집약적이고 거시적인 정보를 제공해주어야 한다. 동시에 임원들이 원할 경우 특정 지역별 판매현황 및 생산거점의 가동현황 등의 미시적 단계의 정보를 간편하게 보여줄 수 있어야 한다.

그림 9-14 임원지원시스템이 제공하는 정보

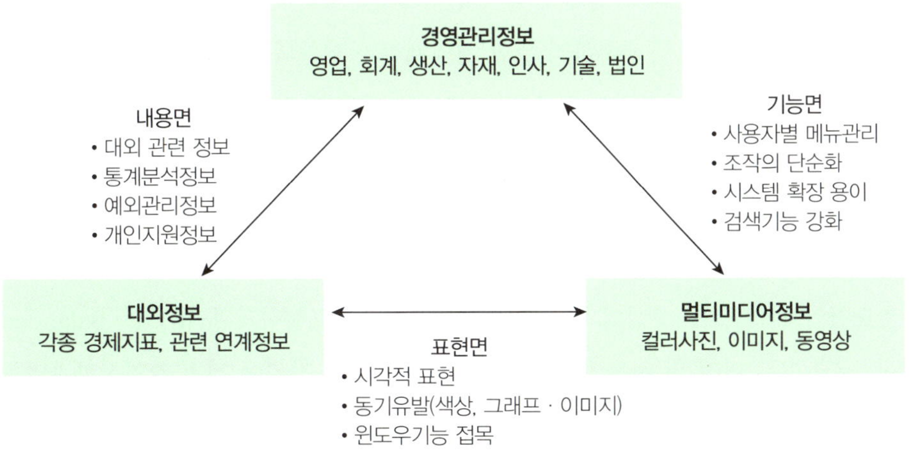

(2) 예측 및 경고정보

장기적으로 기업을 리드해가야 하는 최고경영자수준의 역할을 반영하여 임원정보시스템은 단순한 현재상황의 보고에서 벗어나 미래의 예측정보를 제공해야 한다. 또한 기존에 정상적이라 생각되는 범위를 벗어난 이상상황이 발생했을 경우 이를 알려주는 기능을 제공해야 한다.

9.6 전략적 기업경영

전략적 기업경영(SEM: Strategic Enterprise Management)이란 기업의 가치를 극대화하기 위한 경영전략을 수립하고 그 전략대로 경영활동이 효과적으로 이루어질 수 있도록 전략중심형 조직을 구축하고 실행하는 경영 프로세스와 시스템으로 운영되는 기업경영체이다.

전략적 기업경영의 구성요소 중 가치경영관리는 가치창출요인의 관리, 가치중심의 사업운영을 지원하고, 균형성과관리는 비전 및 전략의 실행관리, 단기 및 중장기에 걸친 경영성과관리를 가능케 하며, 활동기준관리는 활동기준원가계산을 통한 수익성분석을 기반으로 전략적 · 운영적인 의사결정을 지원한다.

전략적 기업경영이란 기업에서 일어나는 경영환경의 기본적인 속성을 경쟁으로 정의하고, 이 경쟁에서 생존하기 위한 경영계획과 실천의 중요성을 강조한 경영기법으로 전략적인 의사결정이 필요한 환경에서 기업의 경영진이 전사적 정보를 명확히 파악하여 가치중심의 경영을 전사적으로 구현할 수 있는 통합된 분석용 애플리케이션과 프로세스 등의 전략경영을 위한 시스템이다.

SEM의 구성요소 중 가치경영관리(VBM: Value Based Management)는 가치창출요인의 관리, 가치중심의 사업운영을 지원하고, 균형성과관리(BSC: Balanced Scorecard)는 비전 및 전략의 실행관리, 단기 및 중 · 장기에 걸친 경영성과관리를 가능케 하며, 활동기준관리(ABM: Activity Based Management)는 활동기준원가계산을 통한 수익성분석을 기반으로 전략적 · 운영적인 의사결정을 지원한다. 제

그림 9-15 SEM의 구성요소 및 연계도

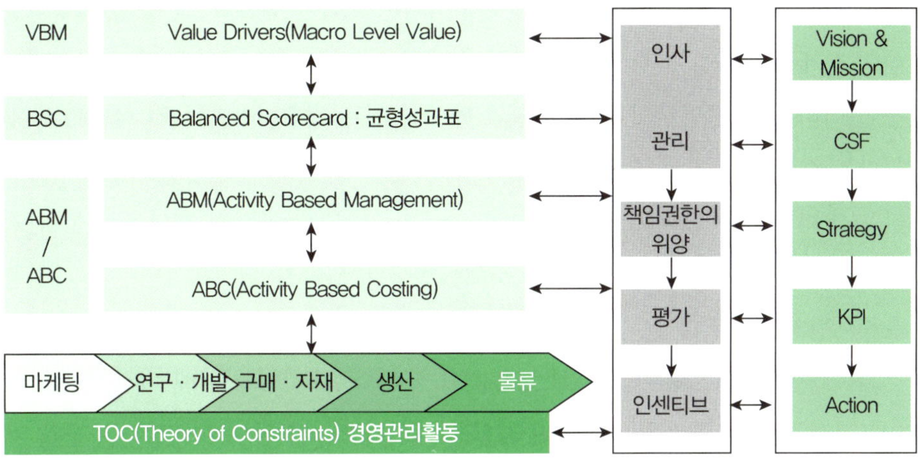

약이론(TOC: Theory of Constraints)은 조직의 목적 및 목표달성을 위해 프로세스를 분석하여 가장 약한 부분의 자원을 집중해서 해결해 나가는 선택과 집중의 개념이다.

글로벌 경제와 기업경영, 전략적 지식경영, 기업가와 효과적 리더십, 조직운영과 최고경영자정신 등 경영전략과 위기관리에 관한 관심이 확산됨에 따라 고객을 확보하기 위하여 경쟁해온 영리기관에서뿐 아니라 공공부문에서도 한정된 공적 자금의 배분을 놓고 경쟁이 가속화되어 대부분의 기록 경영환경에서도 전략적 경영기법에 주목하는 추세이다.

9.6.1 VBM(가치경영관리)

가치경영관리(VBM: Value Based Management)란 경영의사결정의 판단기준을 손익 위주에서 기업가치중심으로 전환하여, 장기적으로 회사의 미래 성장이 유지되도록 계획 · 실행 · 통제함으로써 회사의 기업가치를 극대화해 나가는 경영사고이다. 가치경영관리(VBM)는 자산효율을 극대화하고 내부 운영자원의 최적분배, 사업단위별 가치파악, 투자의사결정을 지원함으로써 주주가치 극대화의 비전을 달성하는 데 결정적인 역할을 한다.

현재까지 회사의 경영의사결정이 이루어지는 모습은 주로 손익 등 단기성과중심의 회계적 지표들이 강조되고, 사업 성격이 서로 상이한 사업부 간의 성과비교 등이 어려우며, 사업부의 연간 계획과 예산이 서로 밀접하게 맞물려 돌아가지 않는다는 점 등의 문제가 있었다. 그러나 VBM을 도입하고 보면, 사업부별로 투하자본을 고려한 경제적 부가가치(EVA: Economic Value Added) 개념을 통한 단기 사업실적을 평가하고, 중 · 장기적으로는 현금흐름을 기반으로 사업부별 가치를 측정 · 평가하게 된다.

가치경영관리(VBM)는 지속적으로 기업가치를 증대시키기 위해 비전, 전략, 경영프로세스 및 기업의 인적 · 물적 자원을 가치창출단위 위주로 조정하는 툴을 제공하며, 각 구성원은 핵심가치동인(key value driver)에 의해 자신이 기업가치에 미치는 효과를 이해하고, 이를 토대로 책임 있는 의사결정을 함으로써 강력한 동기부여와 양방향 커뮤니케이션을 실현할 수 있다.

기업은 가치경영관리를 통해 회사, 사업단위, 부문 · 제품별 가치를 평가하고, 가치창출 및 소멸요인을 파악하여 대응할 수 있으며, 자산효율이 극대화되는 방향으로 의사결정을 할 수 있다. 또한 사업단위별 가치 파악은 내부 운영자원을 최적으로 배분하도록 하며, 기업은 사업의 단 · 중 · 장기에 걸쳐 기업가치를 극대화하는 방향으로 투자대안을 평가할 수 있다. VBM을 활용한 사업별 가치평가는 기업이 사업별로 가치창출부분과 가치소멸부분을 분석하게 하며, 핵심가치동인을 활용한 상세한 시나리오분석은 가치창출을 극대화하는 전략을 수립하여 추진할 수 있도록 한다.

9.6.2 ABC/ABM(활동기준원가계산/활동기준원가관리)

활동기준원가계산(ABC: Activity-Based Costing)은 기존의 전통적인 원가계산방식의 문제점을 개선하기 위해 도입된 원가계산방법이다. ABC는 제조간접비를 소비하는 활동(activity)이라는 개념을 설정하고 이러한 여러 활동들에 따라 제조간접비를 배부하고 각제품별로 활동소비량에 따라 제조간접비를 배부함으로써 기존의 전통적인 원가계산방식에 비해 좀 더 합리적인 원가배부를 목적으로 하는 원가계산방식이다.

고객에게 주어지는 제품과 서비스에 대한 활동을 통해 조직의 자원비용을 부과하는 방식으로, 보통 제품과 고객의 비용과 이익을 이해하는 도구로 쓰인다. 가격을 매기고, 하청하고, 인증하고, 처리 개선을 측정하는 등의 전략적인 결정을 지원하는 데 사용된다.

한편 활동기준원가관리(ABM: Activity-Based Management)는 의사결정과정에서 경영자를 지원하는 강력한 도구이며, 이는 ABC 원가정보를 이용하여 기업에서 나타나는 다양한 전략적 및 운영적인 의사결정이 이루어지게 하는 경영활동을 의미한다. 오늘날과 같이 제조간접비 비중이 증가되고 있는 상황에서 전통적인 원가회계방식은 다음과 같은 문제점이 나타났다.

첫째, 직접노무비 등에 의해 제조간접비를 배부하므로 정확한 제품원가가 산출되지 않는다. 둘째, 정확한 제품원가가 산출되지 않는 관계로 제품의 수익성분석을 왜곡시킬 수 있다. 셋째, 기존의 원가시스템은 재무적 정보만 제공할 뿐 기업의 가치창조활동 및 비재무적 측정치를 제공하지 못한다. 넷째, 제품의 수명주기에 따른 비용정보를 제공하지 못한다.

이러한 문제를 해결하기 위하여 등장한 활동기준관리는 다음과 같은 주요한 특징을 제공한다. 첫째, ABC를 통한 정확한 원가산정 및 수익성분석이다. 이는 자원과 활동 및 원가대상 간의 원가발생 인과관계에 따른 정확한 원가계산과 간접비에 대한 정확한 관리 및 배분을 통해 이루어진다.

다음은 전략에 활용할 수 있는 분석으로 다차원적 · 전략적 수익성분석이다. 제품별, 조직별, 거래선별, 유통채널별 등 다양한 관점에서의 수익성분석을 하고 이를 가격정책, 제품정책, 고객정책지원 등의 전략수립에 활용할 수 있다. 그리고 표준원가, 계획원가, 실제원가 차이분석을 통해 원가차이 구성요소분석에 따른 품종별 원가계획을 수립할 수 있다. 경영계획을 위해 이익극대화를 위한 제품믹스를 산출하며 간접비배부기준, 기준변경에 따른 시뮬레이션 및 사전 원가계획수립을 돕게 된다.

그리고 활동기준 경영관리를 통해 내부 프로세스 개선을 이룰 수 있다. 이는 활동별 관리 및 모니터링을 통해 부가가치를 내지 못하는 부문을 제거하고 효율적이지 못한 프로세스를 개선하는 것이다. 이와 같은 특징 및 기대효과를 통해 기업의 수익성을 제고하는 데 중요한 전략정보로서 ABM정보를 활용할 수 있다.

9.6.3 BSC(균형성과표)

균형성과관리(BSC: Balanced Scorecard)라 불리는 전략적 성과관리는 1992년에 캐플란(R. Kaplan)과 노튼(D. Norton)에 의해 제안되었다. 'Balanced Scorecard'는 전략경영 툴로서 경영전략의 목표달성에 중점을 둔다. 균형성과표(BSC)는 과거의 성과에 대한 재무적인 측정지표에 추가하여 미래 성과를 창출하는 동인에 대한 측정지표인 고객, 공급자, 종업원, 프로세스 및 혁신에 대한 지표를 통하여 미래가치를 창출하도록 관리하는 시스템이다.

BSC모델은 전략경영지원과 전략적 의사소통, 균형적인 성과관리, 합리적인 평가 및 동기부여 그리고 책임경영체제기반 확보 등의 도구로서 기업에 필수적인 솔루션으로 자리 잡아가고 있다. 조직별로 체계화된 전략과제가 핵심성과지표(KPI)를 통해 연계되어 실시간 모니터링되고 동시에 신속한 성과 교정 및 개선이 가능하다. 더불어 전략목표에 대한 일체감의 형성을 통해 조직 간의 전략적 의사소통을 원활히 할 수 있게 한다.

기존의 재무적 지표는 미래를 위해 무엇을 해야 할 것인가에 대한 판단을 제시해주는 것이 아니라 과거에서 현재까지 일어난 활동들을 중심으로 단순한 결과만으로 말해주므로 이들 결과가 산출되기까지 투입된 많은 운영요인 또는 지표들, 예를 들어 회사 제품의 품질, 서비스, 지적자산, 제품과 서비스의 전달을 위한 내부 프로세스 정의 등 가치창출의 과정을 제공해주지 못하나, BSC에서는 보다 전략적이고 다차원적이며 통합적인 관점에서 조직의 성과를 측정할 수 있는 시스템을 지원하고 있다.

- 고객 관점: 고객들의 주요 관심사항을 반영한 측정지표를 사용하여야 한다.

고객 관심사항은 시간, 품질, 성능 · 서비스, 비용 등의 범주로 구분된다.

- 내부 프로세스 관점: 고객 측면과 핵심역량의 측면에서 접근할 수 있다. 고객 측면에서는 고객들의 기대에 부응하기 위하여 내부적으로 무엇을 어떻게 해야 하는가를 결정하는 것을 말한다. 즉 균형성과표의 내부 프로세스 측정지표는 고객만족에 가장 큰 영향을 미치는 업무 프로세스에서 나와야 한다. 핵심역량 측면에서는 경쟁사보다 뛰어나야 하는 주요 기술과 업무 프로세스를 확인하고 그것에 대한 측정을 구체화한다.
- 학습, 혁신, 성장 관점: 기업의 비전을 달성하기 위해 조직이 어떠한 학습을 하고 무엇을 개선해야 하는지 측정한다.
- 재무 관점: 재무성과 측정지표는 기업경영이 기업의 손익개선에 기여하고 있는지를 나타내준다. 새로운 경영환경에 대비하여 고객, 내부 프로세스, 학습 · 혁신 · 성장 관점에서 개발된 측정지표들과 함께 균형적으로 사용되어야 한다는 논리에서 균형성과표가 개발되었다.

또한 기업 외부 환경과 내부 역량을 분석하여 전략을 수립하고 그 전략의 CSF(핵심성공요인)와 전략과제를 추출해내서 전략체계도를 작성한다. 동시에 KPI(Key Performance Indicator, 핵심성과지표)를 추출하여 지표의 관리를 위한

그림 9-16 BSC의 구성요소

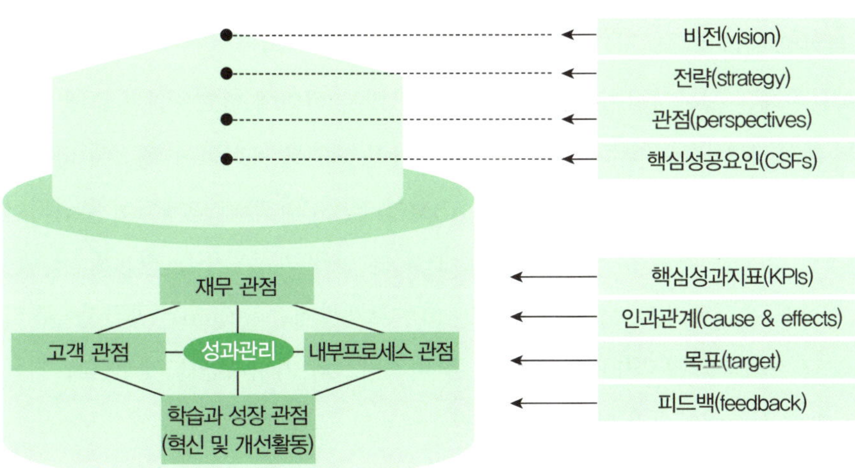

수단과 데이터를 제공하며 커뮤니케이션을 촉진시켜준다. 또한 ABC/ABM, VBM과 연동하여 전략이나 업무의 수행결과를 원가나 기업가치의 증대와 연계하여 제시해주기도 한다. 결과적으로 기업의 가치와 원가라는 본연의 목적과 이를 개선하기 위한 고객만족의 향상도와 개인의 학습 · 성장의 달성, 그리고 조직의 역량인 프로세스를 균형 있게 관리 · 개선함으로써 경영품질의 수준과 성과를 향상시키는 방법론을 제공하게 된다.

핵심성공요인(CSF: Critical Success Factor)

CSF는 목표 성취를 위해 필요한 요소를 뜻한다. 전략적 분석이나 핵심성공요인 접근에서는 조직의 정보 요구사항이 소수 핵심성공요인으로 결정된다고 강조한다. 핵심성공요인은 산업, 해당 기업, 관리자, 광범위한 환경으로 구체화된다. 예를 들어 자동차산업을 위한 핵심성공요인은 시장점유율과 수익증가의 목표를 달성하려고 스타일링, 품질비용 등을 포함할 수 있다. 새로운 정보시스템은 기업이 이 목표들을 달성하는 데 필요한 정보를 제공해야 한다.

9.6.4 TOC(제약이론)

제약이론(TOC: Theory of Constraints)은 조직의 목적 및 목표달성을 위해 프로세스를 분석하여 가장 약하거나 병목이 되는 부분에 자원을 집중해서 해결해 나가는 선택과 집중의 개념이다. 부분최적화로는 전체최적화를 이룰 수 없으므로 조직의 지속적 성과 향상을 위해서는 제약요인의 집중관리와 개선을 효과적으로 추진해 나가야 한다.

제약요인에는 생산시설 등과 같은 유형적인 항목 이외에 비효율적인 구매방식, 잘못된 판매정책, 수요 부족 등과 같이 무형적인 요인도 포함하여 해결해 나가는 관점의 전환이 필요하며, 궁극적으로는 ABM이나 BSC와 함께 연계되어 추진되어야 진정한 효과를 거둘 수 있다. 실제로 TOC를 통해 개선활동을 전개해 나가는 데는 전사적 품질관리(TQM), 지식경영(KM), 고객관계관리(CRM), 공급사슬관리(SCM), 전사적 자원관리(ERP) 등의 기존 비즈니스의 가치체인을 개선하기 위한 제반기법과 시스템이 동원된다.

사례 연구

어떤 기업을 보고 배워야 하나?

얼마 전 회사에서 '차세대 리더 육성 프로젝트'를 진행하면서 한국기업 중에 가장 승계가 잘된 기업을 조사했다. 의외로 100점짜리 기업이 없어서 차선으로 두 중견기업을 배우려고 노력했다. 그런데 얼마 전 친구와 대화하다가 이 두 기업을 배우려 한다고 했더니, "그 기업들에게 배울 게 뭐가 있냐"는 핀잔을 들었다. 그런데 사람들에게 한국기업 중 어디를 보고 배워야 하냐고 물으면 선뜻 대답하지 못한다. 우리 회사가 지난 19년간 배우려 했던 기업들을 보니 한국기업보다는 미국기업이 더 많았다. 2000년대 초중반에는 당시 잘나가던 소니와 노키아의 사업전략과 마케팅 등을 공부했는데, 이들 기업도 시장 트렌드를 놓치더니 빠르게 쇠락했다. 반도체장비사업을 시작하면서 전세계 반도체 제조사, 장비 · 소재회사들을 보고 많이 배웠다. 국내에서는 삼성전자와 SK하이닉스를 주로 벤치마킹했다. 기업문화, 경영전략, 마케팅, 공급망 관리, 인사 등 다양한 측면에서 이 두 기업은 우리에게 살아 있는 교재였다.

해외기업으로는 아마존과 구글에서 많이 배웠다. 한때 아마존과 월마트를 비교하면서 배우기도 했는데, 이제 월마트는 아마존보다 매출이 3배나 많으면서도 시가 총액은 절반에 불과한 저물어가는 회사가 되어버렸다. 1994년 제프 베조스가 아마존을 창업했을 때부터 아마존에서 수많은 책과 서비스, 상품을 사면서 아마존의 사업전략과 고객 집중적 비즈니스모델, 추천엔진, 시장과의 처절한 투쟁사를 지켜보며 교훈을 얻었다. 세상은 도도하게 변한다. 옛날에 100년 동안 겪은 변화가 요즘은 몇 년 안에 일어나는 것 같다. 10여 년 전에 전 세계 시가총액 순위는 엑슨모빌, GE, 시티그룹, BP 등 에너지 · 금융회사들이 휩쓸었는데, 요즘은 애플, 구글, 마이크로소프트, 아마존, 페이스북 등 미국계 IT기업이 차지하고 있다. 우리가 배우려고 했던 기업들은 시대 트렌드에 따라 계속 변해왔다. 우리에게 모든 면에서 시대를 초월해서 모범이 되는 기업은 없었다. 다만 벤치마킹할 만한 한국기업이 그리 많지 않다는 것이 서운하다. 필자가 20대였을 때는 불도저 같은 정주영, 컴퓨터 같은 이건희, 세계를 무대로 뛰는 김우중 같은 기업인들이 영웅처럼 느껴졌는데, 요즘 한국에는 그 정도로 존경받는 기업인이 별로 없는 것 같다. 21세기는 정부가 아니라 기업이 주도하는 시대인데, 미국, 중국같이 큰 나라가 아니라 우리나라에서 스타 기업인이 많이 나오면 좋겠다.

자료: 김정웅 대표, 포브스, 2019. 4.

연습문제

01 기업이란 무엇인가? 기업의 기본 개념구성과 기업에 둘러싸인 주변환경의 특징을 설명하시오.

02 기업에서의 정보환경의 의미를 설명하시오.

03 정보시스템의 정의와 구성, 종류를 설명하시오.

04 기업정보시스템에서의 기업, 정보, 시스템의 기본 정보활동을 설명하시오.

05 비즈니스 조직계층과 활동수준을 설명하시오.

06 구조화, 반구조화, 비구조화를 정의하고 각각의 예를 들어 설명하시오.

07 조직의 활동수준과 조직기능의 정보시스템 유형을 설명하시오.

08 의사결정지원시스템이 중요한 이유를 설명하시오.

09 SEM의 중요도와 구성요소를 자세히 설명하시오.

Chapter

10 문제해결과 경영의사결정

IT의 급속한 발달과 경영환경에 대처하기 위해서는 현행문제를 인식하여 무엇이 문제인지를 정확하게 파악하는 것이 중요하다. 즉 현재의 문제상태나 초기상황에서 목표수준 차이를 극복하고 문제점 발견에 대한 인식과 해결책을 만들어내는 것이 중요하다. 제품과 서비스를 개선하기 위한 현재의 상태를 면밀히 살펴보고 개선방향을 도출하는 방안수립을 세우는 것이다. 본 장에서는 문제의 정의와 문제인식을 통하여 문제의 해결방향에 대하여 설명한다. 그리고 경영의사결정 모형을 통하여 객관적이고 합리적인 문제 해결방안수립을 제시한다.

10.1 문제의 정의와 특징

문제(problem)란 현재상태와 목표상태 간에 차이가 존재하는 것으로 초기상태와 목표로 하는 차이(간격, 괴리)를 의미한다. 차이가 발견되면 문제가 발생되는 것이다. 따라서 현재상태가 만족되면 문제는 안 생길 것이고 현재상태가 부족하든 과하든 그것의 인식, 즉 차이에 의해서 문제는 발생 혹은 발생하지 않는 것이다.

'문제'는 여러 가지 뜻을 나타내는데, 즉 바람직하지 않은 사건이나 상태로 부정적인 측면에서 말하기도 하고 사사롭고 개인적인 문제일 수도 있다. 예를 들어 회사에서 판매가 작년보다 떨어지면 회의를 주제하면서 문제가 무엇인지부터 찾는다. 대부분 문제는 '해결하기 어렵거나 난처한 대상 또는 그런 일'을 뜻한다. 따라서 문제란 현재상태와 목표상태 간의 차이점을 인식해서 문제를 해결하는 문제인식의 본질을 이해하는 것이 매우 중요하다.

그림 10-1 문제의 정의

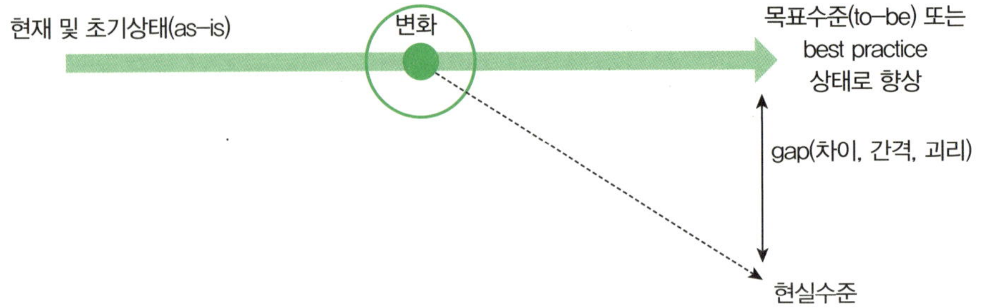

어떠한 상황이든 환경이든지 간에 문제를 정확하게 인지하는 것이 매우 중요하다. 즉 문제가 무엇인가? 문제가 기대되는 상태는 무엇인가? 문제가 어디에서 왔는가? 문제가 미치는 영향은 무엇인가? 등의 문제에 대한 실체, 문제의 해결목표, 문제의 원인, 문제로 생기는 결과 등을 종합하여 원인제거를 위한 아이디어 혹은 혁신을 통한 문제해결이 필요하다.

즉 문제해결을 보다 진보적인 상태에서 바라보기 위한 문제인식(problem awareness)이란 어떠한 상황에서 문제가 아닌 것을 문제로 인식하여 보다 새롭게 문제를 개선하는 과정을 말한다. 기업 입장에서는 고객에게 제품과 서비스를 완전 새롭게 만들거나 개선하는 일련의 과정에서 출발한다고 할 수 있다. 이렇든 문제인식은 이미 존재하고 있는 것을 개선하는 동시에 기술의 진보에 따라 완전 새롭게 만들어내는 일련의 프로세스로 볼 수 있다.

기업 입장에서 완전 새로운 블루오션형 제품과 서비스를 만들기 위해 노력하고 있지만 이러한 기업의 새로운 제품과 서비스를 만들기 위해서는 먼저 문제를 찾아내야 한다. 남들보다 먼저 문제를 발견하고 창안해서 새로운 제품과 서비스를 개발해야만 현재의 글로벌기업과 경쟁에서 살아남을 수 있는 것이다. 따라서 21세기에 문제인식능력을 키우는 것이야말로 매우 중요한 능력이라고 할 수 있다. 기업이 이러한 창조적인 블루오션에 매진할 때 전문가들도 차별화된 제품과 서비스를 만들기 위해서 창의적인 관점에서 문제인식을 발견하고 오로지 혁신적인 아이디어를 제안할 수 있는 전문지식과 창의성, 그리고 실행에 옮길 수 있는 추진력과 인내심 등이 요구된다. 즉 남들보다 앞장서 문제점을 발견하고 나아가서는 문제를 새롭게 만들어낼 수 있는 능력을 갖추어야 경쟁에서 살아남을 수 있다.

기업은 여러 가지 문제의 복합적인 요인들이 나타날 것이다. 즉 어떻게 하면 타회사보다 우리 회사 제품과 서비스가 잘 팔릴 수 있도록 전략을 개발할 수 있을까? 국내외 시장에서 우리 회사제품과 서비스를 통한 시장점유율을 높일 수 있을까? 물류와 유통비용, 정보처리비용을 줄이기 위해서는 어떠한 문제를 해결하면 좋을까? 경영진에게 투자안건을 승인받기 위해서는 어떻게 해야만 하는가? 미래 사업방향을 놓고 현재의 구조조정을 어느 수준까지 축소할까? 해외로 공장이전시 종업원의 임금은 어떻게 결정할까 등등 여러 가지 문제인식과 더불어 해결의 본질을 이해하는 것이 매우 중요하다.

소비자의 욕구를 충족시키고, 새로운 소비를 유도시킬 만한 제품과 서비스를 연구개발하여 시장에서 고객에게 사랑받기 위해서는 제대로 된 문제인식하에 문제를 해결하는 것이야말로 타기업과의 경쟁에서 살아남는 것이다. 특히 소비자의 요구사항 및 미래의 기술이나 트렌드의 변화를 정확히 예측하여 대비하여야 한다.

10.1.1 일상적 문제점과 문제인식의 유형

개인, 기업, 정부 등 많은 사람들이 인식하고 있는 일상적인 문제를 해결하는 관점에서 문제를 찾아낸다. 우리가 매일매일 직면하고 있는 문제가 작은 것일 수도 있고 복잡한 것일 수도 있다. 이러한 일상적인 문제는 반드시 만족할 만한 해결방법을 찾아야 하며, 한두 가지 해(solution)를 가지고 해결해 나간다. 첫째로 문제를 해결하기 위한 노력의 결과가 무엇인가를 개선하려는 것이다. 일상적인 문제, 예를 들어 서울에서 부산까지 여행을 가기 위해서 교통수단, 즉 비행기, 기차, 버스, 자가용 등을 이용하여 목적지까지 빠르게 가기 위한 것인지, 시간이 걸리더라도 비용절감을 고려하는지에 대한 여러 가지 대안의 기회로 인식하는 것이다. 둘째로 현재상태에 대한 불완전성을 불식시키고자 인식하며, 미래 상황의 혁신적인 개선가능성에 대하여 문제해결을 하는 것이다. 이러한 개선요구사항을 충족하여 미래에 달성가능성이 높을 때 문제해결에 도전하는 것으로 해결이 될 수 있다.

표 10-1 개인, 기업, 정부의 일상적인 문제발생

구분	일상적 문제
개인	1일 24시간 시간배분, 식사메뉴 정하기, 대중교통 이용하기, 친구 간의 우정, 경제적 문제, 아르바이트 정하기, 주말 레저 보내기 등
기업	고객요구사항처리, 배송처리, 주문처리, 원자재주문, 생산계획수립, 판매실적관리, 판매부진, 불량품 발생, 고객서비스, 고객불만 등
정부	민원처리 유무, 교통사고 및 관리, 당해연도 예산수립 및 집행, 인력 선발 및 배치, 민원서비스 불만처리상황 등

현재보다는 가까운 미래의 문제해결가능성에 더 무게를 두는 것이다.

문제를 인식하는 구체적인 방법은 매우 다양하다. 문제를 인식하는 방법은 분야마다 다르게 나타나는 특징을 갖지만 문제를 새롭게 창안하는 것과 기존의 문제를 해결하려는 혁신적인 관점으로 구분한다. 기본의 문제에 한정하지 않고 완전 새롭게 창안하는 것은 새로운 제품과 서비스, 새로운 경제환경과 시장진입, 새로운 프로세스와 가치를 만들어내는 창조적인 관점의 문제를 인식하는 것이다. 반면에 기존의 문제를 해결하려는 혁신적인 관점은 시장 및 고객의 요구사항에 맞는 분석력을 통하여 창의적인 혁신활동을 통해서 문제를 해결하는 발견의 관점으로 보면 타당하다.

10.1.2 문제정의과정

문제를 잘 정의하는 것은 쉬운 일이 아니므로 인식된 최초 문제를 정의한 다음 여러 차례 수정을 거쳐 문제정의를 다듬어야 진정한 문제를 정의하는 것이다. 또한 정의한 문제가 해결할 만한 가치가 있는 것인지, 또한 주어진 여건에서 해결가능한 문제인지를 점검하는 것도 시행착오를 줄이는 과정이다. 문제가 잘 정의되기 위하여 제대로 된 질문을 던지는 것은 아무리 강조해도 지나치지 않는다. 그러나 그것을 해내는 것은 말만큼 쉽지는 않다. 문제가 발생하는 상황에 대한 충분한 관찰이 기반이 되어야 하고, 다양한 관점으로 문제가 발생하는 상황을 바라볼 줄 아

그림 10-2 일반적인 문제정의와 정보수집과정

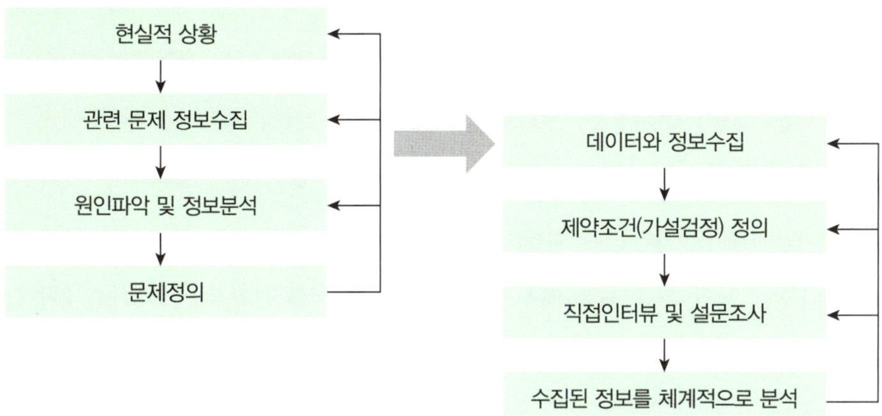

는 포용력이 전제가 되지 않으면 불가능하다. 일반적인 문제정의과정은 [그림 10-2]와 같다.

문제정의를 내리기 위하여 현실적 상황을 잘 파악하는 것이 무엇보다 중요하다. 무엇이 문제이고 개선할 여지가 있는지, 아니면 완전 무시하고 새로운 차원에서 문제를 바라볼 것인가 등등 여러 가지 현실적인 상황을 파악하는 것이 무엇보다도 중요하다. 그 다음이 관련 문제에 대한 정보수집단계이다. 정보수집은 데이터와 관련 정보를 수집하는 단계로 데이터가 존재한다. 데이터는 문서, 그림, 지도, 음향, 애니메이션 등을 포함하여 사용 전후에 다양한 방법으로 저장되고 조직화될 수 있다. 많은 정보기술분야에서 요약 또는 추출된 데이터를 사용한다. 일반적인 데이터는 의사결정이 최종적으로 이루어지기 위하여 다양한 비즈니스영역, 정부, 공공기관, 개인 등에서 정보의 근원이 되는 중요한 데이터를 수집한다.

최근에는 빅데이터로서 외부 데이터에 접근하기 위하여 인터넷이 많이 이용된다. 그러나 데이터들은 너무도 방대하고, 정확하고, 완벽하게 시기적절하고, 일관성이 있어야 하며, 접근가능하고, 관련성이 높으며, 구체적이어야 한다. 이때 보다 방대하고 구체적인 자료의 체계적 · 전략적인 접근을 위하여 빅데이터에 대한 이해도를 높여야 한다.

데이터와 정보수집과 더불어 실질적인 인터뷰와 설문조사를 통한 조사를 병행한다. 인터뷰와 설문조사는 무턱대고 데이터와 정보기반으로 이루어지긴 하나 보다 체계적인 문제정의수립을 위해서는 제약조건 혹은 가설검정을 통한 통계적인 방법을 이용하는 것도 문제정의 개념을 이해하는 데 도움이 된다.

1) 측정을 통한 자료수집

창의적인 연구 및 기업관련 빅데이터분석을 위하여 연구자는 자신의 연구를 위해 데이터를 수집하고, 수집된 데이터는 1차 자료와 2차 자료로 구분한다. 1차 자료는 조사자가 직접 수집한 데이터를 의미한다. 2차 자료는 1차 데이터를 타인이나 기타 기관이 정리해놓은 것을 의미한다. 여기에서 자료를 수집하는 방법에는 관찰법과 서베이법(문답법)이 있다.

관찰법(observation method)은 연구자가 응답자의 행동이나 반응을 직접 조사하고 분석하는 방법으로 현장연구라고도 한다. 행동이나 특성에 관한 자료를 수집할 때 유용하며, 관찰자가 직접 자료를 작성한다. 관찰법의 장점으로는 특정 정답이 없는 경우에도 관찰자가 직접 답을 정의하면서 자료를 수집할 수 있다. 동물의 행동을 조사하거나 실험결과를 측정하는 등의 경우에 유용하다. 그러나 비용이나 시간적인 한계로 인해 자료를 수집할 수 있는 표본수가 제한적이며, 관찰자의 주관에 따라 결과의 해석이 달라질 수 있는 것이 단점으로 지적된다.

서베이법(survey method)은 전체를 대상으로 하는 전수조사 혹은 표본을 선정해 진행하는 표본조사에서 쓰이는 방법으로 다수의 응답자들을 대상으로 미리 작성된 설문지를 이용하여 질의와 응답을 실시한다. 서베이법의 장점으로는 연구자의 의지에 따라 대규모 조사를 실시할 수 있다. 대규모 조사를 실시해도 비용이 많이 들지 않고, 수집한 자료에 대한 계량분석이 용이하다. 그러나 응답률이 낮은 경우가 종종 발생하는 단점이 있다. 응답자가 모두 이해할 수 있으면서도 동시에 연구목적에 적합한 설문지를 작성하기 쉽지 않다. 또한 불성실한 응답을 완전히 배제할 수 없고, 복잡한 질문을 할 수 없다. 그럼에도 불구하고 서베이법이 가장 많이 사용되는 이유는 연구자가 자료를 관리하기가 편리하고 응답자가 느끼는 부담감이 적으며, 데이터를 이용한 양적 분석을 통해 객관화하는 데 유리한 수치를 제공하기 때문이다. 대표적인 서베이법은 대인면접법, 전화인터뷰법, 우편조사법, 전자우편법 등이 있다.

2) 설문을 통한 자료수집

통계분석을 사용해 연구를 진행하는 경우에는 설문지가 일반적인 측정도구가 될 것이다. 설문지를 통해 연구주제와 대상 및 분석방법에 대한 것까지 응답자가 모두 이해해야 할 필요는 없다. 그러나 최소한 응답자가 설문을 읽은 후, 질문을 제대로 이해하고 자신이 생각하는 답을 정확하게 표시할 수 있어야 한다. 그래야 응답자의 주관적인 생각을 자료화하여 얻는다는 목적을 달성할 수 있다. 하지만 설문내용에 특수한 영향력이 미치거나 특정 변수가 발생해 결과가 왜곡된다면 실제와 동떨어진 엉뚱한 결과가 도출되므로 연구의 의미가 없어진다.

10.1.3 원인파악 및 정보분석

문제를 정의하는 일반적인 절차에서 나타나는 문제점은 다음과 같다. 첫째, 자신만의 시각을 고집하며 다양한 시각으로 문제를 재구성하지 못한다. 둘째, 가설과 검증과정, 그리고 소비자들의 반응을 피드백을 받는 과정을 소홀히 하여 정확한 해결책을 내지 못한다. 셋째, 자기역량만을 고려하여 해결책을 한정함으로써 사회적 영향력의 확장을 끌어내지 못한 점이다. 이러한 문제정의도 한 단계 더 깊이 들어가면 그 원인에는 자신만의 시각을 고집하거나 가설과 검증이 제대로 이루어지지 못하는 등의 원인들이 있을 것이고, 자기(단체)역량만을 고려하는 원인들도 제각각 다를 것이다. 현상이 나타나는 근본 원인을 제대로 찾기 위해서는 이렇듯 연속된 질문을 던지고 찾아가는 과정을 거친다.

10.2 문제해결과 문제해결기법

문제해결(problem solving)이란 현재상태와 목표상태 사이의 차이를 줄여 최적의 바람직한 상태(best practices)로 만들어가는 과정을 말한다. 다시 말해 일련의 계획적이고 체계적인 인지과정이나 전략, 노력, 활동을 통해서 설정된 목적을 달성하는 과정이다. 일반적으로 문제해결은 문제인식, 해결책의 모색, 해결책의 선정 및 수행, 평가의 과정을 거친다. 문제해결과정에는 지식과 인지전략, 정서, 신체적 활동, 환경요소가 복잡하게 상호작용하며, 수렴적 사고와 확산적 사고, 의식과 무의식도 영향을 미친다. 문제해결은 문제에 대한 해결책이나 답을 모색해가는 과정이지만 동시에 문제해결과정을 통해서 새로운 문제를 낳기도 한다.

문제해결기법은 문제해결을 위해 사용되는 방법으로 대표적인 방법으로는 시행착오, 통찰, 알고리즘, 휴리스틱방법을 많이 사용한다. 어떻든 문제해결방법은 딱 정해진 방법은 아니며 상황에 따라 최적의 문제해결방법을 사용한다.

10.2.1 시행착오

시행착오(trail and error)는 한 가지 가능한 해결책을 시도해보고 나서 해결되지 않으면 차례로 다른 해결책을 시도해보는 것으로 약간의 반복성을 강조한다. 또 다른 조건 부족 등으로 문제해결의 확실한 순서를 모를 경우에 적당하다고 생각되는 순서를 택하여 시험하고, 잘못이라고 생각되면 순서에 따라 적당하다고 생각되는 순서를 선택하여 시험하는 방법이다. 순서대로 택한 차례를 어떻게 정하는가에 따라서 해결의 능률이 달라진다. 수치해석, 시뮬레이션 등에도 사용되고 있다.

10.2.2 통찰

통찰(insight)이란 자신이 처한 상황 또는 자기문제의 본질을 이해하는 능력이나 행위를 말한다. 또한 상황을 파악하여 순간적으로 문제를 이해하고 해결하는 것이다. 기본적인 지식들이 가능한 상태로 준비되어 있어야 하며, 독특한 지식적인 경험을 체험하는 경우를 말하기도 한다. 역동적 요소들을 이해함으로써 갈등해결에 기여하는 깨달음이라는 의미로 사용되고 있으며, 따라서 치료적 변화를 위해 필수적인 요소로 간주된다. 역동적 요소들에 대한 이러한 이해는 일정수준의 자유연상, 자기관찰, 숙고, 객관적일 수 있는 환경 안에서의 분별력 등을 필요로 한다. 이런 것들은 자아기능이 종합되고 통합됨으로써 얻어지는 산물이다. 일반적인 사용에서 통찰은 직접적으로 이루어지는 명료하고 즉각적인 이해를 의미한다. 순간적인 소위 '아하' 경험이라 불리는 섬광과 같은 인식이나 이해로 간주되는데, 이러한 통찰을 통해서 사고 혹은 행동의 결정요인과의 연결관계 또는 개인적인 사고방식과 감정의 형태가 지닌 보다 보편적인 측면들을 하나의 커다란 관점 안에서 바라볼 수 있게 된다. 보다 일반적으로 통찰은 자기자신에 관한 지식이 서서히 그리고 점진적으로 축적되는 것을 통해서 이루어진다.

10.2.3 알고리즘

알고리즘(algorithm)은 주어진 문제를 논리적으로 해결하기 위해 필요한 절차, 방법, 명령어들을 모아놓은 것이다. 넓게는 사람 손으로 해결하는 것, 컴퓨터로 해결하는 것, 수학적인 것, 비수학적인 것을 모두 포함한다. 유한한 길이의 조작으로 주어진 문제를 확실히 해결하는 절차나 방법을 말한다. 수학적 알고리즘은 잘 정의되고 명백한 규칙들의 집합 또는 유한한 길이의 단계 내에서 문제를 풀기 위한 과정이다. 또한 컴퓨터 알고리즘은 어떤 문제의 해결을 위해 컴퓨터가 사용 가능한 정확한 방법을 말한다. 프로그램을 만드는 전체과정에서 볼 때, 알고리즘을 짜는 것은 계획단계라고 할 수 있다. 프로그램이 어떻게 행동할지를 결정해주는 이 계획이 완성되면(알고리즘 계획) 그것을 프로그램언어로 작성하여 소프트웨어를 완성한다.

10.2.4 휴리스틱

휴리스틱(heuristic)은 시간이나 정보가 불충분하여 합리적인 판단을 할 수 없거나, 굳이 체계적이고 합리적인 판단을 할 필요가 없는 상황에서 신속하게 사용하는 어림짐작의 기술을 말한다. 사람들은 논리적 추론보다는 경험적 · 직관적 사고체계를 이용해 단순하고 빠르게 의사결정하는 단순화전략을 더 많이 사용한다. 이런 전략을 휴리스틱이라고 하며 우리의 일상적 선택행동에 강한 영향력을 행사하고 있다. 휴리스틱은 인간의 제한된 인지 차원에서 비롯된 성향이며 원시 조상들로부터 내려온 생존전략이다.

많은 문제에서 탐색작업을 축소시키기 위하여, 항상 옳은 것은 아니지만 대부분의 경우에 잘 맞는 경험에 의한 규칙(rules of thumb)들을 사용한다. 경험적 정보를 사용하여 탐색작업을 효율적으로 진행하는 방법을 휴리스틱 탐색방법(heuristic search methods)이라 한다. 이때 사용되는 정보를 휴리스틱이라 한다.

10.3 의사결정과 의사결정의 과정

10.3.1 의사결정의 이해

의사결정(decision making)은 문제해결과 일상적인 일이나 기업경영활동에서 핵심으로 자리 잡을 수 있다. 우리는 평소 하루에도 수없이 많은 의사결정의 연속적인 판단 속에 살아가고 있다. 그렇기 때문에 여러 분야의 학자들이 의사결정에 대한 연구를 지속적으로 하고 있다.

의사결정이란 어떤 문제를 해결하기 위해 여러 대안 중 가장 적합한 대안을 선택하는 과정을 말한다. 즉 의사결정을 하기 위해서는 먼저 해결해야 할 문제가 무엇인지 확인하는 것이 가장 중요하다. 다음으로 문제와 관련된 사실적 정보를 수집하고 가치갈등내역을 분석한 후 가능한 대안을 선택하는 것이다. 대안을 판단할 수 있는 기준을 세우고 각 대안의 긍정적 측면과 부정적 측면을 분석하여 기준에 따라 각 대안에 대한 점수를 매겨서 판단의 근거를 마련한다. 마지막으로 가장 적합한 대안을 선정하고 선정된 대안을 실행에 옮길 행동계획을 수립한다. 의사결정과정에서 주의할 점은 모든 대안을 신중하게 검토한다. 일단 대안을 선택하고 나면 다른 대안들은 포기해야 한다. 또한 의사결정과정에는 찬성과 반대뿐만 아니라 타협의 과정도 있다는 것을 생각한다.

10.3.2 의사결정의 과정

허버트 사이먼(H. Simon)의 합리적인 의사결정은 1947년 '*Administrative Behavior*'에 게재된 박사학위논문에서 처음으로 발표되었지만 수년에 걸쳐 업데이트되면서 의사결정과정의 기반이 되었다. 의사결정의 핵심은 인간이 합리적 선택, 즉 결정을 내리는 행동 및 인지과정이다. 사이먼의 정의에 따르면 운영 행정 결정은 정확하고 효율적이어야 하며, 조정된 수단으로 구현하는 것이 현실적이어야 한다. 사이먼은 행정이론이 주로 인간 의사결정이론이며 경제학과 심리학을 기반으로 해야 함을 인식하였다. 사이먼은 '호모 경제'의 고정관념과는 달리 대안과 결과가 부분적으로 알려지고, 수단과 목적이 불완전하게 차별화되거나, 불완전하게 관련되거나, 상세하게 묘사되지 않을 수 있다고 주장했다. 합리적인 의사결정 과정은 대안에 대한 결정을 요구하는 조건에 대한 검색환경, 즉 정보를 수집하는 것에서 시작된다. 그리고 가능한 설계과정에 대한 발명과 개발, 그리고 분석이 이루어지는 과정이 설계단계이며, 세 번째 단계는 특별한 과정을 선택하는 단계이다. 마지막 단계는 실제로 대안을 실행하는 단계이다.

그림 10-3 합리적인 의사결정과정

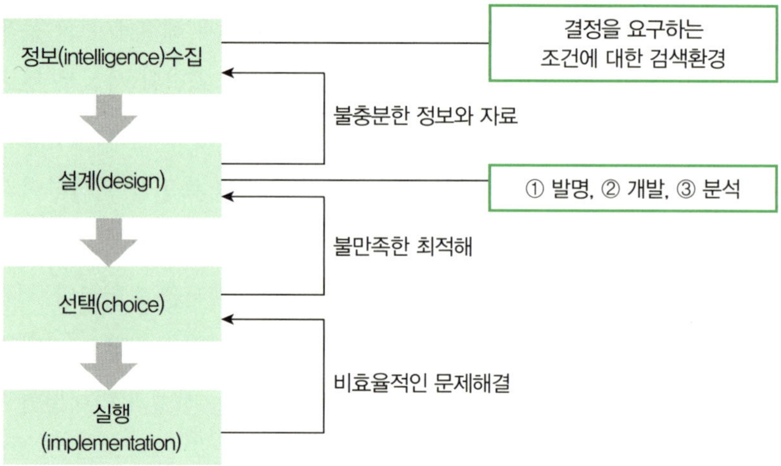

자료: Simon, H. A., *The New Science of Management Decision*, Harper & Row, New York, 1960.

1) 정보수집

정보(intelligence)를 탐색하는 단계는 문제를 인식하고 관련 문제에 대한 정보와 자료를 수집하는 단계이다. 문제해결 의사결정을 이루기 위해서는 우선적으로 의사결정자가 문제에 대한 의사결정의 필요성을 인식하여야 한다. 문제에 대한 필요성 인식은 문제의 발견과 기회의 탐색이 반복적으로 이루어진다. 문제의 발견은 어떠한 창의적인 개선 및 수정, 삭제 등 다양한 상황에서 목표로 하는 여건, 즉 규범, 기술적인 차이, 표준, 오류 등과 같이 맞지 않는 것을 찾아내는 과정을 의미한다. 또한 기회의 탐색은 의사결정자가 문제의 발견에서 오는 획기적인 이익, 즉 경제적인 부를 증대시킬 수 있는 어떤 문제상황을 추구하는 과정을 말한다. 이러한 과정을 통해 문제가 인식되고 나면 문제해결을 위해 자료를 수집하고 처리하는 과정을 거치게 된다.

2) 설계

설계(design)단계는 문제해결을 위한 여러 가지 대안을 계획하는 단계이다. 설계단계는 탐색단계에서 수집된 정보와 자료를 가지고 모든 가능한 해결방안을 모색하는 과정뿐만 아니라 어떤 기준에 의해 각각의 해결방안을 평가하는 과정을 포함하고 있다. 설계단계에서는 문제해결에 대한 발명(invent)→개발(develop)→분석(analyse)과정을 거친다. 그리고 이 과정에 의사결정자가 불충분한 정보와 자료라고 인식하면 이전 단계, 즉 정보탐색단계로 넘어가 자료와 정보를 분석한 후 설계단계를 진행시킨다.

3) 선택

선택(choice)단계는 문제해결방안 중 하나를 선택하는 단계이다. 선택단계에 있는 의사결정자는 여러 가지 창의적인 문제해결 대안 중 하나를 반드시 선택하는 중대한 입장이므로 이 결정과정에는 많은 고민과 어려움이 따른다. 이는 문제해결에 있어서 미래에 대한 상황이 어떻게 펼쳐질지 모르며, 미래 상황에 나타나는 여러 가지 새로운 기술, 응용현황 등이 시시각각 변하기 때문에 선택은 더욱 어려운 과정이기 때문이다. 불확실한 상황하에서의 의사결정은 매우 어렵기 때문에 이전 단계인 설계단계로 돌아갈 뿐만 아니라 탐색단계로까지 되돌아가는 상황도 발생한다.

4) 실행

실행(implementation)단계는 선택된 대안을 실행하는 단계로서 성공적인 실행이 되기 위해서는 보다 적극적인 대안을 심사숙고하여 결정할 필요성이 있다. 물론 선택된 것이 실행되어 성공하는 것보다 오히려 실패할 확률이 많다. 특히 기업경영활동분야에서 이루어지는 문제해결에 대한 대안선택으로 인한 실행은 여러 가지 요인들에 의해 쉽게 선택하기 힘들다. 이러한 문제를 해결하기 위하여 조직적 차원에서 문제해결에 기업의 사활을 걸고 팀을 구성하여 보다 체계적이고 전략적인 접근으로 모두가 일치되어 추진하여야 성공가능성이 높다.

10.4 의사결정의 유형과 특징

의사결정 유형은 문제해결과정과 의사결정과정 모두 해결해야 할 문제를 선택하고 대안을 찾는 과정이므로 구조화 정도, 의사결정상황, 조직계층, 의사결정 주체에 따라 분류된다.

10.4.1 의사결정 구조화에 따른 분류

의사결정에는 사전에 설정된 대안의 존재 유무에 따라서 유형이 결정되며 여기서는 정형화된 의사결정과 비정형화된 의사결정으로 나눈다.

1) 정형화된 의사결정

정형화된 의사결정은 창의적인 문제해결의 다소 어려운 문제가 아니라 일상적이고 반복적인 특징을 갖는 평이한 의사결정과정이다. 표준해결책의 반복적인 문제와 정해진 순서를 의미하기도 한다. 주로 확실한 상황에서의 의사결정 유형으로 단순하고, 일상적이고, 반복적인 것이 특징이다. 쉽게 해결책을 획득하기 위한 절차와 방법이 알려져서 의사결정이 비교적 용이하다. 그 해결책이 적당한 재고수준을 파악하든, 최적의 투자전략을 결정하든, 해결책의 선택기준은 분명히 정의되어 있다.

2) 비정형화된 의사결정

비정형화된 의사결정은 불확실한 상황에서 의사결정을 내릴 때 해결안이 정해지지 않은 상황에서 대안을 선택하는 것으로 매우 어려운 의사결정이라고 할 수 있다. 이러한 상황에서 의사결정은 자신의 과거 경험과 지식, 통찰에 의해서 내려지는 의사결정으로 정성적 의사결정이라고도 한다. 주요 미래 사건에 관심이 있고, 사실적인 범위가 넓으며, 조직의 내부적인 활동뿐만 아니라 외부적인 활동에도 관심을 가진다. 이는 문제정의 등이 명확하지 않고, 미리 결정된 해결책이 없는 복잡한 구조이다. 이러한 구조적인 문제는 차년도 프로젝트개발과 연구범위 선택, 중역진의 고용, 새로운 서비스 제공계획, 미해결책 등을 포함하지만 최고경영자의 판단이 매우 중요한 역할을 담당한다.

10.4.2 의사결정상황에 따른 분류

의사결정의 유형을 의사결정상황의 확실 정도의 여부에 따라 확실(certainty)한 상황에서의 의사결정, 위험(risk)한 상황에서의 의사결정, 불확실(uncertainty)한 상황에서의 의사결정으로 나눈다.

1) 확실한 상황에서의 의사결정

의사결정에 따른 각 대안별로 상황의 모든 자료와 규칙 등이 발생결과를 확실하게 예측할 수 있는 상황에서의 의사결정을 말한다. 여기서 확실성이란 의사결정에 필요한 자료와 정보가 충분히 분석 · 활용되어 각 대체안의 발생결과를 확실하게 예측할 수 있는 경우를 의미한다.

2) 위험한 상황에서의 의사결정

의사결정에 따른 결과에 대하여 확실하게 예측할 수 없고 단지 자료와 정보를 통한 분석을 통한 대체안에 관련된 확률로서 정확히 결정하는 일이고 이때의 확률은 가능한 객관적 확률로 나타내어 이를 기반으로 의사결정을 내리는 것이다. 예를 들어 오늘 비올 가능성을 고객들이 판단하도록 확률적으로 제시하여 우산을 가지고 갈 것인가를 고객이 판단하도록 의사결정에 대한 가이드라인을 제시하는 것이다. 즉 의사결정은 비교적 완벽한 정보를 가지게 되므로 여러 가지 모델설계가 가능하도록 만드는 것이다.

최근에는 문제해결을 위해 빅데이터와 같은 분석적인 기술을 의미하는 위험한 상황에 초점을 맞춘다. 이러한 위험한 상황에서 의사결정은 최적의 대안을 찾기 위하여 기존의 데이터와 정보를 기반으로 분석 후 대안을 선택하는 의사결정이 존재한다.

3) 불확실한 상황에서의 의사결정

새로운 문제이고 정보와 자료가 부족하여 결과를 추정할 수 있으나 그 발생확률을 알 수 없는 경우를 말한다. 즉 의사결정자의 판단과 경험, 통찰에 의해 이루어지는 불확실한 상황에서 의사결정이 존재하며 의사결정자가 주관적 평가를 통해 얻는 주관적 확률로서 평가된다. 미래에 발생할 일에 대한 명확한 예측은 쉽지 않으며 의사결정방법론들은 의사결정문제에 내포된 값들이 확정적인 것으로 가정하고 적용된다.

10.4.3 조직수준에 따른 의사결정

경영조직 내의 계층수준에 따라 전략 · 관리 · 업무적 의사결정으로 분류할 수 있다.

1) 전략적 의사결정

기업 내외부 간의 기술혁신 및 치열한 마케팅(marketing)경쟁 등으로 말미암아 기업환경은 격심하게 변화하는 환경 속에서 기업의 현재 사업은 제품의 진부화(陳腐化) 및 수요의 포화화(飽和化)에 의해 항상 위협을 받고 있다. 경영전략은 항상 기업의 성장행동과 기업 내외의 환경변화에서 적응성이라는 두 가지 개념을 내포한다. 기업경영목표의 변경, 업적달성수준, 기업의 현실적 이행도, 연구개발, 제품시장 위치 및 신제품개발계획 등을 통한 전략적 의사결정이 필요하다.

2) 관리적 의사결정

관리적 의사결정은 전략적 의사결정을 구체화하기 위한 변화과정의 효율을 최적화하는 것을 목적으로 하는 의사결정이다. 이에 대한 의사결정으로는 구체적인 조직구조 변경, 최신식의 정보흐름도 파악, 국내외 효율적인 유통관리, 차별화된 공장 및 제품진입, 조달 및 설비의 획득, 인력관리의 체계적인 교육 및 훈련 등이 포함되는 의사결정이다.

3) 업무적 의사결정

기업 내의 자원관리과정의 능률을 극대화하기 위한 의사결정으로서 전략적 의사결정과 관리적 의사결정을 보다 구체화하기 위한 것이다. 이러한 업무적 의사결정은 주로 기능부문 및 제품라인에서의 자원배분, 일정계획, 업무관리의 감독 및 통제 등을 말한다. 주요 업무적 관리의 의사결정으로는 제품의 가격결정, 생산일정, 마케팅전략, 재고수준, 연구개발 일정 등이 포함된다.

10.4.4 의사결정 주체에 따른 의사결정

의사결정 주체가 누구냐에 따라 개인적 의사결정과 집단적 의사결정으로 분류한다.

1) 개인적 의사결정

개인적 의사결정이란 개인의 관점에서 문제를 판단하여 대안을 선택 · 결정하는 행위이며, 개인의 성품, 인격, 인지적 능력, 가치관 등이 영향을 미쳐서 판단하는 요소라고 할 수 있다. 개인의 합리성이 부족하거나 정보력 면에서 다소 취약한 의사결정을 할 수 있으나 의사결정이 신속하고 의사결정자 의도에 맞는 결정을 할 수 있다는 것이 최대의 장점이기도 하다.

2) 집단적 의사결정

집단적 의사결정이란 개인의 관점이 아닌 조직목적의 관점에서 다수의 사람들이 참여한 의사결정행위를 말하며 집단의 공동목표, 상호작용, 집단의 커뮤니케이션, 공동연구목표 등의 요인들로 인해 개인 차원의 의사결정과는 차별화된 특성을 갖고 있어 집단 합의에 의한 의사결정이 중요시 여긴다. 집단적 의사결정이 나오기 위해서는 투표, 설문, 참여, 설득 등의 방법이 의사결정과정에 동원될 수 있다.

10.5 전략적 의사결정

전략적 의사결정은 미래지향적인 문제에 관한 의사결정을 말한다. 예를 들어 새로운 기술은 어느 영역에 사용될까? 즉 현재의 기술에 앞서 향후 나타날 미래지향적인 접목기술이 미칠 상황을 말하기도 한다. 현재의 모바일기술이 미래에 사용자에게 어떻게 영향을 미칠까? 현재는 단순히 음성과 앱프로그램을 구동하여 각종 편의적인 활용을 이루고 다양한 분야에서 신속하게 정보에 접근하고 있다. 더욱 빠르고 정확한 정보검색을 통하여 사용자에게 매우 편리한 상황으로 전개되는 기술 또한 미래지향적이라고 할 수 있다. 만약 어느 회사가 모바일 관련 비즈니스를 하고자 한다면 과연 고객지향적인 비즈니스를 어떻게 설정하여 기술과 프로그램을 개발할까를 생각하면 어려운 상황을 맞이할 수 있다. 기존 은행들이 모바일은행보다는 전통적인 창구형 은행을 지향한다면 과연 미래에는 고객을 기존 은행으로 유치가 가능할까 등을 결정하는 것은 미래지향적인 전략적인 의사결정이라고 할 수 있다. 지금까지의 상식을 바꿀 노력과 시도가 진행되어야 한다.

자동차가 스스로 운전하는 자율주행차가 영화 속 이야기만이 아니다. 실제 나타날 미래의 기술이다. 은행창구를 통한 결제, 융자, 해외송금 등이 기존 금융의 수익원이었다면 요즘은 스마트폰에서 모든 은행거래가 이루어지고 수수료 또한 거의 들지 않는다. 이렇듯이 전통은행이 인터넷은행으로 전환하지 않고 스마트폰으로 영역을 넓히지 않으면 은행은 점점 위험해지는 상황을 어떻게 말해야 하는가? 자신의 취향에 맞는 옵션과 도색을 한 자동차를 일반판매 자동차와 똑같은 가격과 납기일로 제공해주는 자동차업체가 등장할 것이며, 지금까지의 주문이력을 바탕으로 그 사람의 취미와 기호를 분석하여 추천상품을 소개해주는 온라인 쇼핑서비스가 등장할 것이다. 또한 은행의 예금잔고나 카드회사의 결제 예정정보를 인터넷과 연결하여 자동으로 가계부를 써주고 인공지능이 자금조달을 조언해주는 서비스 등은 향후 기업비즈니스영역에 전략적인 의사결정을 결정짓는 대표적인 사례이기도 하다.

이처럼 전략적인 의사결정의 특징을 정리하면 다음과 같다.

- 장기적인 관점으로 문제해결을 다룬다.
- 미래의 불확실성을 대비한다.
- 전체를 파악하는 능력을 갖춘다.
- 가장 중요한 기준에 주목하고 세밀한 사항은 과감히 버린다.
- 전례에 구애받지 않고 복수의 대체안을 준비한다.

지금 자신이나 자신이 속해 있는 조직이 직면한 문제를 확실히 파악하고 적절히 대응하는 의사결정이 이루어져야 한다. 전략적인 의사결정은 불확실성을 전제로 할 수밖에 없다. 이러한 상황에서 지향해야 할 전략적 의사결정은 무조건 성공확률을 높이는 것이다. 물론 어디까지나 확률적인 판단이므로 거의 100% 성공은 있을 수 없는 일이지만 최대한 확률을 높이는 노력을 경주하는 것이다. 기업환경에서 어떠한 기술선택 고려 시 최소한의 실패를 위한 의사결정을 하게 되는데 경쟁관계에 있다면 더욱더 그렇다. 두 회사가 수소자동차시장에 뛰어들었다고 가정해보자. 앞으로 수소자동차를 만들기 위한 연구개발비와 시장상황이 어떻게 전개될지에 대하여 아무도 모른다. 그러나 미래 수소자동차시장은 포기할 수 없다. 시장이 급격히 확대된 뒤에 후회해도 소용없기 때문이다. 또한 시장이 거대한 만큼 확대되지 않더라도 경쟁 상대 역시 같은 입장이므로 그럭저럭 위로가 된다. 이러한 상황에도 위험을 줄이기 위하여 우선적으로 소규모로 연구개발비를 투자하는 것이 오히려 타당하다. 시장이 엄청나게 확대될 것이라는 막연한 예측만으로 의사결정을 하는 경우에는 아무리 조심하더라도 실패할 가능성이 높다. 그럼에도 불구하고 기업들은 후회할 확률을 최소화하는 의사결정을 한다.

성공할 확률을 최대한 높이고자 하는 전략적 의사결정이란 실패할 확률을 최소화하는 상황과 같다. 예를 들어 퇴직금을 활용하는 문제가 있다. 퇴직금을 연금으로 매월 일정액을 평생 받을 것인가? 아니면 퇴직금을 일시불로 받아서 전원주택을 구입하는 데 보태고 융자를 받아 구입할까? 아니면 작은 규모로 융자 없이 구입 시 기존 퇴직금을 저축, 투자, 주식, 채권 등에 어떻게 활용할까? 구입 시 전원주택을 어떻게 활용할까? 퇴직금을 활용하기 위하여 여러 가지 투자하는 많은 선택지 가운데 어떠한 것을 고를까? 이러한 고민을 해결하기 위해 실패할 확률을 낮추고 합리적인 결론을 끌어내는 방법을 알아야 한다.

합리적인 의사결정을 하기 위한 의사결정방법은 대체적으로 합리성(논리와 적합), 가치성(수익모델, 윤리성), 미래지향성(감정, 성향)의 세 가지 관점으로 이루어진다.

그림 10-4 합리적인 의사결정기준

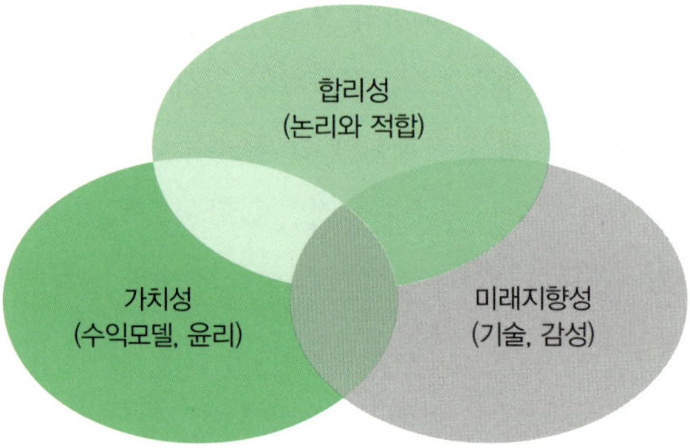

합리적인 의사결정기준에서 첫째, 합리성은 논리적이고 이치에 맞는 적합한 기준을 제시하는 것이다. 일반적으로 합리적인 사고는 논리적인 방법인 연역법과 귀납법을 사용한다. 연역법과 귀납법은 문제해결에 대한 합리성에 결론을 도달되는 현상으로 "사리에 어긋나지 않는다"라고 말한다. 합리성은 논리와 적합성을 검증하는 것이고 이치에 맞고 보편적이고 다른 사람과 인식을 공유하는 것이다. 합리성의 이점은 누구나 공감하고 명쾌하게 이해할 수 있는 것이다. 지구는 태양주변을 돈다. 숫자 10은 1보다 크다와 같이 쉽게 이해당사자 간의 합의에 이를 수 있는 것들을 말한다.

문제를 해결하는 데 합리적인 기준은 기술적인 요소인지 마케팅적인 요소인지, 아니면 이익적인 문제인지를 판단하는 기준이 제시되어야 한다. 경영에서 손실과 이익을 수치로 표현하거나 목적에 부합하는 정도를 표현한다면 평가하기 쉬워질 것이다. 그러나 합리성만으로 의사결정을 내리는 것은 아니며 설상가상으로 그렇게 되면 담합과 윤리성에 문제가 발생할 여지가 존재한다. 남들 모르게 관계자들끼리 모여 자신들의 이익에 따라 결정을 내리는 것이 합리적이라고 보고 판단하면 과오가 나타날 수가 있다. 이것은 가치성의 윤리에 어긋나기 때문이다.

둘째, 가치성은 절대로 빠져서는 안 되는 수익모델과 윤리가 존재하여야 한다. 의사결정 판단기준은 무엇보다도 비즈니스모델이 정형화되어야 하고 거기에 관련 수익모델이 존재하여야 한다. 물론 가치성과 윤리가 가미된 도덕적인 면모를 갖춰야 한다. 의사결정이 잘 이루어지기 위해서는 비즈니스모델을 찾아내고 지속적이고 차별화된 경쟁요소를 발굴하는 것이야말로 가치성을 높이는 것이다. 아무리 좋은 가치성이 있다고 하더라고 도덕적인 감각을 상실한 비즈니스모델을 만들어내서도 안 된다.

셋째, 미래지향적인 기술과 감성을 갖춰야 한다. 문제해결에 가장 중요한 향후 나타날 미래지향적인 의사결정을 하는 것이다. 아무리 획기적인 기술이라도 향후 미래에 적용될 기술이어야 하고 그러한 기술이 차별화적인 요인이 갖춰져야 의사결정이 쉽게 이루어지는 것이다. 가끔 인간의 판단기준이 기술적인 요소보다는 감성에 쉽게 동화되어 판단하는 경향이 있다. 그러나 감성보다는 성공확률을 높이는 기술이 더 중요한 판단기준이다.

가치성은 의사결정에 중요한 판단기준이며, 감성 또한 스스로 조절할 수 없다. 따라서 의사결정기준에 대한 올바른 가치성을 갖춘 비즈니스요소의 수익모델을 갖추도록 노력하며, 자신의 습관적인 감성을 이해하고, 바람직한 성향이 되도록 계속적인 변화를 시도해야 한다.

귀납법(inductive method)

개별적인 특수한 사실이나 원리로부터 그러한 사례들이 포함되는 좀 더 확장된 일반적 명제를 끌어내는 것을 귀납(歸納, induction)이라 하며, 이러한 귀납적 추리의 방법과 절차를 논리적으로 체계화한 것을 귀납법이라 한다. 예를 들어 "사람은 죽는다", "까마귀는 검다", "내일도 해가 뜬다" 등과 같이 많은 경험에서 보편적인 원리를 발견하는 것을 귀납법이라고 한다. 경험은 새로운 발견을 하게 하는 원동력이지만, 때로는 편견을 만들기도 한다.

연역법(deductive method)

이미 증명된 하나 또는 둘 이상의 명제를 전제로 하여 새로운 명제를 결론으로 끌어내는 것을 연역이라 하며, 이러한 연역적 추리의 방법과 절차를 논리적으로 체계화한 것을 연역법이라 한다. 연역법은 번뜩이는 생각에 대해 수학적(논리적)으로 논증하는 방법이다. 그래서 연역법의 가장 큰 특징인 전제가 참일 경우 결론도 100% 참일 수밖에 없다.

결론적으로 귀납법은 개개의 사실이나 명제에서 일반적 결론을 끌어내는 추론법인 반면, 연역법은 보편명제에서 특수명제를 끌어내는 추론법이다.

사례 연구

인공지능은 어떻게 우리의 미래를 디자인하는가?

2015년 존 챔버스 시스코 회장은 미국 500위 기업 가운데 40%가 10년 내에 사라질 것이라고 예언했다. 그러면서 500개 기업 가운데 70% 이상이 디지털 시대에 맞춰 사업방향을 전환할 것이고, 이 가운데 살아남는 기업은 오직 30%에 그칠 것이라고 한다. 우버, 에어비앤비 등 실리콘밸리에서 자란 스타트업들이 기존 산업 생태계의 틀을 뒤집어엎고 있으며, 스스로 변화하지 않는 기업은 도태될 수밖에 없다는 경고이다. 3년이 지난 지금, 챔버스 회장의 경고는 빠르게 현실화되고 있다.

1965년 인텔의 공동창업자인 고든 무어는 18개월마다 마이크로칩 성능이 두 배씩 증가한다는 '무어의 법칙'을 만들었다. 무어는 10년 뒤인 1975년 18개월을 24개월로 바꿔 기업들이 2년마다 신제품을 출시하는 토대를 만들었다. 이는 인터넷의 탄생과 맞물려 PC, 스마트폰, 온라인 쇼핑, 소셜네트워크서비스(SNS) 시대를 열었다.

구글 클라우드 비즈니스 CEO인 다이앤 그린은 4차 산업혁명 시대가 도래한 지금, 무어의 법칙을 뛰어넘는 '그린의 법칙'을 설파하고 있다. 무어의 법칙이 기업들의 연간 평균생산율을 30% 끌어올렸다면, IoT, AI, VR, 자율주행차, 클라우드 컴퓨팅 등 신기술 도입으로 기업들의 생산성 증대효과는 무려 60%에 육박할 것이라고 관측한다. 그리고 이러한 변화는 2020년부터 2030년까지 농축산업, 에너지, 제조업, 교통, 은행, 보험, 헬스케어, 교육분야에서 폭넓게 나타날 것이라고 예측한다.

구글의 AI가 인간과 바둑시합에서 승리했듯이 머지않아 대부분의 영역에서 AI가 인간보다 뛰어난 능력을 발휘할 날이 얼마 남지 않았다는 뜻으로 해석할 수 있다. 실제로 2018년 전세계 시장에서 가장 기업가치가 높은 6개 기업은 애플, 아마존, 마이크로소프트, 알파벳(구글), 버크셔해서웨이, 페이스북이다. 투자회사인 버크셔해서웨이를 제외하면 5개 모두 IT 소프트웨어기업이다. 전통기업들은 자취를 감추었다. 새로운 운송수단인 우버와 GM의 기업가치는 각각 720억 달러, 480억 달러로 새로운 트렌드를 이끄는 기업과 도태되는 기업 간 차이를 보여준다.

AI 시대에 살아남기 위한 방법은 '기술 적용'

새로운 시대에 기업들이 빠르게 적응하기 위해서는 네 가지 조건이 필요하다.

첫째, 최고경영진들이 디지털 트랜스포메이션을 직접 주도해야 한다. 기술 담당자에게만 맡겨놓으면 안 된다. CEO가 직접 AI기술 도입의 필요성을 조직에 설명하고 발 빠르게 경영환경에 대입해야 한다. 미키 드렉슬러는 미국 패션업계에서 가장 성공한 CEO 중 한 명이다. 드렉슬러는 1995년부터 2003년까지 갭(GAP) CEO로서 갭의 전성기를 이끌었고, 이후 14년간 제이크루 CEO로 활동하다가 지난해 퇴임했다. 그는 퇴임 당시 "기술이 사업환경을 얼마나 빠르게 뒤집을 수 있는지 과소평가했다"면서 "만약 내가 지금 알고 있는 사실을 10년 전에도 알 수 있었다면…"이라는 후회를 남겼다.

둘째, CEO가 직접 디지털 트랜스포메이션을 주도할 때 꼭 염두에 둬야 할 점이 있다. CEO부터 말단 직원까지 모두가 동일한 목표를 공유해야 한다는 점이다. 이때 회사의 목표를 완벽하게 이해하고 있는 직원 개개인이 스스로 의사결정을 할 수 있도록 하는 게 중요하다. 직원들이 일일이 상사의 허락을 받아 일을 진행하는 방식은 이제 구시대적이다. 일단 속도가 너무 느려 빠르게 변하는 시대에 도태될 수밖에 없는 구조이다. 페덱스 창업가이자 CEO인 프레드 스미스는 모든 임직원이 같은 곳을 바라보기 위해서는 세 가지 요소가 삼각형처럼 서로 맞닿아 있어야 한다고 말한다. 바로 가치(value), 전략(strategy), 실행(execution)이다. 스미스는 건강한 기업을 만들기 위해서는 모든 구성원이 같은 가치를 공유하고 이 가치를 어떻게 하면 가장 효과적으로 실행할 수 있을지 전략을 세운 뒤 이를 철저하게 실행해야 한다고 설명한다.

셋째, 여기서 중요한 요소는 '팀워크'이다. 아마존 CEO 제프 베조스는 최고의 팀워크를 만드는 노하우로 '피자 두 판의 법칙(two pizza rule)'을 정립하였다. 피자 두 판을 다 같이 배불리 먹을 정도의 인원이 한 팀을 구성하는 데 최적이라는 것인데, 이보다 더 많은 인원이 모이면 의사결정이 느려지고 팀 내 결속이 약화되기 때문이다.

넷째, 유연하고 다양한 집단적 사고를 바탕으로 지혜를 도출하는 게 중요하다. AI 투자 전문가인 짐 브라이어는 지식이 아니라 지혜가 승리할 것이라고 예언했다. "AI는 소프트웨어와 다르다. 개발팀들은 개발 초기단계부터 한 가지 방법론이 아닌, 다양한 연구방식을 도입해 재편성하는 유연한 사고방식을 가져야 한다. 우리가 AI에 바라는 것은 지식과 정보가 아니다. 더 높은 수준의 서비스로 결국에는 '지혜'를 원한다. 이 경쟁의 결승점은 '지혜'이다."

자료: 김민수 기자, 포브스, 2018. 11.

연습문제

01 문제를 정의하고 기업이 당면한 문제를 설명하시오.

02 개인에게 하루 동안 나타나는 생활패턴을 설명하고 어떻게 문제해결을 할까 설명하시오.

03 일반적인 문제정의와 정보수집과정을 설명하시오.

04 문제와 문제해결기법을 설명하시오.

05 의사결정과정 및 유형을 설명하시오.

06 전략적 의사결정에 대하여 설명하시오.

Chapter 11 전자상거래와 e-비즈니스

인터넷혁명의 가장 대표적인 비즈니스모델이 전자상거래라고 할 수 있다. 오늘날 비즈니스환경 변화는 인터넷과 모바일기기를 통한 다양한 사업영역으로 확대되고 있다. 소비자중심의 전자상거래와 기업 비즈니스형태의 e-비즈니스는 주문, 결제, 마케팅, 유통 및 물류, 고객서비스까지 모두 인터넷이라는 비즈니스채널을 통해 이루어진다. 향후에는 온라인, 오프라인의 판매채널과는 더 이상 관계없는 안전한 형태의 온라이프(onlife) 경험으로 탈바꿈하게 될지도 모른다. 온라인 상거래의 시대적 흐름의 변화가 예언되면서 본 장에서는 인터넷, 전자상거래와 e-비즈니스, 소셜커머스, 해외직접구매 등에 대한 환경, 모형, 모델 등을 나열하고자 한다.

11.1 전자상거래와 e-비즈니스환경

전자상거래는 기존의 오프라인형태의 매장을 인터넷기반의 온라인형태로 전환하여 비즈니스가 일어나는 것으로 매우 광범위할 뿐만 아니라 모든 조직에서 영향을 미치고 있다. 이는 어떤 직종에서 일하는가와 관계없이 모든 회사에서 전자상거래를 도입하고 있다.

인터넷을 기반으로 하는 전자상거래는 제품정보의 탐색과 구입, 대금수령까지의 과정에서 기존의 상거래와 다른 양식을 보인다. 즉 기존의 상거래는 잡지 · 전단 · 대중매체광고 등을 통해서 제품정보를 알리고, 전화 · 팩스 · 편지 등을 통해 제품견적서를 요청하여 비교 · 평가한 후 전화 · 팩스나 우편으로 주문서를 발송하며, 고객의 주문이 있으면 제조업체는 구입송장을 운송업체에 전달하고 제품을 고객에게 전달하는 과정을 거친다.

즉 전자상거래 쇼핑몰은 기업 홈페이지나 쇼핑몰을 통해서 제품정보와 구매방식을 알린 후 전자우편 등과 같은 전자적인 포맷을 통하여 제품주문을 이행하며 전자데이터교환의 매개체로 기업이 각 택배업체에게 제품구입에 대한 리스트를 송부하고, 제품이 제조업체에서 수 · 발송되고, 관련된 제품에 관한 대금결제는 신용카드, 자동이체, 인터넷뱅킹, 모바일 결제 등을 통하여 거래가 이루어지는 프로세스이다.

기업 측면에서 전자상거래의 긍정적인 영향은 완제품을 고객들에게 판매하는 형태에서 상품판매 관련 고정비와 간접비가 상당부문 감소한다는 점이다. 전자상거래는 지역적 제한 없이 전세계 고객을 대상으로 제품을 판매할 수 있으며, 영업시간에도 제한을 받지 않는다. 온라인 매장을 통해 24시간 사업활동이 가능하기 때문이다. 그리고 고객반응을 신속하게 파악함으로써 여러 사업분야에 확대 · 적용하는 것이 기존 상거래보다 수월하다.

소비자 관점에서는 인터넷을 통해 상거래가 진행되면 저렴한 가격으로 신속하게 상품구입이 가능하고, 원하는 날짜에 구입과 배송이 편리하며, 상품선택의 폭이 많이 확대된다는 장점이 있다. 그러나 부정적인 측면은 보안시스템이 완벽하지 않아 개인정보의 노출, 악용이 우려되고, 해외에서 제품을 구입했을 경우 불량품에 대한 반품의 어려움과 같은 문제가 있으며, 지불관계에서 나타나는 거래사기 등과 같은 사고가 나타난다고 할 수 있다.

향후 전통적인 전자상거래인 오프라인과 온라인, 그리고 온라인의 삶과 일과 가정 사이의 경계가 모호해짐에 따라 새로운 쇼핑방식도 등장할 것이다. 이처럼 전자상거래 구조가 4차 산업혁명기술인 인공지능과 빅데이터를 통하여 새로운 단순한 텍스트방식의 거래형태에서 이미지와 음성 및 고객이 선호하는 패턴 등을 분석할 뿐만 아니라 온라인과 오프라인 경계가 없는 '온라이프(onlife)'로 근본적으로 바뀌어갈 것이다.

11.2 전자상거래와 e-비즈니스 개요

전자상거래는 기업과 정부에서 컴퓨터와 정보통신기술을 보다 활발히 사용하여 고객서비스, 비즈니스처리, 기업 내부와 기업 간의 정보교류교환 등을 향상시킨다는 목표이다.

과거 전자상거래 초기상태를 살펴보면, 1970년 후반부터 1980년 초기까지 거래형태는 전자데이터교환(EDI)과 전자우편 같은 전자메시징기술의 형태로 기업 내에 광범위하게 확산되었다. 전자메시징기술은 문서작업을 줄이고 자동화작업을 증대시켜 비즈니스처리를 능률적으로 수행한다. 확인문서, 구매서, 선적문서 등과 같은 서류로 처리되던 전형적인 비즈니스 교역이 전자적으로 이루어진다. 전자데이터교환은 기업이 공급자로부터 혹은 공급자에게 정형화된 표준전자문서형태로 주문서와 같은 비즈니스 문서를 보내고 받을 수 있게 해준다. 그리고 전자우편은 조직 내외부 모든 비정형화된 의사소통이 원활하게 수행될 수 있도록 하는 것이다.

그림 11-1 전자상거래와 e-비즈니스의 시대적 흐름도

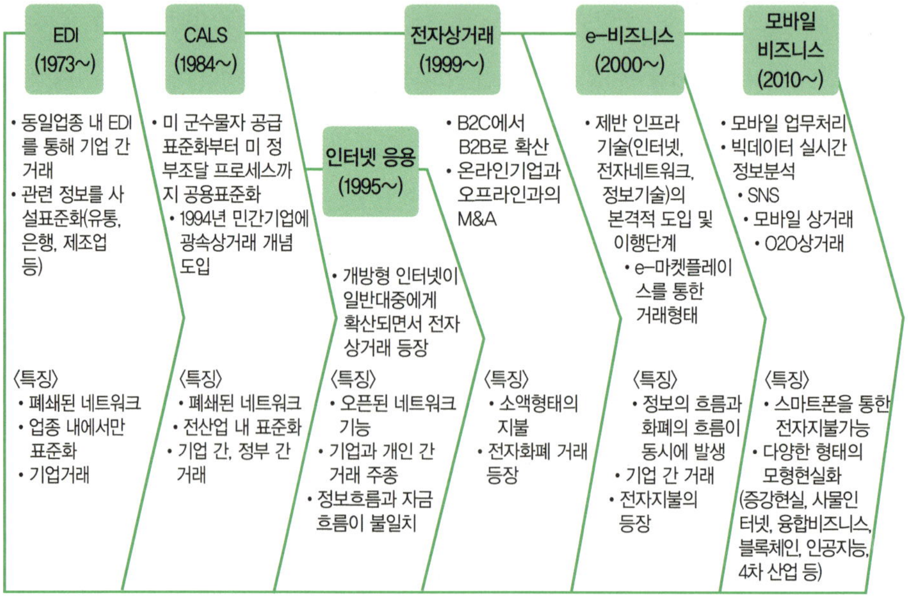

시간이 지나면서 전자데이터교환은 몇 가지 다른 기술의 병행을 포함한다. 특히 전자데이터교환(EDI)은 소매분류관리에서 큰 성과를 거두었다. 분류관리는 정확한 제품가격, 수량 그리고 위치를 제공하여 고객의 요구에 맞아떨어지도록 하는 것이다.

전자데이터교환(EDI)이 확대 · 적용되는 사례는 전자상거래가 적용되면서 다른 모습으로 변하게 된다. EDI와 전자상거래는 비제조업의 수 · 발주와 판매중심으로 그리고 전통기반중심의 제조업에 적용되는 CALS는 설계, 조달, 생산, 운영유지까지 포함하는 개념으로 사용되었다. 전자상거래가 인터넷상거래인 쇼핑몰 개념보다는 광의의 개념으로 확대 · 적용되고 있다. 소비자중심의 전자상거래가 기업비즈니스 전체영역의 e-비즈니스화로 확대되면서 21세기에는 전자상거래가 기존의 폐쇄된 형태에서 개방형 시스템으로 나아가며 모든 관련 비즈니스형태가 인터넷기반의 웹과 모바일기반의 앱기반으로 확대 · 적용되면서 새로운 형태의 비즈니스로 진화될 것이다.

특히 모바일화는 유선환경의 업무가 무선환경으로 급속도로 변화하면서 업무가 실시간으로 처리될 뿐만 아니라 수많은 빅데이터와 4차 산업혁명기술 등과 관련 연계사업 및 분석도 함께 이루어지고 있다. 기존 정해진 공간에서 일을 하던 시대에서 시간과 장소에 구분 없는 모바일비즈니스화 시대로 급속도로 진행되고 있다. 그리고 모든 비즈니스에 맞는 거래 관련 상황이 4차 산업혁명의 핵심인 인공지능기술 도입으로 발전하고 있는 것이다.

최근에는 주로 전자상거래 혹은 마케팅분야에서 온라인(online)과 오프라인(offline)이 결합하는 O2O로서 스마트폰이 본격적으로 보급되면서 소셜커머스를 통한 구매행위가 더욱 빠른 속도로 퍼지고 있다. 소셜커머스는 사실 전자상거래와 마케팅이 교묘하게 결합한 비즈니스모델이다. 즉 소비자들에게는 저렴하게 상품이나 서비스를 구매할 기회를 주면서, 동시에 해당 제품이나 매장을 홍보하는 수단이 되기도 했다. 위치정보나 애플리케이션 등을 통해 고객정보를 파악하고 이를 점주에게 제공하면, 점주는 이 정보를 바탕으로 쿠폰 발송 등의 서비스를 할 수 있다.

예를 들어 어느 백화점 애플리케이션(앱)을 내려받으면 매장에 들어가자마자 고

주파 음역대 파장을 통해 앱이 자동으로 실행, 고객이 자주 찾는 브랜드 매장을 지나갈 때 해당 브랜드 관련 정보나 쿠폰이 스마트폰을 통해 전송된다. 또 매장에서 모바일로 주문을 한 후 오프라인 매장에서 상품을 인수할 수 있는 사이렌오더서비스를 제공하고 있다.

그리고 향후 새로운 온라인과 오프라인이 하나가 되는 온라이프 리테일(onlife retail)이 나타나 공유경제, 플랫폼경제로 사회경제적 변화가 나타날 것이다. 특히 온라이프는 인터넷의 압도적인 채택과 사용으로 인해 사람들의 삶이 온라인상으로 이전보다 훨씬 더 폭넓게 펼쳐지고 있다. 리테일산업과 서비스분야도 새로운 형태의 온라이프 리테일이 등장하여 우리는 쇼핑이 온라인, 오프라인 판매채널과는 더 이상 관계없는 완전한 형태의 온라이프 경험을 하게 될 것이다. 기업 관점도 온라인 판매채널과 오프라인 판매채널의 통합으로 이루어질 것이다.

또한 전자상거래영역에서도 인공지능기술인 딥러닝(deep learning)을 통해 제품패턴, 이미지, 소비자의 선호도 등 비정형화된 빅데이터를 통해 소비자들이 더욱 정확하게 선호할 수 있도록 가이드를 제공할 것이다. 소비자가 원하는 제품의 검색방법을 텍스트중심에서 이미지 및 자연어로 확대하고, 추천기능을 통해 소비자의 미충족 니즈를 발굴하여 충족시킬 수 있는 잠재고객을 발굴해내는 것이다. 또한 제품별 수요예측을 통해 물류센터에 재고와 배송시간을 단축시키는 등의 방법으로 변화될 것이다.

11.2.1 전자상거래와 e-비즈니스 개념

전자상거래와 e-비즈니스의 개념정의는 비즈니스영역을 바라보는 시각에 따라 다를 수 있다.

1) 전자상거래의 정의

전자상거래는 인터넷을 포함한 컴퓨터통신망을 통해 상품 및 서비스, 정보를 사고, 팔고, 변환 그리고 교환하는 것으로 2009년 터번 등(E. Turban, et al.)은 다섯 가지 관점으로 전자상거래를 정의내리고 있다.

- 비즈니스프로세스(business process): 물리적인 비즈니스프로세스에 대한 정보를 대체하고 전자적 네트워크 위에서 비즈니스프로세스를 수행하는 것이다.
- 서비스(service): 정부, 기업, 소비자, 관리자에게 서비스 전달에 대한 속도를 증가시키고, 고객서비스 질을 증가할 뿐만 아니라 관련 서비스비용을 줄이는 것이다.
- 학습(learning): 학교, 대학교, 다른 조직, 비즈니스에서 온라인 교육 및 훈련이 가능한 것이다.
- 협력(collaborative): 조직 내와 조직 간의 협력에 대한 구조이다.
- 커뮤니티(community): 학습, 처리, 협력을 위하여 커뮤니티 멤버를 모으는 것이다.

산업통상자원부에서는 전자상거래를 "컴퓨터와 네트워크라는 전자적인 매체를 통해 상품 및 서비스의 거래가 이루어지는 방식"으로 정의한다. 즉 거래의 여러 과정 중에서 입찰, 계약, 주문 중 최소한 하나의 절차가 컴퓨터 네트워크상에서 이루어진 경우를 말한다.

- 네트워크는 인터넷 프로토콜통신망과 그 외의 컴퓨터를 매개로 한 모든 비인터넷통신망을 포함한다.
- 거래는 정부, 기업 및 소비자 등 각 상품 및 서비스의 소유권 혹은 사용권의 이전을 수반하는 경제주체 간의 거래이다(내부 거래는 제외).
- 전자상거래 공사액은 전자입찰을 통해 이루어진 공사의 계약액이다.

결론적으로 전자상거래는 거래상대방 간의 비즈니스관계를 증진시키기 위해 기업들의 비즈니스절차를 전략적으로 연계하고 통합할 목적으로 컴퓨터통신기술, 즉 정보기술을 이용하여 비즈니스와 관련된 각종 정보를 자동으로 교환함으로써 비즈니스방식을 재창조하고 비용절감, 고객만족 제고 등을 통해 궁극적으로 기업 이윤을 증대시키는 것을 목적으로 한다.

2) e-비즈니스의 정의

e-비즈니스는 단순히 상품과 서비스를 사고파는 것뿐만 아니라 고객에게 서비스를 제공하고 조직 간, 즉 파트너들 간에 협업이 이루어지며, 또한 조직 내에서 인터넷거래를 행하는 것으로 전자상거래보다 넓은 범위를 말한다. 간혹 전자상거래나 e-비즈니스 간의 차별적인 내용은 주어진 상황에 따라 다르게 해석되어 사용될 수 있다.

e-비즈니스활동은 돈의 흐름이 수반되는 일상적인 상거래뿐만 아니라 대고객 마케팅, 광고, 조달, 서비스 등까지를 포함하는 광의의 개념을 말한다. 초기의 협의의 전자상거래는 인터넷을 통하여 상품 및 서비스를 사고파는 활동으로 일컬었지만 광의의 개념으로 해석되어 기본적으로 e-비즈니스와 동일한 개념으로 해석된다([그림 11-2] 참고).

고객에게 제품과 서비스를 제공하기 위하여 회사는 공급자 및 조달프로세스에서 또 다른 파트너들로부터 원료, 부품 등을 구입한다. 구입된 물품들은 생산 및

그림 11-2 회사의 e-비즈니스 흐름도

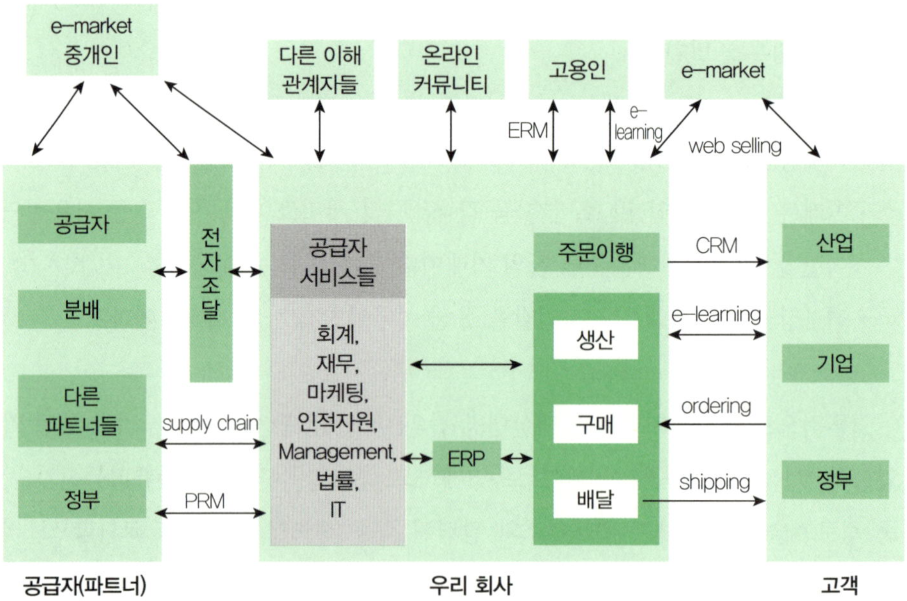

자료: Turban 외 3인, *Information Technology for Management*, 6e., Wiley, 2008.

운용영역에서 처리된다. 또 다른 영역인 재무와 마케팅 등은 고객에게 판매와 입력을 출력으로 변환하는 데 지원한다. e-비즈니스의 기본적인 활동은 가능한 많은 비즈니스프로세스를 자동화하는 것이다. 이러한 프로세스활동은 주문처리, 주문이행, 원료조달, 부품제조, 배달, 고객관계관리로서 내외부 간의 처리뿐만 아니라 물건을 사고, 팔고, 관계 맺는 것 등이 포함된다.

3) 순수 온라인 상거래 및 온 · 오프라인 상거래

디지털화된 상품, 예를 들어 음악(MP3), 동영상(영화 등), 전자책, 디지털화된 논문 및 자료, 보고서 등은 주문 및 결제 시 관련 상품을 다운로드를 통해 유통 및 물류, 중개인이 필요 없는 완전한 온라인 상거래형태를 취한다. 이러한 상거래를 순수 온라인 상거래(click and order)라고 한다.

현행 대부분의 전통적인 상품, 예를 들어 책을 인터넷서점에서 구입한다고 가정하면 온 · 오프라인 상거래이다. 인터넷서점에서 책을 구입 시 상품정보와 지불시스템을 통하여 구입을 완료한 다음에 물리적인 책은 택배회사를 통하여 고객에게 배송을 완료한다. 이러한 형태는 온라인과 오프라인이 동시에 진행되는 온 · 오프라인 상거래(click and brick)이다. 전자책(e-Book)은 순수 온라인형태로 진화된 것이다. 현행 쇼핑몰에 고객이 상품을 구입하는 형태는 대부분이 온 · 오프라인 상거래의 형태를 띠고 있다.

4) 오프라인 상거래 및 온라인사업에서 전통상거래를 겸하는 상거래

대부분의 전통적인 기업들은 백화점, 마트, 할인점, 시장에서 물리적인 상품을 고객들에게 판매한다. 이러한 모든 행위는 컴퓨터를 이용하지 않고 이루어진다. 물리적인 중개인에 의하여 물리적인 상품을 파는 경제조직이나 회사를 오프라인 상거래(brick-and-mortar)라고 한다.

온라인사업에서 전통상거래를 겸하는 상거래(click-and-mortar)의 형태는 그리 많지는 않지만 온라인에서 성공한 일부 사이트들이 오프라인, 즉 물리적인 세계의 상점을 개설하여 고객에서 상품 및 서비스를 이행하는 행위를 말한다. 예를 들어 대표적인 온라인 기업형태인 아마존(amazon.com)이 신규자동차를 오프라인 매장을 개설하여 판매한다고 가정해보자. 이 경우 고객은 물리적인 차량을 직접 작동하면서 차량의 장 · 단점을 직접 체험할 수 있다. 이와 같이 상품을 판매하는 행위가 온 · 오프라인형태의 융합의 예이다. 즉 제조업과 인터넷사업을 겸하는 상거래로 해석할 수도 있다.

11.2.2 전자상거래의 형태

전자상거래의 분류는 기업과 소비자 간(B2C), 기업과 기업 간(B2B), 기업과 정부 간(B2G) 거래 등으로 분류한다. 비즈니스, 소비자, 정부기관 등은 전자시장에서 중요 역할을 담당한다. 전자적 비즈니스의 거래형태는 [그림 11-3]과 같다.

1) Business-to-Business(B2B)

B2B 거래에서 구매자(buyers)와 판매자(sellers) 등의 모든 참여자들이 구성된

그림 11-3 전자적 비즈니스 거래형태도

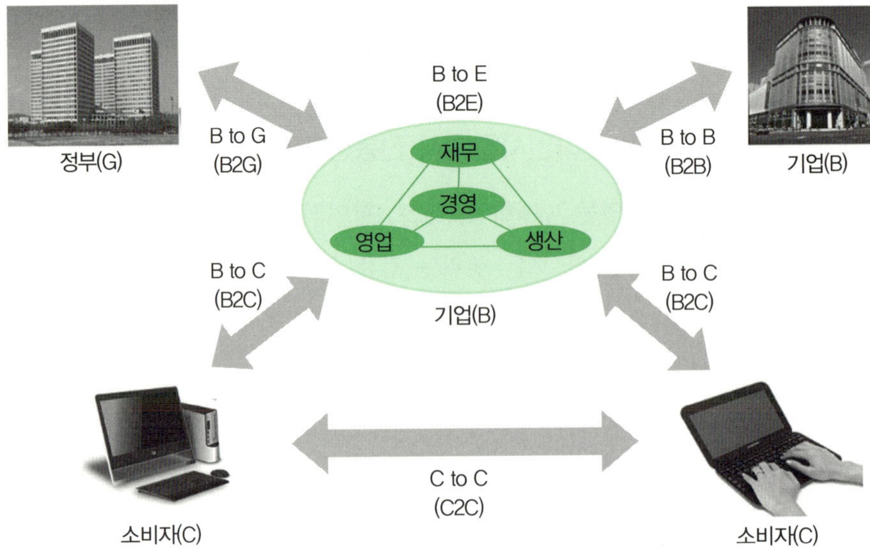

조직이다. 오늘날 대부분의 상거래는 기업과 기업 간 거래이다. B2B 응용은 전자문서교환(EDI), 부가가치통신망(VAN) 등을 통해 오래전에 설정되어왔으나, B2B 거래형태가 e-마켓플레이스로 점점 강화되는 추세이다. e-마켓플레이스는 상품 구매와 판매를 위한 기업 간 전자상거래의 핵심으로 내부적으로는 비용절감과 외부적으로는 매출확대를 기할 수 있다.

2) Business-to-Consumers(B2C)

B2C에서 판매자는 조직이며, 구매자는 각각의 개인들이다. 대표적인 비즈니스 모델은 전자소매(e-tailing)인 쇼핑몰이 대표적이다.

3) Consumers-to-Business(C2B)

C2B는 제품이나 서비스를 필요로 하는 소비자를 발굴하여 공급자, 즉 기업이 그들이 필요로 하는 제품과 서비스를 제공하는 형태이다. 이의 대표적인 예는 priceline.com이다. priceline은 고객이 원하는 가격에 대한 상품과 서비스를 요구할 때 고객의 눈높이에 맞추어 공급자와 협상을 유도한다.

4) Consumer-to-Consumer(C2C)

C2C는 어떠한 소비자가 또 다른 소비자에게 제품이나 또는 서비스를 판매하는 행위이다. C2C형태는 Customer-to-Customer와 상호 교환되어 사용된다. C2C의 전자적 시장은 웹과 앱기반의 경매(auction)에 의해 기본적으로 형성된다. 분류형태의 정보에서 인터넷을 이용하여 경매사이트를 통해 소비자들 사이에 협상하는 것이다.

5) Business-to-Business-to-Consumers(B2B2C)

B2B2C에서 어떤 비즈니스는 고객(client)비즈니스에게 상품과 서비스를 제공한다. 고객비즈니스는 자신의 고객을 가지고 있고, 그 고객들에게 상품이나 서비

스를 제공한다.

6) mobile commerce(모바일 상거래)

무선환경에서 행해지는 상거래 업무와 활동은 모바일 상거래(m-commerce)라고 한다. 특히 최근에 특정 위치나 특정 시간에 개인을 겨냥해 먹거리, 식당, 관광명소, 공원 등을 서비스하는 위치기반상거래 또는 소셜커머스로 각광받는다.

7) collaborative commerce(협력 상거래)

개인이나 단체가 온라인상으로 의사소통하거나 협업할 때 그들을 협력 상거래라고 한다. 예를 들어 멀리 있는 곳에 인터넷을 활용하여 공동으로 협력하여 커뮤니티 및 관련 상품에 대한 서비스를 제공할 뿐만 아니라 예측도 가능하다.

8) intrabusiness(intra-organization) commerce(조직 내 상거래)

조직 내 다양한 단체나 개인 사이의 상품, 서비스 및 정보의 거래와 관련한 모든 내부 조직활동을 포함한다. 회사상품을 종업원에게 특별 판매하는 것뿐만 아니라 타회사의 제품을 특별히 주문형태로 저렴하게 구입하여 종업원에게 판매하는 것도 포함된다. 조직 내 상거래는 대개 인트라넷 및 기업포털에서 행해진다.

9) Government-to-Business(G2B)

G2B영역은 기업과 정부 사이의 모든 처리를 의미한다. 대표적인 형태가 나라장터로서 다양한 정부프로젝트의 입찰을 통해서 기업이 제안하여 평가완료 후 사업이 진행되는 형태다.

10) Government-to-Citizens(G2C)

G2C는 정부가 시민들에게 상품, 복지서비스 또는 행정정보를 제공하거나 상품을 구입하는 것이다. 노인복지, 장애자의 복지 등뿐만 아니라 공공요금, 세금지불

및 반환과 같은 분야에서 정부와 시민들 사이의 전자적 처리를 포함한다.

11) Peer-to-Peer(P2P)

인터넷 사용자들을 일대일로 연결시켜주기 때문에 P2P모델이야말로 인터넷의 장점을 가장 잘 살린 비즈니스모델이다. 각 사용자들의 PC에 있는 MP3, 동영상, 유튜브, 각종 소프트웨어, 또 다른 디지털화된 상품 등의 디지털파일들을 공유하여 교환할 수 있도록 해주는 것으로 교환형과 온라인 마켓플레이스를 통한 중개형 서비스로 구분한다.

12) O2O(Online to Offline)

O2O(Online to Offline)는 오프라인 매장에서 판매되는 제품이나 서비스를 온라인 소비자와 연결하여 구매를 유도하는 방식을 지칭한다. 예를 들면 소비자의 위치를 기반으로 근처 매장의 할인정보를 스마트폰으로 발송하여 소비자를 매장으로 유도하는 경우나 스마트폰에서 예약, 주문, 결제 후 오프라인 매장에서 제품을 수령하거나 서비스를 이용하는 경우 등이 있다. 이러한 O2O서비스의 핵심은 오프라인의 활동을 온라인에서 지원하는 데서 출발한다.

11.2.3 전자적 상거래의 비즈니스모델

비즈니스모델은 기업이 존속하기 위하여 이익을 발생시키는 방법이다. 주요 일반적인 비즈니스모델형태는 다음과 같다.

1) 온라인 직접마케팅(online direct marketing)

가장 두드러진 모델은 온라인상에서 고객에게 상품 및 서비스를 판매하는 행위이다. 중계상인 및 물리적인 상점이 없이 제조업자가 고객에게 판매하는 것으로 보다 효율적인 분배를 하면서 소매상이 고객에게 판매하는 것이다. 이 모델은 디지털화된 상품 및 서비스에 특히 유효하며 B2C(e-tailing)와 B2B 거래에서 행해진다.

2) 조달에 대한 전자입찰시스템(e-procurement)

개인 또는 공공의 보다 큰 조직적인 구매자들은 역경매라고 알려진 입찰시스템을 통하여 많은 양 또는 보다 큰 가치를 구매한다. 이러한 입찰은 돈과 시간을 절약하는 온라인으로 할 수 있다.

3) 온라인 경매(online auction)

국내는 옥션, 국외는 eBay라고 하는 경매사이트 혹은 아마존, 네이버뿐만 아니라 수백 개의 다른 회사들 또한 온라인 경매를 실시한다. 이러한 경매에서 온라인 쇼핑객은 다양한 상품과 서비스에 대하여 입찰을 하고 최고가의 입찰자가 경매된 상품을 얻는다.

4) 제휴마케팅(affiliate marketing)

제휴마케팅은 판매회사의 웹사이트를 소비자들이 참조하도록 마케팅 파트너(비즈니스, 조직, 심지어 개인)들과 협약을 맺는 것이다. 참조는 제휴회사의 웹사이트에 판매회사의 배너광고나 로고를 배치하여 이루어진다. 제휴를 맺은 파트너는 고객이 판매회사의 웹사이트를 참조하여 그곳에서 구입할 때 구입가격의 3~15%의 수수료를 받는다.

5) 원하는 가격제도(name your own price)

priceline.com이 처음으로 도입한 모델로서 구매자가 특정 상품이나 서비스를 위해 기꺼이 지불할 가격을 정하도록 허용한다. priceline.com은 고객의 요청에 따른 가격으로 상품이나 서비스를 기꺼이 판매하려는 적절한 공급자를 찾기 위해 노력한다.

6) 가장 좋은 가격을 발견하기(find the best price)

중개사이트는 고객의 요구를 명확히 파악하여 최저가격을 찾아서 원하는 정보를 고객에게 제공한다. 예를 들어 소비자가 자동차나 가계대출을 하려고 할 때 좋은 이자율을 찾아 관련 정보를 고객에게 제공한다.

7) 구전마케팅(viral marketing)

본 모델은 상품과 서비스가 대체로 만족될 때 다른 사람에게 메시지를 보내거나 어떤 프로그램이나 커뮤니티를 통하여 상표인지도나 동질의 정보를 인지하도록 권유하여 관련 상품과 서비스의 판매도를 높이는 것이다. 이러한 비즈니스모델은 웹기반이 기본이 되어야 한다.

8) 공동구매(group purchasing)

전자상거래에서 공동구매는 개인이나 관련 기업을 찾아 주문을 모아서 협상 및 입찰을 통하여 가격할인을 받는 것이다. 일정규모가 충족되었을 때 대부분 실시한다.

9) 제품의 맞춤화와 서비스의 개인화(product customization and service personalization)

제품의 맞춤화는 구매자가 명기한 사항에 따라 제품을 만드는 것을 의미한다. 맞춤화는 새로운 모델이 아니다. 온라인 고객을 위하여 그리 비싸지 않은 범위 내에서 고객에게 맞춤서비스를 제공하는 것이다. 대표적인 사례가 델 컴퓨터로서 자사의 고객을 위해 상품을 주문제작해주고 있다. 비슷하게 서비스 또는 정보가 고객이 원하는 사양에 따라 충족되었을 때 이를 개인화라고 부른다.

10) 전자시장과 교환(electronic marketplace and exchange)

전자시장은 주식, 실물거래의 예와 같이 수십 년 동안 진행되어왔다. 구매자와 판매자가 전자시장에서 제품을 검색하고, 제품을 진열하며, 제품에 대한 가격을 설정할 수 있는 환경을 제공한다. 전자시장이 잘 조직되고 관리된다면, 구매자와 판매자 양측에 이익을 제공한다. e-steel.com(철강)처럼 한 분야 산업에 집중되어 전자시장이 관리되는 것을 수직적 시장(vertical marketplace)이라고 한다.

11) 가상커뮤니티(virtual communities)

관심이 비슷한 사람이 커뮤니케이션하고 유용한 정보를 찾을 수 있는 온라인 만남장소를 제공한다. 유튜브(Youtube.com)는 전세계 사용자가 비디오를 업로드하고, 이름표를 달고 공유할 수 있도록 해주는 무료 온라인 스트리밍 비디오서비스이다. 즉 커뮤니티 회원들의 회비가 광고수입과 함께 주수입원이며, 고객의 피드백이나 고객서비스를 통한 관계구축을 위해 기업들이 많이 활용한다.

12) 가치사슬 통합(value chain integrators)

가치사슬상의 여러 단계들을 묶어서 통합서비스를 제공하는 모델로서, 수입원은 컨설팅비용이나 거래수수료이다.

13) 가치사슬서비스(value chain service provider)

전자지불기능, 로지스틱스 같이 산업의 가치사슬상의 특정한 기능에 특화하여 온라인으로 서비스를 제공하는 모델로서, 은행들의 전자결제 인증서비스에서부터 생산관리, 재고관리에 이르기까지 가치체인상의 지원활동이 모델의 핵심이다. 수입원은 웹기반 소포배달서비스업체인 FedEx 또는 UPS(www.ups.com)의 예처럼 주로 서비스이용료에 있다.

14) 공급사슬 개선자(supply chain improvers)

전자상거래의 중요한 기여 중 하나는 공급망관리를 변화시키거나 향상시키는 새로운 모델을 창안함에 있다. 공급체인이 느리고, 비싸고, 오류가 많은 공급망은 대폭적인 개선을 필요로 한다.

15) 정보중개(information brokerage)

제품, 가격결정, 입수가능성에 관한 정보를 개인 및 기업에 제공한다. 광고나 판매자에 대한 직접적인 구매자 연결에서 수익을 창출한다.

16) 거래중개(transaction brokerage)

온라인 판매거래로 사용자의 돈과 시간을 절약하며, 거래가 발생할 때마다 수수료를 받는다. 또한 수수료와 조건에 대한 정보를 제공한다.

17) 소셜네트워크, 커뮤니티, 블로그(social networks, communities, and blog)

많은 회사들은 상업적인 이익을 위해 소셜네트워크, 커뮤니티, 블로그 등을 통해 상품소개 및 서비스, 쇼핑몰을 구축 · 운영하고 있다.

18) 협상(negotiation)

인터넷은 개인 및 기업들 사이에 협상의 가능성을 제공한다. 지능적인 에이전트가 협상을 잘 진행한다.

11.3 B2C 전자상거래

기업과 소비자 간의 대표적인 전자상거래모델은 인터넷쇼핑몰이다. 인터넷쇼핑몰은 온라인 신유통서비스로서 백화점과 대형마트의 매출을 뛰어넘는 시장창출로 짧은 기간 내에 유통의 핵심으로 자리 잡아가고 있다. 특히 다수의 구매자와 상대적으로 소수의 판매자 간에 하루에 수천 수백만 건의 다양한 거래가 진행되어 매출이 나타나는 롱테일법칙이 새롭게 등장하였다. 소비자가 많은 상품정보를 통해 원하는 상품을 구매하고 지불결제가 이루어지면 바로 물품이 배송되어 고객에게 제공하는 프로세스이다. 쇼핑몰 운영자는 고객을 유지 · 관리하기 위하여 다양한 마케팅활동과 체계적인 고객서비스관리를 통해 사후 재구매가 이루어질 수 있도록 하여야 한다.

인터넷쇼핑몰은 지속적인 성장을 이끄는 대형 쇼핑몰과 누구든 판매활동이 자유로운 오픈마켓의 성장이 꾸준히 증가하고 있다. 대형 쇼핑몰은 인지도를 통해 거래장소만 제공하고 그 수수료를 통해 이익을 창출하는 반면에, 오픈마켓의 경우 누구든지 물품을 판매할 수 있는 개방성이 있으며, 사업자등록 없이도 시작이 가능하고 창업비용을 대폭 줄일 수 있다. 따라서 좋은 품질의 제품을 저가로 판매할 수 있으며, 소비자는 저렴하면서도 좋은 품질의 제품을 구매할 수 있기 때문에 계속적인 순환을 통한 성장세가 매우 빠르게 전개되고 시장경쟁 측면에서 타모델보다 우수하다.

이러한 추세에 맞추어 국내 쇼핑몰시장은 종합쇼핑몰과 특성화된 전문몰로 구분되는데 특히 종합쇼핑은 오픈마켓, 종합쇼핑몰, 대형마트쇼핑몰, 카드사/포인

그림 11-4 전자상거래 쇼핑몰의 흐름도

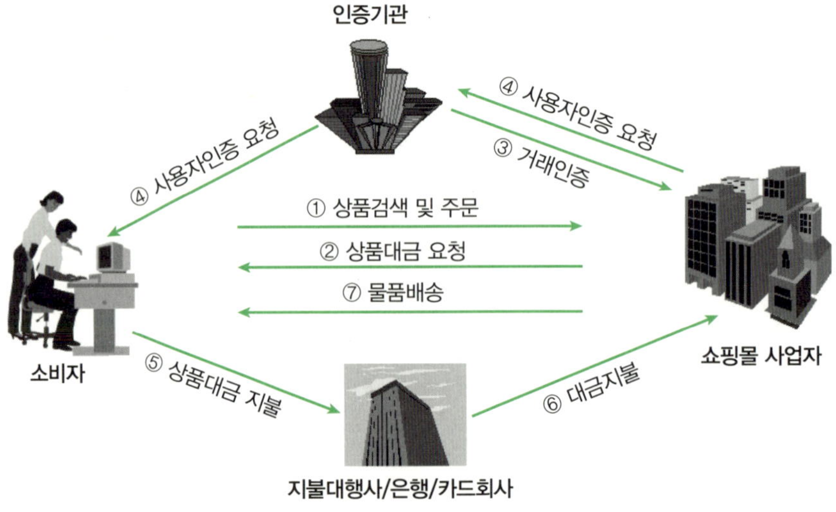

트쇼핑몰로 구분되어 성장하고 있다. 현재 인터넷쇼핑몰시장은 계속적으로 발전하고 있으며, 거래되는 상품의 종류도 유형의 제품에서 여행, 정보서비스 관련 콘텐츠 등 무형의 서비스상품까지 다양하다.

일반적으로 인터넷 상거래의 활동은 돈의 흐름이 수반되는 일상적인 상거래뿐만 아니라 대고객마케팅, 광고, 조달, 서비스 등까지를 포함하는 광의의 개념으로 확대되고 있다. 국내의 이러한 인터넷 상거래는 크게 쇼핑몰(전문몰과 대형몰)과 오픈마켓으로 구분되어 운영되고 있다([표 11-1] 참조).

표 11-1 쇼핑몰과 오픈마켓의 비교

구분	쇼핑몰(전문몰, 대형몰)	오픈마켓
기본적인 운영주체	상품을 파는 사람이 쇼핑몰 자체를 운영하는 것	상품을 파는 사람은 시스템을 이용하여 물건을 팔게 되는 것
제품구성	다양한 품목에 한 가지 제품만 판매	여러 명의 판매자가 다양한 품목에 같은 제품을 판매
구매자 입장	운영자가 상품의 종류, 품질, 배송, 문의, 교환, 반품을 직접 관리(일관되게 처리되어 신뢰성이 높다)	판매자별로 관리되는 상품의 종류, 품질, 배송, 문의, 교환, 반품이 다르게 적용(판매자의 신용등급이나 구매한 사람들이 평가한 만족도 참조)
판매자 입장	입점절차(신용도, 품질, 상품구색 등의 허가)	가입(필요한 정보, 사업자임을 증명한 후 판매가능, 사업자등록을 하지 않은 개인판매자의 판매도 가능)
마케팅	운영자가 홍보담당	판매자가 직접 홍보, 적극적 마케팅가능
판매관리	운영방침에 따라	개인(판매자)의 노하우 발휘

11.3.1 전자상거래 흐름도

전통적 상거래절차는 공급자가 서비스나 상품에 대해 고객을 대상으로 광고를 하고 고객은 광고를 통해 원하는 서비스나 제품을 공급자에게 주문하거나 직접 시장에서 쇼핑을 하고 구매한다. 이 절차에는 서비스나 상품과 고객 사이에 유통업자/수입자, 소매업자 쇼핑몰 등 실제시장이 항상 존재한다. 전자상거래절차는 전통적 상거래절차와는 달리 별도로 대중을 위한 광고를 하거나 쇼핑을 위한 실제 제품을 전시할 필요가 없으며 모든 활동은 가상공간과 네트워크를 통해 이루어진다.

상품판매자, 제품공장, 네트워크 하부구조, 인증자, 결제대행자 등이 네트워크에 의해 연계 통합되어 정보교환이 이루어지고 또한 네트워크에 의해 실시간 운영관리가 이루어지게 된다. 전자상거래는 물건이나 서비스에 대한 정보와 공급자 및 금융업계로의 접근을 결합시킴으로써, 전자지불시스템을 이용한 물건이나 서비스의 구매를 가능하게 하는 것으로, 전자문서 · 인터넷 · 인트라넷 등을 채널로 사용하고, 메시지를 통한 애플리케이션의 연동과 업무프로세스의 분석과 재설계에 근간을 두고 있다.

전자상거래의 흐름도는 정보교류, 주문, 대금결제, 실행, 그리고 서비스 및 지원의 다섯 단계를 통하여 이루어진다. 이를 판매자와 고객 입장에서 구분해보면 소비자는 판매자에게 상품에 대한 질문을 하고, 적합한 판매자를 선택하며, 구매가능성을 확인하여 구매요청서를 제시하게 된다. 판매자는 소비자에게 필요한 정보를 제공하고, 구매요청 시 고객의 신뢰성과 재고 및 운송계획을 확인하고, 송장

그림 11-5 전자상거래 정보흐름도

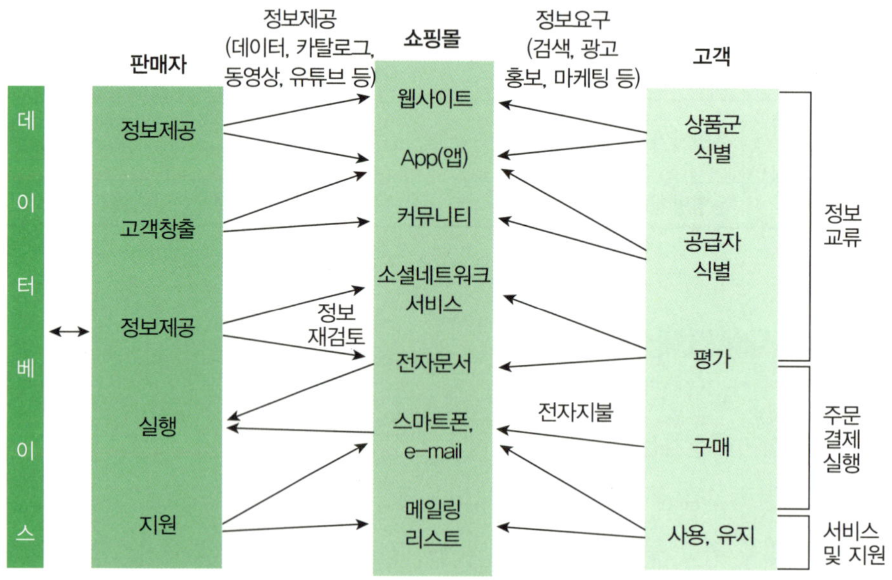

에 대한 적절한 조치를 취하게 된다.

1) 정보교류(information sharing)

판매자와 고객 간의 정보교류를 의미하는 것으로, 판매자인 기업은 광고와 마케팅 등의 방법으로 효과적인 통신수단을 통하여 자사의 상품과 서비스를 고객에게 알리고, 고객과 관련된 정보를 수집하여야 하며, 고객은 필요로 하는 상품에 대한 정보를 수집하고, 필요한 정보를 판매회사에 요청하여 관련 정보를 습득함으로써 원하는 상품의 구매 여부를 결정하게 된다. 이러한 정보교류를 위한 방법으로는 커뮤니티, 이메일, 게시판, 블로그, SNS, 고객의 소리 등이 있다.

2) 주문(ordering)

고객이 전자적인 방법으로 상품 또는 서비스를 주문하는 것을 의미하며, 웹사이트 및 앱 콘텐츠를 통한 판매자와 고객 간의 주문프로세스를 전자적인 방식으로 주문처리하는 것이다.

3) 대금결제(payment)

상품 또는 서비스에 대한 대가를 전자적으로 지불하는 것을 의미하며, 고객의 결제수단에는 모바일 결제시스템, 실시간자동이체, 신용카드결제, 무통장거래 등이 있다.

4) 실행(fulfillment)

실제 상품을 고객에게 제공하는 것을 의미한다. 상품은 유형상품인 완제품, 관련 부품 등과 무형상품인 정보, 보고서, 뉴스, 카탈로그, 이미지정보, 응용콘텐츠, 앱프로그램 등이 존재하며 모두 인터넷을 통한 유통이 가능한 제품군이다. 특히 물리적 상품의 경우는 네트워크를 통하여 직접 전달할 수는 없으나, 운송업체를 통하여 물품을 제공하고, 물품의 운송과정을 네트워크를 통하여 소비자에게 제공함으로써 고객이 구입한 제품이 어느 경로로 어떻게 운송되고 있는지를 휴대폰, 스마트폰, 인터넷 등에서 실시간 검색이 가능하다.

5) 서비스 및 지원(service and support)

판매회사와 고객 간의 관계는 상품의 거래로 끝나는 것이 아니라, 상품구매를 통하여 시작되었음을 의미한다. 즉 구매자는 상품이나 서비스에 대한 추가적인 제품회사의 지원을 필요로 하고, 판매회사는 미래의 다른 고객에게 제공할 상품의 디자인을 위하여 자사의 제품을 사용하는 고객의 기호를 면밀히 파악하여야 한다. 이를 위하여 여러 가지 채널로 고객만족 및 불만족을 수시로 파악하여 고객이 만족할 때까지 상품을 관리 · 개선하는 자세가 반드시 필요하다.

11.3.2 온라인 전자상거래 개념의 변화

전자상거래분야는 소비자들을 통한 다양한 데이터, 예를 들어 '제품 검색, 비교 및 구매', 장바구니, 결제내역 등의 데이터가 많이 발생된다. 그럼에도 불구하고 전자상거래환경은 혁신적인 분야로 개념의 변화가 이루어지고 있다. 제품에 대한 이미지와 소비자가 원하는 제품패턴, 소비자 선호도 등과 같은 사항들을 파악하기 위해 빅데이터와 인공지능 관련 기술이 도입되고 있다.

예를 들어 알리바바는 인공지능기술인 딥러닝을 통해 상품 검색의 시행착오과정을 개선하기 위하여 노력하고 있다. 알리바바는 이미지만으로 사용자가 원하는 상품을 정확하게 찾아내는 '타오바오 앱'을 출시하였다. 기존과 같이 이미지에 태깅된 상품 설명을 텍스트로 검색하는 것이 아니라, 컴퓨터가 마치 사람의 눈과 같이 제품 이미지를 직접 인지하여 알리바바 내에서 판매 중인 유사한 외관의 제품을 찾아주는 방식이다. 알리바바의 이미지 검색서비스 딥러닝은 찾고자 하는 제품의 모양, 색깔, 무늬 등이 유사한 상품을 이미지만으로 검색함으로써 구매자가 브랜드, 모델명 등을 몰라도 원하는 상품을 찾게 도와준다.

아마존은 음성, 이미지 등 다양한 비정형 데이터를 활용함으로써 소비자의 온라인 쇼핑몰 이용 경험 자체를 재구성하고 있다. 아마존은 자체 지원단말기로 음성 기반의 제품을 주문하는 기능을 제공하고 스마트폰으로 소비자가 사진으로 찍은 상품을 알아서 검색하고 최저가로 구매할 수 있게 한다. 생필품 등 주기적인 소비가 필요한 상품에 대해서는 단순 버튼 클릭을 통해 구매-결제-배송서비스를 제공하는 기능을 출시하여 쇼핑의 편리성을 제공하고 있다.

이와 같이 소비자의 선호도 및 구매주기를 빅데이터 관점으로 분석함으로써 아마존은 소비자가 필요로 하는 제품을 미리 예측하여 제시하고, 소비자는 단지 그것을 구매할 것인지 아닌지만 결정하면 되도록 하는 예측판매서비스를 지향하고 있다. 아직은 예측판매서비스가 미비하지만, 지역별 소비자의 제품 수요를 예측하여 각 유통 창고별로 제품을 미리 구매해 비축해놓는 방식으로 제품의 배송시간을 크게 줄이고 있다. 아마존은 머신러닝 플랫폼을 통해 사용자의 구매이력, 선호도, 결제정보를 종합적으로 분석해 온라인 쇼핑절차를 혁신적으로 간소화한다.

전자상거래 콘텐츠영역의 비정형화된 데이터, 즉 패턴, 이미지, 소비자 선호도 등의 분석되지 못했던 정보들을 딥러닝과 빅데이터를 통해 분석하여 소비자들이 더욱 정확하게 선호할 수 있도록 가이드를 제공한다. 온라인 전자상거래분야에 적용되는 인공지능은 소비자가 원하는 제품의 검색방법을 텍스트중심에서 이미지 및 자연어로 확대하고, 정교화된 추천기능을 통해 소비자의 미충족 니즈를 발굴할 뿐만 아니라 잠재고객을 발굴해내는 것이다. 또한 제품별 수요 예측을 통해 각 지역에 위치한 물류센터에 재고를 미리 확보하고, 배송시간을 획기적으로 단축시키는 등의 방법으로 기존 온라인 전자상거래 개념을 근본적으로 변화시키고 있다.

11.3.3 온라인광고

인터넷에 접속해보면 국내외 많은 기업들이 접속횟수가 많은 사이트에 제품이나 자사 소식을 광고하는 것을 볼 수 있다. 국내 인터넷광고나 인터넷 상거래에서의 광고는 이제 보편화되고 있다. 한편 외국에서도 기업과 개인들의 관심 속에 온라인광고는 빠르게 성장하고 있는 추세이다.

현대사회에서 대중매체를 통한 광고가 자신을 알리거나 상품을 소개하는 데 있어 주요한 역할을 했다면, 인터넷상에서의 광고는 기존의 대중을 향한 광고와는 달리 개별화된 특성에 맞는 새로운 광고전략 모색이 시급해지고 있다.

광고는 정보를 효율적으로 전달하는 방법 중의 하나이다. 예전의 광고와 웹에서의 광고가 구분되는 점이 있다면, 이는 방향성의 문제이다. 기존 광고는 대중매체를 통해 이러한 효율성을 증대시키는 방안으로 여러 광고기법들이 이용되고 있지만, 웹에서 흔히 볼 수 있는 광고는 이미지광고와 배너광고, 동영상광고 이외에 스마트폰을 이용한 앱광고 등의 형태이다.

특히 인터넷 확산과 통신서비스의 발달에 힘입어 인터넷을 이용한 광고가 고개를 들기 시작해 어느 정도 규모를 갖추고 있는 기업들은 모두 자사의 웹페이지를 통해 광고와 판매를 겸하고 있다. 기업들의 경우 낭비에 가까운 홍보용 인쇄비를 줄일 수 있을 뿐 아니라 전세계의 소비자를 대상으로 광고할 수 있어 일석이조의 효과를 노릴 수 있기 때문이다.

인터넷광고는 일단 인터넷망에 광고를 올려놓으면 전세계 소비자들이 접근할 수 있는 소위 '광고의 글로벌화'라는 장점을 갖고 있어 순식간에 국가 간 가로막혀 있던 국경의 장벽을 훌쩍 뛰어넘어 버렸다. 세계가 하나의 통합된 시장으로 변화하는 시점에서 인터넷이 갖고 있는 이 같은 특성은 다국적 광고의 효과를 십분 발휘할 수 있도록 한다.

가장 일반적인 온라인광고방법에는 배너, 팝업뿐만 아니라 국내외 정보검색엔진과 웹디렉토리에 등록하여 광고 · 홍보하는 것과 국내외 웹 관련 메일링 리스트와 전자우편을 통해 홍보하는 것, 비슷한 업종 및 표적시장이 같은 웹사이트와 하이퍼링크 연결하는 것 등이 있다. 배너광고는 유명 웹사이트에 광고하고자 하는 여러 가지 사항을 홍보하는 것이다. 가장 대표적인 온라인광고인 배너광고와 콘텐츠광고에 대하여 살펴보면 다음과 같다.

- 배너광고는 웹페이지 내 특정 위치(첫 화면 기준 시 상단과 오른쪽에 위치)에 사각형의 띠광고를 다는 것을 말한다. 방문자, 즉 고객이 이들 배너광고를 클릭하면 해당 광고페이지나 사이트와 연결되는 형식으로 이루어진다.
- 콘텐츠형 광고는 배너광고가 소비자에게 노출되는 위치나 시점이 고정되어

있기 때문에 네티즌에 따라 광고메시지를 전달하기 어렵다는 단점을 보완하기 위하여 고객이 많이 찾는 정보와 콘텐츠를 활용하여 브랜드이미지를 강화하는 광고이다.

11.4 B2B 전자상거래

기업과 기업 간(B2B) 상거래는 인터넷, 인트라넷, 엑스트라넷 혹은 네트워크를 통해서 기업들 간에 전자적으로 이루어지는 상거래를 의미한다. 이러한 상거래 유형은 한 기업과 관련 공급망 구성기업들 간에 또는 한 기업과 다른 기업들 간에 수행될 수 있다.

기업 간 전자상거래가 급성장하게 된 배경은 기업들로 하여금 구매, 조달, 생산, 판매, 유통은 물론 고객관리, 인력관리 등 비즈니스프로세스 전반을 인터넷을 통하여 수행할 수 있는 기회를 제공함으로써 비용절감과 새로운 사업기회창출 등의 다양한 효과를 제공하고 있기 때문이다.

초기의 기업 간 전자상거래는 EDI를 기반으로 전개되었는데, EDI는 비용이 많이 들 뿐만 아니라 폐쇄적인 성격의 네트워크이기 때문에 산업 전반에 걸쳐 활성화되는 데에 많은 어려움이 있었다. 그러나 인터넷을 기반으로 하는 기업 간 전자상거래는 적은 비용으로 다수의 거래자를 참여시킬 수 있는 개방적인 성격이 강해 많은 기업들의 참여를 유도함으로써 활발한 거래를 일으키고 있다.

이처럼 기업 간 상거래에 대한 관심이 높아지면서 많은 기업들이 기업 간 전자상거래에 뛰어들고 있는데, 최근 들어 가장 두드러진 움직임이 바로 e-마켓플레이스의 구축이다. 이러한 e-마켓플레이스는 B2B 벤처기업들에 의해 먼저 구축되기 시작하였는데, 최근에는 오프라인의 대형 제조업체들을 중심으로 거대한 규모의 업종별 e-마켓플레이스가 등장하여 활발히 활동하고 있다.

11.4.1 판매자 측 전자시장: 일대다(one-to-many)

기업 간 거래의 판매자 측(sell-side) 전자시장(e-marketplace)의 비즈니스는 엑스트라넷을 통해 비즈니스고객에게 제품과 서비스를 판매하는 행위이다. 판매자는 도매업자, 소매업자 혹은 대형기업체들에게 판매하는 제조업체 및 유통업체일 수도 있다. 어느 경우이든 판매자 측에서는 하나의 판매자와 다수의 잠재기업고객으로 구성된다. [그림 11-6]은 소비자고객이든 비즈니스고객이든 동일한 판매주도형 시장을 사용함을 보여준다.

일대다(one-to-many)모델은 중요한 방법이 있다. 카탈로그를 통한 직접판매, 경매를 통한 판매, 협상과 장기계약에 의한 일대일 판매가 그것이다.

1) 카탈로그를 통한 직접판매

회사들은 온라인 카탈로그로 직접판매하기 위하여 인터넷을 이용한다. 회사는 모든 고객들에게 하나의 카탈로그를 제시할 수 있고 각 개인고객들에게 맞춤화된

그림 11-6 판매주도형 기업 간 상거래

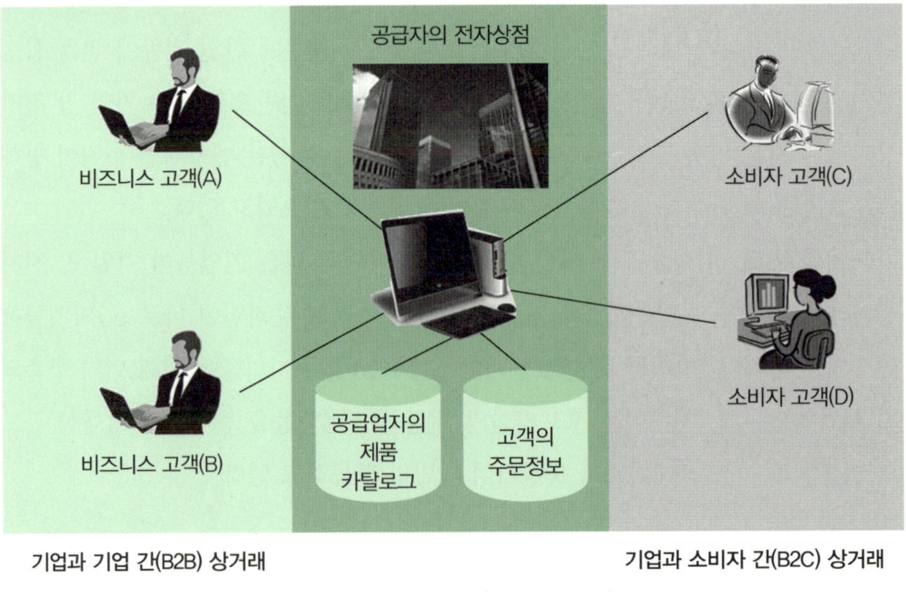

카탈로그를 제시할 수도 있다. 직접판매를 활성화하기 위하여 판매자는 구매자에게 구매자정보시스템과 연계될 수 있는 전자카탈로그 및 주문정보를 저장할 수 있는 구매자별로 맞춤화된 장바구니를 제공할 수 있다. 특히 많은 판매자들은 고객들에게 분리된 페이지와 맞춤화된 카탈로그와 가격 등이 포함된 정보를 제공하여 신뢰를 얻는 것이 매우 중요하다. 한편 기업고객들은 온라인으로 제품을 맞춤화하여 견적을 받을 수 있고, 제품주문을 할 수 있다.

2) 경매를 통한 판매

경매는 기업 간 거래 판매채널로서 가장 인기가 있다. 경매에서 상품이 재빠르게 처분될 수 있도록 사설(private)이나 공설(public)사이트에 전시된다. 경매방식은 판매자에게 다음과 같은 많은 이익을 제공한다.

(1) 수익발생

경매는 온라인 혹은 전체적인 판매액을 확대시키는 데 기여한다. 경매는 과잉제품, 시대에 떨어진 제품, 반송제품 등을 빠르고 쉽게 처분하는 데 도움을 준다.

(2) 비용절감

경매를 전자적으로 실행함으로써 새로운 매출액을 창출할 뿐만 아니라 경매상품을 판매하는 데 드는 비용을 절감할 수 있다. 절약분은 판매자의 이익을 증가시키는 데 기여한다.

(3) 충성도 증가

경매사이트의 방문횟수와 방문기간을 타사이트와 비교하면 방문자수와 방문횟수, 사이트에서 보내는 시간이 많을 뿐만 아니라 고객충성도 면에서 우위가 존재한다.

(4) 회원확보 및 유지

회원고객을 위하여 끊임없는 분석, 취향, 만족도 등을 고객에게 제공한다면 회원고객을 유지하는 데 타사이트보다 경쟁력을 가질 수 있으며, 회원확보를 계속해서 증가시킬 수 있다.

11.4.2 구매주도형 전자시장과 전자조달: 다대일(one-from many)

1) 구매주도형 전자시장: 역경매

기업 간 전자상거래의 독특한 한 분야는 구매자중심의 시장과 조달을 위한 전자상거래 활용이다. 조달은 회사가 필요로 하는 상품이나 서비스를 구매하는 것이다. 구매주도형(buy-side) 전자시장(e-marketplace)의 모델에서는 구매자가 자체 서버에 전자시장을 개설해서 구매자가 필요로 하는 품목에 대해 잠재적인 납품업자들이 입찰에 응하도록 초대하게 된다. 이러한 구매주도형을 일반적으로 역경매라고 말하며, 역경매에 초대하는 것을 견적요청서(RFQ: Request For Quote)라고 한다. 견적요청서는 문서형식이며 RFQ프로세스는 역경매(reverse auction)

그림 11-7 구매주도형 기업 간 상거래

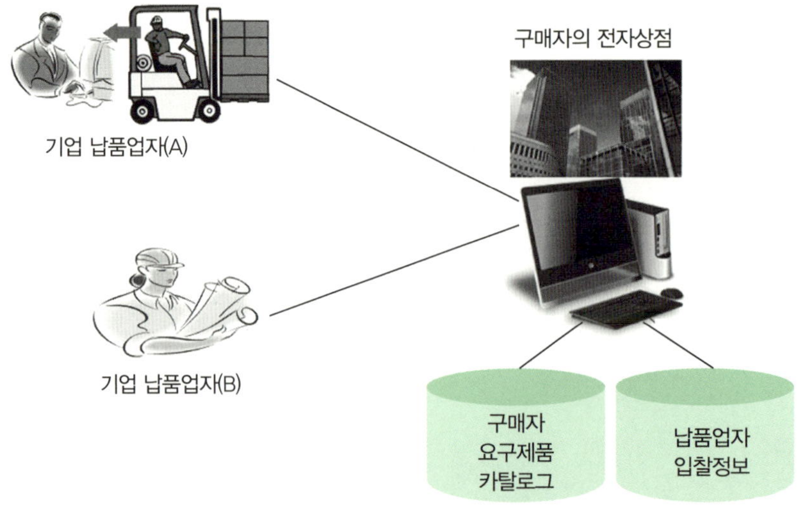

또는 입찰(tendering or bidding)모델이라고 부른다. 역경매는 대형구매를 가진 모델이며, 정부와 대기업들은 이 방법을 잘 활용하여 비용절감효과를 가져온다.

2) 구매주도형 전자시장: 전자조달

전자조달(e-procurement)은 회사가 필요로 하는 상품이나 서비스를 구매하는 것이다. 그것은 대개 알려진 구매 에이전트(대행자)가 수행한다. 구매기능은 전체 공급체인과정에서 처음으로 이루어지는데 이러한 구매기능의 성과 향상은 전체 공급체인에 커다란 영향을 미침으로써 기업경쟁력의 확보에 중요한 역할을 담당한다. 또한 외부적으로 공급업체와 공식적인 창구역할을 수행함은 물론이고 내부적으로는 연구, 생산, 품질, 자재부문뿐만 아니라 자금부서와도 밀접한 연결고리를 형성하고 있다. 이처럼 중요한 위치를 차지하고 있는 구매기능 역시 전자상거래의 대두로, 구매비용절감과 보다 향상된 업무효율화를 달성할 수 있는 좋은 기회를 맞게 되었을 뿐만 아니라 이를 반대로 활용하지 못하면 기업 전체에 위협을 줄 수 있는 환경에 처해 있다.

특히 MRO(Maintenance Repair & Operation)는 기업의 유지, 보수, 운영활동에 투입되는 자재들을 구매하는 것으로 그동안 비효율적인 구매프로세스로 인해 많은 비용을 발생시키고 있었지만, 기업들의 관심부족으로 비용관리의 사각지대로 남아 있었다. 그런데 정보기술의 발달과 인터넷의 확산을 기반으로 하는 전자상거래가 효율적인 MRO 구매를 위한 강력한 도구로 떠오르면서, 다수의 기업들이 이를 적극적으로 도입하였다. 이처럼 MRO 전자상거래시장이 급성장할 것으로 전망되면서, 많은 기업들이 MRO 전자상거래사업에 뛰었다.

3) 전자교환시장

교환시장(exchange)은 다대다(many-to-many) e-마켓플레이스를 의미하며, 온라인 거래장소로 사용된다. 커뮤니티활동들을 지원하는 많은 교환은, 예를 들어 유통산업 뉴스, 온라인 토론그룹의 스폰서십, 블로그, 연구 등이다. 또한 물류와 지불과 같은 지원서비스를 제공한다. 전자교환시장은 e-마켓플레이스(e-marketplace)

그림 11-8 전자교환 연계도

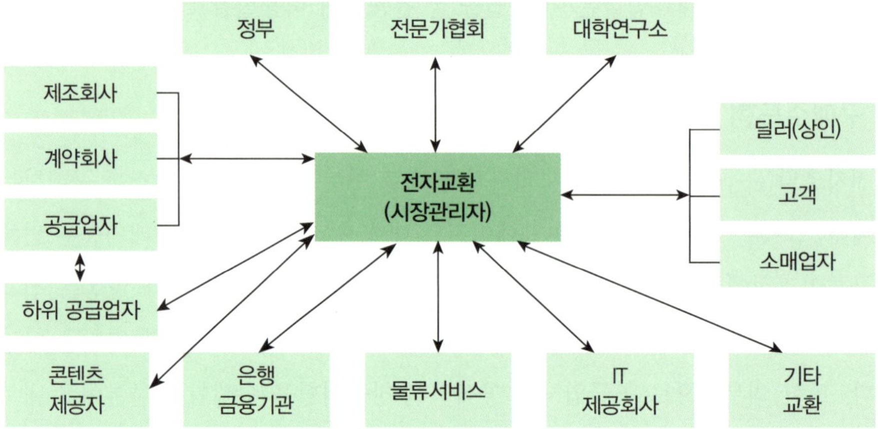

자료: Turban 외 2, *Introduction to Electronic Commerce*, 2009.

로 불리고 있다. [그림 11-8]은 다수의 판매자와 구매자들 혹은 다른 여러 협력업체들을 위한 전자거래 커뮤니티를 제공한다. 교환시장의 중심은 교환시장을 운영하는 제3자인 시장관리자이다. 교환시장에서도 구매자와 판매자 간에 수량과 가격을 협상하여 거래를 진행한다.

전자교환을 사업영역의 폭과 깊이에 따라 수직적(vertical) e-마켓플레이스와 수평적(horizontal) e-마켓플레이스로 구분할 수 있다. e-마켓플레이스는 다음과 같은 기능들을 온라인상에서 제공해야 한다.

- 구매, 생산, 판매, 물류 등의 수직계층화
- 다수의 참여자들을 통한 n: n 실시간 거래
- 보다 나은 의사결정을 위한 실시간 정보창구
- 제품개발, 고객관리, 공급체인관리를 위한 협업

e-마켓플레이스는 특정 산업이나 시장을 따라서 수직적으로 전문화하거나, 아니면 특정한 기능이나 비즈니스프로세스를 따라서 수평적으로 전문화할 수 있다.

(1) 수직형(vertical) e-마켓플레이스

수직형 e-마켓플레이스는 특정한 한 산업에 초점을 맞춘 시장이다. 따라서 기계, 섬유, 화학, 철강, 자동차, 첨단산업 등과 같이 전통적인 산업분류에 따라서 각 산업의 특성을 반영하여 구성된다. 수직형 e-마켓플레이스의 경우에는 특정 분야에 대한 전문적인 지식과 경험, 기존 공급체인의 비효율성, 풍부한 콘텐츠의 제공, 다양한 공급자의 확보와 긴밀한 유대관계, 구매자의 조기확보 등이 중요한 성공요인이라고 할 수 있다.

예를 들면 Altra Energy(에너지분야), Band-X(통신분야), Cattle Offerings Worldwide(육류 및 낙농가공제품), SciQuest.com(생명공학), e-Steel(철강), Floraplex(꽃), IMX Exchange(모기지), PaperExchange(종이), PlasticsNet.com(플라스틱), Ultraprise(2차 모기지) 등이 있다.

(2) 수평적(horizontal) e-마켓플레이스

수평적 e-마켓플레이스는 다양한 산업에 걸쳐 동일한 기능이나 비즈니스프로세스를 제공하는 형태를 말한다. 수평적 e-마켓플레이스는 여러 산업에 걸친 서비스의 제공을 통한 다양한 수익창출기회의 확보와 집중화에 따른 위험의 회피라는 긍정적인 면과, 다양한 고객들의 요구를 모두 만족시킬 수 있는 전문성의 결여라는 부정적인 면을 함께 지니고 있다. 대표적인 간접자재의 필요구매는 수평적 마켓플레이스에서 일어난다. 여러 개의 다른 산업분야에서 자재를 다루기 때문이다.

예를 들어 전구 및 사무용품은 자동차회사나 철강회사가 수평적 마켓플레이스에서 구입한다. VerticalNet(56개 산업별 커뮤니티와 콘텐츠 제공), TradeOut.com(재고자산 및 잉여자산의 거래), MRO.com(유지, 보수, 운영 품목), iMark.com(투자기관의 투자회수관리자를 대상으로 한 중고기자재 판매), Processors Unlimited(역물류), MRO.com(유지, 보수, 운영, 조달), Employease(고용자 편익관리행정), Celarix(글로벌 로지스틱스 모니터링), BidCom(프로젝트관리), Adauction(미디어 구매), YOUtilities(에너지관리) 등이 그 예이다.

11.5 모바일 상거래

11.5.1 모바일 상거래 흐름도

모바일 상거래(mobile e-commerce)는 전자상거래의 확대된 개념이다. 모바일 상거래는 휴대전화와 스마트폰, 태블릿PC, 기타 무선단말기와 공중 무선통신 네트워크를 이용하여 관련 정보, 상품정보 등을 얻고 관련 사항에 거래처리를 지원함으로써 정보, 상품서비스와 상품의 대가로 지불가치를 이전하는 것으로 정의된다.

모바일 상거래를 좁은 의미로 "이동전화나 휴대단말기를 이용한 지불처리"로 정의할 수 있으나, 넓게 본다면 이동성이 강한 단말기를 이용하고, 이동통신망을 활용하는 재화 및 서비스거래, 광고 및 금융서비스를 대상으로 하는 활동으로 간주할 수 있다. 보다 넓게 해석하면 "이동이 가능한 PC(노트북), 태블릿PC, 스마트

그림 11-9 모바일 상거래 흐름도

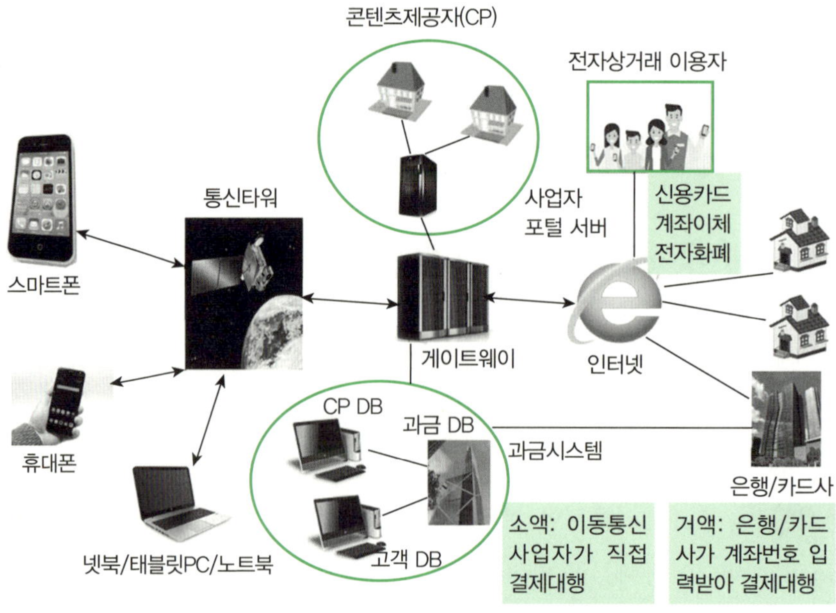

폰, 이동전화 등을 단말기로 하고, 이동통신망을 활용하는 모든 형태의 가치전달 활동"으로 정의할 수 있다.

모바일 상거래는 휴대폰 및 스마트폰, 기타 휴대단말기의 증가에 따라 중요성이 부각되고 있으며, 정보통신, IT, 금융부문, 그리고 소매와 미디어부문에 이르기까지 산업 전반에 지대한 영향을 미칠 것으로 전망된다. 이러한 보급의 확산은 모바일 상거래가 가지고 있는 이동통신망을 이용한 편리성 때문이다.

11.5.2 모바일 상거래의 서비스 유형

모바일 상거래의 주요 서비스영역으로는 B2C부문에서 뉴스, 날씨, 스포츠의 일반적인 정보부터 쇼핑, 자동판매, 주식정보 및 거래 애플리케이션, 게임, 엔터테인먼트 응용영역 등이 있으며, B2B부문에는 조달, 거래 애플리케이션 등이 있다. 쇼핑부문에서는 이동 중 이동통신단말기를 이용한 재화구입활동이 가능하게 될 것이다. 이동판매부문은 이동통신단말기를 사용하여 상품에 대한 비용을 지불하게 하는 서비스분야인데, 유동인구가 많은 곳에 설치하여 자동판매를 하게 된다. 이것은 비용부담이 저렴하고, 낮은 보안수준이 요구되는바 많은 활용을 예상할 수 있다. 주식거래분야에도 활용이 가능한데, 이동통신단말기를 이용하여 주식정보를 획득하고, 이를 바탕으로 주식의 매도 및 매수를 하는 서비스분야이다. 기타 상품거래분야에서는 조달분야와 원료상품거래 등에 사용될 수 있다. 이는 B2B 응용분야이기도 하다.

모바일 상거래의 활동분야를 살펴보면, 개인적 활용분야로는 게임과 도박분야에 사용될 것이며, B2C와 B2B에 공통으로 사용될 수 있는 분야는 뱅킹, 요금청구, 지불, 전자화폐, 티켓예매, 게임 및 도박, 호텔서비스 등이다. 청구 및 지불분야에도 활용할 수 있다. 고객의 이동통신단말기로 요금청구서를 발송하고, 고객이 이를 조회할 수 있게 하여 기업은 청구서 발송비용과 지불처리과정의 비용을 절감하고, 고객은 요금청구서를 이동통신단말기로 받는 편리성을 가질 수 있다. 지불분야는 재화나 서비스 이용 시 이용대금 결제를 위하여 사용되는 지불 애플리케이션인데, 미리 예약된 금액 내에서 재화를 구매하거나 서비스를 사용하는 선불형과 카드형 애플리케이션이 활발하게 이용되고 있다.

티켓예약 등 예약 애플리케이션은 극장, 공연, 식당 등을 예약하거나 교통수단을 예약하는 애플리케이션이다. 사용자는 언제 어디서나 예약을 할 수 있어 편리함을 가지고, 사업자는 비용을 절감할 수 있다. 온라인 게임 및 도박 애플리케이션은 이동통신단말기를 통하여 쉽고 편리하게 게임과 도박을 즐길 수 있는 분야이다.

11.5.3 소셜커머스

페이스북, 트위터 등의 소셜네트워크서비스(SNS: Social Network Service)를 활용하여 이루어지는 전자상거래의 일종으로, 일정수 이상의 구매자가 모일 경우 파격적인 할인가로 상품을 제공하는 판매방식이다. 소셜쇼핑(social shopping)이라고도 한다. 상품의 구매를 원하는 사람들이 할인을 성사시키기 위하여 공동구매자를 모으는 과정에서 주로 소셜네트워크서비스를 이용하기 때문에 이런 이름이 붙었다.

소셜커머스(social commerce)라는 용어는 2005년 야후의 장바구니 공유서비스인 쇼퍼스피어(Shoposphere) 같은 사이트를 통하여 처음 소개되었으며, 2008년 미국 시카고에서 설립된 온라인 할인쿠폰업체 그루폰(Groupon)이 공동구매형 소셜커머스의 비즈니스모델을 처음 만들어 성공을 거둔 이후 본격적으로 알려지기 시작했다. 스마트폰의 확산으로 소셜커머스도 개방과 공유에 SNS라는 필요조건이 더해진 것이다.

소셜커머스는 소셜미디어(SNS)를 활용하는 새로운 형태의 전자상거래의 일종이다. 소셜커머스는 크게 소셜링크형, 소셜웹형, 공동구매형, 오프라인 연동형의 네 가지로 분류할 수 있다. 소셜커머스는 단순히 상품을 파는 것뿐만 아니라 블로그, 트위터, 페이스북 등의 소셜미디어와 연계함으로써 강력한 입소문을 유발하는 구조를 갖고 있다.

그림 11-10 소셜커머스의 흐름도

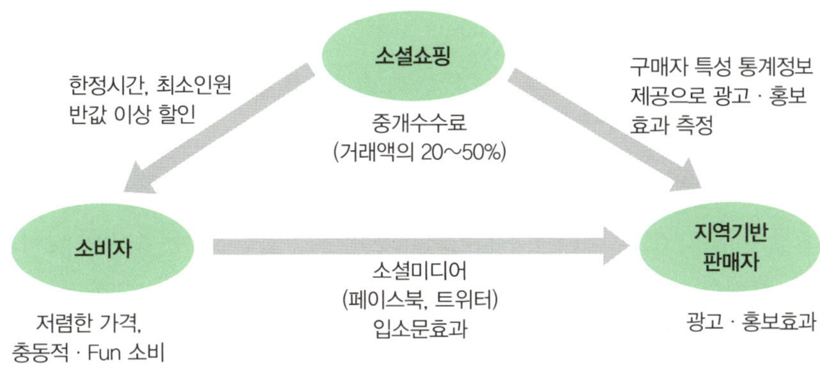

소셜커머스업체가 등록한 상품은 단위품목당 보통 24시간 동안 판매가 이루어지고, 대개 높은 할인율로 고객에게 판매를 유도한다. 주로 공연, 레스토랑, 카페, 미용 관련 소규모 사업자의 상품이 대량판매되지만 레저, 패션, 가전제품, 식품 등의 상품들도 취급된다. 대한민국에서 현재 대표적인 소셜커머스로는 티켓몬스터, 쿠팡, 위메프 등이 있다.

이런 높은 할인율이 제공되는 것은 판매업체가 박리다매와 홍보효과를 기대하기 때문이다. 일반적인 상품판매는 광고와 마케팅 의존도가 높지만 소셜커머스는 소비자들이 소셜네트워크서비스를 통하여 자발적으로 상품을 홍보하면서 구매자를 모으기 때문에 마케팅에 들어가는 비용이 거의 들지 않는다. 그런 이유로 일부 업체는 소셜커머스 자체를 판매의 수단이 아니라 장기적인 고객을 확보하기 위한 홍보 · 마케팅의 수단으로 생각하기도 한다.

최소구매물량 판매를 위해 소비자들이 자발적으로 소셜네트워크서비스를 이용해 정보를 확산시키고 이를 통해 구매자는 할인혜택, 판매자는 대량판매와 홍보효과를 동시에 누릴 수 있다.

소셜커머스는 우선 지역기반 판매자와 소셜쇼핑업체와의 협상을 통하여 상거래 활동에 대한 품목과 기간, 가격 등을 정한다. 일정수 이상의 구매자가 모일 경우 가격을 저렴하게 하는 것이 특징이다. 판매자는 광고와 홍보효과, 소비자는 저렴한 가격에 새로운 정보획득이 가능하여 활발한 서비스를 제공받는다. 이것을 중개

해준 소셜쇼핑업체에서는 중개수수료를 받아 일정부분의 수익을 올리는 형태이다.

1) 소셜커머스의 수익구조

소셜커머스업체는 판매된 금액의 20~50% 정도에 해당하는 중개수수료를 주요 수익모델로 삼고 있다. 상품이나 서비스를 판매하는 입장에서는 수익이 낮아도 많은 양을 판매할 수 있다는 것과 구매한 사람들의 사정에 의해서 사용할 수 있는 기간이 만료되었을 때 발생하는 소위 낙전도 부수익으로 얻을 수 있다.

2) 소셜커머스가 주목받는 이유

- 새로운 마케팅: 진정한 구전마케팅, 적은 마케팅비용으로 판매촉진가능, 신규유통통로의 확대가 기대되고 있다.
- 새로운 소비문화 형성: 평소 가격부담으로 이용이 어려웠던 상품을 저렴한 가격으로 구입할 수 있다.
- 구매가능성이 높아짐: 지인을 통한 추천방식으로 인하여 제품에 대한 신뢰도가 형성된다.
- 시장확대의 가능성이 큼: 스마트폰 등 모바일기기 및 SNS의 성장에 힘입어 시장의 팽창이 기대된다.

11.5.4 모바일마케팅과 앱마케팅

우리의 일상생활을 크게 바꾸어놓은 것 중의 하나가 휴대폰의 사용이다. 현대인에게 휴대폰은 단순한 의사소통기기를 넘어서 생활필수품이자 패션 액세서리로 자리 잡았다.

2019년 8월 정보통신정책연구원의 조사에 따르면 국내 휴대폰 사용자수는 약 6,779만 명을 넘어섰으며, 이 가운데에 모바일서비스가 가능한 스마트폰을 가진 사람이 대부분으로 파악되었다. 실제로 국내 모바일서비스의 잠재고객기반은 엄청나며, 고객들의 통화량이나 모바일서비스 사용시간이 꾸준히 증가하는 추세이다. 또한 국내의 모바일콘텐츠나 모바일서비스 관련 기술과 산업들도 활발하게 성장하고 있다. 그리고 스마트폰이 등장하여 다양한 개인콘텐츠뿐만 아니라 비즈니스콘텐츠의 이용확대가 점점 커져가고 있다. 스마트폰의 주요 특징은 인터넷의 다양한 프로그램들이 연동되는 것으로 스마트폰을 이용한 모바일마케팅의 적용사례들이 등장하고 있다. 따라서 모바일의 장점을 고객에게 보다 효과적으로 전달할 수 있는 모바일마케팅전략이 필요하다.

모바일마케팅은 다양한 연령층을 대상으로 하며 다음과 같은 독특한 특성 때문에 기존의 마케팅기법과는 차별화된 접근을 필요로 한다. 첫째, 모바일서비스는 개인 휴대폰을 통해서 이루어진다. 즉 개인화서비스에 대한 니즈(needs)가 높으며 개인의 프라이버시(privacy)를 침해당하는 것에 상당히 민감하다. 둘째, 언제 어디서나 서비스의 사용이 가능한 이동성(mobility)을 가지고 있다. 개인이 원하는 시간과 장소에서 사용할 수 있으며, 이에 따라서 변화하는 고객의 니즈를 항상 감지할 수 있어야 한다. 또한 시간과 장소에 구애받지 않고 서비스를 사용할 수 있을 뿐만 아니라, 예측하지 못한 상황에서 다양하게 사용될 수 있다는 특징이 있다.

앱(App)마케팅은 여러 가지 모바일기기에서 인터넷의 다양한 응용프로그램 콘텐츠, 즉 앱이 고객들에게 주목받기 시작하면서 출현하였다. 스마트폰의 활성화에 힘입어 다양한 응용프로그램인 앱의 등장으로 기존의 마케팅과는 다른 새로운 요소가 필요해졌다. 이러한 새로운 요소가 [그림 11-11]에서 표현된 4R이다. 여기서 4R이란 Reflex(바로 반응), Reality(실감형), Real place(실제 장소), Real communication(실제 의사소통)으로, 개개인에게 정보를 제공하고 구매를 자극하면 결국에는 실제 구매행위로 연결될 수 있다는 것이다.

1) Reflex(바로 반응)

스마트폰기기를 여는 순간 바로 앱이 보이고 다시 한 번 터치하면 몇 초 내에 광고나 이벤트 및 다양한 홍보행사 등이 접근할 수 있다. 간혹 일반오프라인에서

그림 11-11 앱마케팅 흐름도

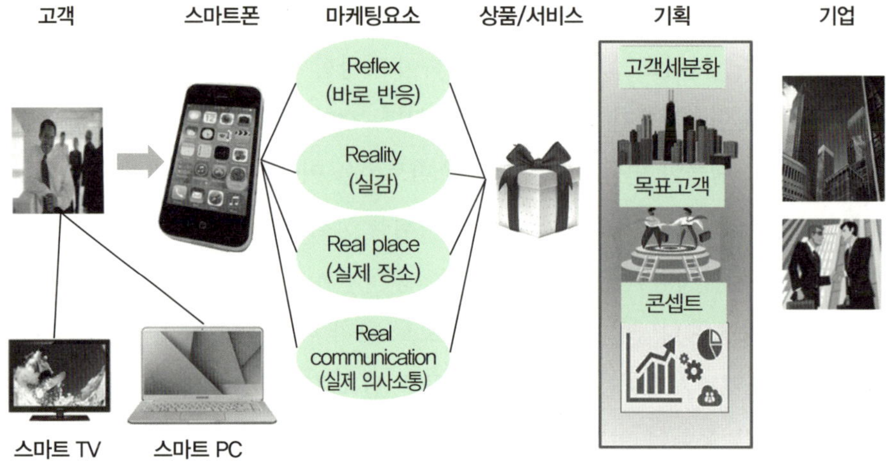

자료: 김명한 · 김지민, 앱마케팅, 더난출판, 2010.

도 제품을 구매한 후 제품에 부착된 QR코드를 읽어낸 후 원하는 홍보제품에 부착된 인증번호를 입력하면 바로 휴대폰으로 당첨사실을 확인할 수 있다. 바로 반응이 나오기 때문에 고객의 궁금증이 바로 해결된다. 흥미로운 앱이라면 고객의 반응을 유도할 수 있고, 구매욕구가 생기면 따로 기억해둘 필요 없이 그 자리에서 터치만 하면 상품을 구매할 수 있다. 이러한 앱마케팅은 고객들의 이용빈도와 서비스만족도를 향상시킴으로써 회사의 가치를 높여주는 브랜드 동질성을 제공하는 동시에 고객들에게 재미를 제공해주는 것이 목표이다.

2) Reality(실감형)

스마트폰이 급속도로 증가하면서 가장 주목받는 서비스가 바로 증강현실이다. 증강현실(augmented reality)은 가상현실과는 구별되는 개념으로 실제환경에 가상으로 생성된 정보를 혼합하는 것을 의미한다. 여기서 가상현실(VR: Virtual Reality)은 컴퓨터 그래픽이 만든 가상환경에 사용자를 몰입하도록 함으로써 실제환경을 볼 수 없는 데 비해, 증강현실은 실제환경에 가상의 객체를 혼합하여 사용자가 실제환경에서 보다 실감나는 부가정보를 제공받을 수 있다. 예를 들면 길을 가다 스마트폰 카메라로 주변을 비추면 근처에 있는 상점의 위치 및 전화번호, 지도 등의 정보가 입체영상으로 표시되고, 하늘을 비추면 날씨정보가 나타나는 등 다양한 분야에 적용되고 있다.

이처럼 증강현실을 활용한 앱들은 더욱 현실감 있는 서비스로 고객이 필요한 정보를 원할 때 제공한다. 이 경우 고객이 브랜드나 서비스 이름을 기억할 확률이 높아지고, 정보를 활용하여 실제 구매가 이루어진다면 고객의 선호도, 고객반응, 신속성, 그리고 고객의 충성도를 파악하는 데 매우 유용한 도구로 인식된다. 특히 정보전달과 동시에 구매를 유도할 수 있어 고객과의 상호관계 파악이 매우 쉽다.

3) Real place(실제 장소)

대부분의 소비자들이 원하는 정보, 위치, 장소, 시간 등의 요소를 바로 확인하기를 원한다. 기존의 컴퓨터기반의 인터넷환경에서는 이러한 것이 전혀 불가능하였다. 예를 들어 텔레비전에 나온 인기 맛집의 장소, 위치, 영업시간 등을 알아보기 위하여 컴퓨터에 접속해 인터넷 검색을 해야만 한다. 하지만 특정 앱을 활용하면 정보접근에 대한 제약이 없다. 그저 몇 번의 터치만으로 자신이 원하는 상점들의 위치가 바로 펼쳐지는 것이다.

4) Real communication(실제 의사소통)

인터넷마케팅은 고객과의 커뮤니케이션을 통해 유대관계를 매우 강화하였으며, 특히 스마트폰을 통한 실시간 정보검색을 빠르게 확산하면서 다양한 앱 관련 마케팅이 시간과 장소에 대한 제약 없이 이루어지고 있다. 이러한 환경은 실제 의사소통에 있어서 고객참여를 통한 즉각적인 피드백을 받을 수 있게 되었다. 언제 어디서나 쉽게 인터넷에 접근할 수 있게 되면서 실시간 쌍방향 커뮤니케이션 또한 가능해지고 있는 것이다.

11.6 O2O 상거래와 해외직구

11.6.1 O2O의 배경과 정의

애플에서 아이폰이라는 스마트폰의 등장과 함께 앱스토어를 중심으로 표준화된 모바일 애플리케이션 플랫폼을 만들면서 모바일을 중심으로 수많은 종류의 앱들이 탄생할 수 있는 환경이 만들어졌다. 또한 구글이 안드로이드를 기반으로 한 구글 플레이스토어를 내놓으며 세계는 본격적인 스마트폰 애플리케이션 세상이 시작되었다. 이렇게 앱스토어, 구글 플레이스토어를 중심으로 다양한 모바일서비스, 콘텐츠를 손쉽게 접할 수 있게 되었고 스마트폰의 확산은 더 빨라졌다. 그 결과 스마트폰 사용자들이 모바일중심으로 서비스와 콘텐츠를 소비하는 데 익숙해지기 시작해 고객이 경험한 것들로 하여금 O2O세상이 열릴 수 있는 배경이 되었다.

O2O(Online to Offline)는 온라인의 기술을 이용해서 오프라인의 수요와 공급을 혁신시키는 새로운 현상을 말한다. O2O를 두 가지 개념으로 설명하면 다음과 같다. 우선 O2O를 협의로 정의하면 전통적인 오프라인 리테일(retail)사업에 온라인기술을 적용하고 여기저기 흩어져 있는 다양한 옴니채널(omni-channel)들을 묶어서 하나의 구매 경험을 제공하는 서비스시스템을 만드는 것이다. 예를 들어 스타벅스 매장에 모바일기술을 적용해서 줄 서지 않고 편하게 주문할 수 있는 '사이렌오더(SirenOrder)'를 생각하면 된다.

옴니채널

인터넷, 모바일, 오프라인 등 소비자를 둘러싼 모든 쇼핑채널들을 유기적으로 연결하는 쇼핑환경을 말한다. 고객 입장에서 특정 유통채널을 이용하더라도 마치 하나의 매장을 이용하는 것처럼 느끼도록 설계하는 것이 주목표이다.

광의의 O2O 정의는 온라인기술이 오프라인 세상에 적용되어 일어나는 모든 현상을 지칭한다. 온라인기술이 가정에 적용되면 스마트홈이고 온라인기술이 공장에 적용되면 스마트공장이 된다. 협의의 정의를 적용하면 O2O는 단순히 리테일영역의 판매혁신으로 생각할 수 있다. 하지만 광의로 생각하면 현재 우리 삶의 모습을 바꿔놓고 있는 모든 변화의 근원에 O2O가 있다는 것을 발견할 수 있다. 광의적 O2O는 단순히 리테일영역에서만의 기술적인 변화가 아니라 오프라인과 온라인이 융합되면서 일어나는 모든 서비스혁신을 의미한다.

오프라인 세상이 워낙 넓다 보니 리테일 매장에 모바일기술을 적용하는 것에서부터 오프라인공장에 온라인기술을 적용해서 스마트공장을 만드는 것까지 O2O는 그 범위가 실로 광범위하다. O2O를 통해 오프라인혁명이 일어나면서 그동안 불가능했던 서비스의 틈새시장들이 모두 채워지고 있다. O2O가 주는 의미는 다음과 같다.

소비자 주문형 서비스로서 고객의 행동과 결정이 무엇보다 중요해졌다. 과거에 똑같은 제품이라면 살 수 있는 곳이 정해져 있어 고객의 선택권이 적었던 반면에 현재는 오프라인, 온라인 그 안에서도 가격이 다양하게 존재하기 때문에 고객의 선택권이 많아지고 이에 따라 기업은 고객의 행동과 결정에 매우 민감하게 되었다.

온라인과 오프라인영역의 융합으로 산업의 뚜렷한 경계가 무너졌다. 예를 들어 온라인에서 옷을 사면 오프라인에서 직접 치수를 잰 후 제품을 제공하는 서비스가 생기고 반대로 오프라인 매장에서 치수만 잰 후 구매는 인터넷에서 하는 고객들도 증가하고 있다. 또한 최근에는 온라인과 오프라인 매장이 결합된 새로운 형태의 매장이 지속적으로 늘고 있다.

시장을 이끌 새로운 전략이 필요한 시점으로서 온라인, 오프라인 두 시장이 모두 합쳐진 온라이프 리테일(onlife retail) 쇼핑 시대가 점점 다가오고 있다. 온라인과 오프라인은 서로 다른 영역이 합쳐지는 것이다. 따라서 온라인서비스의 전문가는 오프라인에 대한 이해도가 낮고 오프라인서비스의 전문가는 온라인에 대한 이해도가 낮다. 하지만 O2O는 이 두 개가 결합된 서비스가 나타난다며 새로운 형태의 비즈니스모델이 나오게 되는 것이다.

11.6.2 O2O사업의 성공요소와 사례

O2O사업 성공을 위한 첫째 전략은 소비자의 경험을 디자인하는 것이다. O2O 시대의 소비자는 제품이 아니라 제품이 제공하는 경험의 질을 중요시한다. 제품을 한 번 구매하고 끝내는 것이 아니라 제품과 접촉을 통해 새로운 경험을 하려는 것이 O2O 소비자의 목적이다.

'따르릉'은 서울시가 운영하는 자전거 공유시스템이다. 많은 사람들이 자전거를 타고 출퇴근을 하거나 주말에 자전거를 이용하여 원하는 목적지로 이동하기 때문에 자전거를 빌리고 반납하는 장소가 매우 중요하다. 고객의 자전거 이용행태를 빅데이터로 분석해 가장 많이 이용하는 장소에 자전거 반납소를 만들었다. 이는 소비자 이용행태의 데이터를 기반으로 소비자 경험을 디자인한 것이다. 아마존에서 고객의 책 검색 경험을 분석해 원하는 책을 추천하는 방식은 소비자 인사이트에 기반을 둔 경험 디자인에 달려 있다.

O2O사업 성공의 둘째 전략은 기업 간 협업모델을 개발하는 것이다. O2O를 통한 소비자들의 눈높이를 맞추는 것이다. 시간이 지날수록 업그레이드되는 소비자들의 높은 기대치를 충족시키는 것은 이제 한 기업의 노력만으로는 불가능한 시대가 되었다. 온라인과 오프라인을 넘나드는 여러 기업 간의 협업을 통해서 맞춤형 서비스를 제공해야 비로소 소비자의 눈높이를 맞출 수 있게 변했다.

예를 들어 패션백화점인 메이시(Macy)의 경우 지테일러(zTailors)와 파트너십을 맺었다. 지테일러는 재단사가 직접 방문해서 맞춤옷과 수선서비스를 제공하는 회사다. 메이시백화점은 제휴를 통해 오프라인의 패션 경험을 온라인으로 확장하면서 O2O 경쟁력을 강화했다. 온라인과 오프라인기업 간의 협업 강화가 O2O사업 성공의 핵심조건이다.

O2O사업 세 번째 전략으로는 연결의 질을 높이는 것이다. 사람과 서비스를 연결하는 O2O에서 가장 중요한 것은 연결의 질이다.

예를 들어 차량 공유서비스 리프트(Lyft)는 차량 이용자의 불안감을 해소하기 위해 운전자의 모든 정보를 제공한다. 무사고 경력, 범죄 유무, 이전서비스 평가 점수까지 이용자에게 전부 공개한다. 연결의 질을 높이기 위한 방법론은 다면평가

시스템을 도입하는 것이다. 서비스 제공자와 서비스 이용자 양측 모두에게 만족도 조사를 실시해 불량 인력은 걸어내고 우수한 인력에게는 인센티브를 제공해야 한다. 무엇보다도 서비스 이용에 불안감을 없애는 투명한 정보 공개시스템을 운영하는 것이다. 우리는 이미 O2O 세상을 살고 있다. 국내외 대표적인 사례를 소개하면 [그림 11-12]와 같다.

- 우버(Uber): 차량도 기사도 없는 택시서비스로 승객과 운전기사를 스마트폰 버튼 하나로 연결하는 기술 플랫폼서비스이다. 모바일앱을 통해 승객과 운전기사를 연결해주는 허브 역할만 수행하고 모든 결제는 우버앱을 통해서만 진행되는 서비스이다.
- 에어비앤비(Airbnb): 전세계 여행 및 숙박 관련 공간을 공유할 수 있는 온라인 커뮤니티 플랫폼서비스이다.
- 배달의 민족: 기존 주문배달방식(오프라인에서 주문 책자를 찾아서 직접 주문을 하는 방식)에서 모바일앱(온라인)에서 간단하게 주문을 할 수 있다는 것을 소비자들에게 인식시켜준 가장 대표적인 O2O서비스이다.

그림 11-12 국내외 대표적인 O2O서비스

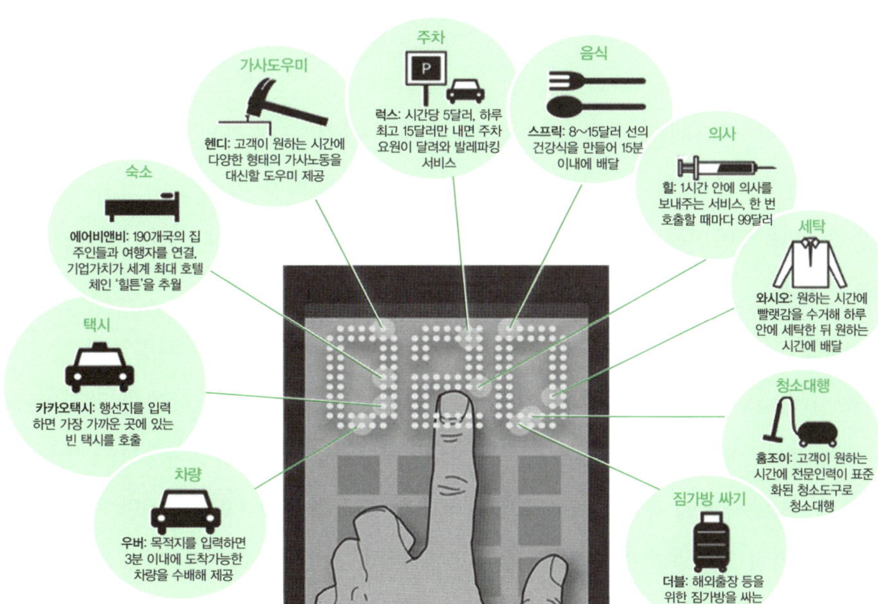

- 버튼대리: 기존 대리운전서비스(TV나 라디오 등을 통해 익숙한 전화번호를 직접 누르는 방식)에서 모바일서비스, 즉 온라인분야로 끌어들이면서 시장확대와 더불어 고객 편의성을 확보한다.
- 카카오택시: 기존 빈 차를 거리에서 기다리며 택시를 잡는 방식(오프라인)에서 모바일서비스로 '예약'차를 확인 후 편하게 탑승한다.
- 와이퍼: 기존에 오프라인 세차장에 직접 가서 세차를 하는 방식에서 온라인서비스를 통해 지역을 선택하고 각종 옵션을 설정하면 픽업 담당자가 직접 와서 차량을 픽업해 손세차를 해주고 다시 가져다주는 서비스이다.
- 와홈: 기존에 방 청소를 직접 하는 방식에서 온라인서비스를 통해 저렴한 비용으로 지저분해진 방을 청소해주는 서비스이다.

우버나 에어비앤비에서 시작한 O2O서비스는 미용, 발레파킹, 옷 수선, 가사도우미서비스까지 그 영역이 폭넓게 확산되고 있다.

11.7 해외직구 상거래

해외직구란 인터넷 쇼핑몰을 통해 '해외에서 직접 구매'하는 소비행위를 의미한다. 해외직구라는 단어는 2010년을 전후하여 널리 퍼진 것으로 알려져 있으며, 생활 속에서 광범위하게 쓰이게 되자 국어사전에도 등재되었다. 또한 해외직구를 자주 이용하는 소비자들을 해외직구족이라고도 부른다.

해외직구가 급성장한 배경에는 대한민국 내수시장을 소수의 대기업들이 장악하고, 심지어 같은 제품도 미국 등 해외시장보다 대한민국 내수시장에서 가격이 훨씬 비싼 경우가 많다는 데 있다. 예를 들어 국내 가전제품을 내수시장보다 훨씬 싼 가격으로 미국시장에 판매하고 있는데, 국내회사 가전제품 TV가 450만 원에 사야 하지만 해외직구를 통하면 관세와 우송료를 합쳐도 215만 원으로 절반 이하에 불과하다. 이러한 불합리한 유통구조와 대기업의 폭리 때문에 해외에서 직접 구매하는 소비자가 급증한 것이 활성화 주요 요인이다.

또 다른 활성화요인으로는 인터넷의 발달로 인해 온라인 쇼핑몰의 물리적 거리에 제약을 받지 않고 상품을 찾는 게 가능하다는 데 있다. 국내에 수입유통되는 것은 일부분이지만 해외직구를 통하면 다양한 상품을 구입할 수 있는 것이 가능하며, 중간유통상을 거치지 않기 때문에 저렴하게 구입할 수 있다. 또한 150달러~200달러 이하의 상품을 자가용도로 구입할 경우에는 세금이 없다는 것도 해외직구가 각광받는 이유다. 종전에는 100달러 이상 또는 15만 원 이상이면 세금을 부과했으나 한미 FTA협정 체결 이후 이를 상향조정한 것도 활성화의 이유이며, 특송화물에 대한 관세청의 신속통관제도의 도입 또한 해외직구의 활성화에 기여했다고 볼 수 있다.

해외직구는 배송비가 비싸고 배송이 느리다는 불편과 사후처리의 어려움에도 불구하고, 가격적인 이점이 크고 다양한 해외상품을 접할 수 있다는 이점 때문에 많이 이용되고 있다. 특히 대한민국의 시장을 겨냥하여 배송비를 낮추고 국내 배송수준으로 배송기간을 낮춘 사이트들도 생겨 큰 인기를 끌고 있다. 전자제품들의 경우 A/S가 어렵다는 단점이 있지만, 최근에는 기술발전으로 인해 초기불량이 아닌 이상 거의 고장이 없다는 이유 때문에 해외직구를 이용하는 소비자가 늘어나는 추세다.

결과적으로 해외직구를 이용하는 사람이 이처럼 계속 증가하는 데는 여러 가지 이유가 있겠으나 무엇보다도 상대적으로 저렴한 구매가격이 큰 원인으로 뽑히고 있다. 동일한 모델의 상품을 구매하더라도 해외에서 판매되고 있는 제품의 가격이 더 저렴한 경우가 있다. 국제배송비를 지출하더라도 결과적으로는 제품을 더 저렴하게 구매할 수 있는 것이다. 또한 제품의 종류가 훨씬 더 다양하다는 것도 큰 이유로 작용하고 있다.

제품 또한 전자제품, 건강식품, 의류, 책 등 그 분야는 다양하며 아마존, 옥션, 아이허브 등 직접 구매가 가능한 해외 쇼핑몰뿐 아니라 각종 배송대행업체도 성업하게 되었다.

해외직구방법은 크게 네 가지로 나눈다. 직접 해당 쇼핑몰에서 물건을 구매하는 직접 배송, 상품은 직접 구매하고 배송은 대행업체에 맡기는 배송대행, 사고 싶은

그림 11-13 해외직구 흐름도

자료: 정지영 외 4인, 해외직구 따라잡기, 앱북스, 2012.

제품만 정하고 구매부터 배송까지 모든 것을 위임하는 구매대행이 있다. 이 중 가장 많이 쓰이는 방식은 배송대행인데, 일반적으로 해외 쇼핑몰의 배송비가 비싼데다 국제배송은 제공하지 않는 경우도 많기 때문이다

11.7.1 해외 배송대행

구매자가 직접 해외 온라인 쇼핑몰을 통해 구매를 한 뒤 배송대행업체를 통해 국내로 배송받는 서비스이다. 해외 온라인 쇼핑몰사이트에서는 한국까지 직접 배송을 해주지 않기 때문에 해외에 위치해 있는 배송대행업체로 구매한 상품을 발송하게 된다. 해외 결제카드가 가능한 신용카드나 체크카드가 필요하며 해당 나라의 언어를 모를 경우 애로사항이 있을 수 있다. 배송대행은 대부분의 쇼핑몰을 이용할 때 사용하며, 대표적인 쇼핑몰로는 아마존닷컴, 6PM, 드럭스토어 등이 있다.

11.7.2 해외 구매대행

한국에서 다른 나라의 상품구매에서부터 한국으로의 배송까지 원스톱으로 알아서 해주는 서비스이다. 모든 절차를 업체에서 알아서 해주기 때문에 손쉬운 방법이지만, 배송대행보다 항공배송료 이외의 높은 수수료를 지불해야 한다. 그러나

상품의 이상이나 그 외 발생하는 여러 가지 문제들까지 구매대행업체에서 알아서 처리하기 때문에 처음 해외직구를 이용하는 사람에게는 배송대행보다 이용하기가 편리하다. 구매대행 관련 쇼핑몰로는 코치닷컴, 아베크롬비, 홀리스터 등이 있다.

11.7.3 해외 결제대행

해외 쇼핑몰에서 주문까지는 구매자가 직접 하고 결제만 국내업체에 대리로 요청하는 방법이다. 결제 후의 절차는 배송대행과 비슷하다. 결제대행은 인터내셔널 카드를 허용하지 않는 쇼핑몰에서 구매하고자 할 때 이용하면 편리하다. 구매대행보다는 수수료가 절약되므로 해외직구의 경험이 많은 사람이라면 이 방법이 좋다. 결제를 대행해주는 페이팔은 계좌나 신용카드와 연동해 이용하는 서비스이다.

11.7.4 해외 직접 배송

해외에 있는 쇼핑몰 중 일부는 한국까지 직배송(직접 배송)을 해주고 있다. 이런 쇼핑몰에서 상품을 구매할 때 배송대행이나 구매대행이 필요 없다. 직접 배송을 해주는 쇼핑몰로는 아이허브닷컴, 베네피트, 빅토리아 시크릿 등이 있다.

인터내셔널 카드

해외 사용이 가능한 브랜드와는 무관하게 해외에서 발행된 카드, 해외로 청구지주소가 되어 있는 카드를 말한다. 즉 우리나라 기준에서의 인터내셔널카드가 아니라 쇼핑을 하려는 국가 이외의 카드들이 모두 인터내셔널 카드에 해당된다. 해외에서 사용가능한 비자카드와 마스터카드, 아메리칸익스프레스 등의 브랜드네임이 붙은 카드가 아니다. 해외 쇼핑을 이용할 때 결제조건을 알아보고 구매하는 방법이 좋다.

사례 연구

O2O 시대의 자영업 창업전략: 스마트폰 결제 인프라 구축해야

O2O(온 · 오프라인 연계)시장이 커지고 있다. 배달, 맛집, 쇼핑, 운송, 부동산 · 숙박, 금융 등 생활밀착산업 전반에 걸쳐 O2O서비스가 속속 자리 잡고 있다. O2O서비스는 PC에 기반한 인터넷 시대에 태동했다. 그러나 당시에는 시장이 시 · 공간적으로 분리되어 있어 성장의 한계가 있었다. 2010년대 들어서 국내에 스마트폰 시대가 활짝 열리면서 '내가 있는 곳에서, 언제나 온라인 연결'이 가능해졌다. 온디멘드(on-demand) 경제, 즉 온라인과 오프라인이 하나 되는 세상이 되면서 O2O시장이 급성장하는 여건이 마련되었다. 자영업 역시 시장의 변화에 따라가지 못하면 도태될 수밖에 없다.

음식 배달 애플리케이션(앱)이 시장을 선도했다. 외식 점포의 배달을 중개하는 '배달의 민족' '요기요' '배달통'이 대표적이다. 전단지나 상가책자 등의 전통적인 광고수단이 비효과적이라는 단점을 파고들었다. 또 기존에 인터넷이나 전화로 하는 배달 주문은 배달 매장의 상호나 위치를 정확히 알고 있어야 가능했지만, 모바일 배달 앱은 해당 지역의 배달업체를 한눈에 파악할 수 있는 장점이 있다. 초기 배달 앱 주문은 앱을 잘 쓸 수 있는 학생이나 직장인들이 대부분 이용했다. 반응이 예상 외로 좋았다. 배달 앱 업체들은 곧바로 대대적으로 광고를 했고, 그에 따라 이용자수가 빠르게 증가했다.

식당의 경우도 초기에는 주로 규모가 작은 동네 식당이 배달 앱에 등록했다. 좀 유명하다는 식당이나 브랜드가 있는 프랜차이즈 식당은 외면했다. 하지만 이용자수가 급격히 증가하자 곧 프랜차이즈 가맹점 등 자칭 수준이 높다고 생각하는 식당도 가입하기 시작했다. 2015년 시장규모는 2조 원으로 성장했다. 국내 외식 배달시장규모가 10조원 선인데, 배달 앱 시장의 역사가 6년 남짓밖에 안 된다는 점을 고려하면 점유율이 꽤 높은 편이다.

배달 앱을 통한 주문은 편리하고, 쿠폰 등 다양한 서비스로 가격도 저렴한 편이다. 게다가 최근에는 무인배차시스템과 같은 기술 고도화로 배달시장의 효율성이 더욱 높아지고 있다. 고객이 배달 앱을 통해 주문하면 데이터를 종합분석해 고객에게 가장 빠르게 배달할 수 있는 기사를 자동으로 배정한다. 기사는 시스템이 지정한 대로 업무를 수행하면 된다. 고객은 기사가 배정된 즉시 기사의 인적 정보를 전송받고 신뢰성을 확보하게 된다. 음식에 대한 접근성, 주문 및 결제의 편리성, 정보의 신뢰성이 모두 확보되는 셈이다. 스마트폰 하나로 사용자가 원하는 모든 것을 얻을 수 있는 온디멘드(on-demand)를 기반으로 하는 O2O서비스가 뿌리를 내리고 있는 것이다. 이제 자영업자들은 서비스 품질의 향상에 집중하면 된다. 고객의 리뷰를 보고 고객과 소통하고, 단골고객으로 이어지도록 고객관리에 시간을 더 많이 할애할 수 있다. 또한 분석된 빅데이터를 통해 효과적인 광고마케팅방법도 찾을 수 있다.

근자에는 맛집 정보 앱이 O2O시장의 새로운 강자로 떠오르고 있다. 미국의 '옐프',

중국의 '디안핑', 한국의 '식신' '포잉' '메뉴판닷컴' 등이 대표적이다. 식당 이용자의 리뷰를 기반으로 맛집정보를 제공하고, 식당 예약서비스도 추가하면서 사용자들의 호응이 높아지고 있다. 식신 앱을 운영하는 '씨온'은 맛집정보서비스뿐만 아니라 배달대행서비스, 고급 레스토랑 역경매서비스, 모바일 전자식권, 농가와 소상공인 간의 식자재 직거래서비스 등을 선보이며 음식의 종합 플랫폼을 지향하고 있다.

교육분야에도 O2O서비스가 등장하고 있다. '에듀팡'은 유아, 초 · 중 · 고, 대학, 성인 등 전연령이 공부할 때 필요한 책, 완구, 전자 · 스마트기기 등과 인터넷 강의 판매를 하는 플랫폼으로 교육 종합 에듀플레이스를 지향한다. 사용자 위치를 기반으로 맞춤 학원정보를 제공하는 학원 O2O서비스의 인기가 높다. 학원은 회원모집 이벤트 등 마케팅수단으로 전단지를 배포하던 전통적인 오프라인방식에서 벗어나, 학원 수요자가 온라인상 클릭 한 번으로 자신에 맞는 학원을 검색하게 해서 효과적으로 마케팅을 실시할 수 있다.

O2O서비스가 더욱 활성화되려면 핀테크와 결합해야 한다. 모바일 또는 매장에서 간편하게 결제할 수 있어야 한다. 핀테크를 통한 간편결제와 O2O서비스가 연동될 수 있는 오프라인 접점을 가지고 있는 것도 중요하다. 가령 '한국사이버결제'는 온라인 프로그램과 오프라인 VAN을 둘 다 가지고 있어서 간편결제방식인 '페이코'와 결합되어 성장이 기대되고 있다. 미국의 페이팔과 스퀘어 오더, 중국의 알리페이와 텐페이 등은 매장에서 모바일로 바로 결제가 가능하다. 우리나라도 머지않아 그런 시대가 올 것이다. 이제 자영업 매장은 스마트폰으로 온라인 결제가 가능한 인프라를 구축할 필요가 있다. 고객정보 빅데이터를 분석해서 타깃마케팅을 실시할 수도 있을 것이다. 비콘(근거리 무선통신 기술)을 활용한 실시간 정보 발송도 고객마케팅에 도움이 된다. 그러나 무분별한 정보 발송은 소비자에게 역효과가 날 수도 있다는 점을 유념해야 한다. 내 주변의 매장을 온라인에서 찾아 미리 주문 및 결제하고, 매장에 방문해서는 줄 서서 기다리지 않고 바로 픽업할 수 있는 모바일 오더(mobile order) 서비스도 인기다. '시럽오더' '사이렌오더' '포켓오더' 등이 대표적인데 이들은 모두 핀테크를 기반으로 한다. O2O서비스는 유커 등 한국을 찾는 외국인 관광객에 대한 마케팅수단으로도 유용하다. 그들이 사용하는 모바일 정보 앱에 매장이 등록되면 매출에 큰 도움이 될 것이다. 에릭 슈미트 구글 회장의 말대로 '모바일 퍼스트'를 넘어 '모바일 온리' 시대가 다가오고 있다.

자료: 강병오 대표, 이코노미스트, 2016. 6.

연습문제

01 전자상거래의 시대적 흐름도를 설명하시오.

02 전자상거래와 e-비즈니스를 구분하여 설명하시오.

03 전자상거래의 비즈니스형태와 비즈니스모델을 설명하시오.

04 B2C 전자상거래의 흐름도를 설명하시오.

05 B2B 전자상거래의 구매주도형 전자시장을 서로 비교하여 설명하시오.

06 앱마케팅의 네 가지 주요 특징을 설명하시오.

07 소셜커머스에 대하여 설명하고 가장 인기 있는 소셜커머스 중에 회사설립일, 상품구성, 상품특징, 수익모델, 마케팅 등을 조사하시오.

08 해외직접구매가 인기 있는 이유를 설명하고, 구매방법을 설명하시오.

Chapter

12 기업환경에서의 정보시스템

4차 산업혁명은 제조업과 우리 삶 전체를 변하시키는 거대한 혁신임에 틀림없다. 제조업의 경쟁력을 강화하고 자체 생존하기 위하여 지속적인 정보화 추진과 스마트팩토리 운영으로 품질 좋은 제품, 서비스와 놀라운 경험을 통하여 고객에게 가치를 제공하고 지속적으로 고객이 사랑하는 기업이 되는 것이다. 글로벌 경쟁에서 살아남기 위하여 우리는 제조업과 정보통신기술을 결합시키는 노력을 지속하여야 한다. 본 장에서는 이러한 무한경쟁시대에 가치사슬에 대한 인식과 스마트팩토리의 등장으로 변화되는 주요기술인 ERP, SCM, CRM, e-제조(PDM, PLM, MES), BI에 대한 시대적인 흐름변화를 제시하고 최근에 이슈화되고 있는 스마트팩토리에 대한 정의, 지향점과 미래 방향에 대하여 알아본다.

12.1 기업정보환경 변화와 가치사슬

인터넷, 사물인터넷, 4차 산업기술의 핵심인 인공지능, 그리고 가상물리시스템의 발달로 인하여 사회와 기술의 융합이 활발하게 이루어지면서 융합형 산업이 발전을 거듭하고 있다. 특히 제조업이 사회망서비스와 결합하면서 서비스산업과의 융합이 활발하다. 특히 사람이 투여되는 단순작업은 자동화되고 공장에서는 스마트팩토리 도입으로 로봇과 인공지능으로 대체될 날이 점점 다가오고 있다. 특히 제조업과 서비스와의 융합형태, 정보통신기반의 클라우드 컴퓨팅과 연계된 서비스, 다양한 분야에서 사물인터넷의 빅데이터를 통한 분석서비스, 공유경제서비스, 업무대행과 컨설팅서비스, 아웃소싱서비스, 스마트팩토리 등 다양한 형태의 제조업과 서비스가 융합되는 형태로 나타나고 있다.

제조와 서비스의 융합과 인터넷은 플랫폼이라는 소프트의 서비스를 만들어 냈다. 인터넷 플랫폼은 인터넷과 초연결되어 제품이나 서비스를 제공하는 생산자 그룹과 이를 필요로 하는 사용자그룹을 연결하여 비즈니스를 하는 가상공간이다. 플랫폼비즈니스가 발전하고 초연결을 지향하면서 인터넷에 연결하는 즉시 생산을 하고, 업무를 보는 개념으로 발전하고 있다. 초연결환경은 제품의 설계와 개발에서부터 고객 납품 후의 서비스까지의 전과정에 대한 서비스, 가치사슬의 수평적 통합, 그리고 시스템의 수직적 통합 플랫폼이 구축되고 있는 것이다.

초연결 플랫폼을 통하여 기존의 데이터기반 응용정보시스템인 ERP, CRM, SCM, MES 등이 클라우드 컴퓨팅서비스와 스마트팩토리로 전환되어 공장을 원활하게 운영하고 실시간으로 데이터처리가 가능해질 것이다. 이러한 방향을 통한 가치사슬(value chain)과 응용정보시스템들 간의 연계를 통하여 스마트팩토리 플랫폼을 지향해야 한다([그림 12-1] 참조).

이제 4차 산업혁명 시대에는 사람과 기계, 기계와 기계, 사람과 제품, 제품과 제품, 사람과 사물, 사물과 사물 등 모든 것이 초연결될 것이다. 제조공정과 사람,

그림 12-1 가치사슬과 정보시스템의 적용 예

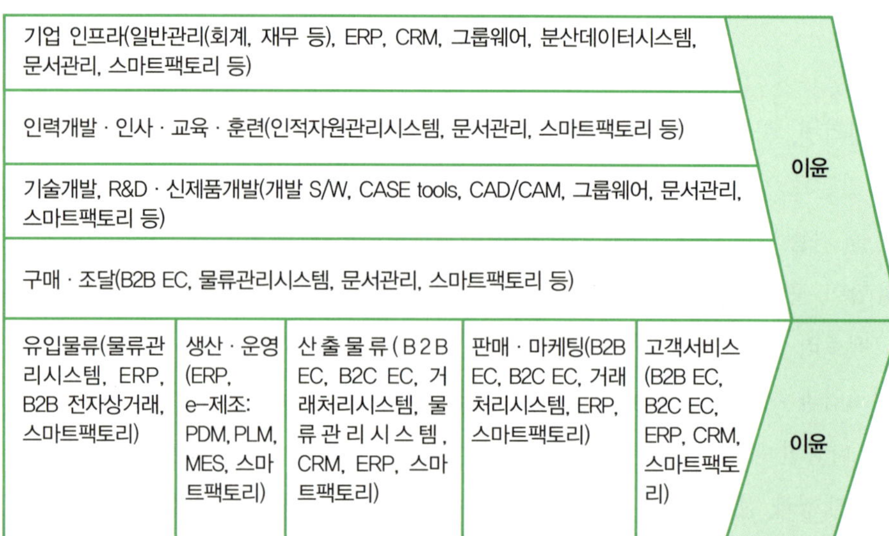

공장과 공장, 기업과 기업은 물론 온 세상이 연결될 것이다. 초연결로 사물에서 쏟아져나오는 엄청난 양의 빅데이터를 분석하고 활용하여 개인의 취향이나 요구에 맞는 맞춤형 제품이나 서비스, 경험, 가치를 추천하거나 제공해야 지속적인 성장이 가능하다.

12.2 전사적 자원관리

12.2.1 전사적 자원관리(ERP)의 개요

오늘날 기업들은 국제화·전문화되고 있으며 기업 간의 경쟁은 점점 치열해지고 있다. 이에 따라 기업의 조직은 복잡해지고 경영기법이 고도화되고 있으며 정보기술은 하루가 다르게 급변하고 있다. 이러한 경영환경 속에서 기업이 강력한 경쟁력을 유지하면서 지속적으로 성장·발전하기 위해서는 경영혁신을 통한 기업체질 개선으로 환경변화에 신속하게 대응하는 것이 중요하며, 경영혁신을 달성하기 위한 수단으로 효율적인 정보시스템이 필요하다.

이러한 기업의 환경변화에 대응하기 위해서 국내외에 기본적인 응용정보시스템이 [그림 12-2]에서 보여주는 전사적 자원관리(ERP: Enterprise Resource Planning)시스템이다. 1990년대부터 도입되기 시작한 ERP시스템은 중소기업을 포함하여 모든 기업에서 일반화되고 있으며, 특히 공기업은 물론이고 일부 정부부처에서도 ERP를 도입·활용하고 있다.

가트너그룹에서는 "ERP란 기업 내의 업무기능들이 조화롭게 발휘될 수 있도록 지원하는 애플리케이션들의 집합으로 차세대 업무시스템을 말한다"라고 정의하였고, 일반적으로 "ERP란 구매와 생산관리, 물류, 판매, 회계 등의 기업활동 전반에 걸친 업무를 통합한 기업정보시스템이다"라고 정의된다. 즉 ERP는 기업활동 전반에 걸쳐 업무를 효율적으로 재설계하여 수행할 수 있도록 기업의 업무를 전산화한 정보시스템이며, 최고경영자에게 유용한 정보를 적시에 제공하여 결과적으로 기

그림 12-2 전사적 자원관리(ERP)의 개념도

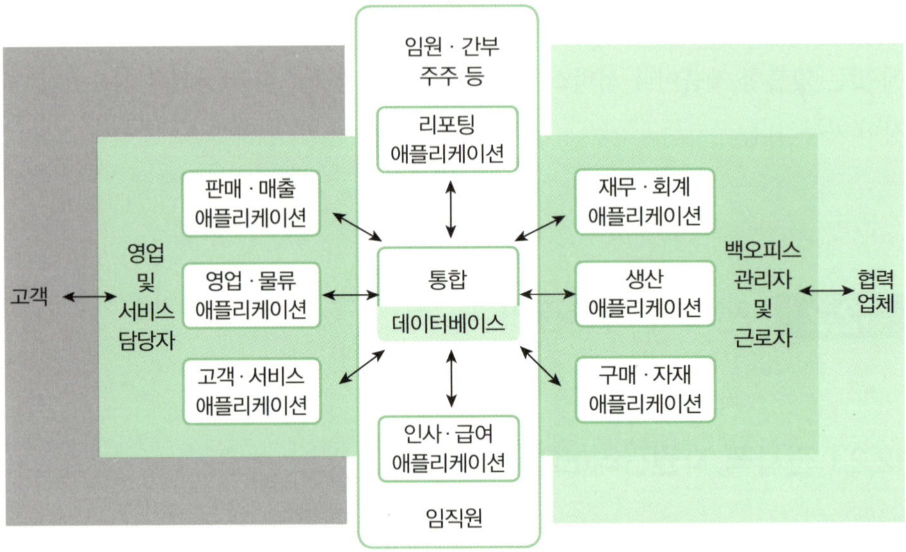

업의 자원을 최적으로 활용하여 생산성을 높일 수 있도록 의사결정을 지원하는 정보시스템이라고 할 수 있다. 향후 스마트팩토리 추진 시 ERP 정보시스템 간의 상호 데이터 연계방안은 핵심적인 요소로 작용할 것이다.

ERP시스템의 출현배경을 살펴보면, 1970년대는 생산중심의 소품종 대량생산체제를 구축하여 생산원가와 물류비용의 절감을 통해 이익을 극대화하는 공급자중심의 사고를 가지고 있었다. 그리고 MRP는 기업에서 가장 고민거리 중의 하나인 재고를 줄일 목적으로 단순한 자재수급관리를 위한 시스템이었다. MRP(Material Requirement Planning, 자재소요량계획)는 제품을 구성하는 모든 요소, 즉 원자재, 반조립품, 완제품 등에 대한 자재수급계획과 생산관리를 통합시킨 최초의 체계적인 제조정보관리기술이었다. 생산과 재고관리기법인 MRP는 기준생산계획(마스터 스케줄)과 부품표, 재고정보의 세 가지를 기반으로 구체적인 제조일정과 자재생산, 조달계획을 계산하는 기법이다. 제품의 자재소요량을 합리적으로 관리하기 위한 자재 및 구매관리중심의 시스템이라 할 수 있다.

1980년에 이르러 소품종 대량생산의 제조환경이 다품종 소량생산형태로 전이되기 시작하였으며, 고객지향의 업무체계가 각광받기 시작하면서 수주관리, 판매관리 등의 기능이 보다 중요해졌고 재무관리의 중요성이 대두되기 시작하였다. 그리고 컴퓨터기술의 발달로 데이터베이스나 통신네트워크가 중요한 기술로 등장하였다. 이와 같이 주변 여건이 변화하면서 MRP의 문제점을 개선시키면서 재무관리 등 중요 기능을 새로이 포함시킨 시스템으로 확장한 것이다. 즉 생산현장의 실제 데이터와 제조자원의 용량제한을 고려하고 자동화된 공정데이터의 수집, 수주관리, 재무관리, 판매주문관리 등의 기능이 추가되어 실현가능한 생산계획을 제시하면서 제조활동을 더 안정된 분위기에서 가장 효율적으로 관리할 수 있는 MRP Ⅱ (Manufacturing Resource Planning)가 탄생되었다. MRP Ⅱ는 '제조자원계획'이라고도 불리는데, 스케줄링 알고리즘과 시뮬레이션 등 생산활동을 분석하는 도구가 추가되면서 더욱 지능적인 생산관리도구로 발전하게 된다.

MRP Ⅱ에서 확장된 개념의 ERP시스템은 생산뿐만 아니라 인사, 회계, 영업, 경영자정보 등 경영 관점에서 전사적으로 자원의 효율적인 관리가 주목적이다. 1990년대 글로벌 경쟁체제로 들어서면서 급변하는 경영환경과, 특히 컴퓨팅 파워가 막강(H/W비용의 급락, 첨단 IT 출현)해지고, 시장구조가 생산자중심에서 소비자중심으로 전환되어가는 가운데 기업체들은 살아남기 위해서 IT자원을 활용한 첨단의 경영기법을 도입해야 하는 상황에 처하게 되었고 자연스럽게 ERP시스템이 주목받게 되었다.

기존 ERP의 가치는 새로운 비즈니스모델로 ERP 애플리케이션은 기업구조적인 관점에서뿐만 아니라 비즈니스 예측의 불확실성에 ERP Ⅱ가 대두되었다. ERP Ⅱ의 본질은 기업 내부의 최적화와 업무처리능력의 향상을 뛰어넘는 확장으로 정의된다. ERP의 목적이 기업의 최적화인 데 반하여 ERP Ⅱ는 가치사슬에의 참여와 스마트팩토리로 가기 위한 도구이다. 특히 기업의 생존을 위해 정보기술을 전략적으로 활용하여 경쟁력을 확보하기 위해 여러 가지 다양한 시스템을 활용하고 있는 바, 기업의 정보 인프라를 통합하여 정보를 실시간으로 관리 · 제공하여 기업운용을 지원하고 전사적인 자원관리를 위해서 ERP시스템을 활용하고 있으며, 데이터의 전략적인 관리를 위하여 빅데이터를 도입 · 운영하고 있다.

12.2.2 ERP의 주요 특징

ERP는 기존 시스템과 차별화되는 몇 가지 특징을 포함하고 있다. 각 특징은 다음과 같다.

1) 모듈화

ERP는 업무단위가 독립적인 모듈로 구성되어 각 기업에 맞는 모듈을 선택 · 적용할 수 있으며, 이후 필요한 모듈을 추가로 확장하여 적용할 수 있다.

2) 통합성

ERP는 기업의 주요 업무프로세스를 통합적으로 연계 · 관리하고 정보를 공유함으로써 전사적인 업무효율을 극대화하는 통합성이 있다.

3) 실시간처리

ERP 내 모든 시스템은 통합되어 원시정보의 생성과 동시에 실시간(real-time)으로 자동 반영되어 처리되는 기능을 보유하고 있다.

4) 업그레이드 용이성

정보기술은 경영환경과 같이 급속도로 변화하고 있다. 이에 따라 기업들은 자사 정보시스템의 기능을 자주 향상시켜주어야 한다. ERP는 새로운 환경에 적응가능하도록 지속적인 업그레이드가 가능해야 한다.

5) 글로벌 지원기능

ERP의 적용대상은 한 국가를 대상으로 하지 않고 글로벌한 환경을 대상으로 한다. 따라서 주요 국가에서 사용가능한 언어, 통화, 세법 등 다양한 기능을 제공한다.

12.2.3 ERP의 구성 및 기능

ERP의 기능은 생산, 생산관리, 설계, 재무, 회계, 영업, 인사 등의 순수관리부문과 경영지원기능을 포함하고 있다. ERP는 단순한 정보시스템이 아니라 혁신적인 업무처리방식이나 구조를 본질적으로 개혁시켜 업무의 생산성을 극대화시키는 강력한 통합솔루션이다. [그림 12-3]은 다양한 기능을 보여주고 있다.

즉 이전의 모든 기업활동은 영업이 완료된 후 생산계획이 수립되고, 공장이 가동되는 순차적인 구조를 갖고 있었던 데 반해, ERP는 기업 내의 모든 정보를 실시간으로 통합처리하면서 비능률적인 업무프로세스가 발견되면 경영재설계로 확대되는 개념이다.

1) 회계관리

실시간으로 현재의 재무상태를 파악하고, 경영진의 의사결정을 위한 재무제표 및 자금흐름에 대한 정보를 제공함으로써 미래에 대한 손익 및 투자결정을 위한

그림 12-3 ERP의 기능구성

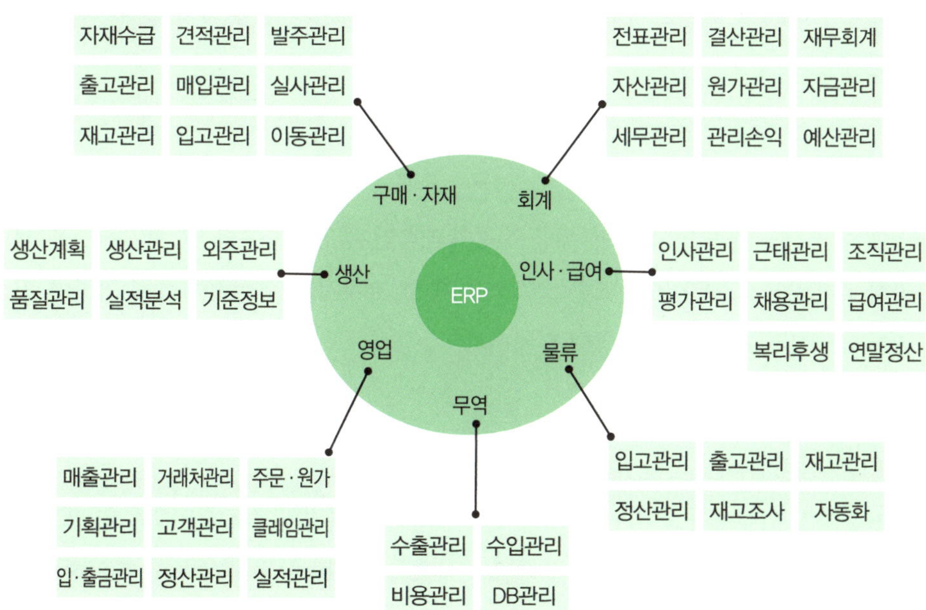

자료제공을 할 수 있는 시스템이다.

2) 인사 · 급여

기업 내 인적자원에 대하여 채용부터 평가에 이르는 전과정에 대한 인사관리정보를 제공하여 효율적 인적관리가 가능하게 하고 다양한 인력체계에 따른 급여관리를 유연하게 제공할 수 있는 시스템이다.

3) 구매 · 자재

사업장별로 필요한 다양한 자재들을 공정하고 적정한 가격으로 적시에 구매조달할 수 있고, 생산계획 및 매출과 연계하여 통합적으로 구매 및 수불관리를 실현하는 통합 구매 · 자재시스템이다.

4) 생산

영업정보와의 유기적인 연동을 통해 납기와 생산능력(capacity)을 충분히 고려하여 수용가능한 생산계획을 수립하고 생산공정현황의 신속한 정보공유를 통해 현장밀착형 생산정보를 바탕으로 생산현황정보를 실시간으로 제공할 수 있는 시스템이다.

5) 영업

매출 및 재고정보의 신속한 제공으로 효과적인 영업전략수립 및 영업지원을 제공할 수 있는 시스템이다. 또한 고객의 다양한 요구사항을 현장에서 수집하여 지원할 수 있는 고객관리시스템도 운영한다.

6) 무역

표준화된 업무체계를 기반으로 급속히 변화하는 환경하에서 무역업무의 프로세스혁신을 실현하여 수출입의 전반적인 정보흐름을 신속하고 정확하게 파악하도록 하여 편리하면서도 체계화되고 일원화된 시스템을 제공한다.

7) 물류

입출고정보에 대한 정확한 수집 및 재고정보에 대한 활용을 지원할 수 있는 시스템 및 각종 입출고 자동화기기와의 원활한 연동을 통한 실시간 물류정보를 제공한다.

12.2.4 ERP 이후의 프로세스 변화

1) 조직업무 문화의 변화

ERP시스템에서의 새로운 기능과 프로세스에 적응하는 기간에는 업무담당자들을 포함한 교육지원조직을 구성하여 다양한 조직업무를 이해하기 위하여 노력하여야 한다. 안정기에 접어들면 문화적으로는 기업의 전반적인 경영상태를 공유하게 되고 부서 간 업무가 유기적으로 이어지므로 부서 간의 커뮤니케이션이 활발해지고 기업 전반적인 경영 차원의 눈높이로 업무를 바라보게 되어 각자의 책임의식과 긍지가 높아진다.

ERP는 업무의 전부문에 걸쳐 있는 경영자원을 하나의 체계로 통합시스템을 재구축하고, 또한 생산성을 극대화하는 리엔지니어링기법으로 단위업무를 처리하는 것이다.

2) ERP의 성과평가

ERP성과측정과정을 통해 기대했던 목표를 어느 정도 달성했는지, 어떤 부분의 개선이 필요한지를 파악하여 지속적으로 활용해야 한다. ERP성과관리가 ERP의 성공 여부에 막대한 영향을 미치고 있는 관계로 보다 체계적이고 시스템화된 성과관리방법을 활용하여야 한다. 특히 재무 관점 위주의 결과지표로 ERP의 성과지표를 관리하면 많은 문제점이 발생되므로 ERP의 목표와 가장 유사한 균형성과관리

그림 12-4 ERP의 성과평가모형

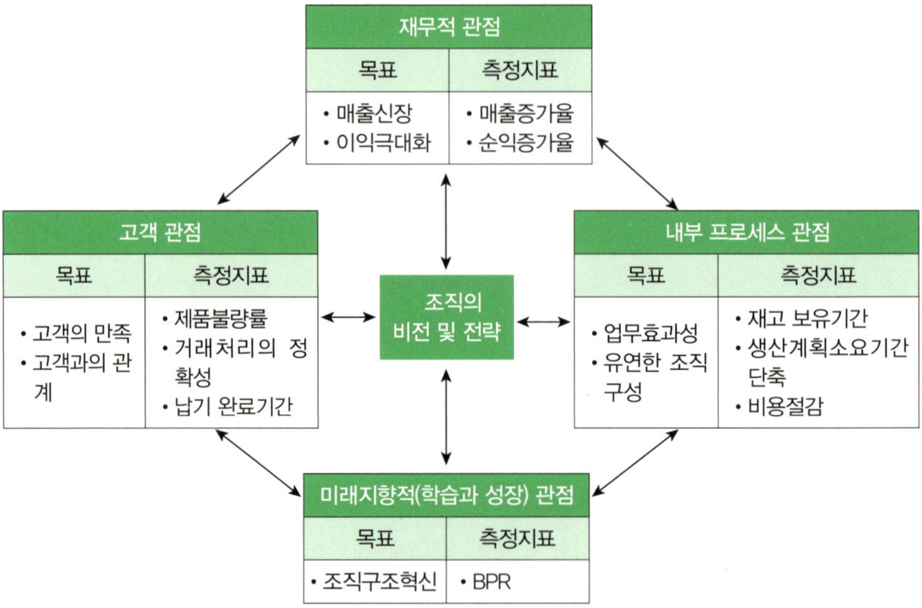

인 BSC(Balanced Scorecard)방법을 활용하는 것이 좋다. BSC는 재무, 고객, 내부 프로세스, 학습 및 성장의 네 개 관점에서 균형되게 성과관리를 하는 것으로 잠재적 성과도 재무성과와 같은 비중으로 관리하자는 것이 핵심이다.

12.3 공급사슬관리(SCM)

12.3.1 공급사슬관리의 환경 및 정의

국내외적인 환경의 영향으로 기업 간의 외부 의존적인 경향이 심화되는 경영환경이 되어가고 있다. 원자재공급업체, 부품공급업체, 협력업체, 유통 및 물류업체 등도 고객과 보다 긴밀한 관계를 유지하여 시장환경을 선점하기 위하여 노력을 기울이고 있다. 또한 이러한 유기체들을 네트워크로 연결하는 정보와 제품의 물류흐름이 원활히 진행될 수 있도록 관리하는 것이 절대적으로 요구되고 있다. 국내외적으로 산업의 구조변화에 따른 제조업의 서비스 공급구조 및 수요의 변화, 유통산업의 발전에 따른 경로의 변화, 국제시장의 대외개방에 의한 외국 전문기업의 진출 가시화, 네트워크 간 경쟁 확대 및 서비스의 저가격 · 고품질화 · 고비용 등과 새로운 관리기법의 출현 등의 제조업의 환경변화가 전개되고 있다. 또한 제품의 품질만으로 시장에서 경쟁력을 확보하던 시대는 이미 지나가고 있으며 서비스의 품질, 즉 고객이 원하는 제품을 고객이 원하는 방식으로, 고객이 원하는 시간에, 고객이 원하는 장소로, 그리고 최소의 비용으로 어떻게 전달할 것인가가 기업경쟁력의 핵심이 되었다.

현재의 공급사슬관리(SCM: Supply Chain Management)는 원재료 공급자로부터 생산, 제조업체, 물류센터와 유통업체, 최종소비자에 이르는 물류흐름상의 각 주체와 협력업체 및 거래선의 연결부분을 통합한 전체적인 물류흐름의 네트워크화를 일컫는다. 공급사슬관리는 이러한 공급사슬 사이의 세 가지 흐름, 즉 정보의 흐름, 물류의 흐름, 그리고 현금흐름의 과정을 최적화하고자 하는 방법론이라고 할 수 있다.

미래의 SCM은 스마트팩토리 플랫폼의 발전으로 각각의 기업들이 스마트공장화되고 이는 과거와 같은 단편적이고 간헐적으로 연결된 공급망이 상호 복잡하게 연계된 네트워크형 공급망으로 변화하고 있다. 서로 연계된 네트워크에서 공유할 수 있게 됨으로써 문제점을 실시간으로 파악하고 그에 대한 최적대응을 계획하는 것이 효율적이다. 이러한 미래의 SCM은 공장뿐만 아니라 구매, 유통, 물류분야에서도 혁신을 통하여 온라인으로 연계된 네트워크로 전체 공급망이 하나의 거대한 세상으로 연결될 것이다. 로봇과 인공지능, 사물인터넷센서, 디지털기기 등을 연결하여 자동화되는 것처럼 물류의 경우 자율주행 트럭, 드론 등을 통해 운송수단이 무인화, 자동화되고, 물류창고 역시 로봇을 기반으로 한 창고로 변화하고 있다. 공장과 물류가 동시에 연결된 경우 제조에서 물류까지의 전체 프로세스가 하나의 통합된 프로세스처럼 운영될 것이다.

유통도 온라인 쇼핑의 발전으로 이미 데이터획득에서 처리, 공유, 분석에 다양한 디지털기술이 활용되고 있다. 이러한 추세는 온라인 유통을 넘어 오프라인 유통과 온라인 유통이 통합되는 온라이프(onlife) 개념으로 발전하고 있다. 각 오프라인 매장 내 다양한 센서들이 상품판매현황 및 소비자 방문 패턴을 분석하고 분석된 데이터가 스마트팩토리 플랫폼으로 전달된 후 스마트물류시스템을 통해 고객에게 배송될 수 있다. 구매 역시 유통–물류–제조 전체 프로세스가 스케줄을 미리 파악하고 이를 바탕으로 최적 주문시점을 판단할 수 있다.

구매에서 생산, 물류, 유통에 이르는 전체 프로세스가 사물인터넷기기를 통해 연결되고 플랫폼에서 통합관리될 경우, 과거의 단편적인 공급망(SCM)에서 네트워크 공급망으로 변화시키는 핵심동력으로 작용한다. SCM 플랫폼을 통해 이상상황 패턴을 미리 인지하고 그에 맞는 최적대응을 계획할 수 있다([그림 12–5] 참고).

스마트공장이 네트워크형 공장으로 상호 연결되고 구매에서 생산, 물류, 유통에 이르는 전체 공급망이 연결되는 스마트SCM시스템에서는 스마트팩토리 플랫폼과 함께 연동될 경우 실시간 데이터 추적 및 상태 모니터링이 가능해질 것이다. 공장

그림 12-5 현재의 SCM과 미래의 SCM 네트워크 흐름도

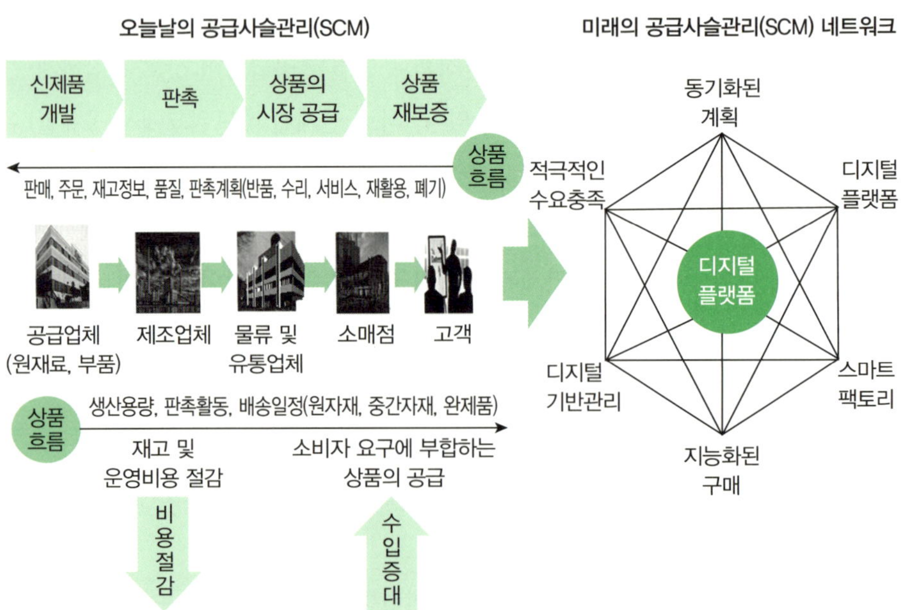

자료: 배경한 외, 스마트공장경영과 기술, 드림디자인, 2019.

내부 프로세스들을 디지털기술을 활용하여 실시간으로 모니터링할 수 있게 되면서 새로운 비즈니스모델인 SCM 플랫폼과 스마트팩토리가 자연스런 초연결로 운영되며 효율성이 높아질 것이다.

12.3.2 공급사슬관리의 구조

현행 공급사슬의 네트워크구조([그림 12-6] 참조)는 구성원과 구성원 간 연결고리의 네트워크이며 세 가지 관점을 살펴보면 다음과 같다.

1) 공급사슬의 구성원

원산지에서 소비지에 걸쳐 공급사슬의 중심기업과 직접 또는 간접적으로 상호작용하는 모든 기업 및 조직을 포함하나, 관리상의 편의를 위해 주요 구성원과 보조 구성원으로 분류한다.

그림 12-6 SCM의 네트워크 연계도

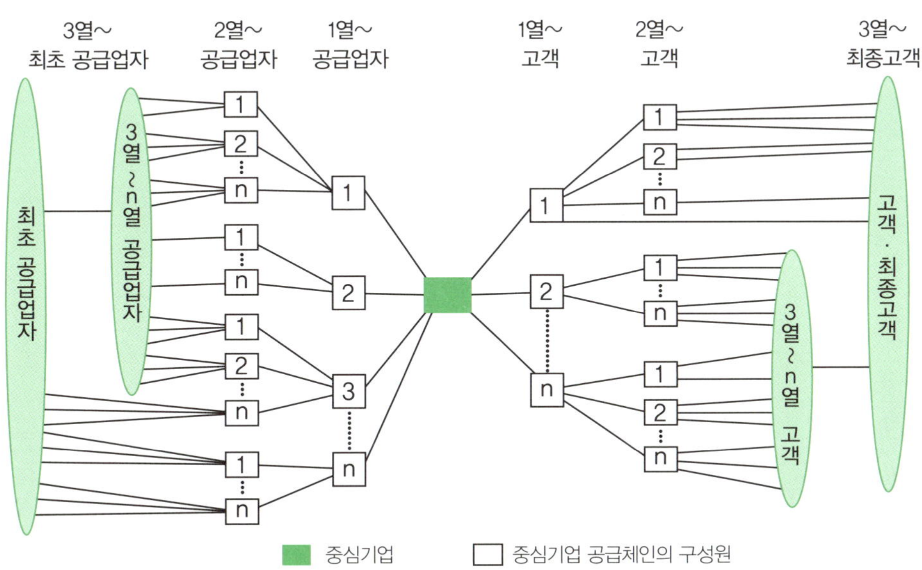

2) 네트워크의 구도

수평구조, 수직구조, 기업의 수평적 위치로 설명한다.

3) 프로세스형태의 관점

관리프로세스, 관찰프로세스, 비관리프로세스, 비구성원프로세스로 분류한다. 공급사슬관리(SCM)의 경영프로세스를 살펴보면 [그림 12-7]과 같다.

- 기업 내부에 다양한 형태의 프로세스가 다양한 이름으로 수행되고 비슷한 이름의 프로세스가 다른 기업에서는 전혀 다른 기능을 하기도 한다.
- 기업 간 프로세스가 일관성을 확보하지 못하면 공급사슬의 단절과 비효율성이 나타난다.
- 현행 공급사슬에 걸쳐 기업 간에 연결될 수 있는 대표적인 프로세스로 고객관계관리, 고객서비스관리, 수요관리, 주문충족, 생산흐름관리, 조달, 상품개발 및 상업화, 회수 등을 들 수 있다.

스피드와 유연성을 확보한 기업이라면 적시에 적절한 신제품을 출시할 수 있고,

그림 12-7 SCM의 경영프로세스

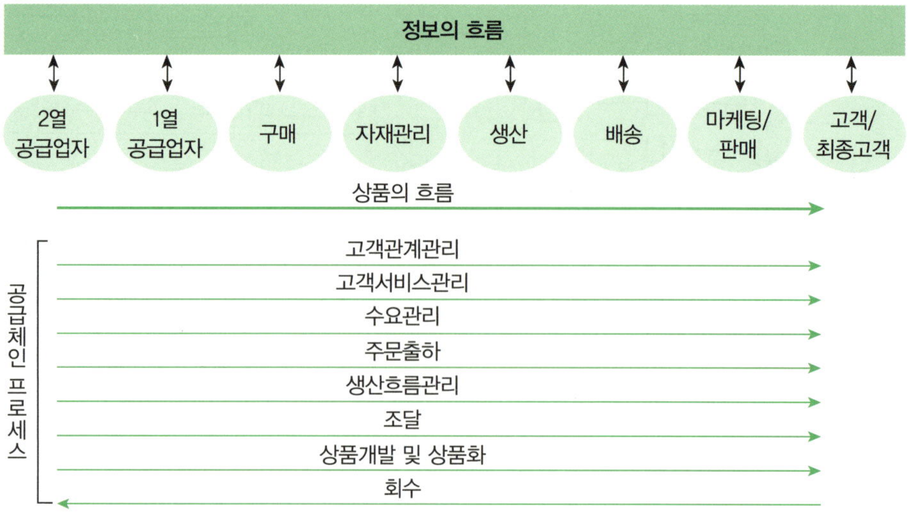

적은 재고량으로도 각 매장에 품절을 극소화하며, 약속한 납기 내에 제품을 배달할 수 있는 체계를 만들어야 한다. 그리고 가격변화에 능동적인 대처와 최고의 매출성장과 브랜드가치를 확보가능하도록 한다. 이제 ERP만으로는 기본적인 경영 인프라를 갖추는 것 이상의 경쟁우위 확보가 될 수 없기 때문에 경영 인프라의 바탕 위에 기업 전체가 PDCA(Plan–Do–Check–Act) 사이클을 처리할 수 있는 SCM체제를 구축하고 '스피드와 유연성'으로 기업 간 경쟁에서 앞서나가야 한다.

12.3.3 SCM의 구현기술

이는 제품이나 서비스 생산에 필요한 원자재, 조달, 구매, 물류, 창고관리뿐만 아니라 기업 간 업무 프로세스와 협업 간 웹기반의 e–비즈니스를 융합하는 지능형 물류유통 공급사슬관리(u–SCM)라고 할 수 있다.

1) 자동인식기술

현행 SCM의 주요 기술적 구성요소는 유연한 프로세서 간의 연결, 품목별 데이터 인지가능성 그리고 제품품목에 관한 데이터생성 및 수집에 관한 국제표준인 자동인식(AIDC: Automatic Identification and Data Capture)기술과 이와 같은 데이터의 수집체계, 처리과정 그리고 배포에 치밀하고 효율적인 가치사슬 비즈니스 모델을 제시하는 EPCglobal 네트워크로 크게 나눌 수 있다.

자동인식분야에서 무선인식(RFID)기술이 도입되었으며, 이는 기존의 단점을 극복한 비시계성, 비접촉성, 안정된 거리, 복수인식, 품목 개별 인식 등의 특성으로 현장에서 작업처리속도, 안정성 그리고 웹서비스 지원 연계가 용이해졌다.

2) 비즈니스프로세스혁신을 위한 RFID기술 도입

현행 SCM의 필수기반기술인 RFID적용의 주목적은 비즈니스프로세스혁신을 달성하기 위한 것으로 가시성이 고려되었다. 가시성의 가치는 화물의 연계보관성, 전자족보, 그리고 재고연한으로서 나타낼 수 있다. 이와 같이 무선인식을 이용한

그림 12-8 RFID기반 SCM 적용모델

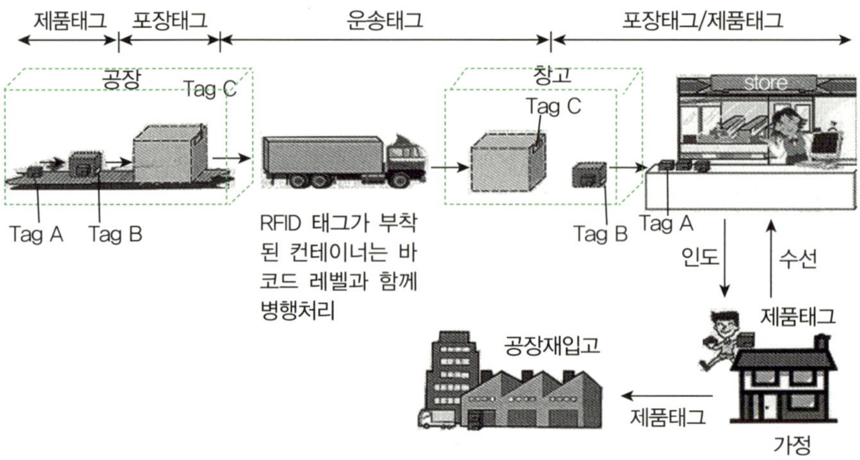

자료: T. Yoshika, ISO SC31/WG3/ARP

가시성의 가치는 비즈니스프로세스의 모니터링 및 관리를 나타내는 자사 내의 ERP시스템 그리고 물품의 이동을 나타내는 SCM시스템과 연계할 때 효과가 나타난다.

[그림 12-8]은 RFID기반의 유통물류 SCM모델로서 국제표준기구에서 RFID와 SCM시스템에 대한 참조모델을 나타내고 있다. 전자적 물류 유통체계 구현을 위한 고려사항으로서 EPCglobal 네트워크는 창고관리, 물류센터 관리비용을 낮추고 빠르고 정확한 물품 선적, 반입프로세스 그리고 더욱 효과적인 선별 포장 운영을 촉진시키고자 하는 목표를 가지고 있다.

3) SCOR모델

SCOR(Supply Chain Operation Reference)모델은 공급사슬의 구성요소들이 연계되는 과정을 표준화하며, 공급사슬 성과를 측정하여 최적의 업무처리방식을 표준화한 것이다. 여러 공급사슬의 공통요소, 효과적 실천사례, 각종 우수한 공급사슬관리업체의 벤치마킹자료, 공급사슬관리의 수익성측정과 미래의 향상된 공급사슬관리기법 등을 종합하여 SCOR모델이 제작되었으며 공급사슬이 개선된(to-be) 상세설계의 참조모델로 활용한다.

SCOR프로세스모델은 계획(plan), 조달(source), 제조(make), 배송(deliver), 반품(return)의 다섯 가지 레벨의 관리프로세스로 구성된다.

- 계획(plan): 수요 · 공급을 계획하는 단계로 모든 공장의 모든 제품에 대하여 평가, 수요의 우선순위, 재고계획, 분배요구량 파악, 생산계획, 자재조달, 개략적 능력을 계획한다.
- 조달(source): 원료의 공급과 관련된 단계이다. 조달처를 발굴하여 조달, 입고, 검사, 보관을 수행하고 조달계약, 지불, 납입수송, 자재의 품질, 공급자 검증 · 지도 등의 조달기반구조를 형성한다.
- 제조(make): 조달된 자재를 이용해 제품을 생산하고 검사 · 포장 · 보관하는 단계로서 설비 · 기계 등의 제조기반시설을 관리하고 제품의 품질검사와 생산현황, 작업스케줄을 관리한다.
- 배송(deliver): 주문을 입력하고 고객의 DB를 관리하며, 주문발송과 제품의 포장, 보관, 발송, 창고관리, 배송기반구조관리 등의 활동을 포함한다.
- 반품(return): 공급자에 대한 원재료의 회수 및 고객활동에서 완제품의 회수, 영수증관리 등 반품의 영역을 포함한다.

12.4 고객관계관리(CRM)

12.4.1 CRM의 환경

CRM(Customer Relationship Management)은 '고객관계관리'로 소비자들을 자신의 고객으로 만들고, 이를 장기간 유지하고자 하는 경영방식이며 기업들이 고객과의 관계를 관리, 고객확보, 그리고 고객, 판매인, 협력자와 내부 정보를 분석하고 저장하는 데 사용하는 보다 넓은 관리방법이다.

이전에는 기업들의 고객관계관리활동이 존재하지 않았던 것일까? 우리나라의 조선시대에도 상인이 자녀들에게 사업을 물려줄 때 가장 중요시하였던 것 중의 하나가 고객명부였다. 이는 고객관계관리에 대한 인식이 이미 오래전부터 존재해 왔다는 것을 말해준다. 또한 일상의 경험을 통해 동네의 구멍가게, 양복점, 떡집, 통닭집, 음식점, 이발소, 세탁소 등에서도 고객관계관리를 위해 나름대로 노력해 왔음을 알고 있다.

예를 들어 어느 동네의 구멍가게 주인은 단골손님들의 얼굴을 기억하는 것은 물론 집이 어디인지도 알고 가게 앞에서 놀고 있는 아이가 어느 집 아이인지도 알고 있으며, 외상을 주어도 되는 손님과 안 되는 손님을 구분할 수 있고, 손님들이 좋아하는 상표도 알고 있다. 이 주인은 이러한 기억을 바탕으로 단골손님 개개인에게 적합한 응대를 할 수 있다.

그러면 1990년대 말에 등장한 CRM은 동네 구멍가게의 고객관계관리와 어떠한 차이가 있을까? 이 둘의 가장 큰 차이는 관리의 대상이 되는 소비자 및 고객의 수에 있다고 할 수 있다. 예를 들어 어느 동네의 양복점은 고객의 수가 많지 않기 때문에 고객에 대한 정보를 기입하거나 혹은 장부에 기록함으로써 고객에게 개별적인 서비스를 제공할 수 있지만, 의류를 대량으로 생산하고 판매하는 어느 정도 규모의 의류업체라면 컴퓨터의 도움 없이는 고객에 대한 정보를 데이터베이스화할 수 없다. 따라서 CRM을 논할 때는 암묵적으로 기억이나 장부를 통해서 관리할 수 없을 정도의 많은 수의 고객을 대상으로 사업을 전개하고 있는 기업을 전제로 하고 있다고 할 수 있다.

12.4.2 CRM의 구성과 기능

CRM은 기업과 고객 간 커뮤니케이션도구로서 이해해야 한다. 즉 고객서비스, 즉 마케팅, 판매, 서비스로 [그림 12-9]와 같이 연속적인 시간에서 고객과 기업 간에 끊임없는 커뮤니케이션을 통해서 기업은 얻고자 하는 목적을 달성하고 고객은 이에 따른 차별화된 재화를 얻을 수 있도록 하는 활동이다.

어떤 남성이 소개를 통해 여성과 만난다면 첫 만남에서 여성에 대한 성향, 즉

그림 12-9 기업과 고객 사이의 커뮤니케이션

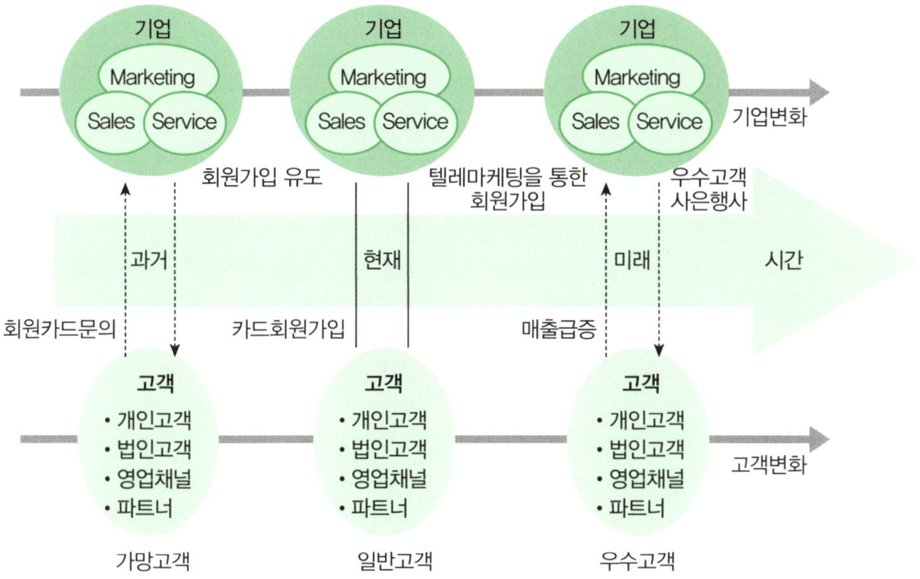

어떤 영화를 좋아하는지, 어떤 음식을 좋아하는지, 취미는 어떤 것인지 알아가고 여성이 호감을 가질 수 있도록 교제를 하는 것처럼 CRM도 이러한 연속적인 시간에서 일어나는 커뮤니케이션에 대하여 집중하는 것이 중요하다. 이것은 어떤 시점의 단발적인 이벤트로 단절되는 것이 아니라 기업이 존속할 때까지 고객을 이해하는 과정이고 이러한 이해를 바탕으로 기업전략을 행동으로 옮기는 과정이다. 따라서 커뮤니케이션을 중앙에서 관리하고 고객이해에 대한 지식을 축적하기 위한 네 가지 기본적인 관점으로 CRM를 바라보아야 한다.

- 지식(know): 시장과 고객을 이해한다(수익성 높은 고객과 수익성 낮은 고객을 분류, 고객 빅데이터로 고객가치분석 및 관리).
- 목표(target): 최적서비스를 개발한다(어떤 고객에게 어떤 제품과 서비스를 어떤 채널을 통해 판매할 것인가, 고객의 요구에 맞는 제품과 서비스를 집중 관리).
- 판매(sell): 신규고객을 창출한다(영업자동화시스템, 캠페인관리시스템).
- 서비스: 기존 고객을 유지한다(고객충성도의 창출 및 유지를 위한 고객서비

스, 콜센터 안내데스크를 통한 고객지원, RPA 도입으로 고객니즈와 불만족데이터 자동수집).

RPA

RPA(Robotic Process Automation)란 사람이 반복적으로 처리해야 하는 단순업무를 로봇 소프트웨어를 통해 자동화하는 솔루션을 말한다. 인공지능(AI) 초입단계인 자동화기술이고, 단순 프로그래밍보다 한 단계 더 복잡한 명령을 수행한다. 예를 들어 사람이 직접 여러 시스템에 접속해서 화면별 값을 입력하고 엑셀로 작업하는 복합작업을 그대로 따라할 수 있다.

12.4.3 CRM의 구성

CRM에 있어서 기본적인 구성과 핵심적인 구성은 새로운 고객확보, 기존 고객으로부터의 수익성 강화 그리고 고객의 유지관리이다. 이들은 고객관계에 다른 영향을 가지며, 회사와 고객과의 관계를 더욱 강화시킬 수 있다.

- 지속적인 관계(즉 고객충성도)를 얻기 위한 고객관리: 습관적으로 자사의 제품이나 서비스를 구매하도록 하는 마케팅행위이다.
- 고객의 개별적 특성에 따른 관리: 고객니즈에 대한 개별적인 1:1 마케팅 · 서비스를 한다.
- 정보기술에 의한 관리: 빅데이터를 이용하여 고객의 정보를 체계적으로 분석하고 관리한다.
- 전사적 차원에서 고객관리방안을 수립한다.

1) 새로운 고객의 관계창출

제품과 서비스에 있어서 선도적 위치를 가지게 되며 새로운 고객을 확보할 수 있다. 고객을 위한 가치는 탁월한 서비스가 지원되는 우수한 제품을 제공하는 것이다.

2) 기존 고객으로부터 관계를 강화하여 수익성 강화

교차셀링과 업셀링에서 탁월함을 발휘함으로써 고객과의 관계를 강화시킬 수 있다. 이것은 또한 고객관계를 더욱 튼튼하게 한다. 고객을 위한 가치는 적은 비용으로 더욱 많은 편리함을 제공하는 것이다.

3) 고객관계의 유지

고객관계의 유지는 시장이 원하는 것이 아니라 고객이 원하는 것을 충족시키는 서비스 적응성에 초점을 맞추는 것이다. 고객을 위한 가치는 그들의 가장 큰 관심에 부합하는 활동지향적인 관계를 제공하는 것이다. 오늘날 선도적인 기업들은 새로운 고객을 끌어들이기보다는 기존의 고객유지에 더 많은 초점을 맞추고 있다. "돈을 벌고자 한다면 좋은 고객을 붙잡아라." 그러나 그것은 말처럼 쉬운 일이 아님을 명심해야 한다.

업셀링(up-selling)

고객이 기존보다 가격이 더 높은 상품이나 서비스 등을 구입하도록 유도하는 판매방식이다.

교차셀링(cross-selling)

고객이 사려는 것과 관련된 상품을 추가로 구매하게 만드는 판매방식으로 '교차판매'라고 한다.

업셀링과 크로스셀링은 주로 기존 고객을 대상으로 한 판매전략이다. 신규고객을 확보하는 데에는 막대한 비용이 든다. 그렇지만 기존 고객의 관성과 충성도를 활용하면 더 적은 비용으로 더 큰 수익을 낼 수 있다. 신규고객 유치는 기존 고객의 재구매를 유도하는 것보다 비용이 5배나 높다고 한다.

12.4.4 CRM의 수행기능

일반적인 CRM의 다섯 기지 주요 수행기능을 설명하면 [표 12-1]과 같다. 고객분석 및 고객정보요소 등은 CRM에서 데이터웨어하우스 및 데이터마이닝 등의 데이터분석을 매우 강조하고 있다. 최근에는 빅데이터를 통해 고객의 소비패턴과 선

표 12-1 CRM의 다섯 가지 수행기능

요소	수행기능
고객분석	고객세분화, 이탈고객분석, 고객가치분석
캠페인관리	캠페인계획에서부터 캠페인효과분석까지 수행
고객응대	콜센터, 영업자동화(sales force automation) 및 RPA(Robotic Process Automation), 고객지원센터, 텔레마케팅
고객정보	빅데이터, 데이터웨어하우스, 데이터마이닝 등 분석작업 수행
컨설팅, 통합	고객데이터분석의 기반이 되는 전략컨설팅과 시스템 통합

호도, 정보 등을 분석하여, 구매할 가능성이 높은 고객에게 가치제공과 맞춤형 혜택을 제공하는 것이 CRM의 핵심이다.

이상으로 CRM의 주요 기능을 살펴본 결과, CRM의 핵심기능은 마케팅활동, 영업 및 서비스라는 것을 알 수 있다. 이렇게 비슷한 특징을 갖는 CRM제품의 기업 적용은 기업환경에 의존한다고 할 수 있다.

12.4.5 CRM의 시스템 구축기능

CRM을 시스템화하는 것은 고객의 웹사이트에서 이루어지는 활동들을 웹로그로 관리하고 기록하여 고객의 정보를 분석하고 그에 맞추어 기업 입장에서 여러 가지 홍보, 이벤트, 캠페인 등의 활동을 수행할 수 있도록 지원해주는 요소이다. CRM이 기업에 구축되었을 때의 요소는 [그림 12-10]에서와 같이 전송매체, 고객서비스, 빅데이터 수집 및 분석, 내부 정보처리시스템으로 구성할 수 있다. 맨 위의 상단은 고객이다. 전송매체는 고객과 계속해서 대화의 채널을 통한 데이터수집에 중점이 있다. 특히 고객은 영업사원의 직접방문이나 전자우편(e-mail), 인터넷, 전화, 팩스, 이동통신 등을 이용하여 제품주문이나 서비스를 요청한다.

CRM의 구성요소 중에 빅데이터를 강조하는 이유는 다음과 같다. 인터넷으로 시작해서 인터넷으로 마감하는 생활, 스마트폰을 이용해 정보를 검색하고 쇼핑도 하고 SNS를 이용해서 실시간으로 글을 남기기도 한다. 이처럼 다양하게 인터넷을

그림 12-10 CRM의 구축요소

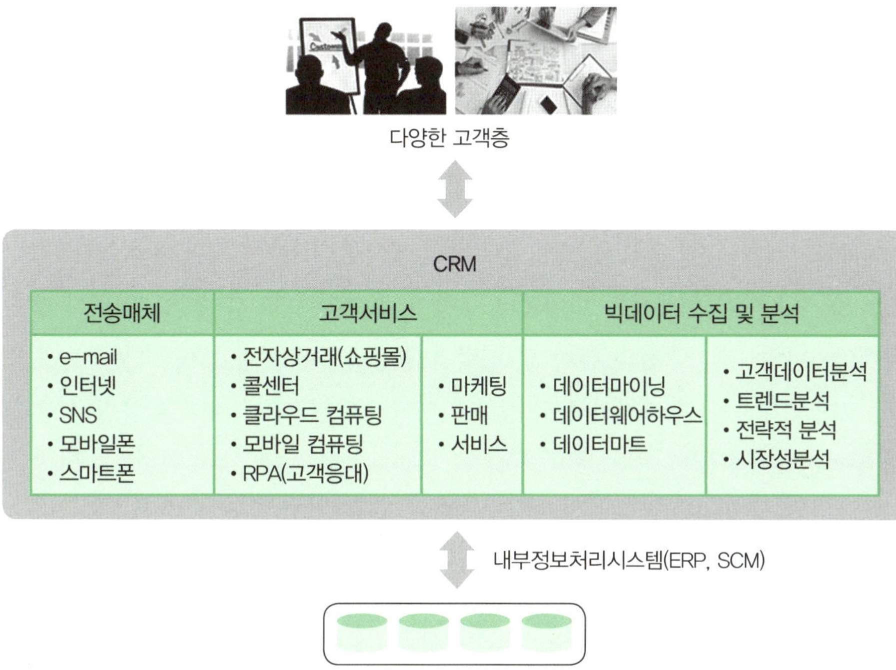

이용하는 동안 우리의 흔적들이 남는다. 이렇게 모인 데이터들을 분석하면 개인의 생활 패턴, 소비성향 등을 예측할 수 있고 기업들은 이런 데이터를 통해서 소비자가 원하는 것들을 미리 예측할 수 있다.

12.4.6 CRM의 구축 솔루션

CRM 구축 솔루션을 세가지 관점으로 나눠볼 수 있다. CRM의 영역을 분류해보면 고객을 발굴하고 고객과의 거래접촉을 담당하는 '협업 CRM'과 고객의 주문, 출하 등의 고객요청을 처리하는 '운영 CRM', 고객실적을 다양한 관점으로 분석하거나 고객데이터를 이용하여 마케팅 의사결정을 지원하는 '분석 CRM' 등으로 구성된다.

1) 분석 CRM

분석 CRM은 고객데이터를 분석하여 마케팅에 유용한 정보를 산출하는 영역이다. 분석 CRM은 고객정보를 통합하여 조회할 수 있게 하며, 고객의 기여도, 실적 등을 시계열 또는 다양한 관점으로 검색할 수 있게 한다. 더욱 중요한 기능은 마케팅에 필요한 여러 가지 분석모형을 적용하여 우수고객의 확대, 이탈고객의 방지, 목표고객의 검색 등을 통해서 획기적인 성과를 거둘 수 있다는 점이다. 분석 CRM을 적용하기 위해서는 빅데이터 구축이 필수적이다. 특히 빅데이터를 통한 마케팅기반의 고객 관점의 분석 및 전략적 활용방법이 가장 널리 적용되고 있으며, 고객에 대한 단일 관점의 특정 정보를 모아서 관련 시스템에서 활용할 수 있도록 구성한다.

2) 운영 CRM

운영 CRM은 고객에 대한 업무를 수행하고, 결과를 데이터베이스에 기록하는 등 실질적으로 업무규칙이 적용되는 영역이다. 운영 CRM의 업무기능으로는 영업지원, 판매자동화, 마케팅자동화, 서비스자동화 등이 있다. 운영 CRM에서는 어떤 채널을 통해서 고객의 요청이 접수되었더라도 일관성 있게 업무규칙을 적용하고 정확하게 데이터베이스에 반영하는 것이 중요하다. 또한 고객데이터의 분석결과가 신속하게 대고객활동에 피드백될 수 있는 체계를 갖추어야 한다.

영업지원시스템부문은 SFA(Sales Force Automation, 영업자동화)로 언급하고 있으며 영업사원들이 직접 영업을 수행함에 있어 필요로 하는 거래선관리, 계정관리, 고객관리, 주요 인력관리, 영업실적관리, 영업목표관리 등의 기능을 지원하는 시스템이다. 마케팅자동화는 분석 CRM에 기반을 두고 있는 부문으로 주로 마케팅 관점의 고객 데이터마트를 중심으로 고객에 대한 캠페인관리, 이벤트관리, 고객 로열티관리 등을 지원하는 기능으로 구성되어 있다. 특히 대상고객을 추출하고 관리해서 마케팅 컴포넌트를 설계하고 차후에 마케팅의 결과를 모니터링 및 분석하는 폐쇄된 루프형태의 프로세스를 지향하는 시스템이다. 서비스자동화는 특정한 단일시스템이 아니라 고객과의 접점에서 고객의 문의를 접수받고 처리하는 시스템으로 고객상담처리시스템 등이 이에 해당된다.

3) 협업 CRM

과거에는 고객과의 접촉은 주로 사람과 사람의 대면에 의해 이루어졌다. 은행의 경우 고객은 창구직원을 통해서 입출금 등의 서비스를 제공받았다. 최근에는 고객 접점의 자동화가 이루어지면서 무인자동화기기, ARS, 이동통신기기, 콜센터, 인터넷, SNS, 메신저 등으로 접촉경로가 다양해지고 있다. 협업 CRM에서는 개인화된 서비스의 제공, 다양한 채널의 제시, 고객접촉 업무프로세스의 효율성 제고, 다수 채널의 통합관리 등이 중요하다. 고객에게는 언제 어디서나 손쉽게 접근할 수 있는 시스템을 제공하여야 한다.

12.5 e-제조(PDM, PLM, MES)

12.5.1 PDM(제품데이터관리)

e-제조는 정보기술을 활용하여 제품의 발주, 수주, 구매는 물론 설계, 생산, 유통 및 폐기까지의 전과정에서 생성되는 데이터를 표준화된 형태로 디지털화하고

그림 12-11 스마트환경의 e-제조시스템

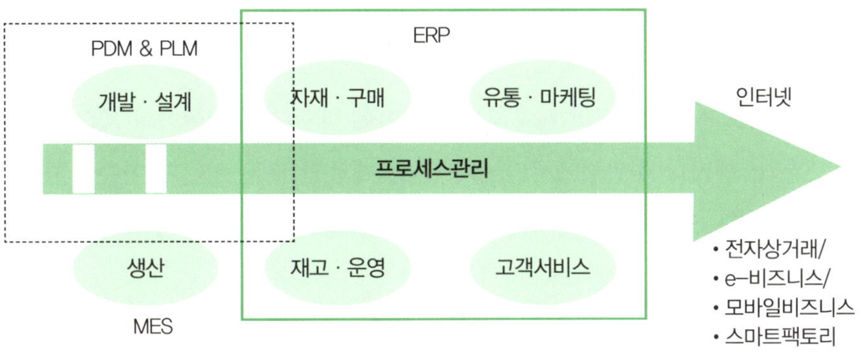

이를 조직 간 교환 · 공유할 수 있는 표준화된 환경을 구축함으로써 조직 전체의 효율을 높이는 기업과 기업, 기업과 정부 간의 경영전략이다.

1980년대의 PDM(Product Data Management)은 주로 CAD기술의 도입을 통해 제품개발효율을 향상시키는 데 중점을 둔 데이터중심의 기술이었으나, 1990년대 동시공학을 통한 Time-to-market을 추구하는 프로세스중심의 기술로 발전했다. 2000년대 들어서는 개발역량 극대화로 제품기술혁신에 중점을 둔 가치중심의 PLM(제품라이프사이클관리)으로 발전했다. 특히 PDM은 인터넷과의 접목으로 기업의 내외부 간의 협업을 통해 제품의 전체 라이프사이클에 대한 관리체계를 구축하는 방향으로 발전하고 있다.

PDM은 소프트웨어나 다른 툴(tool)을 사용하여 특정 제품과 관련된 데이터를 추적하고 관리하는 것을 지칭한다. 이러한 데이터는 일반적으로 제품의 기술사양이나 제조 및 개발을 위한 명세사항, 그리고 제품을 생산하기 위한 자재의 종류를 포함한다. 회사는 이렇게 수집된 데이터를 이용하여 제품의 제작 및 출시와 관련된 다양한 비용을 추적할 수 있다. 또한 제품데이터관리는 제품의 수명주기관리 및 구성관리의 한 부분이며, 주로 엔지니어에 의해 사용된다. PDM의 범위는 보통 제품의 생산과 변경, 그리고 보관 등과 같이 제품에 관련된 모든 정보를 관리하고 추적하는 데 주안점을 두고 있다. 이렇게 하나 또는 그 이상의 파일 서버에 저장되고 관리되는 정보에는 컴퓨터지원설계(CAD)모델과 문서와 같은 엔지니어링 데이터도 포함된다.

PDM은 관련 프로세스 및 제품개발과정을 위한 지식 창고의 중심 역할을 하며, 제품과 상호작용하는 모든 비즈니스 사용자들(프로젝트매니저, 엔지니어, 영업직원, 바이어, 품질보증팀)에게 데이터의 통합관리 및 정보교류를 활성화시켜준다. 중앙 데이터베이스는 또한 파일의 소유자 및 구성요소의 상태와 같은 메타데이터를 관리하기도 한다. 다수의 사용자의 사용자에 대한 제품데이터의 체크인 및 체크아웃관리, 엔지니어 관점에서의 변경관리, 제품의 모든 버전과 이슈에 대한 관리, 제품구성요소의 자재명세서(BOM) 제작 및 배포를 관리하며, 또한 제품의 변형과 다양성에 대한 관리를 지원한다.

일반적인 PDM모듈에서 관리하는 정보는 다음과 같다.

• 부품번호, 부품설명
• 제조업체, 공급업체
• 공급업체의 부품번호 및 설명
• 측정단위, 비용, 가격
• 회로도 또는 CAD 도면
• 자재명세서

12.5.2 PLM(제품라이프사이클관리)

PLM(Product Lifecycle Management)은 제조정보화, 엔지니어링 데이터베이스와 연결되며 도면관리시스템에 바탕을 두고 있다. 제조업의 업무영역을 제품개발, 제품생산, 관리의 세 그룹으로 분리한다면 ERP는 생산과 관리, PDM은 제품

그림 12-12 PLM의 진화과정

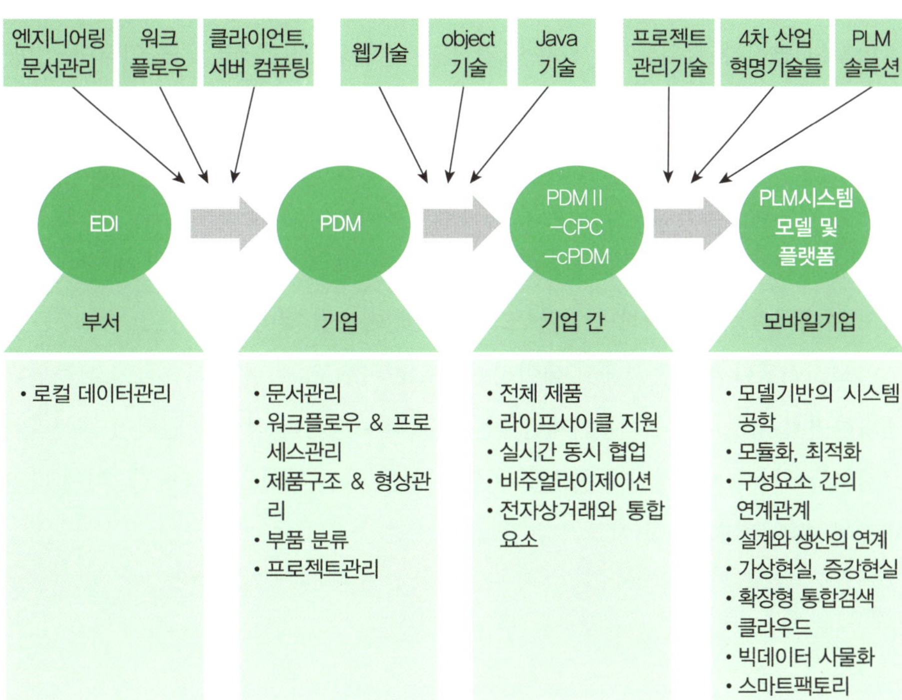

개발과 생산에 연결되어 있다.

기업의 관리 측면에서의 PLM의 목적은 시장과 고객이 요구하는 수준 이상의 제품을 적기에 시장에 공급하는 것이다. 즉 고객, 시장, 경쟁자를 고려한 요구사항 또는 핵심성능지표를 가장 효과적으로 달성하기 위해 상품개발단계부터 정보데이터를 효율적으로 관리하는 것을 말한다. 최근에는 단순한 제품을 넘어 제품에 부가된 서비스와 제품과 서비스의 사용 경험까지 포함하여 PLM 대상이 확장되고 있다. 즉 제품이란 제품이나 상품뿐만 아니라 제품이 제공하는 서비스, 그리고 제품을 사용하는 경험을 함께 의미하는 것이다.

PLM을 구성하는 다양한 기능들을 효과적으로 제공하기 위해 단일 데이터저장장소를 갖는 플랫폼과 플랫폼상에서 작동되는 독립된 모듈형태의 모바일용 업무 애플리케이션형태로 제공되어야 한다. PLM시스템이 기구설계, 전기전자설계, 해석, 시험 및 제조부문이 서로 독립적인 시스템을 사용한다면 협업과 데이터공유가 필요하다. 가급적 부문 간의 업무에 공통 데이터저장소를 기반으로 동일한 정보를 실시간으로 사용하면서 업무영역 간 협업과 업무프로세스의 통합을 지원하는 시스템으로 발전되어야 한다.

PLM이 발전하기 위해서는 4차 산업혁명기술들인 빅데이터, 사물인터넷, 인공지능, 가상현실·증강현실 등이 영향을 미칠 것이다. 생산현장에서의 로봇 도입, 사물인터넷 관련 기술의 도입과 더불어 설계부문에서는 PLM 관련 솔루션들이 실용화될 것이다. 제품성능을 위하여 시뮬레이션하여 최적화하는 성능기반 엔지니어링이 개념설계단계에서 적용된다. 그리고 해석 또는 시험데이터에 대한 빅데이터가 확대·적용되어 최적의 값을 도출하는 데 이용될 것이다.

PLM시스템이 형상중심에서 데이터중심으로 바뀌고, 이런 데이터들이 사물인터넷화하면서 서로 사물들 간 연계관계를 갖고 데이터끼리 서로 연결되어 제품라이프사이클에서 설계변경이나 품질문제 등이 발생 시 추적성을 제공한다. 이에 따라 변경에 대한 관리기능이 이루어질 것이다.

12.5.3 MES(제조실행시스템)

MES(Manufacturing Execution System)는 기업의 생산현장에서 작업일정, 작업지시, 품질관리, 작업실적 집계 등 제반 활동을 지원하기 위한 관리시스템을 말한다. MES는 제조공정의 자동화와 생산관리시스템의 발전과정에서 등장하였다.

MES의 주요 기능을 살펴보면 자원할당과 자원상황, 운영, 세부 스케줄링, 생산유닛의 디스패치, 문서제어, 데이터 수집과 획득, 노무관리, 품질관리, 프로세스관리, 유지관리, 제품추적, 성능분석 등 생산현장에서 발생할 수 있는 모든 정보를 통합관리한다고 할 수 있다. 이러한 기능은 일반적인 조직관리기능의 생산, 품질관리, 유지보수, 인사 등과 상당부분 유사한 구조를 갖고 있다.

특히 MES는 단순히 생산만을 위한 단편적인 시스템이 아닌 엔터프라이즈 애플리케이션의 하나로 여겨져 시장에서 MES에 대한 경쟁은 더욱 치열해지고 있다. MES는 생산현장 및 자동화설비와 같은 시스템과 전사적 자원관리(ERP)시스템 사이에서 제조실행을 담당하는 것을 말한다. 여기서 제조실행담당자는 생산계획을 제조현장에 지시하고, 진척상황을 모니터링하여 적절한 자재투입상황을 통제하여 실적을 집계하는 동시에, 설비 및 품질현황정보를 수집하여 통제가 필요한 상황을 판단하고, 적절한 조치를 취하도록 하는 등의 통합적인 현장관리기능을 수행함을 의미한다.

그리고 MES는 생산계획과 실행의 차이를 줄이기 위한 현장상태의 실시간 정보제공을 통하여 인공지능과 설비 사이의 의사결정을 지원하는 기능을 수행한다. 즉 MES시스템의 기능을 살펴보면 공정 진행정보의 모니터링 및 통제, 설비제어, 품질정보관리, 실적정보의 집계, 창고 운영관리, 재공품관리, 자재 투입관리 그리고 인력관리 등 생산현장에서 발생할 수 있는 모든 정보를 통합관리한다. 또한 4차 산업혁명의 인공지능(AI)분야에서는 고객 필요중심 생산을 위한 인공지능기반 제품기획, 설계단계 스마트화기술과 공장 내 다양한 장비와 설비, 공정에 지능을 부여해 각 개체가 자율기능 수행을 지원한다.

12.6 비즈니스 인텔리전스(BI)

기업경영에서 내비게이션 역할을 수행하는 것이 바로 '비즈니스 인텔리전스(BI: Business Intelligence)'이다. 비즈니스 인텔리전스는 경영인이 전략을 세우는 데 필요한 데이터를 수집하고, 이 데이터를 가장 효과적이고 효율적인 방법으로 이용하여 적절한 의사결정을 하도록 도와주며, 경영상의 다양한 위협이나 위험을 자동적으로 알려주는 시스템이라고 할 수 있다. 비즈니스 인텔리전스는 데이터를 수집하고, 이 데이터를 가공하여 올바른 의사결정을 내릴 수 있도록 지원하는 시스템 및 기술이라고 할 수 있다.

오늘날 기업경쟁력의 원천은 모든 기업이 일상적으로 수집하는 빅데이터를 어떻게 분류, 가공, 분석, 활용하는가에 따라 기업의 운명이 좌우되는 것이다. 빅데이터를 체계적으로 모으고, 분석하고 기업 유저에게 활용하기를 원하는 보다 폭넓은 차원에서 비즈니스 인텔리전스가 등장하였다.

그림 12-13 비즈니스 인텔리전스의 흐름도

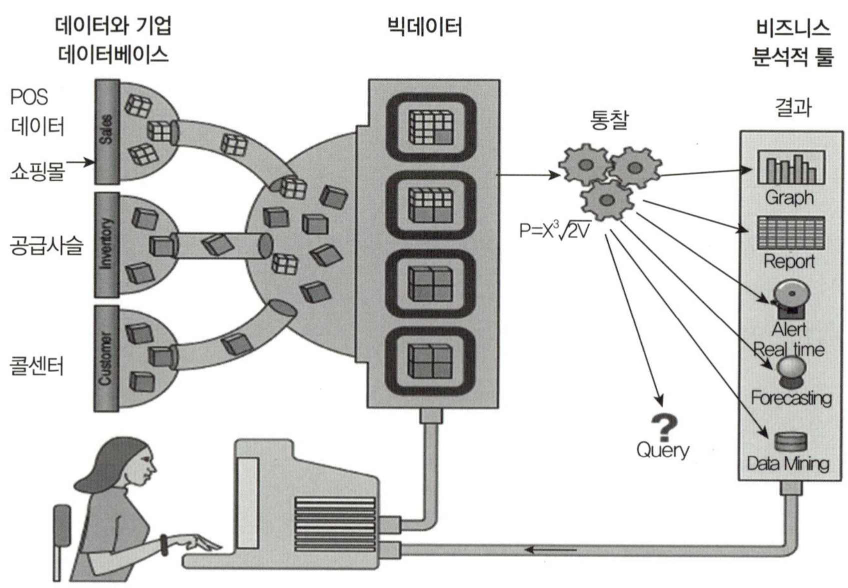

기업이 전략을 세우는 데 필요한 데이터를 수집하고, 가장 효과적이고 효율적인 방법으로 이 데이터를 이용하여 적절한 의사결정을 내리도록 도와주며, 경영상의 다양한 위협이나 위험을 자동적으로 알려주는 시스템이라고 할 수 있다.

기업에서는 다양한 이유, 즉 재고관리, 원가통제, 벤더의 효과적인 관리, 세일즈나 마케팅효과의 개선과 같은 특정 문제에 봉착하거나 비효율성을 개선하기 위해 비즈니스 인텔리전스를 도입하는 경우도 있다. 또한 전사적 차원의 조율, 고객유지율 개선, 또는 수익률 증가 등의 전략적 이슈를 해결하기 위해 비즈니스 인텔리전스 솔루션을 도입하기도 한다. 비즈니스 인텔리전스를 도입하기 전에 기업은 문제점이 무엇인지, 어느 정도의 개선효과를 기대하는지, 어떠한 타임프레임을 선택할 것인지에 대한 의사결정을 하고 그 결과를 측정하는 것이 중요하다. 따라서 성공적으로 비즈니스 인텔리전스를 운영하기 위해서는 다음과 같은 사항을 고려해야 한다.

첫째, 데이터의 품질과 정확성의 확보이다. 데이터의 정확성이나 신뢰성 상실은 비즈니스 인텔리전스 구현 시 가장 큰 걸림돌로 작용하기 때문에 데이터의 통합, 데이터의 품질 향상을 위한 방안을 강구해야 한다.

둘째, 활용도 제고이다. 아무리 정교하고 체계적으로 개발된 시스템이라도 사용자가 활용하지 않는다면 이내 사장되고 만다. 특히 비즈니스 인텔리전스와 같은 분석 솔루션은 OLTP(Online Transaction Processing)와는 달리 안 쓰면 그만이고, 쓰지 않는다 해서 트랜잭션에 치명적인 장애를 발생시키는 것도 아니기 때문에 활용방안을 강구하지 않으면 큰 비용낭비라 할 수 있다.

셋째, 효율적인 관리 및 확장이다. 개발 후 사용되지 않는 정보는 삭제하고, 사용도가 높은 정보를 튜닝하고, 보안 측면에서 권한설정 및 다양한 기능을 추가하는 등 관리에 신경을 써야 한다. 또한 확장성을 감안하여 동일한 기술기반하에 공통적으로 사용될 수 있도록 개발되어야 할 것이다.

한편 비즈니스 인텔리전스(BI)보다 진일보한 빅데이터분석방법이 비즈니스 애널리틱스(BA: Business Analytics)인데 고급분석 범주에 있는 BA는 기본적으로 BI를 포함하면서도 미래 예측기능과 통계분석, 확률분석 등을 포함해 최적의 데이터기반 의사결정을 가능케 하는 것으로 평가받고 있다. BA는 웹사이트의 실적을 높이고 온라인 비즈니스의 성공을 돕는 효율적인 웹사이트 분석도구 솔루션이다.

비즈니스 애널리틱스(BA)는 기업경영활동의 효율성을 제고하기 위해 지원되는 비즈니스도구로, 데이터분석 위주의 비즈니스 인텔리전스(BI)에 통계기반의 예측 기능을 부가한 소프트웨어이다. BA는 비즈니스 인텔리전스(BI), 데이터웨어하우스(DW), 분석 관련 소프트웨어를 총칭하고 있다. 빅데이터 시대를 맞아 웹사이트를 사용하는 비즈니스 전반에 이용하고 있는 추세이다.

12.7 스마트팩토리

21세기에 들어서면서 인구 고령화로 인해 숙련된 노동자들이 점차 줄어들고, 트렌드가 빠르게 변하면서 제품의 수명주기가 급격히 짧아지고 있다. 여기에 소비자들의 니즈가 다변화, 다양화되면서 개인 맞춤형 생산이 요구되고 경제 구조가 제조업에서 정보기술(IT)을 포함한 서비스업중심으로 옮겨가면서 전통적 제조업은 큰 타격을 입게 되어 제조업의 혁신이 요구되고 스마트팩토리가 등장하였다

스마트팩토리는 설계 및 계발, 제조 및 유통 등 생산과정에 디지털자동화 솔루션이 결합된 정보통신기술(ICT)을 적용하여 생산성, 품질, 고객만족도를 향상시키는 지능형 생산공장으로 공장 내 설비와 기계에 사물인터넷(IoT), 인공지능 등을 설치하여 공정데이터를 실시간으로 수집하고, 이를 분석해 스스로 제어할 수 있게 만든 자율화된 미래의 공장이다.

설비, 공정관리, 인력, 공급 사슬망 등이 운영기술, 정보기술, 데이터기술을 기반으로 초연결되고 통합되며 자율적으로 운영된다. 초연결되어 있기 때문에 제품과 서비스와 경험을 통해 개인 맞춤형 가치를 제공하며, 생산성과 효율성의 향상과 최적의 운영이 가능하다. 스마트팩토리는 제조현장의 기계, 설비, 공정, 유통, 물류 등 모든 것이 연결되고, 데이터를 기반으로 스스로 판단하며, 공장을 최적으로 운영하여 제조원가를 낮추고, 고효율을 달성하는 미래의 친환경적 · 친인간적 공장이다([그림 12-14] 참조).

그림 12-14 스마트공장

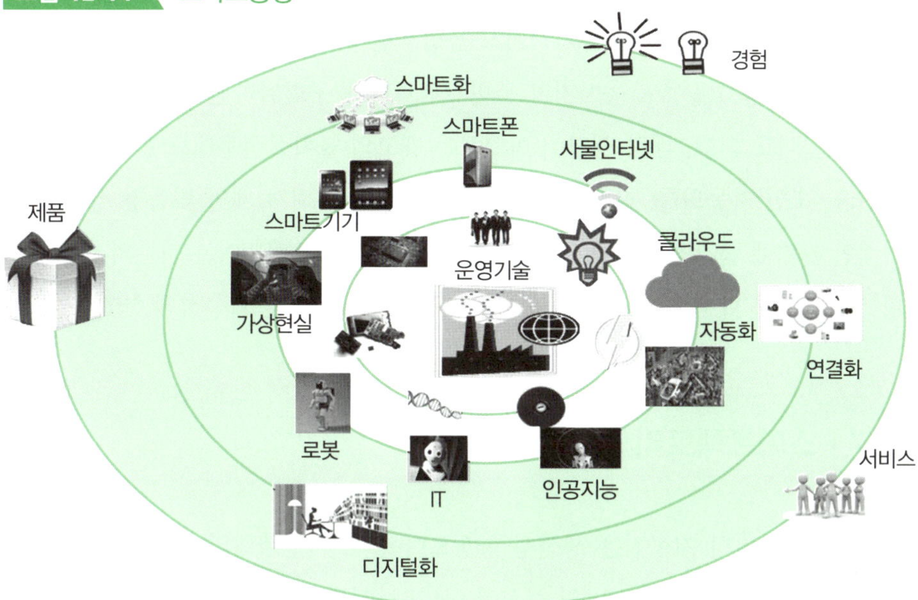

자료: 박한구 외 4인, 4차 산업혁명, 새로운 제조업의 시대, 호이테북스, 2017.

또한 디지털팩토리는 제조현장에서 유통까지 전공정을 다양한 디지털기계와 설비, 도구들이 데이터관리에 의한 통합으로 연결되어 운영되는 공장을 일컫는다. 모델링, 시뮬레이션, 가상현실과 증강현실에 의한 시각화, 디지털모델, 프로세스, 도구들이 데이터관리에 의한 통합으로 모두 연결되어 있는 공장으로, 스스로 알아서 생각하고 결정하고 운영되는 것이다.

그리고 산업현장의 생산성 향상을 위해 인공지능, 사물인터넷 등 다양한 기술이 융합된 자율화된 공장으로, 예를 들어 사물인터넷은 대표적으로 센서와 디바이스 간의 통신에 사용되고 있다. 센서에서 다양한 데이터를 수집하고, 이를 게이트웨이나 서버에 전송한 후, 서버는 데이터를 분석하고 분석결과를 보여주며, 관리자에게 전송한다. 이때 인공지능, 머신러닝기술이 적용된 서버는 빅데이터를 분석하여 설비의 고장이나 이상을 예측하고, 생산성 향상을 위한 방법을 제시해준다.

지금까지의 공정자동화기술은 각각의 공정별로만 자동화가 이루어져 있어 전체 공정을 유기적으로 관리하기 어려웠다. 하지만 스마트팩토리는 ICT기술 덕분에 모든 설비나 장치가 무선통신으로 연결되어 전후 공정 간 데이터를 자유롭게 연계할 수 있고 이를 통해 보다 유기적이고 통합적인 최적의 생산환경을 제공한다. 외적 관리로 비용효율성도 높아지고 스마트팩토리가 구현된다면 값싼 노동력에 의지하지 않아도 되고, 대량 생산이 야기하는 재고의 불확실성문제도 관리하기가 편해진다. 또한 자동화를 통해 생산라인의 유연함이 더해져 개인 맞춤형 상품을 합리적인 가격에 즉각적으로 생산할 수 있게 된다. 스마트팩토리는 기존의 중앙집권형 생산체제를 바꾸고 제조업이 생산의 분권화와 효율화를 가능하게 하였다.

12.7.1 스마트팩토리의 지향점

스마트팩토리의 지향점은 생산성 향상보다는 제품 경쟁력의 향상과 이에 따른 기업의 경쟁력 강화로 공장만의 혁신이 아니라, 기업 차원에서 혁신이 이루어지는 것이다.

1) 맞춤형 대량생산

제품이 경쟁력을 갖기 위해서는 결국 소비자가 원하는 제품을 제때 생산에 반영하여 발 빠르게 출시할 수 있는 능력을 갖추어야 한다. 소품종 대량생산을 통한 생산성 강화가 아니라 고객 개개인의 니즈를 반영하여 제품을 맞춤화할 수 있는 맞춤형 대량생산전략이 필요하다. 대부분의 선진 제조업체들은 유연생산시스템을 도입하여 한 생산라인에서 다품종 생산이 가능한 체계를 구축해놓고 있다. 스마트팩토리는 유연생산시스템을 한 단계 더 업그레이드화하는 것이다. 즉 품종의 증대 수준이 아니라 고객 개개인의 주문사항에 따라 즉각적으로 공정라인이 바뀌며 제품을 생산할 수 있는 수준까지 달성하고 비용, 품질, 납기일의 수준을 유지하는 것이다. 이러한 맞춤형 대량생산을 이루기 위한 몇 가지 기술을 살펴보면 다음과 같다.

첫째, 적용되는 기술로는 맞춤형 대량생산을 이루기 위해 물리적 세계와 사이버 세계를 연결하는 통합시스템인 CPS(Cyber Physical Systems)를 구축하여 현실세계를 그대로 사이버세계에 구현한다는 개념이다. CPS 지능화가 고도화될수록 자율적 의사결정이 가능해지기 때문에 고객니즈 변화에 따라 공정 역시 즉각적으로 변화하기 수월해질 수 있다. 변화와 맞춤형 생산을 위해 공장의 라인 가동 여부를 물리적인 재고파악을 수정하면서 시행착오를 겪기보다는 사이버세계에서 먼저 변화를 시뮬레이션한 후 이를 현실세계에 반영하여 생산라인의 유연성을 더욱 높일 수 있다.

둘째, 적용되는 기술로는 생산라인의 모듈화로서 제품생산에 필요한 모듈을 그때그때 조립식으로 붙이고, 필요 없는 모듈은 즉각 이동시켜 라인에서 제외할 수 있는 방식을 구현하는 것이다. 고정된 라인에서는 생산비용 증가로 인해 맞춤형의 고객니즈를 충족시킬 수 없으나, 모듈화를 통해 유연성을 확보한 생산라인은 고객의 니즈에 따라 차별적 가치를 제공하여 맞춤형 생산이 가능해진다.

셋째, 적용되는 기술로는 엣지 컴퓨팅(edge computing)을 들 수 있다. 엣지 컴퓨팅기술은 가트너에서 선정한 10대 전략기술의 하나로 산업현장에서 발생하는 방대한 데이터를 클라우드에 한번에 업로드하지 않고, 엣지(edge)에서 사전에 처리한 후에 선별적으로 데이터를 전송, 서버와 엣지가 연동하여 데이터분석 및 실시간 제어를 수행하는 기술이다. 엣지 컴퓨팅의 장점은 데이터처리의 지연시간을 줄이고, 즉각적인 현장 대처가 가능하다는 것이다. 공장에서 생산되는 데이터가 점점 기하급수적으로 늘어나 서버 부하가 염려되는 가운데 데이터를 빠르고 효율적으로 처리하는 엣지 컴퓨팅은 스마트팩토리에서 더욱 각광을 받을 것으로 예측된다.

2) 서비스화의 추진

제품 경쟁력 강화를 위한 방법은 제조업에 맞는 장비 관련 B2B 비즈니스를 연계하여 제품의 활용성을 높이는 것이다. 판매된 장비에 센서를 통해 고장상태를 파악하거나 향후 고장을 예측하여, 장비가 멈추는 사고를 사전에 예방해주는 것이다. 제품의 새로운 이용가치를 제안하고 부가제품 판매의 기회로 활용이 가능하여 생산라인의 유연성이 훨씬 높아질 수 있다.

CPS를 갖추고 판매된 장비나 제품들에 대한 다양한 데이터가 공장에 축적되므로 각 제품상태를 추적하여 장비나 제품의 정확한 마모상태를 예측하거나, 나아가 장비나 제품의 성능에 영향을 줄 수 있는 상황까지 고려하여 고객이 필요성을 인지하기 전에 미리 서비스를 제공하는 것이다. 서비스화는 자산의 운영효율성을 높여주는 단계라고 볼 수 있다.

12.7.2 스마트팩토리의 향후 전망

최근 글로벌 제조업환경에서 중요한 화두 중 하나는 스마트팩토리이다. 기존의 생산설비가 인공지능, 로봇기술과 융합되어 공정 자체가 더욱 고도화된 생산현장을 의미한다. 독일 정부의 Industry4.0과 같이 주요 국가들이 저성장경제를 돌파하기 위한 수단으로 제조업 육성정책을 펼치면서 스마트팩토리는 빠르게 확산되고 있다.

다양한 방식으로 기술이 융합되어 고도화된 스마트팩토리로 발전될 전망이다. CPS처럼 데이터를 기반으로 가상공간에서 미리 시뮬레이션을 해보는 것으로, 시뮬레이션을 위해서는 다양한 분야에서 사물인터넷을 통한 빅데이터(big data)의 수집, 분석 그리고 예측을 위한 인공지능(AI), 시뮬레이션을 위한 AR(증강현실), VR(가상현실)과 같은 기술들이 필요하다. 특히 산업현장에서 작업 프로세스를 미리 시뮬레이션해봄으로써 손실을 줄이고 작업의 효율성을 높일 수 있다.

스마트팩토리는 생산방식의 변화를 가져올 전망이다. 맞춤형 형태의 생산을 통해 고객의 주문에 대처하고 공장은 고객이 주문한 스타일을 통해 저장 및 각 공정에 전달되고 각 공정에서 저장된 정보에 따라 작업이 이루어지는 변화가 일어날 것이다. 즉 고객의 주문에 따라 조립, 가공 등의 생산공정이 스스로 최적화되어 제품이 출고된 이후에는 제품에 부착된 센서를 통해 지속적으로 제품상태를 모니터링하면서 고객에게 제품 운용에 관한 솔루션까지 제공한다. 사물인터넷, 로봇, 3D 프린팅과 같은 첨단 IT기술이 모두 집약되어 있다.

스마트팩토리의 발전은 공장의 위치도 변화시키고 있다. 인건비 등 각종 비용절감을 이유로 해외에 나간 자국 기업들이 물류비절감효과가 있는 곳으로 자국 내나 인접국가로 생산시설과 소비시장이 가깝게 공장의 위치를 변경하는 것이다. 한편 공장에서는 딥러닝과 고도화된 인공지능과 로봇 등이 적용되면, 고객으로부터 주문을 받고 필요한 설비를 가동해서 납품한 이후 지속적으로 서비스를 관리하는 일련의 공정이 모두 무인화될 수도 있다. 그리고 주문량과 재고량을 감안하여 작업 속도도 조절된다.

예를 들어 자동차는 기존 컨베이어가 아닌 스스로 움직이는 스마트대차 위에서 공장을 돌아다니면서 부품과 모듈이 조립되고 최종 검사까지 진행된다. 사람이 하는 역할은 일부 정밀부품 배치 정도이다. 대부분 공정을 로봇이 담당하는 만큼 기계 자체가 스스로 인지 · 판단하는 머신러닝이 고도화될 경우 공정의 혁신효과는 더욱 커질 것이다. 향후 다양한 제조공정에 로봇이 투입되어 경험이 축적되면 로봇이 생산현장의 장인으로 자리 잡을 가능성도 있다. 특히 각 공정, 가치사슬에서 발생하는 정보가 모두 연결되는 사물인터넷(IoT) 트렌드와 맞물리면 이러한 경향은 더욱 가속화될 것이다.

사례 연구

"대출 OK" 로봇 은행원은 3분이면 심사 끝

서울 *은행 본점 4층의 귀퉁이에 있는 5평 남짓한 작은 방. 이름표도 없는 방 한쪽 벽면을 가득 메운 모니터에 '연지선봇' '민연규봇' '박두희봇' 같은 제목이 붙은 화면들이 켜졌다 꺼지기를 반복하고 있었다. '○○봇'들은 스스로 문서를 열어 눈 깜짝할 사이에 숫자를 대조해 보거나 빈 공간에 숫자를 채워 넣는 등의 작업을 쉴 새 없이 계속하고 있었다. 이곳은 전국 *은행 일선 지점 행원들의 '개인 비서' 역할을 하는 로봇들이 주어진 임무를 처리하는 방이다. '연지선봇'은 *지점의 대출심사 전문로봇이다. 대출받은 사람들은 통상 1년에 한 번 대출연장심사를 받는데, 연지선봇은 대출상품별로 채무자의 나이, 직장명, 연금 수급 정도 같은 것들을 대조해 3분 만에 심사를 끝낸다. 이 은행은 하루 평균 1,600건의 대출연장을 심사하는데 현재 96%를 연지선봇 같은 '로봇' 은행원들이 처리하고 있다. 단순 반복 작업은 로봇들에 맡기고, 은행원들은 전략 · 기획업무 등 사람만이 할 수 있는 업무에 집중하는 것이다.

일하는 로봇인 로봇프로세스 자동화(RPA: Robotic Process Automation) 도입이 은행권에서 확산되고 있다. RPA는 눈에 보이는 실물 로봇이 아니라 일종의 소프트웨어다. 사람이 정해준 규칙에 따라 방대한 자료를 조회하거나 비교 · 분석 · 입력하는 게 주특기다.

국내 금융권 RPA 확산의 선봉장은 *은행이다. *은행은 2018년 개인 여신 자동 기한 연기와 휴 · 폐업 정보조회 같은 업무에 은행권 최대규모 RPA를 도입한 데 이어, 작년 말에는 총 40개 업무에 쓸 수 있는 로봇개발을 완료했다. 과거엔 영업점에서 종

일 매달려야 했던 기업여신본부 우대금리 심사 · 승인업무나 개인카드 임시 한도 승인 검증 · 심사 같은 것들은 이제 로봇이 대부분 도맡아 처리한다. 월간 실적보고서 작성처럼 과거에는 야근을 해야 겨우 끝낼 수 있었던 정기업무도 이제 로봇에 맡기고 퇴근한 뒤 다음 날 출근길에 완성본을 점검할 수 있을 정도로 편해졌다.

부지런한 로봇 은행원들의 미덕은 단지 '속도'만이 아니다. 도저히 할 수 없었던 일을 가능하게 만들기도 한다. 과거에는 전국 50만 사업자의 휴 · 폐업정보를 국세청 홈페이지에서 하나하나 검색하는 게 불가능하다 보니 은행원들이 몇 개 표본만 뽑아서 점검했었다. 하지만 지금은 로봇들 덕분에 전수조사가 가능하다. 주 52시간 적용도 받지 않고 밤샘 작업 지시에도 불평불만 없는 RPA 덕분이다. 여러 사람이 돌려 쓰는 '공유봇', 잠깐씩 활용하는 '인턴봇'도 있다.

*은행 디지털전략부의 간부는 "은행원 한 명당 평균연봉이 1억 원이라고 할 때 로봇 한 대에 들어가는 비용은 600만~800만 원 수준"이라면서 "연봉은 10분의 1도 안 되는데 업무처리량은 4배 이상"이라고 전했다.

*은행은 RPA 도입으로 연간 약 20만 시간의 업무량 절감효과를 기대하고 있다. *은행은 불완전판매 여부를 점검하는 로봇개발을 곧 끝내고 실전 투입할 예정이다. DLF(파생결합펀드) 사태 때 고객 투자 성향 점수가 제대로 입력되지 않았거나, 점수와 맞지 않는 고위험상품을 판매하는 경우가 많았다. 이것만 점검하는 로봇이 도입되면 이런 불완전 판매는 원천 예방될 것으로 기대하고 있다.

국내 다른 은행들도 앞다퉈 RPA 도입에 열을 올리는 중이다. 업무 효율성과 정확도를 높이고 인건비도 절감하려는 이유다. 컨설팅사 액센추어는 RPA로 2022년까지 글로벌 은행 매출이 34% 증가할 것이라고 내다봤다. 그러나 생산성 향상은 대량 실업 위기와 동전의 양면이다. 시장조사업체 오토노머스리서치는 2030년까지 미국에서만 단순업무를 담당하는 은행원 등 120만 명이 RPA에 대체되어 일자리를 잃을 것이라고 전망했다. 시티그룹도 2018년 '미래의 은행' 보고서에서 AI(인공지능)와 RPA 등 자동화기술이 향후 5년 내 고객서비스영역의 50% 이상을 대체할 것이라고 봤다.

로봇과 인간이 분업을 통해 공존할 수 있다는 주장도 있다. PWC컨설팅사는 "실수 없는 로봇이 방대한 데이터 확인 같은 단순 반복업무를 대신해주고 사람은 사람만이 할 수 있는 업무에 집중함으로써 전체 업무의 질이 높아진다는 점이 RPA 도입에 따른 궁극적인 기대효과"라고 말했다.

자료: 김은정 기자, 조선경제, 2020. 1. 15.

연습문제

01 기업정보환경 변화와 가치사슬 간의 관계를 설명하시오.

02 ERP의 구성 및 기능을 설명하시오.

03 ERP의 성과모형을 설명하시오.

04 현재의 SCM과 미래의 SCM 네트워크 흐름도를 설명하시오.

05 SCM의 구현기술 중 RFID 적용사례를 조사하시오.

06 CRM의 기본적인 목표와 구성을 설명하시오.

07 CRM의 다섯 가지 수행기능과 세 가지 구축 솔루션(분석, 운영, 협업)을 설명하시오.

08 PDM의 정의와 핵심모듈구성을 설명하시오.

09 PLM의 최근 이슈를 설명하시오.

10 BI를 기업에서 도입해야 하는 이유를 설명하시오.

11 스마트팩토리의 정의와 지향하는 방향을 설명하시오.

Part 04

차세대 IT 응용기술

Chapter 13 | 차세대 IT 응용기술의 이해

Chapter

13 차세대 IT 응용기술의 이해

IT산업은 인터넷을 기반으로 한 응용력이 다양한 기기에 적용 및 고도화되어가고 있다. 최근 4차 산업혁명기술이 IT산업 전반에서 그 중요성이 인식되고 있다. 특권층이 아닌 모든 사람들이 이익을 얻을 수 있는 시대를 이끌기 위해서는 새로운 사고방식과 개인, 사회, 조직, 정부에 영향을 미치게 될 새로운 기술들에 대한 보다 광범위한 이해가 필요하다. 특히 본 장에서는 차세대 IT 응용기술(센서, RFID, 위치기반서비스, 인공지능, 로봇, VR/AR, 자율형 주행차, 3D 프린팅, 헬스케어, 블록체인)을 통하여 IT경영론의 미래를 내다보고 사업모형 및 사업방향의 지침으로서의 역할을 설명하고자 한다.

13.1 4차 산업의 핵심기술(센서, 무선인식(RFID), 위치기반서비스)

13.1.1 센서

제1장 사물인터넷에서 언급된 센서(sensor)는 온도, 압력, 속도와 같은 물리적인 상태나 환경정보를 전기적인 신호로 바꿔주는 장치를 말한다. 기술의 발전에 따라 기존 센서의 고도화와 더불어 센서의 종류도 4차 산업에 맞추어 지속적으로 늘고 있다. 4차 산업기술 중에 가장 핵심적인 센서기술은 물리적 센서와 소프트웨어를 결합하여 각종 정보를 수집하는 데 매우 중요한 기술이다. 특히 제어를 위하여 예전부터 다양한 분야에서 온도, 습도, 압력, 위치, 거리 등의 센서가 적용되어

왔다. 현재는 사물인터넷에서 센서를 부착하여 정보 유무를 획득하고 있으며, 항공기 및 자동차, 국방무기 등에 적용된 고비용센서들도 저비용으로 활용하기 시작하였다. 또한 인간의 생명과 직결되는 의료공학기술의 발전으로 산소포화도센서, 바이오센서 등을 통해 맥박, 혈압, 혈당 등의 건강상태에 대한 이상 유무를 판별하고 있다. 우리 주변에 다양한 센서들이 자리 잡아가고 있다. [그림 13-1]은 스마트폰에서 적용된 센서들의 일종이며 향후 개발되어 기기에 탑재될 것이다.

지금 우리가 사용하는 스마트폰 관련 센서의 내용을 설명하면 다음과 같다.

- 가속도센서는 스마트폰의 움직임을 감지하고 보통 자이로센서와 함께 사용한다. X, Y, Z로 좌표를 만들고 이 좌표의 움직이는 속도를 측정할 때 사용하는 모션센서 중 하나이다. 가속도센서는 주로 움직이는 물체 또는 스마트폰의 속도를 측정한다. 이를 활용해 만보계기능을 사용할 수 있다.
- 모션센서는 물체의 움직임을 인식하는 센서로 보통 하나의 센서가 아닌 여러 가지의 센서가 복합된 것을 말하며, 지자기센서, 가속도센서, 기압계 등 움직

그림 13-1 스마트폰에서 적용된 센서

임이나 위치를 측정할 때 사용한다. 예를 들어 스마트폰이 꺼져 있을 때 자동으로 켜진다거나, 반대로 화면을 보고 있을 때는 화면을 끄지 않고 계속 보여주는 기능 등이 여기에 속한다. 또한 음악 재생 중 스마트폰을 흔들면 다음 곡으로 이동하는 것도 모션센서가 필요하다.

- 자이로센서는 가속도센서, 모션센서와 함께 대표적인 센서이다. X, Y, Z좌표에서 움직이는 방향을 측정할 때 사용한다. 자이로센서를 이용하면 스마트폰을 바닥에 놓고 있다 집어 올렸을 때 특정한 앱을 실행하거나 기능을 동작시킬 수 있다. 예를 들어 레이싱 게임을 할 때 스마트폰을 기울이면 그 방향으로 자동차가 방향을 바꾸는 것도 자이로센서를 이용한 것이다.
- 근접센서는 어떤 물체가 센서에 근접했는지 알 수 있게 해준다. 보통 스마트폰의 앞면에 있으며 통화용 스피커 옆에 있는 것이 일반적이다. 이 센서가 있어야 통화 중일 때 스마트폰 화면이 자동으로 꺼지는 기능을 구현할 수 있다.
- RGB센서는 주변 빛의 색 농도를 검출하는 기능을 한다. RGB(Red, Green, Blue)센서가 있는 스마트폰은 주변 빛 농도에 따라 디스플레이색을 보정할 수 있다. 예를 들어 노란색 등이 있는 곳에서 스마트폰을 사용하면 이에 대응해서 노란색을 낮추고 파란색과 녹색을 더 밝게 해서 자연스러운 화면색을 구현한다.
- 조도센서는 주변 빛의 밝기를 감지한다. 이 센서는 디스플레이의 밝기를 자동으로 조절할 때 사용하며 보통 근접센서 옆에 존재한다. 주변의 빛이 밝으면 스마트폰 화면을 더 밝게 해주고, 어두운 곳에서는 화면을 어둡게 해서 눈의 피로를 줄이고 가독성을 높여주는 중요한 역할을 한다.
- 홀(hall)센서는 자기장의 세기를 감지할 때 사용하는 센서이다. 스마트폰에서는 홀센서를 이용해 플립 · 커버의 닫힘 유무를 확인할 때 사용한다.
- 온도 · 습도센서는 단말기 주변의 온도와 습도를 측정하여 보여준다. 현재는 온도계와 습도계로만 활용되고 있지만, 나중에는 이를 활용한 다양한 기능이 추가될 것으로 보인다. 아직은 대중적으로 사용되는 센서는 아니다.
- 기압센서는 말 그대로 공기의 압력을 감지할 때 사용한다. 일반적인 환경에서

는 사용하지 않고 헬스기능에서 주로 사용한다. 고도를 측정할 수 있기 때문에 경사나 내리막길도 알 수 있어 더욱 정확한 운동량 및 칼로리를 체크할 수 있다.

- 지자기센서는 지구의 자기장을 탐지해 방위를 알 수 있는 센서이다. 이 센서가 있으면 나침반 앱을 이용해 방위를 정확하게 측정할 수 있다.
- 심장박동센서는 심장박동을 측정하기 위해 사용하는 센서이다. 갤럭시S5에 처음으로 사용되었고 이후 갤럭시 기어2 시리즈와 기어 핏에도 탑재되었다. 주로 운동과 피트니스용으로 사용된다.
- 지문인식센서는 말 그대로 사람의 고유한 지문 패턴을 읽을 수 있는 센서이다. 스마트폰 보안을 위해 사용되는 센서이다. 아이폰5s에 처음으로 사용되었고 이후 갤럭시S5와 갤럭시S5 광대역 LTE-A모델에 탑재되었다.

위와 같은 다양한 센서를 스마트폰에 탑재하여 편리한 기능들을 제공하고 있다. 이제 4차 산업혁명기술 관련 모든 상황들이 측정가능해야 하므로 전통적으로 사용하던 센서 외에 다른 분야에서 사용되던 다양한 센서들도 4차 산업기술에 도입되고 있다. 과거 사람의 눈으로 판별하던 작업들을 비전센서를 사용하여 자동화하고 있으며, 로봇팔에 토크(torque)센서를 부착하여 사람과 충돌 시 위해가 가지 않도록 하고 로봇 근처에 사람의 접근을 막는 안전펜스를 제고하여 사람과 로봇이 혼재되어 작업을 할 수 있는 환경을 구축할 수 있게 되었다.

4차 산업혁명기술이 국가 및 기업, 공공기관 등에 국제경쟁력을 가지기 위해서는 센서기술을 더욱 발전시켜야 한다. 새롭고 편리한 기능을 제공하기 위해서는 사물인터넷, 빅데이터, 인공지능, 로봇 등의 기술이 필요하나 가장 인프라적인 데이터를 만들어내는 센서의 적절한 적용과 기술의 발전은 가장 핵심적인 필수기술이라고 할 수 있다.

13.1.2 무선인식(RFID)

RFID(Radio-Frequency Identification)는 주파수를 이용해 ID를 식별하는 방식으로 일명 전자태그로 불린다. RFID기술이란 전파를 이용해 먼 거리에서 정보를 인식하는 기술을 말한다. 여기에는 RFID 태그(이하 태그)와 RFID 판독기(이하 판독기)가 필요하다. 태그는 안테나와 집적회로로 이루어지는데, 집적회로 안에 정보를 기록하고 안테나를 통해 판독기에 정보를 송신한다. 이 정보는 태그가 부착된 대상을 식별하는 데 이용된다. 쉽게 말해 바코드와 비슷한 기능을 하는 것이다. RFID가 바코드시스템과 다른 점은 빛을 이용해 판독하는 대신 전파를 이용한다는 것이다. 따라서 바코드 판독기처럼 짧은 거리에서만 작동하지 않고 먼 거리에서도 태그를 읽을 수 있으며, 심지어 사이에 있는 물체를 통과해서 정보를 수신할 수도 있다.

전자태그(RFID 태그, IC카드, IC라벨 등)는 IC칩과 안테나를 내장한 태그(TAG)를 일컬으며, 전자태그 안에 개별적인 식별정보 등을 저장하여 그것을 전파를 이용해 읽거나 기록하는 자동인식시스템으로 이용하여 활용하는 것이다. 전파를 이

그림 13-2 RFID의 구성도와 활용 예

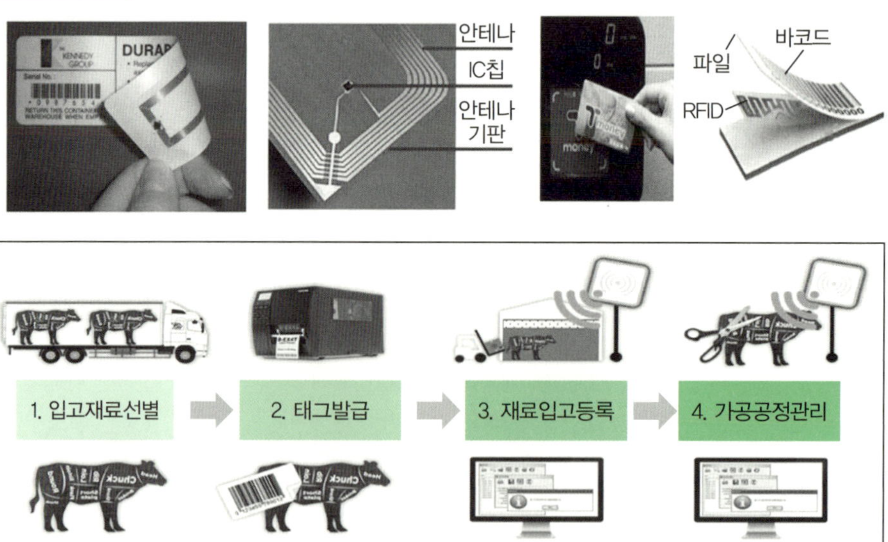

용하기 때문에 직접적으로 접촉하지 않고도 읽거나 기록할 수 있으며, 여러 개의 태그에 저장된 정보를 동시에 읽어낼 수 있다.

전자태그시스템의 구성은 리더 · 라이터, 무선자원을 송 · 수신할 수 있는 안테나, 정보를 저장하고 프로토콜로 데이터를 교환하는 태그, 서버 및 네트워크로 구성된다. 각 부문의 기능으로는 리더 · 라이터는 RFID 태그에 읽기와 쓰기가 가능하도록 하는 장치이고, 안테나는 정의된 주파수와 프로토콜로 태그에 저장된 데이터를 교환하도록 하는 장치이며, 태그는 데이터를 저장하는 RFID의 핵심기능을 담당한다.

RFID는 사용하는 동력으로 분류할 수 있다. 오직 판독기의 동력만으로 칩의 정보를 읽고 통신하는 RFID를 수동형(passive) RFID라 한다. 반수동형(semi-passive) RFID란 태그에 건전지가 내장되어 있어 칩의 정보를 읽는 데는 그 동력을 사용하고, 통신에는 판독기의 동력을 사용하는 것을 말한다. 마지막으로 능동형(active) RFID는 칩의 정보를 읽고 그 정보를 통신하는 데 모두 태그의 동력을 사용한다.

RFID를 동력 대신 통신에 사용하는 전파의 주파수로 구분하기도 한다. 낮은 주파수를 이용하는 RFID를 LFID(Low-Frequency IDentification)이라 하는데, 125~135킬로헤르츠(kHz)의 전파를 쓴다. HFID(High-Frequency IDentification)는 13.56메가헤르츠(MHz)를 사용하며, 그보다 한층 높은 주파수를 이용하는 장비인 UHFID(UltraHigh-Frequency IDentification)는 860~960메가헤르츠 대역의 전파를 이용한다.

RFID는 차세대 정보기술사회의 핵심기술이며 가장 가시적인 성과를 낼 수 있는 기술이다. RFID는 전파를 이용하여 여러 개의 태그를 일괄적으로 읽어낼 수 있는가 하면, 거리가 떨어진 곳에서도 읽어낼 수 있는 등 현재 일반적으로 널리 사용되고 있는 바코드(bar code)에서는 볼 수 없었던 여러 가지 기능과 특징을 가지고 있다. 바코드의 경우 레이저 판독기를 바코드에 직접 접촉시켜야 하지만 RFID는 안테나와 태그만 있으면 판독기를 직접 접촉하지 않아도 쉽게 상품의 정보를 식별할 수 있으며 필요한 정보를 삽입할 수도 있다.

표 13-1 RFID 주파수 대역에 따른 적용분야

주파수대	저주파	고주파	극초단파(UHF)		마이크로파
	125~135kHz	13.56MHz	433.92MHz	860~960MHz	2.45GHz
표준화 사용환경	ISO18000-2 국내	ISO18000-3 국내외	ISO18000-7 미국, 유럽	ISO18000-6 미국	ISO18000-4 국외
인식거리	10cm 미만	10~70cm	약 50~300m	약 3.5~10m	약 2m
일반특성	고가, 환경에 성능저하 없음	• 저주파보다 저가 • 짧은 인식거리와 응용분야	• 긴 인식거리 • 실시간 추적 및 환경센싱 가능	• 저가로 생산 가능 • 다중인식 및 성능 뛰어남	• 900대역과 비슷 • 환경에 영향 받음
동작방식	수동형	수동형	능동형	능동·수동형	능동·수동형
적용분야	• 출입통제 • 동물관리 • 공정자동화	• 교통카드 • 물류창고 • 대여물품관리	• 컨테이너 • 타이어 압력 • 실시간 위치	• 차량, 유통, 물류 • SCM	• 패스포트 • ID카드 • 위조방지
인식속도	저속 ←→ 고속				
환경영향	저영향 ←→ 민감				
태그크기	대형 ←→ 소형				

그 외에도 RFID는 바코드가 가지지 못한 여러 가지 기능과 특징을 가지고 있다. RFID는 최근 IT기술의 급속한 발전으로 소형화 · 저가화 · 고기능화가 실현되고 있으며, 대용량 고속 전송에서 초소형 저가에 이르기까지 다양한 분야와 사용목적에 따라 이용하는 것이 기술적으로 가능해지고 있다. 향후 4차 산업혁명기술 중의 RFID의 이용은 태그의 가격, 크기, 성능 등 센서기술의 발전에 따라 시장에서 적용이 확산되면서 단계적으로 발전할 것으로 예상된다.

13.1.3 위치기반서비스(GPS, GIS, ITS 등)

위치기반서비스(LBS: Location-Based Service)는 현재 전세계 이동통신시장에서 가장 활발하게 논의되고 있는 차세대기술분야이다. 국내에서 최근 다양한 관

련 서비스가 개발되면서 위치기반서비스는 높은 관심과 함께 무선인터넷의 새로운 킬러 애플리케이션으로 부각되고 있다. 이는 위치기반서비스가 이동통신 부가서비스라는 기존 개념에서 벗어나 GPS, GIS, ITS 등을 활용한 폭넓은 응용산업으로의 발전가능성이 높기 때문인 것으로 분석되며, 텔레매틱스, 자율주행차산업과의 연계를 통해 다양한 분야로의 확대가 기대된다.

각 기관 및 법률에서 정의하는 위치기반서비스는 크게 세 가지의 공통점이 있다. 첫째, 휴대폰 및 스마트폰, 태블릿PC와 같은 모바일 단말기 사용자를 대상으로 하고 있으며, 둘째 위치파악기술을 이용하여 모바일 단말기의 위치를 파악하고, 마지막으로 엔터테인먼트, 내비게이션, 전자상거래 등의 각종 서비스를 위치정보와 결합하여 사용자에게 제공하는 서비스라는 것이다. 즉 위치기반서비스는 이동성, 위치정보 및 개인화된 부가서비스라는 공통적인 핵심요소를 가지고 있다. 이를 기반으로 위치기반서비스에 대한 정의를 종합하면 “휴대폰 및 스마트폰, 태블릿PC 등의 휴대용 단말기를 이용하여 사용자의 위치를 파악하고, 그 위치와 관련된 부가정보를 제공하는 서비스 및 이를 위한 시스템”으로 정리할 수 있다.

위치기반서비스에 대한 사회적 요구가 증가하는 배경에는 여러 가지가 있는데, 첫째 공공 및 개인의 안전과 관련된 긴급상황에 대한 신속한 대처, 둘째 경제적 자원관리, 셋째 다양한 정보통신서비스 지원을 위한 기반기술의 필요성 등이다.

긴급상황에 대한 신속한 대처를 지원하는 위치기반서비스에는 이동통신과 119 같은 긴급구조 연락망을 연결시켜주는 서비스, 어린이나 노약자가 특정 권역을 벗어날 경우 알려주는 서비스 등이 있다. 이러한 서비스들은 긴급구조, 공공안전, 재해 · 재난관리, 범죄예방에 큰 효과가 있다.

경제적 자원관리를 지원하는 위치기반서비스는 특정 시설물의 위치확인 및 갱신 등이 있는데, 이 서비스들은 전기통신, 상 · 하수도와 같은 시설물관리시스템의 데이터 유지관리비용을 감소시키는 역할을 한다.

위치기반서비스는 운송 ITS 같은 교통물류분야에서 실시간 위치추적을 가능하게 한다. 또 위치기반서비스는 공간정보와 결합하여 더욱 다양하고 인지도 높은 생활정보를 제공해줄 수도 있으며, 특정 계층을 상대로 차별화된 광고를 제공할 수 있게 해준다. 이러한 서비스에는 놀이시설이나 관광지에 대한 지역커뮤니티정보서비스, 최단노선이나 교통상황 같은 교통정보서비스, 현위치의 주변지역에 대한 정보제공과 같은 서비스들이 포함된다. 이것은 위치기반서비스가 기존의 다양한 정보와 결합하여 새로운 정보를 생성하는 기반기술임을 보여준다.

이러한 LBS는 안전성과 편리성, 생산성, 비용절감효과, 엔터테인먼트적인 요소로 그 장점을 특징지을 수 있다. 이동통신산업이 발달한 미국 및 유럽의 선진국에서는 지난 수년에 걸쳐 지속적으로 축적되어온 정보기술을 통하여 현재 수많은 LBS 관련 기술개발이 활발히 진행되고 있다. 이처럼 무선인터넷산업의 급속한 발달과 더불어 공간상에서 이동하는 위치정보의 중요성이 점점 강조되고 있으며 보다 정확하고 효율적이며 표준화된 위치정보의 획득, 제공, 활용에 대한 필요성이 증대되고 있는 상황이다.

위치기반서비스를 제공하기 위한 주요 기술로는 모바일 단말기의 위치를 결정하기 위한 위치측위기술, 위치기반서비스를 위한 네트워크관리, 네트워크 접속 등의 기능을 수행하는 LBS 미들웨어기술 및 위치를 기반으로 부가서비스를 제공하기 위한 LBS 응용서비스기술로 나눌 수 있다.

1) 위치측위기술

위치측위기술은 모바일 단말의 위치를 파악하기 위한 기술로서 크게 이동통신망을 이용하여 측위하는 네트워크기반방식과 단말기 내에 장착된 위치측위장비를 이용하여 측위하는 단말기기반방식 그리고 서로 다른 방식을 혼용하여 측위하는 혼합형으로 구분할 수 있다.

2) LBS 미들웨어기술

LBS 미들웨어기술은 위치정보사업자와의 위치정보 요청 · 획득, 위치정보관리 및 위치정보제공 등 위치기반서비스에서 가장 기본적이고 핵심적인 기능을 제공하는 기술로서 LBS 플랫폼, 위치정보 서버 및 위치응용 서버로 세분할 수 있다.

3) LBS 응용서비스기술

LBS 응용서비스기술은 위치정보를 기반으로 한 부가서비스를 지원하기 위해 필요한 것으로, 각 기관별로 LBS 응용서비스를 다양한 형태로 분류하고 있다. 대표적인 분류는 서비스의 기능이나 이용대상자를 기준으로 하는 것이다. 서비스기능으로 분류할 경우 대부분 단순 위치추적기능과 정보제공, 상거래, 엔터테인먼트, 안전과 보안 등으로 나눌 수 있다. 이용대상자를 기준으로 구분하면 기업과 일반소비자용으로 구분할 수 있다.

향후에는 위치기반서비스의 핵심기술 발전과 더불어 끊임없는 모바일 단말기의 성능 향상 및 다양한 기능의 융 · 복합으로 인하여 사용자가 언제 어디서나 네트워크에 접속할 수 있는 스마트환경으로 위치기반서비스도 발전해 나갈 것으로 전망된다.

13.2 인공지능과 기계학습, 딥러닝

인공지능(artificial intelligence 혹은 machine intelligence)은 사람의 지능을 기계 또는 컴퓨터에 의해 인공적으로 구현한 지능을 의미한다. 인간을 비롯한 동물들이 가지고 있는 의사결정 및 사고체계를 인간이 인위적으로 창조하는 것이다. 인공지능의 개념을 두 가지 방식으로 접근하는데, 첫 번째는 인간이 수행하는 사고방식, 즉 논리, 추론, 판단, 학습과 같은 방식으로 컴퓨터 및 소프트웨어를 통해 유사한 방식과 행위를 묘사하는 것이다. 두 번째 방식은 인간의 지능과 거의 유사하게 매우 합리적이고 논리적으로 문제를 해결하는 방식을 말한다. 인공지능을 구현하는 자체가 어떤 문제를 완벽하게 해결하기보다는 현재는 인간을 지원하는 수준에서 구현되는 것이 오히려 리스크가 덜할 것이며 반대로 인간보다 더 정확한 판단을 하는 합리적 의사결정을 요구한다면 인간 대 기계 간의 싸움으로 번져나갈 수도 있다.

인공지능이라는 용어는 컴퓨터가 등장한 이후 제시되었다. 1940년대 후반과 1950년대 초반에 이르러서 수학, 철학, 공학, 경제 등 다양한 영역의 과학자들에게서 인공적인 두뇌의 가능성이 논의되었다. 1956년에 이르러서 인공지능이 학문 분야로 들어섰다. 1950년 앨런 튜링은 생각하는 기계의 구현가능성에 대한 분석이 담긴, 인공지능 역사에서 혁혁한 논문을 발표했다. 그는 '생각'을 정의하기 어려움에 주목해, 그 유명한 튜링테스트를 고안했다. 튜링테스트는 인공지능에 대한 최초의 심도 깊은 철학적 제안이다.

튜링테스트(Turing test)

기계가 인간과 얼마나 비슷하게 대화할 수 있는지를 기준으로 기계에 지능이 있는지를 판별하고자 하는 테스트로, 앨런 튜링이 1950년에 제안했다.
앨런 튜링은 1950년에 철학 저널 '*Mind*'에 발표한 논문 "Computing Machinery and Intelligence"에서 기계가 지능적이라고 간주할 수 있는 조건을 언급했다. "기계가 생각할 수 있는가?"라는 질문에 대해 그는 긍정적이라고 답변하면서, "컴퓨터가 생각할 수 있다면 그것을 어떻게 표현해야 하는가?"라는 핵심질문에 대해 그는 "컴퓨터로부터의 반응을 인간과 구별할 수 없다면 컴퓨터는 생각(사고, thinking)할 수 있는 것"이라고 주장하였다. 만일 지성 있는 사람이 관찰하여 기계가 진짜 인간처럼 보이게 하는 데 성공한다면 확실히 그것은 지능적이라고 간주해야 한다는 주장이다. 이 검사는 대부분의 사람들을 만족시키지만 일부 철학자들은 여전히 납득하지 못한다. 튜링테스트 중 관찰하는 사람과 기계는 텔레타이프로 상호 교류하는데, 이때 기계는 아직 사람의 외모와 목소리를 완전히 흉내내지 못하기 때문이다. 이 상황에서 기계는 관찰하는 사람에게 자기가 인간이라고 설득함으로써 인간을 속이려 시도하는 셈이다.

한편 1956년에 마빈 민스키와 존 매카시, 그리고 IBM의 과학자인 클로드 샤논과 네이선 로체스터가 개최한 다트머스 컨퍼런스에서는 인공지능에 대한 이론을 소개하였고, 매카시는 'Artificial Intelligence'를 그들의 연구를 칭하는 이름으로 명명하였다. 즉 1956년 다트머스 컨퍼런스는 AI라는 이름, 목표, 첫 번째 성공과 이를 이룬 사람들, 그리고 넓은 의미의 AI의 탄생을 포함하는 순간이었다.

그러나 일반적인 지능프로그램을 만드는 것이 생각보다 어렵다는 것이 밝혀지면서 1970년대까지 침체기를 겪기도 했다. 영국의 AI연구소는 해체되고, 미국의 연구재단은 AI 연구지원을 중단했다. 1980년대는 신경망(neuralnet)이론으로 인공지능이 재발견되었다. 신경망이론은 인간의 사고를 두뇌작용의 산물로 보고 두뇌구조를 분석하고 처리하는 메커니즘을 규명해 생각하는 기계를 만들 수 있다는 데서 출발한 이론이다. 그러나 이 이론을 적용하기에는 방대한 데이터를 관리할 방법이 없었다. 다시 침체기를 맞았다가 1990년대 인터넷의 발전으로 다시 부활했다.

이는 검색엔진 등을 통해 방대한 데이터를 수집할 수 있게 되었기 때문이다. 머신러닝(machine learning)을 통하여 수많은 데이터를 분석하고 인공지능 스스로 학습하는 방식으로 진화할 수 있게 되었다. 더 나아가 인간의 뇌를 모방한 신경망 네트워크(neural networks)구조로 이루어진 딥러닝(deep learning) 알고리즘으로 발전하면서 그 한계를 뛰어넘을 수 있었다.

1997년 5월에는 IBM의 슈퍼 컴퓨터 딥블루(DeepBlue)가 여러 번의 도전 끝에 당시 체스 세계챔피언이었던 게리 카스파로프(Gary Kasparov)를 물리치면서 다시 주목을 받았다. 그리고 2011년 2월에는 IBM의 왓슨(Watson)이 미국의 텔레비전 방송프로그램인 '제퍼디퀴즈쇼'에서 두 명의 참가자들을 누르고 우승을 차지했다. 세계는 기계가 인간을 이겼다는 사실에 놀랐고, 이에 따라 IBM 등이 주도하는 인공지능개발에 대한 관심도 다시 크게 높아졌다.

기존의 컴퓨터는 인간의 연산능력을 증가시키는 것만으로도 인간사회를 크게 변화시켜왔다. 더욱이 이는 인간이 작성한 프로그램을 통해서만 이루어졌고 인간이 관여했다. 그런데 컴퓨터가 인간의 관여 없이 스스로 학습해 결정하는 인공지능능력을 만들어낸 것이다. 인간만이 가진 특성으로 알았던 지능을 컴퓨터가 스스로 갖게 된 것은 머신러닝(machine learning)이라는 방법을 통해서이다.

머신러닝은 인공지능의 연구분야 중 하나로 데이터를 해석하고 그 결과로부터 판단이나 예측을 수행하기 위한 규칙성이나 룰을 찾아내는 기법이다. 즉 기계가 수학적 최적화 및 통계분석기법을 기반으로 사람의 도움 없이도 데이터로부터 일정한 신호와 패턴을 배우고, 그것을 바탕으로 다음에 일어날 일을 예측하며 적합한 의사결정을 내리는 알고리즘을 만드는 일에 주력한다. 이런 머신러닝방법론에 기댄 인공지능연구의 흐름은 특히 2012년 6월 구글과 앤드루 응(Andrew Ng)이

그림 13-3 인공지능의 발전단계

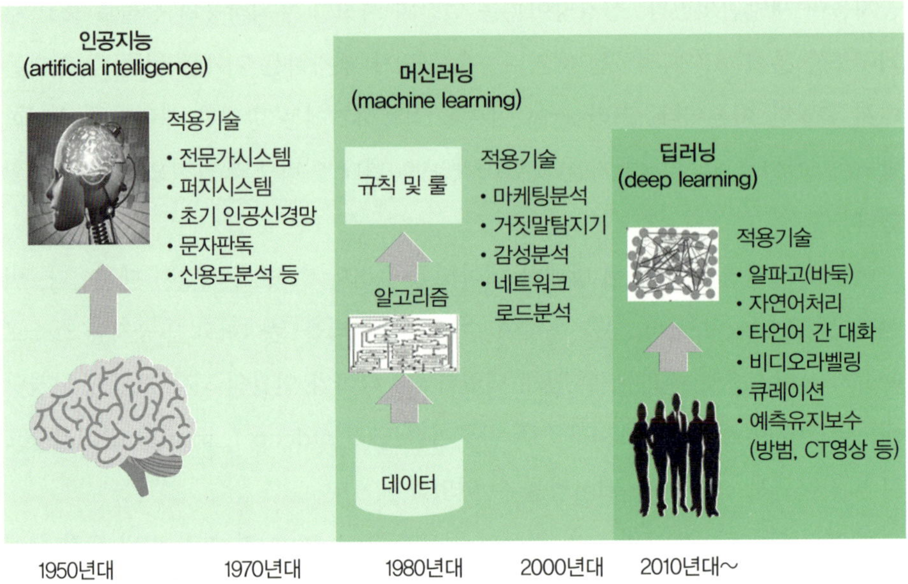

머신러닝의 한 분야인 딥러닝 알고리즘을 이용해 컴퓨터가 1,000만 개의 유튜브 동영상 속에서 고양이 이미지를 74.8%의 정확도로 식별하는 프로젝트를 성공적으로 수행하면서 커다란 도약의 전환점을 맞게 되었다.

딥러닝은 뇌과학의 연구성과를 기반으로 데이터의 분류 및 식별기준을 사람이 가르치지 않아도 데이터를 해석함으로써 스스로 찾아낼 수 있는 머신러닝기법이다. 즉 딥러닝은 신경망 네트워크 개념과 클라우드 컴퓨팅환경의 급속한 발전과 빅데이터가 뒷받침되자 딥러닝이 구현된 것이다.

그러나 무엇보다 인공지능이 많이 알려진 계기는 아마도 2016년에 알파고와 이세돌 기사의 대국이었다. 이 대국은 전국민이 관심을 가졌고 결국 알파고가 사람을 4:1로 승리하였다. 이러한 덕분에 인공지능에 대한 교육이나 홍보가 단숨에 이루어졌다. 알파고는 바둑 게임용 인공지능이지만 그 이면에는 방대한 양의 빅데이터를 기계가 스스로 학습하고 승리하는 방법을 터득하는 과정과 반복학습을 통해 지식을 지속적으로 강화하는 과정 등이 핵심기술로 구현되어 있다.

세계는 이미 4차 산업혁명에 진입했으며 인공지능은 빠르게 인간을 대체해 나갈 것이다. 인공지능, IoT, 클라우드 컴퓨팅, 빅데이터 등이 융합되면서 4차 산업혁명이 발생하고 있다. 과거 산업혁명이 '기계근육'을 만드는 과정이었다면 4차 혁명에서는 '기계두뇌'가 탄생할 것이다.

따라서 인공지능의 핵심기술은 다른 많은 분야에 적용되어 활용될 수 있고 큰 전환기를 맞게 되었다. 기계에게 이미지와 소리를 인식하는 방법을 가르치는 심화학습기법이 영상인식, 음성인식, 번역 등 다양한 분야에 적용되면서 구체적인 결과를 만들어내고 있다. 지금 주요 글로벌기업들은 인공지능을 모두 미래의 최대 성장동력으로 보고 있다. 구글, IBM, 마이크로소프트, 애플, 페이스북, 바이두, 알리바바, 삼성, 테슬라 등이 대거 참여하면서 인공지능 적용분야가 뇌과학 및 의료기술, 언어영역, 유전자분석, 신약개발, 금융거래, 자율자동차 등으로 빠르게 확대되고 있다.

13.3 로봇 · 지능형 로봇

로봇(robot)은 사람과 유사한 모습과 기능을 가진 기계 또는 무엇인가 스스로 작업하는 능력을 가진 기계를 말한다. 로봇의 역사는 생물의 힘을 빌리지 않고 자동으로 움질일 수 있는 기계장치까지 포함하면 과거부터 오래되었지만 현대적인 의미에서 로봇을 해석하면 1959년 조지 드볼과 조셉 엥겔버거에 의해 개발되었다. 1961년도 유니메이트사는 산업용 로봇을 최초로 사용하여 GM자동차 공장에 도어, 창, 핸들, 기어변속 손잡이 등을 제조하였다.

로봇의 분류 ([표 13-2] 참조)에서 제조공장에서 조립, 용접, 핸들링 등을 수행하는 자동화된 로봇을 산업용 로봇이라 하고, 환경을 인식하고 스스로 판단하는 기능을 가진 로봇을 '지능형 로봇'이라 부른다. 인공의 동력을 사용하는 로봇은 사람 대신 또는 사람과 함께 일을 하기도 한다. 일반적인 로봇은 제작자가 계획한 일을 하도록 설계된다. 그동안 인간이 해오던 많은 일들을 지금은 로봇이 대신하고 있다. 산업현장에서 단조로운 반복작업이나 따분한 작업, 불쾌한 작업, 극한상황은 로봇에게 맡기기에 적합하다. 조립공장에서 절단, 접기, 용접, 자동차 차체를 칠하는 일 등의 작업은 로봇 쪽이 인간보다 더 잘할 수 있다. 왜냐하면 로봇은 언제나 일정한 수준의 정밀도와 정확도로 24시간 작업을 계속할 수 있기 때문이다. 따라서 제품의 품질은 항상 일정하며 게다가 휴식을 취할 필요가 없기 때문에 많은 양의 제품을 만들 수 있다.

또한 로봇은 위험한 작업을 대신할 수 있다. 방호복을 입지 않고 원자력 공장에서 방사성 물질을 취급하거나, 유독 화학물질을 취급할 수 있으며, 인간에게는 너무 덥거나 추운 환경처럼 일할 없는 환경과 인간의 생명이 위태로울 때도 로봇을 사용한다. 예를 들면 폭발물을 수색하거나 폭탄의 뇌관을 제거하는 일, 그리고 우주공간에서의 작업도 그중 하나이다.

가정에서도 점점 많은 로봇이 가사를 돕기 위해 사용되고 있다. 그리고 육체적인 장애를 가진 사람들을 돌보는 일에도 많이 이용될 것으로 기대된다. 로봇 간호 보조자는 장애자나 노령으로 인해 체력이 약해진 사람들이 가족들에게서 독립하여 혼자서도 살 수 있도록 해주며, 병원에 입원하지 않아도 될 수 있도록 도와주게 된다.

로봇이 점차 발전함에 따라 산업용 로봇처럼 반복적인 작업만을 하는 것이 아니라 보다 지능적인 일을 하는 로봇에 관심을 갖기 시작하면서 지능적인 로봇이 출현하게 되었다. 또한 사람형태를 갖춘 로봇에 관심을 가지면서 인간형 로봇이 탄생하였다. 그러나 인간형 로봇은 섬세한 작업이나 공정에서 아직은 기술이 부족하

표 13-2 로봇의 분류

중분류	소분류		종류
서비스 로봇	개인용 로봇		가사지원, 노인지원, 교육, 이동, 애완용 등
	전문 로봇	공용서비스 로봇	공공서비스, 빌딩서비스, 사회안전(경비) 등
		극한작업 로봇	재난, 군사, 해양, 지하탐사, 우주공간, 원자력 등
		기타 산업용 로봇	건설, 의료, 농림축산 등
산업용(제조업용) 로봇			핸들링, 용접, 도장, 조립, 용접 등(자동차 제조, 전자부품 제조, 디스플레이 · 반도체 제조, 조선, 철강, 화학, 중공업 등)

여 현실적으로 사용하기는 한계가 따른다. 현행 로봇은 단순 반복적이거나 사람이 감당하기 어려운 작업을 로봇이 담당함으로써 같은 작업공간에서 서로 도와가며 제품을 생산하는 방식으로 변하고 있다.

지능형 로봇(intelligent robots)은 외부 환경을 인식하고 스스로 상황을 판단하여 자율적으로 동작하는 로봇을 의미한다. 기존의 로봇과 차별화되는 것은 상황판단기능과 자율동작기능이 추가된 것이다. 상황판단기능은 다시 환경인식기능과 위치인식기능으로 나뉘고, 자율동작기능은 조작제어기능과 자율이동기능으로 나눌 수 있다. 따라서 이 네 가지 기능을 가능하게 하는 기술을 지능형 로봇이라고 한다. 지능형 로봇의 미래에 대한 부정적인 이미지로는 인간의 일자리를 빼앗고 로봇병기가 인간을 지배하는 암울함이고, 긍정적인 이미지로는 미래에 다양한 분야에서의 지능형 로봇 출현으로 많은 사람들이 보다 고차원적인 욕구를 충족하는 부문에서 새로운 일자리와 복지가 창출될 것이다. 즉 인간과 로봇이 협력하는 코봇(혹은 협동로봇)이 새롭게 주목될 것이다.

그림 13-4 다양한 로봇

가사지원 로봇

용접 로봇

퓨처 로봇

강아지 로봇

청소 로봇

과거의 로봇은 주로 산업용으로 사용되었으나, IT기술과 인공지능, 센서 및 액추에이터(actuator)기술 등의 발달로 그 범위는 가정, 복지, 교육, 오락, 의료, 국방, 사회안전, 해양, 환경 등 점차 그 범위가 확대될 것이다. 또한 로봇이 사람의 신경뿐만 아니라 뇌기능에도 급격한 발전을 가져와 인공지능과 결합한 로봇이 등장하고 있다. 이처럼 인공지능과 4차 산업혁명 시대를 맞이하여 단순히 제품생산에만 적용되는 것이 아니라 서비스에도 사용되어 제품과 서비스가 융합된 로봇으로 향후 발전될 것이다. 그리고 인공지능의 발달과 더불어 사용자가 체감할 수 있는 인공지능서비스인 '챗봇(chat-bot)'이 확산될 것으로 보인다. 챗봇은 정보이동 및 전달을 대신 해주는 역할을 하며, 메신저앱과 스마트기기를 통한 대화형 인터페이스의 대중화가 성장 중에 있다.

13.4 가상현실과 증강현실

13.4.1 가상현실

가상현실(VR: Virtual Reality)은 컴퓨터 등을 사용하여 인공적인 기술로 만들어 낸 실제와 유사하지만 실제가 아닌 어떤 특정한 환경이나 상황 혹은 그 기술 자체를 의미한다. 현실에서 존재하지 않는 환경에 대한 정보를 디스플레이 및 렌더링 장비를 통해 사용자로 하여금 볼 수 있게 한다. 그리고 이미 제작된 2차원, 3차원 기반을 사용하므로 사용자가 현실감각을 느낄 수는 있지만 현실과 다른 공간 안에 몰입하게 된다. 이때 만들어진 가상의(상상의) 환경이나 상황 등은 사용자의 오감을 자극하며 실제와 유사한 공간적 · 시간적 체험을 하게 함으로써 현실과 상상의 경계를 자유롭게 드나들게 한다. 또한 사용자는 가상현실에 단순히 몰입할 뿐만 아니라 실재하는 디바이스를 이용해 조작이나 명령을 가하는 등 가상현실 속에 구현된 것들과 상호작용이 가능하다.

또 가상현실은 사용자와 상호작용이 가능하고 사용자의 경험을 창출한다는 점에서 일방적으로 구현된 시뮬레이션과는 구분된다. 쉽게 떠올릴 수 있는 가상현실 시스템의 예로는 비행훈련시뮬레이션과 3D로 표현되었으며 사용자의 의지가 반영될 수 있는 '세컨드라이프'와 같은 게임이 있다.

가상현실을 설명하는 데 필요한 요소는 3차원의 공간성, 실시간의 상호작용성, 몰입 등이다. 3차원의 공간성이란 사용자가 실재하는 물리적 공간에서 느낄 수 있는 상호작용과 최대한 유사한 경험을 할 수 있는 가상공간을 만들어내기 위해 현실공간에서의 물리적 활동 및 명령을 컴퓨터에 입력하고 그것을 다시 3차원의 유사공간으로 출력하는 데 필요한 요소를 의미한다. 3차원 공간을 구현하는 데 필요한 요소는 그것을 실시간으로 출력하기 위한 컴퓨터와 키보드, 조이스틱, 마우스, 음성탐지기, 데이터 등이 있으며 이러한 장비들을 통해 사용자는 가상현실에 더욱 몰입할 수 있다.

가상현실기술은 가상환경에 사용자를 몰입하게 하여 실제환경을 볼 수 없다. 하지만 실제환경과 가상의 객체가 혼합된 증강현실기술은 사용자가 실제환경을 볼

그림 13-5 가상현실과 증강현실의 차이

가상현실

증강현실: 포켓몬스터

현실세계

증강현실세계

가상현실세계

가상현실은 자신과 배경 · 환경 모두 현실이 아닌 가상의 이미지를 사용하는 데 반해, 증강현실은 현실의 이미지나 배경에 3차원 가상이미지를 겹쳐서 하나의 영상으로 보여주는 기술이다.

수 있게 하여 보다 나은 현실감과 부가정보를 제공한다. 예를 들어 스마트폰 카메라로 주변을 비추면 인근에 있는 상점의 위치, 전화번호 등의 정보가 입체영상으로 표기된다. 원격의료진단 · 방송 · 건축설계 · 제조공정관리 등에 활용된다. 최근 스마트폰이 널리 보급되면서 본격적인 상업화단계에 들어섰으며, 게임 및 모바일 솔루션업계 · 교육분야 등에서도 다양한 제품을 개발하고 있다.

가상현실의 개념은 컴퓨터 과학, 컴퓨터 그래픽스, 통신, 계측과 제어, 예술, 인지과학, 로보틱스 등이 그에 해당한다.

13.4.2 증강현실

증강현실(AR: Augmented Reality)은 가상현실(VR)의 한 분야로 실제로 존재하는 환경에 가상의 사물이나 정보를 합성하여 마치 원래의 환경에 존재하는 사물처럼 보이도록 하는 컴퓨터 그래픽기법이다. 가상현실과는 달리 사용자가 현재 보고 있는 환경에 가상정보를 부가해주는 형태이다. 즉 가상현실이 현실과 접목되면서 변형된 형태 중 하나이다. 사용자가 실제환경을 볼 수 있으므로 가상의 정보객체(예: 기후정보, 버스노선도, 맛집 길안내)가 현실에 있는 간판에 표시되기도 한다.

현실세계를 가상세계로 보완해주는 개념인 증강현실은 컴퓨터 그래픽으로 만들어진 가상환경을 사용하지만 주역은 현실환경으로 컴퓨터 그래픽은 그 역할을 대신한다. 사용자가 보고 있는 실사 영상에 3차원 가상영상을 겹침으로써 현실환경과 가상화면과의 구분이 모호해지도록 한다는 뜻이다.

완전한 가상세계를 전제로 하는 가상현실과는 달리 현실을 기반으로 정보를 증강(augmented)하는 기술로, 가상의 대상을 결합시켜 현실의 효과를 더욱 증가시키는 것이다. 즉 가상현실에 현실세계의 실제 모습이 추가된 것이다. 물리적 공간에 컴퓨팅 파워를 가진 정보화된 인공물(information artifacts)이 가득 채워지게 되면 물리적 공간의 성격 자체가 변화한다. 이러한 특징 때문에 단순히 게임과 같은 분야에만 한정된 적용이 가능한 기존 가상현실과 달리 다양한 현실환경에 응용이 가능하다. 특히 4차 산업혁명환경에 적합한 차세대 디스플레이기술로 각광받고 있다.

증강현실을 실외에서 실현하는 것이 착용식(wearable) 컴퓨터이다. 특히 머리에 쓰는 형태의 컴퓨터 화면장치는 사용자가 보는 실제환경에 컴퓨터 그래픽 · 문자 등을 겹쳐 실시간으로 보여줌으로써 증강현실을 가능하게 한다.

4차 산업혁명환경에서는 증강현실을 통해 일상적인 사물과 장소가 정보처리와 정보교환을 수행하게 된다. 컴퓨팅 파워가 적용되는 '대상' 또는 '사물'에는 기존 생활설비, 나아가 일상적인 제품과 사물까지 포함된다. 이때 IT가 적용되는 대상이나 사물은 특정한 위치(또는 장소)에 고정되어 있는 것이든 지속적으로 움직이는 것이든 관계없다. 하지만 아직까지는 기술의 한계로 움직이는 대상으로 하는 것은 한정적이다.

가상현실과 증강현실은 네 가지 콘텐츠, 플랫폼, 네트워크, 디바이스가 결합된 생태계이다.

1) 콘텐츠

가상현실 콘텐츠는 엔터테인먼트 게임 쪽에 개발사례가 많으며 증강현실 콘텐츠는 대중소비자보다 산업중심으로 이루어졌다. 특히 콘텐츠는 실제현실과 같은 실감도(초고해상도, 고용량)를 가져야 하며 실시간반응성(초저지연, 초고속)을 갖추어야 한다.

2) 플랫폼

콘텐츠 제작 및 개발도구를 제공하는 기술 플랫폼과 가상 및 증강현실 콘텐츠를 사용자에게 제공하는 유통 플랫폼이 존재한다.

3) 네트워크

가상과 증강현실의 콘텐츠를 원활하게 이용하려면 초고속, 초저지연 데이터송수신이 가능한 5G수준의 네트워크가 절대적으로 필요하다.

4) 디바이스

정보기술기업, 게임기업 및 스타트업들에 의해 다양한 유형 디바이스들이 출시되고 있다. 디스플레이기기와 사용자 데이터수집을 위한 컨트롤러, 영상촬영기기, 주변장치 등이 디바이스에 포함된다.

향후 가상현실과 증강현실의 미래는 인간의 뇌와 컴퓨터가 인터페이스를 구현하여 상호작용을 가능하게 하는 기술이다. 이러한 기술이 성립된다면 컴퓨터와 인간이 상호작용하는 인공지능이 실현되는 날이 점점 다가올 것이다.

13.5 지능형 자동차, 자율주행차

지능형 자동차(intelligence vehicle), 무인자동차(autonomous car) 또는 자율주행차는 사람이 운전하지 않고 자동으로 주행할 수 있는 자동차이다. 자율형 자동차는 레이다, LIDAR(Light Detection and Ranging), GPS, 카메라로 주위의 환경을 인식하여 목적지를 지정하는 것만으로 자율적으로 주행한다. 즉 자동차에 기계, 전자, 통신, 제어(센서), 인공지능 등 각종 첨단기술을 접목시켜 운전자가 주행에 신경 쓸 필요 없이 자동으로 목적지까지 사고 없이 도착하게 하는 미래형 자동차를 말한다. 즉 자동차는 IT기술과 만나면서 운송매체 이상으로 가치가 변하고 있다.

이미 실용화되고 있는 무인자동차로는 이스라엘 군에서 운용되는 미리 설정된 경로를 순찰하는 무인차량과 국외 광산이나 건설현장 등에서 운용되고 있는 덤프트럭 등의 무인운행시스템 등이 있다.

자동차의 사고발생 및 피해를 최소로 줄이려는 안전기술에 대한 요구가 커지고, 유·무선통신 인프라기술의 발전, 차량 내의 각종 정보서비스, 업무처리, 엔터테인먼트 등을 이용하려는 사람들의 수요가 많아지면서 이동수단중심의 자동차를

그림 13-6 자율형 자동차의 각종 센서

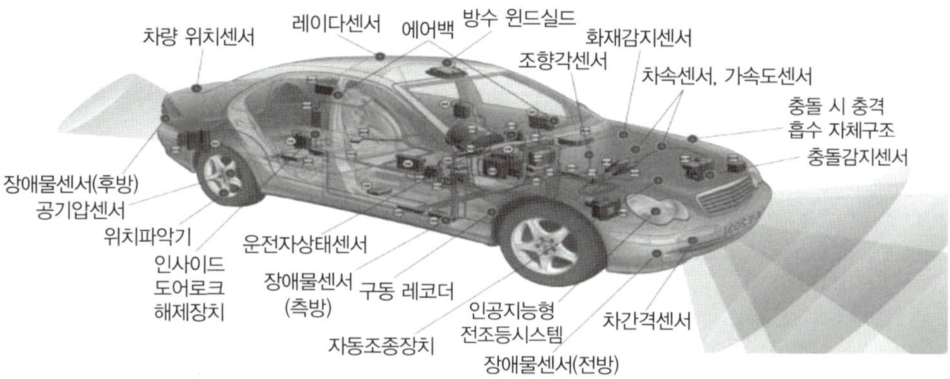

자료: MSD테크놀로지

개선하여 새로운 자동차로 변화가 가속화되고 있다. 인간과 기계 간의 교감이 이루어질 수 있는 지능이 부여된 미래 자동차에 대한 요구가 점차 커지고 있는 것이다.

자율주행차는 오래전부터 연구되어왔지만 실현가능성과는 거리가 멀었다. 그러나 구글의 자율주행차를 계기로 자율주행차는 세상의 변화를 이끌어갈 기술 트렌드의 한 가운데로 들어왔다. 현재 구글뿐만 아니라 여러 자동차기업들이 주요 기술확보 및 제품 상용화에 주력하고 있으며 한편으로 관련 법규의 개정에도 적극적으로 나서고 있다. 완성차기업들은 자율주행차의 기술확보에 주력하면서도 자율주행차시장의 전면적 확산보다는 점진적 확산을 예상하고 보다 신중한 입장을 취하고 있다.

반면 IT기업들은 자율주행차 시대가 앞당겨질수록 새로운 비즈니스모델을 발굴하고 자동차시장에서 입지를 넓힐 수 있을 것으로 판단하기 때문에 보다 적극적으로 자율주행차 확산에 앞장서고 있다. 자율주행차는 그 가능성에도 불구하고 시장을 빠르게 바꾸기는 쉽지 않을 것으로 보인다. 악천후와 거친 도로환경에서도 안전주행을 보장할 수 있는 기술수준의 제고는 물론이고 자율주행을 위한 법규의 마련 및 생산비용의 하락 등 자율주행차의 확산을 위하여 해결해야 할 문제가 적지 않기 때문이다. 그러나 이러한 제한에도 불구하고 자율주행차의 도래는 필연적인

| 표 13-3 | 자율주행의 단계별 수준

자율주행 1~5단계	
레벨 1	운전자가 속도 또는 방향통제(크루즈 컨트롤)
레벨 2	차간 거리 · 속도유지 등 가능, 운전자가 적극 개입(현재 ADAS수준)
레벨 3	자율주행시스템이 운행하지만 비상시 몇 초 안에 운전자 개입
레벨 4	비상시 차량이 일정시간은 자체 대응, 책을 읽어도 되는 수준
레벨 5	어떤 도로환경에서도 무인자율주행가능

자료: 미국자동차공업학회

흐름이 될 것이다.

자율주행차는 자동차 관련 비즈니스환경을 구조적으로 바꿀 가능성이 있다. 운송, 여객 등의 비용을 크게 낮추고 차량공유서비스 등 새로운 비즈니스를 촉발하는 기폭제가 될 수 있다. 자율주행차의 등장을 기점으로 어떤 종류의 비즈니스가 등장하게 될 것인지를 가늠하고 새로운 수익창출의 가능성을 짚어보아야 할 것이다. 또한 자율주행차는 미래 인공지능이 다양한 산업에 적용될 때의 모습을 미리 엿볼 수 있는 창이 될 수 있다는 점에서도 의미가 크다. 아직까지 인공지능이 우리 생활을 바꾸고 있는 모습들을 찾기란 쉽지 않다. 하지만 자율주행차를 기점으로 인공지능은 한층 구체적인 모습으로 우리의 삶에 적용될 것으로 보인다. 자율주행차를 계기로 제기될 고용, 법과 제도, 사이버 리스크 등 여러 논란들을 통하여 미래 인공지능 시대를 보다 슬기롭게 맞이할 수 있는 지혜를 찾을 수 있을 것이다. 무인자동차의 핵심기술은 다음과 같다.

첫 번째 핵심기술은 자율형 자동차시스템과 실제시스템(actual system)이다. 시뮬레이션뿐만 아니라 실제로 자율형 자동차시스템을 구축하는 기술이며 구동장치인 가속기, 감속기 및 조향장치 등을 자율화 운행에 맞도록 구현하고, 자율형 자동차에 장착된 컴퓨터, 소프트웨어 그리고 하드웨어를 이용하여 제어를 가능하게 한다.

두 번째 핵심기술은 비전, 센서를 이용하여 시각정보를 입력받고 처리하는 것이다. 자율화운행을 위한 자율주행의 기본이 되는 것으로, 영상정보를 받아들이고 이 영상 중에서 필요한 정보를 추출해내는 기술이다. 이것은 카메라뿐만 아니라 초음파센서 등의 센서를 사용하여 거리와 주행에 필요한 정보를 융합하여 분석 및 처리를 통해 장애물 회피와 돌발상황에 대처할 수 있게 한다.

세 번째 핵심기술은 통합관제시스템과 운행감시 고장진단체계기술이다. 이 기술은 차량의 운행을 감시하고 수시로 바뀌는 상황에 따라 적절한 명령을 내리는 운행감시체계를 구축하고, 개별적 프로세서 및 센서에서 발생되는 여러 상황을 분석하여 시스템의 고장을 진단하여 오퍼레이터에 대한 적절한 정보를 제공하거나 경보를 알리는 기능을 수행할 수 있게 한다.

네 번째 핵심기술은 지능제어 및 지능운행장치이다. 이 기술은 무인운행기법으로 실제 차량모델을 이용한 수학적인 해석에 근거하여 제어명령을 생성하는데, 현재 자율형 자동차에 적용되고 있는 우선 적용기술은 지능형 순향제어시스템이다. 지능형 순향제어는 레이다 가이드 기술에 기반을 두고 운전자가 페달을 조작하지 않아도 스스로 속도를 조절하여 앞차 또는 장애물과의 거리를 유지시켜주는 시스템이다. 운전자가 앞차와의 거리를 입력하면 자동차 전면에 부착된 장거리 레이다가 앞차의 위치를 탐지하여 일정속도를 유지하거나 감속, 가속하며 필요한 경우 완전히 정지하여 시야확보가 어려운 날씨에 유용하다.

다섯 번째 적용기술은 차선이탈방지시스템이다. 이는 내부에 달린 카메라가 차선을 감지하여 의도하지 않은 이탈상황을 운전자에게 알려주는 기술로 자율형 자동차에서는 도로와 중앙선을 구분하여 자동차가 차선을 따라 안전하게 주행할 수 있도록 해준다.

여섯 번째 적용기술은 주차보조시스템이다. 이는 운전자가 어시스트 버튼을 탐색한 후 후진기어를 넣고 브레이크 페달을 밟으면 자동차가 조향장치를 조절하여 후진 일렬주차를 도와주는 시스템이다. 차량 장착형 센서뿐만 아니라 인프라기반으로 출발지에서 주차공간까지 차량을 자동으로 유도하여 주차 시 불필요하게 소모되는 시간과 에너지를 절약해 소요비용과 환경오염을 최소화해준다.

일곱 번째 적용기술은 자동주차시스템이다. 이는 운전자가 주차장 앞에 차를 정지시킨 뒤 엔진을 끄고 내려서 리모컨 잠금 스위치를 2회 연속 누르면 자동차에 설치된 카메라가 차고의 반대편 벽에 미리 붙여놓은 반사경을 탐지해 적정한 접근 경로를 계산하여 스스로 주차하는 기술이다.

여덟 번째 적용기술은 사각지대 정보안내시스템이다. 이는 자동차의 양 측면에 장착된 센서가 사이드미러로 보이지 않는 사각지대에 다른 차량이 있는지를 판단하여 운전자에게 경고를 해주는 것으로 복잡한 도로상황에서 양측의 장애물 및 차량을 확인하여 차선을 변경하는 용도로 사용된다.

자율형 자동차의 가장 큰 장점은 주행속도와 교통관리자료가 일치하기 때문에 조절장치를 더욱 고르게 하여 반복정지를 피해 연료효율에 도움을 준다는 것과 노인, 아동, 장애인 등 운전을 할 수 없는 이들도 이용할 수 있다는 것이다. 이외에도 장시간 운전으로 인한 피로를 해결해주고, 교통사고의 위험을 크게 줄일 수 있는 것과 도로의 교통흐름이 빨라지고 교통혼잡을 줄일 수 있다는 장점이 있다.

그러나 도로 위에서 주행하고 있는 차들 중 80% 이상이 자율형 자동차이고, 이들이 모두 자율주행을 하는 상황에서 사고가 난다면 누구에게 책임을 물어야 하는지 현재 법률적으로 정해져 있지 않다. 또 GPS기반으로 주행을 하지만 인터넷 접속이 가능해진다면 해킹이 가능해져 해커들이 마음대로 조종할 수 있는 위험이 있다.

구글자동차

구글은 2009년부터 본격적으로 자율주행차 개발에 착수하였다. 구글은 DARPA가 주최한 자율주행차대회인 그랜드챌린지(Grand Challenge)에서 입상한 세바스찬 스런(Sebastian Thrun) 교수를 비롯한 관련 엔지니어들을 대거 영입하여 자율주행차를 개발하기 시작하였다. 구글은 도요타의 프리우스와 렉서스 등을 개조하여 자율주행차 관련 기술을 실험하였는데, 구글카(Google Car)라 불린 이 자동차에는 각종 센서를 비롯하여 GPS 및 LIDAR(레이저 레이다) 등 첨단장비가 탑재되어 주변 영상 및 위치정보 등 주행을 위한 다양한 정보를 수집할 수 있도록 고안되었다. 구글카는 2010년 샌프란시스코에서 로스앤젤레스까지의 주행에 성공하는 등 일취월장한 성능을 보였다. 이에 자신감을 얻은 구글은 2014년 5월 브레이크, 엑셀 등이 없는 새로운 모습의 2인승 자율주행차 시제품을 공개하였고 적어도 5년 이내에 이를 상용화시키겠다는 계획을 발표하였다. 특히 구글은 악천후 및 돌발상황에서도 인간수준의 감지 및 위기대응능력을 갖추기 위하여 자체 연구는 물론 외부 기업들을 적극적으로 인수하여 자율주행차의 완성도를 높이고 있다.

또한 구글은 자율주행차의 큰 걸림돌 중 하나인 법제적 이슈 해결의 물꼬를 트기 위한 노력도 계속하고 있다. 구글은 자율주행차의 운행허가를 받기 위하여 집요한 노력을 기울였고 그 결과 네바다주에서 2011년 6월 세계 최초로 자율주행차 시험 운행 법안을 통과시킬 수 있었다. 2015

년 5월 기준, 미국의 총 6개 주에서 자율주행차 관련 법안이 통과되었으며, 15개 주에서도 관련 법안이 심사 중으로 자율주행차가 다닐 수 있는 지역은 점차 확대되고 있는 추세이다.

구분	기능
비디오카메라	차량 전방에 부착되어 교통신호 및 전방 물체 감지
LIDAR(Light Detection And Ranging)	차량 지붕에 위치하여 60m 전방의 주변 물체를 감지, 3차원 지도 이미지 생성
위치추적	왼쪽 앞바퀴 휠에 위치하여 차량의 움직임을 감지하고 현재 위치를 정확하게 측정
레이다	앞 범퍼에 3개, 뒷 범퍼에 1개가 부착되어 다양한 물체와의 거리측정
중앙제어 컴퓨터	운행정보수집 및 구글의 서버와 교신하여 실시간 조작제어
수동 조작 전환장치	비상시 수동 조작기능

자료: 구글, Carnegie Mellon University

13.6 3차원 인쇄(3D 프린팅)

3차원 인쇄(3D printing)는 연속적인 계층의 물질을 뿌리면서 3차원 물체를 만들어내는 제조기술이다. 3차원 프린터는 밀링 또는 절삭이 아닌, 기존 잉크젯 프린터에서 쓰이는 것과 유사한 적층방식으로 입체물로 제작하는 장치를 말하며, 컴퓨터로 제어되기 때문에 만들 수 있는 형태가 다양하고 다른 제조기술에 비해 사용하기 쉽다. 단점으로는 현재기술로는 제작속도가 매우 느리다는 점과 적층구조로 인해 표면이 매끄럽지 못하다는 점 그리고 위험한 총기와 같은 물건을 마음대로 인쇄할 수 있다는 점, 지식재산권을 침해하는 점 등이 있다.

지금까지 우리가 알고 있는 프린터란 모니터에 나타난 글자와 그림을 종이에 그리는 기계였다. 3차원 프린터는 컴퓨터에서 글이나 사진파일을 띄워놓고 '인쇄'버튼을 누르면 특정 소프트웨어로 그린 3차원 설계도를 보고 종이에 똑같이 그려내듯이 입체적인 물건을 인쇄하는 것이다.

잉크젯프린터에서 디지털화된 파일이 전송되면 잉크를 종이 표면에 분사하여 2D 이미지(활자나 그림)를 인쇄하는 원리와 같다. 2D 프린터는 앞뒤(x축)와 좌우(y축)로만 운동하지만, 3D 프린터는 여기에 상하(z축)운동을 더하여 입력한 3D 도면을 바탕으로 입체물품을 만들어낸다. 즉 3D 프린터는 3차원 설계도를 바탕으로 플라스틱가루, 고분자 복합소재, 금속성분 등을 이용해 입체적인 조형물을 만드는 프린터를 말하며, 인터넷쇼핑몰에서 주문한 물건을 그 자리에서 만들어 받는 날이 다가오고 있다. 사진이나 악보를 구입해 프린터로 인쇄하듯이 자전거나 그릇, 신발, 장난감, 의자, 제트기, 자동차, 로봇 부품을 비롯해 스마트폰 커버, 초콜릿, 인공뼈, 치아, 의료용 수술기구, 햄버거 패티, 전자악기, 칫솔 등이 3D 프린터로 제작될 수 있다.

입체형태를 만드는 방식에 따라 크게 한 층씩 쌓아 올리는 적층형(첨가형 또는 쾌속조형방식)과 큰 덩어리를 깎아가는 절삭형(컴퓨터 수치제어 조각방식)으로 구분한다. 적층형은 파우더(석고나 나일론 등의 가루)나 플라스틱 액체 또는 플라스틱 실을 종이보다 얇은 0.01~0.08㎜의 층(레이어)으로 겹겹이 쌓아 입체형상을 만들어내는 방식이다. 레이어가 얇을수록 정밀한 형상을 얻을 수 있고 채색을 동시에 진행할 수 있다. 절삭형은 커다란 덩어리를 조각하듯이 깎아내 입체형상을 만들어내는 방식이다. 적층형에 비하여 완성품이 더 정밀하다는 장점이 있지만, 재료가 많이 소모되고 컵처럼 안쪽이 파인 모양은 제작하기 어려우며 채색작업을 따로 해야 하는 것이 단점이다.

제작단계는 모델링(modeling), 프린팅(printing), 피니싱(finishing)으로 이루어진다. 모델링은 3D 도면을 제작하는 단계로, 3D CAD(Computer Aided Design)나 3D 모델링프로그램 또는 3D 스캐너 등을 이용하여 제작하는 것이다. 프린팅은 모델링과정에서 제작된 3D 도면을 이용하여 물체를 만드는 단계로, 적층형 또는 절삭형 등으로 작업을 진행하는 것이다. 이때 소요시간은 제작물의 크기와 복잡도에 따라 다르다. 피니싱은 산출된 제작물에 대해 보완작업을 하는 단계로, 색을 칠하거나 표면을 연마하거나 부분 제작물을 조립하는 등의 작업을 진행하는 것이다.

13.6.1 3D 프린터의 제공가치

먼저 제작도구로서 3D 프린터가 제공할 수 있는 고유하고 차별적인 가치에 대해 살펴보면 다음과 같다.

1) 만드는 즐거움

오늘날 사람들은 필요로 하는 대부분의 상품을 시장에서 구매할 수 있다. 하지만 그렇다고 해서 사람들이 무언가 만드는 것을 완전히 포기하지는 않았다. 여전히 꽤 많은 사람들은 여가시간을 무언가를 만드는 데 쓰고 있다. 누군가는 손바느질을 해서 생활소품을 만들고, 또 다른 누군가는 손수 나무를 다듬어 가구를 만든다. 수제 초콜릿을 만들거나 목도리를 짜는 사람도 있다. 따지고 보면 이런 취미생활은 비합리적이다. 시장에서 구매하는 것보다 더 많은 시간과 비용이 소요될 뿐만 아니라, 대부분의 경우 제품의 완성도도 높지 않기 때문이다. 그럼에도 불구하고 여전히 사람들은 무언가를 만든다. 이유는 간단하다. 만드는 행동 그 자체가 즐거운 일이기 때문이다.

이들에게 3D 프린터는 매력적인 제작도구가 될 수 있다. 3D 프린터는 상상한 디자인을 손쉽고 빠르게 현실 속에 실재하는 제품으로 만들어줄 수 있는 방법 중 하나이기 때문이다. 더군다나 전자 · 기계부품과 3D 프린터가 결합할 경우 실제로 동작하는 제품을 만드는 것도 가능하다. 일례로 라즈베리 파이, 아두이노 등 마이크로 컨트롤러, USB 포트, HDMI 단자 등이 탑재된 초소형 · 초저가 컴퓨터와 3D 프린터가 결합할 경우, 자신의 상상력에 따라 기존에는 존재하지 않던 나만의 전자제품을 제작하는 것도 손쉬워질 것이다.

2) 나만을 위한 제품

사람들은 저마다 다른 욕구와 취향을 가지고 있다. 그래서 수없이 많은 상품들이 출시되더라도 여전히 만족하지 못하는 소비자는 있기 마련이다. 그런 소비자에게 3D 프린팅은 자신의 욕구를 충족시킬 수 있는 대안이 될 것이다. 3D 프린터를 사용하면 세상에서 단 하나밖에 없는 제품, 개인의 취향대로 디자인된 제품을 손쉽고 저렴하게 제작할 수 있기 때문이다.

이에 따라 기업이 고객의 욕구를 충족시키는 방식도 달라질 수 있다. 3D 프린터를 잘 활용한다면 기업은 다품종을 생산하지 않고서도 다양한 소비자니즈에 대응할 수 있을 것이다. 기본적인 제품은 대량으로 생산하고, 나머지는 소비자가 직접 제작할 수 있도록 지원하는 것도 대안이 될 수 있다.

3) 구매의 불편함 제거

상품을 구매하는 것과 실제로 그 상품을 소비하는 것 사이에는 아직 많은 불편함이 있다. 물건을 사러 가는 것, 배송을 기다리는 것이 대표적이다. 게다가 재고가 부족하거나 제품이 단종될 경우 아예 제품을 구하는 것 자체가 어렵다. 하지만 3D 프린터를 사용할 경우 사람들이 원하는 시간과 원하는 장소에서 원하는 제품을 손에 쥘 가능성이 높아진다. 제품 디자인만 있으면 현장에서 제품을 제작할 수 있기 때문이다.

4) 경제성

일부 조건만 맞는다면 3D 프린터로 제품을 제작하는 것이 대량생산된 제품을 구매하는 것보다 오히려 저렴할 수 있다. 물론 단위제품당 생산비 그 자체만을 고려한다면 대량생산하는 것이 아무래도 3D 프린터로 생산하는 것보다는 유리하다. 하지만 대량생산체제에서는 물류비, 재고비, 설비비 등 적지 않은 부가비용이 발생한다. 반면 직접 생산하는 방식은 처음 3D 프린터를 구매하는 비용을 제외하면, 사실상 한계비용이 0원에 가까운 제품 디자인비용과 직접 재료비만 발생할 뿐이다.

13.6.2 3D 프린터 활용 예

3D 프린터를 이용한 다양한 활용 예를 소개하고자 한다. 본 활용 예를 통하여

향후 전개될 기술의 응용이 기대된다.

1) 자동차

미국의 로컬모터스가 세계 최초로 3D 프린팅 자동차 스트라티(Strati)의 제작에 성공했다. 좌석과 프레임, 바디, 차대를 한 덩어리로 인쇄하는 데 단 44시간이 소요되었다.

2) 무인기

버지니아대학 연구팀이 미 국방부의 의뢰로 3D 프린터를 이용한 주문형 무인기 인쇄기술을 개발했다. 이 무인기는 45분간 시속 65km의 속도로 비행할 수 있다.

3) 치과치료

3D 프린터로 각 환자의 치아에 맞춤화된 몰드와 크라운, 브리지 등의 임플란트용 보철물을 제작하는 원천기술이 개발되었다.

4) 총기

미국의 한 단체가 인터넷에 격발과 살상이 가능한 3D 프린터용 권총의 설계도를 공개한 후, 정부의 삭제요청 이전에 많은 사람이 다운로드받았다.

5) 주택

휴대형 3D 프린터를 이용하면 진흙, 점토, 지푸라기, 양털 등 현지에서 구할 수 있는 소재로 작은 집을 만들 수 있다.

6) 가구

3D 프린터로 인쇄한 주문제작 의자에 지친 몸을 기댄 채 달콤한 휴식을 취할 수 있을 것이다.

7) 피부이식

화상환자의 환부에 직접 피부세포를 적층 인쇄하는 기술이 기존의 피부이식을 대체할 것이다.

8) 제약

약품원료 분말을 3D 프린팅해서 약을 제조하는 기술이 연구 중이다. 미래에는 이 기술을 응용해 개인 맞춤형 진통제와 항암제가 개발될지도 모른다.

9) 만능열쇠

적절한 소프트웨어가 개발된다면 열쇠구멍 사진만으로 자물쇠를 무장 해제시킬 열쇠를 즉시 인쇄할 수 있다.

10) 인공뼈

환자의 뼈를 CT스캐너로 스캔한 뒤 환자 자신의 세포를 이용해 맞춤형 인공뼈를 제작해서 이식하는 기술이 보편화되고 있다.

11) 휴대형 발전기

옴니 3D(Omni3D)가 배낭에 넣을 수 있는 접이식 풍력터빈 에어에너지 3D(AirEnergy 3D)의 시제품을 3D 프린터로 만들었다. 야외에서는 터빈이 생산한 전기로 휴대폰과 노트북을 충전할 수 있다.

12) 농기구

농사를 짓고 있는 사람들은 3D 프린터로 자신의 신체적 특성과 재배하는 작물에 최적화된 농기구를 개발할 수 있다.

13) LED

금속과 폴리머를 3D 프린터로 적층 인쇄하면 나노입자층에 전류를 보내 빛을 발하게 할 수 있다.

14) 생체공학적인 귀

연골세포와 실리콘, 은나노입자 등 세 가지 잉크를 활용해 인간의 귀보다 500만 배나 민감한 생체공학 귀를 개발하고 있다.

15) 우주식품

3D 프린터는 이미 영양분이 풍부한 분말을 적층하는 데 이용되고 있다. 언젠가 이 기술이 장기간의 우주탐사를 떠나는 우주비행사를 위한 음식제조에 쓰일지 모른다.

이상과 같은 활용 예를 살펴본 결과 3D가 본격화되면 제조업 자체에도 큰 변화가 올 것으로 보인다. 다품종 소량생산을 넘어 완전한 맞춤생산, 개인생산으로 산업 자체가 바뀔 가능성이 있다. 기존의 제조설비가 무용지물이 되는 대신 디자인과 특이한 소재가 비싼 가격에 팔릴 것이다. 이런 시대가 되면 제조업은 일반적 제품을 저가에 대량생산하는 기업과 고도의 창의성을 가진 디자인기업으로 나뉠 것이고 그 중간에 위치한 기업, 적당수의 품종을 고가로 생산하는 기업은 매우 위험해질 것이다.

3D 프린팅이 4차 산업혁명의 핵심기술로 산업 전반에 걸쳐 제조기술의 큰 변화를 가져올 것으로 예상되고 있다. 기계 절삭 및 성형 등 기존의 생산방식을 탈피하여 일괄된 방식으로 어떤 형태의 제품도 만들어낼 수 있기 때문이다. 치과 등의 의료분야는 물론, 각종 가정용품을 비롯해 자동차나 비행기 등에 쓰이는 기계장치도 3D 프린터에 의한 생산이 가능하다. 이미 자동차업계에서는 엔진 등 핵심부품을 3D 프린터로 만들어내는 공정을 연구하고 있다.

그림 13-7 다양한 형태의 3D 프린터

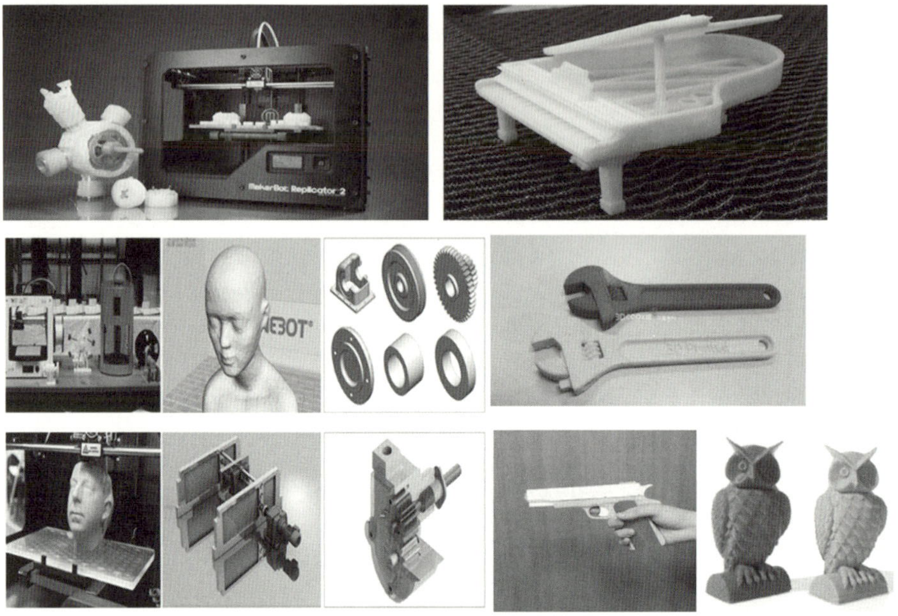

13.7 헬스케어

헬스케어(healthcare)는 정보통신기술과 보건의료를 연결하여 언제 어디서나 예방, 진단, 치료, 사후관리의 보건의료서비스를 제공하는 것을 의미한다. 즉 유·무선네트워크를 바탕으로 환자, 의료기관, 정부기관, 솔루션개발·기기업체 등의 유기적 연결을 통하여 인간의 건강한 삶을 보장해주기 위한 시스템을 말한다.

그리고 개인 맞춤형 건강관리서비스를 제공, 개인이 소유한 휴대형·착용형 기기나 클라우드 병원정보시스템 등에서 확보된 생활습관, 신체검진, 의료이용정보, 인공지능, 가상현실, 유전체정보 등의 분석을 바탕으로 제공되는 개인중심의 건강관리 생태계이다.

헬스케어의 궁극적인 목표는 '삶의 질 향상 추구'에 있다. 이를 현실화시키기 위해 정보통신기술의 향상과 네트워크의 구축 등 IT 인프라의 보편화를 바탕으로 한 정부의 관심과 투자의 증가로 국민이 언제 어디서나 무의식적으로 보건의료의 혜택을 누릴 수 있도록 보장하는 것이다. 따라서 일상생활에 의료서비스적 기능이 체화되어 진료중심에서 예방중심으로, 질병관리에서 건강관리로 가치가 이동함으로써 일상생활에서 질환에 대한 효율적인 조기대응이 가능해진다.

[그림 13-8]에서는 헬스케어 개념의 진화를 적용공간과 네트워크 진화방향의 관점에서 나타내고 있다. 향후 헬스케어는 지능형 건강관리중심으로 진화될 것으로 전망된다.

헬스케어의 가장 큰 특징은 보건의료가 추구하는 목표를 상당부분 현실적으로 가능하게 만든다는 점이다. 이용자의 보건의료서비스에 대한 욕구가 커지면서 보건의료는 안전성, 효율성, 이용자중심성, 적시성, 효과성, 균형성 등을 강조하며 발전하고 있다. 그리고 보건의료 제공자와 이용자 모두에게 시간과 비용을 절감하며, 병원중심에서 건강한 시민중심으로 의료환경 변화를 촉진시키고, 예방에서 진단, 치료, 사후관리의 전체 보건의료과정을 발전시킬 것으로 전망된다.

그림 13-8 헬스케어의 개념진화

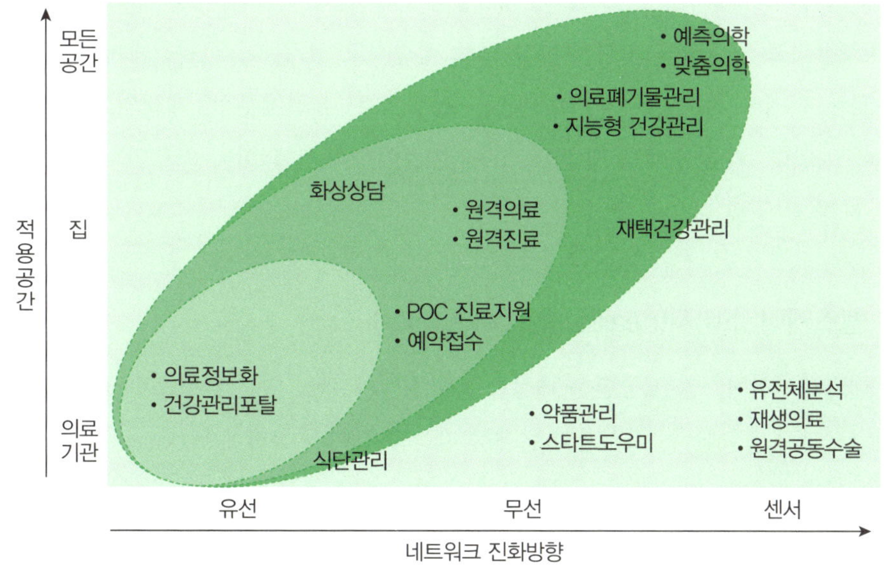

자료: 박동균, 헬스케어, 가천의과대학교 의료정보기술연구소, 저자 수정.

한편 의사는 헬스케어분야에서 전통적으로 정보를 생성하고 이러한 정보를 바탕으로 환자를 치료하는 역할을 담당하였다. 의료기관은 의사가 환자를 치료할 수 있는 공간을 제공하고, 생성되는 정보들을 저장 · 관리하려는 역할을 수행하였다. 환자는 수동적이었으며 생성된 정보는 의료기관에서만 확인이 가능하였다.

그러나 헬스케어는 4차 산업혁명에 따른 사회변혁의 중심에 있다. 헬스케어에서 미래 예측 · 예방의학으로 변화하고 있으며, 환자 개개인의 고유한 특성에 적합한 맞춤의학, 환자가 적극적으로 참여하는 참여의학의 새로운 현상으로까지 나타나고 있다. 헬스케어의 패러다임 변화에는 빅데이터가 큰 영향을 미쳤다. 데이터를 수집 · 축적해야만 예방 및 건강증진 또한 맞춤형 의학을 통한 효과적인 치료가 가능하기 때문이다.

기존의 의료데이터 이외에 다양한 데이터를 습득할 필요성이 높아지고 있는데, 실제로 최근 유전자분석기술의 발달로 인해 유전정보의 확보에 비용 및 시간이 많이 줄어들었다. 다양한 무선센서의 발달, 통신속도의 향상, 스마트폰의 발달 등으로 외부적인 활동데이터의 습득이 기존에 비해 굉장히 쉬워졌다. 이러한 데이터의 중요성으로 인해 데이터의 수집, 저장, 분석에 대한 기술들 역시 점차 발달하고 있다.

헬스케어는 데이터기반으로 질병예방과 더불어 전반적인 건강관리서비스분야로 확장되고 있으며 굉장히 빠른 속도로 성장하고 있다. 미래 헬스케어의 핵심기술로는 빅데이터, 인공지능, 가상현실, 정밀의료, 유전체분석, 재생의료 등이 거론되고 있다. 기술이 보다 발전함으로써 예측의학, 맞춤의학이 의료의 핵심영역으로 자리 잡게 될 것으로 보인다.

1) 헬스케어 소비자(healthcare consumer)

헬스케어서비스를 제공받는 대상으로서 건강에 관심 있는 일반소비자부터 만성질환자까지 포함한다. 소비자의 단계를 다음과 같이 구분할 수 있다.

- 일반소비자: 건강관리의 필요성을 느끼고 이를 적극적으로 실행하는 소비자
- 질병예방단계 소비자: 일상적인 건강관리를 요하는 서비스 소비자(예: 당뇨

고위험군 대상자)

- 질병관리단계 소비자: 만성질환에 걸려 건강관리를 요하는 대상(예: 만성 고혈압환자)
- 응급관리 소비자: 중증질환 건강관리(응급)를 요하는 서비스(예: 심장병환자)

헬스케어 소비자는 그가 처한 환경에 따라 재택환경에서 스마트홈 서버와 연동되거나 이동환경에서 휴대폰이나 노트북 등의 디지털기기를 통해 연동될 수 있다. 연동된 단말은 소비자로부터 혹은 스마트환경으로부터 건강 관련 데이터가 각종 생체계측센서나 환경모니터링센서를 통해 수집한다. 이 데이터는 네트워킹이 가능한 디지털기기를 통해 센터를 경유하여 헬스케어서비스 공급자에게 전달된다.

2) 헬스케어 제공자(healthcare provider)

헬스케어 제공자는 의사나 약사 등 의료인 또는 그들이 사용하는 단말 솔루션을 말한다. 헬스케어는 단순히 자신이 판단하고 자신이 관리하는 수준 정도가 아니라 전문 '의료'영역이 개입해야 하며, 진단과 처방(건강관리)은 의료전문가(의사, 약사 등 의료인)의 몫이기 때문에 헬스케어서비스 제공자의 역할을 동등한 수준으로 고려해야 한다.

우선 이를 위해서는 의사나 약사 등 서비스 제공자들이 서비스 소비자들의 상황을 인지할 수 있는 접점에서 서비스를 제공하는 역할을 해야 하는데, 그것이 일차적으로 주근무지에서의 전자의무기록(EMR: Electronic Medical Record)이 된다고 볼 수 있다. 즉 의사는 EMR을 통해서 환자의 모든 진료상황을 보게 되고, 약사도 환자의 모든 복용데이터를 약국전산시스템으로 보게 될 것이다.

특히 EMR의 데이터는 개인의 건강 관련 서류 중에서 개인의 건강상태를 파악하는 데 가장 핵심(또는 근거)이 되는 데이터가 될 것이다. 이런 데이터는 각 기관과 서비스 제공자의 인증을 통해 선택된(필터링된) 데이터를 헬스케어 서버에 제공할 수 있을 것이다. 거꾸로 소비자에게서 수집된 데이터도 개인의 종합적인 건강상황의 인지와 적절한 처방을 위해 서비스 제공자가 환자의 동의하에 조회할 수 있어야 할 것이다.

3) 헬스케어센터시스템(healthcare center system)

헬스케어서비스 제공자와 소비자를 연결해주는 서버 측 시스템은 크게 다음의 요소로 구성된다.

- RTC(Real-Time Communication): 소비자와 서비스 제공자 간 혹은 서비스 제공자들 간 실시간 스마트환경에 연결 엔진으로 응급상황에 따른 실시간 통지와 데이터 전송 또는 소비자의 헬스케어 데이터에 대한 공유 시 일종의 실시간 데이터 전송, 중개역할을 해주는 시스템이다.
- EHR(Electronic Health Record): 상황인지를 위한 스마트기반의 건강데이터 저장소로 건강과 관련한 모든 내용의 데이터를 관리하기 위한 저장소이다.
- CDSS(Clinical Decision Support System): 상황인지를 위한 스마트기반의 진료지원 의사결정지원시스템으로 의사가 해당 소비자의 생체계측데이터 등의 건강내용을 살펴봄으로써 대면 진료를 유도하는 호출서비스 패턴으로 변화한다.

한편 헬스케어를 개인건강관리기기와 웨어러블기기로 나눈다. 개인건강관리기기 같은 경우는 건강관리를 위해 건강 생체신호를 측정하는(의료) 기기, 식약처 승인이 필요한 기기가 있다. 웨어러블기기는 건강증진 개선을 위해 신체에 착용되어 생체신호 측정과 모니터링하는 기기가 있다

13.8 블록체인

블록체인(blockchain)이란 다수의 거래내역을 묶어 블록을 구성하고, 해시를 이용하여 여러 블록들을 체인처럼 연결한 뒤, 다수의 사람들이 복사하여 분산저장

하는 알고리즘이다. 블록체인기술을 이용하면 데이터의 위변조가 불가능하여 권위 있는 중개기관이 없더라도 신뢰할 수 있는 안전한 거래와 데이터처리를 할 수 있다.

블록체인은 거래정보를 하나의 덩어리(블록)로 보고 이것을 차례차례 연결한(체인) 거래장부다. 이 장부는 거래자만 보관하는 현실 속 장부와 달리 내용이 모두에게 공개된다. 공개라고 하면 언뜻 개인의 거래내용이 만인에게 노출되어 위험할 것 같다. 하지만 반대로 훨씬 안전하고 편리한 것이 특징이다.

먼저 편리함부터 살펴보자. 블록체인은 거래를 할 때 은행과 같이 정부가 신뢰성을 인정한 '제3의 공인기관'이 필요 없다. 은행을 거치지 않고 개인과 개인이 직접 거래할 수 있다. 이런 방식을 P2P(Peer-to-Peer)라고 한다.

P2P는 낯선 방식이 아니다. 아마 많은 사람들이 지난 수년간 경험해봤을 것이다. '소리바다' 같은 음악 다운로드사이트, 동영상 다운로드사이트 등 모두 P2P 네트워크를 이용한다. 이런 사이트들은 우리에게 편리함을 제공하지만, 사용할 때마다 약간의 찝찝함이 남는다. "내가 지금 다운받는 파일이 어디서 오는 거지? 믿을 수 있는 건가?" 아마도 나와 연결된 미지의 상대방을 신뢰할 수 없기 때문일 것이다. 여기서 안전성문제가 나온다. 우리가 인터넷 쇼핑을 할 때 누군지도 모르는 사람에게 아무 의심도 없이 돈을 보내는 것은 내 돈의 이동과 거래내역을 은행이 보증해주기 때문이다. 만약 은행이 없다면 다른 무엇인가가 거래내역이 위조되지 않았음을 증명해줘야 할 것이다. 블록체인은 바로 이런 보증의 기능을 독특한 개방형 알고리즘을 이용해 해결하는 것이다. 네트워크 참여자들에게 합의의 기능을 분산해 나눠주는 방식이다.

해시함수(hash function)

해시함수란 다양한 길이를 가진 데이터를 고정된 길이를 가진 데이터로 매핑하는 알고리즘이다. 각각의 거래내역을 텍스트로 표시할 경우 그 길이가 각각 다를 수 있지만, 이것을 해시함수로 변환하면 항상 일정한 길이의 해시값이 나온다. 해시함수는 큰 파일에서 중복되는 레코드를 찾을 수 있기 때문에 데이터베이스 검색이나 테이블 검색의 속도를 가속할 수 있다.

그림 13-9 기존의 중개기관 및 블록체인의 중개기관

블록체인은 간략히 '분산원장(distributed ledger)'기술이라고 한다. 즉 거래내역을 기록한 원장을 다수의 사람들에게 분산하여 저장 · 관리하는 기술이다. 자세히 설명하면 블록체인이란 다수의 온라인 거래기록을 묶어 하나의 데이터 블록(block)을 구성하고, 해시(hash)값을 이용하여 이전 블록과 이후 블록을 마치 체인(chain)처럼 연결한 뒤, 이 정보의 전부 또는 일부를 피투피(P2P)방식으로 전세계 여러 컴퓨터에 복사하여 분산저장 · 관리하는 기술이다.

예를 들어보자. 블록체인의 가능성을 처음으로 증명한 '비트코인'의 경우 '작업증명(PoW, ProofofWork)'이라는 과정을 통해 신뢰를 확보한다. 2009년 1월 3일 처음으로 거래를 시작한 전자화폐인 비트코인은 블록체인을 이용해 거래장부를 저장하고 관리한다.

비트코인에서 새로운 블록은 10분에 한 번씩 생성되고 검증된다. 10분간 오고 간 모든 거래내역은 한 개의 블록에 담긴다. 이 블록은 아무나 만들 수 없다. 블록을 만들려면 일종의 수학문제를 풀어야 하는데, 가장 먼저 푼 사람이 블록을 생성할 권한을 얻는다. 이 과정을 '채굴(mining)'이라 하고, 채굴하는 사람을 채굴자라고 한다. 채굴자는 블록을 하나 생성할 때마다 거래수수료를 받는다. 수학문제를 빨리 풀어 블록을 만들려면 높은 컴퓨팅 파워가 필요하기 때문에, 채굴을 전문으로 하는 기업이 있을 정도로 경쟁이 치열하다.

비트코인은 거래내역을 위 · 변조하려는 악의적인 해킹에서도 자유롭다. 두 가

그림 13-10 블록체인기반의 비트코인 흐름도

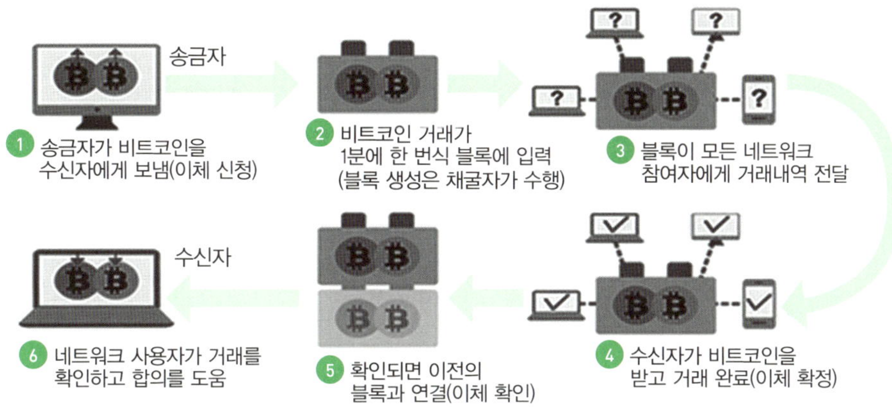

자료: KB금융지주

지 이유가 있는데, 하나는 블록체인의 구조다. 블록체인은 새로운 블록이 생성될 때 이전의 블록이 가진 고유한 값(해시값)을 저장하게 되어 있다. 즉 해시값을 통해 모든 블록이 연결되는 셈이다. 만약 누군가 거래내역을 악의적으로 변조한다면 그 거래내역이 담긴 블록의 해시값이 바뀔 것이고, 그 해시값을 저장하고 있는 다음 블록의 해시값도 변경된다. 해킹된 블록 이후의 모든 블록정보가 연쇄적으로 다 바뀌어야 하는데, 이는 대단히 어려운 일이다.

더구나 블록체인 장부는 모든 사용자에게 공유되어 있다. 한 개인이 가진 거래장부가 바뀐다 하더라도 이미 수많은 사용자들이 동일한 장부를 공유하고 있기 때문에 바로 원래대로 복구할 수 있다. 즉 거래내역을 바꾸고자 한다면 전체 사용자의 과반수 이상의 장부를 동시에 수정해야 한다.

13.8.1 블록체인의 분류

1) 퍼블릭 블록체인

퍼블릭 블록체인(public blockchain)이란 누구든지 자유롭게 참여할 수 있는 개방형 블록체인 네트워크를 말한다. 누구든지 인터넷에 연결된 PC, 노트북, 스마트폰, 서버 컴퓨터, 채굴기 등 다양한 컴퓨터장비를 이용하여 블록체인 네트워크에 참여할 수 있다. 이러한 블록체인 네트워크에 참여하는 개별 컴퓨터를 노드(node)라고 부르는데, 각 노드들은 블록체인에 저장된 데이터를 복사하여 저장하고, 해시 연산을 통해 새로운 블록의 생성에 참여할 수 있다. 또한 각 노드들은 언제든지 자신의 컴퓨터를 블록체인 네트워크에 연결하지 않고 접속을 차단함으로써 자유롭게 탈퇴할 수 있다. 블록체인 네트워크에 참여 또는 탈퇴하는 것은 권위있는 조직의 승인이 필요 없이, 전적으로 해당 노드 참여자의 자유로운 의사에 따라 결정할 수 있다.

퍼블릭 블록체인의 경우 참여자들의 컴퓨터 사용에 따른 전기료 등 운영비용을 감당할 수 있도록 암호화폐를 발행하여 보상한다. 퍼블릭 블록체인 참여자들은 새로운 블록이 생성될 때마다 발행되는 암호화폐를 지급받음으로써 컴퓨터 감가상각비, 전기료, 공간사용료, 인건비 등 각종 비용을 보상받을 수 있다. 퍼블릭 블록체인 운영에 참가한 사람들은 지급받은 암호화폐를 실생활에서 사용하거나 혹은 암호화폐거래소에서 판매함으로써 참여비용을 회수할 수 있다. 퍼블릭 블록체인에서 암호화폐를 발행하는 것은 블록체인 네트워크를 유지하기 위한 필수사항으로 비트코인, 이더리움, 비트코인캐시, 이오스, 스텔라루멘, 등 대부분의 암호화폐는 퍼블릭 블록체인방식으로 운영된다.

2) 프라이빗 블록체인

프라이빗 블록체인(private blockchain)이란 미리 정해진 조직이나 개인들만 참여할 수 있는 폐쇄형 블록체인 네트워크를 말한다. 프라이빗 블록체인에 참여하려면 반드시 권위 있는 조직의 승인을 받아야 한다. 프라이빗 블록체인 운영자의 승인을 받지 못한 조직이나 개인은 해당 블록체인 네트워크의 운영에 참여할 수 없다. 예를 들어 A기업과 B기업 및 C단체가 서로 협의하여 프라이빗 블록체인을 운영하기로 한 경우, 오직 A, B, C 세 곳만 참여할 수 있으며, 다른 제3자인 D기업은 참여할 수 없다. 만약 D기업이 해당 프라이빗 블록체인에 참여하고 싶다면, 관계자들과 협의하여 사전 승인을 받아야 한다.

프라이빗 블록체인의 운영을 위해서 암호화폐가 반드시 필요한 것은 아니다. 프라이빗 블록체인의 경우 굳이 암호화폐를 발행할 필요 없이, 해당 프라이빗 블록체인의 참여자들이 컴퓨터 운영비용을 부담하면 된다. 물론 프라이빗 블록체인에서도 암호화폐를 발행할 수는 있다. 결국 프라이빗 블록체인에서 암호화폐의 발행은 필수사항이 아니며, 각 프라이빗 블록체인 운영자들의 필요에 의해 자체 암호화폐를 발행할 수도 있고, 그렇지 않을 수도 있는 선택사항이다. 국제송금을 위한 리플(ripple)은 프라이빗 블록체인으로서 암호화폐를 발행한 사례에 해당한다.

3) 하이브리드 블록체인

하이브리드 블록체인(hybrid blockchain)이란 퍼블릭 블록체인과 프라이빗 블록체인을 서로 연결하거나 섞은 혼합형 블록체인을 말한다. 예를 들어 보안이 중요한 가정용 사물인터넷(IoT)기기는 프라이빗 블록체인을 이용하고, 자동화된 결제를 위해 퍼블릭 블록체인에 연결하는 방식이다. 이때 퍼블릭 블록체인은 메인넷이 되고, 여기에 연결된 다수의 프라이빗 블록체인은 1:N구조의 사이드체인방식으로 구성할 수 있다. 서로 다른 다수의 블록체인 네트워크를 하나로 연결하기 위한 체인으로 대표적인 사례로 아이콘(ICON)이 있다.

4) 컨소시엄 블록체인

컨소시엄 블록체인(consortium blockchain)이란 동일한 목적이나 가치를 가지고 있는 다수의 기업과 단체들이 하나의 컨소시엄을 구성하고 그 안에서 작동하도록 만든 블록체인이다. 예를 들어 2015년, 리눅스재단이 주도하고 IBM 등이 참여하여 만든 하이퍼레저 패브릭(hyperledger fabric) 프로젝트가 있다. 컨소시엄 블록체인은 프라이빗 블록체인의 한 형태이지만, 이를 별도로 구별하여 하이브리드 블록체인으로 분류하기도 한다. 즉 이더리움, 비트코인 등 누구나 참여할 수 있는 퍼블릭 블록체인과는 달리 MSP(Membership Service Provider)라는 인증관리시스템에 등록된 사용자만이 하이퍼레저 패브릭 블록체인에 참여할 수 있다. MSP 참여자들은 비즈니스목적에 맞는 형태로, 예를 들어 금융, 물류, 의료 등 비즈니스 데이터를 원장에 기록할 수 있으며 비즈니스시스템에 적합한 블록생성 알고리즘이나 트랜잭션 보증정책을 선택할 수 있다. 채널이라는 개념을 도입해서 블록체인 참여자들 간의 프라이버시를 강화할 수 있다.

13.8.2 블록체인 활용분야

블록체인은 비트코인과 리플, 이더리움 등 암호화폐에 사용된 핵심기술이다. 은행 등 제3의 중개기관이 없더라도 블록체인기술을 이용하면 누구나 신뢰할 수 있는 안전한 거래를 할 수 있다. 블록체인은 암호화폐뿐 아니라 온라인 거래내역이 있고 이력관리가 필요한 모든 데이터처리에 활용할 수 있다. 블록체인기반의 스마트계약, 물류관리시스템, 문서관리시스템, 의료정보관리시스템, 저작권관리시스템, 소셜미디어관리시스템, 게임아이템관리시스템, 전자투표시스템, 신원확인시스템 등 다양한 활용이 가능하다.

블록체인은 4차 산업혁명의 핵심기술 중 하나이다. 중개기관이 필요 없는 블록체인기술을 활용함으로써 인류는 새로운 거래방식과 조직 운영원리를 바탕으로 과거 인터넷기술이 가져온 것 이상의 큰 사회적 변화와 혜택을 누릴 수 있을 것으로 예측하고 있다. 블록체인은 기계와 기계(M2M) 사이에 정보와 가치를 전달하는 수단으로 사용됨으로써 4차 산업혁명의 핵심기반기술이 될 수 있다. 블록체인은 인간의 직접적 개입이 없이도 사물과 사물이 서로 정보를 교환하고 가치를 주고받으며, 인공지능기반의 자율적 의사결정을 내릴 수 있는 4차 산업혁명 시대를 앞당길 수 있다. 블록체인혁명을 통해 인류는 커다란 사회적 변화와 진보를 달성할 수 있으며, 이를 통해 인류는 공정하고 합리적이며 더 풍요로운 미래를 맞이할 수 있을 것이다.

사례 연구

눈앞의 현실로 다가오는 양자 컴퓨팅

양자 컴퓨터는 원자보다 작은 입자의 기묘한 속성을 활용해서 현재까지 개발된 가장 빠른 컴퓨터보다 특정한 종류의 계산을 기하급수적으로 더 빨리 처리할 수 있다. 양자 컴퓨터는 현재 전세계의 온라인 거래를 안전하게 보호하는 암호화시스템을 무력화시킬 수 있다. 또 오늘날 이용되는 가장 정교한 모델보다 더 정확하고 빠른 속도로 최적의 투자 포트폴리오를 찾고, 분자들의 움직임을 정확히 예측해 신물질과 산업공정의 개발을 지원할 수 있다.

양자 컴퓨터는 전통적인 전자식 컴퓨터와는 매우 다른 법칙에 기반해 작동한다. 원자보다 작은 입자인 아원자입자의 복잡하고 이상한 행동방식을 설명하는 양자 역학의 수학을 활용하는 것이다. 예를 들어 전자는 명확히 구분되는 여러 가지 상태로 동시에 존재할 수 있는데, 이는 중첩(superposition)이라고 알려진 현상이다. 이때 전자가 모든 경우에 정확히 어떤 상태에 있는지 확실히 아는 것은 불가능하다. 왜냐하면 그 상태를 관찰하는 행위 자체가 이를 변화시키기 때문이다. 더구나 아원자입자들은 '얽혀(entangled)'있을 수 있어 한 입자의 변화가 다른 입자에 영향을 미칠 수 있다. 이는 두 입자가 물리적으로 멀리 떨어져 있는 경우에도 그러하다.

약 30여 년 전, 전설적인 물리학자 리차드 파인만(Richard Feynmann)은 아원자입자의 복잡한 행동을 시뮬레이션하는 데 필요한 계산을 수행할 만큼 강력한 컴퓨터가 없음을 한탄하면서 다음과 같은 개념을 구상했다. 이들 입자는 수학적으로 예측가능한 방식으로 행동하는데, 이런 예측가능한 행동 자체를 입자 스스로가 수행하는 일종의 계산으로 볼 수 있다. 그렇다면 이들 입자를 활용해서 기존의 어떤 컴퓨터보다 빠르게 계산을 수행하는 컴퓨터를 만들 수 있지 않을까? 이것이 양자 컴퓨터의 아이디어였다.

공학적 난관 많지만 활용방안 무궁무진

양자 알고리즘은 특정 영역에서 기존 컴퓨터의 성능을 크게 능가하는데, 이는 양자 역학의 수학이 특정 계산에 훨씬 적은 단계만을 필요로 하기 때문이다. 예를 들어 '전화번호부문제'는 정렬되지 않은 목록에서 무언가를 찾는 작업을 가리키는 용어다. 전화번호부에서 사람 이름이 아닌 전화번호로 누군가를 찾는 작업과 같은 문제다. 전통적인 컴퓨팅의 표준 알고리즘은 일치하는 전화번호를 찾을 때까지 각각의 항목을 검사해야 하기 때문에, 전화번호부에 있는 항목수만큼의 검사단계를 필요로 한다. 그러나 양자 컴퓨터로는 단지 전화번호부 항목수의 제곱근값만큼의 단계만 필요하다. 즉 10억 개의 항목이 있으면 단지 3만 1,623번(10억의 제곱근값)의 연산만 하면 된다.

그러나 모든 종류의 계산문제에 대해 더 우월한 양자 알고리즘이 존재할 가능성은 작다. 실제로 과학자들은 양자 컴퓨팅이 더 뛰어날 수 있는 모든 문제 유형을 아직 파악하지 못했다. 하지만 이미 양자 컴퓨팅의 응용분야는 광범위하다. 여러 해결책이 가능할 때 최고의 해법을 찾는 최적화기법, 암호학에서 활용되는 소인수분해, 물리 시뮬레이션, 정수론, 위상수학 등이 있다.

한편으로 양자 컴퓨터를 만드는 데 관계되는 공학적 난관은 막대하다. 예를 들어 디-웨이브(D-Wave)시스템에서 개발한 장치는 은하계 공간보다 더 차가운 온도에서 외부 환경과 주의 깊게 차단해 운영해야만 한다. 또한 양자 컴퓨팅의 기본단위인 전형적인 양자 비트(bit), 다른 말로 큐비트(qubit)는 오류가 발생하기 전까지 대략 50마이크로초 정도밖에 상태를 유지하지 못한다. 그리고 심지어 큐비트의 값을 읽는 작업조차 매우 엄밀한 과정이 필요하다. 양자 컴퓨팅에서 디지털 0과 1값의 에너지 차이가 10-24줄(joule)에 불과하기 때문이다.

이런 여러 어려움에도 상당한 잠재력을 가진 활용방안이 공공 및 민간부문에서 연구되고 있다. 특히 금융회사들이 적극적이다. 바클레이즈 · 골드만삭스 등은 포트폴리오 최적화, 자산가격책정, 투자 프로젝트 예산 설정, 데이터 보안 등의 영역에 대한 양자 컴퓨팅의 잠재적 활용방안을 조사하고 있다. 항공분야에서는 에어버스가 통신 · 암호화분야에서의 활용법을 연구하고 있다. 록히드 마틴은 복잡한 시스템의 검증 및 머신러닝 알고리즘의 개발속도 가속방안을 타진하고 있다. 미 해군은 교육과정에 양자 컴퓨팅을 포함시켰다. 데이터 저장, 잠수 로봇으로부터의 에너지 효율적인 데이터 회수법과 같은 최적화 문제해결을 위한 알고리즘개발을 계획하고 있다. 미 항공우주국(NASA)은 통신, 분산화된 내비게이션, 시스템 점검 관련 활용방안을 연구 중이다. 알리바바 · 구글 · IBM과 같은 정보기술기업들은 해킹방지 암호화, 소프트웨어 디버깅, 머신러닝 등의 활용법을 작업하고 있고, 생명과학기업들은 개인화된 약품 및 신약개발 등에 양자 컴퓨팅을 이용하는 방안을 추진 중이다.

양자 컴퓨팅이 이미 영향을 미치고 있는 중요한 분야는 암호화다. 거래의 암호화와 보호를 위해 가장 널리 사용되는 암호화기법은 매우 큰 숫자의 소인수를 빠르게 찾는 것이 불가능하다는 점에 기반해 구축되었다. 예를 들어 전통적인 컴퓨터를 이용해 128비트 AES 암호화표준을 깨는 데는 1079경년이 걸리지만, 양자 컴퓨터를 이용하면 이론적으로 약 6개월 만에 무력화가 가능하다. 이때문에 양자 컴퓨터의 공격에 버틸 수 있는 암호화방법론, 즉 정보시스템이 '양자 저항' 할 수 있게 만드는 기법을 탐색하기 시작했다.

일부 주요 IT기업들도 적극적으로 양자 컴퓨팅 연구를 진행 중이다. 구글 · IBM · 인텔 · HP · 마이크로소프트 · 노키아 벨 랩 · 레이시온 등이 다양한 영역에서 기술을 개발 중이다. 큐비트 및 양자 게이트(기초 회로), 양자 알고리즘, 소프트웨어 및 도구들, 암호화기법 등이 포함된다. 벤처캐피털의 지원을 받는 다수의 스타트업 또한 시장에 진출하고 있다. 논란이 있지만 최초의 상용화된 양자 컴퓨터를 개발한 디-웨이브시스템 외에도 약 10여 개의 기업이 양자 컴퓨팅 구성 부품 혹은 알고리즘, 소프트웨어 도구, 애플리케이션 등을 개발 중이다.

양자 컴퓨팅이 아직 초기단계에 있기 때문에, 대부분의 기업들은 최소한 앞으로 2년 동안은 양자 컴퓨팅 관련 예산을 책정하진 않을 것이다. 하지만 그 점이 이 분야를 무시해도 괜찮다는 의미는 아니다. 양자 컴퓨팅이 빠르게 발전 중이고 여러 분야에 막대한 영향을 미칠 가능성이 크기 때문에,

지금이야말로 비즈니스 및 기술 전략가들이 양자 컴퓨팅에 관심을 기울이기 시작해야 할 시점이다. 대부분의 기업이 당분간 대규모의 투자를 고려할 필요는 없다. 그러나 내부적인 교육, 외부와의 R&D 제휴, 양자화된 세계에 대비하는 전략적 기획은 아마도 가치가 있을 것이다.

자료: 박종민, 이코노미스트, 2017. 6.

연습문제

01 4차 산업의 핵심기술 중에 스마트폰에 적용된 센서를 설명하시오.

02 RFID의 의미와 주파수에 따른 활용 예와 적용분야를 조사하시오.

03 위치기반서비스를 제공하기 위한 기술을 설명하시오.

04 인공지능, 러닝머신, 딥러닝을 비교하고 튜링테스트를 설명하시오.

05 로봇과 지능형 로봇을 설명하시오.

06 VR과 AR을 비교 · 설명하시오.

07 자율형 자동차의 단계별 수준과 구현기술을 설명하시오.

08 3D 프린터의 제공가치와 활용 예를 설명하시오.

09 헬스케어의 소비자, 제공자, 시스템 간의 구성요소와 향후 발전방향을 설명하시오.

10 블록체인과 가상화폐인 비트코인 간의 연계성을 설명하시오.

11 블록체인의 분류와 활용영역을 설명하시오.

| 참고문헌 | Reference

강경훈 · 임홍순, 프로세스경영, 성안당, 2011.

강창호 · 이정훈, 핀테크, 한빛미디어, 2015.

고응남, 정보통신개론, 한빛미디어, 2017.

김건우, 전자금융이 쌓아 온 금융아성, 핀테크가 뒤흔든다, LG경제연구원, 2015.

김광용 · 장기진, 창의적인 사고와 혁신적 비즈니스모델링, 도서출판 청람, 2018.

김덕현 외 9인, 융합경영, 글로세움, 2011.

김병운, "인공지능 동향분석과 국가차원 정책제언", 정보화정책, 제23권1호, 73~93, 2016.

김성희 · 장기진, e-비즈니스com, 3rd, 도서출판 청람, 2013.

김성희 · 장기진, 전자상거래.com, 2nd, 도서출판 청람, 2010.

김성희 · 장기진 · 한창희, 고객중시의 비즈니스모델링, 도서출판 청람, 2014.

김승환 · 전진욱 · 박종현, 스마트헬스의 미래, 전자신문사, 2014.

김영환, 비즈니스모델 전쟁, 헤리티지, 2011.

김영환 · 김지인, 웹마케팅, 더난, 2010.

김진웅 외 6인, 훤히 보이는 3D기술, 전자신문사, 2010.

김태성 · 김영진, 혁신바이블, 카오스북, 2014.

김학용, 사물인터넷, 홍릉과학출판사, 2014.

김형택, 옴니채널 & O2O 어떻게 할 것인가?, e비즈니스북, 2015.

민옥기 · 이미영 · 허성진 · 김창수, 훤히 보이는 클라우드컴퓨팅, 전자신문사, 2009.

바이난트 용건 저, 문경록 역, 온라인쇼핑의 종말, 지식노마드, 2019.

박기우 외 5인, 경영정보시스템, 시그마프레스, 2014.

박종현 외 8인, 사물인터넷의 미래, 전자신문사, 2014.

박종현 · 김문구 · 이지형, 훤히 보이는 스마트 IT, 전자신문사, 2012.

박한구 외 4인, 4차산업혁명, 새로운 제조업의 시대, 호이테북스, 2017.

배경한 외 다수, 스마트공장경영과 기술, 드림디자인, 2019.

송태민 · 서광민 · 김세훈, O2O는 어떻게 비즈니스가 되는가, 한스미디어, 2018.

스즈키 료스케 저, 천채정 역, 빅데이터비즈니스, 더숲, 2012.

신동희 옮김, 클라우드 컴퓨팅과 신속경영, 나남, 2011.
신철 · 노경하, 알기 쉬운 정보전략계획 ISP, 미래와경영, 2003.
안승해 · 백창현, 워크플로우(workflow), 시사컴퓨터, 2000.
알렉산더 오스터왈더 · 예스 피그누어 저, 유효상 역, 비즈니스 모델의 탄생, 타임비즈, 2011.
일경 BP RFID 기술편집부 저, 박기환 역, 유비쿼터스 RFID, 성안당, 2005.
임춘성, e-Business File, 영진Biz.com, 2000.
임춘성, 기업정보화방법론, 커뮤니케이션북스, 2008.
장동인, 빅데이터로 일하는 기술, 한빛미디어, 2014.
장석호 · 이지호 · 성기윤 · 오재민, 모바일결제의 모든 것, 클라우드나인, 2014.
정덕훈 · 박정훈 · 백승익, 정보기술의 이해, 2002.
정지영 외 4인, 해외직구 따라잡기: 몰테일과 함께하는 반값 쇼핑, 앱북스, 2012.
정진욱 외 4인, 정보통신배움터, 생능출판, 2018.
제갈정운, 이것이 지식경영의 핵심이다, 창해, 1999.
조용수, 똑똑한 기계들의 시대: 인공지능의 현주소. LGERI 리포트, 2015.
차동완 · 정용주 · 윤문길, 개념으로 풀어본 인터넷 정보기술, 홍릉과학출판사, 2004.
최병삼 · 김창욱 · 조원영, 플랫폼 경영을 바꾸다, 2014.
커넥팅랩, 모바일트렌드 2015, 미래의창, 2014.
커넥팅랩, 사물인터넷, 미래의창, 2014.
클라우스 슈밥 저, 김민주 · 이엽 역, 제4차 산업혁명: 더 넥스트, 새로운현재, 2017.
표철식 외 7인, 훤히 보이는 RFID/USN, 전자신문사, 2008.
하야시 미사유키 저, 서재원 역, 그림으로 배우는 클라우드, 영진닷컴, 2017.
호리 기미토시 저, 오시연 역, 비즈니스 프레임워크 69, 위키미디어, 2015.
황승구 외 7인, 빅데이터 플랫폼전략, 전자신문사, 2013.
황승구 외 7인, 훤히 보이는 스마트 TV, 전자신문사, 2012.

마이크로소프트웨어, 지식관리시스템, 1999. 8.
산업자원부 한국전자거래진흥원, e비즈니스백서 2006.
LG경제연구원, 2030빅뱅퓨처, 한국경제신문, 2016.
전자신문사, "액티브X 없이도 은행 · 정부서 인증, '브라우저 공동인증'개발", 2018.8.21.
중소벤처기업부, 산업기술분류표, 2016.

동아.COM(https://it.donga.com/openstudy)
법제처-전자서명법(https://www.law.go.kr)
산업통상자원부(https://www.motie.go.kr)
LG경제연구원(https://www.lgeri.co.kr)
우리은행-공인인증서 종류 및 용도(https://sbiz.wooribank.com)
우리은행-전자세금용 공인인증서란(https://sbiz.wooribank.com)
전자서명인증관리센터(https://www.rootca.or.kr)
지디넷코리아(https://www.zdnet.co.kr)
KT경영연구소(https://www.digieco.co.kr)
특허청-특허로 공인인증센터(https://www.tradesign.net)

Afuah, A., *Business Model Innovation*, Routledge, 2014.

Brown, C., D. DeHayes, J. Hoffer, E. Martin, W. Perkins, *Managing Information Technology*, Pearson, 2012.

Haag, Baltzan, Phillips, *Business Driven Technology*, 4e, McGraw-Hill, 2010.

Jeston and Nelis, *Business Process Management*, Elsevier, 2006.

Kroenke, D. M., *MIS Essentials*, 3rd, Pearson, 2013.

Laudon, K., C. G. Traver, *E-commerce 2012*, 8e, Pearson, 2012.

Laudon, K., J. P. Laudon, *Management Information Systems*, 12e, Pearson, 2012.

Miles, N. Kastrinos, R. Bilderbeek, P. den Hertog, K. Flanagan, W. Huntink, and M. Bouman, Knowledge-intensive business services: users, carriers and sources of innovation, A report to DG13 SPRINT-EIMS, Mar. 1995.

O'Brien, J. A., *Management Information Systems*, 6e, McGraw-Hill, 2011.

Rainer and Watson, *Management Information Systems*, Wiley, 2012.

Simon, H. A., *The New Science of Management Decision*, Harper & Row, New York, 1960.

Turban, Volonino, *Information Technology for Management*, 7e, Wiley, 2010.

| 찾아보기 | Index

| 저자소개 |

임춘성(leem@yonsei.ac.kr)

서울대학교 산업공학과 졸업
미국 University of California at Berkeley 산업공학 박사
미국 Rutgers Univ. 산업공학과 조교수 역임
한국전자거래학회 회장 역임
제2기 대한민국 정보화추진위원회 자문위원 역임
전국경제인연합회 정보통신위원회 자문위원 역임
사단법인 기업정보화지원센터 센터장 역임
현, 연세대학교 정보산업공학과 교수

〈주요 저서〉
기업정보화 방법론(커뮤니케이션북스, 2007)
기업정보화 워크북(커뮤니케이션북스, 2007)
e-Business File(영진Biz.com, 2000)
정보기술경영론(공저, 도서출판 청람, 2008)
스마트정보기술론(공저, 도서출판 청람, 2011)
스마트정보기술론(공저, 도서출판 청람, 제2판, 2015)

장기진(kjjang@kdu.ac.kr)

동국대학교 산업공학과 졸업
한국과학기술원(KAIST) 경영정보 공학박사
한국IT비즈니스진흥협회 책임연구원 역임
한국산업경제연구원 선임연구원 역임
국제 e-비즈니스학회 회장 역임
현, 극동대학교 글로벌경영학과 교수
(사단법인) 국제 e-비즈니스학회 고문
(사단법인) 한국통상정보학회 부회장
(사단법인) 국제지식서비스학회 편집위원장
관공서, 기업체 등의 IT 사업모형 및 성과분야 평가 및 전문강사활동

〈주요 저서 및 상벌〉
인터넷과 전자상거래(공저, 무역경영사, 2000)
e-비즈니스원론(공저, 무역경영사, 2001)
전자상거래관리사원론(공저, 무역경영사, 2002)
전자상거래.com(공저, 도서출판 청람, 2004)
e-비즈니스.com(공저, 도서출판 청람, 2008)
정보기술경영론(공저, 도서출판 청람, 2008)
전자상거래.com(2판, 공저, 도서출판 청람, 2010)
스마트정보기술론(공저, 도서출판 청람, 2011)
e-비즈니스.com(3판, 공저, 도서출판 청람, 2013)
스마트정보기술론(2판, 공저, 도서출판 청람, 제2판, 2015)
창의적인 사고와 혁신적 비즈니스 모델링(공저, 도서출판 청람, 2018) 등, 이외 논문 다수
2009년 "대한민국 IT Innovation 대상" 지식경제부 장관상 수여
2010년 현대 한국인물사 등재(한국민족정신진흥회)
2012년, Marquis Who's Who in the world, ABI, IBC 세계 3대 인물사 등재
2014년 인물시사주간지 '이 주의 교육전문' 등재 (주간인물)
2019년 Marquis Who's Who 평생공로상 수상

4차 산업혁명 시대의 창의적인 IT경영론

2020년 3월 2일 1판 1쇄 인쇄
2020년 3월 5일 1판 1쇄 발행

저　자 | 임춘성 · 장기진
발행인 | 이수영
발행처 | 도서출판 청람
서울시 마포구 독막로 288(대흥동, 세양상가 109호)
전　화 | 02)3272-2601(대)~2
팩　스 | 02)3272~2603
이메일 | crbooks@daum.net
홈페이지 | http://www.crbooks.co.kr
등　록 | 2000년 8월 26일 제6-0509호

ISBN 978-89-5972-745-2 93320　　[정가 28,000원]